UTB 3633

Eine Arbeitsgemeinschaft der Verlage

Böhlau Verlag · Wien · Köln · Weimar
Verlag Barbara Budrich · Opladen · Toronto
facultas.wuv · Wien
Wilhelm Fink · München
A. Francke Verlag · Tübingen und Basel
Haupt Verlag · Bern · Stuttgart · Wien
Julius Klinkhardt Verlagsbuchhandlung · Bad Heilbrunn
Mohr Siebeck · Tübingen
Nomos Verlagsgesellschaft · Baden-Baden
Ernst Reinhardt Verlag · München · Basel
Ferdinand Schöningh · Paderborn · München · Wien · Zürich
Eugen Ulmer Verlag · Stuttgart
UVK Verlagsgesellschaft · Konstanz, mit UVK / Lucius · München
Vandenhoeck & Ruprecht · Göttingen · Bristol
vdf Hochschulverlag AG an der ETH Zürich

Leiblichkeit

Geschichte und Aktualität eines Konzepts

herausgegeben von

Emmanuel Alloa, Thomas Bedorf,
Christian Grüny und Tobias Nikolaus Klass

Mohr Siebeck

ISBN 978-3-8252-3633-5 (UTB Band 3633)

Online-Angebote oder elektronische Ausgaben sind erhältlich unter *www.utb-shop.de.*

Die Deutsche Nationalbibliothek verzeichnet diese Publikation in der Deutschen Nationalbibliographie; detaillierte bibliographische Daten sind im Internet über *http://dnb.d-nb.de* abrufbar.

Das Buch wurde von Computersatz Staiger in Rottenburg a.N. gesetzt, von Hubert & Co. in Göttingen auf alterungsbeständiges Werkdruckpapier gedruckt und gebunden.

Inhaltsverzeichnis

II. Zur Geschichte des Leibbegriffs

III. Grenzen und Kritik des Leibbegriffs

Einleitung

Der Körper hat Konjunktur. Als ausgestellter, gestaltbarer und gestalteter, verfüg- und verführbarer begegnet er uns täglich im Übermaß. Das Präsentieren und Zurichten von Körpern gehört zu den Punkten, an denen gesellschaftliche Praktiken sichtbar und spürbar werden. Es war nur eine Frage der Zeit, bis im Spiel der einander ablösenden und überschneidenden *turns* auch ein *corporeal* (oder *body*) *turn* ausgerufen und der Körper zu einem zentralen Gegenstand wissenschaftlicher und philosophischer Auseinandersetzung erklärt werden würde. Wie beim *linguistic* und *iconic turn* korrespondiert auch hier dem Anspruch nach eine erhöhte gesellschaftliche mit einer verstärkten wissenschaftlichen Aufmerksamkeit für den jeweiligen Gegenstand. Beinahe scheint es, als müsse nach und nach jede wichtige Dimension menschlichen Daseins auf der Welt in der Weise eines *turns* zur Geltung gebracht werden; ein Ende ist vorerst nicht absehbar.

Der Versuch, dem Begriff des *Leibes* und der *Leiblichkeit* verstärkte Aufmerksamkeit zu schaffen, erhebt keinen Anspruch, Teil oder gar Speerspitze des genannten „turns" zu sein; schon der erste Schritt, den Begriff „Leib" in eine griffige englische Formel zu übersetzen, würde sich dem widersetzen. Ebenso wenig ist die Rede von Leiblichkeit Ausdruck eines kulturkämpferischen Impulses, der in polemischer Absicht gegen das Vokabular der Jetztzeit ein das „gute Alte" aufrufendes, von christlichen Assoziationen durchdrungenes Körperverständnis setzt, in dem man sich noch um das „leibliche Wohl" (statt um *Wellness* bzw. den *Body Mass Index*) seiner selbst und der anderen gesorgt hat und mit Essen „Leib und Seele zusammen zu halten" versuchte (statt unter Anleitung von Kochshows seinem *Lifestyle* den letzten Schliff zu geben). Vielmehr stellt der Begriff des Leibes bereits seit Anfang des vorigen Jahrhunderts eine präzise theoretische Intervention in die wissenschaftliche und philosophische Diskussion um Körper und Körperlichkeit dar, die auch heute noch – oder gerade heute wieder – ihre Relevanz hat. So weit die Geschichte von Leiblichkeit als philosophischem Begriff auch reicht, so wenig erledigt oder selbstverständlich ist die Sache, auf die damit hingewiesen werden sollte. Mit dem Leibbegriff wird eine Dimension körperlichen Daseins benannt, die nicht in einem objektivistischen oder materialistischen Körperverständnis aufgeht, sondern aufs engste mit der Kategorie der Erfahrung verbunden ist. Gerade hierin steht er zu jeder Reduktion der Leiblichkeit auf die Ausdehnung eines Körpers bzw. die Idee einer Körpermaschine quer und eröffnet damit eine theoretische Perspektive, deren Tiefendimension noch immer nicht hinreichend abgeschritten wurde – so die Thesen, die dem vorliegenden Band zugrunde liegen.

Der Leib als Wahrnehmungsorgan, als Nullpunkt der Orientierung, als Weise des Weltzugangs: Das sind Stichworte, die sich mit der phänomenologischen Tradition eines Denkens der Leiblichkeit verbinden, das hier besonders im Blickpunkt steht. Seinen deutlichsten, geradezu paradigmatischen Ausdruck hat diese Tradition in der Philosophie Maurice Merleau-Pontys gefunden, dessen *Phänomenologie der Wahrnehmung* eine Theorie der leiblichen Erfahrung der Welt ist. Dabei tritt ein interessantes Problem in den Vordergrund, das sich für den Begründer der Phänomenologie Edmund Husserl, dessen Denken für Merleau-Ponty der wichtigste Bezugspunkt ist, nicht stellen konnte: Die Unterscheidung zwischen Leib und Körper, die Husserl und andere terminologisch geprägt haben, findet sich im Deutschen, nicht aber im Englischen und in den romanischen Sprachen. Auch das Französische kennt sie nicht, so dass Merleau-Ponty gezwungen ist, den Unterschied auf andere Weise auszudrücken: Formulierungen wie *corps propre*, *corps fonctionnel*, *corps vivant* werden vom Übersetzer im Deutschen zu Recht mit „Leib" wiedergegeben. Dieser Leib ist der jeweilige Eigenleib, er ist lebendig und muss funktional begriffen werden, und ihm gegenüber steht der Körper als objektiv beobachtbares Ding, als zergliederbarer Gegenstand wie jeder andere. Wie man sieht, haben wir es nicht mit verschiedenen Entitäten, sondern mit unterschiedlichen Perspektiven auf „dasselbe" und das heißt hier unterschiedlichen Selbstverhältnissen zu tun. Um es mit Helmuth Plessners Formulierung zu sagen: Wir sind unser Leib und haben unseren Körper.

Dieser Leib, den wir nicht nur haben, sondern der wir stets schon sind, unterscheidet sich insofern vom objektiven Körper, als wir nie um ihn herumgehen und ihn entsprechend nie völlig in den Blick nehmen können. Er lässt sich nicht vor uns stellen, sondern liegt gleichsam ‚auf unserer Seite' und wird sowohl zum Medium unserer Orientierung in der Welt als auch zum Projektor unseres Handelns. Gleichwohl fällt der Leib als gelebter Körper nicht unterschiedslos mit dem psychisch erlebten Körper in eins; nicht nur stellt er einen Überschuss über das Körperding dar, er leistet zugleich einer vollständigen Reduktion auf ein transparentes Bewusstsein Widerstand. Damit unterläuft das Konzept des Leiblichen die kategoriale Trennung zwischen materiell vorliegendem Körper und psychischem Erleben, zwischen *physis* und *psyche*, indem es eine Ebene eröffnet, die dieser Unterscheidung vorausliegt. Es beschreibt den unüberschreitbaren Modus menschlicher Erfahrung und fasst den Körper als funktionalen Zusammenhang, der Medium und Gegenstand der Erfahrung gleichzeitig ist, ohne ihn auf einen bloßen Funktionalismus reduzieren zu wollen.

Der bereits angesprochene, in verschiedenen Kulturwissenschaften vollzogene *corporeal* (oder *body*) *turn* untersucht vordringlich die körperliche Dimension historischer, sozialer und symbolischer Praxis. Diese Perspektivenänderung geht von der Einsicht aus, dass die Semantik und Syntax dieser Praxen nicht präzise zu beschreiben ist, wenn die Körper, die die Praxen „tragen" oder in die sie „eingeschrieben" werden, außer Betracht bleiben. Man kann dies als eine sinnvolle Ergänzung kulturwissenschaftlicher Forschungsprogramme ansehen und doch zugleich den Verdacht hegen, dass diesen Praktiken allzu oft ein undynamisches, quasi-anthropologisches Körpersubstrat zugrundegelegt wird. Die Erweiterung des kulturellen Textes nach unten und die Ergänzung durch einen körperlich-materiellen „Unterbau" löst nur vordergründig die Probleme: Auch hier schwankt die gegenwärtige Diskussion merkwürdig zwischen einer Vereinseitigung der materiellen Unterseite und der umgekehrten Behauptung, dass Körperwahrnehmungen nur das Ergebnis von Diskursen seien.

Zwischen der Gefahr der Verdinglichung des Körpers und derjenigen seiner Diskursivierung mag die Rück- oder überhaupt die Hinwendung zur Leiblichkeit (und damit zur Leib-Körper-Differenz) in dieser Diskussion dazu dienen, viele der aktuell diskutierten Phänomene neu und anders theoretisch (und vielleicht sogar praktisch) zu situieren. Um nur ein Beispiel zu nennen: Was wird aus der Diskussion um Vorteile und Risiken des *body enhancement*, wenn man in dieser Diskussion nicht nur den zu perfektionierenden Körper als eine lebenstragende Körpermaschine ansieht, sondern als Leib im umfassenderen Sinne? Wenn, was da gesteigert werden soll, nicht nur die Leistungsfähigkeit etwa eines Erinnerungsvermögens oder von physischer oder mentaler Ausdauer sind, sondern eine ganz menschliche Existenz, die stets auch eine Existenz mit anderen ist, weil jeder Einzelleib immer schon in eine – wie Merleau-Ponty es nennt – „Zwischenleiblichkeit" eingebettet ist? Weil jeder Einzelleib nur ist (und also auch nur *enhanced*, d.h. verbessert werden kann), insofern er sich abhebt aus und zugleich Teil ist von einer viel umfassenderen leiblichen Verstrickung in andere? Der Rekurs auf die Leib-Körper-Differenz, so zumindest die diesem Handbuch zugrundeliegende Arbeitshypothese, würde diese und viele andere aktuelle Diskussionen um Möglichkeiten und Grenzen des Körpers womöglich in ein anderes Licht rücken und zu anderen Ergebnissen führen. Ein Rückgang auf die Idee der Leiblichkeit als solche, wie sie im Folgenden vorgestellt wird, trägt zumindest das Versprechen einer genaueren Erfassung der Problemfelder in sich.

Um nun die Intuitionen, die mit dem Begriff des Leibes bzw. der Leiblichkeit verknüpft sind, zugleich möglichst genau und in ihrer Vielschichtigkeit zu erfassen, geht das vorliegende Buch in drei Schritten vor. In einem ersten Schritt soll die phänomenologische Tradition, aus der die Leib-Körper-Unterscheidung herrührt, genauer in Augenschein genommen werden. Sie stellt Positionen von den ersten Ansätzen bei Edmund Husserl und vor allem Maurice Merleau-Ponty, über die verästelten Fortentwicklungen besonders in der französischen Philosophie bis hin zu aktuellen Vertretern der Phänomenologie der Leiblichkeit (wie Bernhard Waldenfels oder Hermann Schmitz) vor. Im zweiten Teil macht das Buch dann einen Schritt zurück in die Tradition bzw. zur Seite in parallel entstehende Theorien, denn natürlich kommt die phänomenologische Leib-Körper-Unterscheidung nicht aus dem Nichts, sondern kennt ihrerseits sowohl Vorläufer als auch an ihren Grenzen wirksame Parallelentwicklungen, von denen sie zehrt. In diesem Teil wird sowohl von einzelnen Autoren (wie Friedrich Nietzsche und Sigmund Freud), als auch von ganzen Traditionssträngen (wie die Anthropologie) bzw. von Parallelentwicklungen (in Kulturanthropologie, Biologie oder Neurowissenschaften) die Rede sein. Schließlich soll in einem dritten und letzten Schritt dann ein Blick auf die Grenzen und in die Kritik des Leibbegriffs geworfen werden, die (etwa bei Adorno) zeitgleich mit der theoretischen Entdeckung des Leibes anhebt bzw. (etwa bei Deleuze) ausdrücklich mit einer Kritik am phänomenologischen Konzept des Leibes einhergeht.

Über die genannte Gliederung des Buches hinaus ermöglicht eine gewisse Einheitlichkeit im Aufbau der einzelnen Artikel eine schnelle Orientierung im Handbuch. Jeder Artikel beginnt mit einem kurzen Überblick über die wichtigsten besprochenen Themen, die dann Stück für Stück genauer dargelegt werden, bevor ein abschließendes Resümee das Wichtigste zusammenfasst und ggf. einen Ausblick auf noch Ausstehendes eröffnet. Zudem wurden in alle Artikel Verweise auf andere Artikel des Buches aufgenommen, die ein gerade angesprochenes Thema bzw. einen gerade erwähnten Autoren zum Gegenstand haben, um Zusammenhänge leichter nachvollziehen zu können. Alle Artikel sind darüber hinaus mit einer Kurzbibliographie ausgestattet, die auch weiterführende Forschungsliteratur ausweist, so dass, wer immer für das eine oder andere Thema sich zu interessieren beginnt, hier erste Hinweise für die weitere Arbeit findet. Abgeschlossen wird der Band nach dem Gesamtverzeichnis der zitierten Literatur von Kurzbiographien einem Sachregister sowie einer einführenden Arbeitsbibliographie.

Kein Buch entsteht ohne die Hilfe solcher, die im Schatten walten und doch im Buch selbst selten zur Erscheinung kommen. Die Herausgeber möchten an dieser Stelle ausdrücklich Tilman Richter und Anna-Lisa Grabe für das Erstellen des Manuskripts bzw. die Korrespondenz mit den Autoren, sowie Dennis Clausen, Selin Gerlek und Viola Zenzen für die Arbeit an Sachregister und Druckfahnen danken. Der DFG gebührt Dank für die Bewilligung eines auf vier Jahre angelegten Netzwerks „Kulturen der Leiblichkeit", das der philosophischen und kulturwissenschaftlichen Konkretion des hier Grundgelegten gewidmet ist.

Basel/Bochum/Witten/Wuppertal im August 2011
Die Herausgeber

I. Der Leibbegriff in der Phänomenologie

Edmund Husserl
– „Ein merkwürdig unvollkommen konstituiertes Ding“

Emmanuel Alloa / Natalie Depraz

1. Überblick

Dass im 20. Jahrhundert eine erneute Reflexion über Leiblichkeit einsetzte, verdankt sich in besonderem Maße den Impulsen, die von Edmund Husserls Phänomenologie ausgingen. Obwohl diese – anders als die Philosophie Nietzsches etwa – nicht im eigentlichen Sinne als Leibphilosophie auftritt, haben zahlreiche Denker an ihre Grundunterscheidung von Leib und Körper angeschlossen, von Max Scheler und Maurice Merleau-Ponty über Jean-Paul Sartre und Michel Henry bis hin zu Bernhard Waldenfels oder Hermann Schmitz (vgl. die entsprechenden Einträge in diesem Band). Auch im Bereich der Kognitionspsychologie und Neurologie ist heute ein erstarktes Interesse an Husserls Analysen zu verzeichnen (Gallagher u. Depraz 2004 sowie der Aufsatz von GALLAGHER in diesem Band). Der nachfolgende Beitrag soll dazu dienen, Husserls Konzeption von Leiblichkeit innerhalb seiner Philosophie zu verorten und dessen Entwicklung nachzuzeichnen.

Anders als vielfach angenommen, dient der Leib-Begriff in Husserls Selbstverständnis nicht dazu, den Körper-Seele-Dualismus zu überwinden, sondern vielmehr den Reduktionismus in seiner materialistischen und in seiner idealistischen Spielart: der Leib steht für lebendige Vollzüge in der Welt (2.). Die von Husserl geforderte programmatische Rückkehr zu den „Dingen selbst“ deckt sich mit einer Abkehr von jeder Art von symbolischer Vermittlung, um den Boden der unmittelbar „leibhaftigen“ Anschauung wiederzugewinnen. Der Beitrag erläutert Husserls Verständnis von „Leibhaftigkeit“ und dessen Verhältnis zur Leiblichkeit (3.), führt die Leib-Körper-Differenz ein (4.) und rekonstruiert die möglichen Inspirationsquellen dazu in der Philosophie und Psychologie des 19. Jahrhunderts (5.).

Von besonderer Bedeutung ist, dass Husserl seine Ausführungen zum Leib zunächst im Kontext der intersubjektiven Fremderfahrung entwickelt (6.) und das Thema des Leibes als Konstituens des transzendentalen Ichs erst nach und nach in den Mittelpunkt rückt. Die Theorie der Einfühlung in ein anderes Bewusstsein, die die Psychologie und Philosophie in diesen Jahren beschäftigt, wird in der neuen Lehre der leibmotorischen Kinästhesen fundiert, womit der Leib – über die Einfühlungsproblematik hinaus – nunmehr als gerichteter und zum Ausdruck fähiger gedacht wird (7.). Vom Ausdruck eines Bewusstseinsinhalts gelangt man zur Frage des kulturellen Ausdrucks und zur Fortgeltung von Idealitäten in körperlichen Trägern. Was bleibt, ist eine Konzeption von Leib, die sich – ebenso wenig wie der Leib selbst – nicht abschließen lässt, sondern immer wieder auf lebendige Vollzüge verweist, die in ihrer Begrenztheit auf ihre Selbstüberschreitung warten. Der Leib erweist sich dann als jenes „merkwürdig unvollkommen konstituierte Ding“ (8.), als Medium, durch das uns alle Dinge von Welt gegeben sind, das sich für uns jedoch nie vollständig als Ding konstituiert und sich gerade aufgrund seiner Nähe einer vollkommenen Erschließung entzieht.

2. Phänomenologie als Antireduktionismus

Gemeinhin wird die husserlsche Phänomenologie leiblicher Erfahrung als ein Korrektiv am Körper-Geist-Dualismus verstanden, an dem also, was Antonio Damasio als „Descartes' Irrtum“ bezeichnete: dass es so etwas wie ein ‚Ich‘ gibt, leitet sich nicht aus der Sphäre reiner Geistigkeit her, sondern zuallererst aus der Tatsache, dass sich ein lebendig-affektiver Leib seiner selbst gewahr wird (Damasio 1994). Auch vieles, was heute unter dem Stichwort der „Naturalisierung“ diskutiert wird, zielt auf eine Überwindung der in der Tradition bestimmenden Leib-Seele-Dichotomie (Petitot, Varela, Pachoud u. Roy 1999).

Bei Husserl selbst stellt sich die Sache allerdings komplexer dar, versteht sich Husserl doch nicht als Anti-Cartesianer, sondern geradezu als der tatsächliche Vollender Descartes'. Die Diskussion über Leiblichkeit steht damit nicht jenseits, sondern im Herzen einer cartesischen Reflexion darüber, was uns Evidenz über die Welt vermittelt. Die Unterscheidung in *res extensa* und *res cogitans* gilt Husserl als „große[s] Unheil“ (Husserliana [= Hua] VII, 73), allerdings weniger, weil sie – wie zu erwarten wäre – den bereits aus dem Christentum überlieferten Dualismus von Leib und Seele in ein neues (rationalistisches) Gewand hüllt, sondern weil der Dualismus nicht konsequent durchgehalten und das Gesetz der objektiven *res extensa* nun auch zum Maßstab der *res cogitans* erhoben wird. Von Anfang an – und trotz der historischen Wirkmächtigkeit seiner Zweiteilung – ist der cartesische Dualismus ein nur relativer, da er dem „methodische[n] Ideal des Physikalismus“ verpflichtet ist; die Welt wird „‚naturalistisch‘ gesehen, als doppelschichtige Welt realer Tatsachen, durch Kausalgesetzlichkeiten geregelt; demnach auch die Seelen als reale Annexe an ihren exakt-naturwissenschaftlich gedachten körperlichen Leibern, zwar von einer anderen Struktur als die Körper, nicht res extensae, aber doch real in einem gleichen Sinne wie diese und in dieser Verbundenheit eben auch in gleichem Sinne nach Kausalgesetzen zu erforschen“ (Hua VI, 218f.).

An Descartes kritisiert Husserl damit weniger den Dualismus als den Reduktionismus, der den Bereich des Psychischen nach Maßgabe des Physischen beschreibt. Der wissenschaftliche Monismus seiner Zeitgenossen, welcher zur

Überwindung der Zwei-Welten-Lehre dienen soll, richtet sich damit in Wirklichkeit nicht gegen Descartes, sondern setzt lediglich um, was in dessen Denken bereits angelegt ist. Ähnlich wie auch Gilbert Ryle an Descartes kritisierte, das Denken würde entlang einer „para-mechanischen Hypothese" erklärt (Ryle 1949, 19), weist schon Husserl darauf hin, inwiefern das Psychische für Descartes lediglich ein Epiphänomen des Physikalischen darstellt und als solches nach gleichen kausalen Verfahren zu objektivieren sei; der Anschein von Dualität beläuft sich auf eine „ergänzende Abstraktion" (Hua VI, 231): einem physisch-materiellen Prozess wird ein psychisch-geistiger Komplementärprozess lediglich hinzugefügt. Die angestrengte Suche nach der Lokalisation der Seele (etwa in der Zirbeldrüse, wie von Descartes angenommen) zeugt nachgerade von dem Bemühen einer Reintegration des Geistigen ins Physiologische.

Für Husserl wird der Reduktionismus allerdings nicht dadurch überwunden, dass auf die kausalen Verbindungen zwischen beiden Bereichen aufmerksam gemacht wird – schon Descartes ging von einem *commercium* von Geistigem und Körperlichem aus (vgl. dazu Specht 1966) –, sondern ihre jeweilige Spezifik bedacht wird. Der wahre Cartesianismus sei damit erst mit Husserls Lehrer Franz Brentano und dessen radikaler Scheidung in „physische" und in „psychische" Phänomenen erreicht. Brentanos Psychologie vom empirischen Standpunkt betrachtet anders als die „objektive Wissenschaft" das Phänomen nicht in seinen physikalischen Eigenschaften, sondern in seiner qualitativen Gegebenheitsweise in einer Erfahrung (Brentano 1982). Diese Gegebenheitsweise bezeichnet Brentano als *intentionale*. Das Bewusstsein ist auf einen Gegenstand in einer je spezifischen Weise gerichtet: „In der Vorstellung ist etwas vorgestellt, in dem Urteile ist etwas anerkannt oder verworfen, in der Liebe geliebt, in dem Hasse gehaßt, in dem Begehren begehrt usw." (Brentano 1874, 124 f.)

Die Kategorie der Intentionalität, die Brentano dazu dient, um den Bereich der Psychologie von demjenigen der Naturwissenschaft abzugrenzen, spielt später auch in Husserls Phänomenologie eine maßgebliche Rolle. Dort verbindet sie sich jedoch mit einer Kritik an Brentanos Prämissen, die Husserl zufolge eine falsche Zweiteilung erhärten. „Jedes psychische Phänomen" erklärt Brentano, „ist durch das charakterisiert, was die Scholastiker des Mittelalters die intentionale (auch wohl mentale) Inexistenz eines Gegenstandes genannt haben" (Brentano 1874, 124). Indem Brentano die Intentionalität an empirische Inexistenz knüpft, verfehlt er laut Husserl, dass Intentionalität keine ontologische Aussage über einen *Inhalt* darstellt (über die realweltliche Existenz oder die Inexistenz ihres Gegenstands), sondern lediglich eine Beziehungs*form* charakterisiert. Ob ich einen Kentauren vorstelle oder der Schmerz im Zahn bohrt: beide Bewusstseinsakte sind intentional, d.h. sie sind Bewusstsein *von etwas*, ungeachtet ob dieses Etwas nun in dieser Welt empirisch vorkommt oder nicht.

Mit der Suspendierung der Frage nach der empirischen Existenz des Intendierten in der Welt (die „Einklammerung der Seinsgeltung") ist das Leib-Seele-

Problem keines der Vermittlung mehr; es geht nicht darum, zu fragen, ob und wenn ja inwiefern die mentalen Inhalte mit physischen Tatsachen korrelieren. Überhaupt dient der Begriff der Intentionalität weniger dazu, einen geschlossenen Bereich der Bewusstseinsimmanenz abzugrenzen, um dann zu überprüfen, in welchem Homologie-Verhältnis er zur Welt steht, als eine immer schon angelegte Transzendierung des Bewusstseins hin auf das zu beschreiben, worauf es gerichtet ist. Wenn es also für Husserl nicht darum gehen kann, Natur oder Geist auf das eine oder auf das andere zu reduzieren (sei es in einer Form eines platonisierenden Idealismus oder eines naturalisierenden Monismus), so soll ebenso mit deren Parallelisierung aufgeräumt werden (HuM IV, 218). Das Ich sei kein cartesischer *homunculus* in einem „Kasten“, in den Bilder von Außen hineingelangen und das „gelegentlich einmal aus dem Kasten herauskriecht und die Dinge draußen mit den Dingen drinnen vergleicht usw.“ (Hua XXXVI, 106)

3. Leibhaftige Anschauung

Jenseits sowohl eines kausalistischen Empirismus als auch eines positivistischen Psychologismus sollen die lebendigen Aktvollzüge der Erfahrung beschrieben werden, womit die Alternative von Innen und Außen hinfällig wird. Während der objektivierende Blick immer nur „‚Äußerlichkeiten‘, Objektivitäten“ produziert, legt eine immanente Erfahrungsperspektive einen Sinn offen, der weder innerlich noch äußerlich ist, sondern einer „im Außen ‚sichäußernden‘ Subjektivität“ entspricht (Hua VI, 116). „Es ist wie in der Einheit eines lebendigen Organismus, den man wohl von außen betrachten und zergliedern, aber verstehen nur kann, wenn man auf seine verborgenen Wurzeln zurückgeht und das in ihnen und von ihnen aufwärts strebende, von innen her gestaltende Leben in allen Leistungen systematisch verfolgt“ (ebd.).

Hans-Georg Gadamer hat darauf hingewiesen, dass der Organismus-Vergleich hier nicht zufällig gezogen wird, geht es Husserl doch stets um die Deskription lebendiger Prozesse (Gadamer 1960, 235). Lebendigkeit verweist bei Husserl auf Verzeitlichung aller Fragen, die jedoch von einem bestimmten Modus von Zeit her zu formulieren sind, nämlich der Gegenwart als Nullpunkt von Zeitlichkeit: Allein die Gegenwart ist lebendig, allein in der Gegenwart zeigt sich etwas anschaulich als es selbst und nicht als zeitlicher Vorgriff oder als Rückschau. Anders als in der Phantasie, bei der uns eine Sache lediglich ‚vorschwebt‘ (vgl. Alloa 2009b), tritt sie uns in der Wahrnehmungsgegenwart lebendig und das heißt hier leibhaft entgegen. Alles, was uns der Möglichkeit nach vorschwebt, zehrt vom Material einer solchen leibhaftigen Urimpression und ist damit abgeleitet.

Im sogenannten „Prinzip der Prinzipien“ formuliert Husserl, inwiefern lediglich der Bereich der originären Leibhaftigkeit für die Phänomenologie als

„Rechtsquelle der Erkenntnis" gelten darf. Der phänomenologische Blick muss sich auf die originär gebende Anschauung beschränken, was soviel bedeutet, „dass alles, was sich uns in der ‚Intuition' originär (sozusagen in seiner leibhaften Wirklichkeit) darbietet, einfach hinzunehmen sei als was es sich gibt, aber auch nur in den Schranken, in denen es sich da gibt" (Hua III/1, 51). Der Begriff der Leibhaftigkeit, der in den *Ideen* von 1913 zentral wird, war bereits in den Vorlesungen von 1904/05 terminologisch eingeführt worden. Er sei, so hält Husserl fest, „seitdem in die Literatur gedrungen" (XXIII, 344) und er selbst führt den Terminus in der zweiten Auflage der *Logischen Untersuchungen* (1900–01/1913) nachträglich in den Textkorpus ein.

Während Leibhaftigkeit vielfach mit Originarität oder Selbstgegebenheit austauschbar verwendet wird, hat das Wort jedoch auch noch eine Eigenbedeutung, die nicht zuletzt darin zum Vorschein kommt, dass Husserl das Leibhafte oft in Anführungsstriche setzt bzw. als eine übertragene Rede kennzeichnet („sozusagen leibhaft" etc.). Zu fragen bleibt, was hier worauf übertragen wird, zeigen solche Behelfsformeln doch an, dass die Erfahrung, die man vom Leib macht, offensichtlich etwas über Erfahrung überhaupt zum Ausdruck bringen soll. Aber wenn alle Gegebenheit von Dingen letztlich in einer originär-leiblichen Darbietung gründet, wie steht es dann um den Leib selbst? Husserl stößt hier an ein Paradox. Denn ein Körper, der sich mir leibhaft gibt, gibt sich mir gerade nicht als Leib, denn davon kann es nur einen einzigen geben: meinen eigenen. Und mein eigener Leib tritt mir gerade nicht so entgegen, wie das jeder andere Körper täte. Eine neue Unterscheidung tut not.

4. Die Leib-Körper-Differenz

Obwohl mein Körper letztlich nichts anderes als ein „Ding unter anderen Dingen" ist (Hua XVI, 162), ist er auch durch eine Sonderstellung charakterisiert: anders als zu allen anderen Körpern verhalte ich mich zu meinem eigenen nicht wie zu einem Ding; ich *erlebe* meinen Körper, durchlebe ihn gleichsam und *lebe* somit immer schon *durch* ihn. Nur als körperliche Existenz lebe ich überhaupt und insofern hat mein Körper stets einen Bezug zum Leben. Mein Leib besitzt offensichtlich „für mich eine grundverschiedene Art der Erfahrung als alle anderen Körper sie für mich haben" (Hua XXXIX, 615). Leiblichkeit gibt es sozusagen nur in der ersten Person.

Um diesen Sonderstatus auszudrücken, bedient sich Husserl der Möglichkeit, terminologisch zwischen dem lateinischen und dem deutschen Wort zu unterscheiden: Anders als der *Körper* (von lat. ‚corpus'), der in all seinen Dimensionen objektiv feststellbar ist (das Englische ‚corpse' zeigt hier den höchsten Steigerungsgrad des festgestellten, reglosen Dings dar) verweist der *Leib* (vom mhd. *lîp*, das noch ununterschieden Leib und Leben bezeichnet) allgemein auf lebendige Erfahrung (vgl. Borsche u. Kaulbach 1980, 175). Im Unterschied zu allen anderen Körpern, auf die ich einwirken kann, die ich verändern und bewegen kann, wirke ich durch meinen Leib: Ihm verdanke ich meine Bewegungen, kraft derer ich mich zu meiner Umwelt in Beziehung setze und durch die ich meine Umwelt verändere. Husserl sagt dazu, dass ich in meinem Leib „unmittelbar *schalte* und *walte*" (Hua I, 128). Oder mit dem französischen Existenzphilosophen Gabriel Marcel ausgedrückt: einen Körper *habe* ich, ein Leib *bin* ich (Marcel 1933; Marcel 1978, 15).

Ich kann meinen Leib, dieses „Nullobjekt der Nähe" (Hua XXXIX, 145) nie vor mich hinstellen, ich kann ihn nicht verallgemeinern oder vergegenständlichen, da er immer mehr auf meiner Seite liegt denn mir gegenübersteht. Das Walten ‚durch' den Leib ist daher nicht als instrumentelles zu verstehen. Jedes Tun ist zwar leiblich fundiert und bedient sich des Leibes als Organ, dennoch handelt es sich beim Leib gleichsam um ein ‚unmittelbares Organ', ein Organ, das sozusagen niemals „weggelegt werden kann" (Hua XXXIX, 616, Anm. 2). Das Paradox des Leibes liegt darin begründet, dass mir einzig und allein durch den Leib etwas leibhaftig gegeben sein kann, als „Mittel aller Wahrnehmung" ist er „bei aller Wahrnehmung notwendig dabei" (Hua IV, 56). Der Blick wendet sich dem Gegenstand zu, das Ohr hört genauer hin und die Hand gleitet über die Oberfläche (ebd.). Doch diese mediale Mitgegenwart verhindert gerade, dass der Leib als solcher vergegenwärtigt wird: Der Leib ist also niemals per se gegeben, sondern quasi immer nur *mit*gegeben; als Bedingung von Erfahrung ist er stets nur miterfahren. Nun sind allerdings nicht alle Körper reglos, viele weisen sogar, wie sich Husserl ausdrückt, einen „animalischen" Charakter auf, d.h. sie sind „beseelt". Dennoch hat mein Leib „für mich eine grundverschiedene Art der Erfahrung als alle anderen Körper sie für mich haben, mögen sie beseelte Körper oder unbeseelte Körper sein" (Hua XXXIX, 615).

Wo verläuft nun genau die Grenze zwischen dem Leib und den Körpern? Husserl selbst hilft bei ihrer Ziehung kaum, da er immer wieder vom *Leibkörper* spricht, oftmals vom *körperlichen* oder *physischen Leib*, vom *leiblichen Körper*, und sogar, wenn auch seltener, vom *Körperleib* (Hua XIII, 28 und Hua XV, 252, Anm. 1). Diese verwirrende deskriptive Ausdrucksvielfalt täuscht, gerade weil sie immer wieder neu ansetzt und ihr endgültige Aussagen widerstreben, darüber hinweg, dass hier gegenüber tradierten Dualismen eine entscheidende Verschiebung vorgenommen wurde. Der Leib-Begriff lässt sich weder auf die Seite des Körpers schlagen noch auf die Seite dessen, was eine philosophisch-theologische Tradition als Seele bezeichnete. Er ist auch nicht berufen, diese Kluft zu überbrücken oder dialektisch aufzuheben. Überhaupt ist der Leib weder ein Kompositum noch eine eucharistische Vereinigung, da er nicht als „beseelter Körper" zu begreifen ist, sondern vielmehr als „er-" und „durchlebter".

5. Wo kommt die Leib-Körper-Differenz her?

Lassen sich für Husserls wegweisende Unterscheidung Vorbilder finden? Tatsächlich finden sich bereits in der neuzeitlichen Philosophie verstreute Gedanken zur Leiblichkeit, etwa in Kants *Opus postumum*, wo der Leib zu einer apriorischen Bestimmung des Subjekts erhoben wird (vgl. dazu Hübner 1953), bei Fichte, bei dem die Stofflichkeit des Leibes die absolute Form des Selbstbewusstseins darstellt (Siep 1993) oder bei Hegel, für den die Besonderheit des Leibes als Selbstausdruck eines Unmittelbaren gilt, das darum schon nicht mehr ganz unmittelbar ist (Herbenick 1971). Es ist dann aber vor allem Nietzsche, der einer rationalistischen Denktradition die „große Vernunft" des Leibes entgegenhält (vgl. den Beitrag von Klass in diesem Band). In Husserls Ausarbeitung seines Leiblichkeits-Denkens spielten diese Theorien jedoch nicht hinein, lediglich ein Philosoph der Tradition bildet hier eine Ausnahme: Arthur Schopenhauer (vgl. hierzu Bernet 1996, 76ff.). Schopenhauer, dessen *Gesammelte Werke* Husserl bereits 1880 erworben hatte und dessen *Welt als Wille und Vorstellung* er früh (nämlich 1892/93 und 1897) ganze Vorlesungen widmete, knüpft die Leiblichkeit eng an den Willen („Mein Leib und mein Wille sind eines"). Wenn Schopenhauer den Leib als *Willensorgan* definiert (Tiemersma 1995) scheint er Husserls Gedanken vorwegzunehmen, der Leib sei Voraussetzung für jedes „Ich kann". 1880 erwirbt Husserl ebenfalls Alexander Bains *Geist und Körper* (Bain 1872), das schon Nietzsche beeinflusst hatte. Aus Bains Beschreibungen der Sinnesmotorik wird bei Husserl die phänomenologische Lehre der „Kinästhesen", bei der die physiologischen Bestimmungen gleichsam transzendental gewendet werden. Hier macht sich der Einfluss von Husserls Lehrer Carl Stumpf bemerkbar, der in der Diskussion über den psychophysischen Parallelismus jede Form von physiologischem Determinismus abgelehnt hatte sowie den sensualistischen Monismus (Ernst Mach, Gustav Theodor Fechner etc.).

Einen besonderen Einfluss übte zudem die Einfühlungstheorie von Theodor Lipps aus (Lipps 1903). Sie soll erklären, wie es möglich ist, das psychische Leben anderer nachzuvollziehen, obwohl wir doch nie einen direkten Zugang dazu haben. Was ein anderer empfindet, empfinden wir nicht selber und können es doch nachempfinden, weil wir uns wie von selbst in den anderen „einfühlen". Die psychischen Regungen sind dabei immer schon sinnlich-körperliche; auch das Einfühlen ist ein Fühlen und für Lipps ist damit der Leib stets im Spiel.

Die ersten ausführlichen Analysen zur Leiblichkeit kommen in Husserls Werk daher in der Fortführung von Lipps Einfühlungstheorie in Arbeitsmanuskripten ab 1909 zur Entfaltung (Hua XIII, Texte Nr. 2, 3 und 4; vgl. dazu ausführlicher Depraz 1995, 163–169). Dass die Frage nach Leiblichkeit hier im Zusammenhang intersubjektiver Beziehungen auftritt, ist nicht bedeutungslos. Wie bei Lipps wird auch bei Husserl der Leib dort zum Thema, wo er sich in seinem paradoxen Charakter aufdrängt: in der Begegnung mit dem Anderen, der zugleich leiblich sein muss, damit es so etwas wie eine Einfühlung überhaupt geben kann, und der zugleich nicht leiblich sein kann, da ihm genau das fehlt, was meinen Körper auszeichnet: dass ich ihn selbst erlebe und um ihn aus erster Hand weiß.

6. Eigenleib und Fremdleib

Der Leib des Anderen ist mir unvermeidlich auch nur als Körper gegeben; ich kann nicht im Körper des Anderen ‚walten', d.h. ich kann ihn nicht bewegen, so wie ich meinen eigenen Leib bewegen kann. Aus diesem Grund ist der Leib des Anderen mit meinem „nie vertauschbar", sodass sich „ein unüberbrückbarer Unterschied der Erfahrungen von meinem Leib und derjenigen von allen fremden Leibern" ergibt (Unveröffentlichtes Forschungsmanuskript von 1931 mit der Aufschrift „Rätsel, Paradoxa. Erfahrung als Handlung", Husserl-Archiv, Ms. B I 14 VII). Und trotz dieser Kluft weiß ich von dem fremden Leib auf noch andere Weise als über ein bloßes Faktenwissen, ich kann mich in einen fremden Leib hineinversetzen, wie ich mich niemals in einen Stein hineinversetzen könnte. Was in der Einfühlung stattfindet, ist die „*Interpretation* eines dem meinen ähnlichen Leibkörper als Leib und damit als Ich" (Hua XIII, 267). Die Möglichkeit des Hineinversetzenkönnens – der ‚Einfühlung' – muss beim Wort genommen werden: Es weist auf meinen eigenen Leib und sein Fühlenkönnen zurück. Die Empathie, das Fühlen-im-Anderen, setzt einen pathischen Eigenleib voraus.

Doch was heißt es dann zu fühlen, als „wenn ich dort wäre" (Hua I, 147)? Welchen Sinn hat hier das Als-Ob? Denn mein Leib erscheint mir nur von hier aus so, als wäre ich dort. Und dass mir mein Leib entgegentreten kann, bedeutet, dass ich meinen Leib so betrachte, als würde ich von dorther auf mein Hier blicken. Doch schon die Vorstellung einer äußerlichen Betrachtung des Leibes ist widersinnig, schließt der Leib-Begriff doch gerade diese Äußerlichkeit aus (Hua XIII, 256). Wir müssen uns also auf das Paradox einer immer schon vorgängigen Selbstverdopplung einlassen. Diese „widersprechende Vorstellung" macht nicht nur auf die intrinsische ‚Ichspaltung' aufmerksam, die Ichspaltung eröffnet zugleich den Ausblick auf Intersubjektivität, denn die Selbstverdopplung des Ich ist nicht zu trennen von der „Möglichkeit zweier Subjekte mit zwei Körpern" (Hua XIII, 263). Da ich nicht zugleich hier und dort sein kann, muss sich hier und dort ein Gleiches befinden, das in seiner Leiblichkeit in analoger Paarung zueinandersteht (Hua XIII, 264).

Mit seiner Theorie der Fremderfahrung, die Husserl zeitgleich zu den Arbeiten am zweiten Band der *Ideen* entwirft (1913–1916), soll ein dritter Weg beschritten werden, der den fremden Leib weder auf ein bloßes abgeleitetes Analogon des eigenen verkürzt (so Benno Erdmann in *Wissenschaftliche Hypothesen zu Leib und Seele* (Erdmann 1907), mit dem sich Husserl auseinandersetzt) noch Eigen- und Fremdleib unterschiedslos verschmelzen lässt (so Theodor Lipps Einfühlungslehre). Ein frühes Manuskript von 1907–1908 trägt bereits den programmatischen Titel „Gegen die Theorie des Analogieschlusses auf fremde Ich. Kritik an Benno Erdmann“ (Hua XIII, Appendix IX, 36–38). Doch Lipps’ empathische Fusionierung sei auch kein Ausweg: „Die Analogieschlusstheorie ist wohl falsch, aber die Kritik Lipps’ und meine ursprüngliche Kritik ist auch falsch“, liest man 1916 (Hua X, 38–41). Vielmehr geht es darum, zu klären, was hier Analogie überhaupt bedeuten kann. Offenbar gibt es eine Deckung der Erfahrung, sie ist jedoch nie restlos vollkommen („Die anschauliche Ähnlichkeit von eigenem und fremdem Leib auf Grund der phänomenalen unterschiebenden Deckung“, vgl. Hua XI, 55ff.).

Erst mit der späten Philosophie der 20er Jahre, der sogenannten „genetischen Phänomenologie“, erarbeitet Husserl mit seinem Begriff der „Paarung“ ein präzises Konzept für das schon von den Einfühlungstheoretikern gestellte Problem der Analogie. Der entscheidende Beitrag Husserls besteht jedoch darin, dass er die einfühlende „Hineinversetzung“ (Hua XIV, 545) auf die Leibmotorik zurückführt. Dass sich ein Ich an die Stelle eines anderen versetzen kann, hängt mit dessen motorischer Potentialität zusammen, als leibliches Wesen prinzipiell, im sogenannten „Wandel der Kinästhesen“, jedes Dort in ein Hier zu verwandeln. Auch später, in den *Cartesianischen Meditationen*, hält Husserl daran fest, dass der „fremde Mensch konstitutiv der an sich erste Mensch“ ist (Hua I, 153). Ich nehme dessen Leib wahr, bevor ich meinen eigenen wahrnehme, sodass es gleichsam einen genetischen Vorrang des fremden Leibes vor meinem eigenen gibt, dessen Konstitution stets einer vorgängigen Fremderfahrung verpflichtet ist. Eine Auffassung der eigenen leiblichen Existenz gibt es einzig „auf dem Umwege über die ‚Anderen‘“ (Hua XIV, 416).

Trotz dieser Betonung der unausweichlichen Vorgängigkeit der Intersubjektivität im Individuierungsprozess des Subjekts (Depraz 1995, Zahavi 1996) gewinnt der Eigenleib in den Manuskripten der 20er Jahre mehr an Gewicht und wird zunehmend in seiner Eigenständigkeit zu denken versucht. Nur der eigene Leib ist mir letztlich originär gegeben, vom Fremdleib kann es einzig eine „sekundäre Erfahrung“ geben, die sich auch darstellt als eine „Erfahrung mit prinzipieller Indikation von Nichterfahrbarem“ (Hua XIV, 350). Gewiss gibt es im Phänomen der Einfühlung „ein durch Komprehension vermitteltes ‚Hineinwirken‘ einer Subjektivität in die andere. Ein direktes Hineinwirken aber ist ausgeschlossen“ (Hua IV, 292). Mit der gleichzeitigen Grundierung des Egos in seiner motorischen Kinästhetik und damit der Öffnung auf einen lebensweltlichen Umraum wird das Privileg des Egos im Gegenzug wieder gefestigt. In letzter Konsequenz heißt das, dass der Andere nur als Körper leibhaftig (also wahrnehmungsmäßig originär) erscheint, als Leib aber (als Bewusstseinswesen) nur vermittelt leiblich: „Die äußerlich mir gegenüberstehenden Leiber erfahre ich wie andere Dinge in Urpräsenz, die Innerlichkeit des Seelischen durch Appräsenz." (Hua IV, 163–164) Leiblichkeit muss damit stets heißen: „Innenleiblichkeit" (Hua XIV, 330).

Durch die methodische Reduktion der Bewusstseinsvollzüge legt die Leibanalyse damit ein reines Ich frei, das Husserl auch als ‚Monade' bezeichnet. Anders als bei Leibniz hat sie ausdrücklich Fenster (Hua XIV, 260), allerdings garantieren erst die Fenster, dass es so etwas wie eine Innerlichkeit gibt. Husserls späte Texte stehen damit unter dem Zeichen einer gleichzeitigen Öffnung auf lebensweltliche Horizonte und dem Anspruch, sie mit einem erneuerten methodischen Cartesianismus zu vereinbaren. In den späten Manuskripten zur *Lebenswelt* heißt es dann, zu Leibern gehöre „wenn wir über die Mauer, die den Leibkörper abschließt, hinaussehen" eine „total andersartige Subjektivität, die wir ‚seelische Innerlichkeit' nennen" (Hua XXXIX, 273). Die Leiberfahrung zeitigt eine Erfahrung von Meinigkeit, die nicht etwa einem Ich aufgepfropft wäre, vielmehr erschließt sich das Ich, wie Husserl Ludwig Landgrebe gegenüber erklärt, allererst aus der Meinigkeit: „Die Entdeckung des mein geht der Entdeckung des Ich voraus" (Landgrebe 1974, 478). Ein Denken am Leitfaden des Leibes, wie es sich hier entfaltet, dient in Husserls Verständnis weniger einer Überwindung als einer Vollendung des Cartesianismus, d.h. einer Rückkehr auf den sicheren Boden unmittelbarer Gewissheiten. Überhaupt findet sich die Idee eines Privilegs des eigenen Körpers, diesem „Ding besonderer Art" (Hua IV, 158) bei niemand anderem als bei Descartes selbst. Schon in der *Sechsten Meditation* beschreibt Descartes, wie dieser „Körper, den ich nach einer Art Sonderbefugnis [*speciali iure*] den meinen nannte, mir enger angehörte als irgendein anderer" (Descartes 1641, 137).

Nun hat der Leib bei Husserl nicht nur den Status einer „konstitutiven Ausnahmestellung" (Hua XV, 263), er wird gar zum „Prototyp" (Hua XIV, 459) und „Urnorm" (Hua I, 154) für das, was Ichheit auszeichnet. Die Rückkehr zur Monade „Ich" ist nicht ohne eine gleichzeitige Verweltlichung zu verstehen, die *Monadisierung* nicht ohne eine *Mundanisierung*. Das durch die transzendentale Reduktion offenbarte Ich ist gerade ein allgemeines, sodass der Rückgang mithin keine Besonderheit freilegt, sondern einen „Allgeist", der allen weltlich-körperlichen Ichen gemeinsam ist. Doch gegen rationalistische Hypostasierungen betont Husserl, dass dieser Geist nichts anderes ist, als das, was davon erfahren wird: „Der Leib muß, um objektiv erfahrbar sein zu können, Beseelung eines objektiven Leibes sein." (Hua IV, 96) In diesem Sinne ist der Leib ist jeder Hinsicht als „Ausdruck" des Geistes zu verstehen, als Objektivierung, aber auch als Mittel, als Ergebnis, aber auch als Organ.

7. Ausdruck und Gemeinschaft. Die Kulturalität des Leibes

Der Leib ist damit für Husserl ein Ausdrucksleib, dessen Sinn sich in seinem „Gebaren“ manifestiert. Von einer Schichtentheorie, die Konstitutionsmomente von der materiellen Natur ausgehend über Leibkörperlichkeit bis hin zu geistigen Inhalten beschreibt, verlagert sich Husserls Phänomenologie zunehmend hin zu einer Artikulationstheorie, für die nicht zuletzt Merleau-Ponty einen besonderen Blick haben wird. Das Geistige ist nicht nur körperlich fundiert, es artikuliert sich leiblich: „Das Geistige drückt sich im Leiblichen aus und liegt in gewisser (nicht physischer) Weise in ihm, eben als Beseelung, als Sinn.“ (Hua XIII, 68) Husserls Artikulationstheorie des leiblichen Ausdrucks setzt damit weit früher an als die meisten philosophischen Theorien von Bedeutung. Eine solche Sinnkonzeption lässt das Auffassungsgeschehen schon dort beginnen, wo sich leiblich etwas auch nur minimal äußert, differenziert, artikuliert. Selbst das Auffassen personeller Identität findet nicht erst im Austausch von Meinungen statt, sondern vollzieht sich bereits im Medium leiblicher Regungen: „Die Menschen-Auffassung, die Auffassung dieser Person da, die tanzt und vergnügt lacht und plaudert oder mit mir wissenschaftlich diskutiert usw., ist nicht Auffassung eines an den Leib gehefteten Geistigen sondern die Auffassung von etwas, das sich durch das Medium der Körpererscheinung vollzieht.“ (Hua IV, 240) Sinnartikulation hat damit stets etwas mit einer Sinnesartikulation zu tun.

Die Konzeption des Leibes als „Ausdrucksfeld“ (Hua XIV, 354) kann als doppelte Erweiterung begriffen werden: Einerseits gegenüber Husserls eigener rein sprachlogischen Definition des Ausdrucks in der *I. Logischen Untersuchung*, wo sich der Ausdruck anders als das bloß erscheinende Anzeichen durch seinen Bedeutungsgehalt auszeichnet, andererseits gegenüber der Theorie der natürlichen Welt von Richard Avenarius, die den frühen Husserl beeinflusst hat. In der Ausarbeitung seiner Phänomenologie der Lebenswelt bedient sich Husserl Wilhelm Diltheys in *Der Aufbau der geschichtlichen Welt* (Dilthey 1910) ins Treffen geführten Begriffs des Ausdrucks, um die statischen Konzeptionen von Welt wie von Bedeutung zu überwinden. Denn tatsächlich waren Körpersprache, Mienenspiel und Gesten in den *Logischen Untersuchungen* aus der Klasse der Ausdrücke herausgenommen worden, da ihnen keine eindeutige Bedeutung zugeordnet werden kann (Hua XIX/1, 37). In den Texten zur Intersubjektivität und später zur Lebenswelt wird das leibliche Ausdrucksereignis im Gegenteil zum Hinweis eines Sinngeschehens.

Nur das Ich, dessen Leib auch ein „ausdrückender Leib“ ist, zählt rechtmäßig als „personales Ich“ und damit als Träger von Bedeutungen (Hua IV, 247). In all den leiblichen Regungen bekundet sich so etwas wie ein persönlicher Stil, ein Habitus. Doch was für den Personenleib gilt, gilt für die sinnliche Welt mit ihren entsprechenden Ausdrucksmannigfaltigkeiten genauso: Bedeutung in der Welt ist materiell fundiert, äußert sich leiblich und offenbart damit eine jeweilige

„Typik" (Hua IV, 270ff.). Es ist daher nicht möglich, eine rein ideale Anschauung der Idee „Hund" zu haben, Anschauung setzt vielmehr eine empirische Konkretisierung des *Was* im Modus des *Wie* voraus. „Die faktische Welt ist typisiert erfahren" (Husserl 1939, 398), es gibt sie gleichsam nur im „Relief" der Abwandlungen, als durch einen wiedererkennbaren „Stil" geprägt. Das gegenwärtige Sosein eröffnet, in seiner Typik, eine Horizontstruktur zurückweisender und vorausgreifender Perspektiven. „Sehen wir einen Hund, so sehen wir sofort sein weiteres Gehaben voraus, seine typische Art zu fressen, zu spielen, zu laufen, zu springen usw." (Husserl 1939, 399) Vom individuellen Stil verweist die Frage nach dem leiblichen Ausdruck damit auf Allgemeintypiken, auf eine geteilte Welt, auf Praxen wie auf Geschichtlichkeit. Denn nur da gibt es eine wiedererkennbare Prägung, wo es Vergleichbarkeiten in Raum und Zeit gibt.

Wenn Husserl gegen Ende seines Lebens feststellt, es gebe ein „Apriori der Leiblichkeit" (Hua XXIX, 326), dann ist diese Leiblichkeit immer schon mehr als die eines einzelnen Subjekts, das notwendig auf einen Körper angewiesen wäre, sondern deutet vielmehr in Richtung eines „Logos der ästhetischen Welt", der notwendig sinnlich verfasst sein muss: „Der Leib jedes Gemeinschaftssubjektes muss *a priori* vom selben sinnlichen Typus sein" (Hua XIII, 378), erst diese Gemeinsamkeit in der sinnlichen Verfasstheit gestattet die Möglichkeit einfühlender Bezugnahme und sinnhafter Kommunikation. „Leiblichkeit" – so heißt es in einer Beilage von 1912 formelhaft – fungiert „als Vermittlung der Geister" (Hua XIII, Beilage XXIX). Husserl geht sogar so weit, von einer regelrechten „Einfühlungsgemeinschaft" (Hua XIV, 315) zu sprechen, wobei Kultur als solche nun definiert wird als die Möglichkeit des „Einverstehens in Anderer erfahrendes Leben" (Hua XV, 529). Anders als in den dyadischen Beschreibungen von Lipps' Psychologie garantiert Kultur nicht nur die Einfühlung in ein Gegenüber, sondern auch in vergangene oder sogar kommende Bewusstseinszustände, indem sie diese materiell sedimentiert. Kultur wird dann zum „Inbegriff der Leistungen, die in den fortlaufenden Tätigkeiten vergemeinschafteter Menschen zustande kommen und die in der Einheit des Gemeinschaftsbewusstseins und seiner forterhaltenden Tradition ihr bleibendes geistiges Dasein haben. Aufgrund ihrer physischen Verleiblichung [...] sind sie in ihrem geistigen Sinn für jeden zum Nachverstehen Befähigten erfahrbar" (Hua XXVII, 21).

Anders als die Fleischwerdung, deren Mysterium sich dem rationalen Verstehen entzieht, will Husserl mit seinem Konzept der „Verleiblichung" das Apriori jeden Verstehens angeben (Depraz 1993). Verleiblichung heißt damit Verweltlichung und Verzeitlichung, denn Sinn offenbart sich für ein endliches Bewusstsein erst in Abwandlungen, Abweichungen und Modifikationen. Die Verleiblichung besteht ferner nicht bloß im Nachvollzug einer Menschwerdung, denn die Leiblichkeit vermag sogar über die empirische Existenz eines Einzelnen fortzudauern, wie die Manuskripte zur Konstitution der geistigen Welt andeuten. „Ein Mensch ist nur, solange der Leib organisch lebt" (HuM VIII, 442), aber in den materiellen Sedimentierungen der Kultur kann ein geistiger Inhalt fortdauern, über die „Pausen" hinaus, auch wenn ihn kein Bewusstsein gegenwärtig aktualisiert. Denn „schließlich erfahre ich eine Welt, die immer schon war, Leiber und Subjekte, die früher waren als ich selbst, ich über nehmen in Deckung mit ihnen ihre Vergangenheit." (ebd., 439) Didier Franck geht in seinem wichtigen Buch zu Leib und Körper bei Husserl gar so weit zu behaupten, dass es der Leib ist, der für Husserl allererst Zeitlichkeit stiftet (Franck 1981, Kap. 17).

In der Beilage zur *Krisis*-Schrift zum *Ursprung der Geometrie* diskutiert Husserl die Bedeutung der Verleiblichung von Idealitäten – in diesem Fall der Erfindung der Geometrie – als Bedingung ihrer Nachvollziehbarkeit. Die Idealität muss ihren „Sprachleib" erhalten (Hua VI, 371), aber die leibliche Verkörperung des Ausdrucks muss selbst wiederum in Zeiten, „in denen der Erfinder und seine Genossen nicht in solchem Konnex wach oder überhaupt nicht mehr am Leben sind", im Körper der Schrift niedergelegt werden, um später reaktualisiert werden zu können (ebd.). Ein solcher Schriftkörper stellt dann das Paradox einer nichtgegenwärtigen Verleiblichung als Bedingung künftiger lebendig-gegenwärtiger Anschauung dar. Sinn verweist damit, selbst wenn er empirisch archiviert wird, auf kommende Wiederaufnahmen und Verknüpfungen. Schon „die bedruckte Seite oder der gesprochene Vortrag" enthält seinen Sinn nicht vollständig in sich, vielmehr ist zu erkennen, „wie schon da vordeutend Sinn hinweist auf einen neuen Sinn, neue Worte, wie sich Worte zu Wortgebilden, zu Sätzen, die Sätze zu Satzzusammenhängen verbinden dadurch, dass der beseelende Sinn solche Rhythmisierung hat, solche Sinnesverwebung hat, solche Einheit, eine Einheit, die [...] ihre Leiblichkeit in Wortunterlagen" hat (Hua IV 240–241). Auf Husserls Spuren ist es innerhalb der Phänomenologie dann maßgeblich Maurice Merleau-Ponty, der die Idee vom „kulturelle[n] Leib" weiter entfaltet (vgl. erstmals in Merleau-Ponty 1942, 224, Anm. 1; dt. 1976, 244, Anm. 1).

8. „Ein merkwürdig unvollkommen konstituiertes Ding". Mangel und Überschuss des Leibes

Wie ist aber nun die Rede von einer Leiblichkeit des gedruckten Blattes mit der Behauptung zu vereinbaren, dass Leiblichkeit an fungierende Intentionalität geknüpft ist (Hua I, 146)? Wird der Unterschied zwischen Leiblichkeit und Körperlichkeit, von Husserl selbst eingeführt, hier nicht wieder kassiert? Dieser scheinbare Widerspruch lässt sich nur durch eine erneute Rückkehr zu Husserls Verständnis der Leibintentionalität erläutern. Während der Leib hinsichtlich seiner objektiv-dinglichen Seite eindeutig determiniert ist (er befindet sich nur hier und nirgendwo sonst), ist er sich als „leistender" bzw. „fungierender" Leib immer schon anderswo und über sich selbst hinaus. Indem er in Bewegung begriffen ist, lässt sich sagen, dass der kinästhetische Leib „immer wieder orientierten Raum freigibt", aber auch immer wieder anderen Raum einnimmt (Hua XV, 270). Er verfügt, indem er prinzipiell jedes Dort in ein Hier verwandeln kann, immer schon über mehr, als er aktuell inne hat; darin liegt seine Potentialität, darin der Sinn des „Ich kann", durch den ein leibliches Subjekt buchstäblich an die Dinge selbst rühren kann. In diesem Sinne ist dann wohl auch zu verstehen, dass der Sprach- und Schriftleib einen kontinuierlichen Konnex der „Tradition" gewährleisten, wo ein zeiträumlicher Abstand vorliegt.

Während ansonsten Husserls Phänomenologie als Anschauungsphilosophie dem abendländischen Okularzentrismus huldigt, findet sich wie vielfach bemerkt gerade in der Analyse der Kinästhesen in den *Ideen II* eine Aufwertung des Tastsinns gegenüber dem Sehsinn: „Jedes Ding, das wir sehen, ist ein tastbares, und als solches weist es auf eine unmittelbare Beziehung zum Leib hin, aber nicht vermöge seiner Sichtbarkeit. Ein bloß augenhaftes Subjekt könnte gar keinen erscheinenden Leib haben" (Hua IV, 150). Wie ist diese Privilegierung des Tastsinns zu erklären? Die „Unterschiede zwischen visuellem und taktuellem Gebiet" (§37) führt Husserl darauf zurück, dass der Leib in der taktilen Wahrnehmung nicht nur *etwas* wahrnimmt, sondern sich dabei immer auch *selbst* empfindet. Anders als eine visuelle (oder auditive) Wahrnehmung, die ich mit anderen teilen kann, ist das Gefühl der Berührung unmissverständlich meines. Die taktile Berührung wird damit für Husserl gleichsam zum neuen cartesianischen Boden einer Ich-Konstitution durch den Leib, den auch die Möglichkeit der Sinnestäuschung nicht tangieren kann. Überhaupt kann nur in der Berührung der Leib zugleich als Dingkörper und als lebendiger Empfindungsträger erfahren werden: wenn die rechte Hand die linke berührt, nimmt sie nicht nur einen Gegenstand wahr mit den entsprechenden Oberflächenqualitäten etc., die linke Hand selbst wird dadurch ‚erweckt'. Das physische Ding „wird Leib, es empfindet" (Hua IV, 145). Die „Reflexion in der Einfühlung" (Hua IV, 185) hat damit selbst eine noch originärere Vorlage in der Reflexion des Leibes, der schon *in praxi* „auf sich selbst bezogen" ist (Hua I, 128).

Mit der Analyse des taktilen Chiasmus liegt ein Modell von Reflexivität vor, der dem Begriff nichts verdankt. Verschiedene Phänomenologen haben eben diesen vorprädikativen Weg der Selbstaffektion weiter ausgebaut (vgl. namentlich die Leibphänomenologie von Michel Henry in dem Beitrag von SCHEIDEGGER in diesem Band). Jacques Derrida hat in seinen mittlerweile schon klassisch gewordenen Husserl-Lektüren entsprechend den Vorwurf erheben können, die Husserl'sche Phänomenologie ziele auf den von jeder Fremdkontamination immunen Solipsismus der Selbstaffektion. Der Leib ist dann Autor und Gegenstand seiner selbst, der Zirkel ist vollkommen und entbehrt jeder Alterität (Derrida 1967). Offen bleibt hingegen dabei, ob es eine „Wahrnehmung des Leibes" geben kann, die zeitgleich im *genitivus obiectivus* wie im *genitivus subiectivus* steht. Husserls Idee des Leibes als „Umschlagspunkt" (Hua IV, 161) bzw. „Umschlagstelle" (Hua XIV, 351) scheint dem zu widersprechen. Merleau-Ponty, der hierauf aufbauend seine Theorie der sinnlichen „Reversibilität" entwirft, spricht von einer asymptotischen Annäherung an eine Erfahrung, bei der das leibliche Subjekt zugleich wahrnehmend und wahrgenommen wäre, eine Erfahrung, die sich aber nie einstellt, sondern immer auf die eine oder andere Seite kippt (vgl. den Beitrag von ALLOA zu Merleau-Pontys Spätwerk). Ob Husserl bereit wäre, so weit mitzugehen, lässt sich bestreiten. Fest steht jedenfalls, dass er gute Gründe dafür liefert, warum der Leib selbst nicht *als Leib* wahrgenommen werden kann.

Denn dass der Leib die reflexive Funktion des denkenden Cogitos bei Descartes übernehmen kann, beweist, dass der Leib nicht Gegenstand, sondern Medium eines Egos ist. Das Medium thematisch in den Blick zu nehmen, bedeutet, es als Medium zu verlieren, denn dadurch würde ausgesondert, was *durch* den Leib gegeben ist, denn den Leib „nehmen wir wahr, aber ins eins damit auch die Dinge, die ‚mittels' des Leibes wahrgenommen sind" (Hua V, 10). Der „unmittelbar spontan beweglich[e]" Leib (Hua IV, 152) gestaltet sich dementsprechend als ein paradoxes Medium der Unvermitteltheit: alle Wahrnehmung geschieht durch den Leib, doch dasjenige, *wodurch* wahrgenommen wird – der Leib, der mir das „Nächste" ist (Hua XIV, 58) – kann gerade nicht adäquat wahrgenommen werden. „Derselbe Leib, der mir als Mittel aller Wahrnehmung dient, steht mir bei der Wahrnehmung seiner selbst im Wege." (Hua IV, 159) Jeder Versuch, das, was uns den Zugang zu den Gegenständen verschafft, selbst wiederum zum Gegenstand zu machen, muss unweigerlich scheitern, da sich der eigene Leib nicht veräußern oder objektivieren lässt. Nur solange kann der Leib fungieren, wie er in der Anschauung nicht selbst, sondern nur mitgegeben ist. Freilich: im Spiegel erscheinen wir so, wie wir den anderen erscheinen, nämlich von außen. Und doch geht gerade die Leiblichkeit des Leibes verloren; nicht der Blick wird wahrgenommen, sondern eine Pupille. „Weil mein Körper Leib ist, kann ich ihn nicht sehen. An sich ist er außerhalb sichtbar, als Körper, nur aber nicht als Leib, wenn das sehende Ich diesen Körper haben soll." (Hua XIII, 282) Die Rede vom Leib als „Nullerscheinung" (Hua XIV, 510ff.) muss daher beim Wort genommen werden.

Der Leib stellt den „Nullgrad" aller Erscheinungen dar, er „trägt den *Nullpunkt* aller Orientierungen in sich" (Hua IV, 158), insofern er weder einer transzendentalen Anschauungsform entspricht noch im räumlichen Koordinatennetz aufgeht, sondern eben den Nullpunkt eines orientierten Raums darstellt, deren Koordinaten er selbst entwirft und permanent durch jede seiner Bewegungen verlagert. Hier und Jetzt, Oben und Unten, Rechts und Links wären ohne den leiblichen Nullpunkt, der sie ortet, leere Worthülsen. Doch ähnlich wie die Null ist auch der Leib weder Teil der abzählbaren Dinge noch liegt er jenseits davon, er ist weder Gegenstand der Erscheinung noch ungegenständlich, sondern vielmehr Medium aller Gegenstände. Als das, was alle meine Erfahrungen begleitet, kann ich mich vom Leib nicht entfernen oder herausschälen; er ist immer mit im Spiel und an den Rändern im Blick, aber zumeist als Grund oder Bühne, vor dem anderes erscheinen kann.

Husserl prägt, um diesen Sachverhalt zu beschreiben, die schöne Formel vom Leib als dem „merkwürdig unvollkommen konstituierte[n] Ding" (Hua IV, 159). Als dasjenige, was seine dingliche Bestimmung immer schon überschreitet und zugleich in seiner phänomenalen Unabgeschlossenheit stets hinter seiner objektiven Bestimmbarkeit zurückbleibt, ist der Leib durch einen gleichzeitigen Überschuss und Mangel gekennzeichnet. Darin liegt nicht zuletzt jenes von Husserl immer wieder umkreiste „Rätsel des Leibes" (Waldenfels 2000a). Eben die Unmöglichkeit seiner vollständigen Auflösung erklärt vielleicht, warum vor Husserl – aber man kann hinzufügen: auch nach ihm – „eine selbstständige eigene Somatologie nie ausgebildet worden ist" (Hua V, 10).

Literatur:

Husserl Hua I, Hua IV, Hua XIII–XV, Husserl 1939, Franck 1981, Depraz 1995.

Maurice Merleau-Ponty I – Körperschema und leibliche Subjektivität

Stefan Kristensen

1. Überblick

Maurice Merleau-Pontys Begriff des Leibes erschöpfend zu definieren wäre eine Sache der Unmöglichkeit; seine Phänomenologie kann geradezu als lebenslanges Unterfangen gelten, den Sinn von Leiblichkeit stets neu zu umkreisen und von dieser nicht objektivierbaren Leerstelle, die das Wort ‚Leib' benennt, her zu denken. Im Folgenden soll daher weniger der Versuch unternommen werden, eine erschöpfende Definition von Merleau-Pontys Leibbegriff aufzustellen. Der Beitrag nähert sich dem Ort der Leiblichkeit innerhalb von Merleau-Pontys Werk vielmehr vom Rand her, nämlich indem er die produktive Wiederaufnahme und Weiterentwicklung eines anderen Begriffs nachzeichnet: dem Körperschema. Dieser Begriff stammt aus der Neurologie und der Psychologie des frühen 20. Jahrhunderts (H. Head P. Schilder, J. Lhermitte). Anhand dieses Begriffs soll die Einheit des Körpers als lebendiges, wahrnehmendes und sich bewegendes Wesen erklärt werden.

Bei Merleau-Ponty wird das Körperschema als das „Zur-Welt-Sein" des Leibes verstanden, d.h. es steht sowohl für die Einheit der gelebten Leiblichkeit als auch für die Einheit des Wahrgenommenen. Tatsächlich weist die bereits sehr frühe Rezeption dieses Begriffs auf die Tatsache hin, dass für Merleau-Ponty die Frage nach der Leiblichkeit untrennbar mit einer anderen verbunden ist, nämlich mit der nach Subjektivität und umgekehrt die Frage nach Subjektivität mit der nach Leiblichkeit. Die aktuelle Forschung in den Neurowissenschaften und in der Psychologie zeigt ganz deutlich die Relevanz des Begriffes Körperschema, insbesondere was die Einheit von Wahrnehmung und Motorik, und die Einbeziehung der Präsenz des Anderen in den eigenen Haltungen und Bewegungen betrifft. Aber das Potential des Begriffes übertrifft bei weitem die Debatten der heutigen Wissenschaften; der ontologische Begriff des Fleisches (*chair*), der im Spätwerk eingeführt wird, um die Einheit des Wahrnehmenden und des Wahrgenommenen zu beschreiben (vgl. dazu den Beitrag von ALLOA), ist ohne das Körperschema kaum zu verstehen. Quer durch Merleau-Pontys Werk benennt der Begriff des Körperschemas den Ort der Frage nach der Subjektivität leiblicher Existenz.

2. Die Aufgabe einer phänomenologischen Beschreibung des Leibes

Nach dem Seinssinn von Subjektivität zu fragen bedeutet, zu fragen, was es heißt, dass ein Subjekt sowohl zur Welt gehört als auch das Zentrum und die Quelle seiner erlebten Welt ist. In Merleau-Pontys Worten muss das *In*-der-Welt-Sein des Subjekts mit seinem *Zur*-Welt-Sein einhergehen. Darum muss das Subjekt bei Merleau-Ponty ein leibliches sein, denn nur der Leib vermag jene Doppelauflage zu erfüllen: der Leib ist sowohl *in der Welt* als auch *zur Welt*, er hält sich im Raum auf, verhält sich jedoch auch stets dazu, er ist raumgreifend, stiftet aber auch einen Umraum. Merleau-Pontys Theorie der Subjektivität gestaltet sich daher von Anbeginn als Theorie ge- und erlebter Leiblichkeit: reflexiv ist das Subjekt zuallererst insofern, als es als ein leibliches zugleich Wahrnehmendes und Wahrgenommenes ist. Diese Grundidee hält sich das gesamte Werk hindurch, von der ersten Phase von *Die Struktur des Verhaltens* (1942) und der *Phänomenologie der Wahrnehmung* (1945), als auch in der späteren, ab Antritt des Lehrstuhls am Collège de France im Jahre 1952 bis hin zur Spätontologie und dem damit verbundenen Projekt *Das Sichtbare und das Unsichtbare*, das aufgrund des plötzlichen Todes 1961 nur Torso blieb.

In seinem Hauptwerk, die *Phänomenologie der Wahrnehmung*, stellt Merleau-Ponty zuerst das spezifische Wahrgenommensein des Leibes dar. Der Leib ist zwar Gegenstand meiner Wahrnehmung, unterscheidet sich darin aber wesentlich von anderen Gegenständen: „Bereits die Deskription des eigenen Leibes in der klassischen Psychologie schreibt ihm ‚Charaktere' zu, die mit der Seinsweise eines Gegenstandes unvereinbar sind." (Merleau-Ponty 1945, 115) Ein Gegenstand zeichnet sich durch die Tatsache aus, dass „er sich aus meinem Gesichtsfeld entfernen, schließlich also auch aus ihm verschwinden kann. Seine Gegenwart ist eine solche, die nie ohne mögliche Abwesenheit ist" (ebd.). Ganz anders steht es um den Leib. Vom Leib kann man sich nicht verabschieden, abwenden oder entfernen; er lässt sich nicht auf Distanz halten und ist gleichsam immer bei mir, auf meiner Seite. Während auch jeder andere sinnliche Gegenstand dank seiner Sinnlichkeit immer nur in einem bestimmten Blickwinkel erscheint, kann ich aufgrund meiner Beweglichkeit – die die Beweglichkeit meines Leibes ist – um den Gegenstand herumgehen, die Blickwinkel variieren usw. Mein Leib selbst zeigt sich mir dagegen immer nur aus derselben Perspektive, er liegt stets am Rand meines Wahrnehmungsfeldes. Als das, *womit* ich Welt wahrnehme, ist der Leib als wahrgenommener immer nur *mit* im Feld, und nie als eigenständiger Gegenstand. „Als die Welt sehender oder berührender ist so mein Leib niemals imstande, selber gesehen oder berührt zu werden." (Merleau-Ponty 1945, 117) Wenn der Leib mehr sein soll als ein bloßer – etwa physiologisch definierter – Körper, wenn er also *von mir* als Leib, als *Eigen*leib (*corps propre*) erlebt werden soll, muss er seinen Gegenstandscharakter verlieren und für mich in gewisser Hinsicht unzugänglich werden (vgl. dazu das 3. Kapitel des 1. Teiles der *Phänomenologie der*

Wahrnehmung, überschrieben mit „Die Räumlichkeit des eigenen Leibes und die Motorik"; sowie Bernhard Waldenfels' bündige Einführung in Waldenfels 2000a, 112–122). Dass der Leib dennoch Handlungs- und Beziehungsmitte bleibt, dass sich von dorther mein Weltbezug ordnet und dass ich mich auf mich selbst als leiblichem Subjekt rückbeziehen kann, setzt voraus, dass der Leib in irgendeiner, wenn auch nicht mehr gegenständlichen Weise strukturiert ist. Der Begriff, den Merleau-Ponty hier für die Beschreibung der so verstandenen somatischen Struktur heranzieht, ist der Begriff des *Körperschemas*.

Der Begriff des Körperschemas stammt ursprünglich aus der Neurologie und Psychologie, und findet sich insbesondere in den Arbeiten des englischen Neurologen Henry Head (1861–1940), des Wiener Psychoanalytikers Paul Schilder (1886–1940) und des französischen Neuropsychiaters Jean Lhermitte (1877–1959) (Head 1911, Schilder 1935, Lhermitte 1939). Doch schon bei diesen Autoren schwanken die Bezeichnungen: Head spricht vom „postural schema", Schilder vom „Körperschema", das er mit dem englischen „body-image" übersetzt, und bei Lhermitte ist von „image du corps" die Rede. Shaun Gallagher (2005a, Kap. 1) schlägt eine Klärung der Terminologie des „*embodiment*" vor, indem er eine scharfe Trennung zwischen der unbewussten Dimension des Körperschemas und der bewussten Dimension des Körperbildes zieht. Das Körperschema trage zur Einheit von Motorik und Wahrnehmung bei, während das Körperbild mit der Vorstellung des Subjekts von seinem eigenen Leibe zu tun habe. Es stellt sich aber die Frage, ob diese Trennung überhaupt haltbar ist, insofern als die klinische Praxis deutlich zeigt, dass die beiden Aspekte eng miteinander verflochten sind.

In seiner Studie der „postural recognition" von 1911 stellt Head die Frage, woher es kommt, dass wir stets über unsere Körperbewegungen und -lagen im Bilde sind? Die Erklärung kann auf der bewussten Ebene nicht liegen, denn in vielen pathologischen Fällen haben die Patienten weiterhin ein Bewusstsein von der richtigen Lage der Gliedmaßen, obwohl sie diese nicht mehr zu steuern vermögen: „The visual image of the limb remains intact, although the power of appreciating changes in position is abolished." (Head 1911, 186) Die bewusste Vorstellung einer Bewegung kann also nicht das bestimmende Moment sein für die leibliche Bewegung. Es lohnt sich hier, einen längeren Satz zu zitieren, auf den Merleau-Ponty immer wieder zu sprechen kommt:

> „Every recognizable change enters into consciousness already charged with its relation to something that has gone before, just as on a taximeter the distance is presented to us already transformed into shillings and pence. [...] For this combined standard, against which all subsequent changes of posture are measured before they enter consciousness, we propose the word ‚schema'." (Head 1911, 187)

Auch Paul Schilder zitiert am Anfang seines Hauptwerks, *The Image and Appearance of the Human Body*, Heads Studie und unterstreicht, dass das Körperschema keine Vorstellung im eigentlichen Sinne sei, sondern ein Begriff für die Selbsterscheinung des Leibes: „The body schema is the tri-dimensional image everybody has about himself. We may call it ‚body-image'. The term indicates that we are not dealing with a mere sensation or imagination. There is a self appearance of the body." (Schilder 1935, 11) Genau diese Idee einer sichbewegenden und sichwahrnehmenden Leibstruktur ist auch für Merleau-Ponty wesentlich, die er als *motorische Intentionalität* begreift (Merleau-Ponty 1945, 166ff). Die pathologischen Fälle, in denen Handlung und Wahrnehmung auseinandertreten, weisen ex negativo auf die originäre Verschränktheit von *Aisthesis* (Wahrnehmung) und *Kinesis* (Bewegung) im Körperschema hin, welches die intentionale Gerichtetheit in der Welt gewährleistet:

> „Denn der Normale hat seinen Leib nicht bloß als ein System aktueller Positionen, sondern ebensosehr und in eins damit als offenes System einer Unendlichkeit gleichwertiger Stellungen in anderen Orientierungen. Was wir das Körperschema nannten, ist eben dieses System von Äquivalenzen, diese unmittelbar gegebene Invariante, auf Grund deren die verschiedensten Bewegungsaufgaben augenblicklicher Transposition fähig sind. Es ist also nicht alleine eine Erfahrung meines Leibes, sondern eine Erfahrung meines Leibes in der Welt." (Merleau-Ponty 1945, 171)

Der so verstandene Begriff des Körperschemas erfreut sich gegenwärtig einer regelrechten Renaissance in der Neurologie und in der Leibphilosophie, die sich hier auf Merleau-Ponty zurückbezieht, so etwa Shaun Gallagher in seinem Buch *How the Body Shapes the Mind* (Gallagher 2005a), David Morris (1999; 2004, 36–52), oder, wenn auch in anderer Terminologie, Dorothée Legrand (Legrand 2006). Legrand beschränkt sich allerdings auf motorische und sensorische Aspekte, wohingegen Merleau-Ponty schon in seinen ersten Werken damit immer schon eine viel breitere Auffassung von Intentionalität verbindet. Mit David Morris' Formulierung ist das Körperschema „the primordial habit-matrix of the body […], in other words, the principle of the natural perceptual dialogue in which the world and body permeate and separate from another – enmesh and ‚give birth' to one another's perceptual identities – through their impermeation." (Morris 1999, 282) Das Körperschema wäre also eine dialektische Struktur, die einerseits mich in Kontakt mit dem Anderen setzt, und andererseits, durch eben diesen Kontakt, meine Identität entstehen lässt. Dies heißt, dass das Körperschema das Prinzip unserer Reflexivität darstellt: „To say that the body schema is an *a priori* of the lived body is thus precisely to say that it is self-conceptual, since the expressive unity of which the body schema is the principle gives us our experience of the lived body in the first place, and it is this expressive unity that leads us to elucidate the body schema." (ebd.) Das Körperschema ist eine apriorische Einheit, die, als immanente Struktur, in all jenen Körpergeschehen, die sie ordnet, zum Ausdruck kommt. Dank dem Körperschema ist mein Leib „nicht eine Summe nebeneinandergesetzter Organe, sondern ein synergisches System, dessen sämtliche Funktionen übernommen und verbunden sind in der umfassenden Bewegung des Zur-Welt-seins“ (Merleau-Ponty 1945, 273); aufgrund des Körperschemas ist mein Leib „der Ort des Phänomens des Ausdrucks, oder vielmehr dessen Aktualität selbst, [...] gemeinsame Beschaffenheit aller Gegenstände“ (Merleau-Ponty 1945, 274f).

3. Die Notwendigkeit neuer Begriffe

In den ersten Schriften versucht Merleau-Ponty noch, die Selbststrukturierung des Leibes mithilfe von traditionellen Begriffen wie Bewusstsein, Stoff oder Form zu beschreiben. Solche herkömmlichen Kategorien erweisen sich jedoch durch die Einführung des Begriffs des Körperschemas als unbrauchbar, stellt sich doch heraus, dass die präreflexive Einheit durch Dichotomien wie Form und Materie nicht einzuholen ist. Obwohl Merleau-Ponty dies in der Phänomenologie der Wahrnehmung feststellt, scheint er vor den theoretischen Konsequenzen zu zögern, die sich durch einen völligen Verzicht auf die herkömmlichen Begrifflichkeiten ergäben. „Doch haben wir gesehen, dass die ursprüngliche Wahrnehmung nicht-thetische, vorobjektive und vorbewusste Erfahrung ist. Sagen wir also *vorläufig*, dass es nur Materie möglicher Erkenntnis gibt.“ (Merleau-Ponty 1945, 282) Das frühe Hauptwerk bewegt sich damit, obwohl es die Grundgedanken des Spätwerks in nuce bereits enthält, noch weithin in den Bahnen der klassischen Bewusstseinsphilosophie, etwa, wenn die immanente Einheit des Leibes als Synthesis konzeptualisiert wird. Die leibliche Einheit wird damit gleichsam nach dem Modell der reflexiven Synthesis eines intentionalen Bewusstseins entfaltet. Endgültig aufgegeben wird dieses bewusstseinstheoretische Relikt methodisch erst in der 1953 am Collège de France gehaltenen Vorlesung, *Le monde sensible et le monde de l'expression* (*Die sinnliche Welt und die Welt des Ausdrucks*), die vor kurzem zugänglich gemacht wurde. Der Leib selbst ist es nun, der als implizites System motorischer wie intersensorischer Übertragungen die ganze Arbeit der Intentionalität vollzieht. Die Einheit des Leibes wird damit nicht länger nach dem Vorbild der Einheit des Bewusstseins gedacht, es ist vielmehr die reflexive Einheit des Bewusstseins, die sich – wie im Folgenden noch deutlich werden soll – als der Reflexivität des Sinnlichen gegenüber sekundär erweist.

Die Ordnungen des Verstandes überhaupt von den Ordnungen des Sinnlichen her begreifen zu können, setzt allerdings voraus, dass es hier einen kontinuierlichen Übergang gibt. Diese Frage ist Gegenstand einer Diskussion, die sich 1946 an einen Vortrag von Merleau-Ponty vor der Société française de philosophie anschließt. Der Philosophiehistoriker Emile Bréhier, der von einem radikalen Bruch zwischen Wahrnehmung und Vernunft ausgeht, fragt Merleau-Ponty, ob Philosophie wirklich darin bestehen kann, „sich auf die Welt, auf die

Dinge einzulassen, [...] oder ob die Philosophie nicht in einer Bewegung besteht, die diesem Sich-Einlassen gerade entgegengesetzt ist. Ich für meinen Teil glaube, dass die Philosophie immer eine solche Entgegensetzung anstrebt." (Merleau-Ponty 1946, 56) Die von Merleau-Ponty behauptete Kontinuität zwischen Wahrnehmung und Vernunft ist für Bréhier zunächst nur eine Behauptung, die erst noch bewiesen werden will, wenn die Rede über die Strukturen der Wahrnehmung mehr sein soll als nur eine literarische Phantasie (Merleau-Ponty 1996, 59f). Auf diesen Einwand geht Merleau-Ponty nicht direkt ein, bis auf die Bemerkung, Philosophie müsse eine „kritische Bestandsaufnahme unseres Lebens" sein (Merleau-Ponty 1946, 59). Jean Hyppolite, der Studienkollege und Freund von Merleau-Ponty, greift hier Bréhiers Argument wieder auf, um auf die unausgesprochene Prämisse hinzuweisen: ein ontologisches Verständnis von Sinn, das Sinnlichkeit und Verstand verbinden könnte. „Ich möchte nur bemerken, dass ich keine notwendige Verbindung zwischen den beiden Teilen des Exposés sehe, zwischen der Beschreibung der Wahrnehmung, die keine Ontologie voraussetzt, und den entwickelten philosophischen Schlussfolgerungen, die eine bestimmte Ontologie voraussetzen, nämlich eine Ontologie des Sinns." (Merleau-Ponty 1996, 77) Obwohl Merleau-Ponty in der Diskussion Hyppolites Einwand als religionsphilosophisches Argument von sich weist, stellt sich diese Diskussion in den Folgejahren als wegweisend heraus. Während die kommenden Texte von 1946 bis in die frühen Vorlesungen am Collège de France hinein vornehmlich dem Problem des Sinns gewidmet sind (etwa in dem abgebrochenen und erst posthum veröffentlichten Projekt *Prosa der Welt*), deutet sich die Wendung zur Ontologie immer deutlicher an. Die Antwort auf die Frage nach Sein und Bedingung von Welt wird dabei allerdings nicht in neuen transzendentalen Möglichkeitsbedingungen gesucht, sondern im Gegenteil in einem radikalisierten Verständnis von Leiblichkeit, das sich vom Objektmodell endgültig löst (vgl. dazu den Beitrag von Alloa in diesem Band).

4. Das Primat der Bewegung

Um die Rolle des Körperschemas zu verstehen, muss die Rolle der Bewegung als grundsätzliches Phänomen geklärt werden. Wenn Merleau-Ponty in der *Phänomenologie der Wahrnehmung* das Problem der Subjektivität einführt, ist die Frage der Bewegung schon durchaus präsent. Schon hier wird der Leib als ein grundsätzlich motorischer definiert, was nicht nur bedeutet, dass der Leib zur Bewegung fähig ist, sondern auch, dass die Bewegungen des Leibes selbst wiederum Raum und Zeit strukturieren, verschieben, kurzum: in Bewegung bringen. Nun ist die These der motorischen Intentionalität (*intentionalité motrice*) solange problematisch, wie Merleau-Ponty den Leib noch als einen Vermittler zwischen dem Bewusstsein und dem Ding versteht. Solange der Leib als – sei es auch unersetzbares – Instrument des Bewusstseins begriffen wird, bleibt die Analyse der Bewegung im Bannkreis einer Bewusstseinsphilosophie und die motorische Intentionalität wird nach dem Vorbild der geistigen Intentionalität konzipiert. Die Beschreibung des In-der-Welt-Seins bleibt statisch: durch den leiblichen Verkehr mit den Dingen bilden sich Gewohnheiten heraus (*habitudes*), die sich zu Bedeutungen verfestigen und erstarren. Bewegung dient also letztlich der Sedimentierung, ein Eindruck, der durch die Tatsache bekräftigt wird, dass das Phänomen der Bewegung in der *Phänomenologie der Wahrnehmung* lediglich als ein Phänomen unter anderen beschrieben wird.

Der entscheidende Schachzug besteht in der Vorlesung von 1953 darin, zuallererst mit der Dimension der Bewegung einzusetzen. Anstatt eine Entität vorauszusetzen, die die Einheit der Bewegung verbürgt (Bewusstsein, Körper etc.), ist es nunmehr die Bewegung, die dem Leib seine Einheit verschafft. Bewegung ist in diesem Sinne, so Merleau-Ponty in der 7. Sitzung, „seinsenthüllend". Die fundamentale Beweglichkeit betrifft dabei nicht nur die Lage des wahrnehmenden Leibes im Raum, sondern die Seinsweise aller von ihm wahrnehmbaren Dinge. Die Kinesis ergänzt meine Aisthesis nicht; es ist die Aisthesis selbst, die schon kinetisch ist. „Jede Bewegung ist stroboskopisch" sagt Merleau-Ponty und jede Bewegung enthält auch – in Anlehnung an Husserls Ausdruck – „ein figurales Moment".

Das Kernphänomen der stroboskopischen Bewegung besteht darin, dass man ein sich bewegendes Objekt sieht, wenn mehrere Lichter nacheinander in einem gewissen räumlichen und zeitlichen Abstand (zwischen 20 und 300 Millisekunden) aufleuchten, obwohl es keinen vorhandenen Gegenstand gibt, der sich von einer zur anderen Stelle verschiebt. Es besteht also ein fundamentaler Unterschied zwischen der Art und Weise wie die Netzhaut aktiviert wird und der realen Wahrnehmung einer Bewegung. Die Netzhaut wird lokal aktiviert, das heißt eine Region nach der anderen, während die wahrgenommene Bewegung kontinuierlich erscheint. Jede Bewegung ist in dem Sinne stroboskopisch, dass sie sich in einem phänomenalen Raum entfaltet und nicht im objektiven Raum, oder anders formuliert, der sich bewegende Gegenstand ist streng genommen ein Korrelat des sich bewegenden Leibes und nicht primär die objektiv messbare Verschiebung eines Dinges in einem vorgegebenen Raum. Mit anderen Worten, „die Identität des Sichbewegenden [*du mouvant*] ist eine andere als eine Identität jenseits der Bewegung, als eine Erkennung des Selben trotz der Bewegung" (Merleau-Ponty 2011, 66. Dt. Übers. hier wie im Folgenden S.K.). Die sich bewegende Gestalt selbst besitzt eine Identität, die sich nicht auf die Summe von Gegenstand plus Verschiebung beläuft: die Konfiguration der Bewegung ist selbst der Sinn einer Dingerscheinung. Wenn dem so ist, muss die Bewegung auch so beschrieben werden, dass der Sinn sich daraus ohne einen Akt der Auffassung oder Interpretation direkt ergibt. Ausgehend von den Untersuchungen des belgischen Psychologen Albert Michotte schreibt Merleau-Ponty, Bewegung „enthülle" das Sein.

Das für den Philosophen bedeutsamste Experiment ist der sogenannte Raupeneffekt (*effet chenille*): In einem schwarzen Feld erscheint ein weißes Quadrat von etwa 10x10 Zentimeter; die rechte Seite des Quadrats beginnt, sich langsam nach rechts zu verschieben, während die linke Seite unbeweglich bleibt; wir haben dann ein Rechteck von etwa 10x40 cm, bevor die linke Seite beginnt, sich nach rechts zu verschieben, bis zur Neubildung des Quadrats (vgl. Michotte 1946, 182f.). In diesem Fall ist die Bewegung und die Gestaltung ein und dasselbe Phänomen; darum wird der ganze Prozess als eine dynamische Gestalt gemäß ihrem Sinn wahrgenommen. Auf der Oberfläche der Gestalt lässt sich eine charakteristische Vibration wahrnehmen; es handelt sich also um die typische Bewegung einer Raupe, die sogar in dem sehr schematischen Experiment ganz klar als die Bewegung eines lebendigen Wesens erscheint. Die Bewegung ist also nicht bloß die Verschiebung eines Dinges in einem vorgegebenen Raum, sondern die Strukturierung des Raumes selbst. Dies führt nun zur These, dass der Sinn des Wahrgenommenen aus den dynamischen Gestaltungen des Feldes hervorgeht.

Diese Konzeption sprengt von vornherein die Grenzen einer klassischen phänomenologischen Wesensbeschreibung eines invarianten Kerns. Das, worum es in der Praxis des Leibes geht, sind dynamische Gestalten, also noch unbestimmte Gegenstände. Die Gleichheit von Bewegung und Sinn bedeutet, dass es keinen ontologischen Unterschied gibt zwischen Motorik und Affektivität, zwischen dem Physiologischen und dem Psychologischen, sondern lediglich graduelle Unterschiede, verschiedene Sinnmodalitäten. Die Frage nach der Bewegung von Erscheinung führt daher zur Frage nach der leiblichen Subjektivität zurück. In den Arbeitsnotizen hält Merleau-Ponty dazu fest:

> „Idee, dass Bewegung mit Erfassen von [einer] Gestalt auf [einem] Grund verwandt [ist], oder umgekehrt alles Erfassen von Gestalt auf einem Grund ist mögliche Bewegung, Identifizierung des sich bewegenden Gegenstandes ist gleichartig wie Identifizierung von einer ruhenden Gestalt durch die Zeit, das Absolute der Bewegung ist von derselben Art wie Beschreibungsmerkmale, die die „Gestalt" auszeichnen – Bewegung ist Teil der „figuralen" Eigenschaften – als Gestalt führt die Bewegung selbst eine zeitlich-räumliche Segregation aus – Bewegung [ist] Werden einer Gestalt – […] Daraus [ergibt sich] eine letzte Frage: was soll das Subjekt sein, das dazu fähig ist, die so verstandene Bewegung wahrzunehmen?" (Merleau-Ponty 2011, 63)

5. Das Körperschema als leibliche Intentionalität

Diese Überlegungen führen zu einer Konzeption der Subjektivität, bei der der Unterschied zwischen Zeit und Raum nicht primär ist, und bei der weder das Bewusstsein noch die Welt eine vorrangige Rolle spielen. Das Subjekt, das die als phänomenologische Strukturierung des Wahrnehmungsfeldes verstandene Bewegung wahrnimmt, muss selbst ein räumliches Wesen sein, das aber zugleich die Fähigkeit zur Raumerschließung aufweist. Der erste Versuch einer Theorie dieser doppelten Fähigkeit des Leibes findet sich am Anfang des 2. Teils der *Phänomenologie der Wahrnehmung*. Dessen erstes Kapitel, das den Titel „Die wahrgenommene Welt" trägt, hat die argumentationsstrategische Aufgabe, die bislang weitgehend unvermittelt nacheinander thematisierten Komplexe Leib und Welt miteinander zu verbinden. Schon hier spielt das Körperschema eine entscheidende Rolle. Es gilt zunächst für Merleau-Ponty, die Korrelation zwischen der Einheit des wahrgenommenen Gegenstandes und der Einheit des wahrnehmenden Leibes zu erörtern. Merleau-Ponty spricht von der Öffnung „einer intersensorischen Welt" (Merleau-Ponty 1945, 264); die Schwierigkeit besteht darin, die Einheit des wahrgenommenen Gegenstandes zu denken, ohne aber eine ideale Einheit, eine Bedeutung im Husserl'schen Sinne, zu meinen. Es ist also wichtig, den Unterschied zwischen intellektueller und perzeptiver Synthesis zu berücksichtigen. Genau hier liegt die Funktion des Körperschemas als „vorlogische Einheit" des Leibes: es sorgt dafür, dass der Leib eine Umwelt hat, dass seine Glieder in ihren Bewegungen koordiniert sind und dass die Wahrnehmung einheitliche Gegenstände bietet. Die synthetische Aktivität der Wahrnehmung gründet im Wesentlichen in leiblichen Gewohnheiten und nicht in einer bewussten von außen vorgenommenen Synthesis. Die Wahrnehmungssynthesis ist, so Merleau-Ponty, an die „vorlogische Einheit" (Merleau-Ponty 2011, 96) des Körperschemas angelehnt, und auf dieser Anlehnung gründet ihre Unterscheidung von der intellektuellen Synthesis, und von daher auch der Unterschied zwischen dem Wahrnehmungsbewusstsein und dem Bewusstsein im engeren Sinne. Hier liegt auch der Ursprung der Idee, dass die leibliche Motorik eine eigenständige Form von Intentionalität darstellt, wie Merleau-Ponty es im ersten Teil formuliert: „Die Bewegungserfahrung unseres Leibes ist kein Sonderfall einer Erkenntnis; sie eröffnet uns eine Weise des Zugangs zur Welt und zu Gegenständen, eine ‚Praktognosie', die es als eigenständig, ja vielleicht als ursprünglich anzuerkennen gilt." (Merleau-Ponty 1945, 168)

In der bereits erwähnten Vorlesung von 1953 sind vier von insgesamt vierzehn Sitzungen dem Körperschema gewidmet. Es sei hier kurz die Strategie skizziert: Ausgehend von der Analyse der phänomenalen Bewegung geht die Untersuchung zur leiblich-körperlichen Bewegung über und legt fest, dass das Verhältnis zum Raum, die Einheit und die Art der Bewegung des Leibes spezifisch sind. Das Hier des Leibes ist absolut, dennoch verdankt sich seine Einheit keinem Zentrum, vielmehr ist die leibliche Einheit stets eine „seitliche" (*latérale*). Überhaupt ist die Einheit nur vom Bewegungsvollzug her begreiflich zu machen und hierin erweist sich das Körperschema, das niemals woanders sichtbar wird als im konkreten Handlungsvollzug, als maßgeblich. Das Körperschema „weist auf das Wesentliche hin, beherrscht die Details, legt den Sinn frei, weist auf eine Ordnung, auf ein Inneres des Prozesses hin" (Merleau-Ponty 2011, 101). Dies sei nur möglich, weil das Körperschema zugleich ein Wissen ohne Begriff und der Grund einer Praxis ist, d.h., dass die Einheit der Sinne und der Glieder eine motorische

Einheit ist und ausschließlich von den Notwendigkeiten des Handelns bestimmt ist. Unser Leib ist der Grund, auf welchem sich unsere motorischen Projekte abspielen. Der Leib legt eine gewisse Norm für unserer Haltung und Bewegung fest, aber diese Norm bleibt implizit, solange keine Abweichung auftaucht: „Das Körperschema ist immer nach privilegierten Positionen ausgerichtet, nach Normen, und unser Bewusstsein davon ist vor allem das Bewusstsein einer Abweichung im Verhältnis zu diesen Normen.“ (Merleau-Ponty 2011, 107) Das Körperschema ist also nach Merleau-Ponty ein „Wissen ohne Begriff“ und „der Grund einer Praxis“. Die Praxis ist die Einheit der Wahrnehmung und der Bewegung, kurz die Intentionalität als Sinnlichkeit.

Diese Definition der Leiblichkeit erlaubt es, einige der schwierigsten Arbeitsnotizen des Spätwerks zu verstehen, in der es um die Frage des Unsichtbaren als Grund des Zusammenfallens von Berühren und Sich-Berühren geht: „Etwas anderes als der Leib ist notwendig, damit die Verknüpfung zustande kommt: sie entsteht im *Unberührbaren.*“ (Merleau-Ponty 1964a, 320) Unberührbar ist in der leiblichen Wahrnehmung eben jene einheitsstiftende Struktur, die niemals jenseits des leiblichen Vollzugs liegt. Der Leib rührt *durch* und *aufgrund* des Körperschemas an Welt, dennoch zeigt sich diese mediale Matrix immer nur im Entzug, als „Negativität, die dem Berühren innewohnt“ (Merleau-Ponty 1964a, 321), und die jede Modalität der Sinnlichkeit transzendental charakterisiert. Die Negativität weist so die Struktur des Körperschemas auf: „Das Körperschema wäre kein *Schema*, enthielte es nicht diesen Kontakt von *sich* zu *sich.*“ (Merleau-Ponty 1964a, 321) Bezeichnenderweise geht Merleau-Ponty nun einen Schritt weiter als 1953, indem er jenen Kontakt von sich zu sich nun als „chair du monde“ bezeichnet: „Das Fleisch der Welt ist Ungeteiltheit dieses sinnlich-empfindlichen Seins, das ich bin.“ (ebd.)

Der Begriff des Körperschemas kann also hier als Leitfaden dienen, um die Entwicklung nachzuverfolgen, die von der *Phänomenologie der Wahrnehmung* über die Vorlesungen bis hin zu den letzten Texten aus dem Nachlass führt. In der Spätontologie erhält das Körperschema eine gleichsam transzendentale Bedeutung, insofern es die für das Subjekt unsichtbare und unhintergehbare Struktur seines Zur-Welt-Seins darstellt. Die Negativität des Körperschemas wird hier zum blinden Fleck der sinnlichen Welt schlechthin: Das Sichtbare hat ein Unsichtbares, das Wahrgenommene ein Nichtwahrgenommenes zur Bedingung, das es von innen her stützt, ohne sich in dem, was es stützt, zu erschöpfen.

6. Eigenleib, Fremdleib, geteilter Leib

Der Begriff des Körperschemas hat Konjunktur. Im ersten Kapitel seines Buches *How the Body Shapes the Mind* (Gallagher 2005a) erklärt Shaun Gallagher, dass wir zwischen den unbewussten und bewussten Dimensionen der Leiblichkeit unterscheiden sollen. Die unbewusste Dimension hat mit der Motorik und der Haltung zu tun, während die bewusste mit einer psychologischen Vorstellung des Leibes zusammenhängt. Diese Kritik basiert gleichwohl auf einem Missverständnis. Das Körperschema als implizite Struktur des Leibes kann sehr wohl der bewussten Dimension des Leibes zugerechnet werden; die beiden Ebenen sind enger verflochten als angenommen. Schilder selbst schreibt am Anfang seines oben erwähnten Buches, dass das Körperschema bzw. Körperbild mehr als eine bloße Wahrnehmung und es nicht auf die Vorstellung reduzierbar ist, dass sich aber das Subjekt davon eine Vorstellung machen kann. Das Körperschema ist ein Bild im Sinne einer Gestalt, die der leiblichen Bewegung Form und Organisation gibt. Anders formuliert könnte man sagen, dass das Körper*schema* die implizite Norm der Bewegung ist, während das Körper*bild* die explizite Form dieser Norm ist, in dem Moment in dem eine Abweichung auftaucht und so die Bewusstwerdung ermöglicht. Das Schema als Bild ist also mein Leib als sichtbarer Leib für die Anderen (vgl. Weiss 1999, 7–38).

Damit ist dem Problem des Körperschemas immer schon die Dimension der Intersubjektivität eingeschrieben. Paul Schilder gliedert seine Studie zum Körperschema in drei Teile: Der erste Teil handelt von der physiologischen Dimension, der zweite von der libidinösen Struktur des Körperbildes und der dritte von den soziologischen Aspekten. Genau die Einheit dieser drei Dimensionen im Verhältnis zum eigenen Leib interessiert Merleau-Ponty. Es sollen hier zwei Problemstellungen in seinem Denken kurz erörtert werden, die aus den beiden letzten Dimensionen hervorgehen.

Die erste Frage ist die Anwesenheit des Anderen in meinem Körperschema. Bei Schilder ist das Problem klar formuliert, etwa in der Einleitung: „Experiences in pathology show clearly that when our orientation concerning left and right is lost in regard to our own body, there is also a loss of orientation in regard to the bodies of other persons. There are connections between the postural models of fellow human beings.“ (Schilder 1935, 16) Diese Frage taucht wieder im 8. Kapitel des 1. Teils seines Buches auf, doch ohne dass darauf eine Antwort gegeben würde. Schilder fragt einerseits, inwiefern „the difficulty in recognizing the different parts of the bodies of others is not primary and the difficulty in part of our own body secondary“ (ebd., 44), andererseits stellt er fest: „[w]e have more data concerning our own body […] the difficulty in the perception of our own body precedes the difficulty in the perception of the bodies of others.“ (ebd.) Obwohl Merleau-Ponty den Begriff der Zwischenleiblichkeit (*intercorporéité*) prägt, bleibt eben jenes Zwischen und die zwischenleibliche Differenz merkwürdig unterbestimmt: Mein Körperschema schließt für Merleau-Ponty den Anderen nicht aus; vielmehr ist die Anwesenheit des Anderen in meiner Haltung, in meinen Gesten, in meinen Rhythmen immer schon spürbar (Zahavi 2005, 158). Obwohl er dies anerkennt, scheint Merleau-Ponty in diesem Punkt an einem von Fremdheit unkontaminierten Selbst festzuhalten: Anstatt zu versuchen, im Begriff der

Subjektivität auch die Begriffe der Spaltung und der Fremdheit einzuschließen (Waldenfels 2002, Kap. V), hält er an der Idee fest, dass die Fremdheit in mir eigentlich bloß die Fremdheit der Welt ist, d.h. eine nur vorläufige Fremdheit, die bestimmt ist, sich in dem Fleisch der Welt aufzulösen.

Das zweite Problem betrifft das Verhältnis zwischen Motorik und Symbolisierung, zwischen dem Leben des individuellen Leibes und dem, was Merleau-Ponty die Welt des Ausdrucks nennt, d.h. die Welt der Kultur und der Wissenschaften. Es geht Merleau-Ponty in seinem Forschungsprojekt darum, eine einheitliche Theorie des Sinnes zu formulieren, die von der vorsprachlichen Ebene bis zu den logischen Bedeutungen reicht. In diesem Sinne soll das Körperschema sowohl die Motorik als auch die Symbolisierung durch Gestik erklären. Am Ende der Vorlesung von 1953 stellt er explizit die Frage des Verhältnisses zwischen dieser motorischen „Praxis" und dem begrifflichen Wissen: „Sollen wir sagen, dass unsere Mobilität auf unserem Wesen als Bewusstsein basiert? Oder dass unser Wesen als Bewusstsein auf unsere Mobilität gründet?" (Merleau-Ponty 2011, 120) Merleau-Ponty arbeitet mit dem Beispiel des Verhältnisses zwischen Apraxie und Agnosie. Die Apraxie ist eine Störung der Motorik, bei der die Person zwar weiß, was sie machen soll, dies auch verbal ausdrücken kann, aber trotzdem an der Aufgabe scheitert. Umgekehrt ist die Agnosie eine kognitive Störung, die meistens ohne motorische Störung vorkommt. Schilder diskutierte dazu den Fall des Gerstmann-Syndroms, auch bekannt als ‚digitale Agnosie': Die Personen erkennen ihre eigenen Finger nicht mehr und können diese auch nicht benennen. Diese Agnosie geht oft mit einer Störung der Fähigkeit zu schreiben (Agraphie) und zu rechnen (Akalkulie) einher, aber die Motorik ist im Großen und Ganzen nicht betroffen (Schilder 1935, 40–43). Merleau-Ponty analysiert das Verhältnis von Apraxie und Agnosie in drei Stufen: 1. es besteht eine relative Autonomie der beiden Ebenen; 2. es gibt Fälle, wo eine Apraxie zu einer Agnosie führt, aber 3. es gilt, diese relative Autonomie der beiden Ebenen bzw. ihre Verbindung zu verstehen. Dies versucht Merleau-Ponty mithilfe einer Dialektik des Unterbaus (Motorik-Wahrnehmung) und des Überbaus (Symbolisierung-Denken) zu skizzieren. Der Überbau ist dabei das Resultat einer Sedimentierung, was impliziert, dass der Überbau Probleme im Unterbau verschleiert, nicht aber zum Verschwinden bringt. Am Beispiel des berühmten Falls des Patienten Schneiders (Schilder 1935, 50–61) wird das etwas deutlicher: Der Fall Schneider weist in der praktischen Sprachanwendung Schwierigkeiten auf. Wenngleich im strengen Sinne kein Aphasiker ist sein Sprachgebrauch stark beschränkt und formelhaft. Er ist in der Lage zu sprechen, aber nur indem er schon sedimentierte Bedeutungen benutzt, was seinem Sprachgebrauch nur den Schein der Integrität lässt. Kurz gesagt, wenn der Unterbau gestört ist, kann der Überbau zwar funktionieren, aber ohne die Fähigkeit zur Konstruktion, für die es beide Ebenen braucht: „Die wahre Integrität des Überbaus setzt die Integrität der Fähigkeit zur Konstruktion voraus, und so auch die Unversehrtheit des Unterbaus. Aber es besteht eine Art von Festigkeit des Überbaus, [eine] in der Sprache institutionalisierte Intelligenz." (Merleau-Ponty 2011, 124) Merleau-Ponty antwortet nicht auf die Frage, wie diese Sedimentierung vor sich geht, aber die Struktur der Dialektik, die auch die Dialektik des Fleisches ist, liegt hier bereits vor: „Mobilität in dem Sinne, als dass sie zu unserem Leib gehört, ist schon Ausdruck, aber auch als Emergenz in dieser Mobilität von einer Dialektik, die sie verwandelt." (Merleau-Ponty 2011, 124f.) Die Frage nach der Einheit der Subjektivität vom Unterbau der Motorik bis zum Überbau der sedimentierten mitmenschlichen Bedeutungen hat mit der Interpretation des Wortes zu tun: verwandeln (*transformer*). Merleau-Ponty benutzt oft den Terminus Sublimation, um diese Dialektik zu umschreiben, aber eine aufschlussreiche Beschreibung findet sich kaum (Kristensen 2010, Kap. 5).

Dennoch bleibt offen, wie Symbolisierung überhaupt gedacht werden kann ohne Anwesenheit von Anderen. Es scheint geradezu, als sei Merleau-Pontys starke Betonung des Wahrnehmungsleibes mitverantwortlich dafür, dass er gegenüber der Einheit der Geteiltheit und Gespaltenheit des Subjekts so wenig Rechnung trägt. Doch sobald der Leib ein Ausdrucks- und damit auch ein zwischenleiblicher Kulturleib wird – und genau das ist das Thema der Vorlesung von 1953 –, tritt die Dimension der Teilung immer deutlicher hervor. Sobald die Frage nach dem Übergang zu den sozialen, kulturellen und kognitiven Bedeutungen relevant wird, dringt die Anwesenheit der Anderen unweigerlich ins Bewusstsein und das Subjekt tritt gleichsam von selbst aus seinem eigenen Leib heraus. In einer Arbeitsnotiz vom September 1959 fragt sich Merleau-Ponty, ob das wahrnehmende, das sprechende und das denkende Subjekt ein und dasselbe sind. Einerseits muss es ja dasselbe sein, um die Einheit der Gegenstände der Erkenntnis zu gewährleisten, andererseits aber kann es unmöglich dasselbe sein, da sonst der Cartesianismus durch die Hintertür wieder hereinkäme (Merleau-Ponty 1964a, 258f.). Das Problem ist damit ein dialektisches: Das Subjekt bleibt nur solange es selbst, wie es sich verändert und in Bewegung bleibt (Merleau-Ponty 1964a, 123). Aber die Anwesenheit der Anderen bedeutet nicht nur die Veränderbarkeit des Subjekts und „diese Umwälzung, die durch die Rede im Bereich des vorsprachlichen Seins bewirkt wird" (Merleau-Ponty 1964a, 259); sie liefert auch eine mögliche Lösung des Problems.

Wir haben gesehen, dass das Körperschema die Subjektivität selbst ausmacht. Das Körperschema, so lehrt uns Schilder, ist eine labile, dynamische Struktur, die sich ständig verändert, um sich verschiedenen Situationen anzupassen oder auch solchen vorzugreifen. Die aktuellen Veränderungen im Körperschema sind aber nur verständlich, wenn wir die Anwesenheit von anderen Menschen, von der Gesellschaft mit einbeziehen. So Schilder:

„Every actual change in the postural model of the body also changes the surrounding zone, makes it asymmetric according to the specific life situation. [...] We feel that when somebody comes near us he is intruding in our body-image even when he is far from touching us. This emphasizes again that the body-image is a social phenomenon." (Schilder 1935, 212)

Das Körperschema ist damit kein neues, einheitsstiftendes Prinzip, dass die Autarkie des Subjekts nunmehr im Eigenleib verankert; es stellt vielmehr heraus, dass es als Körperschema nur da wirksam sein kann, wo ein Leib immer schon von anderen umgeben und der Veränderung ausgesetzt ist. Durch seinen Leib verhält sich ein Subjekt zu anderen leiblichen Subjekten, die es durch den gemeinsamen sinnlichen Raum, den sie teilen, immer schon mitgeprägt haben. Leiblichkeit verweist daher stets zugleich auf eine intime Realität und auf eine Öffentlichkeit, insofern unseren Bewegungen und Haltungen stets eine gesellschaftliche und kulturelle Dimension innewohnt. Dass es so etwas wie ein Ausdrucksgeschehen zwischen leiblichen Subjekten geben kann, setzt voraus, dass in der Mitteilung immer schon eine gemeinsame Wahrnehmungsbühne geteilt wird. Was hier zugleich mit- und aufteilt ist das, was eine sinnliche Welt zusammenhält: *les charnières de l'être*, „die Gelenke des Seins" (Merleau-Ponty 1964a, 285).

Literatur:

Head 1911, Schilder 1935, Lhermitte 1939, Merleau-Ponty 1945, Merleau-Ponty 1946, Merleau-Ponty 2011, Morris 1999, Gallagher 2005a.

Maurice Merleau-Ponty II – Fleisch und Differenz

Emmanuel Alloa

Selten hat ein Begriff in der Gegenwartsphilosophie so viele Missverständnisse hervorgerufen wie Merleau-Pontys später Begriff des „Fleisches" (*la chair*). Für die einen gilt er geradezu als magische Losung, mit dem sich alle Fallstricke des Rationalismus mit einem Mal auflösen ließen und die husserlsche Bewusstseinsphilosophie endgültig zugunsten der sinnlichen Dimension von Welt überwunden wäre. Für die anderen gilt das „Fleisch" hingegen als Signal philosophischer Kapitulation, als Symptom eines Denkens, das jegliche begriffliche Anstrengung verabschiedete und eine andere Welt nur noch in Metaphern beschwört. Es ist denn auch besonders die Nachfolgegeneration strukturalistisch geschulter französischer Intellektueller, die sich vom Fleisch-Begriff kritisch – und nicht selten ironisch – distanziert: Deleuze und Guattari etwa ist das Fleisch „zu zart" (Deleuze u. Guattari 1991, 212), Lyotard noch immer zu „gebildet" (Lyotard 1971, 22) und Derrida schließlich noch immer zu „christlich" (Derrida 2000, 265).

Für Mauro Carbone besteht die Rezeptionsgeschichte des Begriffs im wesentlichen in einer Geschichte von Missverständnissen (Carbone 2002). Dass es dazu kommen konnte, daran ist Merleau-Ponty allerdings selbst nicht ganz unschuldig. Eine endgültige oder eindeutige Bestimmung des Begriffs sucht man im Spätwerk vergebens, wenngleich das Fleisch hier als *notion dernière*, als „Grundbegriff" (Merleau-Ponty 1964a, 184) bzw. – wie man vielleicht besser übersetzen müsste – als „Letztbegriff" veranschlagt wird. Genau dafür aber gibt es „in der traditionellen Philosophie keinen Namen" (Merleau-Ponty 1964a, 183), das Fleisch bleibt jenes „mir eingeborene Anonyme" (ebd.). Dieses eingeborene Element erhielt, so heißt es wenig später noch einmal, bislang „in keiner Philosophie einen Namen" (Merleau-Ponty 1964a, 193).

Wie nun aber dieses anonyme Element genau zu verstehen ist, bleibt auch unter den Kommentatoren umstritten (vgl. zuletzt Barbaras 2008a). Während Merleau-Ponty in selbstkritischen Bemerkungen argumentiert, sein früheres Denken bis zur *Phänomenologie der Wahrnehmung* (1945) sei noch zu sehr von einem beschränkten Begriff des Leibes (*corps propre / corps vivant*) und damit von einem Dualismus von Subjekt und Welt geprägt gewesen, stellt sich bezogen auf das Spätwerk die Frage, ob sich der mittlerweile kosmologisch gewendete Fleisch-Begriff überhaupt noch eingrenzen lässt. In den späten Texten scheint „das Fleisch" tatsächlich so etwas darzustellen wie das, was die Linguistik als „Radikal" kennt: Es existiert mithin niemals in isolierter Reinform, sondern stets nur im bereits deklinierten Zustand. „Fleisch des Leibes", „Fleisch der Dinge", „Fleisch des Sichtbaren", „Fleisch der Sprache", „Fleisch der Welt" – die zahlreichen Abwandlungen, die der Begriff erfährt, wirken geradezu wie eine Einladung, diese *multiplicatio speciorum* endlos fortzusetzen. Die ubiquitäre Vervielfältigung des Ausdrucks führte bei vielen Kritikern zur Behauptung, beim späten Merleau-Ponty sei alles Fleisch und damit alles eins. Was als Differenzphilosophie geläufig wurde (Deleuze, Lyotard, Derrida, Nancy etc.), verstand sich – explizit oder implizit – als Absetzung von einem solchen vermeintlichen phänomenologischen Monismus (vgl. die entsprechenden Aufsätze zu diesen Autoren in diesem Band) und führte differenztheoretische Momente ins Treffen, die zu großen Teilen auf das strukturalistische Denken zurückverfolgt werden können.

Der folgende Beitrag, der auf Vorarbeiten basiert (Alloa 2009a), versteht sich als kritische Revision dieser monistischen Annahme und möchte argumentieren, dass Merleau-Pontys Begriff des „Fleisches" mindestens ebensosehr als eine Figur von Differenz wie von Identität verstanden werden muss. Anders als oft behauptet ist *la chair* für Merleau-Ponty keineswegs eine Verlegenheitslösung, um Husserls Leib-Körper-Differenz wiederzugeben und damit eine sprachliche Unterscheidungsmöglichkeit zu borgen, die dem Französischen fehlt. Es lässt sich nicht nur nachweisen, dass sich Merleau-Ponty des systematischen Sprungs zwischen Leib und *chair* sehr wohl bewusst war; sondern auch, dass der Fleisch-Begriff ein Versuch ist, Differenz und Identität in neuer, d.h. nicht subjektzentrierter Art und Weise zu denken. Dieser Versuch ist selbst das Ergebnis – so die These – einer eingehenden Auseinandersetzung mit der subjektlosen Theorie des Sinngeflechts von Ferdinand de Saussure, die nach Abschluss der *Phänomenologie der Wahrnehmung* einsetzt. Vor dem Hintergrund dieser frühen Auseinandersetzung mit strukturalistischen Argumenten stellen sich auch die herkömmlichen Interpretationen des Fleisches nach der ontologischen Wende in einem neuen Licht dar: Die „ontologische Wende", soviel wird deutlich, ist ohne die „expressive Wende" der mittleren Phase nicht begreifbar.

Drei alternative Szenarien werden im folgenden diskutiert: ein *Szenario der Eigenheit* (1.), ein *Szenario der Expansion* (2.) und schließlich ein *Szenario der Fundierung* (3.). Alle laufen in der Annahme zusammen, dass das Fleisch als Figur der Identität zu verstehen ist. Im Anschluss daran soll ein alternativer Weg vorgeschlagen werden, der die Ausarbeitung einer Ontologie des Fleisches nicht etwa als *tabula rasa* auffasst, sondern als Antwort auf Fragen, die in der sogenannten mittleren Periode unbeantwortet geblieben waren. Indem der fundamentale Einfluss von Saussure in jener mittleren Periode neu herausgearbeitet wird (4.), lässt sich nicht nur dem strukturalistischen Impuls *innerhalb* des merleau-pontyschen Projekts eine neue Kontur verleihen; die Spätphilosophie des Fleisches stellt sich als originelle Weiterentwicklung der strukturalistischen

Grundkonstellation dar. Dieses letzte Szenario mündet dann in der exploratorischen These: *Das Fleisch ist das fleischgewordene Diakritische* (5.).

1. „Chair“: der allereigenste Körper?

Das Fleisch des Sinnlichen, jene dichte Körnigkeit, die das Erkunden beendet […] spiegeln meine eigene Inkarnation wider und bilden ihr Gegenstück
(Merleau-Ponty 1960a, 244)

Bis heute hält sich hartnäckig das Vorurteil, der Begriff „chair“ sei Merleau-Pontys Versuch gewesen, für Husserls „Leib“ eine französische Entsprechung zu finden. Dieser Meinung, die von namhaften Autoren vertreten wurde, hing auch die Forschung lange an. *La chair* – so Theodore Geraets – „gibt genau das wieder, was Husserl ‚Leib‘ nennt“ (Geraets 1971, 181). Doch was heißt bei Husserl genau ‚Leib‘? Folgt man diesen Deutungen, so liegt der Unterschied zwischen Körper und Leib für Husserl im Kriterium der *Eigenheit*. Ich mag allerhand Dinge besitzen, nur einen einzigen Körper aber mag ich tatsächlich mein Eigen nennen: meinen Leib; nur diesen kann ich aus der Ersten-Person-Perspektive erfahren und diese Perspektive selbst ist weder vertauschbar noch abtretbar. Während wir zumindest potentiell immer um alle körperlichen Dinge herumgehen können, können wir unseren eigenen Körper niemals ganz umgreifen. Denn jener Körper, *in dem* und *mit dem* wir uns bewegen, gehört uns nicht in der Weise, wie uns ein Buch oder eine Katze gehört. Jener Körper, von dem wir eine Erfahrung *haben*, ist ein Körper, der wir *sind*. Zwar kommen wir aus ihm nicht heraus, wir teilen ihn jedoch auch mit niemand anderem, und daher ist dieser Körper unser *eigener*. Selbst der Feudalherr, der über den sogenannten ‚Leibeigenen‘ restlose Verfügungsgewalt ausübt, wird dessen Leib niemals wirklich sein eigen nennen können.

Chair, d.h. das Fleisch, aber auch die Innereien, verweist dann auf diese Innenperspektive, die nur dem Ich zugänglich ist. Alle anderen Körper lassen sich zumindest grundsätzlich öffnen, und auch ein Stein lässt sich zerschlagen, aber das Innere des Steins ist doch nur in seiner Veräußerung erfahrbar. Mein eigener Körper ist dagegen zugleich Urheber und Gegenstand jeder Erfahrung, er erfährt sich in jeder Erfahrung unweigerlich selbst mit. Jener eigene Körper ist dann insofern unser *Leib*, als wir uns durch ihn *selbst erleben* (schon etymologisch verweist der Leib auf das Leben). Von Husserls Urszene jenes primordialen somatischen Selbsterlebens in den *Ideen II* hat Merleau-Ponty oft Gebrauch gemacht: Wenn meine rechte Hand meine linke berührt, erfahre ich die Leiblichkeit meines Körpers; ein leibliches Subjekt erlebt sich also als *zugleich* berührend und berührt (Hua IV, §36, 144ff.).

Mit dem strategisch in Stellung gebrachten Begriff des *Leibes* wäre damit zugleich die *Einheit* und die *Eigenheit* des Erlebens gewahrt und mit der Beschreibung der leiblichen Selbstaffektion die Reflexionsphilosophie neu grundiert. In der Selbstberührung erfährt sich der Wahrnehmende, anders als bei allen anderen beliebigen Körpern, nicht nur als Wahrnehmender, sondern auch als sinnlich Wahrgenommener; Leibsein heißt nicht nur Wahrnehmenkönnen, sondern auch potentiell Wahrgenommenwerden. Nur wo ein Wahrnehmender leiblich, d.h. wahrnehmbar ist, kann es leibhaftige Wahrnehmung geben, nur wo es einen Blick gibt, der sich der Möglichkeit des Gegenblicks aussetzt, findet mehr statt als eine bloß geistige Projektion des inneren Auges: ein tatsächlich sinnliches Sehen. Insofern ist das „Sehen des Sichtbaren“ nicht nur als *genitivus obiectivus*, sondern auch stets als *genitivus subiectivus* zu denken. In jener Reflexivität des eigenen Leibes ist damit ein Grundgedanke der ontologischen Wende der späten 50er Jahre vorgezeichnet: Die Natur sinnlicher Körper ist von meiner eigenen nicht grundverschieden, Sinnlichkeit setzt Reversibilität voraus im Sinne eines Sehend-Sichtbarseins bzw. Wahrnehmend-Wahrgenommenseins.

Im Szenario der *Eigenheit* muss man diese ontologische Reversibilität der sinnlichen Welt, die später den Namen des „Chiasmus“ erhält, als eine Verallgemeinerung der Leibstruktur verstehen, wofür etwa die Idee des „Narzissmus des Sehens“ stünde. Tatsächlich erklärt Merleau-Ponty, das Sehen weise eine narzisstische Ordnung insofern auf, als der Sehende niemals anderes als den Stoff sieht, aus dem er selbst gemacht ist: „Deshalb sieht der Sehende, der vom Gesehenen eingenommen ist, immer noch sich selbst: es gibt einen grundlegenden Narzißmus für jedes Sehen“ (Merleau-Ponty 1964a, 183). Wie Narziss, der in der spiegelnden Oberfläche etwas anderes zu sehen meinte, wo in Wirklichkeit nur das Selbe war, sieht der Wahrnehmende auch dort, wo er anderes sieht, in Wirklichkeit seine eigene Natur. Merleau-Pontys Verschiebung gegenüber Husserl bestünde dann – folgt man dieser Deutung – darin, dass er die Struktur der (Eigen-)Leiblichkeit auf die sinnliche Welt als solche ausdehnt und damit zugleich die Spaltung von Subjekt und Objekt aufhebt.

Doch wie verhält es sich, wenn ein leibliches Ich ein anderes leibliches Ich wahrnimmt? Hat eine Phänomenologie der Wahrnehmung, wie sie Merleau-Ponty in dem frühen gleichnamigen Hauptwerk von 1945 entwirft, schlüssige Einwände gegen das Argument des Solipsismus? In dem 1946 vor der Société française de philosophie gehaltenen Vortrag über *Das Primat der Wahrnehmung und seine philosophischen Konsequenzen* räumt Merleau-Ponty ein: „Ich werde niemals wissen, wie Sie rot sehen, und Sie werden nie wissen, wie ich es sehe“ (Merleau-Pony 1946, 36). Merleau-Pontys Gedanken klingen wie eine Reminiszenz an die Argumente des Sophisten Protagoras, für den laut Platon zwischen zwei Menschen und deren Farbwahrnehmungen keinerlei Beziehung besteht (*Theaitetos* 154a). Vor allem aber setzt sich Merleau-Ponty wie an vielen anderen Stellen mit Sartres Intersubjektivitätstheorie auseinander. Auf welcher Grundlage kann ich überhaupt dem Anderen begegnen? Die früheste Erwähnung des Wortes „Fleisch“ ist denn auch im Zusammenhang einer Sartre-Kritik zu finden, in deren Kontext auch das zweite Szenario entfaltet wird: *das Szenario der Expansion.*

2. Bis zu den Sternen: Ausweitungen der Leibsphäre

wir strahlen weit über unseren Körper hinaus:
wir reichen bis zu den Sternen
(Bergson 1919, 30)

Der Begriff *chair* taucht – man vergisst es leicht – nicht erst mit Merleau-Ponty auf: In einer bestimmten französischen Denktradition, in der der Philosoph sozialisiert ist, ist er fest verankert. Vor der Entdeckung der husserlschen Phänomenologie und den entsprechenden Leib-Analysen rezipiert Merleau-Ponty zunächst die Werke von Gabriel Marcel, dem er seinen ersten veröffentlichten Text widmet, und Paul Claudel, zwei Autoren, bei denen unzweifelhaft so etwas wie eine „Dramatik des Fleisches" zu finden ist. In diesen konfessionell geprägten Werken wird das Fleisch zum Monogramm eines Risses zwischen einerseits dem Versprechen der Vereinigung, das das historische Ereignis der Fleischwerdung verheißen lässt, und andererseits dem Sündenfall, der auf dem Wege des Fleisches die Seele korrumpiert. Denn tatsächlich steht das *sarx* auf der einen Seite für die Inkarnation (*ensarkosis*), durch die die Transzendenz menschliche Gestalt annahm, auf der anderen Seite gerade für die gestaltlose Masse, die dem gegliederten Körper (*sōma*) entgegengesetzt ist (Für Augustinus etwa haben die Engel einen Körper, *sōma*, aber kein Fleisch, *sarx*). Die Geschichte des Christentums liest sich denn auch wie ein angestrengter Versuch, das Fleisch gleichzeitig ein- und auszugrenzen, und Jean-Paul Sartre bleibt, obwohl er sich davon absetzen möchte, einer solchen Tradition verpflichtet, wenn er in einigen Romanen, vor allem aber im dritten Teil von *Das Sein und das Nichts* den Ausdruck „la chair" bemüht.

Wie Emmanuel de Saint-Aubert zeigen konnte, sind die ersten Erwähnungen des Wortes „chair" bei Merleau-Ponty denn auch in erster Linie negativ (Saint-Aubert 2004, 164ff.), da das Wort offensichtlich zu sehr mit Sartre und entsprechend mit einem Denken des existentiellen Risses verbunden ist. In seiner Diskussion von Sartres „Fleisch" kritisiert Merleau-Ponty, der Begriff sei noch allzu polar gedacht. So wie einst für die Kirchenväter stellt auch für Sartre das Fleisch so etwas wie das Emblem einer fundamentalen Spannung zum Anderen hin dar. Während das Fleisch einerseits so etwas ermöglicht wie die intersubjektive symbiotische Vereinigung, die schon im paulinischen Bild der Vereinigung im Leib Christi vorweggenommen ist (1 *Kor* 12, 12–31 sowie *Röm* 12, 4ff.), steht sie nun für die unüberwindbare Kluft zwischen den Existenzen. In seiner phänomenologischen Deskription der streichelnden Berührung behauptet Sartre, die Berührung verschaffe dem Anderen Zugang zu seinem „Fleischsein" (*être de chair*) und mir selbst zu meinem eigenen. Die *„doppelte wechselseitige Fleischwerdung“* besteht denn, so *Das Sein und das Nichts*, in folgender Dialektik: „[I]ch lasse ihn mein Fleisch durch sein Fleisch genießen, um ihn zu zwingen, sich als Fleisch zu fühlen“ (Sartre 1943, 683).

Eine Vortragsreise nach Mexiko im Jahre 1949 bietet Merleau-Ponty Gelegenheit, Sartres Analyse der Berührung kritisch zu diskutieren. In den zwei Fassungen des in Mexico City gehaltenen Vortrags über den *Anderen* („Autrui“) wird die Analyse verworfen: Sie geht nicht nur an der Erfahrung der Zwischenleiblichkeit völlig vorbei, sondern auch am Regelwerk des Begehrens. In der erotischen Berührung kehre nicht etwa jeder in seine Innerlichkeit zurück, vielmehr werde das gemeinsame Band spürbar, das beide Leiber miteinander verbindet und durch welches ein Übergang stattfindet „von mir zum Anderen und vom Anderen zu mir“ (*passage de moi en autrui et d'autrui en moi.* Erste Fassung 143, Zweite Fassung 163. Zit. nach Saint-Aubert 2004, 79f., Fußn. 6). Doch obwohl in diesen Analysen bereits Figuren der Umkehrbarkeit angelegt sind, die nach der ontologischen Wende zentrale Bedeutung erlangen, wird gleichwohl das Übergreifen (*empiètement*) noch nicht so sehr als reziproke Verstrickung, sondern vielmehr als ausgreifendes Übergreifen aufgefasst. Tatsächlich werden die in der *Phänomenologie der Wahrnehmung* analysierten Strukturen des *Ich kann* und der motorischen Intentionalität nun wieder gegen einen sartreschen Separatismus ins Feld geführt, um so etwas anzudeuten wie eine transversale Dynamik, die im Eigenleib beginnt und dann auf die Welt schlechthin erweitert wird. Anders als für Sartre ist das Fleisch dann keine Zentri*petal*-, sondern eine Zentri*fugal*kraft.

Als eine Bestätigung der Richtigkeit dieser Hypothese gilt die von Merleau-Ponty mehrmals bemühte und von Bergson geprägte Vorstellung eines Körpers, der „bis zu den Sternen“ reichte (Merleau-Ponty 1964a, 83, Fußn. 2; Bergson 1932, 274; 1933, 256; Bergson 1919, 30). Es gäbe dann nicht nur für Bergson, sondern auch für Merleau-Ponty so etwas wie einen *élan vital*, der die Welt durchzieht und die Entfaltung eines Fleisches garantiert, das über die unüberwindbaren Grenzen des Leibes hinaus auch noch den Leib des anderen miteinbezieht. In dem Vortrag *Der Mensch und die Widersetzlichkeit der Dinge* von 1951 wird denn *chair* auch noch mit „corps animé“ gleichgesetzt (1951, 75). Gerade die Psychoanalyse habe den Körperbegriff grundlegend erneuert, weil Freuds Beschreibung des triebhaften Leibs zur Einsicht führt, dass das Begehren sich nicht nur auf einen Körper richtet, sondern auf all das, wofür dieser Körper steht, wodurch sich die Dynamik ins Endlose steigert (Merleau-Ponty 1952, 78ff). Auch in den Vorlesungen am Collège de France ab 1952 findet sich ein Neuansatz, um ausgehend von einer minutiösen Beschreibung der Leibmotorik zu so etwas wie dem „Fleisch der Welt“ vorzustoßen (vgl. den Beitrag von Kristensen), und es scheint, als sei dieser Versuch zumindest nie völlig aufgegeben worden, denkt man an die späte Bemerkung, wonach das „Fleisch des Leibes [...] uns das Fleisch der Welt verstehen [lässt]“ (Merleau-Ponty 1995, 297).

Trotz allem hat auch dieses zweite, expansive Szenario Grenzen, um Merleau-Pontys Konzept des Fleisches adäquat zu umreißen. Denn tatsächlich distanziert sich Merleau-Ponty schon selbst davon: „Das Fleisch der Welt erklärt sich nicht durch das Fleisch des Leibes", heißt es in einer Notiz von Mai 1960 (Merleau-Ponty 1964a, 315). Ein Umdenken wird nötig: „Durch das Fleisch der Welt wird schließlich der eigene Leib verständlich" (Merleau-Ponty 1964a, 316). Doch wie lässt sich also dem Gedanken der Reziprozität und der kreuzweisen Verflechtung – dem Chiasmus – Rechnung tragen, ohne diese Analogie auf einen leibnizschen Hylozoismus zurückzuführen, der die Struktur des Lebendigen auf die Materie schlechthin erweitert?

Ein drittes Szenario soll nun noch kurz untersucht werden, das das Fleisch nicht mehr vom lebendigen Leib herzuleiten versucht, sondern von der Erde als dem Boden aller Erfahrungen, womit bereits eine gewisse Dezentrierung vom Ich einhergeht.

3. Weltboden. Das Fleisch als Grund

Die Erde bewegt sich nicht
(Husserl 1934, 313)

In den unveröffentlichten Arbeitsnotizen für das *Sichtbare und das Unsichtbare*, die der Herausgeber Claude Lefort nicht edierte, findet sich eine aufschlussreiche selbstkritische Bemerkung: „Unsere Leiblichkeit [*corporéité*]: sie nicht in den Mittelpunkt stellen, wie ich das in *Ph. W.* tat" (zit. nach Barbaras 1998, 217). Die sogenannte ‚ontologische Wende' der späten 50er Jahre besteht darin, die Leiblichkeit, die in der *Phänomenologie der Wahrnehmung* den Schlüssel zu allen Phänomenen lieferte, in ihrem Wesen zu befragen. Das Wesen der Leiblichkeit liegt in ihrer Sinnlichkeit und diese Sinnlichkeit zeichnet die Welt als solche aus. Nach dem Sinn von Sinnlichkeit zu fragen, heißt damit, nach dem Sinn einer sinnlich organisierten Welt zu fragen. In diesem Zusammenhang gewinnt ein Husserl-Manuskript an Bedeutung, das Merleau-Ponty viele Jahre zuvor – 1939 – als erster ausländischer Besucher im neugegründeten Husserl-Archiv in Löwen hatte einsehen können: der Text zum *Umsturz der kopernikanischen Lehre*, auch bekannt unter dem Titel *Die Ur-Arche Erde bewegt sich nicht* (Husserl 1934). In diesem Text habe sich Husserl, so Merleau-Ponty, zu etwas vorgearbeitet, was dem leiblichen Subjekt und den ‚bloßen Sachen' und ihrer Gegenüberstellung vorgelagert sei, nämlich „die Erde" (Merleau-Ponty 1995, 116f.). Die Erde ist laut Husserl „ein Ganzes, dessen Teile […] Körper sind, aber als ‚Ganzes' ist sie kein Körper" (Husserl 1934, 313); vielmehr stellt sie den Boden dar, auf dem sich so etwas wie Körperlichkeit entfalten kann. Anders als Körper, die im Raum Ortsverschiebungen unterworfen werden können, bildet die Erde den Nullpunkt aller Bewegung, eine „Ur-Arche" gleichsam, die, wenngleich durchaus selbst in Bewegung, für Erfahrungssubjekte scheinbar statisch bleibt. Mit Galilei und gleichsam gegen Galilei behauptet Husserl, dass die Erde sich nicht bewegt. Die „Verwandtschaft" zwischen dem „Erdesein und dem Sein meines *Leibes* [deutsch im Original]" bemerkt auch Merleau-Ponty in seinem Kommentar (Merleau-Ponty 1968, 169; 1973, 123), geht aber über Husserl hinaus, wenn er in dem Vorlesungsmanuskript schreibt, es ginge nun darum, die „[o]ntologische Tragweite dieser Analyse" offenzulegen (Merleau-Ponty 1998, 88; zum engen Zusammenhang der ontologischen Wende und der Fleisch-Problematik vgl. Dastur 2000). Ist der Sinn vom „Fleisch der Welt" also in dieser Substratfunktion zu suchen, in diesem *Hypokeimenon*, das der Weltboden allen Erscheinungen und allen Bewegungen liefert? Merleau-Ponty scheint diesem Szenario einen Moment lang anzuhängen. Aber wenn die Welt tatsächlich jener „gemeinsame Stoff, aus dem alle Strukturen bestehen" (Merleau-Ponty 1964a, 257), wie lässt sich dann noch der Chiasmus denken?

Der selbstkritische Einwand findet sich in einer Arbeitsnotiz: „Das Fleisch der Welt bedeutet nicht *Sich-fühlen* wie mein Fleisch. Es ist empfindbar und nicht empfindend" (Merleau-Ponty 1964a, 315f.). Anders gesagt: Die „neue Ontologie" kann weder darin bestehen, Eigenschaften der Leibstruktur auf die Welt zu projizieren, noch die Reflexivität des Leibes im Weltboden zu fundieren, dem eben jene reflexive Dimension fehlt. Aber lässt sich eine Umkehrbarkeit vom Fleisch des Leibes und vom Fleisch der Welt denken, ohne Letzteres von Ersterem abzuleiten, aber auch ohne wieder zu einem Szenario der Identität zurückzukehren?

In einer Notiz von Juni 1960 wird das Arbeitsprogramm der neuen ontologischen Phänomenologie umrissen, wobei der Fleisch-Begriff sowohl vom dinglichen Körper als auch vom Eigenleib abgegrenzt werden soll: „Der wesentliche Begriff für eine solche Philosophie ist der Begriff des Fleisches [*chair*], der nicht objektiver Körper ist und ebenso wenig jener Körper, den die Seele als ihren eigenen denkt (Descartes), sondern der das Sinnliche ist im doppelten Sinne des Empfundenen und des Empfindenden." (Merleau-Ponty 1964a, 326) Eine solche Philosophie kann sich „weder im Fürsich noch im Ansich" einrichten, sondern muss ihre Verbindungsstellen freilegen, an denen die Fäden sich überkreuzen (Merleau-Ponty 1964a, 327). Aus diesem Grund stellt das Fleisch keine neue Figur der Positivität dar, sondern bezeichnet vielmehr den Umschlagspunkt, an dem sich Innen und Außen in ihr Gegenteil verkehren.

Im Folgenden soll argumentiert werden, dass ein Zugang für das Verständnis des Begriffs des Fleisches weder in der Positivität der Leibstruktur noch in der Positivität der Welt zu suchen ist, sondern über eine Neubewertung der *expressiven Wende* führen muss, die sich zwischen 1945 und 1952 vollzieht und die überhaupt Voraussetzung ist für die sogenannte *ontologische Wende* der letzten Jahre. Es ist in gewisser Weise die Abkehr von der Fokussierung auf das Körpererleben und die Hinwendung zu sämtlichen Ausdrucksphänomenen, die in der Welt stattfinden, noch bevor wir sie erzeugen könnten, die Merleau-Ponty den

Übergang zu einer Ontologie des Fleisches ermöglichte. Indem eine laterale Verschiebung stattfindet hin zu Rändern, an denen das Unerwartete entsteht, vermag diese neue Phänomenologie des Ausdrucksgeschehens auch einen Raum freizulegen, der sich weniger *in* als *zwischen* den Körpern befindet, einen Zwischenraum, der von nun an als „*chair*" bezeichnet werden soll.

4. An den Rändern des Ausdrucks: Die Entdeckung des Diakritischen

Der Ausdruck wird nicht erst in der sogenannten „mittleren Periode" zum Thema: Schon in der *Phänomenologie der Wahrnehmung* wird die Frage ausführlich behandelt. Nichtsdestotrotz bleibt das Ausdrucksphänomen dort im Wesentlichen einer Theorie der Wahrnehmung untergeordnet und der Ausdruck nach wie vor vom Ausdrucksleib her gedacht. Den Übergang zu beschreiben „vom Wahrnehmungsglauben zur ausdrücklichen Wahrheit, wie man sie auf der Ebene der Sprache, des Begriffs und der kulturellen Welt antrifft" (Merleau-Ponty 1947b, 163, Fußn. 1), das „Feld des Erkennens schlechthin" zu denken (Merleau-Ponty 2000, 41), auf dessen Boden dann so etwas entwickelt werden kann wie eine Theorie des „Ursprungs der Wahrheit" (*L'origine de la vérité* – so der anfänglich geplante Titel für *Das Sichtbare und das Unsichtbare*): All das setzt voraus, dass jene Sinngenesen Berücksichtigung finden, die nicht in uns allein aufkeimen, aber auch nicht im Anderen. Der Ausdruck „datiert sich sozusagen selbst zurück", und es geht darum, die Illusion der nachträglich rückprojizierten Kausalität zu vermeiden (Merleau-Ponty 1953, 197). Der Ausdruck ist kein *Aus*-Druck, keine *ex-pressio* in dem Sinne, dass im Inneren bereits ein vorgefertigter Sinn vorläge, den es nur noch zu entäußern gälte. Vielmehr herrscht so etwas wie eine Semi-Autonomie der Sinnprozesse, die weder in einer konstituierenden Subjektivität gründen noch von irgendeiner Neuauflage des Kratylismus abhängen, der Ding und Wort in eins fallen lässt. Kurzum, es geht darum – eine späte Notiz bringt es auf den Punkt – zu untersuchen, „auf welche Weise die Sprache und auf welche Weise der Algorithmus die Bedeutung entspringen läßt" (Merleau-Ponty 1964a, 260).

Ganz im Gegensatz zu Paul Ricœurs Behauptung, wonach Merleau-Ponty „die Etappe der Wissenschaft objektiver Zeichen übersprungen" habe, weil er nicht den langen „Umweg über die Linguistik nahm" (1967, 246), ist es vielmehr Roland Barthes, der recht behält: Merleau-Ponty kann als einer der Ersten gelten, der die Beiträge der Linguistik in die Philosophie einführte und mittelfristig auch die gesamte strukturalistische Generation von Freunden und Schülern beeinflusste (Barthes 1965, 1477). Dennoch bleibt der Einfluss von Saussures Linguistik auf die Philosophie von Merleau-Ponty selbst bis heute eher unterbelichtet und im Wesentlichen auf sprachphilosophische Anliegen beschränkt. Im Anschluss an Mauro Carbone (Carbone 1993) und an eigene Vorarbeiten

(Alloa 2008, 45–68), soll es nun darum gehen, die auf den ersten Blick seltsam anmutende Hypothese zu erhärten, dass ein zentraler Gedanke des *Cours de linguistique générale* – die diakritische Struktur der Zeichen – die Vorlage für den späten Begriff des „Fleisches" liefert. Wenn das Phänomen des Ausdrucks bereits früh als Weg anerkannt wird, um jegliche Form von dualistischem Denken zu überwinden hin zu einem „gemeinsamen" Boden, lässt sich diese Intuition insbesondere durch Saussures Begriff des Diakritischen präzisieren, indem dieses sowohl als gemeinsame Matrix als auch als Differenzierungsereignis verhandelt wird.

„Bei Saussure haben wir gelernt", so beginnt der Aufsatz *Das indirekte Sprechen und die Stimmen des Schweigens*, „dass die einzelnen Zeichen für sich genommen nichts bedeuten, dass jedes von ihnen weniger einen Sinn ausdrückt, als dass es einen Sinnabstand zwischen sich selbst und den anderen Zeichen angibt. Da man von diesen dasselbe sagen kann, besteht die Sprache also aus Unterschieden ohne Ausdrücke, oder genauer, die Ausdrücke der Sprache werden erst durch die zwischen ihnen auftauchenden Unterschiede hervorgebracht." (Merleau-Ponty 1952, 111) Der Grundgedanke einer Wissenschaft, die in keinerlei Positivität abgestützt ist, sondern lediglich über differentielle Verräumlichungen operiert, entspricht dem Bestreben Merleau-Pontys, das Ausdrucksgeschehen zu dezentrieren. Anhand von Saussures Leitideen wird die Philosophie als Offenbarung einer innerleiblichen und präobjektiven Wahrheit durch ein Denken der Nicht-Positivität ersetzt, das zu Sartres Negativität jedoch ebensosehr auf Distanz geht. Zwischen den Zeilen liegt kein sartresches „Loch", sondern vielmehr eine gemeinsame Textur, die die Individuierung der einzelnen Sinnträger allererst ermöglicht.

Zu rehabilitieren wäre die Bedeutung von Joseph Vendryès für Merleau-Pontys Entdeckung des *Paradoxons des Ausdrucks* sowie die Wichtigkeit von Gustave Guillaume und Michel Bréal für die Ausarbeitung einer Theorie der Stiftung bzw. *institution*. Auf dem Weg zu einer sowohl nichtpositiven wie nichtdualistischen Philosophie übte aber wohl kein Linguist einen vergleichbaren Einfluss aus wie Ferdinand de Saussure. Bei gleichzeitiger Zurückweisung der Vorstellung einer adamitischen Urbezeichnung der Dinge wie auch vom „Mythos einer Sprache der Dinge" (Merleau-Ponty 1969, 30) steht die Zwischenperiode für die Freilegung eines seitlichen, lateralen Denkens. Der Sinn entsteht nicht in uns oder in den Dingen, sondern gleichsam an ihren Rändern, insofern an diesen Rändern sowohl neue Bedeutungen entstehen als auch inadäquate ausgeschlossen werden können. In der Vorlesung über *Das Bewusstsein und der Spracherwerb* fasst Merleau-Ponty Saussures Lehre der Lateralität wie folgt zusammen: „Die Worte tragen weniger in sich eine Bedeutung als sie andere Bedeutungen ausschließen." (Merleau-Ponty 2001, 81)

Merleau-Ponty setzt hier auf die Vieldeutigkeit des Wortes *écartement*: Es geht zugleich um eine Verräumlichung – die Einrichtung eines Zwischenraums oder *écart* – und um das Ausräumen von nicht einschlägigen Bedeutungen, um eine Disambiguierung gleichsam. Das *écartement* beschränkt sich folglich nicht wie bei Sartre auf die klassisch theoretizistische Haltung eines Subjekts, das sich die Dinge vom Leib hält, vielmehr sind Sinnordnungen „diakritische und oppositionelle Systeme, ohne die unser Verhältnis zur Welt bald zusammenbräche" (Merleau-Ponty 1973, 56, veränderte Übers.).

Im Begriff der Struktur sieht Merleau-Ponty einen „Ausweg aus der Subjekt-Objekt-Beziehung" (Merleau-Ponty 1960a, 177); die Aufmerksamkeit von den konstituierten Objekten zu verlagern hin zu deren konstitutiven Matrizen läuft darauf hinaus, eine von abgeschlossenen Objekten ausgehende Theorie durch ein Denken der fortwährenden Aufspreizung zu ersetzen. „Das Aussehen der Welt wäre für uns erschüttert", heißt es schon in dem Kino-Vortrag, „wenn es uns gelänge, die Zwischenräume zwischen den Dingen als *Dinge* zu sehen – zum Beispiel den Raum zwischen den Bäumen auf der Straße – und umgekehrt die Dinge selbst – die Straßenbäume – als Hintergrund." (Merleau-Ponty 1947a, 30) Die Virtualität der *langue* im Unterschied zur Aktualität der *parole* darf nicht im Sinne irgendeiner Idealität an irgendeinem platonischen Himmel verstanden werden, vielmehr benennt sie jenen Möglichkeitsraum, in dem sich sprechende Subjekte bewegen. Sie ist gleichsam „*um* jedes sprechende Subjekt *herum*" (Merleau-Ponty 1947b, 53), „in der Luft, zwischen allen sprechenden Subjekten, obwohl sie in keinem von ihnen völlig verwirklicht ist" (Merleau-Ponty 2000, 107). Wenn es nun tatsächlich so etwas wie ein Sprachmilieu gibt, in das der Sprechende „eingetaucht" ist, so beschränkt sich jedenfalls Merleau-Ponty nicht darauf, dieses Denken der Medialität von Sprache in jener Ausdruckstheorie aufgehen zu lassen, die er ursprünglich anvisiert hatte und die in *Die Prosa der Welt* ihren Niederschlag finden sollte. Bezeichnenderweise wird eben jenes Projekt 1952 endgültig abgebrochen, da sich seine ontologische Prämissen als prekär erweisen.

Auf dem Weg zu einer Ontologie der Sinnlichkeit spielt nun – so die These – das Konzept des Diakritischen eine zentrale Rolle. Merleau-Ponty bedient sich des Ausdrucks mehrfach in seiner Charakterisierung des Gerüsts der sinnlichen Welt. In *Das Sichtbare und das Unsichtbare* wird gar die Wahrnehmung selbst als ein „diakritisches, relatives, oppositionelles System" beschrieben (Merleau-Ponty 1964a, 272). Dass das Diakritische seine bloß zeichentheoretische Funktion verliert und zu einer Grundkonfiguration von Sinnlichkeit schlechthin wird, lässt sich bereits gegen Ende der *Prosa der Welt* beobachten, wo es heißt, dass selbst die Bedeutung, die „an der Nahtstelle der Zeichen am Entspringen war" (*qui fusait à la jointure des signes*) einer „leiblichen Anordnung" (*agencement charnel*) gehorcht (Merleau-Ponty 1969, frz. 169. Die dt. Übersetzung [138] ist hier irreführend). Bereits hier wird deutlich, dass Merleau-Pontys Verwendung des Diakritischen über den von Saussure gesteckten Rahmen hinausschießt und das erweiterte Diakritische nun einen neuen Namen erhält: *chair*.

5. Das Fleisch: die Verleiblichung des Diakritischen

Das Fleisch der Welt erklärt sich nicht durch das Fleisch des Leibes
(Merleau-Ponty 1964a, 315)

Dass Merleau-Ponty in dem *Cours de linguistique générale* mithin eine zentrale Denkfigur entdeckt, macht ihn freilich noch nicht zum Saussurianer. Immer wieder wurde auf die eher unorthodoxe – um nicht zu sagen: falsche – Deutung von Saussures Diachronie und Synchronie hingewiesen (Hohler 1982; Giuliani-Tagmann 1983, 102–111; Koukal 2000). Die *Phänomenologie der Wahrnehmung* formuliert gar eine explizite Kritik an der Vorstellung von Sprache als „arbiträrer Konvention". Wenn Merleau-Ponty betont, dass es nicht um Konventionalität geht, sondern um die Existenz eines Körpers und seiner Art und Weise, „die Welt (gleichsam wie ein Fest) zu begehen und zu erleben" (Merleau-Ponty 1945, 218), dann zeugt dies nicht nur davon, dass das Paradigma der konstituierenden Leiblichkeit prägend bleibt, sondern auch, dass das Verständnis von Saussures Begriff des Arbiträren beim Gemeinplatz verharrt. Tatsächlich heißt es in dem von Saussures Schülern edierten *Cours*, unter Arbitrarität sei nicht etwa die „freie Entscheidung des sprechenden Subjekts zu verstehen" (Saussure 1972, 101) – ein Grundsatz des Saussurismus ist sogar, dass das Zeichen stets dem „individuellen und sozialen Willen" entgleitet (Saussure 1972, 34) – sondern vielmehr der *nicht motivierte* Charakter des Zeichens, d.h. das Fehlen eines „natürlichen Bandes" zwischen Signifikant und Signifikat (Saussure 1972, 101). Saussures Arbitrarität wäre dann eher mit der Quodlibetalität der Scholastik zu vergleichen, im Sinne der Formel *vox est in potentia ad quodlibet significatum*, die die Fähigkeit einer Stimme anzeigt, potentiell alles zu bezeichnen. Diese Quodlibetalität der mittelalterlichen Rhetorik-Handbücher wird nun gleichwohl von Saussure radikalisiert, wenn nicht nur das Zeichen für alles stehen kann, sondern schlechthin alles zum Zeichen werden kann.

„Für sich genommen sind die Elemente alle arbiträr" – schreibt Merleau-Ponty in einer unveröffentlichten Notiz von 1952/53 – ihr Verhältnis aber ist es nicht (Fonds Merleau-Ponty, Bibliothèque Nationale de France, vol. XI, f. 65). Aufgegeben werden müsse daher die Vorstellung, „das Verhältnis von Zeichen und Bezeichneten sei ebenso äußerlich wie das Verhältnis zwischen Telefonnummer und Namen. Denn es gibt ein internes Verhältnis der Zeichen, das als Ganzheit und das Signifikat als Feld verstanden werden muss" (Unveröffentlichte Notiz aus dem Umfeld der Exzerpte zu Paul Valéry. Fonds Merleau-Ponty, Bibliothèque Nationale de France, vol. XI, f. 65).

Eine solche Auffassung ist mit Saussures nicht notwendig inkompatibel. Jacques Garelli vermochte anhand der im Genfer Gartenhaus entdeckten Manuskripte Saussures zu zeigen, dass sich Saussures Semiologie keinesfalls auf ein arbiträres Zeichenspiel in einem anonymen Netzwerk von Strukturen reduzieren lässt; vielmehr setzt Saussures Semiologie stets einen anfänglichen „Blickwinkel" voraus, der das Feld der Differenzen überhaupt erst strukturiert (Garelli 2003). In diesem Sinne betont auch Merleau-Ponty gegen jeden formalen Strukturalismus eine perspektivische und verankerte Theorie von Sinn. Wenn vermieden werden soll, dass die Strukturen zu idealistischen Abstrakta werden, müssen sie in das empirische Feld selbst eingelassen werden; wenn auch nicht selbst sinnlich wahrnehmbar, so müssen sie *im sinnlich Wahrnehmbaren* liegen.

Merleau-Pontys eigenwilliger Begriff der Struktur (Waldenfels 1985) lässt sich vielleicht am besten im Kontrast zur Definition vorführen, die Deleuze in *Woran erkennt man den Strukturalismus?* liefert:

> „[D]ie Struktur verkörpert sich gemäß bestimmbaren Reihen in den Realitäten und den Bildern; sie konstituiert sie, indem sie sich verkörpert, geht jedoch nicht aus ihnen hervor, da sie tiefer ist als sie, die Grundlage aller Böden des Realen wie aller Himmel der Imagination" (Deleuze 1972d, 250f.).

Wenn man sich dem Anachronismus einen Moment lang hingibt, so könnte man sich gleichsam *ex post* Merleau-Pontys Antwort darauf vorstellen. Nicht nur Deleuze hätte dann an Merleau-Pontys Begriff des Fleisches etwas auszusetzen, Merleau-Ponty könnte Deleuzes hier von Lacan inspirierten Vorstellung vorwerfen, die *incarnation* sei noch allzu aktualistisch gedacht. Für Merleau-Ponty wäre vielmehr Fleisch als virtuelle Struktur zu denken, die mit den Verleiblichungsprozessen nicht verwechselt werden darf; sie geht ihnen nicht voraus und steht nicht über ihnen, sondern ist gleichsam das Element, in denen sie sich vollziehen. Die Struktur kann dann nicht länger als kausal oder logisch vorgeordnet gedacht werden, ist sie doch selbst sinnlich verfasst. Mit anderen Worten: Das Diakritische bedarf selbst einer gewissen Dichte.

Der Begriff *chair* wird zum Namen jener Struktur, die die sichtbaren Dinge durchzieht, ohne selbst aktuell sichtbar zu sein. Nachdem er sowohl die Dingontologie als auch jegliche Form von Strukturidealismus abgewiesen hat, rückt Merleau-Ponty das diakritische Fleisch in die Nähe der Elementenlehre der ionischen Naturphilosophen. „Das Fleisch ist nicht Materie, es ist nicht Geist, nicht Substanz. Um es zu bezeichnen bedürfte es des alten Begriffes ‚Element' in dem Sinne, wie man ihn früher benutzt hat, um vom Wasser, von der Luft, von der Erde oder vom Feuer zu sprechen." (Merleau-Ponty 1964a, 183) Das Fleisch ist also kein bloßes Band, das den Spalt zwischen Leib und Seele überwinden soll, sondern vielmehr der Stoff, aus denen sie sich jeweils herausschälen, ein „formendes Milieu für Objekt und Subjekt" (Merleau-Ponty 1964a, 193). In diesem Sinne lässt sich mit Renaud Barbaras sagen: „[N]icht weil ein Subjekt einen Körper besitzt, ist es ein fleischliches Wesen, sondern umgekehrt weil es als Fleisch existiert, vermag es einen Körper zu haben" (Barbaras 2008b, 76). In diesem Sinne ist das Fleisch bei Merleau-Ponty weniger Boden oder Organ als vielmehr Medium, ähnlich wie bereits Aristoteles das Fleisch (*sarx*) vom Berührungsorgan (*aisthētērion)* in ein Berührungsmedium (*metaxy*) verwandelt hatte (Alloa 2011, 129–131).

Obwohl Merleau-Ponty in vielen Punkten Aristoteles' protophänomenologischen Beschreibungen aus der Schrift *Über die Seele* nahe steht, hat er diese nachweislich kaum rezipiert. Im Gegenzug finden sich viele Spuren einer ausführlichen Auseinandersetzung mit der Elementenlehre der Vorsokratiker, allerdings nicht so sehr mit der Suche nach dem ursprünglichsten Element (das Wasser für Thales, die Luft für Anaximenes, das *Apeiron* für Anaximander usw.) als vielmehr mit deren Denken der *Elementarität.* Mit der Elementarität soll die Logik des Eigenen und des Eigentums, deren sich Husserl noch verdächtig macht, ersetzt werden durch eine Logik der *Inhärenz.* Denn dass das Sein, wie es heißt, nicht vor uns steht, sondern hinter uns liegt (Merleau-Ponty 1995, 123), steht keineswegs für eine Rückkehr in ein Denken der Grundlegung. Die Idee der Elementarität geht aber auch über Gaston Bachelards Poetik der Elemente hinaus: Sie steht vielmehr für den Versuch, die Gleichzeitigkeit zu denken von dem, was erscheint, und von dem, was erscheinen lässt, vom Objekt und vom Medium, das es sichtbar werden lässt. Dass das Fleisch gerade keine unsichtbare Unterlage ist, sondern vielmehr als sinnliches Element das Sichtbare selbst durchzieht, belegen folgende Zeilen, die in seinem letzten Sommer unter dem Eindruck von Cézannes Landschaften um das südfranzösische Aix herum entstanden sind:

> „Wenn ich auf dem Boden des Schwimmbeckens durch das Wasser hindurch die Fliesen sehe, sehe ich sie nicht trotz des Wassers und der Reflexe, ich sehe sie eben durch diese hindurch, vermittels ihrer. Wenn es nicht jene Verzerrungen, jene durch die Sonne verursachten Streifen gäbe, wenn ich die Geometrie der Fliesen ohne dieses Fleisch (*chair*) sähe, dann würde ich aufhören, sie zu sehen, wie sie sind und wo sie sind, – nämlich: weiter weg als jeder sich selbst gleiche Ort" (Merleau-Ponty 1964b, 305f.).

Das Fleisch liegt damit weder in noch hinter den Dingen verborgen, sondern bildet vielmehr die Textur zwischen ihnen: „Zwischen den vorgeblichen Farben und dem vorgeblich Sichtbaren würde man auf das Gewebe stoßen, das sie unterfüttert, sie trägt, sie nährt und das selbst nicht Ding ist, sondern Möglichkeit, Latenz und *Fleisch* der Dinge." (Merleau-Ponty 1964a, 175) Noch vor einer Individuierung als Materie und als Körper benennt das Fleisch eine Matrix von Phänomenalität, eine Prägnanz von Möglichkeiten. Matrix muss hier buchstäblich verstanden werden: *La chair, la mère*, „das Fleisch, die Mutter" heißt es in einer Arbeitsnotiz (Merleau-Ponty 1964a, 335). Der Begriff der Prägnanz (der sich in Cassirers *Philosophie der symbolischen Formen* findet, die Merleau-Ponty sehr früh rezipierte) wird hier zurückgeführt zu einer *pregnancy*, einer Art ‚Schwangergehen' mit künftigem Sinn (Merleau-Ponty 1964a, 266f.).

Wenn das anti- bzw. hypersartrianische Szenario und die psychoanalytischen Deutungen der Spätschriften also so etwas nahe legen wie ein Bestreben, eine Art intrauterinen Urzustand wiederherzustellen, vermag im Gegenteil eine Spurensuche nach strukturalistischen Momenten im Spätwerk – und insbesondere nach

Saussures Diakritischem – aufzuzeigen, dass die oft hervorgehobene Dimension der *Inhärenz* unvollständig bleibt, solange ihre Rückseite – die *Differenz* – nicht mitthematisiert wird. Nun haben nicht nur Merleau-Ponty-Kritiker wie Deleuze oder Lyotard den versöhnlichen Aspekt stark betont; auch in der Merleau-Ponty-Forschung wurden oppositive Dimensionen im Werk mehrheitlich abgelehnt. Es mag dennoch lohnen, noch einmal an den frühen Vorschlag von Madison anzuknüpfen, für den die Figur des Elements nicht nur auf Vermischungsdenker wie die ionischen Physiologen oder Empedokles verweist, sondern auch auf Heraklits *Polemos*-Begriff (Madison 1973, 254ff.). Zum Zeitpunkt seines unerwarteten Todes lag auf Merleau-Pontys Schreibtisch Abel Jeannières kommentierte Heraklit-Ausgabe; Saint-Aubert 2004, 257, Fußn. 3). Die ontologische Struktur von Welt ist dann, ebenso wie Saussures *diacritique*, durchaus oppositiv und differentiell, ohne dass diese Differenzierung zu einem Riss im Gewebe der Erfahrung führte.

Um diese Differenzierung ohne Riss anzudeuten, führt Merleau-Ponty ein Wort ein, das er aus der Botanik und der Medizin übernimmt: *déhiscence.* Die Dehiszenz bezeichnet das Auseinandertreten zweier benachbarter Gewebe bis hin zur Ausfaltung eigenständig individuierter Entitäten (vom Organ über die Frucht bis hin zum ganzen Lebewesen). Es geht folglich um eine Art laterale Ausdifferenzierung, um eine seitliche Ausgeburt, die in der Metapher der Pfropfung wieder zum Ausdruck kommt oder, wiederum mit anderen Konnotationen, in der Geburt Evas aus einer Rippe Adams heraus (Merleau-Ponty 2000, 280). Anders als die sartresche Idee der Negativität als „Loch" versucht Merleau-Ponty das „fruchtbare Negative" zu denken, das selbst „durch den Leib, durch sein Aufklaffen [*déhiscence*] gestiftet" wird (Merleau-Ponty 1964a, 330).

Denn gerade die vermeintliche Urszene der Selbstaffektion – die rechte Hand, die die linke berührt – beweist die Unmöglichkeit der Rückkehr zu sich: Erfahren wird eine „immerzu bevorstehende und niemals tatsächlich verwirklichte" Umkehrbarkeit (Merleau-Ponty 1964a, 193). Das Fleisch, das zum Emblem der *déhiscence* wird (ebd., 201), fungiert dann weniger als Emblem einer Rückkehr zu einem präobjektiven Urzustand, der die Phänomenologie seit ihren Anfängen beschäftigt, als vielmehr für ein Denken der kontinuierlichen Genese. Es folgt der heuristischen Feststellung, dass „das Ursprüngliche zerspringt und die Philosophie [...] dieses Zerspringen, diese Nicht-Koinzidenz, diese Differenzierung begleiten [muss]" (Merleau-Ponty 1964a, 165). Das Fleisch ist keine neue Travestie der Transzendentalphilosophie, sie ist eine Figur von *différance.*

Literatur:

Merleau-Ponty 1952, Merleau-Ponty 1964a, Merleau-Ponty 1964b, Waldenfels 1985, Dastur 2000, Carbone 2002, Barbaras 2008a, Alloa 2009a.

Martin Heidegger – Der leibliche Sinn von Sein

David Espinet

1. Überblick

Der Leib, dieses unwahrscheinlichste Ding unter Dingen, bleibt in Heideggers Denken auf ambivalente Weise unterbestimmt. Was vorliegt, führt zu keiner explizit ausgearbeiteten Phänomenologie oder Ontologie des Leibes; tatsächlich umschreiben die wenigen Ausführungen im umfangreichen Werk des Freiburger Philosophen den Leib sehr viel eher als eine Leerstelle, als dass sie diesen selbst explizit und deskriptiv zur Geltung brächten. Summarisch lassen sich drei Weisen der Vernachlässigung des Leiblichen bei Heidegger beschreiben (vgl. Aho 2009), die chronologisch durchaus überlappend sind: erstens bleibt der Leib im Umfeld des Hauptwerkes *Sein und Zeit* (Heidegger 1927) unterbestimmt. Zwar liegt dies in der systematischen Zuspitzung der Untersuchung auf die Zeitlichkeit des Daseins begründet, bei der das leibliche Sein im Raum eine untergeordnete Rolle spielt. Räumlichkeit muss aber nicht, wie der spätere Heidegger 1962 selbst gegen die Position von 1927 einwendet (vgl. Heidegger 1969, 28–29), in Zeitlichkeit fundiert werden. Zweitens erweist sich der Leib für Heidegger – explizit ab den 1930er Jahren – als ein Begriff, der kritisch zu hinterfragen ist. In diesem Kontext wendet sich dieser sowohl gegen die christliche als auch gegen naturalistisch informierte Leibauffassungen. Drittens gewinnt ab Mitte der 1940er Jahre ein positiv besetzter, aber nur operativ auftretender Begriff des Leiblichen an Bedeutung, ohne dass dieser zu einem fest umrissenen Leibbegriff würde. Was der Leib nun für Heidegger positiv bedeutet, lässt sich nur indirekt am jeweiligen Kontext, in dem der Begriff des Leiblichen auftaucht, insbesondere im Zusammenhang seiner Sprachphilosophie, erläutern.

Trotz dieser Vernachlässigung des Leiblichen ist im Zusammenhang der phänomenologisch inspirierten Leibdiskurse Heideggers Denken keineswegs wirkungslos gewesen, im Gegenteil: Gerade die Daseinsanalysen aus *Sein und Zeit* stellen einen Subtext zahlreicher leibaffiner Konzeptionen der 1940er bis 1970er Jahre dar. Gemeinsam mit Edmund Husserls Erkenntnisparadigma der Wahrnehmung dürfte Heideggers Hinwendung zur Faktizität der Existenz die leibphänomenologische Entwicklung französischer Prägung in philosophischer Hinsicht sogar am stärksten beeinflusst haben. Nicht nur bezeichnet Maurice Merleau-Ponty im Vorwort der *Phänomenologie der Wahrnehmung* Heideggers

Sein und Zeit als eine „Auslegung" von Husserls Begriff „der Lebenswelt" (Merleau-Ponty 1945a, 3), zudem entwickelt jener die Zeitlichkeit der leiblichen Subjektivität in enger Anlehnung an Heideggers Zeitanalysen (vgl. Merleau-Ponty 1945a, 466–492). Jean-Paul Sartres und Emmanuel Levinas' Kritik an Heideggers Leibvergessenheit erfolgt auch aus einer Fortführung zentraler existenzanalytischer Prämissen Heideggers. So betont Levinas in einer Vorlesung von 1945/46: „Die ontologischen Verhältnisse sind keine körperlosen Verbindungen." (Levinas 1980, 31; vgl. auch Levinas 1961, 234–242, Levinas 1974b, 178–182 und Sartre 1943, 443–456, 539–632.) Derridas Dekonstruktion des Erkenntnisparadigmas der durch Selbstpräsenz charakterisierten Stimme (vgl. Derrida 1967) ist ohne Heideggers Kritik an präsenzmetaphysischen Prämissen in *Sein und Zeit* kaum denkbar. Selbst in Michel Foucaults Analysen der Disziplinierungs- und Strafmechanismen, die stets am Leib angreifen, bleiben Anklänge von Heideggers Hermeneutik des alltäglichen Umgangs mit Gebrauchsdingen, wie man sie in *Sein und Zeit* entwickelt findet, erkennbar (vgl. z.B. Foucault 1975) (zu Husserl vgl. den Beitrag von Alloa/Depraz, zu Merleau-Ponty vgl. die Beiträge von Kristensen und Alloa, zu Levinas vgl. den Betrag von Bedorf und zu Foucault vgl. den Beitrag von Schneider in diesem Band). Überblickt man die mittlerweile klassischen leibphänomenologischen und poststrukturalistischen Positionen des 20. Jahrhunderts, die Heidegger in der einen oder anderen Hinsicht verpflichtet sind, so drängt sich der Eindruck auf, dass Heidegger ein Problem stellt, dem sich Sartre, Merleau-Ponty, Levinas, Derrida und auch Foucault zuwenden, auch weil Heidegger es selbst nicht löst.

Im Folgenden geht es zunächst darum, Heideggers Leibvergessenheit kursorisch nachzuzeichnen. Dabei zeigt sich, dass jener den Leib nicht schlicht ausgrenzt, sondern die Marginalisierung des Leiblichen bei Heidegger der Gefahr einer Naturalisierung und auch Theologisierung des Daseins durch einen falsch verstandenen Leib (Leib als extensionaler Raumkörper; Leib als Inkarnation des Geistes) ausweichen möchte. Dabei soll deutlich werden, dass es sich um eine durchaus produktive Vernachlässigung des Leibes handelt. Sodann wird mit Heideggers eigenen Ressourcen ein positiver Begriff des Leibes (re)konstruiert, dies zunächst als methodische Reflexion über die spezifische Gegebenheit des Leibes (3.), dann als leibphänomenologische Skizze im Ausgang von Heideggers Erörterung der Gebärde in Raum und Zeit (4.), der Sprachgebärde (5.) und des Hörens auf die Sprache (6.).

2. Umriss einer Leerstelle

In seiner frühen Vorlesung von 1923, *Ontologie (Hermeneutik der Faktizität)*, hält Heidegger fest: „Sachen sind nur *da, wo* Augen sind." (Heidegger 1988a, 5) Sogleich möchte man sagen: Das Da, wo Sachen den Augen, Ohren und den anderen Sinnen gegeben sind, ist der Leib. Er ist der sehende, hörende, riechende, schmeckende, tastende Bereich, an dem etwas gegeben ist und der sich räumlich und zeitlich aufspannen kann. Im Jahr 1919 hatte es dementsprechend geheißen: „Der Zusammenhang der Lebenserfahrung ist ein Zusammenhang von Situationen, die sich durchdringen. Die Grundbeschaffenheit der Lebenserfahrung ist gegeben durch den notwendigen Bezug zur *Leiblichkeit*". (Heidegger 1987b, 210) Gleichwohl folgt Heidegger dieser für ihn vermutlich naturalismusverdächtigen Spur nicht: wie für die „‚Natur'" so gelte „entsprechend" für den „‚Leib'", dass er „nur formalisiert aus Dasein, Geschichtlichkeit" sei, „daher nicht als ‚Grundlage' ihrer Zeitlichkeit" (Heidegger 1988a, 3) und, wie hinzuzufügen ist, auch nicht ihrer Räumlichkeit verstanden werden könne. Anders gesagt, der Leib soll hier nicht als ein Fundierendes, sondern als etwas Fundiertes verstanden werden.

In *Sein und Zeit* führt Heidegger diesen Gedanken weiter, indem er die Leiblichkeit des Daseins als ein Moment von dessen Räumlichkeit interpretiert, die im ersten Hauptwerk einen zweifach abgeleiteten Charakter hat: Raum sei in Welt fundiert und diese in der Zeitlichkeit des Daseins (vgl. Heidegger 1927, 75–76, 463–489).

Konsequenterweise verhandelt Heidegger die Räumlichkeit und Leiblichkeit des Daseins vornehmlich im Zusammenhang seiner Umweltanalysen, die lediglich vorbereitenden Charakter für die Welt- und Zeitanalysen haben. Das Dasein verhält sich alltäglich im Raum so, dass es Distanzen überwindet und sich dabei intentional ausrichtet nach dem, was aus der Ferne in die Nähe gebracht, d.h. ent-fernt werden soll. Bei jedem Griff nach einem Gebrauchsgegenstand gilt: Das Sein im Raum ist „ent-fernendes In-Sein" im umweltlichen Raum und „Ausrichtung" nach etwas (Heidegger 1927, 144). Diese eminent leibliche Räumlichkeit, der beispielsweise als „Ausrichtung [...] die festen Richtungen nach rechts und links" entspringen (Heidegger 1927, 145), verfolgt Heidegger indes nicht weiter. Über diese und anderen Formen des Ausgreifens der Hände und des Leibes als ein Eröffnen von Räumlichkeit heißt es nur, dass diese „Verräumlichung des Daseins in seiner ‚Leiblichkeit' [...] eine eigene hier nicht zu behandelnde Problematik in sich" berge (Heidegger 1927, 145). Selbst bei Begriffen wie „Zuhandenheit" oder „Vorhandenheit" richtet sich die Aufmerksamkeit am Leib (und dass dieser etwas zur Hand oder vor der Hand hat) vorbei auf die daseinsmäßige Räumlichkeit selbst:

> „Das Dasein ist nie [...] im Raum vorhanden. Es füllt nicht wie ein reales Ding oder Zeug ein Raumstück aus [...]. Das Dasein nimmt – im wörtlichen Verstande – Raum ein. Es ist keineswegs nur in dem Raumstück vorhanden, den der Leibkörper ausfüllt. Existierend hat es je schon einen Spielraum eingeräumt." (Heidegger 1927, 486)

Die Rede vom „Leib*körper*" zeigt, dass Heidegger lediglich vermeiden möchte, „ontologisch unangemessen" von einem Dasein zu sprechen, das „im Raum an einer Stelle vorhanden" sei (Heidegger 1927, 486). Vorhandenheit meint das bloße

Vorliegen einer welt- und bezugslosen *res extensa*. Heidegger grenzt den Raum des Daseins von dem der vorhandenen Dinge ab, welchen er den Leib auf eher undurchsichtige Weise zuzurechnen scheint.

Dabei unterbleibt aber, aus diesen selben Bestimmungen einen positiven Sinn des Leibes zu zeihen, der ihnen zweifelsohne inhäriert. Denn der Leib als Leib ist gerade kein Ding an einer beliebigen Raumstelle. Auch er ist ein „Spielraum", von dem aus sich Raumbezüge – „Ort", „Platz", „Lage", „Situation", „Horizont", „Gegend" (vgl. Heidegger 1927, 486–488) – eröffnen. Heidegger übergeht die eigene Valenz des Leiblichen und damit auch des Raumes selbst, um die Prozessualität des Einräumens von Raum auf die „Zeitlichkeit" des Daseins zurückzuführen, durch welche dieses „faktisch und ständig einen eingeräumten Raum mitnehmen" könne (Heidegger 1927, 488). *Dieser* schon eingeräumte Raum, den das Dasein wie ein Schneckenhaus „mitnehmen" kann, ist schon statischer Umgebungsraum, nicht jener prozessuale Raum, der im Ent-fernen und Ausrichten „eingeräumt" wird. Dieser Umgebungsraum bildet bereits die Vorstufe zu einer ontologisch unsachgemäßen Verräumlichung des Daseins als einem vorhandenen Ding in einem Raumbehälter. Die Rede vom „Einbruch in den Raum", der nur „auf dem Grunde der [...] Zeitlichkeit möglich" sei (Heidegger 1927, 148), deutet in diese Richtung, zumal *Sein und Zeit* keinen Begriff für den Raum *selbst* anbietet, als eben jene problematische und zu überwindende Vorstellung der *res extensa*.

Vieles spricht dafür, dass Heidegger den Begriff des Leibes im Rahmen des Destruktionsprogramms der überlieferten metaphysischen Begrifflichkeiten unter heuristischen Absichten nur provisorisch beibehalten möchte. Ähnlich wie beim Begriff des Lebens, den Heidegger früh durch den des Daseins ersetzt, soll sich in der Auslegung des vermeintlich ursprünglicheren Daseins und dessen Zeitlichkeit klären, was der leibliche Sinn von Sein ist.

Ist erst einmal die Zeitlichkeit des Daseins und aus dieser heraus die Räumlichkeit des Daseins aufgewiesen, dann, so eines der fundamentalontologischen Versprechen aus *Sein und Zeit*, ließe sich auch verstehen, was das spezifische Dasein des belebten Körpers, das heißt des Leibes, eigentlich ist. Zwar bleibt im Destruktionsprogramm aus *Sein und Zeit* der Vorhandenheitsverdacht angesichts des Leibes eher vage formuliert, dass er aber besteht, zeigt sich in der Vorlesung *Prolegomena zur Geschichte des Zeitbegriffs*, in welcher Heidegger 1925 Husserls Leibphänomenologie aus *Ideen II* (Hua IV), die jener aus Arbeitsmanuskripten her kannte, vorwirft: „Es bleibt ontologisch alles beim Alten." (Heidegger 1979, 170) Unangetastet bleibt gemäß Heidegger der cartesische Substanzdualismus, in dem der Leib nur als ein Vermittlungsproblem von *res cogitans* und *res extensa* auftaucht.

In der Folge von *Sein und Zeit* und der Vorlesung *Die Grundbegriffe der Metaphysik* von 1929/30 (Heidegger 1983) beschränkt sich Heideggers Bestimmung des Leibes über viele Jahre darauf, auf die metaphysischen Implikationen hinzuweisen, die dem Begriff des Leibes eigen sind. In der Auslegung von Nietzsches Lebensphilosophie, deren Aufwertung des Leibes, wenn man Heidegger glauben mag, letztlich die Vorstufe eines haltlosen Biologismus darstelle (zu Nietzsche vgl. den Beitrag von Klass in diesem Band). Der Leib als große Vernunft, aus der Geist und Seele erst hervorgingen, führe zur „umgekehrten Tierheit" (Heidegger 1961b, 265), zu einem ins Diesseitige gewendeten Cartesianismus bzw. Hegelianismus eines nunmehr absoluten leiblichen *cogito* bzw. Leibsubjekts. Alle Attribute der Subjektivität blieben unter umgekehrten Vorzeichen erhalten: „Für Nietzsche ist die Subjektivität unbedingt als Subjektivität des Leibes, d.h. der Triebe und Affekte, d.h. des Willens zur Macht." (Heidegger 1961b, 178) Der unbedingte, d.h. selbstbestimmte Mensch wäre dann der (sich) ganz aus seiner leiblichen Subjektivität heraus schaffende Übermensch und nichts als dieses affektive und appetitive Kraftzentrum, eine vitalistische Variante der Leibnizschen Monade. In einem der Selbstverständigungstexte Heideggers aus den späten 30er Jahren lesen wir ganz folgerichtig: „Die Tierheit siegt, dies bedeutet: ‚Leib' und ‚Seele' als die anfänglichen und ständigen [...] Bestimmungen des *Tierhaften* übernehmen die Rolle der Wesentlichkeit im Wesen des Menschen" (Heidegger 1997, 140). Immer entschiedener, vielleicht unter dem Eindruck der nationalsozialistischen Rassenideologie, gewiss aber gegen einen positivistisch verkürzten Blick auf den Leib (vgl. Heidegger 1989a, 18f., 493) lehnt Heidegger die „Einheit von Leib – Seele – Geist" (Heidegger 1997, 141) unter Maßgabe des Leiblichen ab. Eine Umkehrung, durch die Geist und Seele nun dem Leib unterstünden, sei „voller Feigheit gegenüber einer denkerischen Entscheidung" (Heidegger 1997, 142). Dass eine solche Entscheidung gleichwohl auch den menschlichen Leib anders fassen müsste, betont Heidegger aber erst 1946 im Humanismusbrief. Darin wendet jener gegen den Reflex, die *humanitas* des Menschen vor der rassischen Pervertierung des Leibes dadurch zu bewahren, dass man dieser „Verwirrung des Biologismus" mit der erneuten „Hochschätzung des Geistes" antworte (Heidegger 1947, 324), ein, dass diese Aufwertung des Geistes weder von einem positiven Verständnis des menschlichen Leibes geleitet werde, noch letztlich zu einem solchen führe.

Trägt man aber Heideggers Leibbestimmungen zusammen, so bleiben die Anhaltspunkte, die über ein tradiertes Verständnis des Leiblichen hinausreichen, auch nach dem Humanismusbrief spärlich. Was Heidegger bis Anfang der 1950er Jahre zum Leib festhält, lässt sich über alle Kehren hinweg auf jene auffälligen merksatzähnlichen, quasi-transzendentalen Formeln bringen, die den Leib weniger beschreiben, als dass sie ihn in bestimmte Fundierungsverhältnisse einfügen: Um 1936 heißt es: „Das Leben lebt, indem es leibt" (Heidegger 1961a, 509). Der Umkehrschluss gilt für Heidegger nicht. Anfang der 1950er Jahre hält dieser fest: „Wir hören nicht, weil wir Ohren haben. Wir haben Ohren und können leiblich mit Ohren ausgerüstet sein, weil wir hören." (Heidegger 1951, 220; so schon in den 1940er Jahren, vgl. Heidegger 1979a, 247) Ähnliche Fundierungsstratageme finden sich in *Sein und Zeit* (vgl. Heidegger 1927, 217) und in der Vorlesung *Die Grundbegriffe der Metaphysik*. In diesem Sinne lesen wir dort: „Wir dürfen nicht sagen, das Organ hat Fähigkeiten, sondern *die Fähigkeit hat Organe*." (Heidegger 1983, 324) Besonders prägnant formuliert es Heidegger rund 25 Jahre nach *Sein und Zeit*:

> „Greiforgane besitzt z.B. der Affe, aber er hat keine Hand. Die Hand ist von allen Greiforganen: Tatzen, Krallen, Fängen, unendlich, d.h. durch einen Abgrund des Wesens verschieden. Nur ein Wesen, das spricht, d.h. das denkt, kann die Hand haben." (Heidegger 1954, 18)

Nicht zufällig wiederholt Heidegger damit ein aristotelisches Muster aus *De partibus animalium*: „[…] nicht durch die Hände ist der Mensch am verständigsten, sondern dadurch, daß er das verständigste von allen Lebewesen ist, hat er Hände" (Aristoteles 1912, 687a 16–18; zu einer dekonstruktiven Lesart des Heideggerschen Handmodells vgl. Derrida 1987). Es fällt auf, dass der Begriff des Leibes bei Heidegger wie schon bei Aristoteles, der die Seele als die erste Vollendung des Körpers beschreibt, marginal bleibt. Wörtlich heißt es bei Aristoteles in *De anima*: „Die Seele ist die erste Vollendung eines natürlichen Körpers, welcher der Möglichkeit nach Leben hat." (Aristoteles 1956, 412b 27–28) Der Leib ist für Aristoteles ein Körper (gr. σῶμα ist ähnlich vieldeutig wie das französische „corps" oder englische „body"), der der Möglichkeit nach Leben und daran geknüpfte Organe und Organfunktionen hat, die erst durch die Seele vollendet und so tatsächlich belebt, kurz eigentlich leiblich, werden. Die Seele ist sogar die *erste* Vollendung des Körpers, weil diese die Lebendigkeit des Leibes selbst ist.

Gemäß dieser aristotelischen Fundierungslogik nennt Heidegger Organfunktionen und Organe (Leben, Ohren, Augen, Hand), die in Fähigkeiten oder Vermögen (Leiben, Hören, Sehen, Sprechen) fundiert sind. Kaum mehr als aufgerufen bleibt der Zwischenbereich, für den Heidegger anders als Aristoteles ein eigenes Wort zur Verfügung gehabt hätte: der Leib, der zwischen Körper und Seele steht, weil er in seinen emergenten Eigenschaften mehr ist als die Summe seiner Organe und gleichwohl materieller als seelische (kognitive) Vermögen, die Heidegger gleichsam ohne den Leib betrachtet. „Erst" als ein beseelter „kann ein Körper zu einem Leib werden" (Heidegger 1988b, 177). Für Platon – und für Heidegger unter problematischem Vorzeichen – gilt: Die Seele ist das Erste, weil sie den Leib umfängt: „Leib […] kann nur sein, indem er […] sich in eine Seele einsenkt; nicht wird umgekehrt einem Körper eine Seele eingehaucht." (Heidegger 1988b, 177) In diesem Sinne ist *nicht* der *Leib* „ein Zwischen, dazwischen nun solches eingeschaltet werden kann wie Auge, Ohr usw.", sondern „die Seele". Diese ist „in sich selbst *verhältnishaft*, erstreckt zu … und als diese mögliche Erstreckung ein mögliches Zwischen" (Heidegger 1988b, 176). Die Seele ist, so verstanden, die vorzeitliche und vorräumliche Erstreckung, aus der auf raumzeitliche Weise Wahrnehmendes und Wahrnehmbares entspringt.

Sowohl die Auslegung von Platons Wahrnehmungslehre als auch die auf Aristoteles zurückgehende Verquickung von Hand und Sprache machen deutlich, dass Heidegger selbst keinen ganz anderen als den tradierten Leibbegriff intendiert. Die von Heidegger häufig vollzogene Abgrenzung gegen die metaphysische Tradition unterbleibt in Bezug auf den Leib. Vielmehr folgt Heidegger Platon und Aristoteles darin, den Leib von einem vermeintlich vorleiblichen Vermögensbereich her oder, in zusätzlicher Engführung dieser Position, die Leiblichkeit des *Menschen* von dessen Sprachlichkeit her zu umreißen. Gerade Letzteres weist durchaus Anklänge an die aristotelische Bestimmung des Lebewesens, das die Sprache hat (*ζῷον λόγον ἔχον*), auf.

Heideggers Leibvergessenheit besteht genauer betrachtet also nicht darin, dass er den Leib schlicht vernachlässigen würde. Vielmehr schreibt Heidegger dem Leib bis in die späten 1950er Jahre keinen Stand außerhalb einer metaphysischen Dualität zu, die gemäß Heidegger den Leib als große Vernunft entweder über- oder als *res extensa* unterdeteminiert. Gleichwohl setzen Heideggers Bestimmungen dessen, von wo her der Leib beschreibbar wird, tradierte Deutungsmuster des Leiblichen indirekt in Bewegung. In diesem Sinn erläutern die folgenden Abschnitte 3. bis 6. einige der zentralen Begriffe beim späteren Heidegger, deren Neubestimmung indirekt zur Umdeutung des Leibes führen.

Als der späte Heidegger 1966/67 feststellt, dass das „Leibphänomen [...] das schwierigste Problem" (Heidegger u. Fink 1970, 234) sei und 1972 hinzufügt, dass er in Bezug auf den Leib „damals" – in *Sein und Zeit* – „eben noch nicht mehr zu sagen wußte" als jene angeblich von Sartre in ihrer Dürftigkeit monierten „sechs Zeilen" (Heidegger 1987a, 292), dann liegt darin nicht nur ein schlichtes Eingeständnis der eigenen Unzulänglichkeit. Im Lichte Heideggers eigener indirekter Leibbestimmungen ist es nicht unplausibel, dass eine Beschreibung des Leibes selbst – nicht das wiederholende Entfalten eines bereits bestehenden Leibbegriffes bei Platon, Aristoteles, Descartes, Nietzsche oder Husserl – mehr Schwierigkeiten mit sich bringt, als man zunächst glauben möchte. Heideggers Abwehren, Abwarten und elliptisches Vorgehen bei der Bestimmung des Leibphänomens liegt durchaus in der zu beschreibenden Sache begründet. Mein Leib, dieses mir scheinbar nächste Ding erweist sich bei näherer Betrachtung als entfernt, vielleicht entzogen. Diese Schwierigkeit mag auch Heideggers Zurückhaltung bei der vorschnellen Bestimmung des Leibes motiviert haben.

3. Der Leib, der sich von sich selbst her zeigt

Wie für jedes Phänomen, so muss auch für den Leib gelten, dass er „sich von ihm selbst her zeigt" (Heidegger 1927, 46; vgl. auch Heidegger 1987a, 221). Heideggers Reformulierung des phänomenologischen Grundbegriffs der Selbstgegebenheit weicht indes in einem wesentlichen Punkt vom Husserlschen Muster einer originär gebenden Gegenwart ab (vgl. dazu Hua I, 92f.; Hua XVII, 163). Während bei Husserl die systematische Grundtendenz darin besteht, Abwesenheit als Privation von Anwesenheit aufzufassen, sodass sich die Selbstgegebenheit einer Sache in einem Gegenwartsfeld realisieren soll, erlangt in Heideggers Analysen die Abwesenheitsdimension des Phänomenalen einen korrelativen Status in Bezug zur originär gebenden Anwesenheit. Nicht nur das gegenwärtig Anwesende zeigt sich von ihm selbst her (der jetzt in meiner Hand liegende oder jetzt erinnerte Schlüssel), sondern auch das Abwesende, jenes, was (noch) fehlt oder als entzogen erscheint (der verlorene Schlüssel). Der verlegte Schlüssel wird in seiner Abwesenheit gerade nicht an einem vorliegenden Schlüssel appräsentiert *Er selbst* erscheint als abwesend, verlegt, verloren oder gestohlen. Für Heidegger sind An- und Abwesenheit gleichursprüngliche Modi der Selbstgegebenheit (vgl. Heidegger 1927, §7).

Heideggers schemenhaftes Leibverständnis aus *Sein und Zeit* bleibt diesem Charakter der phänomenalen Oszillation zwischen An- und Abwesenheit verpflichtet. Es lässt sich aber in Abgrenzung zu einer Grundannahme aus Husserls Leibphänomenologie, die einer einseitigen Präsenzorientierung von Phänomenalität verhaftet bleibt, präzisieren. Husserls Primat der gegenwärtigen Selbstgegebenheit führt folgerichtig zum Leib als dem „letzten zentralen Hier", das, weil es „kein anderes außer sich hat", der „Nullpunkt" aller „Orientierung" sei (Hua IV, 158). Als primärer Sinn dieser Selbstverortung hebt Husserl den Tastsinn heraus; nur dieser erlaube es, dass, sobald ich etwas ertaste, ich mich dabei selbst empfinde (vgl. Hua IV, 146). In terminologischer Abgrenzung zu den Empfindungen aller anderen Sinnesfelder spricht Husserl von „Empfindnissen" (Hua IV, 146): Sie sind sinnliche Gegebenheiten, bei welchen das, was empfunden wird, und das dabei Empfindende zusammenfallen. Die Hand auf der kalten Tischplatte fühlt die kalte Tischplatte und in eins damit sich selbst, die sich abkühlende Hand. Im Unterschied beispielsweise zum „Auge" – dieses „erscheint" sich selbst gemäß Husserl „nicht visuell", da das Auge beim Sehen nicht sich selbst sieht, wie es Farben und Formen wahrnimmt – gilt: Nur unser Tastorgan, das sich selbst taktil erscheint, ist zu solchen „Doppelempfindungen" fähig (Hua IV, 147). Dieses leibliche Selbstbewusstsein verortet mittels Tastempfindnissen den materiellen Leib im Hier. Als sich selbst tastend-spürende stoffliche Unterlage bindet der dingliche Leib die Selbstgegebenheit aller anderen Sinnesempfindungen (Hören, Sehen, Riechen etc.) derart an ein Hier zurück, das bei allen Ortswechseln von hier nach dort, *hier* bleibt. Was hier zu hören oder zu sehen ist, erscheint vermöge des leiblichen Bewusstseins eines absoluten Hier, das, weil es stets mit dem Leibbewusstsein mitwandert, wesentlich immer *jetzt* ist – also in die originär gebende Gegenwart fällt: „Der Lokalisation entspricht die Temporalisation." (Hua IV, 178)

Was für Husserl solchermaßen den originären Ausgangspunkt der Räumlichkeit bewusstseinsmäßiger Leiblichkeit bildet, kehrt Heidegger in den wenigen räumlichen Bestimmungen, die für das leibliche In-der-Welt-sein des Daseins in *Sein und Zeit* entwickelt werden, geradewegs um: „Sein Hier versteht das Dasein aus seinem umweltlichen Dort." (Heidegger 1927, 144) Zwar ist auch Heideggers Konzeption von umweltlicher Räumlichkeit durch das Tasten und Greifen der Hand maßgeblich bestimmt, da es die Zuhandenheit der Dinge ist, die für Heidegger die erste ontologische Kontrastfolie zur bloß indifferenten Vorhandenheit der theoretisch betrachteten Dinge bildet (vgl. Franck 1984, 29–64). Gleichwohl nimmt Heidegger nicht wie Husserl den Leib im Sinne eines „letzten zentralen Hier […], das kein anderes außer sich hat" (Hua IV, 158), sondern betont den Entferntheitscharakter der Räumlichkeit, der sich im Modus der Zuhandenheit, im alltäglichen Ausgreifen der Hand nach diesem und jenem, zur Geltung bringt:

> „Das Dasein ist gemäß seiner Räumlichkeit zunächst nie hier, sondern dort, aus welchem Dort es auf sein Hier zurückkommt und das wiederum nur in der Weise, daß es sein besorgendes Sein zu … aus dem Dortzuhandenen her auslegt." (Heidegger 1927, 144)

Dieses in die Ferne gehende Ent-fernen ist ein prozessuales Eröffnen. Indem wir bei Dortzuhandenem sind, erfolgt ein „Raum-geben". Dieses „Einräumen" versteht Heidegger als das „Freigeben des Zuhandenen auf seine Räumlichkeit" (Heidegger 1927, 148). Der springende Punkt in Heideggers Begriff des ent-fernenden Einräumens ist, dass das Dasein, indem es die Ferne zu überwinden sucht, diese gerade hervorbringt. Während sich das jeweilige Zwischen des Abstands als überwindbar erweist, verringert das Dasein seine Ferne zu den Dingen niemals. Deshalb kann es jeweils etwas in die Nähe bringen, d.h. ent-fernen:

> „Diese Ent-fernung, die Ferne des Zuhandenen von ihm selbst, kann das Dasein *nie kreuzen*. […] Dieses Zwischen des Abstandes kann das Dasein nachträglich durchqueren, jedoch nur so, daß der Abstand selbst ein ent-fernter wird. Seine Ent-fernung hat das Dasein so wenig durchkreuzt, daß es sie vielmehr mitgenommen hat und ständig mitnimmt, *weil es wesenhaft Ent-fernung, das heißt räumlich ist*." (Heidegger 1927, 144)

Wie in der Ausrichtung, die stets einen zu überwindenden Abstand voraussetzt, der, wenn er definitiv überwunden würde, auch alle Ausrichtung unmöglich machen würde, öffnet sich im Ent-fernen des Daseins, das seine Ferne gleichsam in die Welt trägt, ein Spielraum. Dieser ermöglicht es, jeweils faktisch in jedem Handgriff Ferne zu verringern. Der Leib und sein Ausgreifen nun, so kann man Heideggers Raumanalysen wenden, bringt eine Differenz von An- und Abwesenheit zur Entfaltung, in der eine „Näherung" (Heidegger 1927, 488) von einer vorgängigen Ferne ermöglicht wird. In diesem Sinne betont Heidegger 1928: „Das Dasein ist ein Wesen der Ferne!" (Heidegger 1978, 285)

In den *Zollikoner Seminaren*, in welchen die Lektüre von Husserls *Ideen II* (Hua IV) greifbar wird (vgl. Bernet 2009, 46), bekräftigt der späte Heidegger nun in deutlicher Akzentverschiebung zu 1928: „er" – der *Leib* – „ist das Fernste" (Heidegger 1987a, 109). Nicht allein im hantierenden oder schreitenden Ausgreifen auf ein Dort erweist sich der Leib als ein Wesen der Ferne, sondern auch in einer eigentümlichen, dem ausgreifenden Sein bei [...] korrelativen Abwesenheit des Leibes, der doch „eigentlich" hier in nächster Nähe ist. An Thales, der in den Brunnen fällt, führt Heidegger aus: „Gerade wenn ich [...] mit Leib und Seele in einer Sache aufgehe, ist der Leib weg. Dieses Weg-sein des Leibes ist aber nicht nichts, sondern eines der geheimnisvollsten Phänomene der Privation." (Heidegger 1987a, 111) Dieses leibliche Weg- oder Dort-sein bringt es mit sich, dass der Leib selbst meist im Hintergrund bleibt. Damit ließe sich besser verstehen, worauf Husserl im genialen Aperçu hinweist, als er durchaus gegen eigene Prämissen verstoßend bemerkt, dass der Leib „ein merkwürdig unvollkommen konstituiertes Ding" sei (Hua IV, 159). Im Unterschied zu allen anderen Dingen, die durch Perspektivwechsel zu originärer Gegebenheit gebracht werden können, „steht mir" mein Leib „bei der Wahrnehmung seiner selbst im Wege" (Hua IV, 159). Genauer besehen betrifft dies nicht nur unseren Hinterkopf, Rücken und alle anderen dem einen oder anderen unserer Sinne nicht zugänglichen Leibpartien oder Manifestationen unserer Leiblichkeit (wie die Stimme, die nicht sichtbar, oder Bewegungsempfindungen, die nicht hörbar sind), sondern den Leib selbst. Alle Sinne, auch der Tastsinn, richten sich über den Leib hinaus auf etwas, bei dem sie mehr oder weniger selbstvergessen sind. Der Leib zeigt sich von sich selbst her als ein abwesend Gegebenes.

4. Gebärde, Zeit und Raum

Weil der Leib diesen Entzugscharakter hat, kann er von sich weg auf etwas zeigen. Dies geschieht, indem der zeigende Leib seine abmessbaren Körpergrenzen überschreitet. Besonders deutlich wird dies in der Gebärde des Zeigens: „Beim Zeigen mit dem Finger auf das Fensterkreuz dort drüben höre ich nicht bei den Fingerspitzen auf." (Heidegger 1987a, 113) Die Gebärde des Zeigens, die eminent sprachlichen Charakter hat (vgl. unten, Abschnitt 5), weist weit über den Umriss des Leibkörpers hinaus. Die Leibgrenzen gehen so in die Bewegtheit des Leibens über, woraus sich, wenn man am extensionalen Begriff des Raumes festhalten möchte, die intensive Extension des Leibes im Unterschied zur extensiven Extension der bloßen Körper bildet. Unter einer intensiven Extension dürfte man eine Räumlichkeit der leiblichen Erfahrung verstehen, die der extensiven Extension der physikalischen Räumlichkeit phänomenal geradezu entgegenstünde. Die Begrenzung des intensiven Raumes wäre die einer beweglichen Ausgreifbewegung, die des extensiven Raumes eine rein metrische und beide Räumlichkeit qualitativ grundverschieden. Ohne dass Heidegger dies klar ausführen würde, betont er gleichwohl: „Die Leibgrenze ist gegenüber der Körpergrenze nicht quantitativ, sondern qualitativ verschieden." (Heidegger 1987a, 112) Dies meint in anderen Worten, dass dem metrisch bloß ausgedehnten Körper eine indifferente Räumlichkeit zukommt, dem ausgreifenden Leib hingegen die differenzierte, bewegliche und gespannte Räumlichkeit, die offen für den Raum *ist*. Um dieser intensivierten *Bewegung* ins Offene, die Heidegger „Gebärde" nennt (Heidegger 1987a, 116), deskriptiv näher zu kommen, mag es angebracht sein, wie Heidegger in *Sein und Zeit* die Räumlichkeit aus dem Vollzugssinn der *Zeitlichkeit* zu entwickeln. Gleichwohl braucht man *Sein und Zeit* darin nicht zu folgen, dass das Fundierungsverhältnis einseitig von der Zeit zum Raum gedacht werden müsste und nicht auch umgekehrte, d.h. korrelative Fundierungszusammenhänge bestünden (zu einer Kritik an Heideggers Zeitprimat und zur Rehabilitierung des Raumes vgl. Casey 1993; Figal 2006, 143–182; Malpas 2006). Immerhin kann eine grundlegende Strukturanalogie zwischen dem Nicht-hier der ausrichtenden Entfernung und dem Entzugsmoment der Zeit, die Heidegger primär von der Nicht-Gegenwart her denkt, festgestellt werden (vgl. Casey 1993, 84).

Die Zeitlichkeit des Daseins „zeitigt sich" gemäß Heidegger nicht aus einem originär gebenden Jetzt, sondern aus den beiden Zeitdimensionen der Abwesenheit, des Entzugs, des Nicht-mehr und Noch-nicht, der Gewesenheit und der Zukunft, und innerhalb dieser beiden „*primär* aus der *Zukunft*" (Heidegger 1927, 563). In diesem Sinne betont Heidegger mehr als einmal: „Das primäre Phänomen der ursprünglichen und eigentlichen Zeitlichkeit ist die Zukunft." (Heidegger 1927, 436; vgl. Heidegger 1989b, 118; vgl. auch Heidegger 1987a, 204.) Die Zukunft erweist sich als die Bewegung, aus der die Zeitlichkeit des Daseins gleichsam in Gang kommt, also als die Bewegung hin zu dem, was noch nicht – d.h. was noch unbestimmt, möglich und damit offen – ist. Als eine solche Offenheit, aus deren Möglichkeitscharakter Unerwartetes, Plötzliches, Unvordenkliches, kurz Ereignishaftes in die Wirklichkeit einbricht, ist die Zukunft jene Zeitdimension, aus der Heideggers Ereignisdenken primär schöpft (vgl. Held 2005, 269; vgl. Espinet 2010).

Und der den Raum einräumende Leib? Wie ist dessen Räumlichkeit zeitlich? Bestimmt Heidegger im Zusammenhang der Zeitanalysen nicht eine vor-intentionale Offenheit, in der und aus der heraus das Dasein sich und seinen Leib überspringt? Dieser Einwand trifft nur einen Leibbegriff, der die Selbstgegebenheit des Leibes im Hier und Jetzt eines gegenwärtig vorhandenen Körperdings verortet; unberührt davon bleibt eine Leibkonzeption, die von der räumlich ausgreifenden Gebärde ihren Ausgang nimmt und die ihr zeitliches Strukturanalogon in der Zukunft hat, welche bei allem Vorlaufen immer uneinholbare Ferne bleibt. Ebenso wenig wie die Zeitigung der Zeit kommt das Einräumen des Raumes zur Ruhe; wie die Zukunft, die Gegenwart stiftet, offen bleibt, um neue Unwägbarkeiten ins Jetzt einzutragen, so bringt die zu ent-fernende Ferne stets neues Dort hervor.

Vor dem Hintergrund der zentralen Funktion der raumeröffnenden Hand verwundert es kaum, dass in späteren Texten Heideggers die Gebärde zum philosophischen Begriff avanciert. In der Gebärde kommt ein Mehrfaches zusammen: der Bezug zum Leib, zur Zeit, zum Raum und zur Sprache. Die Gebärde ist ein Da, das immer schon nach dorthin offen, ein Jetzt, das immer schon auf ein Noch-nicht offen ist, beispielsweise wenn ich auf etwas dort zeige, damit es in die Aufmerksamkeit trete und so jemandem gegenwärtig werde. Zur zeiträumlichen Offenheit der Gebärde gehört für Heidegger zudem, dass sie von Sprachlichkeit geprägt ist, wie es nicht nur die Erläuterungen der Sprache als „Zeige" kenntlich machen (vgl. Heidegger 1959b, 242 – Auch die neuere Verhaltensforschung bestätigt den eminenten Sprachcharakter des Zeigens, vgl. Tomasello 2008, 57–71).

5. Die sprachliche Gebärde des Leibes

Wer etwas zeigt, sagt bereits etwas. Diesen zugleich sprachlich und leiblich geprägten Sachverhalt greift Heidegger auf, indem er den Leibbegriff zwar nicht direkt und thematisch gebündelt, aber doch entlang der sprachphilosophischen Reflexion entfaltet. Insbesondere in *Unterwegs zur Sprach*e (Heidegger 1959a) erfolgt dies in einem Geflecht von Begriffen, die auf Leibphänomene verweisen: Gebärde, Hand und Hören werden dabei als sprachliche Möglichkeiten verstanden, der leibliche Sinn von Sein ist so für Heidegger letztlich ein sprachlicher (vgl. Baur 2011).

Was Heidegger explizit an der Sprache entfaltet, gilt so unthematisch auch für den Leib. Der Lautcharakter von Dichtung bringt Heidegger dazu, auf das sinnliche Verlauten der Sprache näher einzugehen, indem er die Gleichrangigkeit von geistigem Sinngehalt und leiblich-sinnlicher Verlautbarung betont, die man nicht „als das bloß Sinnliche an der Sprache herabwürdigen" dürfe „zugunsten dessen, was man den Bedeutungs- und Sinngehalt des Gesprochenen nennt und als das Geistige, den Geist der Sprache würdigt". Gerade die „stimmliche Verlautbarung, die eine leibliche Erscheinung ist" (Heidegger 1959b, 193), droht bei der Sprachanalyse, die zwischen dem reinen Bedeutungsgehalt (*signifié*) und einer kontingenten Lautsubstanz (*signifiant*) differenziert, zu einem unterbestimmten, weil austauschbaren Bedeutungsträger zu werden. Dagegen möchte Heidegger das „Leibhafte der Sprache" (Heidegger 1959b, 193), deren „Laut- und Schriftzug", so zur Geltung bringen, dass dieses Sinnliche „zureichend erfahren wird" (Heidegger 1959b, 193) – und dies kann nicht allein von der Sinnebene reiner Bedeutungsinhalte aus, sondern muss von einer Einheit her geschehen, die Sinn und Sinnlichkeit integriert. „Daß die Sprache lautet und klingt und schwingt, schwebt und bebt, ist ihr im selben Maße eigentümlich, wie daß ihr Gesprochenes einen Sinn hat" (Heidegger 1959b, 194). Gegen die meist instrumentelle Verkürzung auf die semantische Ausdrucksfunktion eines informationellen Gehalts der mittels einer beliebigen Lautsubstanz transportiert würde, führt Heidegger das Einheitsmoment von Sinn und Laut an. Wie für Heidegger paradigmatisch am Gedicht deutlich wird, bei dem Wortsinn und Sprachklang untrennbar ineinander greifen, liegt das „Eigentümliche" der Sprache darin, dass sie „im selben Maße lautet“ und „einen Sinn hat“. Es fällt auf, dass Heidegger die Betonung auf die Aufwertung des klanglichen Charakters der Sprache legt. Damit soll die seit *Sein und Zeit* bestimmende Konzeption von Sprache als die Artikuliertheit von Verstehen (Heidegger 1927, §34) zurückgenommen werden zugunsten einer Einheit gleichberechtigter Momente von Sinn und Sinnlichkeit. Zwar gilt damit noch immer das Diktum der welterschließenden Kraft der Sprache, wonach „die Sprache [...] das Seiende als ein Seiendes allererst ins Offene“ bringe (Heidegger 1960, 61). Gleichwohl ist Sprache – und auf intensivierte Weise Dichtung – für Heidegger nun die Offenheit, in der sich etwas zwischen Sinn und Sinnlichkeit (als etwas) zeigen kann, die Grundmöglichkeit von Phänomenalität.

Wie beim Leib, der wesentlich Einheit aus Sinn und Sinnlichkeit ist (eine Einheit, die immer erst nachträglich – reflexiv, theoretisch, wissenschaftlich – *als* Einheit von Sinn und Sinnlichkeit und damit auch als diese Differenz in den Blick kommt), so liegt auch bei der Sprache ein eigentümlich differentielles Wesen vor. Dessen differentielle Einheit von Sinn und Sinnlichkeit beschreibt Heidegger nicht nur als solche, um sie sodann als problematische (weil aus reflexiver, theoretischer, mithin verobjektivierender Blickwendung und immer erst *après coup* gewonnene) Differenz auszuklammern, sondern diese differentielle Einheit wird bei der Beschreibung von Sprache als integrales Sprachmoment hervorgehoben. Lauten und Bedeuten sind der Sprache im selben Maße eigentümlich, d.h. sie sind ihr gleichursprünglich.

Der Versuch, diese (schwierige, weil nicht unmittelbar diskursiv sagbare) differentielle *Einheit* von Laut und Sinn zu beschreiben, betrifft Sprache und Leib zugleich, muss diese beide betreffen, da sie sich aufs Engste entsprechen. Keineswegs verbindet sie also eine bloße Analogie, bei der es nur um die formale Verhältnisgleichheit von Sinn und Sinnlichkeit ginge (der *„signifé“* verhielte sich zum *„signifiant“* wie „Geist/Seele“ zum „Körper“). Vielmehr fügen beide ihre sachliche Selbigkeit ineinander. Im programmatischen Text *Was heißt Denken* bestätigt Heidegger diese Korrelation von Leib und Sprache: Die leibliche Grundierung von sprachlicher Sinnerfahrung besteht darin, dass „die Gebärden der Hand [...] überall durch die Sprache hindurch[gehen]“; die Bestimmung des Leibes durch den Sprachsinn darin, dass „[j]ede Bewegung der Hand [...] sich im Element des Denkens [...] gebärdet“ (Heidegger 1954, 19). Sprache und leibliche Gebärde sind beide gleichermaßen Sinn und Sinnlichkeit, beide werden von derselben differentiellen Einheit zusammengehalten, um gleichsam am selben Ort zu erscheinen. Sie sind zwei Seiten *einer* sachlichen Korrelation. Sprache und Leib sind Sinn und Sinnlichkeit durch(-)einander.

Die philosophisch kalkulierte Provokation dieser und ähnlicher Identifizierungen von Hand, Gebärde und Denken liegt darin, dass Heidegger nicht metaphorisch verstanden werden möchte: durch die kaum zu entwirrende Verknüpfung von Leibbeschreibung, Leibmetapher und philosophischem Begriff bringt Heidegger zum Ausdruck, dass in der Gebärde Hand, Sprache, Denken und Hören derart zusammenkommen, dass Leiborgan und kognitive Leistung bereits die Abstraktion einer vorgängigen Einheit darstellen, aus der das Organ (Hand), die Funktion (Zeigen) und der Gegenstand (Ausdruck/Sinn) herausgelöst werden. Damit soll nicht bloß ein anderer philosophischer Sprachstil versucht, sondern die dualistische Differenz von Leib und Denken, Sinnlichkeit und Sinn sollen unterlaufen werden. Die Einheit des Leibes wäre dann die Einheit einer Sprache, in welcher Sinnlichkeit und Sinn sich gegenseitig durchdringen.

6. Die Gebärde des Hörens als vorintentionale Offenheit des Leibes

Zwar ist es plausibel, die menschliche Leiblichkeit nicht losgelöst von der für den Menschen zentralen Sprachlichkeit zu beschreiben; alle anthropologischen Sinnesvermögen sind von einer Sprachaffinität charakterisiert, die sich darin äußert, dass wir gleichsam semantisch wahrnehmen. So höre ich den Sinn eines Lautes nicht neben dem Laut, sondern der Laut *ist* der Sinn. Man hört „den knarrenden Wagen, das Motorad […], den Nordwind, den klopfenden Specht, das knisternde Feuer. Es bedarf schon einer sehr künstlichen und komplizierten Einstellung, um ein ‚reines Geräusch' zu hören" (Heidegger 1927, 217). Gleichwohl birgt der sprachliche Fokus die Gefahr, Leibphänomene auf sprachlich Auffassbares und damit letztlich Verständliches zu reduzieren oder aber den Sprachbegriff auf alles, was erfahrbar ist, auszudehnen und dabei zu überdehnen. Gegen beides spricht das leibliche Faktum, dass wir auch Unverständliches hören, sehen oder tasten können, welches sich als Unverständliches gerade – und zuweilen schmerzhaft – aufdrängt. Was derart erfahren wird, kann unter Maßgabe des Sprachlichen nur schwer eingeholt werden, zumindest wenn man an einem konturierten Sprachbegriff festhalten möchte, der nicht schon identisch mit Erfahrung überhaupt ist. Der Leib ist auch dies: ein Ort der unkontrollierbaren Widerfahrnisse am Rande der Sprache.

Diesen Charakter der vorintentionalen Offenheit des Leibes macht sich Heidegger unter der Hand zunutze: Das Empfangen dessen, was aufmerken lässt, zu denken gibt und fragend macht, weil es noch unverstanden aussteht, beschreibt Heidegger als die „eigentliche Gebärde des Denkens": Bei dieser werden nicht auf methodisch gesicherte und zielstrebige Art und Weise aus einem bestimmten Erwartungshorizont heraus Sachverhalte befragt, sondern es setzt das „Hören auf die Zusage dessen" ein, „was in die Frage kommen soll" (Heidegger 1959b, 165). Die beschriebene Gebärde erweist sich als ein vorintentionales Hören, das noch nicht weiß, was das Gehörte ihm sagt. Die „*Zusage* dessen, was in die Frage kommen soll", ist noch kein bestimmter Sinn, Satz oder Sachverhalt. Denn was man in einer Frage formulieren kann, ist bereits im Ansatz verstanden. „Es ist schon ein großer Beweis […] der Einsicht, zu wissen, was man vernünftiger Weise fragen solle", wie Kant es einmal formuliert (Kant 1781, A 58/B82). Hören auf jenes aber, was einen staunen lässt oder gar zur Frage reizt, meint ein Aufhorchen vor jeder Einsicht, ein Achtsamwerden auf einen unvernommenen, zukünftigen und unbestimmten Sinn, der, weil er noch nicht verstanden ist, als solcher erst zur Frage drängt (zum Begriff des Aufhorchens vgl. Heidegger 1983, 14, 434; Heidegger 1979, 247; Espinet 2009, 116–134, 202–207; Espinet 2010, 133–151). Sprache als eine „Zusage", die Verstehen motiviert, weil die Zusage noch nicht verstanden ist, muss in diesem Sinn leiblicher aufgefasst werden, als es Heideggers Sprachdenken ausdrücklich thematisiert.

Wie bereits beim Einräumen und Ent-fernen des Raumes von einem stets entzogenen Dort, wie bei der Zeitigung der Zeit von der uneinholbaren Zukunft her, und wie bei der Gebärde der zeigenden Hand über den Körper hinaus, so reicht der sprachliche Leib über den bestimmten Sprachsinn hinaus ins Unverständliche. Die sinnlich prägnante Abwesenheit einer unverständlichen Zusage zeigt sich immer dann, wenn wir etwas nicht verstehen und doch hören, nicht einsehen und doch erblicken, nicht begreifen und doch tasten. Dabei wird der sinnliche Leib als sinnlicher Hintergrund unzähliger Verstehensprozesse plötzlich selbst thematisch. Was sich im Entzug des Verständlichen bei einem unklaren Satz oder einem verstörenden Geräusch, das wir nicht zuordnen können, zeigt, ist, dass Sprache einen leiblich-sinnlichen Grundton hat, aus dem heraus sich Unverständliches als Unverständliches zu hören, zu sehen oder zu begreifen gibt. Der Leib erweist sich in seiner vorintentionalen Empfänglichkeit als eine sinnliche Offenheit für das Unverständliche.

Wenn Heidegger im Umgang mit der Sprache fordert, nicht „immer nur das zu hören, was wir schon verstehen" (Heidegger 1959b, 150), dann setzt er diese leibliche Offenheit voraus. Explizit schreibt Heidegger die Offenheit des Daseins primär der Sprache zu. Offen kann sie aber nur sein, weil sie als differentielle Einheit von Sinn und Sinnlichkeit auch leiblich ist. Unbestritten sei, dass Sprache die Offenheit ist, in der etwas *als* etwas, damit auch der Leib als Leib, erscheinen kann. Gerade aber die Gebärde eines *Hörens* auf die unverständliche Zusage zeigt, dass Heidegger die Offenheit des Leibes implizit voraussetzt. Was sich in der Sprache zeigt, die den Leib als Leib ins Offene eines möglichen Selbstbezugs bringt, ist eine dem sprachlichen Sinn korrelative Offenheit des Leiblichen, das nicht einfach wieder sprachlicher, sondern leiblicher Sinn ist. So kommt Heidegger nicht umhin, bereits in *Sein und Zeit* beim Nachdenken über „Dasein und Rede" nicht nur das Sprechen oder die Sprache, sondern das „Hören" als die „eigentliche Offenheit des Daseins für sein eigenstes Seinkönnen" (Heidegger 1927, 217) zu bezeichnen.

Will man mit Heidegger dieses Durch(-)einander von Sinn und Sinnlichkeit beschreiben, dann ist man auf den „Streit" von Welt und Erde verwiesen (vgl. Heidegger 1960, 35–57) wie er im Kunstwerkaufsatz 1935/36 systematisch entfaltet worden ist und in den späteren Überlegungen zur sinnlichen Grundierung der Sprache vorausgesetzt wird: „Wird das Wort die Blume des Mundes und

Blüte genannt, dann hören wir das Lauten der Sprache erdhaft aufgehen. Von woher? Aus dem Sagen, worin sich das Erscheinenlassen von Welt begibt." (Heidegger 1959b, 196) Die Sprache als die „Blume des Mundes" gehöre wie der leibliche Mund selbst in „das Strömen und Wachstum der Erde" (Heidegger 1959b, 194). Der Lautcharakter der Sprache, die erdhaft aufgehe, komme – so Heideggers sprachorientierte Wendung – aus dem „Sagen", das in seiner intentionalen Transparenz das „Erscheinenlassen" ermögliche und so eine „Welt" eröffne. Das „Lauten" als Sagen sei „offen dem Offenen" (Heidegger 1959b, 196). Welt wird so zwar vom sinnlichen – erdhaften – Sprachmoment offen gehalten: „Das Lautende, Erdige der Sprache wird in das Stimmen einbehalten, das die Gegenden des Weltgefüges, sie einander zuspielend, aufeinander einstimmt." (Heidegger 1959b, 196) Aber, dass es nur das Erdhafte der *Sprache* sein soll, greift zu kurz. Heidegger unterlässt es, jene Möglichkeiten, die sein Nachdenken über Wachstum und Erde – d.h. das Aufgehen ins Offene (φύσις) aus der verborgenen Fülle eines sinnlichen Grundes (Erde) – berühren, für die Beschreibung und die Deutung des Leibphänomens und des leiblichen In-der-Welt-seins aufzugreifen. Insbesondere die Erde, die Heidegger bereits im Kunstwerkaufsatz als plurale Sinnlichkeit beschreibt – als „das Massige und Schwere des Steines", „das Feste und Biegsame des Holzes", „die Härte und de[n] Glanz des Erzes", „das Leuchten und Dunkeln der Farbe", „de[n] Klang des Tones und [...] die Nennkraft des Wortes" (Heidegger 1960, 32) –, jenes, was im Kunstwerk die Welt offenhält, wird auf die letztgenannte „Nennkraft des Wortes" reduziert. Heideggers Sprachprimat führt bekanntlich dazu, die Kunst in ihrem Wesen als Dichtung zu begreifen. Wie der Leib selbst, bleibt die Erde lediglich ein operativer Begriff in Heideggers Werk; mehr noch, wie die Erde wird der Leib von einer Sprachlichkeit her verstanden, die jene plurale Sinnlichkeit des Leiblichen zum Verstummen bringt, ohne sie doch ganz ausblenden zu können. Heideggers eigene Beschreibungen und sprachlichen Strategien, in welchen sich Versinnbildlichung und Begriff durchkreuzen, zeugen davon: Es gibt ein Aufhorchen, das stets unterwegs zur Sprache bleibt.

Literatur:

Aho 2009, Baur 2011, Benoist 1992, Espinet 2009, Franck 1984, Heidegger 1959a, Heidegger 1987a.

Emmanuel Levinas – Der Leib des Anderen

Thomas Bedorf

1. Überblick

Die Philosophie von Emmanuel Levinas ist ein radikales Denken der Andersheit. Das Andere wurde – so der Ausgangspunkt seiner Kritik der Philosophiegeschichte – nie als es selbst gedacht, sondern stets etwas anderem begrifflich untergeordnet: Wird das Andere als Kategorie des Seins verstanden (Platon), ist das Sein der zentrale Begriff; begegnet mir im Anderen die Menschheit (Kant), so verschwindet er im Begriff eines vernünftigen Allgemeinen; wird das Andere in eine Dialektik des reflektierenden Selbstbewusstseins eingebaut (Hegel), so steht das Bewegungsgesetz des Bewusstseins im Vordergrund; wird schließlich der Andere als zu „entbergendes" Moment des Seins aufgefasst (Heidegger), so wird Andersheit wieder zu einem Gegenstand der Ontologie (Lehre vom Sein) degradiert. In all diesen Fällen gelingt es jedoch nicht, die Andersheit radikal als sie selbst, d.h. als unabhängig von anderen Begriffsbildungen zu denken. Über sein gesamtes Werk hinweg hat Levinas zu zeigen versucht, dass dies dennoch möglich ist und daraus die erkenntnistheoretischen, moral- und sozialphilosophischen Konsequenzen gezogen.

Levinas' Kritik richtet sich also gegen eine philosophische „Andersheitsvergessenheit" im Allgemeinen. Bedeutung hat seine Philosophie jedoch vor allem in sozialphilosophischer Hinsicht gewonnen, da zumeist nicht „das Andere" (überhaupt), sondern *der* oder *die* Andere im Vordergrund steht. Soll nun die intersubjektive Beziehung zwischen Subjekt und Anderem den neuzeitlichen Primat des Subjekts aufheben, so muss sie vom Anderen her neu konzipiert werden. In diesem Zusammenhang spielt die Leiblichkeit eine zentrale Rolle. Allerdings gibt es nicht *die* Theorie des Leibes oder der Leiblichkeit bei Levinas. In den frühen Schriften dient die Leiblichkeit v.a. dazu, den dominanten bewusstseinsphilosophischen oder idealistischen Philosophien seiner Zeit einen Ansatz entgegenzusetzen, der die Existenz selbst in den Vordergrund rückt. Leibliche Erfahrungen, insbesondere solche, die sich nicht in Begriffen des Aktes und der Handlung beschreiben lassen (Schlafen, Wachen, Ekel, Scham etc.), entziehen sich dem klassischen philosophischen Zugriff. Will die Philosophie auch diesen Erfahrungen Rechnung tragen, muss die Begrifflichkeit und damit der Theorieansatz umgestellt werden. Doch erst im Spätwerk (ab 1974) gelingt es Levinas, sich entschieden von der traditionellen Perspektive zu lösen, indem nun nicht mehr dem leiblich konstituierten Selbst ein Anderer gegenübertritt, sondern der Andere bzw. die Andersheit in der eigenen Leiblichkeit selbst gegenwärtig ist. Paradoxerweise verflüchtigt sich jedoch durch diese konsequente „Veranderung" des Leibes der Begriff des Leibes ins Metaphorische.

2. Leibliche Existenz als Gegenentwurf zum Idealismus im Frühwerk

Bereits in einem frühen Werk, dessen deutscher Titel „Ausweg aus dem Sein" das Vorhaben anzeigt (Levinas 1936), setzt Levinas die Leiblichkeit ein, um der vorherrschenden Bewusstseinsphilosophie und dem klassischen Idealismus etwas entgegensetzen zu können. Die Selbstgenügsamkeit des Ich, das gleichsam sich die Dinge einverleibt, indem es sie sich vorstellt (*re-présente*), identifiziert er als die Leitfigur der bürgerlichen Philosophie. Versucht man jedoch, die Affektivität des Leibes auch nur zu beschreiben, dann gelangt eine Bewusstseinsphilosophie (deren letzter, produktiver Vertreter Husserl gewesen ist), die alles, was das Bewusstsein auszeichnet, nur als „Akte" desselben begreifen kann, schnell an ihre Grenzen. Denn affektive Erfahrungen, die gar nicht aktivisch, sondern eher als passiv zu beschreiben sind, lassen sich in Kategorien des Denkens und Handelns nicht fassen. Inwiefern nun die Leiblichkeit ein „Ausweg" aus dem Sein als jener Kategorie, auf die der Idealismus alles zu Erfassende zurückführt, darstellt, zeigt Levinas in zwei Schritten. Zunächst deutet er den Leib als eine Selbsterfahrung des Seins. Sind wir etwa unbekleidet, dann erklärt sich die darauf bezogene Scham gewiss aus dem (potentiellen) Blick der Anderen. Aber dies ist zugleich, so Levinas, eine Scham vor sich selbst. Denn wir erfahren in der Nacktheit die unabweisbare Tatsache, dass wir vor uns selbst nicht fliehen können.

> „Man möchte sie [die Nacktheit, Th.B.] vor den anderen verbergen, aber auch vor sich selbst. […] Stellt sich die Scham ein, so weil wir nicht verbergen können, was man aber gerne verbergen möchte. Die Notwendigkeit zu fliehen, um sich zu verstecken, scheitert an der Unmöglichkeit der Flucht. So äußert sich in der Scham eben genau diese radikale Unmöglichkeit […] zu verbergen, daß wir an uns selbst gekettet sind, daß das Ich der Anwesenheit seiner selbst gnadenlos ausgesetzt ist." (Levinas 1936, 41)

Worin soll aber das Problem einer „Anwesenheit des Ich bei sich selbst" bestehen? Ist es anders überhaupt denkbar? Das Problem besteht darin, dass die „Unerbittlichkeit der Existenz" nach Levinas eine „Last" ist (ebd., 55), die dem Bei-sich-Sein innewohnt. Die Erfahrung, nichts als es selbst zu sein, ist für den Existierenden deswegen erschreckend, weil er sich ganz auf die eigenen Möglichkeiten und Wirklichkeiten zurückgeworfen sieht. In dieser These von der „tragische[n] Verzweiflung" (ebd., 65), die seit Kierkegaard thematisiert wird, klingt ein existenzphilosophisches Motiv durch, das aus Levinas Bewunderung für Heidegger rührt und sich bei seinem Zeitgenossen Sartre wiederfindet. Wie es anders gehen könnte, zeigen Beispiele, in denen die Kongruenz von Existenz und Leib gelöst ist: beim Boxer und der Nachtclub-Tänzerin (ebd., 43). Beiden ist ihr Körper äußerlich (als „Sportgerät" bzw. „Kleidung"), der jeweils zu bestimmten Zwecken eingesetzt wird. Die Nacktheit beider Figuren ist deswegen keine Erfahrung der eigenen Anwesenheit, weil sie den Körper instrumentell einsetzen. Er bleibt so eine äußere Hülle.

In einem zweiten Schritt versucht Levinas nun zu zeigen, dass dieses reine Beisich-Sein, die reine Immanenz, überschritten werden kann. Auch das geschieht paradoxerweise durch die Affektivität. Jede Lust ist bereits Selbstüberschreitung, oder – um den Gegenbegriff zu verwenden – eine Selbsttranszendenz. Denn die Lust ist nicht dasjenige, wodurch ein Bedürfnis befriedigt wird, sondern zeichnet sich gerade dadurch aus, dass sie selbst ein „Prozeß" (ebd., 35) ist. Sie kann deswegen als ein „Ausweg aus dem Sein" erscheinen, weil sie den Existierenden über sich hinaustreiben kann, so dass er sich „verliert", wie man sagt. Doch aus genau diesem Grunde scheitert die Lust auch daran, zu einer wirklichen Transzendenz zu führen. Levinas kommt hier nicht weiter, weil ihm noch der Begriff der Andersheit fehlt, die – wie der Titel des zweiten Hauptwerkes lautet – „Jenseits des Seins" zu suchen wäre.

3. Ethik vs. Ontologie: Levinas' Absetzung von Merleau-Pontys Leibbegriff

Noch in seinem ersten Hauptwerk, *Totalität und Unendlichkeit* (Levinas 1961), hatte Levinas in weit ausführlicheren Analysen in Verlängerung von „Ausweg aus dem Sein" der Leiblichkeit eine entscheidende Rolle bei der Subjektwerdung zugestanden. Subjektivität entfaltet sich dort als ein Prozess der genießenden Sinnlichkeit, die sich vom bloßen formlosen Sein ablöst. Diese Ablösung ermöglicht erst den Zugriff des Subjekts auf die Welt, von der es wiederum lebt, und eröffnet so den Raum, in dem der Andere auftreten kann. Erst im zweiten Hauptwerk, *Jenseits des Seins* (Levinas 1974a), formuliert Levinas den Gedanken, dass nicht das Ich aus sich heraus zu gehen hat, sondern die Andersheit bereits im Ich beginnt. Die von Husserl stammende Formulierung von der „Transzendenz in der Immanenz" (Hua III/1, § 57) deutet Levinas nicht mehr als eine Leistung des bewussten Ego, sondern als eine „Differenz im Herzen des Selben" (Levinas 1974b, 50; wobei „das Selbe" Levinas' Terminus für das Subjekt ist). Mit anderen Worten, es lässt sich ein „Ausweg aus dem Sein" nur dann schlüssig denken, wenn das Ich nie ganz bei sich ist, sondern es vielmehr eine „Identitätsspaltung" (ebd.) gibt, die, wenn die Identität das reine, differenzlose Sein darstellt, „jenseits des Seins" (ebd.) angesiedelt ist. Hinsichtlich der Leiblichkeit bedeutet dies, dass man sie nicht mehr als einen Ausdruck der Verstrickung in das Sein auffassen darf, als die „Verletzlichkeit des leiblich Seienden, der als Leib dem Anderen ausgesetzt ist, ohne flüchten zu können" (Vasey 1980, 38).

Auf dem Stand von Levinas' Spätwerk ist der Andere von Beginn an an der Subjektkonstitution beteiligt. Er kommt nicht zu einem genießenden, leiblichen Subjekt hinzu, sondern soll als dasjenige aufgewiesen werden, von dem her das Subjekt seine Subjektivität erhält und nur erhalten kann. Damit setzt sich Levinas von seinem zwei Jahre jüngeren Zeitgenossen Merleau-Ponty ab, der seine *Phänomenologie der Wahrnehmung* als eine leiblich vermittelte Auslegung der Sinnbezüge entwickelt hat (s. die Beiträge von KRISTENSEN und ALLOA in diesem Band). Um den seinerzeit dominierenden Optionen einer physiologischen (d.h. sie allein auf Reize reduzierenden) und einer psychologischen (d.h. allein auf kognitive Leistungen beschränkenden) Erklärung der Wahrnehmung entgegenzutreten, setzt Merleau-Ponty den Leib als „Vermögen einer Welt" (Merleau-Ponty 1945, 132). Leiblichkeit wird als Grundstock und Verwirklichung der Existenz verstanden, hinter die weder Physiologie noch Psychologie zurückkönnen. „Ich bin kein ‚Lebewesen', sogar kein ‚Mensch', nicht einmal ‚Bewußtsein' mit Charakteren, die Zoologie, Sozialanatomie und induktive Psychologie diesen ‚Phänomenen' zuweisen – ich bin vielmehr absoluter Ursprung" (ebd., 5). Die empirischen und rationalisierenden Wissenschaften vermögen es demnach nicht, das Spezifikum der Wahrnehmung zu erfassen, weil sie immer bereits eine Abstraktion zum Gegenstand haben. Stattdessen muss man davon ausgehen, dass wir leiblich „zur Welt sind" (ebd., 7, 104), und dass diese Einbettung in Sinnzusammenhänge dem wissenschaftlich-abstrahierenden Zugriff vorausgeht. Da Levinas vornehmlich an dem Nachweis interessiert ist, dass sich auch der Bezug zu Anderen leiblich verankern lassen muss, kommt eine besondere Bedeutung der Rolle zu, die die Intersubjektivität bei Merleau-Ponty spielt. Sofern der Leib die Welt als eine sinnhafte erschließt und die Welt immer eine gemeinsame ist, ist es schlechterdings unmöglich, die Anderen in einer Phänomenologie des Leibes unberücksichtigt zu lassen. Im Gegenteil, so Merleau-Ponty, ist es nicht nur mein Leib, der den Anderen wahrnimmt, sondern „er findet in ihm so etwas wie eine wunderbare Fortsetzung seiner eigenen Intentionen" (ebd., 405). An den Kulturobjekten, auf die der Andere ebenso wie ich selbst mich beziehe, erfolgt ein „gemeinsames Tun [...], dessen Schöpfer keiner von uns beiden ist" (ebd., 406). Das „Sein zu zweien" verwischt die Eindeutigkeiten und verwehrt die Möglichkeit – streng genommen – von Inter-Subjektivität zu sprechen. Denn das würde bedeuten, es gäbe ein Subjekt und ein zweites, die dann auch noch zueinander in Beziehung träten. Merleau-Ponty dagegen zeigt, dass vielmehr eine „anonyme Existenz" (ebd., 405) beiden gemeinsam ist, bevor sie sich als Subjekte isolieren. Anstatt von Intersubjektivität spricht denn Merleau-Ponty daher auch lieber von „intercorporéité", von einer „Zwischenleiblichkeit" (Merleau-Ponty 1959, 246), um die gemeinsame Verflechtung gegenüber den einzelnen subjektiven Akten zu betonen.

Für Emmanuel Levinas stellt die Fassung, die Merleau-Ponty dem Leibbegriff gibt, gegenüber den Einseitigkeiten, die Husserl noch vertreten hatte, eindeutig einen Gewinn dar. In einem der Frage der Intersubjektivität bei Merleau-Ponty gewidmeten kurzen Essay (Levinas 1983b) hebt Levinas hervor, wie sehr er Merleau-Pontys Analysen der Leiblichkeit als Zwischenreich zwischen Naturalismus und Psychologismus bewundert. Das phänomenologische Erbe des Phänomenologie-Begründers Edmund Husserl wird von Merleau-Ponty zugleich bewahrt und überschritten, indem dieser „das Ungesagte – oder wenigstens das Ungedruckte – des husserlschen Denkens zu sagen" vermag (Levinas 1983b, 50). Was Husserl mit dem Begriff des Leibes als „Nullpunkt aller Orientierungen" (Hua IV, 158) vorbereitet, dessen Potential er aber aufgrund seiner transzendentalen Rahmung nicht auszuschöpfen vermochte, wird von Merleau-Ponty nun zur Grundlage der Phänomenologie ausgearbeitet, die sich nicht mehr als transzendentale Bewusstseinsphilosophie verstehen muss und verstehen kann.

Levinas greift ein von Merleau-Ponty exemplarisch gewähltes Beispiel auf, das auf Husserl zurückgeht (Hua IV, § 36): die Berührung der eigenen Hand: „Wenn meine rechte Hand meine linke berührt, empfinde ich sie als ‚physisches Ding', aber im selben Augenblick tritt, wenn ich will, ein außerordentliches Ereignis ein: Auch meine linke Hand beginnt meine rechte Hand zu empfinden, das Ding verändert sich, *es wird Leib, es empfindet.*" (Merleau-Ponty 1959, 243) Die besondere Form der Leiblichkeit wird so daran deutlich, dass der Leib einerseits Objekt ist (die linke „berührte" Hand) und zugleich auch Subjekt (die linke Hand, insofern sie die rechte selbst empfindet). Zwischen Subjekt und Objekt scheint der Leib zu schwanken, er ist beides zugleich und erfährt so einen Selbstbezug. Paradoxerweise ist so, wie Merleau-Ponty mit Husserl sagt, der Leib ein „empfindendes Ding", während üblicherweise die Dinge als bloß materielle empfindungslose Gegenstände angesehen werden. Es ist dann, wie Merleau-Ponty fortfährt, die Sinnlichkeit selbst, in der sich der subjektive Wahrnehmungsakt und Handlungseingriff sowie die objektive Gegenständlichkeit ausbilden. Geht man von der Leiblichkeit aller Erfahrung aus, stehen sich also nicht mehr Subjekt und Objekt diskret gegenüber, sondern *im Leiblichen* lassen sich subjektive und objektive Formen erkennen. Um die im Französischen nicht abzubildende Unterscheidung von Körper und Leib zu betonen und die Doppeldeutigkeit des Begriffs „corps" (der je nach Kontext „Leib" oder „Körper" bezeichnen kann) zu vermeiden, greift Merleau-Ponty hier (und in seinem gesamten Spätwerk) zu dem Terminus „chair" („Fleisch"; zur Problematik der Übersetzung dieser Termini vgl. den Beitrag von ALLOA in diesem Band).

„Das Fleisch (*chair*) des Sinnlichen, jene dichte Körnigkeit, die das Erkunden beendet, jenes Optimum, das es abschließt, spiegeln meine eigene Inkarnation wieder und bilden ihr Gegenstück. Wir haben es hier mit einer Art von Sein zu tun, einem Universum mit seinem unvergleichlichen ‚Subjekt' und ‚Objekt', wo das eine sich im anderen artikuliert und ein für allemal zu allen ‚Relativitäten' der sinnlichen Erfahrung ein ‚Irrelatives' ‚herausbestimmt' wird, das den ‚Rechtsgrund' für alle Konstruktionen des Erkennens bildet." (Merleau-Ponty 1959, 244)

Mit dem Leiblichen, dem Fleisch, wäre also jener von Husserl gesuchte letzte Grund gefunden, in dem sich Subjekt und Objekt artikulieren und so nicht mehr als vorgegebene Ausgangspunkte, sondern nur noch in Anführungszeichen gesehen werden können.

Auch wird – wie eingangs erwähnt – die Intersubjektivität leiblich neu gedacht. Das Beispiel der berührenden Hände wird nun auf den Händedruck zweier Menschen ausgedehnt. Indem Merleau-Ponty die Analogie der Beispiele betont, gewinnt er eine Struktur, die der Selbstreflexion des Leibes und der Intersubjektivität gemeinsam ist.

> „Es ist nichts anderes, wenn sich der Körper des Anderen vor mir belebt, wenn ich die Hand eines anderen Menschen drücke, oder wenn ich sie einfach betrachte. Indem ich erfahre, dass mein Leib ein ‚emfindendes Ding' ist, dass er *reizbar* ist – er und nicht nur mein ‚Bewußtsein' –, bin ich darauf vorbereitet zu verstehen, dass es andere *Animalia* und möglicherweise andere Menschen gibt. [...] Wenn mir das Dasein eines Anderen dadurch evident ist, dass ich ihm die Hand drücke, so deshalb, weil sie sich an die Stelle der linken Hand setzt, weil mein Leib sich dem des Anderen durch jene ‚Art der Reflexion' einverleibt, deren Sitz er paradoxerweise ist. Meine beiden Hände sind ‚kompräsent' oder ‚koexistent', weil sie die Hände eines einzigen Leibes sind: Der Andere erscheint durch eine Ausdehnung dieser ‚Kompräsenz', er und ich sind wie die Organe einer einzigen Zwischenleiblichkeit." (Merleau-Ponty 1959, 246)

Intersubjektivität wird hier nicht nur nach dem Vorbild des leiblichen Selbstbezugs gedacht, sondern Merleau-Ponty geht sogar soweit, Subjekt und Anderen als die „Organe" einer umgreifenden Gemeinsamkeit zu begreifen, die die Leiblichkeit ist. Hervorgehoben sei aus dieser längeren Passage insbesondere die kuriose Formulierung „weil sie die Hände eines einzigen Leibes sind". Kurios erscheint dies deswegen, weil ja hier meine Hand und die eines Anderen gemeint sind, also die Hände *zweier* Körper. Die Körper, zu denen die Hände gehören, lassen sich im Raum unterscheiden, aber der Leib – so müssen wir daraus schließen – ist einer, letztlich „der Leib/das Fleisch der Welt" (vgl. Zielinski 2002, 213f.). Zumindest wird man sagen können, dass die Leiblichkeit nicht je einem Körper zugerechnet werden kann, sondern intersubjektiv ineinander übergeht. Merleau-Ponty nennt genau das die „Zwischenleiblichkeit".

In dieser Konzeption sieht nun Emmanuel Levinas die Gefahr, dass das Menschliche in einer höherstufigen Struktur, der (oben zitierten) „anonymen Existenz", an der Subjekt und Anderer als „Organe" teilhaben, aufgehoben und aufgelöst wird. Er reiht Merleau-Ponty damit in die Riege der Antihumanisten ein, als die zahlreiche französische Existentialisten und Strukturalisten in den 1950er und 1960er Jahren von ihren Gegnern betrachtet wurden (vgl. für eine Hinführung die entsprechenden Einträge in Bedorf, Röttgers 2009).

„Damit ist das Menschliche nur Moment oder Artikulation eines Verstehensgeschehens, das seinen Herzschlag nicht mehr vom Menschen hat. Auf diese antihumanistische oder un-humanistische Tendenz, das Menschliche auf eine Ontologie des anonymen Seins zu beziehen, muß man achten. Tendenz, die kennzeichnend ist für eine ganze Epoche, welche in ihrer Reflexion über die Anthropologie dem Menschlichen mit Mißtrauen begegnet." (Levinas 1983b, 51)

Dem Misstrauen gegenüber dem Menschlichen begegnet Levinas seinerseits mit Misstrauen. So sehr er die Umarbeitung der Phänomenologie in eine Philosophie der Leiblichkeit durch Merleau-Ponty bewundert, so bleibt er doch auf Distanz zu diesem Projekt. Zwei Gründe sind dafür Ausschlag gebend. *Erstens* stößt er sich an Merleau-Pontys Ontologisierung des Leibes. Wird die Leiblichkeit als *chair* zu einer allgemeinen Struktur des Seins, so erhält man zwar den von Merleau-Ponty gesuchten (und bei Husserl nicht gefundenen) „Rechtsgrund" für alle Strukturen der Wahrnehmung. Aber zugleich scheinen Levinas darin die Besonderheiten des jeweils Anderen zu verschwinden. Letztlich reiht sich die Ontologie des Leibes in die lange Geschichte der Philosophien des Seins von Platon bis Heidegger ein, die nach Levinas verkannt haben, dass sich der, die oder das Andere gerade nicht in Kategorien des Seins (oder einer anderen übergeordneten Begrifflichkeit) auflösen lassen. *Zweitens* wird Merleau-Ponty vorgeworfen, sich – entgegen dem eigenen Anspruch – von der Orientierung am Ideal des Wissens nicht gelöst zu haben. Zwar ist es die leibliche Sinnlichkeit des reflektierten Berührens, die die Wahrnehmung des Anderen begründet und motiviert. Doch bleibt nach Levinas dieser vortheoretische Bezug zum Anderen auf die seit Descartes virulente Frage nach der Erkennbarkeit des Anderen bezogen.

„Trotz der Originalität der vor-theoretischen Struktur, die er hervorhebt, ist diese Erkenntnis bei Merleau-Ponty – gerade als vor-theoretische – schon bezogen auf das Theoretische und schon wie im Schatten dessen, worauf sie sich bezieht. Selbst wenn sie sich von der [...] Struktur der Idealisierungen abhebt, so ist sie doch – für Merleau-Ponty – schon oder noch – Wissen, sei es auch auf andere Weise" (Levinas 1983b, 52).

Merleau-Ponty bleibt somit in Levinas' Augen der epistemischen Orientierung der klassischen (von Descartes bis Husserl reichenden) Philosophie verhaftet (vgl. für eine andere Lesart, die auch die ethischen Momente in Merleau-Pontys Leibphänomenologie hervorhebt Waldenfels 2000b). Von ihr lösen kann sich die Philosophie nur, wenn sie versteht, dass die leibliche Interaktion weniger eine Frage des Wissens, als eine der sozialen Kommunikation bedeutet. Levinas hebt dabei zwei Aspekte hervor, nämlich erstens, dass die leibliche Intersubjektivität stets normativ gefüllt ist und zweitens, dass zwischen dem Anderen und mir eine Trennung statt ein Kontinuum besteht. Er formuliert das in Form von Fragen an Merleau-Pontys Ansatz:

„Liegt aber das Wesentliche des Händedrucks, das über das Erkennen hinausgeht, nicht in dem Vertrauen, in der Ergebenheit und in dem Frieden, die er stiftet und die er bedeutet? Und sind diese nicht gepaart mit einem Moment der Gabe von mir an den Anderen, mit einer gewissen Gleichgültigkeit im Hinblick auf die Belohnungen und ihre Gegenseitigkeit, gepaart also mit ethischer Selbstlosigkeit? [...] Von hier aus mag man sich insbesondere fragen, ob eine solche ‚Beziehung' – die ethische Beziehung – sich nicht in einer *radikalen Trennung* aufnötigt, in einer Trennung zwischen den beiden Händen, die gerade nicht demselben Leib angehören noch einer hypothetischen oder nur metaphorischen Inter-Korporeität. Diese radikale Trennung – und die ganze ethische Ordnung der Sozialität – wird bedeutet, wie uns scheint, in der Nacktheit des Antlitzes, die das Gesicht des Menschen verklärt, ebenso aber in dem expressiven Charakter seines ganzen sinnlichen Seins, selbst in der Hand, die man drückt." (Levinas 1983b, 53)

Die Unterschiede in der Konzeption der Intersubjektivität sind also darin zu suchen, dass Levinas eine Trennung zwischen Subjekt und Anderen anstelle des zwischenleiblichen Kontinuums ansetzt, und dass er die Andersheit „jenseits des Seins" (wie auch der Buchtitel seines zweiten Hauptwerks lautet) statt auf der Basis einer Ontologie ansiedeln will. Für die Grundorientierung bedeutet das, dass gegen den vorgeblichen Anti-Humanismus das Primat der Ethik gesetzt wird (ausführlicher zur Rolle des Händedrucks bei Merleau-Ponty und Levinas: Gondek 2001, Waldenfels 1995; s.a. die Wiederaufnahme im Spätwerk: Merleau-Ponty 1964a, 193f.).

4. Leibliche Aussetzung an den Anderen und ihre ethische Konsequenz

Was bedeuten diese Weichenstellungen nun für den Begriff des Leibes bei Levinas? Im dritten Kapitel von *Jenseits des Seins* entfaltet Levinas gegen die Orientierung an der Erkenntnis die leibliche Sinnlichkeit von der Nähe zum Anderen her. Das leibliche Sein enthält zwei Dimensionen, die nach Levinas in ihrer Spannung zusammengedacht werden müssen: die selbstgenügsame Dimension der lustvollen Erschließung der Welt („Genuss") und die Aussetzung an den Anderen („Verwundung"). Die Leiblichkeit ist „zunächst die Leichtigkeit des Genießens, unmittelbarer noch als das Trinken [...], in seiner unvergleichlich frischen Fülle und Erfüllung – Lust; das heißt Selbstgefälligkeit und Selbstgenügsamkeit des Lebens, das das Leben [...] liebt. Selbstgefälligkeit der Subjektivität, Selbstgefälligkeit um ihrer selbst willen empfunden – worin eben die ‚Egoität' der Subjektivität besteht" (Levinas 1974a, 148).

Mit dieser ersten Dimension greift Levinas einen Aspekt auf, dem er in seinem ersten Hauptwerk *Totalität und Unendlichkeit* ausführliche, eindringliche Analysen gewidmet hatte (Levinas 1961) und die bereits im der frühen Schrift *Ausweg aus dem Sein* (Levinas 1936) vorbereitet wurden. Indem das Selbst sinnlich-leiblich von der Welt lebt, erfährt es sich zugleich als von dieser unterschieden und gewinnt so ein Verständnis seiner selbst. Diesen leiblichen Weltbezug nennt Levinas „Genuss", wobei dies stets ein Genießen von etwas ist und das Genießen seiner selbst. Andersheit kommt in dieser Dimension nur als abhängig vom Selbst vor. Das ist aber nur die eine Seite. In *Jenseits des Seins* wird im Unterschied zu den früheren Schriften vor allem die zweite Dimension unermüdlich betont: die der Andersheit in der leiblichen Sinnlichkeit. Das kommt im Anschluss an die zitierte Passage zum Ausdruck:

„Doch zugleich auch ‚Entkernung' des unvollkommenen Glücks, in dem die Sensibilität schlägt: Nicht-Übereinstimmung des Ich mit sich selbst, Beunruhigung, Schlaflosigkeit, die tiefer reicht als das Wiederfinden der Gegenwart; sogleich auch der Schmerz, der das Ich aus der Fassung bringt oder es in einem Schwindelfall anzieht wie ein Abgrund, um zu verhindern, dass das in sich ruhende und für sich stehende Ich den Anderen, der es verletzt, in einer intentionalen Bewegung ‚auf sich nimmt' und trägt, und damit in dieser Verwundbarkeit sich die Umkehrung ereigne: zum *Anderen, der den Selben inspiriert* – Schmerz, Überflutung des Sinns durch die Sinnlosigkeit, auf daß der Sinn die Sinnlosigkeit bestehe, der Sinn, das heißt der-Selbe-für-den-Anderen. So weit muß die Passivität oder die Geduld der Verwundbarkeit gehen!" (Levinas 1974a, 148f.)

Levinas' Metaphorik ist nicht leicht zu entschlüsseln (zu diesem Problem vgl. exemplarisch Bedorf 2007). Geht man aber den zentralen Motiven nach, kann deutlicher werden, wie er Leiblichkeit als vom Anderen besetzt verstehen will. In einem *ersten* Schritt hält er in obigem Zitat fest, dass das leibliche genießende Ich nicht mit sich selbst identisch ist („Nicht-Übereinstimmung"). Es geht nicht im Genuss auf, sondern wird von Anderem heimgesucht: von leiblichen Erfahrungen wie dem Schmerz, der Schlaflosigkeit, einer Unruhe, einem Schwindel. Diese Erfahrungen lassen sich weder als ein Bei-sich-Sein des Ich beschreiben, noch als eine lustvolle Erfahrung. Vielmehr zeigt sich im leiblichen Dasein eine Heimsuchung durch etwas, das das Selbst nicht allein in der Hand hat. Levinas schließt nun in einem *zweiten* Schritt diese leibliche Erfahrung des Entzugs oder der Andersheit-im-Selben mit der Erfahrung des Anderen kurz. Diese Erfahrungen zu machen, bedeutet demnach keine intentionale, bewusste *Übernahme des Anderen* in das Selbst, sondern eine Erfahrung des Anderen (oder allgemeiner formuliert: der Alterität) *im Selbst*. Die „Verwundbarkeit" ist dann der Ausdruck für diese leiblich unausweichliche Aussetzung an die Andersheit, die nie vollends in das intentionale Ich integriert werden kann. In einem *dritten* Schritt wird die Verwundbarkeit normativ gedeutet:

„In ihr bedeutet die Sensibilität Sinn: durch den Anderen und für den Anderen, für alle Anderen. Nicht in den erhabenen Gefühlen des ‚Schöngeistigen', sondern so, als risse man das Brot vom Munde dessen fort, der es gerade mit Genuß verzehrt, um es dem Anderen zu geben – die ‚Entkernung' des Genusses, indem der Kern des Ich unterwandert wird." (Levinas 1974a, 149)

Hier kehrt nun das Motiv wieder, mit dem auch Levinas' oben analysierter Merleau-Ponty-Aufsatz endet: die Gabe und die Selbstlosigkeit, die in der Zwischenleiblichkeit sich bemerkbar macht. Zwischenleiblichkeit bedeutet also weniger eine „Verflechtung meiner Welt mit einer anderen Leiblichkeit" (Merleau-Ponty 1959, 249), sondern eine Unterbrechung des Genusses, die im Anderen seine Ursache hat. Nicht die Gemeinsamkeit der leiblichen Sinnbezüge wird herausgestellt, sondern die Verwundung, die Trennung („Entreißen") durch den Anderen, „eine Passivität oder reine Empfänglichkeit, die so passiv ist, daß sie Inspiration wird, das heißt genau Anderheit-im-Selben, Trope des durch die Seele beseelten Leibes, Psychismus in Gestalt einer Hand, die selbst das Brot noch gibt, das sie gerade verzehren wollte.“ (Levinas 1974a, 154) Warum aber sollten wir den Leib von diesen scheinbaren Grenzfällen intersubjektiver Erfahrung her deuten? Was gewinnt man, wenn der Andersheit das Primat über das Selbst eingeräumt wird?

Auf eine These gebracht ließe sich die Frage wie folgt beantworten: Indem Levinas das Selbst als nicht mit sich identisch ansieht und die Andersheit im leiblichen Selbst beginnen lässt, steht es dem Selbst nicht frei, sich zum Anderen zu verhalten, sondern es ist dazu gezwungen. Warum die „Andersheit-im-Selben“ normativ, oder wie Levinas lieber sagt: ethisch, bedeutsam ist, lässt sich am Begriff der „Nicht-Indifferenz“ zeigen. Eine „Identität, die nicht mit sich selbst übereinstimmt“, so heißt es zunächst, ist „gleichbedeutend [...] mit der ganzen Last und der Würde eines beseelten Leibes, das heißt eines dem Anderen dargebotenen, sich aus-drückenden oder sich verströmenden Leibes!“ (Levinas 1974a, 161) Dies resümiert die bereits genannten Erfahrungen der Andersheit am eigenen Leib, der in der Folge als passiv, dem Anderen ausgeliefert oder eben verwundbar gekennzeichnet war. Wird diese Differenz mit sich selbst nun doppelt negiert, ergibt sich eine Bedeutungsgleichheit und zugleich eine Bedeutungsverschiebung. Eine „Nicht-Indifferenz“ müsste das Gleiche bedeuten wie die Differenz. Aber eben nicht vollständig. „Ein beseelter Leib oder eine inkarnierte Identität – ist die Bedeutsamkeit dieser Nicht-Indifferenz.“ (Ebd.) Nicht-Indifferenz heißt dann einerseits die Inkongruenz des leiblichen Selbst mit sich, andererseits aber auch die Unmöglichkeit, sich zu dieser Differenz nicht verhalten zu müssen. Denn versteht man den Begriff nicht strukturell, sondern normativ, dann bedeutet „Indifferenz“ „Gleichgültigkeit“. Die Nicht-Indifferenz des leiblich dem Anderen ausgesetzten Subjekts hieße dann, dem Anderen gegenüber nicht gleichgültig sein zu können. Nun formuliert Levinas das zumeist nicht so zurückhaltend, sondern weitaus drastischer: als eine Verantwortung für den Anderen, eine unendliche gar, eine Stellvertretung für ihn, die das Leiden einschließt.

„Noch vor dem Nullpunkt [...] ist die Sensibilität Affizierung durch das Un-Phänomen, eine Infragestellung durch die Andersheit des Anderen, noch vor der Einwirkung einer Ursache, vor dem Erscheinen des Anderen; ein vor-ursprüngliches Nicht-in-sich-Ruhen, die Beunruhigung des Verfolgten – wo sein? wie sein? –, das heißt ein Sich-Winden in den Angstdimensionen des Schmerzes, ungeahnten Dimensionen des Zuvor, des Diesseits; ein Sich-selbst-Entrissenwerden, weniger sein als nichts, Zurückgeworfenwerden ins Negative – hinter das Nichts – Mutterschaft, Schwangerschaft des Anderen im Selben. [...] In der Mutterschaft bedeutet die Verantwortung für den Anderen, die bis zur Stellvertretung für die Anderen geht und bis zum Leiden sowohl unter dem, was die Verfolgung bewirkt, als auch unter dem Verfolgen selbst, an dem der Verfolger zugrunde geht. Die Mutterschaft – das Tragen schlechthin – trägt auch noch die Verantwortung für das Verfolgen des Verfolgers.“ (Levinas 1974a, 170f.)

Betrachten wir – auch wenn es angesichts der Rhetorik schwer fällt – zunächst allein die Struktur, die hier beschrieben wird. Die gespaltene Identität des Selbst, sein Nicht-in-sich-Ruhen wird reflexiv gewendet, d.h. es werden die Weisen betrachtet, wie sich das Selbst zu dieser seiner (durch die Andersheit erzeugten) Selbstdifferenz verhält und erfährt: als Schmerz, Angst, Beunruhigung. Anders als das autonome Subjekt der klassischen Philosophie, in der – etwa bei Fichte – das Ich zunächst „sich setzt", bevor es aus seiner Freiheit die Welt konstituiert, erfährt sich hier das Selbst als ausgesetzt und prekär. Es ist zunächst die Andersheit des Anderen, auf die das Selbst bezogen ist, statt aus sich selbst heraus einen festen Stand zu finden. Diese bodenlose Unsicherheit lässt sich nur damit beantworten, sich auf dieses Andere zu beziehen, ihm zuzuwenden und Formen zu finden, wie damit umzugehen ist. Insofern nun niemand dies an Stelle des Selbst tun könnte, ist es allein für diesen Umgang mit der aller Autonomie vorgängigen Andersheit verantwortlich. Die Verantwortung, die Nicht-Indifferenz, resultiert aus der Unausweichlichkeit, auf die Andersheit, die im Leib des Selbst beginnt, antworten zu müssen. Oder kurz gesagt: Das Selbst ist *verantwortlich*, weil es *antworten* muss. Schließlich ist die Verantwortung ohne Grenze, weil sie sich nicht auf konkrete Verantwortlichkeiten bezieht (vor dem Richter, der Moral, der Vorgesetzten, dem Lehrer etc.), sondern auf ein Strukturprinzip von Subjektivität überhaupt, was Levinas des öfteren mit einem eindringlichen Zitat aus Dostojewskijs *Brüder Karamasow* illustriert: dass „jeder einzelne von uns gewiß Schuld trägt für alle und für alles auf Erden, nicht nur die allen gemeinsame Weltschuld, sondern ein jeder persönlich für alle Menschen und jeden einzelnen auf Erden." (Dostojewskij 1879, 264)

5. Metaphorik der Andersheit oder Phänomenologie des Leibes. Zusammenfassung und Ausblick

Doch angesichts der eindringlichen und bisweilen schwer erträglichen Sprachgewalt der zitierten Passage (die sich nicht auf diese Passage beschränkt, sondern das gesamte Buch prägt) stellt sich die Frage, ob man sich auf eine solche strukturelle Betrachtung allein beschränken kann. Greift man etwa das Motiv der „Mutterschaft" heraus, so wird man zugestehen können, dass der im Bauch der Mutter heranwachsende Embryo („Leibesfrucht" nannte man das früher) als eine am eigenen Leib erfahrbare Andersheit beschrieben werden kann. Da er kein Objekt der Mutter ist, weder Eigentum noch Organ, handelt es sich um eine Andersheit-im-Selben, über die die Mutter nur sehr begrenzt Kontrolle hat. Sie wird meist nicht anders können, als auf diese Gegenwart des oder der Anderen zu antworten. Bisweilen mag es auch nötig sein, dass die Schwangere ihre gesamte Existenz als ein Antworten auf diesen Anderen versteht, weil die körperlichen und psychischen (also: leiblichen) Anforderungen so hoch sind.

Doch stellt sich die Frage, auf welche Weise das Motiv der Mutterschaft von Levinas eingesetzt wird. Es kann sich kaum um eine phänomenologische Analyse der Erfahrungen von Schwangeren handeln. Abgesehen davon, ob ein männlicher Autor sich dafür besonders eignet und auch ungeachtet der Tatsache, dass die Mutterschaft eine kulturell aufgeladene und historisch variable Rolle ist und war, wird man schon überhaupt eine umfassendere Analyse der Erfahrung selbst vermissen. Es wird einzig *ein* Zug dieser Erfahrung herausgegriffen (das Leben *mit* einem Anderen *in* einem selbst), um es in einen fremden Kontext (nämlich der Frage der Struktur von Subjektivität) einzufügen. Das aber ist ein metaphorisierendes Vorgehen. Ist also – das wäre eine alternative Deutung – die Rede von Mutterschaft metaphorisch zu nehmen? Übersetzt müsste es dann heißen „Verantwortung für den Anderen ist der Mutterschaft *strukturanalog*" statt „*in der* Mutterschaft bedeutet die Verantwortung für den Anderen". Dann würde aber ähnliches für die zahlreichen anderen Motive in Levinas' Spätwerk gelten: Auch die Verfolgung, der Schmerz, die Schlaflosigkeit, das dem eigenen Mund abgerungene Brot etc. wären Metaphern dafür, dass das Selbst nur es selbst ist, *indem* es der Andersheit ausgesetzt ist. Was bleibt aber dann von Levinas' Begriff des Leibes philosophisch übrig, wenn all die konkreten Hinweise auf die Dimensionen leiblicher Erfahrung metaphorisch reduziert werden und die für Merleau-Ponty so zentrale „Empfindbarkeit keine Rolle" spielt (Gondek 2001, 86)?

Im Wesentlichen geht es Levinas um die doppelte These, dass erstens ein „Begriff von Subjektivität" konzipiert werden muss, in dem „die Leiblichkeit des Subjekts nicht von seiner Subjektivität getrennt ist" (Levinas 1974a, 177; was auch Merleau-Ponty unterschreiben würde), und dass zweitens das leibliche Subjekt zuvörderst als Stellvertretung für den Anderen verstanden werden muss. Dass die Analysen der leiblichen Erfahrungen hinter dieser subjekt- und intersubjektivitätstheoretischen These zurücktreten müssen, ist offenkundig. Dies ist jedoch der besonderen Herausforderung des Gegenstands der philosophischen Betrachtung geschuldet. Levinas hält ja – wie eingangs erwähnt – der Tradition der abendländischen Philosophie vor, aufgrund ihrer Orientierung am Wissen, am epistemischen Zugriff, den Anderen stets als einen Gegenstand behandelt zu haben, *über den* es *etwas* zu sagen gebe. Will man nun – wie Levinas – Andersheit als dasjenige herausstellen, *von dem her* Sinn überhaupt erst gewonnen werden kann, verbietet sich eine direkte, thematisierende Rede der Beschreibung. „Die ethische Sprache", so heißt es in einer Fußnote, „auf die die Phänomenologie zurückgreift, um ihre eigene Unterbrechung anzuzeigen, kommt nicht aus einer Intervention des Ethischen, mit der die Beschreibungen überzogen würden. Die ethische Sprache ist der eigentliche Sinn der Annäherung, die sich vom Wissen abhebt." (Levinas 1974a, 211f. Fn. 35) Unter „ethischer Sprache" kann man in diesem Zusammenhang die Levinassche Leibmetaphorik verstehen. Sie ist demnach ein Modus, in dem die Andersheit der „Andersheitsvergessenheit" entrissen werden kann. Würde dieser Diskurs seinerseits thematisierend verfahren (d.h. im Modus des „Wissens"), so unterschiede ihn nichts von den Versuchen, *über das* Andere zu sprechen. Allein also in den metaphorischen Annäherungen lässt sich aufweisen, was als Gegenstand nicht beschrieben werden kann.

Das bedeutet für das Thema der Leiblichkeit bei Levinas zweierlei. Einerseits arbeitet sich Levinas an den Leiblichkeitsbegriffen seiner phänomenologischen Vorgänger Husserl und Merleau-Ponty ab und akzentuiert dabei Momente leiblicher Erfahrung, die bei diesen ausgeblendet bleiben: Der Schmerz, die Verletzlichkeit, die Ausgesetztheit bzw. generell Passivitäts- und Alteritätsmomente, die zur Phänomenologie der Leiblichkeit hinzugehören. Allerdings legt Levinas eine alteritätstheoretische Phänomenologie des Leibes nicht selber vor, sondern dies bleibt künftiger Forschung überlassen (Grüny 2004). Denn andererseits folgt aus der Metaphorizität von Levinas' Leibthematik, dass von einer „Theorie der Leiblichkeit" bei Levinas genau genommen keine Rede sein kann. Leibliche Erfahrungen, in denen Andersheit im Selbst aufgewiesen wird, dienen allein als eine Weise, die Andersheit anzusprechen, die nicht *als solche* sagbar ist. Die Rede von der Leiblichkeit hat gewissermaßen instrumentellen Charakter, insofern sie dem Ausdruck der Andersheit dient.

Daraus ergibt sich, wenn man die einzelnen Motive der Leiblichkeit bei Levinas mustert, eine *Überakzentuierung des Anderen.* Aus dem genannten instrumentellen Grund werden allein jene Aspekte der Leiblichkeit herausgegriffen, die die Aussetzung, die Verwundbarkeit, die Fremdheit und die Nicht-Identität des leiblichen Selbst betonen. Dabei geraten alle übrigen Dimensionen der kulturellen und sozialen Einbettung inkarnierten Sinns, wie sie sich bei Merleau-Ponty ausgearbeitet finden, aus dem Blick. Dennoch hat Levinas' radikale Vereinseitigung des Blicks auf den Leib produktive Anschlüsse gefunden, so etwa bei Bernhard Waldenfels, der die Levinassche Alterität in Verbindung mit Merleau-Pontys Zwischenleiblichkeit als „Responsivität des Leibes" fruchtbar machen wird (Waldenfels 2000b, Kap. V) oder in kulturwissenschaftlichen Analysen der pathischen Momente von Erfahrung (Busch u. Därmann 2007).

Literatur:

Gelhard 2005, Levinas 1974a, Levinas 1982, Levinas 1983b, Ciocan 2010, Sandherr 1998, Kap. 4, Sirovátka 2006, Zielinski 2002, 176–215.

Jan Patočka
– Körper, Leib, Affektivität

Karel Novotný

1. Einleitung

Das Hauptanliegen der phänomenologischen Arbeiten Jan Patočkas liegt in einer Aufklärung der ursprünglichen Seinsweisen der Menschen in der Welt. Dabei tritt bei ihm von Anfang an ganz zentral als Thema die natürliche Welt selbst in den Vordergrund seiner systematischen Überlegungen. Das zeichnet seine in dieser Hinsicht tief von Edmund Husserl geprägte Philosophie aus. Doch kennt das genannte Hauptanliegen Patočkas noch eine andere Prägung, aus der sich – neben dem bereits erwähnten Motiv der natürlichen Welt – ein zweiter systematischer Focus ergibt, nämlich die Reflexion der *Geschichtlichkeit* der menschlichen Existenz. Die natürliche Welt *und* die Geschichte, so wie sie von der Geschichtlichkeit der menschlichen Existenz aus betrachtet ist, sind zwei, oder gar die beiden großen Themen seiner Philosophie, die, wie Paul Ricœur bemerkte, wie zwei Zentren einer Ellipse in einem gewissen Spannungsverhältnis zueinander stehen, das für das Werk des tschechischen Philosophen charakteristisch ist (vgl. Ricœur 2007). Die Spannung zwischen beiden genannten Schwerpunkten entspricht *grosso modo* einerseits der Spannung zwischen den methodischen Ansätzen Husserls und Heideggers, auf die Patočka, in seinen systematischen Arbeiten, vor allem immer wieder rekurrierte. Wenn wir von diesen Namen und vom engeren Kontext der Phänomenologie absehen, ist es im gewissen Sinne auch eine Spannung zwischen der Unendlichkeit und Endlichkeit, die das Denken Patočkas prägt. Filip Karfík, ein eminenter Interpret seines Gesamtwerkes, zeigt, dass Patočka, der als Leser und Exeget mit der abendländischen Philosophiegeschichte intim vertraut war, eigene Konzepte eines „verendlichten Absoluten“ in seinen systematischen Entwürfen Zeit seines Lebens entwirft, unter anderem auch, um diese Spannung auszutragen (vgl. Karfík 2008).

Das Thema des vorliegenden Aufsatzes, die philosophische Betrachtung des Körpers, der Leiblichkeit des Menschen, die im Werk Patočkas eine wichtige Rolle spielt, ist bei ihm durch dieses Spannungsverhältnis eingerahmt und betroffen: Der Mensch ist ein Welt-Wesen und der Leib ist für den Weltbezug des Menschen von grundsätzlicher Bedeutung. Aber der leibliche Weltbezug des Lebens ist nicht alles, insofern die Existenz mehr als ein harmonisches leibliches Ineinander mit der natürlichen Welt bzw. insofern sie auch noch etwas anderes als

Zugehörigkeit des Lebendigen zur Welt ist. Wenn wir grob die Pole eines Spannungsverhältnisses andeuten, um das Thema Leiblichkeit zu situieren, hat der Leib sicherlich mehr mit der Natürlichkeit und Weltlichkeit des Lebens zu tun als mit der Geschichtlichkeit, also, grob gesagt, eher mit dem Leben, das vielleicht in sich un-geschichtlich ist, als mit der fragenden, problematisierenden Selbst-Deutung (die Patočka auch als „Geist" bezeichnet). Unsere These und der Grund, warum wir diesen Zusammenhang anführen, ist, dass Leiblichkeit und Geschichtlichkeit („Geist") dennoch offensichtlich nicht als voneinander unabhängige Momente der Existenz betrachtet werden. Die Auffassung des Körpers ist historisch bedingt, und so ist auch das Erleben der eigenen Leiblichkeit jeweils geschichtlich, von einer bestimmten Deutung geprägt. Aber die Geschichtlichkeit des menschlichen Seins, so wie sie Patočka mit Heidegger aus dem Vermögen (bei Patočka heißt es meistens: aus dem „Geist") her versteht, heißt, die Zeit in ihrer Endlichkeit einzusehen, eine gewisse Distanz zu den Tendenzen des bloßen Lebens zu erreichen, auch das Aushalten in einer solcher Distanz; die geistige Einsicht setzt sich demzufolge im Leib im gewissen Sinne eher gegen das körperlich bestimmte Leben durch. Zugleich aber ist die Bindung des körperlichen Lebens an sich selbst, an seine eigenen Zwecke, an die Ziele des organischen Lebens, an die Tendenz zur Befriedigung der organischen Funktionen und Bedürfnisse gerade in der Existenz des Menschen alles andere als eine marginale Tatsache. Sie füllt im Gegenteil zusammen mit unterschiedlichen Begierden das Leben in seinem Alltag aus. Das leibliche Leben hängt eher mit der Positivität der Bedürfnisse und Begierden zusammen, deren Kehrseite, die Negativität (Bedürfnis als Mangel von etwas, Begehren, das nicht und nie erfüllt werden kann) immer nur relativ ist (in Relation zu ihrer Quelle). Die Endlichkeit kann im Leben gespürt werden, in der Relativität der Erfüllung der Bedürfnisse, oder eben im Kontrast mit einer Unendlichkeit, die begehrt wird. Darüber hinaus aber scheint Patočka die eigentliche Existenz wesentlich mit einer nichtrelativen Negativität zu verbinden, die nicht nur im Leib gespürt und durch das Leben im Leib ausgetragen werden kann, sondern die das Leben mit seinen Werten in Frage stellt. Dadurch wird eine Grenze markiert, die einen Bruch mit dem Sinn andeutet, der in der Korrelation des Lebens und der Welt gestiftet ist. Sinnerschütterung ist eine solche Erfahrung der Grenze, die im Leib das Leben relativiert und den Geist erweckt. Der Bezug zu jenem nichtrelativen Nichts kann das Interesse des Menschen an den Zwecken, Zielen und Tendenzen des leibkörperlichen Lebens in Frage stellen, in solchen Momenten kann sich ein gewisser Gegensatz von Geist und Leben ergeben. In dieser Erfahrung kann das entstehen, was für Patočka der Geist (und für den frühen Heidegger etwa die Eigentlichkeit) ist, denn diese Momente sind für Patočka Momente, in denen die geistige Einsicht entstehen kann. Mitten in solcher Erschütterung wird nicht bloß das Leben gelähmt, sondern zu Geist befreit, was dem Leben die Möglichkeit gibt sich zu erneuern. Was erschüttert wird, sind die Werte des Lebens. Daher rührt eine Spannung, die sich im Leib ausprägt, soweit die Nichtigkeit leiblich gespürt wird, und die auch in den philosophischen Reflexionen zum Ausdruck kommt, die das genuine Sein (aus der geistigen Einsicht) im Gegensatz zum bloßen Leben denken, das in seiner Eigenständigkeit durch Erfahrung der Negativität hindurch erschüttert wird (vgl. dazu Novotný 2011).

In der folgenden Darstellung der Überlegungen Jan Patočkas zur Leiblichkeit und Körperlichkeit des Menschen möchten wir versuchen, soweit es möglich ist, deren unterschiedliche Reflexionsebenen zu unterscheiden, in denen der Körper, der Leib und die Affektivität wesentliche Funktionen der menschlichen Existenz markieren. Dabei geht es Patočka nicht so sehr darum, das traditionelle Gegensatzpaar Leib und Geist, Inkarnation und Freiheit, beizubehalten. Indem er die menschliche Existenz als Einheit einer dreifachen Bewegung auffasst, deren Momente gegeneinander tendieren können (wie im Folgenden detaillierter gezeigt werden soll), möchte er die innere Dynamik der Existenz durch ein anderes, neues Spannungsverhältnis aufklären. Durch den deutlichen und starken Akzent Patočkas auf der Primordialität und Irreduzibilität der ersten Bewegung des Lebens wird bei ihm seit den 60er Jahren das Verhältnis von Leib/Körper und Geist nicht einfach bloß konserviert, sondern eben auch neu artikuliert bzw. in eine neue Konstellation gebracht.

‚Neu' ist an dieser Konstellation im Blick auf die ‚alten' Elemente seiner Philosophie, wie sie das Denken Patočkas seit den 30er Jahren prägen und spalten: das ‚existentialistische' Moment der Freiheit (durch Erschütterung) einerseits, das mit einer bestimmten Lektüre von Kierkegaard und des frühen Heidegger (und verwandten Autoren) zusammenhängt, und das transzendentalphänomenologische Moment der Aufklärung der Welt-Gabe andererseits. Der Rahmen, in dem die neue Konstellation zum Ausdruck kommt, bringt wesentlich eine besondere Aufwertung des Begriffs der „Bewegung" mit sich, zu der sich Patočka seit den 50er Jahren durcharbeitet. So wird in Patočkas eigenständigem philosophischen Konzept seit den 60er Jahren nicht nur die *Existenz* als eine Einheit der Bewegungen, die sich sowohl in Bewegungen in die Welt hinein und zur Welt als einem Ganzen entfaltet, die immer zugleich auch Bewegung zu sich selbst ist, sondern das *weltliche Sein selbst*, das Werden des Seienden, seine Manifestation aus dem Grund der Welt, als eine Bewegung aufgefasst. In diesem Zusammenhang wird ein allgemeiner Begriff der Bewegung verwendet, den Patočka in den 50er Jahren im Umfeld seiner historischen Studien zu Aristoteles für sich entdeckte und in seine systematischen Texte seit den 60er Jahren übertrug. Es geht um die Bewegung als eine sich realisierende Möglichkeit; und dies nicht an einem bereits seienden Substrat, denn Seiendes wird durch diese Bewegung allererst konstituiert. Allerdings ist diese Konstitution keine, die im Bewusstsein stattfindet, sondern im Erscheinungsfeld der Welt für den Leib als das Subjekt, das allein eine Möglichkeit realisieren kann. Dieser Leib ist als Subjekt einer Bewegung zugleich durch eine solche Bewegung konstituiert, im Erscheinungsfeld, in dem er als Körper zugleich denselben Bedingungen unterworfen ist wie alle anderen weltlichen Entitäten. Die Bewegung ist so ein allgemeiner Begriff, der in mehreren Kontexten verwendet wird. Von diesem neuen Begriff der Bewegung aus kam Patočka in seinen Spätschriften auf sein altes Thema der natürlichen Welt zurück und betrachtete auch die Körperlichkeit und Leiblichkeit des menschlichen In-der-Welt-Seins von dieser neuen Grundlage her.

2. Der Körper

Das erste ist die Welt. Jede Wahrnehmung, ja jedes Erlebnis setzt nämlich nach Patočkas philosophischer Überzeugung ein Ganzes voraus, „aus dem die Dinge hervortreten, auf uns zukommen und in das sie wieder zurücktreten [...] also ein vorgängiges Ganzes [...] etwas Ursprüngliches" (Patočka 1991, 134). Solche Formulierungen sind bei unserem Autor zu einer Konstante geworden. Wir betrachten in diesem Abschnitt zunächst den ersten publizierten Aufsatz Patočkas zur Philosophie der Bewegung aus dem Jahre 1965, der den Titel trägt „Zur Vorgeschichte der Wissenschaft von der Bewegung: Welt, Erde, Himmel und die Bewegung des menschlichen Lebens" (Ebd.).

Das menschliche Leben ist Leben in einem vorgängigen Ganzen, das deswegen phänomenologisch ursprünglich ist, weil es seine eigene Gegebenheitsweise hat, die auf andere Gegebenheitsweisen nicht zurückzuführen ist. Die Welt ist in bestimmter Weise als das erste vorgegeben, weil sie das Leben in gewissem Sinne trägt. So wie bei Husserl die *Urdoxa*, der *Urglaube* an die Existenz der Welt die einzelnen Erfahrungen und Erlebnisse trägt. Das Ganze ist laut Patočka nicht in den einzelnen Erlebnissen als etwa ihr sinnlicher Inhalt analytisch zu finden, und doch ist es nach seiner phänomenologischen Betrachtung ein „sinnlich Zugängliches". Patočka nennt diesen grundlegenden Bezug auf das Ganze einmal das „Mysterium der Selbstverständlichkeit", um seinen ursprünglichen Charakter hervorzuheben:

> „Und man kann nicht außer Betracht lassen, dass schon die Tatsache einer nicht-sinnlichen Anwesenheit des sinnlich Zugänglichen schwindelerregend ist; dass sie die Tür zu einem gewissen Mysterium der Selbstverständlichkeit öffnet, dessen wir uns nicht bewusst sind, da wir mit ihm gleichsam zusammengewachsen sind, uns in ihm bewegen, leben und sind. Das menschliche Leben ist also durch ein vorgängiges Ganzes charakterisiert." (Ebd., 134f.)

Unsere Begegnung mit Einzelnem in der Welt, das in deren „Gesamthorizont auf- und untergeht, was in ihm, vor seinem Hintergrund erscheint", ist in diesem Aufsatz als Bewegung charakterisiert. Das Leben des Menschen ist dabei als „die Bewegung eines Welt-Wesens" aufgefasst, „welches in der Besonderheit seines Seins nicht einfach Vorhandenes in der Welt ist, wie der Stein, die Pflanze und vielleicht auch noch das Tier, sondern nie etwas spezifisch Menschliches zustande bringt, ohne dies – unausgesprochen oder ausgesprochen – auf das vorgängige Ganze zu beziehen." (Ebd., 135)

Wie hängt dieses Mysterium des Bezugs zum Ganzen, welches nicht in den einzelnen intentionalen Erlebnissen enthalten ist, die aber doch von diesem Bezug getragen werden, mit dem Körper des Menschen zusammen? Zunächst ist der Körper dasjenige in allem Tun und Leiden des Menschen, was dieses trägt. Das Leben ist darüber hinaus als Bewegung und Bewegtheit zu fassen, womit sich die beiden ersten Beschreibungen kreuzen, denn die Bewegung des Lebens ist in ihren „auffälligsten Bestandteilen eine körperliche Bewegung" (ebd., 136). So hat das lebendige Wesen z.B. perzeptiven Kontakt mit den Dingen nur dank der Tatsache, dank der faktischen Bedingung, dass es selbst eine Bewegung des Körpers unter den Dingen ist. Das ist nur eine, die erste elementare Bedingung. Eine Phänomenologie dieses Kontakts zu entwerfen verlangt mehr, andere Zusammenhänge müssen betrachtet werden; diese aber wollen wir erst im zweiten Abschnitt unter dem Titel *Leib* weiter verfolgen. Hier ist für uns zuerst von Interesse, den *Körper* in der Bewegung des Lebens zu charakterisieren, so wie es im Bezug auf das Ganze betrachtet wird. Wie ist er in seinem Charakter als körperliche Bewegung nicht nur auf einzelnes Innerweltliche, sondern auf das Ganze bezogen?

Patočka weist in diesem Zusammenhang auf die Erde als eine unbedingte Referenz der Bewegung des Körpers hin. Die Erde ist „vor allem der feste Halt und die Grundlage jeder Bewegung, unserer wie der der anderen Dinge" (ebd.). Sie erweist sich darin als eine Macht, die „über die Elemente und Dinge, über nichtlebendige, wie lebendige" herrscht (ebd.). Sie herrscht „über Leben und Tod", sie ist somit nicht bloß Halt und Trägerin für das Leben als Bewegung der Leibkörper, sondern auch dessen „Ernährerin".

Darin, in diesen Aspekten des Waltens der Erde kann man eine konkrete Weise des unanschaulichen Zusammenwachsens mit dem Ganzen sehen, von dem oben die Rede war:

> „Die Körperlichkeit unserer Lebensbewegung äußert sich nämlich unter anderem so, dass der Sinn und das selbstverständlich (‚instinktiv') gegebene Ziel der Lebensbewegung, die sich in einzelne körperliche Bewegungen bzw. Handlungen auflöst, das körperliche Leben selbst ist, seine Reproduktion, seine individuelle Fortsetzung: Und in dieser körperlichen Welt herrscht die ernährende Erde durch das, was sie vorbereitet, was sie ermöglicht und verhindert, so dass auch wir selbst von ihr durchdrungen sind und – abstrakt gesehen – auch wir ihre Bestandteile und Modifizierungen bilden." (Ebd., 137)

Das nicht explizite Verhältnis des Körpers zur Erde ist ein Moment der „globalen Präfiguration" (ebd., 138) des Welt-Bezugs, die das menschliche Leben als ein in der leibkörperlichen Bewegung sich realisierendes Leben prägt. Durch den Körper wird das menschliche Leben dadurch konkret auf das Ganze bezogen, dass die Erde die unbedingte Grundlage jeder körperlichen Bewegung ist, diese trägt und durchwaltet, und dass sie darüber hinaus Elemente darbietet, aus denen sich das Leben nährt, aufrechterhält und mit denen der Körper auch über die Grenzen der Geburt und des Todes hinaus in gewissem Sinne zusammengewachsen ist. Diese letztere, als ‚abstrakt' eingestufte Betrachtungsweise, die eine materielle Zugehörigkeit der Körper zur Erde und zum physikalischen Kosmos berücksichtigen würde, wird hier (und auch sonst) von Patočka nicht entwickelt. Eine solche Betrachtungsweise ist als ‚abstrakt' charakterisiert, etwa weil sie davon absieht, welche Bedeutung der Kosmos und die Erde im Leben hätten, und das pflegt ja die Perspektive des Phänomenologen zu sein: nicht von außen die Abhängigkeit von der Welt zu konstatieren, sondern im Erleben selbst das Verhältnis zur Welt auszuweisen. Wenn die Aufgabe der Phänomenologie so definiert ist, dann scheint es etwas Künstliches zu sein, den Körper und den Leib zu trennen, denn das Erleben, das erlebte Verhältnis zur Welt, kann nur dem Leib zugeschrieben werden. Wenn der Körper erlebt und erlebt wird, ist er Leib. Und in der klassischen Phänomenologie Husserls ist sogar jeder Bezug zur Welt im intentionalen und durch intentionales Bewusstsein gestiftet. Den Körper und das weltliche Seiende überhaupt gibt es da durch entsprechende konstituierende Sinneinheiten, die vom Leib ausgehen. Das wird Patočka, der die Perspektive der klassischen Phänomenologie in bestimmten Punkten verlässt, nicht daran hindern, einerseits vom Verhältnis der Abhängigkeit des Körpers von der Erde ein phänomenologisches Zeugnis abzulegen. Ein Beispiel davon haben wir hier in diesem Abschnitt gezeigt (und Husserl hat bekanntlich auch über die Erde, die – für unser Erleben – „sich nicht bewegt", geschrieben). Ein früher Beleg für diese Einsicht findet sich im Manuskript „Studien zum Begriff der Welt" von Anfang der 40er Jahren:

> „Wenn ich hebe, lege, bewege, halte, wenn ich selbst hinaufsteige, hinuntersteige, mich begebe, stehe, sitze, mich hinlege, in allen diesen Taten setze ich mich mit der Übermacht der Erde auseinander. Ich ‚setze' mich mit ihr ‚auseinander': ich fühle die Macht von diesem übermächtigen, vorherrschenden, alles aufrechterhaltenden Ganzen, vor allem als wohlgebende Stütze, dann als Schwere und Hindernis, dann als das, womit ich wirtschaften und woraus ich leben muss, das, worin die ganze Möglichkeit unseres Lebens enthalten wird, schließlich als riesige und drohende, unbeherrschbare Übermacht der festen, „toten" Materie." (Patočka 1945, 23f.)

Andererseits gilt es in anderen, späteren Texten und Kontexten auch den Zusammenhang der Bewegung des Körpers des Menschen mit der Bewegung zu betrachten, durch die sich jeder Körper und jedes Seiende in der Welt individuiert, um erscheinen zu können. Renaud Barbaras spricht in diesem Kontext von einer „physischen" Proto-Bewegung, durch die sich noch in der *Physis* selbst alles Seiende individuiert (vgl. Barbaras 2007, bes. 105f.). Dieser Gedanke der Individuation jedes Seienden im Weltganzen, das als Weltganzes oder *Physis* noch von der Menschen-Welt unterschieden wird, kommt in den publizierten Texten erst im Nachwort zur Neuauflage der Habilitationsschrift von 1969 zum Ausdruck, dort, wo Patočka über Eugen Fink referiert, und dann natürlich in den Texten, in denen er sich mit der Finkschen Philosophie auseinandersetzt, wie vor allem im Aufsatz „Weltganzes und Menschenwelt. Bemerkungen zu einem zeitgenössischen kosmologischen Ansatz", der im Jahre 1973 publiziert wurde (vgl. Patočka 1991, 257ff.).

Bevor wir uns als Körper fühlen und uns auf die Erde physisch stützen, müssen wir als Körper physisch bestehen, als einzelner Körper abgetrennt von anderen individuiert sein. Auch dieser Zusammenhang wird bei Patočka betrachtet, auch dieser Zusammenhang betrifft den Menschen als Welt-Wesen, denn der Rahmen, in dem diese Individuation geschieht, kann kein anderer als die Welt sein, dieselbe Welt, die als Natur in Erscheinung tritt. Daher die Rede von einer physischen Proto-Bewegung oder von einer „Urbewegung". Doch die Perspektive, aus der die Individuation betrachtet wird, ist eine phänomenologische Perspektive. Die Tatsache, dass jeder Körper sich von einem anderen im bestimmten Rahmen dadurch individuiert, dass er getrennt von anderen besteht, wird von einer bestimmten Erscheinungsweise aus angegangen, in einer phänomenologischen Perspektive, in der sie als vom gemeinsamen Hintergrund sich abhebend betrachtet werden kann. Die Tatsache, dass zwei Körper sich durch die Position im Raum unterscheiden, kann für einen Phänomenologen, der nach der ursprünglichen Aufklärung der Tatsachen sucht, nicht die letzte Perspektive sein. So z.B. folgende Notiz in einem Manuskript mit dem Titel „Zum Aufsatz *Weltganzes und Menschenwelt*":

> „Das Erscheinen als Ausgang aus dem dunklen Grund; dass es hier eine Bewegung des Erscheinens, eine Urbewegung gibt, lässt sich *per analogiam* aus dem sekundären Erscheinen herauslesen, nämlich aus dem Erscheinen der Erscheinung, die ein Entstehen der Zentren, der Zentralität voraussetzt: die Bewegung der Transzendenz schafft hier ‚eine eigene Welt', eine Umwelt ... Ebenso muss es so etwas wie Bewegung geben, durch die das Herz der Welt seinen zufälligen Inhalt schafft und deren Sediment die Raumzeitqualität im Ganzen ist." (Patočka 2000, 247)

Die Individuation im Raum und in der Zeit ist nicht erst eine Folge der Konstitution der Erscheinungen der Körper im Bewusstsein, in den zentralen Perspektiven der leiblichen Subjekte. Sie geht dieser Perspektive voraus. Diese besondere vor-subjektive Perspektive ließe sich bereits an dieser Stelle unserer Darstellung anführen, insofern auch sie den Körper in einem ursprünglichen Bezug auf das Ganze betrifft. Doch der Weg, der in der Phänomenologie zu diesem Befund führt, der sonst als natürlich zu konstatieren wäre, ist nicht so direkt wie der, der sich in der natürlichen Einstellung zeigt. Daher skizzieren wir diesen Weg erst im zweiten Abschnitt im Anschluss an die phänomenologische Analyse der Korrelation zwischen dem leiblichen Subjekt als einem Zentrum der Perspektive und seiner Umwelt.

Die gesamte Einstellung der Lebensbewegung muss berücksichtigt werden, in deren Rahmen der einzelne sinnliche Kontakt geschieht. Während das Haften an einer Sache dem in sich geschlossenen Kreislauf der Befriedigung der Bedürfnisse des biologischen Körpers entspricht, wo auch das Ganze (Erde und Himmel) nur Mittel darbietet zu diesem Zweck, kann auch im sinnlichen Kontakt das Ganze selbst den Menschen gleichsam ansprechen, und zwar da, wo seine Einstellung dafür geöffnet wird. Diese Öffnung geschieht im leiblichen Erleben, in der Tiefendimension der Affektivität, zu der wir im dritten Abschnitt übergehen werden. Im folgenden, zweiten Abschnitt wollen wir einen anderen Zusammenhang anzeigen, in dem der subjektive Leib als Bewegung in Korrelation zur Welt betrachtet wird.

3. Der Leib

Seit den 60er Jahren vertritt Patočka explizit eine Position, derzufolge der Leibkörper nicht nur wie „eine Begleitung, Zuordnung, Entsprechung im Sinne zweier paralleler Prozesse" zum Ich gehört, sondern die das Subjektive in der Erfahrung der Welt mit dem Leib identifiziert (Patočka 1967, 8). Wie diese These phänomenologisch entworfen und begründet wird, wollen wir nun am Text eines Vortrags verfolgen, den Patočka 1967, auf Einladung von Eugen Fink, im Rahmen der Studium Generale-Vortragsreihe an der Universität in Freiburg gehalten hat.

Aus seiner phänomenologischen Sichtweise beschreibt Patočka an einer der zentralen Stellen in seinem Manuskript das Verhältnis von Ich und Leib im Rahmen des sinnvermittelten Weltbezugs wie folgt:

> „Das Subjektive wäre eine sinngebende Formung, *motiviert* und nicht kausal erzeugt in einer nur hinzuzunehmenden Objektivität. Es gibt einen Strom von sinngebender Tätigkeit […] wo Subjektives und Leibliches so ineinandergreifen, dass das Subjektive immer leiblich und das Leibliche immer subjektiv ist. Die Subjektivität ist dann eben ein übernommener, einer immer weiteren Formung und Sinngebung entgegengehender Leib […]. Der Leib als Subjekt – die Paradoxie ist zugleich ein Phänomen, und zwar ein solches, ohne welches wir nie das Sehen, Hören, Wahrnehmen überhaupt, und natürlich auch unser Handeln verstehen könnten […]. Man könnte also sagen: kein transzendentales Ich ist der Grund der Erfahrungssynthesen, sondern die leibliche Subjektivität. Nicht durch unsere Denkleistungen sind wir ursprünglich in die Welt hineingestellt, sondern durch den Leib, und zwar als einen subjektiven, in der Reflexion nie aufgehenden Leib." (Patočka 1967, 8f.)

Für Patočka gibt es demnach eine Konstitution des Sinnes in der Erfahrung, eine „sinngebende Formung" in den Erfahrungssynthesen, aber deren Grund ist nicht ein transzendentales Ich, sondern der Leib. Nicht der Leib als Objekt, das hört, sieht, wahrnimmt, handelt, sondern ein subjektiver Leib, d.h. der Leib, der sich als Subjekt seines Sehens, Wahrnehmens, Hörens und Handelns erlebt. Auf die Frage, wie dies zu verstehen ist, antwortet indirekt schon die Fortsetzung derselben Textstelle:

„Er [der Leib] vollzieht die Erfahrungssynthesen vor allem auch aufgrund der eigenen Bewegungsfähigkeit. Das Sich-bewegen-können ist von seiner objektivierenden Leistung untrennbar, denn dieses Bewegungsvermögen gibt ihm die Freiheit zu den Dingen, die Möglichkeit, durch seine augenblickliche Lage und Stellung hindurchzusehen und in Perspektiven zu leben, ohne in ihnen aufzugehen – durch Bewegung sich also eine Stabilität zu verschaffen." (Ebd., 9)

Die Kinästhesis scheint die Art und Weise des „Sich-Erlebens" zu sein, die auf den Leib als subjektiven Leib hinweist, der ein Vermögen des Sich-Bewegens ist. Wichtig ist aber in diesem Zusammenhang der Schluss des oben zitierten zentralen Satzes über die leibliche Subjektivität: In die Welt sind wir hineingestellt durch den Leib, der subjektiv ist, indem er sich selbst erlebt, aber der ein „in der Reflexion nie aufgehender Leib" ist.

Das Ich ist nicht im voraus oder immer schon *a priori* da, als das reine Ich der Erlebnisakte, in den und in deren im Bewusstsein bereits latent vorgegebenen Horizonten die Möglichkeiten der leibkörperlichen Aktion zunächst entworfen, vorgestellt sind, um in den faktischen Beschränktheiten, die der Leibkörper mit sich bringt, realisiert zu werden. Das Subjektive ist nur in der leiblichen Bewegung der Realisierung einer Möglichkeit für sich da, und die weltliche Möglichkeit selbst ist wiederum nur für diese Bewegung geöffnet. So die bereits zitierte Stelle aus dem im ersten Abschnitt über den Körper zitierten Aufsatz Patočkas: Die Realisierung der Möglichkeit wäre „eine Antwort an das sich tätig orientierende Ich, dem die Beherrschung des Leibes diese Aktion ermöglicht, derer sich jedes Subjekt unmittelbar bewusst ist" (Patočka 1991, 136). Diese subjektive Bewegung, so wie sie die Sinnbildung mit ausmacht, scheint so für Patočka eine genuine phänomenologische Gegebenheit zu sein, deren implizite Bedingungen befragt werden können.

Die Methode der Phänomenologie unterscheidet sich hier von der Husserlschen. Wenn wir „nicht durch unsere Denkleistungen [...] ursprünglich in die Welt hineingestellt" sind, wie wir oben bei Patočka gelesen haben, „sondern durch den Leib, und zwar als einen subjektiven, *in der Reflexion nie aufgehenden* Leib" (ebd., 8, Hervorh. KN), dann muss eben die Methode der Reflexionsphilosophie überschritten werden. Dieser Leib, der sich durch subjektive Bewegung zusammen mit seinen Korrelaten, den Möglichkeiten der Aktion phänomenalisiert, ist reflexiv nicht einholbar, während bei Husserl der Leib als mein subjektiver Leib sich den Ichlichkeiten, schließlich der „originären Anschauung" verdankt, die sich allerdings auf meine Erlebnisse bezieht. Warum kann Husserl nicht bei dem leiblichen „ich bewege mich" als einem (endlichen) Grund der Subjektivität bleiben? Eine Antwort gibt § 54 der *Ideen II*: „Der Leib ist in einem ausgezeichneten Sinne ‚subjektiv' [...] von Gnaden der ursprünglichen Ichlichkeiten." (Hua IV, 213) Der Leib wäre subjektiv „von des Ich (bzw. von der ichlichen originären Anschauung) Gnaden". „[S]o ist auch dieser Leib *mein* Leib, und zwar auch in dem fühlbaren besonderen Sinne mein, weil ich schon bin und ihm die besonderen Tugenden gewissermaßen verleihe". (Ebd., 214) „Es bleibt also [...] nur das *Subjekt der Intentionalität*, der Akte, *als das im ursprünglichen Sinne Subjektive übrig.*" (Ebd., 215)

Auf die Weise allein ist mein Leib, so weit wenigstens wie mein Erlebnis reicht, reflexiv einholbar. Für Patočka dagegen ist die subjektive Bewegung in ihrem Ursprung reflexiv nicht erfassbar. Gleichwohl weist das Phänomen, das in und durch diese Bewegung gegeben wird, auf zweierlei hin, das zwar der Phänomenalisierung und daher auch der anschaulichen Erfassung entgeht, jedoch trotzdem vorausgesetzt werden muss:

„So scheint aber subjektive Bewegung zweierlei vorauszusetzen: ein Bestimmendes, ein Subjekt, das in Möglichkeiten lebt, sie entwirft, aus ihnen eine Auswahl trifft, um sich selbst zu bestimmen, d.h. in einem anderen Zustand als bisher zu sein; und eine Entsprechung in der Welt, im Seienden, etwas, was mit der freien Bestimmung des Subjekts übereinstimmt und ihr gehorcht. Weder ist das eine auf das andere zurückzuführen noch durch eine Interpretation wegzudenken." (Patočka 1967, 24)

Doch worauf es Patočka in diesem Vortragstext vor allem ankommt, scheint die konstitutive Rolle der subjektiven Bewegung des Leib-Körpers zu sein. Diese ist nicht so sehr auf dem „vor-subjektiven" Erscheinen der Welt gegründet; der Nachdruck in diesem Text scheint vielmehr auf dem subjektiven Charakter dieser Korrelation zu liegen, während es bekanntlich der Phänomenologie Patočkas wenige Monate später darauf ankommen wird, die A-Subjektivität der Phänomenalisierung der Welt hervorzuheben, so wie sie Eugen Fink auf seine radikale Weise vorgedacht und vertreten hat (vgl. Patočka 1991, 267–452 sowie Patočka 2000). Die Frage nach dem Verhältnis der betont „subjektiven Bewegung" der Konstitution bzw. Sinnbildung, von der unser Vortragstext aus dem Jahre 1967 spricht, und dem „asubjektiven" Charakter des Erscheinens als solchem, dem Patočka seit dem Jahre 1969 in seinen phänomenologischen Schriften und entsprechenden Nachlasstexten intensiv nachgeht, bleibt meines Erachtens offen, auch wenn sich sicher beide Momente nicht gegenseitig ausschließen. Patočka scheint gegenüber der Finkschen Radikalisierung, die das intentionale Erscheinen im (leiblichen) Bewusstsein und das Zum-Vorschein-Kommen der Dinge selbst im Sinne einer Unabhängigkeit des letzteren vom ersteren Modus des Erscheinens trennt, den Gedanken der Fügung stark zu machen, demzufolge es nur ein Erscheinen gibt.

Patočka stellt die „Ichunabhängigkeit der Welt" auch in anderen Texten in Frage, in denen er sich mit Fink auseinandersetzt. Damit scheint er gleichwohl – vom Faktum des Erscheinens ausgehend – die Differenz zwischen der Menschenwelt und dem Weltganzen zu relativieren:

„Die Welt soll ichunabhängig sein; ist das aber nicht dasjenige, was das Faktum, dass es Erscheinung gibt, doch erschüttert? Die Welt ist nicht *so* ichabhängig, dass ihr Binnenweltliches vom Ich abhängt; aber da sie erscheint, ist die *Erscheinung als solche* nicht ichunabhängig." (Patočka 2000, 93)

Dass das Nichterscheinende sich an die leibliche Subjektivität „fügt", ist das Fundament des einen Erscheinens, von dem aus wir zurückgehend seine Bedingungen erschließen können. Der Text, der als Vorlage zum Freiburger Vortrag „Phänomenologie und Metaphysik der Bewegung" diente, bestätigt jedenfalls diesen Gedanken, wobei Patočka das Verhältnis von Leib und eigenem Körper als phänomenal ausweisbaren Ausgangspunkt für seine Hypothese nimmt:

„Und so haben wir nur von der *abgestuften* Folgsamkeit des Körpers, nie von der Art und Weise seines Funktionierens ein Bewusstsein, denn sonst müssten wir uns selbst in unserer leiblichen Subjektivität zum Objekt werden. Gerade deshalb ist aber wohl eine ursprüngliche Entsprechung, eine Fügung des Nichterscheinenden an uns selbst, seine Eignung für Subjektives, letztlich einfach vorauszusetzen und nie bewusstseinsmäßig einzuholen. Es muss vor jeder Vergegenständlichung im Seienden selbst sein Sich-Fügen unserer Absicht, unserem intentionalen Impetus geben, und erst aufgrund dieses Fügens gibt sich uns die Welt auch ‚objektiv' als ein Gegenüber, als angeschaute. In der Anschauung und ihrer Vergegenständlichung ist diese Fügung also nie gegeben, aber jede Anschauung, Vergegenständlichung und jede menschliche Tat geschieht auf ihrer Grundlage, ist ihr Ausdruck." (Ebd., 24)

Patočka selbst charakterisiert den Status seiner Betrachtungen als Hypothese:

„Wir brauchen aber auch nicht zu den letzten Wurzeln des Seienden zu gehen, um das Zusammenspiel von Ding und Freiheit, von lebendigem Leben und seiner Umgebung zu verstehen. Es ist dazu nur nötig, dasjenige, was das Phänomen unserer ständigen Auseinandersetzung mit der Umgebung und schließlich der Welt ständig zeigt, einigermaßen zu erweitern. Es ist dies allerdings eine Hypothese, in diesem Sinne eine Konstruktion und als solche nie voll in Deckung mit den Phänomenen. Aber es ist eine Hypothese, die keine unbekannten Elemente voraussetzt, nichts beansprucht, was nicht ausweisbar, was vollständig unbekannt wäre und was deshalb unsere Erfahrungssphäre durchbräche." (Ebd., 16f.) Daher etwa auch der Titel des Textes „Phänomenologie und *Metaphysik* der Bewegung", denn eine Art Metaphysik wird von Patočka von seiner alternativen Phänomenologie her durchaus vorgeschlagen.

Eine andere Stelle desselben Manuskripts kann an dieser Stelle herangezogen werden, um die Nähe zum Konzept des Chiasmus bei Merleau-Ponty in diesem Zusammenhang zu dokumentieren:

„Im Leib, worin die Welt gegenwärtig ist, eröffnet sie sich für sich selbst, sie wird Phänomen, nimmt sich selbst sozusagen in die Hand, aber auf eine endliche Weise, wie es bei der Hand nicht anders geht – nur stückweise, mit Verweisungen, zwar mit Hilfe ihrer Leiblichkeit, Fleischlichkeit greifend und betastend, aber sie nie in eine vollkommene Objektivität integrierend." (Ebd., 8)

Der zentrale Begriff hier ist der der „Fügung". Der Phänomenalisierung im Erscheinungsfeld, d.h. dem Auftreten der Phänomene vor dem Hintergrund des Welt-Ganzen in das Licht der Anschauung, geht „eine Fügung des Nichterscheinenden an uns selbst" vorher. Da diese Fügung dem Erscheinen vorhergeht, ist sie selbst nicht phänomenal gegeben. Reflexiv-analytisch kann sie nicht im Erlebnis konstatiert werden, also muss sie vorausgesetzt werden.

Eine solche Fügung kann man am Verhältnis von Leib und eigenem Körper andeuten, denn der Körper (die Hand) fügt sich ja unserer Intention, nach etwas zu greifen, und dies, ohne dass hier schon Objektivierung interveniert. Dieses Sich-Fügen geschieht diesseits des phänomenalen Feldes. Die subjektive Bewegung ist eine solche Fügung des erlebten Leibes und des bewegten Körpers, wobei es sich eben nicht nur um „absichtliche" Bewegungen handelt, die sich etwa schon auf die Objektivierung stützen würden, sondern um „jede solche, die von einem Subjekt untrennbar ist, so dass das Subjekt zu ihrem inneren Sinne gehört: z.B. Bewegungen, die durch Schmerz veranlasst werden oder die wir in Überraschung und unwillkürlichem Uns-gehen-lassen vollführen." (Ebd., 9f.)

Was Patočka hier betrachtet, ist etwas anderes als was Merleau-Ponty mit seinen Überlegungen zur Fügung als Chiasmus betont (vgl. dazu den Beitrag von Alloa in diesem Band). In der Fügung sind Leib und Körper – zumindest nach diesem Text – nach Patočkas Auffassung eines: Das unsichtbare aber erlebte Subjekt, mein Leib, und das sichtbare Objekt, mein Körper, fallen zusammen. Denn im Normalfall des Waltens im Leibe „fügt sich", schreibt Patočka, „ein Körperliches unserem subjektiven ‚ich kann' oder ‚ich tue'" (ebd., 10).

Einerseits ist in der Bewegung auf gewisse Weise ein „Sprung ins Sein vollzogen", in dem Sinne, dass unser „Walten im Leibe" keine bloße Begleiterscheinung, ein Erlebnis, sondern schon die Bewegung selbst in ihrem weltlichen Vollzug ist. So wird die subjektive Bewegung als ein „Vollzug, eine Realisierung *empfunden*" und als dieser Vollzug „*ist* sie auch", d.h. ihr Sein, das *sum*, das Sein des Subjektes ist dieser Vollzug (ebd., 11f.). Insofern gibt es den Leib (im Unterschied zum Körper) nur in der subjektiven Bewegung. Dadurch wird noch einmal betont, worin sich Patočka von Husserl unterscheiden will: „Ich tue" ist nicht bloß ein Erlebnis, sondern bereits eine erlebte Realität. Das leibliche *sum* ist ein Subjekt, das sich nicht auf einem reflexiv einholbaren „Ich" der Akte im Sinne von „Erlebnissen" gründet, denn das Tun des *sum* ist leibkörperliches Tun, es sind Bewegungen, deren Beweger, Subjekt, kein reines Ich ist, sondern eben der Leib. Nun ist dieser Leib vom Körper abhängig und diese Abhängigkeit fühlt er auch.

Die subjektive Bewegung ist Realisation eines Aktes, ein Sein. Nun hat Patočka bekanntlich in einem anderen Kontext vorgeschlagen, das Sein des Seienden allgemein als Bewegung im Sinne der sich realisierenden Möglichkeit ohne ein subsistierendes Substrat aufzufassen (vgl. dazu Rodrigo 2009, 108ff.). Daher wäre es naheliegend gewesen, *andererseits* auch die subjektive Bewegung auf diese Weise aufzufassen, daraus sozusagen einen Spezialfall der allgemeinen Bewegung zu machen. Und Patočka erwähnt diese Möglichkeit auch in diesem Text, den wir hier zu verstehen versuchen. Von der subjektiven Bewegung sagt er nämlich: „Sie könnte allerdings schön durch das aristotelische *atelés energeia* charakterisiert werden, wenn sie nicht von der Seinsart des Subjekts, eines freien oder benommenen, abhängen würde." (Patočka 1967, 13)

Man könnte nun darauf kommen, dass dieses „wenn sie nicht" letztlich übersprungen werden kann. Während in der klassischen Phänomenologie das Sein ein in den subjektiven Sinnleistungen Konstituiertes ist, ist für Patočka die Bewegung als Realisierung der Möglichkeit so zu generalisieren, dass jedes Seiende in einer Bewegung zu seinem Sein kommen würde, durch die Welt selbst (a-subjektiv, ohne Bewusstseinszentren der Sinnbildung) sozusagen. Doch gegen solch eine radikale A-subjektivität einer allumgreifenden ontogenetischen Bewegung spricht schon die Auffassung der Fügung im Sinne der Anpassung des Weltlichen an die Intentionen der subjektiven Bewegung des Leibes, die unser Text unmissverständlich zum Ausdruck bringt. Die Subjektivität scheint – zumindest nach diesem Text – unhintergehbar zu sein.

Denn die Bewegung ist subjektiv auch in dem Sinne, dass sie ein Vollzug einer „Selbstbestimmung durch Virtualitäten" ist. Ein Entwurf der Möglichkeiten wird realisiert, in dem der Leib nicht nur auf die sich anbietenden Möglichkeiten reagiert, sondern diese eben entwirft: „[D]ie Dynamis ist hier keine passive, sondern eine selbstentworfene, und der Anstoß zur Verwirklichung kommt seinerseits nicht von außen." (Ebd., 22)

Auch die folgende Stelle, der Schluss des Vortragsmanuskripts zur „Phänomenologie und Metaphysik der Bewegung", spricht gegen die Auffassung der subjektiven Bewegung des Leibes als eines Spezialfalles der allgemein gefassten Bewegung des Werdens der Welt selbst. Die Welt ist zwar sicherlich, wie oben dargelegt, nach wie vor für Patočka das Erste, aber sie ist nicht alles:

„Wenn dem aber so ist, dann kann die ‚subjektive' Bewegung sich zwar in der Welt darstellen und verlaufen, aber nie aus ihr im Grunde ihrer Ermöglichung begriffen werden. Der Grund der Ermöglichung der Bewegung wäre aber vermutlich dasjenige, was das Leben selbst ermöglicht – objektiv nicht fassbar, denn jede Objektivität kann erst auf seinem Grunde entstehen als Anschauung, Wahrnehmung, Synthese, Bestätigung. Leben könnte nie von außen begriffen werden, nicht weil es ‚subjektiv' wäre, sondern in einer Sphäre gründend, welche die Subjektivität selbst erst ermöglicht als seiende, existierende, und man könnte diesen letzten Grund nie in die Reflexion einholen. Darum wäre aber auch verständlich geworden, warum Leben mit Bewegung so eng zusammenhängt, dass sie allein das zuverlässige Anzeichen für das Leben ist." (Ebd., 24)

Die Frage, wie diese subjektive Bewegung zu bestimmen ist, bleibt somit offen. Das lässt sich auch der Schlussbemerkung Patočkas in diesem Text entnehmen:

„Aber die Frage einer ständig sich in uns realisierenden Bewegung hängt vom Sinn dieser Bewegung im Ganzen ab. Diesen Sinn im Ganzen können wir nicht begrifflich erfassen, wie überhaupt Bewegung nicht objektiv zu fassen und zu verstehen ist. Wir können durch gewisse Symbole hindurch den Sinn und die Kurve dieser Gesamtbewegung andeuten. Von der Erde als Referenten ausgehend – Einwurzelung – Schwere – Wiederholung – Durchbrechung der Schwere, Mitsein, Mitbewegung [...]. Es sind Lebensbegriffe, die hier auftauchen. Auch die Referenten der großen Bewegungsrichtungen sind in dieser Weise ‚subjektiv' – Erde außer uns und in uns, die uns das nächste ‚wozu' aufzwingt." (Ebd., 13f.)

Das Vortragsmanuskript geht auf diese zuletzt genannten Zusammenhänge nicht weiter ein, dafür beschäftigt sich Patočka mit ihnen ausführlich in anderen Texten, die er in dieser Zeit publizierte (vgl. vor allem die Abhandlung „Natürliche Welt und Phänomenologie" aus dem Jahre 1967, jetzt in Patočka 1991, 185–229). Wir werden nun zum Schluss, allerdings nur sehr selektiv, einige Motive dieser „Lebensphänomenologie" aufgreifen, dabei auch darauf zurückkommend, was bereits im ersten Abschnitt über den Körper zur Sprache kam, diesmal aber in einem Register, das die Affektivität des Leibes in ihrer eigenen Dimension thematisiert.

4. Affektivität

Die Welt ist nicht vollkommen in den Verweisungszusammenhang der Sinnbildung integriert, immer bleibt ein beunruhigender Rest, ja „ein Geheimnis", wie Patočka einmal schrieb, so dass die Korrelation zwischen der „subjektiven Bewegung der Leiblichkeit" und dem weltlichen Sinn nicht das letzte sein kann. Das Register dieser Leiblichkeit weist noch über sich selbst hinaus, nicht nur auf die transzendentalen Bedingungen hin. Daher ist auch bei Patočka selbst die Rede von der Phänomenologie und Metaphysik der Bewegung. Bisher haben wir uns weniger in den Bereich der Metaphysik der Bewegung selbst gewagt und werden diesen Schritt über Patočka selbst hinaus in Richtung einer spekulativen Deutung dessen, was er als Geheimnis bezeichnet, auch weiterhin nicht tun. Wir wollen zum Schluss nur noch kurz auf eine phänomenologische Dimension zu sprechen kommen, die erlebnismäßig der Gegenwart des Weltganzen in Patočkas Darstellung der sogenannten „ersten Bewegung der Existenz" entspricht. Der Leib mit seiner subjektiven Bewegung nimmt teil an einer Sinnbildung, der die Fügung zugrundeliegt, von der oben die Rede war und von der auch der späte Merleau-Ponty auf seine Weise spricht (vgl. dazu den Beitrag von Kristensen in diesem Band). Merleau-Ponty scheint uns aber weniger das zu berücksichtigen, was jenseits dieser Dimension der Sinnbildung auf der Grundlage der Fügung bleibt und trotzdem erlebt wird. Mit dem Leibkörper ist das lebendige Wesen in einen breiteren Rahmen gestellt als in einen Sinnzusammenhang, in dem sich der Sinn so bildet, dass er verstanden werden kann. Einen Hinweis bietet schon die Abhängigkeit des Leibes vom Körper als „subjektive Teilnahme an der Sinnbildung". Der subjektive Vollzug der Bewegungsintention im Walten im Leibe ist nicht nur eine Sinnbildung, in der das Subjekt *en parergo* bei sich selbst ist, sondern das leibliche Subjekt fühlt dabei auch eine Abhängigkeit vom Körper:

„In der Bewegung macht sich übrigens auch die natürliche Beschränkung unserer subjektiven Leistungen besonders stark fühlbar, die Realisierung, die sie ist, hängt vom körperlichen Zustand ab und ist in diesen Zustand verweisungsweise eingeschaltet." (Patočka 1967, 13)

Ich kann in der Fügung der subjektiven Bewegung die Abhängigkeit vom Körper fühlen. Das Fühlen, die Affektivität, ist die leibliche Dimension des Erlebens, in der ein Bezug zu dem gegeben ist, was die Sinnleistung übersteigt.

Es gibt „vorgegebene Anlässe für die Sinnleistungen der subjektiven Bewegung" (ebd.), die in die Sinnbildung eingehen, aber es gibt auch Abhängigkeit von dem, was der Sinnkonstitution äußerlich bleibt.

Im Manuskript der Notizen zu einer Vorlesung über die Leiblichkeit aus dem Jahre 1968 schreibt Patočka, dass „vor der Schwelle unserer Möglichkeiten", so wie von ihnen im Zusammenhang mit der subjektiven Bewegung des Leibes als einem aktiven Faktor im vorigen Abschnitt die Rede war, noch eine Dimension unterschieden werden kann, in der wir bewegt werden: „[E]s bewegt uns, eher als dass wir uns als freie Wesen bewegen" (Patočka 1968, 29). Es ist die Dimension des affektiven Kontakts mit der Welt, die unsere Sinnlichkeit ‚auf ihre Weise' mit dem animalischen Leben teilt, so wie es am Verhalten der Kinder zu beobachten ist. Patočka charakterisiert sie als ein vorsprachliches Verhältnis zur Welt, Verhältnis des reinen Fühlens (ebd., 26). Da wir in dieser Dimension bewegt werden, ist sie auch als „Dimension der Emotionalität" bezeichnet, denn das Wort „e-motio hat bereits in der Etymologie Bewegung, Anregung, Regung" (ebd., 29). Nach Patočka zeigt diese Bewegtheit ein „Zusammenstimmen mit der Welt" in einem „symphatischen Erleben" an (ebd.). Konkret geht es vor allem um lustvolle Zugehörigkeit zur Welt in der Lebenswärme, die in der liebevollen Akzeptanz durch andere Menschen erfahren wird.

„Als derjenige, der diese instinktive Urbewegung vollzieht, ist der Mensch *auf einen anderen Menschen angewiesen* in seiner Funktion des Beschützers, der die Lebenswärme und Sicherheit schafft, der die Einheit, ein Zusammen- und Anschließen, jene instinktive gegenseitige Zutraulichkeit und Einigung schenkt, die die unerlässliche Kompensation der Individuation und Zerstreuung in einzelne Lebenszentren ist." (Ebd., 38)

Diesem instinktiven Einklang mit der Welt, zu dem das Aufnehmen in die Lebenswärme nötig ist, steht die Kälte des Milieus gegenüber, in der solche Akzeptanz fehlt. Das Verhältnis ruht auf der Akzeptanz, es gründet im Anziehen oder Angezogensein, wo die E-motion, als Bewegtheit nach außen hin, erfüllt wird. Dagegen da, wo die Akzeptanz fehlt, kommt es zu einer umgekehrten E-motion, das frostige Milieu stößt ab, schreckt ab.

Das Gegenteil zur Wärme der Welt in der ersten Bewegung der Akzeptanz durch die Anderen und ihre Liebe wird bereits nach den frühen Manuskripten Patočkas die „nächtliche Welt" als Kälte bzw. Frost u.ä. empfunden:

„Es gibt eine ‚Tageswelt' und eine ‚Nachtwelt', die eine mit ihren Modalitäten der Reinheit, Freude bis Entzückung in die höchsten Höhen, die andere mit ihren Modi des Geheimnisses, aber auch der Gefahr, Angst, des Schreckens. Am grausamsten ist die Welt des Dazwischen, der Grenzscheide, wo es ein Licht gibt, aber ein farbloses und irgendwie leichenblasses, die Welt des Schmerzes, der Hoffnungslosigkeit, erschütternden Enttäuschung, die in riesige Dimensionen wächst und keinerlei Möglichkeit zu entfliehen lässt. Alle diese Erscheinungen sind in ihrer konkreten, sinnlichen Form durch entsprechende Stimmungen ‚eröffnet'; alle diese Seiten der Wirklichkeit haben ihren besonderen Charakter nur dadurch, dass sie die explizierbaren Horizonte besonderen Typus markieren. So kann man aber nicht nur konkrete Licht- und Dunkelerscheinungen und ihre Dependenzen (Farben), sondern genauso auch andere Erscheinungen interpretieren; so z.B. hat die grausame Welt eine größere Nähe als zu den Gegensätzen des ‚Lichtes' zu denen des Tastens, der Wärme, so wie zum Gegensatz der Lebenswärme in der Befriedigung, Liebe, Güte im Seienden, und der Kälte bis zum Frost, der sich bis zur höchsten Grimmigkeit steigern kann […]." (Patočka 1943, 98f.)

Das Leben begehrt nach einer Kompensation dieses Abstoßens durch lebensloses Milieu, in welches das lebendige Wesen als individuelles Ding, Körper, von anderen abgetrennt, hingestellt ist:

„In dieser Bewegung realisiert sich eine charakteristische Linie – vom Empfang des Neugeborenen in den Schutz der Lebenswärme an, die die körperliche Ur-Individuation, die Abtrennung vom Mutterleib kompensiert, durch das instinktive Drama der Separation und Anlehnung hindurch, bis zur seelischen Individuation, die zur Verselbständigung […] auf einem neuen Niveau führt: nicht als empfangendes, sondern als gebendes wird nun das Leben fungieren, das um das Anschließen und das Geschenk der Einigung und Wärme bestrebt ist." (Patočka 1968, 39)

Einen weltlichen Charakter hat der Körper allein dadurch schon, dass er im „weltlichen Prozess" (Patočka 1995, 109) mit anderen Dingen die Bedingung der Individuation, „der Aussonderung des Individuums" (ebd., 110) als Körper teilt. Jedes Ding entsteht als Individuum, indem es sich aus anderen Dingen aussondert (vgl. Patočka 1968, 46).

Wichtiger für die Realisation des Lebens und der menschlichen Existenz ist bei diesem ein mit einem besonderen Fühlvermögen ausgestatteter Körper, also beim Leib dessen Bezug auf das Ganze. „Die Aufgabe der Beweglichkeit," lesen wir erneut in diesem Zusammenhang bei Patočka, „der Emotionalität, der Imagination im Fühlen, in der sinnlichen Sympathie mit der Welt zeigt: obwohl es weder um Erkennen noch um Verstehen im eigentlichen Sinne geht, hat dieses Zusammenstimmen nichtsdestoweniger einen *kosmischen* Charakter." (Ebd., 31)

Der Bezug auf das Ganze auf der vital-instinktiven Ebene geht nach Patočka dem Verstehen des Seins voraus; dieser Bezug geschieht in einer anderen Dimension, es ist kein Bezug auf die Bewandtnisganzheit eines Bedeutungszusammenhangs dessen, was „ich kann", was ich virtuell entwerfe und mit dem Leibkörper tue, indem ich die sich dafür anbietenden Möglichkeiten realisiere, die aus dem Zusammenhang dieser Weltganzheit kommen. Die Affektivität geht dieser Ebene der Korrelation zwischen der subjektiven Bewegung und dem nichterscheinenden Welthorizont als einem Reservoir von Möglichkeiten voraus. In der Affektivität handelt es sich um „einen *innerlichen*, nicht äußeren Bezug, der trotzdem keinen Selbstbezug, kein Verständnis seiner selbst, keine Offenheit den Möglichkeiten gegenüber, keine Erschlossenheit eigenen Seins voraussetzt". Wir wenden uns in diesem Bezug „den anderen Dingen nicht als zu seienden, sondern einfach gegenwärtigen Dingen zu" (Patočka 1995, 98).

Dieser Bezug auf die Gegenwart, der auf der Ebene der Affektivität ganzheitlich das ganze lebendige Wesen betrifft, hat auch „ein ganzheitliches Korrelat: ein gewisses *Aussehen*, welches zugleich bereits dieses lebendige Wesen in eine Situation stellt, es rührt dieses Wesen auf eine Weise, es ist nicht ein reines Theater, sondern es bewegt dieses Wesen, hält es in einer Bewegtheit, in einer Rührung." (Ebd., 99)

Die Bewegtheit weist auf dieser Ebene auf eine Art Bewegung hin, die zwischen dem lebendigen Wesen und der Welt als seiner Umgebung verläuft, die entweder Akzeptanz bietet und so als Wärme erlebt oder fremd bleibt und so als Kälte empfunden wird. Wir befinden uns damit in einer Dimension, die der Ebene vorausgeht, in dem sich Möglichkeiten der leibkörperlichen Aktion aus der Welt – aufgrund ihrer Fügung an die Intentionalität dieser Aktion – anbieten. Zumindest kann man sagen, dass die umgreifende Bewegung hier nicht einen gemeinsamen Nenner in der *dynamis*, der Möglichkeit hat, die sich als *energeia atelés* realisieren würde. Daher würden wir diese Charaktere der Korrelation zwischen Leib (subjektive Bewegung) und Welt (onturgische Bewegung) vorbehalten, während auf dem Niveau der Affektivität der Leibkörper des lebendigen Wesens die Welt anders erlebt.

„Daher ist die erste und grundlegende Bewegung diejenige, ohne die die übrigen nicht möglich sind, sie ist etwas relativ selbständiges, es ist Bewegung des instinktiven Lebens [...]. Das menschliche Wesen ist wie das Tier auch ein instinktiv-fühlendes und affektives Wesen, das sich in der Passivität und im Zusammenstimmen der Welt öffnet und in der angeregten Bewegung der Welt auf ihre Anregungen antwortet. In unserer Bewegung der Verankerung oder Einwurzelung, die vom Anfang bis Ende die basale Stimme in der Polyphonie des Lebens bilden, ist zugleich *Einklang mit der ganzheitlichen Seite der Welt, der Impuls zum Anschliessen*, zur Lebenswärme, zur Einigung, zur Lust, und der Impuls weg vom Abstossenden, Frostigen und Fremden, der *Impuls, der sich* in unseren verwirklichenden leiblichen Bewegungen *realisiert* [...]. Der Mensch ist durch diese Seite der affektiven Bewegung in die Welt versunken nicht als in ein zweckhaftes und praktisches Milieu, sondern als in eine allumgreifende Umgebung der Wärme und des Frostes, d.h. der Lebenswärme und des Lebensfrostes; gerade hier ist ihm die Welt nicht ein bloßes Korrelat der *Arbeit*, sondern etwas an sich Gegebenes, was sich in sich selbst in die Fernen und zeitliche Tiefe dehnt [...]." (Patočka 1968, 37)

Über diesen Aspekt der Welt-Gabe hat Patočka bereits in seiner Habilitationsschrift aus dem Jahr 1936 geschrieben, die einen Husserlschen Ansatz entwickelte, aber gerade im Moment des vollkommen und rein Fremden über Husserl (und Heidegger) hinausgeht (vgl. Patočka 1936, 102). Dieses Moment des Sinnlosen und Indifferenten hat unter den Phänomenologen dann später Emmanuel Lévinas in seinen Analysen des „il y a" erblickt. Auch er hat bekanntlich die Dimension der Affektivität als Wesen der Subjektivität hervorgehoben, um aber eben den Welt-Bezug als den letzten Rahmen der Bewegung der menschlichen Existenz eindeutig zu verabschieden (vgl. dazu den Beitrag von BEDORF in diesem Band). Patočka bleibt dagegen diesem Motiv sein Leben lang verpflichtet. Was wir zu zeigen versucht haben war einzig, dass er in seinen Analysen der ursprünglichen Seinsweisen des Menschen in der Welt von Anfang an eigenständig vorgeht und über Leib, Körper und Affektivität des Menschen Wichtiges zu sagen hat.

5. Schluß

Die Einheit der Körperlichkeit/Leiblichkeit/Affektivität ist in ihrer Verbindung mit der Bewegung wesentlich, allerdings jeweils in jeder Bewegung der Existenz verschieden. In Bezug auf die Bewegung selbst, die als Thema auch unabhängig auftreten kann, konnte folgendes unterschieden werden: Sowohl die natürliche Welt in ihrer Vor-Gegebenheit als auch die Begegnung mit dem Innerweltlichen, die im *Leib*körper realisiert wird, sind als Bewegung aufzufassen (wobei nicht nur keine Wahrnehmung ohne Bewegung, sondern eben alles Leben als eine subjektive Bewegung zu denken ist). Der Leib*körper* selbst hat darüber hinaus als ein weltlicher – so wie andere weltliche Entitäten – an der Bewegung der Welt selbst teil. Wenn all dies, die ursprünglichen Seinsweisen des Menschen in der Welt und korrelativ dazu eine ursprüngliche Seinsweise der Welt selbst und der Gabevorgang von Innerweltlichem, mit einem Begriff von Bewegung gedacht werden soll, muss dieser Begriff allerdings ausdifferenziert werden. Von der Bewegung wird nicht nur auf dem gewöhnlichen phänomenalen Niveau der Korrelation zwischen erlebtem/erlebendem Subjekt-Leib („subjektiver Leib") und seiner gegenständlichen Umwelt Gebrauch gemacht, sondern auch dort, wo der Körper im weltlichen, jedes erlebende Subjekt und erscheinende Objekt umgreifenden Zusammenhang einer allgemeinen „ontogenetischen" Bewegung gedacht wird. Diese ist nicht die objektive Bewegung im Raum und in der Zeit der konstituierten Welt, auch nicht die Bewegung, in der die Welt subjektiv etwa in den Wahrnehmungen und anderen Vorstellungen des Bewusstseins im Erscheinungsfeld konstituiert wird, sondern eine vor-objektive und vor-subjektive Bewegung, die dem Erscheinen der Objekte vorausgeht. Beim Übergang von der Bewegung des Körpers zur Bewegung des Leibes und *vice versa* spielt die Bewegung noch in einer anderen Bedeutung eine Rolle: Der lebendige Körper wird zum menschlichen erlebenden Leib zuerst durch die Akzeptanz durch die anderen Menschen. Das Medium dieser Bewegung ist die Affektivität, „E-*motio*-

nalität". Diese ist der Kern von dem, was Patočka „erste Bewegung der menschlichen Existenz" nennt. Gerade in diesem Medium wird auch das „Vor-Objektive" der Welt als eines Ganzen gefühlt. Die Bewegtheit der Affektivität birgt in sich einen Zugang zum Ganzen, das der Intentionalität des Bewusstseins und der leiblichen Aktion wesentlich entzogen bleibt, insofern diese Einzelnes, Binnenweltliches zum Korrelat haben. Die Verbindung von Leiblichkeit/Körperlichkeit/Affektivität und Bewegung ist also ein wesentliches Merkmal der Konstellation der phänomenologischen Philosophie der natürlichen Welt bei Patočka besonders seit den 60er Jahren, aber diese Verbindung ist je nach Zusammenhang anders artikuliert und differenziert sich nach unterschiedlichen Reflexionsebenen. Diese Unterscheidungen versuchten wir in unserer Darstellung anzudeuten.

Literatur:

Barbaras 2007, Karfík 2008, Novotný 2011, Ricoeur 2007, Patočka 1967, 1968, 1991, Rodrigo 2009.

Michel Henry
– Transzendentale Leiblichkeit

Julia Scheidegger

1. Überblick

In seinem Vortrag anlässlich eines Symposiums zu Hannah Arendt im Jahr 1985 vertrat Michel Henry die These, dass es sachlich unbegründet sei, zwischen praktischem und kontemplativem Leben streng zu unterscheiden, wie dies Arendt im Rekurs auf die antike Philosophie tue, denn in beiden Lebensformen gehe es um dieselbe Kraftempfindung, die lediglich im ersten Fall sich ausübe, im zweiten Fall an sich halte (Henry 2004). Eine derartige, prima facie überraschende Beschreibung der zwei traditionellen menschlichen Lebensformen wird verständlich vor dem Hintergrund der Henryschen Konzeption transzendentaler Leiblichkeit. Jede Thematisierung der Leiblichkeit sollte erklären können, wie diese sich zur praktischen und zur theoretischen Lebensform verhält bzw. was die Leiblichkeit mit der menschlichen Fähigkeit, Handlungsabsichten zu realisieren, zu tun hat und wie die Leiblichkeit zugleich auch das reine Denken wesentlich bestimmt. Diese doppelte Leitfrage nach Handeln und Denken soll im Folgenden an Michel Henrys Leibkonzeption herangetragen werden.

Der bereits 1948 verfasste und erst 1965 veröffentlichte Text *Philosophie et phénoménologie du corps* (Henry 1965), welcher Michel Henrys erste Ausführungen zu seiner Leibkonzeption enthält, war ursprünglich ein Teil seiner Dissertation, die den Titel *L'Essence de la manifestation* (Henry 1963) trägt, und wurde zwei Jahre später getrennt von derselben als unabhängige Studie herausgegeben. Die theoretischen Gewinne dieser frühen Ausführungen zur Leibthematik wurden von Henry in der Folgezeit nicht so sehr verändert als vielmehr ergänzt. Eine wesentliche Ergänzung hängt mit der „religiösen Wende" der Henryschen Lebensphänomenologie zusammen, die noch über jene für einige Phänomenologen des 20. Jahrhunderts charakteristische „theologische Wende" hinausgeht (Janicaud 2009, 155). Da die Leibkonzeption durch deren Einfügung in christliche Zusammenhänge in Henrys spätem Werk *Incarnation* (Henry 2000) jedoch kaum verändert wird, ist es angebracht, auf jene stärker theologische und religiöse Deutung zu verzichten und die Leibkonzeption Michel Henrys als ein relativ statisches Theorieelement zu betrachten. Die Verabsolutierung der Immanenz (Waldenfels 1983, 349ff.) und der Hyper-Transzendentalismus (Laoureux 2005), wie sie Henry immer wieder vorgeworfen wurden, werden in diesem frühen Text in ihrer ursprünglichen Bedeutung für Henrys Denkansatz verständlich. Dies macht die *Philosophie et phénoménologie du corps* zu einem der besten Einstiegstexte in die Lebensphänomenologie Michel Henrys. Während Henry zur Zeit der Niederschrift dieses Werkes mit Edmund Husserls Leiblichkeitskonzept bereits vertraut war, findet eine eingehende Auseinandersetzung mit Maurice Merleau-Pontys Leiblichkeitstheorie im früher erschienenen, aber später verfassten *L'Essence de la manifestation* (Henry 1963) und in *Incarnation* statt (Henry 2000), da Henry Ende der vierziger Jahre von Merleau-Pontys *Phénoménologie de la perception* (Merleau-Ponty 1945) noch keine Notiz genommen hatte.

Michel Henry möchte mit seiner Leiblichkeitskonzeption vor allem zeigen, dass sich unser Leib zweifach phänomenalisiert: zum einen in der Welt als ein Ding unter anderen Dingen, zum andern aber, und grundlegender, als Selbsterscheinen unserer Subjektivität jenseits der Welt- und Selbstwahrnehmung. Die folgende Darstellung wird sich vor allem an den Argumentationsgang der *Philosophie et phénoménologie du corps* halten. Erst am Ende dieses Artikels soll die im ersten Werk zur Leiblichkeit vernachlässigte Thematik der Fremderfahrung so, wie Henry sie im späten Werk *Incarnation* (Henry 2000) und in *Phénoménologie matérielle* (Henry 1990) darstellt, aufgenommen werden.

2. Hinführung zur Thematik in *Philosophie et phénoménologie du corps*

Die zentrale Fragestellung der *Philosophie et phénoménologie du corps* könnte man so formulieren: Auf welche Weise ist uns unsere eigene Leiblichkeit gegeben? Dies ist eine eminent phänomenologische Frage, da nach der Gegebenheitsweise von etwas zu fragen heißt, nur dann ein Sein zu postulieren, wenn es sich auch auf eine gewisse Weise gibt bzw. wenn dieses Sein auch tatsächlich erfahren wird.

Die bisherige Philosophietradition kennt verschiedene Grundformen der Thematisierung des Leibes, von welchen drei genannt werden sollen: Die erste Möglichkeit, die hier nicht weiter zur Sprache kommen wird, ist die These, dass das menschliche Bewusstsein nicht notwendig in einem Leib inkarniert sein muss. Diese These scheint sich auf keinerlei Erfahrungen berufen zu können, welche die Wirklichkeit nicht-inkarnierten, menschlichen Bewusstseins aufweisen würden, weswegen sie dem phänomenologischen Interesse generell widerspricht. Sofern man aber bereit ist, den Leib als notwendige Bedingung menschlicher Existenz zu betrachten, eröffnen sich erst eigentlich zwei Möglichkeiten der Thematisierung: Entweder der Leib wird verstanden als ein Ding in der Welt, welches aber dennoch mit dem Bewusstsein notwendig verbunden ist, wie es paradigmatisch im Substanzdualismus des Descartes geschieht; oder man wählt als Ausgangspunkt der gesuchten Verbindung von Leib und Bewusstsein jenen Ort, an welchem diese Verbindung erlebt wird: in der konkreten, leiblich erfahrenen Situiertheit des Subjekts in der Welt, wie dies die Phänomenologie zu tun versucht. Die erste dieser beiden Thematisierungsweisen will die Verbindung von Leib und Bewusstsein aufschlüsseln, indem sie vom Bewusstsein ausgeht; die zweite will sie mittels konkreter Phänomenbeschreibungen erfassen, indem sie von der Erfahrung der Leiblichkeit in der Welt her einen Zugang zum Bewusstsein sucht. Es gibt allerdings noch einen dritten Weg, welchen Henry beschreiten möchte. Dieser wird begehbar, wenn wir die Bedeutsamkeit des Leibes für das subjektive Bewusstsein nicht weiter in einer Verbindung zweier heterogener Seinsweisen oder Substanzen suchen. Die Dualität von Leib und Bewusstsein ist nämlich lediglich eine Vorentscheidung, die gerade nur explizieren kann, was sie bereits voraussetzt. Wenn wir nicht vorgängig von einem Dualismus ausgehen, erschließt sich uns die Möglichkeit, den Leib zu thematisieren, ohne dass wir die Untersuchung des subjektiven Bewusstseins verlassen müssten (Henry 1965, 9f.). Bereits Maine de Biran, ein im deutschsprachigen Raum wenig bekannter französischer Philosoph, versuchte im frühen 19. Jahrhundert die Identität von Subjektivität und Leiblichkeit zu denken. Michel Henry entwickelt daher seine eigene Leibkonzeption in *Philosophie et phénoménologie du corps* in Auseinandersetzung mit der Theorie Maine de Birans, wie der Untertitel seines Werkes: *Essai sur l'ontologie biranienne* zu erkennen gibt.

Als Ausgangspunkt des genannten dritten Weges stellt sich die Frage, welche Erkenntnisquelle uns Zugang gibt zur Gewissheit, Leib zu sein. Generell ist zu unterscheiden zwischen dem Körper als physikalische Einheit, dem Leib als beseelter Körper und dem Eigenleib als jener Leib, der man selbst ist. In dieser Unterscheidung klingt nach, was Husserl in den *Ideen II* mit den Begriffen ‚Dingkörper' und ‚Leibkörper' unterscheidet, wobei Husserl gerade das dritte Moment, dasjenige der Eigenleiblichkeit, im Leibkörper impliziert wissen will, während es für Henry zum Ausgangspunkt seiner eigenen Fragestellung wird (Henry 2000, 246f.). Wie nämlich, so ist mit Henry zu fragen, gewinne ich die Gewissheit, eigenleiblich zu sein? Die subjektive Gewissheit der Eigenleiberfahrung – dass er ausschließlich mein Leib ist – kann kein empirisches Wissen sein, denn wenn ich mich meines Leibes mittels Wahrnehmung vergewisserte, wie es für empirisches Wissen charakteristisch ist, dann wäre diese Gewissheit nicht zu unterscheiden von der Gewissheit anderer Körper, die nicht mein Leib sind. Mir wäre dann zwar gewiss, dass es Körper gibt, nicht aber, dass es Leiber gibt, geschweige denn, dass ich selbst Leib bin. Der Leib kann zudem kein Besitzgegenstand sein, weil einem das Besitzen von etwas niemals notwendig zukommt, sodass jemand, der sagt: „Ich besitze einen Leib" eigentlich sagt, dass er seinen Leib auch nicht besitzen könnte, dass also menschliches Bewusstsein nicht notwendig inkarniert ist. Wenn es aber kein empirisches Wissen sein kann, welches uns die Eigenleiblichkeit zur Gewissheit bringt und es laut philosophischer Tradition nur zwei Quellen des Wissens geben kann, nämlich eine empirische und eine transzendentale, dann muss die Gewissheit unserer Eigenleiblichkeit der transzendentalen Wissensquelle entspringen (Henry 1965, 11). Die Erfahrung, leiblich zu sein, ist daher nicht ein Wissen *von* etwas, etwa jenes Dinges, welches ich erfahre, wenn ich mich mit der Hand abtaste. Sie ist vielmehr die vor aller Welt- und Selbstwahrnehmung erlebte Erfahrung der Identität meiner Subjektivität mit meiner Leiblichkeit.

Die Identität von subjektivem Bewusstsein und subjektiver Leiblichkeit in einer ursprünglichen, transzendentalen Erfahrung ist Michel Henrys wesentlicher Beitrag zur Leiblichkeitsdebatte in der Phänomenologie. Henry widerspricht damit sowohl der These, dass man die Verbindung von Bewusstsein und Leiblichkeit der Analyse konkreter Situationen entnehmen kann, als auch der entgegengesetzten These, dass wir auf überhaupt keine Erfahrung konkreter Leiblichkeit zurückgreifen müssten, sondern die Leiblichkeit als Faktum zu postulieren hätten. Vielmehr bedarf es der Freilegung einer andersartigen Erfahrungsform als derjenigen, die konstitutiv ist für den Gewinn empirischen Wissens.

Wie nun, so die zweite Frage, erleben wir diese Gewissheit unserer transzendentalen Subjektivität? Gefragt wird dabei genauer nach der Art von Erfahrung, in welcher wir uns selbst als transzendentale Subjektivität jeweils gegeben sind. Drittens muss die Frage gestellt werden, *was* wir in dieser Erfahrung genau erfahren. Auf die zweite Frage antwortet Michel Henry mit Maine de Biran, dass wir eine transzendentale Erfahrung unserer Subjektivität besitzen, eine „connaissance intérieure“ (Henry 1965, 19), die sich nicht etwa der Selbstbeobachtung verdankt. Im Gegensatz zu Kants transzendentalem Ego, welches nicht selbst erfahren wird, sondern welches alle Erfahrung notwendig begleiten können muss (Kant 1781, B 131f.), ist dieses transzendentale Ego selbst eine unmittelbare Erfahrung. Die Antwort auf die dritte Frage, jene nach dem *Was* der transzendentalen Erfahrung, lautet: Es ist die Empfindung der Kraft, „le sentiment de l'effort“, welche den Gehalt dieser Erfahrung ausmacht. Es ist dies ein „effort voulu“ (Henry 1965, 18), eine gewollte Anstrengung, die alle unsere Vermögen, also auch die sinnlichen, durchwirkt, sofern der Antrieb zu deren Aktualisierung dem eigenen Willen entstammt (Henry 1965, 30).

Dieses Gewahrsein der eigenen Leiblichkeit als Kraftempfindung oder als *Ich kann* (Henry 1965, 73) könnte man in der Übersetzung ins Deutsche ein Sichwissen nennen, um den Anklang an psychologische oder geistige Selbsterkenntnis, den die Präfix ‚Selbst‘ im Wort ‚Selbstwissen‘ oder ‚Selbst-kenntnis‘ („autoconnaissance“, Henry 1965, 57) evoziert, zu minimieren, ohne den Hinweis auf die Selbstbezüglichkeit dieser alles Psychologische erst ermöglichenden Gewissheit gänzlich aufgeben zu müssen. Das Sichwissen der subjektiven Vermögen ist also ein unmittelbares Wissen derselben im Modus ihrer gewollten Kraftempfindung. Henry nennt diese Kraft zwar mit Maine de Biran oft *mouvement*, aber er kritisiert das in dieser Wortverwendung potentiell enthaltene Missverständnis, diese Bewegung als Ortsbewegung zu verstehen (Henry 1965, 74f.). Sie ist vielmehr die Bedingung der Möglichkeit von Ortsbewegungen. ‚Bewegung' wird diese Aktualisierung eines Könnens bzw. eines Vermögens ihrer inneren Struktur wegen genannt. Sie wird als gewollte Tätigkeit erfahren, die auf einen Widerstand stößt. Dieser Widerstand gehört zur Bewegung oder zur Kraft dazu, denn eine Bewegung oder eine Kraft kann es nur dann geben, wenn sie begrenzt ist und nicht ins Leere läuft. Ein Vermögen *als* Bewegung zu bezeichnen meint daher primär nicht, dass dieses ein Vermögen *zur* Bewegung sei, sondern dass die Bewegung die Art und Weise ist, wie das Vermögen in seiner reinen Potentialität sowie in seiner Aktualisierung erlebt wird. Die Begriffe ‚Bewegung' und ‚Kraftempfindung' werden von Henry äquivalent verwendet. Im Folgenden soll aber nicht der Terminus ‚Bewegung', sondern die ‚Kraftempfindung' bzw. das ‚Sichwissen der Kraft' als Bezeichnung für jene transzendentale Phänomenalisierungsweise der eigenen Vermögen verwendet werden, um mittels einheitlicher Bezeichnung den Sachverhalt vereinfacht darzustellen.

3. Der transzendentale Status des Leibes

Die transzendentale Leiblichkeit hat nach Michel Henry eine wesentliche Funktion für das Erkennen der Welt. Sie ist transzendental in dem Sinne, dass sie die „Bedingung der Möglichkeit des empfundenen mundanen Körpers" (Henry 2000, 176), d.h. aller materiellen Körper in der Welt ist. Nur weil wir leiblich sind, können wir die Welt erkennen bzw. ist die Welt in einer bestimmten, sinnlichen Weise für uns da. Die Erkenntnis der Welt ist immer eine doppelte: Sie gibt sich jeweils einer *connaissance extérieure* und einer *connaissance intérieure* (Henry 1965, 17, 19). Weltwissen ist daher immer zugleich ein Wissen unserer Bewegung auf die Welt zu. Es wird darin immer sowohl die bestimmte Kraftempfindung als auch ihr Widerstand in der Welt erfahren. Dies geschieht in zwei verschiedenen Phänomenalisierungsweisen des erlebten Widerstands: erstens als ein dem Vermögen immanenter Widerstand und zweitens als ein das Vermögen in der Welt begrenzender Widerstand. Im ersten Fall phänomenalisiert sich der Widerstand durch Bahnungen (*lignes de clivage*) (Henry 1965, 173) der Kraftempfindung, im zweiten Fall zeigt der Widerstand die Dinge der Welt an.

Das transzendentale Sichwissen der Kraftempfindung antwortet auf ein Problem, welches bereits Aristoteles im dritten Buch von *De anima* und in den *Parva naturalia* aufwirft: der scheinbare Widerspruch zwischen der Unmöglichkeit der Selbstanwendung der Sinnesvermögen und die gleichzeitige Einheit derselben in einem subjektiven Bewusstsein. Die sinnlichen Vermögen können sich nicht auf sich selbst anwenden, denn das Sehen zum Beispiel kann sich nicht selbst sehen. Dennoch gibt es eine Gewissheit des Sehens bzw. des Wahrnehmens überhaupt, welche nicht wiederum mittels Wahrnehmung gewonnen werden kann. Für Aristoteles sind daher alle Sinne in einem „einheitliche[n] und letzten[n]

Sinnesorgan" (Aristoteles 1995, 451a), dem Gemeinsinn synthetisiert. Während Destutt de Tracy, Maine de Birans Mentor, einige Jahrhunderte später den Bewegungssinn (Kinästhesie) als sechsten Sinn neben die fünf Wahrnehmungssinne stellt, versucht Maine de Biran, diesen sechsten Sinn vielmehr als letzten, transzendentalen Sinn zu fassen (Henry 1965, 73). Henry im Gegenzug möchte den letzten Sinn nicht weiter als ‚Sinn' bezeichnen, sondern als jene Struktur benennen, die allen transzendentalen Erfahrungen eigen ist. Es geht ihm um die phänomenologische Frage, wie dieser letzte Sinn, welcher alle leiblichen Vermögen synthetisiert, von uns erfahren werden kann. Um die Ermöglichungsstruktur dieser Erfahrungsweise zu benennen, verwendet Henry den Begriff der Selbstaffektion (*auto-affection*). Der Begriff der Selbstaffektion drückt die Struktur der transzendentalen Erfahrung aus, in welcher die Kraftempfindung nur erfahren werden kann, weil sie sich ihre eigene Bestimmtheit zum Inhalt gibt (Henry 1965, 57), d.h. sowohl aktiv setzend als auch passiv empfangend ist. Selbstaffektion ist also bei Henry nicht auf der Ebene des Leibkörpers verortet wie im Beispiel der Selbstberührung bei Husserl und Merleau-Ponty, sondern auf der Ebene des transzendentalen Leibes (Henry 2000, 245ff.).

Wenn das Vermögen sich inhaltlich als Kraftempfindung gibt, nämlich mittels Differenz von Kraft und innerer bzw. äußerer Widerständigkeit, dann müssen wir parallel dazu zwischen zwei Bedeutungskernen des Kraftbegriffs unterscheiden. Zum einen bezeichnet das Wort ‚Kraftempfindung' den Status von nicht aktualisierten, d.h. rein potentiellen Vermögen, zum andern meint es aber auch das Erlebnis der Aktualisierung der jeweiligen Vermögen (Henry 2000, 176). Es ist dieser Unterschied zwischen dem Vermögen als solchem und seiner Aktualisierung, welcher laut Henry der Unterscheidung von praktischer und theoretischer Lebensform zugrunde liegt. Doch dass die Aktualisierung eines Vermögens als Kraft empfunden wird, scheint auf den ersten Blick überzeugender zu sein als die These, dass diese Kraftempfindung bereits das Vermögen in seiner reinen Potentialität charakterisiert. Das nicht aktualisierte Vermögen ist jedoch nicht etwa auf eine Vorstellung davon zurückzuführen, denn von der Vorstellung, ein Vermögen zu besitzen, kann man nicht auf dessen Realität schließen. Stattdessen gibt es eine genuine, nicht vorgestellte Gewissheit der möglichen Realisierung, die wesentlich dem Leib zukommt und die es genauer zu bestimmen gilt.

Die Problematik der Erfahrung der reinen Potentialität von Vermögen ist nicht nur relevant für die phänomenologische Vermögenslehre als solche, sondern ebenso für die Frage nach dem absichtlichen Handeln. Letztere Frage wird allerdings von Henry selbst nicht beantwortet. Sie betrifft folgendes Problem: Die transzendentale Kraftempfindung ist die Weise, wie sich das faktische Tun für einen Menschen phänomenalisiert. Sie kann das Handeln jedoch nur erklären, wenn von ihr her verstanden werden kann, inwiefern wir eine Absicht haben können, etwas zu tun, ohne sogleich faktisch tätig zu sein und dennoch zu wissen, dass wir jederzeit mit der Tätigkeit beginnen könnten. Um dieses Problem zu klären, müssen wir die innere Struktur der subjektiven Leiblichkeit in ihrer Willentlichkeit und ihrer Widerständigkeit genauer untersuchen.

4. Die willentliche Kraftempfindung und die Widerständigkeit

Die willentliche Kraftempfindung ist uns in zwei Weisen gegeben. Zum einen wird die Kraftempfindung selbst gewollt, zum andern wird ein Ziel in der Welt gewollt. Wenn wir die Kraftempfindung willentlich ausüben, so ist diese Willentlichkeit laut Henry gerade nicht identisch mit dem Wollen eines Zieles in der Welt. Henry versteht unter Handeln nur die subjektimmanente Erfahrung der Kraftempfindung. Wenn man zum Beispiel das Sehvermögen aktualisiert, dann heißt das, dass man auch sehen will, d.h. das aktuelle Sehen schließt eine Form von bewusster Wahl und Zustimmung zum Sehen mit ein. Dies erklärt, warum wir Dinge tun können, ohne über sie nachzudenken, nicht aber, ohne von ihnen zu wissen. Wir tun dann etwas, ohne die Absicht dahinter immer im Auge zu behalten. Doch dieses der Aktualisierung immanente Wollen ist nicht von seinem Gegenstand unterschieden, während doch gerade die Differenz zwischen Willen und Gewolltem für das absichtliche Handeln in der Welt charakteristisch ist. Es ist Henry zuzustimmen, dass es nun ebenso verkürzt wäre zu sagen, dass wir nur das dem Leib transzendente Ziel wollen können. Wir müssen uns nämlich nicht fragen, ob wir etwas mit unseren leiblichen Vermögen tun können, wenn wir es tun wollen (und nicht etwa nur wünschen), weil alles Wollen eine Gewissheit des eigenen Könnens impliziert. Doch dies kann – entgegen Henrys Versuch, das Handeln als rein immanentes Wollen der Aktualisierung eines Vermögens zu verstehen – dennoch nicht heißen, dass wir nicht zu wissen brauchten, welches in der Welt gesetzte Ziel wir damit erreichen möchten. Es scheint folglich weder plausibel zu sein, dass man nur das Vermögen selbst wollen muss, noch dass man nur das Ziel des Handelns wollen muss, um handeln zu können.

Ein Handlungsbegriff, welcher nicht nur wie der Henrysche das dem Tun immanente Wollen, sondern auch eine in der Welt zu realisierende Absicht beinhaltet, setzt voraus, dass eine genuin menschliche Handlung darin besteht, dass man weiß, *was* man tut, sofern man weiß, *warum* man es tut. Anhand eines Beispiels heißt dies: Wenn ich auf der Strasse gehe, dann weiß ich, dass ich gehe und was ich tue, nämlich auf der Strasse zu gehen, aber ich muss zusätzlich noch wissen, warum ich es tue, zum Beispiel um einkaufen zu gehen, damit es eine absichtliche Handlung genannt werden kann. Obwohl Michel Henry den Anspruch erhebt, eine Philosophie des menschlichen Handelns (Henry 1965, 264ff.; Henry 2000, 240f.) zu entwerfen, scheint daher seine eigene These der reinen Subjektimmanenz der Handlung keine zufrieden stellende Antwort auf die Absichtlichkeit menschlichen Handelns zu geben. Das dem aktualisierten Vermögen immanente Wollen ist nur die notwendige, nicht jedoch die hinreichende Bedingung für menschliches Handeln. Um dieses Problem mit Hilfe eines weiteren Henryschen Theoriestücks einer Lösung zuzuführen und so die hinreichende Bedingung für absichtliches Handeln aufzufinden, müssen wir zuerst die Widerständigkeit genauer verstehen.

Die Struktur der willentlichen Realisierung von Vermögen ist eine intentionale Struktur, da die Kraftempfindung in einem basalen Sinne auf ihren Widerstand ausgerichtet ist. Unter dem intentionalen Objekt wird hier der sinnliche Gegenstand in der Welt verstanden. Dieser Gegenstand sowie auch das Vermögen selbst gewinnen nur Realität in der Erfahrung der an ihren Widerstand gelangten Kraft (Henry 1965, 99). Die sinnlichen Vermögen liefern uns die Wirklichkeit der Welt als Modalitäten der Widerständigkeit, welche wir dann mit unseren spezifischen Sinnen erforschen können (Henry 1965, 107ff.). So teilt sich die Welt in das Sichtbare, das Spürbare, das Riechbare, das Denkbare, je nach dem Vermögen, welches aktuell erfahren wird.

Doch ein Widerstand kann nur erlebt werden, wenn bereits eine Kraftempfindung da ist, welche ihrerseits wiederum erst dann zu einer bestimmten Kraftempfindung wird, wenn sie sich an einer spezifischen Art von Widerständigkeit erprobt. Erstere Kraft ist daher eine noch gänzlich unbestimmte Kraftempfindung, wie sie das Lebendige auszeichnet, wenn es erst damit beginnt, sich in der Welt zu erfahren. Es ist das ursprüngliche, durch Kraftempfindung ausgezeichnete Sein des Ego (Henry 1965, 50ff.). Bereits hier und verstärkt in späteren Texten wird Henry dieses ursprüngliche Sein des Ego als ‚Leben' bezeichnen.

Der Widerstand erscheint uns, wie bereits erwähnt, in zwei Modalitäten, nämlich als Begrenzung des Vermögens in seiner Eigenstruktur und als Begrenzung der Ausübung des Vermögens in der Welt. Henry unterscheidet mit Maine de Biran zwischen einem kontinuierlichen nachgebenden und einem kontinuierlichen aber unnachgebenden Widerstand bzw. einem unnachgebenden Kontinuum (*continu résistant*) (Henry 1965, 101ff.). Beide Begrenzungen bedingen einander, sofern ein Vermögen in seiner Aktualisierung erst vollendet ist, wenn es zumindest einmal vom unnachgebenden Widerstand in der Welt begrenzt wurde. Sobald es aber einmal begrenzt wurde, hat es die Erfahrung dieser Widerständigkeit in sich aufgenommen und ist potentiell auf diesen realen Widerstand hin ausgerichtet, ohne ihn deswegen immer erreichen zu müssen. Der reale Widerstand verliert damit seine konstitutive Rolle für das Sichwissen der Vermögen; die Realität des Widerstandes wird im Übergang vom unnachgebenden zum nachgebenden Widerstand zu einem Moment der transzendentalen, subjektimmanenten Erfahrung.

5. Die reine Potentialität der Vermögen

Leibliche Vermögen sind gegeben als unmittelbares Sichwissen. Dieses Wissen ist nicht ein Wissen von etwas, sondern ist die Bedingung des Wissens von etwas. Mit welchem Recht nennen wir es dann ein Wissen? Gemeinhin bezeichnet Wissen die Relation, die ein Subjekt zur Welt unterhält, wenn es eine wahre, gerechtfertigte Meinung über einen Sachverhalt in der Welt gewinnt. Das Sichwissen der Vermögen ist aber kein Wissen *über* etwas. Es ist vielmehr die unmittelbare Gewissheit seines eigenen Seins, so wie das Ego in der Ersten Meditation des Descartes eine unerschütterliche Gewissheit des eigenen Seins impliziert (Descartes 1641). Damit ist das Sichwissen ein Wissen, das nichts anderes weiß als sich selbst in den verschiedenen Modalitäten der Kraftempfindung.

Die Seinsweise der leiblichen Subjektivität als das Sichwissen der Kraft ist dennoch nicht etwa mit der denkenden Substanz bei Descartes zu vergleichen, welche zwar Modifikationen ihrer Substanz kennt, aber nicht aus sich heraus in der Welt etwas auszurichten vermag. Wenn wir es im kartesischen Paradigma mit einer Absicht zu tun haben, dann kann es in der denkenden Substanz nur die Idee dieser Absicht geben, nicht jedoch deren Realisierung. Diese fällt in den Kompetenzbereich der zweiten Substanz, der *res extensa* (Henry 1965, 71). Ganz anders, wenn der subjektive Leib selbst transzendentalen Status besitzt. Das Ich ist dann nicht als modifizierbare Substanz gegeben, sondern als produktive Kraft, in welcher beide Substanzen miteinander identisch sind; Wille und Leib bilden eine Einheit.

In der Ausübung der Vermögen synthetisiert sich nun der Gegenstand der Wahrnehmung zu einer Einheit, nicht weil er selbst, sondern weil das Vermögen ein einheitliches ist, welches sich wiederum der Einheit des Erlebens der willentlichen Kraftempfindung verdankt. Doch dies kann nicht heißen, dass wir eine solche Synthese dauernd zu leisten hätten. Wenn ein bestimmtes Vermögen Eindrücke synthetisiert, dann ist es nicht weiter überraschend, dass es nicht etwa stets von neuem alle Einzelempfindungen zu synthetisieren hat. Für ein Vermögen ist der ihm korrelative Widerstand nur der immergleiche Anlass, um sich selbst zu aktualisieren. Das Sichtbare zum Beispiel ist für das entsprechende Vermögen der Anlass zum Sehen.

Dasselbe gilt nicht nur für die Aktualisierung, sondern ebenso für die reine Potentialität der Vermögen. Alle ersten Einzelerfahrungen, alle „ursprünglichen Eindrücke“ (Henry 2000, 255) hinterlassen ein leibliches Erinnerungs- bzw. Leibschema, eine Gewohnheit des Wahrnehmens, die nichts anderes ist als das innere Gesetz der Hervorbringung einer an einen bestimmten Widerstand geknüpften Kraftempfindung (Henry 1965, 111f., 134f.). Als andauerndes und nicht nur je aktuelles Wissen ist der Leib daher laut Henry die primäre Form von Gedächtnis (Henry 1965, 111f., 128f.; Henry 2000, 228ff.). Das leibliche Gedächtnis ist die Gesamtheit der je erfahrenen Kraftempfindungen. Dies heißt gerade nicht, dass ein bestimmter Akt vergangen wäre und als vergangener aufbewahrt würde, um wieder abrufbar zu sein. Vielmehr ist ein einzelner Akt immer unwiederbringlich vergangen. Was hingegen nie vergangen ist, ist das Schema des Akts selbst, weil jeder Akt der permanenten Möglichkeit der Aktualisierung eines Vermögens entspringt. Erinnerung im ursprünglich leiblichen Sinne ist daher nur möglich, weil die Vermögen zeitlos im Sinne von andauernd und unhintergehbar sind (Henry 1965, 138).

„Niemals sind die Dinge der Welt unserem Leib in einer Erfahrung gegenwärtig, welche in sich jenen Charakter trüge, einzigartig sein zu müssen, denn die Dinge bieten sich uns stets als das an, was zweimal gesehen wird [...]. Dieses Gedächtnis ist nichts anders als die meinem Fleisch konsubstantielle Möglichkeit, sich bis zu den Dingen hin zu bewegen." (Henry 2000, 230).

Daher zeichnet die Vermögen in ihrer reinen Potentialität eine innere Bewegtheit oder Kraftempfindung aus, die nicht nur in der faktischen Aktualisierung erlebt wird, sondern auch in ihrer reinen Potentialität. Als reine Potentialität sind die Vermögen das primäre, leibliche Gedächtnis.

6. Die transzendentale Reduktion der Kategorien: Leiblichkeit und Denken

Wenn Leiblichkeit und Subjektivität identisch sind, dann muss sich auch klären lassen, wie jene Kategorien des Verstandes, welche die Objektivität der Welterfahrung für uns ermöglichen, in dieser subjektiven Leiblichkeit gegeben sind. Es ist dies ein Theoriestück, welches Henry erneut von Maine de Biran übernimmt und welches später von zentraler Bedeutung für seine lebensphänomenologische Interpretation der Marxschen Schriften sein wird (Henry 1976). Der Anspruch dieser Kategorienlehre ist es, das reine Denkvermögen und nicht nur das Handlungsvermögen in der transzendentalen Leiblichkeit zu fundieren. Was sich uns nämlich in der kantischen Deduktion der Kategorien als Bedingungen der Möglichkeit der Welterkenntnis und der psychologischen Selbsterkenntnis gibt, sind – wenn wir davon ausgehen, dass alles Transzendentale selbst eine Erfahrung ist – nicht primär Kategorien des Denkens, sondern Kategorien der Existenz, bestimmte Weisen, in der Welt zu leben (Henry 1965, 45). Kategorien sind nicht nur Bedingungen a priori aller Erfahrung, sie sind selbst Erfahrungen.

Für Maine de Biran und Henry sind die Kategorien jene transzendentalen Erfahrungen, die den Begriffen der Kraft, der Ursache, der Substanz, der Einheit, der Identität usw. entsprechen (Henry 1965, 30). Diese Begriffe sind zurückzuführen auf Aspekte des Sichwissens der Vermögen. Die Kategorien als dasjenige, was bei Kant immer nur nachträglich zu Bewusstsein gebracht wird, müssen folglich immer schon erfahren worden sein, damit sie auf Anschauungsobjekte angewendet werden können (Henry 1965, 31).

Es sollen repräsentativ für die Zurückführung der Kategorien auf ihre transzendentale Phänomenalisierungsweise drei derselben genannt werden: Substanz, Allgemeinheit und Einheit.

Substanz: Die Kategorie der Substanz gibt sich uns im Sichwissen der willentlichen Kraftempfindung. Es ist nicht so, dass wir uns selbst in unserem Sein als Substanz erfahren, sondern wir erfahren die Substanz gerade als die Grenze unserer selbst, als dasjenige, was unserem dynamischen Sein widersteht. Der Ursprung der Substanz ist die Erfahrung der Widerständigkeit der Welt (Henry 1965, 38).

Allgemeinheit: Das Allgemeine, das der Empirismus als eine Abstraktion von besonderen Sinneserfahrungen ausgehend verstehen, der Rationalismus hingegen als dem Denken inhärent fassen will, ist vielmehr weder das eine noch das andere. Gegen den Empirismus ist einzuwenden, dass das Allgemeine – besäßen wir sein Konzept nicht bereits – nicht unmotiviert aus dem Besonderen hervorgehen kann. Gegen den Rationalismus wiederum ist zu sagen, dass das Allgemeine nicht unabhängig von Erfahrung gewonnen werden kann. Doch diejenige Erfahrung, die das Allgemeine zutage fördert, ist nicht die Erfahrung von etwas in der Welt, sondern das zeitlose Sichwissen der Vermögen. Es lässt sich auch nicht einwenden, dass wir erst die Bezeichnung für eine Kategorie besitzen müssen, um sie erfahren zu können, da wir vielmehr umgekehrt erst die spezifische Erfahrung machen müssen, um zu wissen, worauf sich ein Wort bezieht. Denn Kategorien sind nicht zu vergleichen mit Namen von Gegenständen oder grammatischen Regeln, die man im jeweiligen Kontext zu erlernen hat. Es gibt keinen spezifischen Verwendungskontext der Kategorien (Henry 1965, 42).

Einheit: Die Individualität der subjektiven Vermögen ist nicht von räumlich-zeitlicher Individuation her abzuleiten, welche immer nur den Leib als ein objektiv Seiendes in der Welt setzen kann, nicht aber als das Vermögen, welches die Einheit der Welt erst konstituiert. Das Ego selbst ist nicht konstituiert, etwa durch die Kategorie der Einheit, sondern das Ego *ist* die Kategorie der Einheit, es erfährt sich als Einheit und stiftet so die Einheit der Welt (Henry 1965, 46).

7. Der objektive Leib als ursprüngliches Organ: Leiblichkeit und Handeln

Wenn die Zurückführung der Verstandeskategorien auf Aspekte der transzendentalen Kraftempfindung durchaus zu überzeugen vermag, weil unser Denken sowie auch die Kraftempfindung in uns selbst (immanent) vollzogen werden und nicht in der Welt, so bleibt die Frage bestehen, inwiefern wir das Handeln in der Welt auf dieselbe Weise von der transzendentalen Leiblichkeit her erklären können. Obwohl das absichtliche Handeln im Handlungsbegriff Michel Henrys nicht enthalten ist, zeigt er uns einen Weg auf, um über seinen eigenen verengten

Handlungsbegriff hinauszugelangen, nämlich mit Hilfe einer verstärkt positiven Interpretation der Konstitution des objektiven Leibes.

Um in der Welt handeln zu können, d.h. etwas willentlich zu tun und folglich nicht nur das Vermögen selbst zu wollen, sondern ein Ziel zu wollen, welches mittels eines Vermögens erreicht werden kann, müssen wir ein organisches Verhältnis zu unserem Leib gewinnen. Wir müssen unseren Leib als Werkzeug (griech.: *organon*) für unsere Zwecke benutzen lernen. Dies ist uns möglich, weil wir unsere subjektiven Vermögen in dem repräsentiert finden, was sich uns als wahrnehmbare Seite unseres Leibes in der Welt zeigt: der objektive, in der Welt wahrnehmbare eigene Leib. Im absichtlichen Handeln haben wir es daher mit einem klassischen Verhältnis von Mittel (objektiver Leib) und Zweck (herzustellender Zustand in der Welt) zu tun, ohne deswegen behaupten zu müssen, dass es tatsächlich der objektive Leib ist, welcher die Handlung ausführt. Denn was die willentliche Kraftempfindung erfährt und was den objektiven Leib konstituiert, ist unsere subjektive, transzendentale Leiblichkeit (Henry 1965, 184f.).

Henrys Unterscheidung zwischen nachgebendem und unnachgebendem Widerstand wird hier erneut bedeutsam. Den nachgebenden Widerstand nennt Henry auch den organischen Widerstand. Es ist jener Widerstand, der die Kraftempfindung in einer bestimmten, wiederholbaren Bahnung festlegt (Henry 1965, 170ff.). Die leiblichen Vermögen sind durch den organischen Widerstand in sich differenziert, ohne dass deren Bestimmtheit in den Organen selbst, wie die Biologie sie kennt, liegen würde. Vielmehr haben diese Organe eine transzendentale Erscheinungsweise, und darin sind sie uns gerade nicht als Werkzeuge gegeben, sondern als Modalitäten der Kraftempfindung (Henry 1965, 109).

Man sagt oft, der Leib sei das Instrument unseres Willens, um etwas in der Welt auszurichten. Dies kann jedoch nicht erklären, dass wir uns zu unserem Leib nicht wie zu einem Instrument, welches man auf eine bestimmte Weise zu benutzen hat, verhalten. Stattdessen ist uns unser subjektiv-organischer Leib in der Unmittelbarkeit der ersten, selbstbezüglichen Form von willentlicher Kraftempfindung gegeben. Doch um ein Ziel in der Welt erreichen zu können, bedürfen wir eines Leibes als Organ im objektiven Sinne. Der unnachgebende Widerstand als Anzeiger der Realität der Welt ermöglicht uns nämlich nicht nur die Konstitution der objektiven Welt, sondern ebenso die Konstitution eines eigenen objektiven Leibes bzw. Leibkörpers (Henry 1965, 184). Objektiv ist dieser Leib in dem Sinne, dass er uns als Objekt in der Welt erscheint, und zwar als privilegiertes Objekt. Sofern wir uns aber als objektiver Leib bzw. als transzendentes Ego, wie Henry es auch nennt, in der Welt erscheinen, erscheinen wir uns selbst als etwas, was uns nie ganz transparent ist. Unseren objektiven Leib nennt Henry daher ein „magisches Objekt", welches wir zwar in unserer Gewalt haben, durch welches wir Kraft ausüben können auf die Dinge der Welt, ohne jedoch genau zu wissen, wie dies geschieht.

„[Das] transzendente Ego ist im Milieu der realen oder imaginierten Welt nichts anderes als ein magischeres Objekt als alle anderen Objekte, eine okkulte Kraft, die für mich bedrohlicher wäre als alle Naturkräfte, stünde mir dieses transzendente Ego nicht zur Verfügung, denn ich vergesse nie gänzlich, dass es konstituiert ist und dass ich als transzendentales Ego es bin, welches ihm seine Fähigkeiten und seine Absichten verleiht“ (Henry 1965, 55; Übers. J.S.).

Der objektive Leib bzw. das transzendente Ego scheint daher eine Innenseite zu haben, die uns doch nie als solche sichtbar wird, obwohl wir zugleich wissen, dass die Trennung in ein Innen und ein Außen von uns selbst hervorgebracht ist. Es ist, als wäre der Bruch zwischen dem, was wir tun und dem, was wir von diesem Tun mittels Selbstwahrnehmung erfahren, auf magische Weise dauernd überbrückt (Henry 1965, 128ff.).

Der erste Zugang der transzendentalen Subjektivität zur objektiven Leibschicht ist daher ein instrumenteller. Es ist nicht so, dass wir zuerst Dinge in der Welt als Instrumente erfassen, um sie unserem Willen gefügig zu machen. Vielmehr ist die Möglichkeit der objektiven Leibkonstitution die Möglichkeit, überhaupt erst ein Verständnis von Werkzeug zu gewinnen. Nur aus der Wahrnehmbarkeit unseres Leibes als objektives Ding in der Welt, welches unserem Willen untersteht, entspringt die Kategorie des Organischen bzw. des Werkzeuges. Der objektive Leib, d.h. die Projektion der transzendental erfahrenen Vermögen in dasjenige, was uns als privilegierter Gegenstand in der Welt erscheint und mit dem wir uns in unserer frühkindlichen Entwicklung erst langsam zu identifizieren lernen, ist ein mit objektiv messbarer Kraft versehenes Organ. Dieses kann nun im eigentlichen Sinn als ein ‚Organ‘ für das Erreichen eines Zieles in der Welt verwendet werden (Henry 1965, 178).

Es gibt aus diesem Grund jeweils eine zweifache Beschreibung dessen, was geschieht, wenn ich sage: „Meine Hand ergreift jetzt das Buch“. Es ist nicht nur meine Hand, die das Buch ergreift, wie ich es beobachten oder erspüren kann, indem ich auf die Hand schaue oder sie berühre, sondern ich bin es selbst, die, ohne über meine Hand als Greifinstrument nachzudenken, das Buch ergreife. Diese Verdoppelung des Gemeinten nennt Henry mit Maine de Biran die „zweifache Verwendung der Zeichen“ (Henry 1965, 149ff.). Mit dem Wort „ergreifen“ kann sowohl meine Hand als Organ, welches auf das Buch ausgerichtet ist, als auch meine Kraftempfindung der Bewegung auf das Buch zu gemeint sein. Die zweifache Verwendung der Zeichen zeigt die zweifache Phänomenalisierungsweise auf, in welcher der subjektive vom objektiven Leib phänomenal unterschieden ist. Zugleich zeigt sie, dass beide Phänomenalisierungsweisen über ein einziges Zeichen miteinander verbunden sind (Henry 1965, 185).

Eine Handlung ist nach Henry nicht primär die Realisierung eines ihr äußerlichen Zieles, sondern sie ist so in sich formiert, dass sie als Handlung selbst dann noch Sinn macht, wenn sie ihr Ziel nicht erreicht, dann nämlich, wenn sie zwar in sich selbst gewiss ist, aber nicht auf jenen Widerstand in der Welt stößt, der von ihr eigentlich vermeint ist (Henry 1965, 277f.). Ich kann zum Beispiel meine Hand nach dem Buch ausstrecken und am Vollzug der Bewegung gehindert werden. Ja, das ‚Buchergreifen' ist selbst dann noch transzendental erfahrbar, wenn ich gerade kein Buch ergreife. Dies ändert jedoch nichts daran, dass die Bedingungen, unter welchen unsere Vermögen einst aktualisiert wurden und die Bedingungen, unter welchen sie in Zukunft erfolgreich aktualisiert werden können, nicht alleine von diesen selbst abhängen.

Man könnte Henry die Frage stellen: Wenn die Potentialität der Vermögen bereits als Kraft empfunden wird, wie kann ich dann noch entscheiden, ob ich real tätig bin oder ob ich nicht vielmehr in reiner Potentialität verharre? Wie kann ich zum Beispiel erfahren, dass ich jetzt *wirklich* die Hand nach dem Buch ausstrecke? Meine unmittelbare Kraftempfindung kann mir dies nicht sagen, denn sie ist in der Potentialität und Aktualität dieselbe. Korrektiv zu Henrys Betonung der Transzendentalität des Handelns ist daher zu betonen: In der Welt sein heißt, die Bedingungen der Realisierung der subjektiven Vermögen in der Welt selbst finden zu müssen. Doch wiederum mit Hilfe von Henrys Erläuterungen zur Konstitution des objektiven Leibes lässt sich hinzufügen: Das Subjekt kann diese Bedingungen zu einem gewissen Grade selbst suchen oder gar herstellen, indem es sich als objektiver Leib in der Welt konstituiert, welcher sich selbst als ein Werkzeug für das Erreichen von Zielen in der Welt versteht und so die realen Bedingungen der Aktualisierung von Vermögen beeinflussen kann. Michel Henry gibt uns folglich selbst die Mittel zur Hand, um über seinen eigenen verengten Handlungsbegriff hinauszugelangen, indem wir seine Lehre der Konstitution des objektiven Leibes auf die Frage nach dem absichtlichen Handeln anwenden. Der objektive Leib geht in unsere Handlung so ein, dass wir nur dann handeln können, wenn wir uns als magische Objekte in einer von anderen magischen Objekten bewohnten, veränderbaren Welt betrachten.

8. Die Andersheit des Anderen und die geteilte Leiblichkeit

Jede Kraftempfindung ist durch einen Widerstand begrenzt. Dieser Widerstand, wie oben bereits erwähnt, ist zweifach: Zum einen wird er als unnachgebender Widerstand in der Welt erfahren, zum andern ist dieser unnachgebende Widerstand konstitutiv für die Erfahrung des nachgebenden Widerstandes der Vermögen (Henry 1965, 259). Doch es bleibt eine wichtige Frage offen: Wie ist es mit jenem Widerstand, der nicht ein Ding in der Welt zu erkennen gibt, sondern einen anderen Leib bzw. den Leib des Anderen? Transzendentale Theorien sind oft ihrer eigenen Fragestellung wegen gegen Fragen nach dem Konkreten immunisiert. Doch es bleibt ein empfindliches Defizit, wenn zumindest nicht versucht wird, eine Begründung dafür zu geben, warum die Ebene der Transzendentalität von der konkreten Andersheit nicht berührt wird. Michel Henry versucht darauf eine Antwort zu geben, indem er den erlebten Widerstand im Falle der Erfahrung des Anderen (Fremderfahrung) sowohl unnachgebend als auch nachgebend sein lässt. Demnach ist der Andere mir auch als ein magisches Objekt gegeben, wie ich selbst es bin, wenn ich mich als Objekt in der Welt auffasse. Der Andere kann aber nur deswegen ein magisches Objekt sein, weil er sich meiner gewollten Kraftempfindung nicht verschließt, weil er als Ausweitung meines organischen Raumes, als Teil meiner selbst erlebt wird (Henry 1990, 170f.; Henry 2000, 329ff.). Dies setzt nun gerade voraus, dass der Andere mir nicht als Alter Ego erscheint. Im ursprünglichen Erleben ist der Andere folglich gar kein anderer, sondern die Verlängerung meiner Vermögen und ihrer korrelativen Widerstände. Er phänomenalisiert sich nicht als anderer, sondern als ein Teil meiner selbst in den beiden Modalitäten des subjektiven und des objektiven Leibes.

Obwohl Henry damit nicht die konkrete Andersheit des Anderen thematisiert, sondern auf der Stufe der alteritätslosen Transzendentalität verbleibt, können wir auch hier mit der Lehre von der Konstitution des objektiven Leibes einen Schritt auf die konkrete Andersheit zugehen: Indem ich den Anderen nämlich als ein Objekt in der Welt betrachte, trenne ich nicht nur meine Leiblichkeit von der seinen, ich anerkenne ihn auch erst eigentlich als einen Anderen. Zwar finde ich über seinen objektiven Leib keinen ursprünglichen Zugang mehr zu ihm und scheitere an allen Versuchen, das transzendentale Sichwissen des Anderen selbst zu erleben, wie es dem Streben der Liebenden nach rückhaltlosem Einssein eigen ist (Henry 2000, 237; Henry 1990, 176). Aber ich kann nur dann mit dem Anderen in der Welt sein, wenn ich den Anderen wie mich selbst als objektiven Leib fasse, denn nur so bin ich mit dem Andern zugleich der Welt gegenüber, kann sie mit ihm formen und verstehen wollen, kann mit ihm die Welt verändern oder mich gemeinsam mit ihm in ihr einrichten. Die konkrete Andersheit des Anderen ist mir nur dann zugänglich, wenn er mir als ein objektiver Leib in der objektiven Welt begegnet. Selbst wenn die transzendentale, alle Subjekte verbindende Leiberfahrung sich niemals gänzlich verliert und die Bedingung der Möglichkeit aller Gemeinschaft ist (Henry 1990, 160ff.), so ist es doch erst die Konstitution magischer Objekte, die wir für einander sind, welche es uns ermöglicht, uns als getrennte und jeweils einzigartige Individuen anzuerkennen.

Michel Henrys Leibtheorie führt uns an die Grenze dessen, was eine transzendentale Leiblichkeitskonzeption zu leisten vermag. Sie kann wie keine andere erklären, was es heißt, Leib zu *sein* und sie kann erklären, warum wir eine Handlung auch dann als bestimmte Handlung erleben, wenn diese nicht an ihr Ziel in der Welt gelangt. Doch ihre transzendentale Ausrichtung hindert sie daran, die konkrete Andersheit der Dinge und der anderen Menschen in der intersubjektiv zugänglichen Welt zu thematisieren. Dennoch bietet die Leiblichkeitskonzeption Henrys eine Lösung dieser Problematik an, sofern wir bereit sind, die Konstitution des objektiven Leibes als magisches Objekt positiver zu bewerten als Henry dies tut und in ihr die bislang fehlende hinreichende Bedingung für absichtliches

Handeln und für die Anerkennung der Autonomie und Einzigartigkeit des Anderen zu entdecken.

Im deutschsprachigen Raum bemühte sich die bisherige Henry-Forschung zum einen darum, die Henryschen Thesen dem deutschsprachigen Publikum mit Übersetzungsarbeiten (Henry 1992; Henry 2003) und Sekundärliteratur zugänglich zu machen (Kühn 1992; Kühn u. Nowotný 2002). Zum andern wächst in enger Zusammenarbeit mit französisch- und englischsprachigen Autoren die Anzahl differenzierter Detailanalysen des Henryschen Werkes seit einigen Jahren stetig an (Brohm u. Leclercq 2009; Kühn u. Hatem 2009). Eine fruchtbare Weiterentwicklung Henryscher Denkmotive, unter anderem desjenigen der Leiblichkeit, steht allerdings mehrheitlich noch aus.

Literatur:

Henry 1963, Henry 1965, Henry 1976, Henry 1990, Henry 2000, Henry 2003.

Bernhard Waldenfels – Responsivität des Leibes

Jörg Sternagel

1. Überblick

Im Mittelpunkt der Philosophie von Bernhard Waldenfels steht ein Denken radikaler Fremdheit. Seinen Anfang nimmt dieses Denken in einer Kritik an der abendländischen Philosophiegeschichte, in der das Fremde als Alltägliches und Vertrautes nur einen vorübergehenden oder vorläufigen Charakter besitzt und überwunden werden kann: Es hat eine relativierende Wirkung, die von einer Gesamtordnung allen Wahrnehmens und Handelns ausgeht, angefangen beim Verständnis des Kosmos im antiken Denken, der das Eigene und Fremde (Sphären der Zugehörigkeit, Vertrautheit, Verfügbarkeit) sowie das Selbst und das Andere (vgl. im folgenden die Gesamtheit, der Leib) umfasst und das Fremde damit integriert. Das Fremde tritt in der Folge nur als ein Sekundäres auf, wird gespiegelt oder modifiziert nur am Ich, am Ego, das wiederum zum Zentrum der Eigenheitssphäre wird (René Descartes), von dem aus alles gemessen, alles Andere und Fremde angeeignet und gebändigt wird. Das Ich und die Anderen neutralisieren das Fremde (David Hume), dessen Wesen unerkannt bleibt. Die allumfassende Vernunft und das autonome Subjekt kennen keine Fremdheit (Immanuel Kant). Durch die Historie hindurch wird das Fremde somit nicht als eine eigenständige Kategorie durchdacht, sondern wird dem Eigenen und einem Ganzen untergeordnet. Waldenfels setzt anstelle dieses relativen Denkens über sein gesamtes Werk hinweg ein radikales Verständnis von Fremdheit und begreift das Fremde von der Erfahrung und dem Anspruch her: Das Fremde kann dort im Geschehen weder nur auf ein Eigenes zurückgeführt noch ausschließlich in ein Ganzes eingeordnet werden, sondern gehört zunächst einem Zwischenbereich an, in dem es sich mit dem Eigenen und Anderen verflechtet. Waldenfels' Kritik richtet sich demnach gegen eine Verkennung der Herausforderung durch das Fremde und seine Phänomenologie des Fremden erlangt daher ihre Bedeutung in einem Bereich, der auch außerhalb des Selbst angesiedelt ist und der zugleich auf das verweist, was einem Anderen gehört und auf das, was von fremder Art ist, was als fremdartig gilt. In diesem Zusammenhang spielt die Leiblichkeit eine zentrale Rolle, die bei Waldenfels eng mit der Fremdheit verknüpft ist.

Im Frühwerk entwickeln sich Überlegungen zur Leiblichkeit über eine offene Erfahrung, verstanden als kreatives Geschehen, das in verschiedenen Dimensionen des leiblichen Selbst, von Sinn und Intention, sozialen Verständigungsprozessen, intersubjektiven Sprachstrukturen und kommunikativen Geschehen sowie Normen und Kontexten des Handelns und Verhaltens in unterschiedlichen Lebenswelten vorgestellt und an Motiven wie Gewalt, Arbeit, Technik, Rationalität, Ökonomie und Kunst diskutiert wird. Besonders in der *Ordnung im Zwielicht* (Waldenfels 1987) wird ausgehend von Michel Foucaults Idee einer Kontingenz der Ordnungen Verschiebungen innerhalb von Ordnungsgefügen beobachtet, durch die der Blick sich öffnet für Außerordentliches, Abweichendes und Ausgespartes. Grundlegend ist die Einsicht, dass es auch ‚anders' sein könnte Mit *Der Stachel des Fremden* (Waldenfels 1990) wird diese Einsicht in das Anders-sein-können in ihrer intersubjektiven Dimension fokussiert: Die Andersheit des Ich und des Anderen, die Verflechtungen von Eigenem und Fremdem rücken in den Mittelpunkt der Aufmerksamkeit.

Vor allem das *Antwortregister* (Waldenfels 1994b) verfolgt diese Überlegungen mit einem Fokus auf das leibliche Verhalten als Verhaltens- und Erlebensweise weiter, das dezidiert nicht beim Ich, beim Subjekt seinen Anfang nimmt, sondern beim Anspruch des Anderen und in der Antwort auf das Fremde beginnt. Das Spätwerk entwirft sukzessive, wie noch gezeigt wird, eine Theorie leiblich verankerter „Responsivität", die das Antworten in einem leiblichen Sinn als einen Grundzug allen menschlichen Verhaltens und Schaffens thematisiert und damit zudem verstärkt in den Künsten und Medien, in Analysen ihrer Ästhetik und Ethik, so zum Beispiel in Kontextualisierungen zwischen Theater, Tanz und Film, zur Anwendung kommt. Die *Bruchlinien der Erfahrung* (Waldenfels 2002) radikalisieren diesen Ansatz, indem die responsive Phänomenologie um eine „pathische" Phänomenologie erweitert wird: Die Position des Subjekts, seine Autonomie und Eigenhandlung erweist sich als immer schon untergraben von Widerfahrnissen, die zustoßen, zuvorkommen, anrühren und verletzen. Es geht nicht darum, den verwaisten Platz des cartesischen Egos nun durch den Leib zu ersetzen: „Der Leib steht nicht für eine Innigkeit des Subjekts, er ist selbst durch und durch fraktural verfaßt" (ebd., 11). In diesen Brechungen erweist sich das leibliche Selbst als durch eine Erfahrung der „Diastase", des Auseinandertretens, geprägt.

2. Der Auftritt des Anderen in der Lebenswelt. Überlegungen mit Husserl im Frühwerk

Bereits in seiner frühen sozialphilosophischen Habilitation *Das Zwischenreich des Dialogs* (Waldenfels 1971) deuten sich Ansätze an, das Verhältnis von Ich, Bewusstsein und Welt grundlegend zu hinterfragen, den Anderen und das Fremde mitzudenken und das leibliche Verhalten auszudifferenzieren, auch angesichts bereits bestehender Gedanken zum Thema. Waldenfels beginnt seine Überlegungen an dieser Stelle mit einer Analyse der Phänomenologie Edmund Husserls (vgl. den Beitrag von ALLOA/DEPRAZ in diesem Band) und hinterfragt dessen Konzept der Intentionaliät: Die Grundeigenschaft des Bewußtseins, etwas als etwas wahrzunehmen, von der jeder Akt der Wahrnehmung, der Erfahrung, der Erinnerung und der Phantasie bestimmt ist, verweist mit Husserl auf ein intentionales, sich auf etwas beziehendes Verhalten, welches nur als ein subjektives, nicht aber als ein objektives Geschehen denkbar ist. Das Subjekt sieht sich den Dingen gegenüber, ohne selbst ein Gegenüber zu sein. Wie verändert sich die Situation aber, wenn das Gegenüber des Subjekts, dieses ‚als etwas' vom Subjekt wahrgenommene ein Mensch, ein Anderer ist?

Waldenfels verdeutlicht, dass nach Husserl das Subjekt den intentionalen Rahmen vorgibt, „in dem die Andern mir faktisch begegnen; da ich die Andern konstituiere, ohne gleichursprünglich von ihnen konstituiert zu sein, sind die Andern mir zunächst *unterstellt*" (Waldenfels 1971, 45). Mit dieser Hierarchisierung erklärt sich Waldenfels nicht einverstanden und unternimmt von hier aus eine Kritik an Husserls Konzept der Intentionalität in drei Schritten: Auch der Andere ist in dieser Begegnung dem Ich gegenüber, wobei das Ich die Voraussetzung dieses Gegenüberhabens ist, nicht aber das Ergebnis. Eine Wechselseitigkeit, so der *erste* Schritt, ist damit nicht möglich; alles geht vom Ich aus. Waldenfels vermerkt in einem *zweiten* Schritt eine „eigentümliche Dynamik" dieser Intentionalität, weil sie auch ein zielgerichtetes „Meinen" bedeutet, das „durch die Gegenwart des Gemeinten erfüllt oder enttäuscht wird" (ebd., 47): In der Beziehung zwischen dem Ich und den Anderen geht die Initiative immer einseitig vom Ich aus; die Möglichkeit, dass diesem etwas ein Anderer von sich aus begegnet, bleibt ausgeschlossen. Damit verknüpfen sich im Detail Erwartungen, die erfüllt oder enttäuscht werden können; die Bewusstseinsvorgänge verbinden sich so mit Wertungen. In einem *dritten* Schritt sieht er den Spielraum der Erfahrung eingeschränkt, da der Andere durch das Ich in ein Ordnungssystem eingefangen ist und damit als Einzelner ebenso wenig etwas „radikal Neuartiges" hinzu bringt wie ein Ding (ebd., 49). Es fehlen in diesem Zusammenhang daher die wechselseitigen Momente der Überraschung, des Zuvorkommens, des Sicherеignens, der Konfrontationen mit Unbekannten, der Beanspruchung, der (An-) Erkennung der Autonomie des Anderen und der Thematisierung einer Fremderfahrung im Kontrast zur Selbsterfahrung (vgl. Mersch 2002, Roselt 2008). Was bedeuten diese drei Vorbehalte gegen die Intentionalität nach Husserl in Bezug auf den Anderen und das Fremde hinsichtlich der sich hier noch im Entstehen befindlichen Konzeption von Leiblichkeit?

Waldenfels entfernt sich bewusst von der vorgängigen Hierarchie zwischen dem Ich und dem Anderen, die zunächst das Ich und dann den Anderen favorisiert, um den Anspruch des Anderen herausarbeiten zu können, der dem Ich „gleichursprünglich" begegnet: Auch der Andere tritt in seinem Selbstsein auf, hat eine Eigenheitssphäre, ergreift die Initiative, ist gleichen Ursprungs wie das Ich (Waldenfels 1971, XII). Es entsteht auf diese Weise ein ergebnisoffenes und kreatives Zwischengeschehen, das der Autor von der Sprache her, im Austausch von Frage und Antwort, als ein dialogisches Spannungsfeld diskutiert. In diesem weisen der weltvermittelte Umgang miteinander (gemeinsame Leiblichkeit), der direkte Zugang zueinander (Ich-Du-Beziehung), die bestehende Bindung aneinander (Für-uns-sein der Welt) und der Kampf gegeneinander (Unterbrechung, Zerfall des Dialogs) Grundzüge menschlichen Handelns auf und eröffnen bereits „Spielräume des Verhaltens", die in einer gleichnamigen Studie (Waldenfels 1980) auf ein leibliches Verhalten hinweisen, das zunächst, in Verflechtungen mit Maurice Merleau-Ponty und Emmanuel Levinas, die Frage aufwirft, was es bedeutet, dass der Mensch einen Leib hat oder gebraucht, dass er im Leibe ist und existiert:

3. Der Leibbegriff und die Kategorie des Fremden. Verflechtungen mit Merleau-Ponty und Levinas

Der Leib ist nach Waldenfels ein Grundphänomen, das an der Konstitution anderer Phänomene wie der Zeit, der Sprache oder den Anderen immer beteiligt ist: Alle mischen sich in jeder Lebenslage ein, alle sind immer und überall präsent. Waldenfels unterscheidet, so kann einleitend festgestellt werden, zwischen *Leib* als Gesamtheit des Selbst und *Körper* als Materialität des Leibes und schlägt vor, von einer leiborientierten Phänomenologie zu sprechen, deren „Erforschen und Bedenken der Dinge direkt oder indirekt immerzu auf den Leib und die leibliche Situation Bezug nimmt" (Waldenfels 2000a, 9). Dieses Erforschen einer leiblichen Situation beschäftigt den Phänomenologen vom Frühwerk an, und es läßt sich zum Verständnis seines Konzepts von Leiblichkeit – wie bereits in seinen im zweiten Abschnitt dargelegten Bedenken am Konzept der Intentionalität vorgeführt – wieder eine Entwicklung in drei Schritten aufzeigen: Hier gilt es zunächst in einem *ersten* Schritt den nachhaltigen Einfluß Merleau-Pontys und dessen Überlegungen zur Zwischenleiblichkeit (vgl. die Beiträge von KRISTENSEN und ALLOA in diesem Band) zu berücksichtigen, da diese in den Leibbegriff von Waldenfels prominent einfließen. In einem *zweiten* Schritt werden Gedanken zur Alterität von Levinas hinzugenommen (s. den Beitrag von BEDORF in diesem Band), die ebenfalls in den Forschungen von Waldenfels ihren Anklang gefunden haben. Erweitert werden die Ausführungen zu den Verflechtungen mit Merleau-Ponty und Levinas in einem *dritten* Schritt um die Kategorie des Fremden, die sich für das Konzept von Waldenfels als zentral erweist, auch im Hinblick auf das Verständnis seines im Anschluss vorzustellenden Konzepts der Responsivität.

Der Leib als Gesamtheit des Selbst und der Körper als Materialität des Leibes ist eine Unterscheidung, die von Waldenfels in Bezug auf die leibliche Situation getroffen wird. Welches Anliegen verfolgt er mit dieser Unterscheidung und diesem situativen Bezug? Waldenfels setzt den Leib in die Welt und verfolgt wie zum Beispiel Merleau-Ponty eine Philosophie, die sich an der Erfahrung, an Handlungen und Verhalten orientiert, um damit nicht einen ausschließlich physiologischen Bereich abzudecken, in dem gefragt wird, was der Leib ist, wie er aussieht und welche Eigenschaften er hat. Vielmehr stellen sich für ihn Fragen nach den Leistungen und Funktionen des Leibes wie im Wahrnehmen, im Empfinden, in der Sexualität und in der Sprache: Der Leib ist immer im Spiel, er fungiert als Umschlagstelle, auch wenn wir, wie Waldenfels betont, über ihn sprechen. Der Leib wirkt bis in die Sprache hinein, wie in der Aussage: „Hier stehe ich", in der sich die leibliche Situierung in der Welt andeutet, die in die Rede, in den propositionalen Gehalt, in Aussage und Inhalt eingeht. Vergleichbares diskutiert Waldenfels sowohl für den Ausdruck „Es geht", der nicht nur metaphorisch einen Gedankengang beschreibt, sondern ein Moment körperlicher Selbstbewegung mitberücksichtigt, als auch für die Aussage „Es ist kalt", die ein Wesen voraussetzt, das Kälte empfindet und auf die Empfindsamkeit des Leibes verweist. Auch mit Erwin Straus nimmt der Autor daher zum Beispiel in seinen Vorlesungen zur Phänomenologie des Leibes, *Das leibliche Selbst* (Waldenfels 2000a), Bezüge in der Welt in den Blick und verweist darauf, dass ein Frieren nicht nur ein reines Registrieren von vorgefundenen Qualitäten ist, sondern auch ein Sichempfinden beinhaltet, in dem sich der Leib in seiner Kälteempfindung auf sich selbst bezieht. Darüber hinaus bezieht sich der Leib auf das Phänomen der Kälte in der Welt und hat damit einen Weltbezug, der sich mit dem Selbstbezug verschränkt: „Es begegnet mir in der Empfindung die Welt, und im Empfinden, in der Art und Weise, wie die Welt uns begegnet, empfinde ich gleichzeitig mich selbst, fühle ich mich selber erleichtert, belastet oder wie immer", hier: kalt und frierend (Waldenfels 2000a, 285). Das Sichempfinden hat einen Anlass in der Welt oder im Anderen; es veranschaulicht einen Bezug zum Selbst, zur Welt, zum Anderen und zum Fremden. An dieser Stelle orientiert sich Waldenfels an Merleau-Ponty und greift auf das Modell der Zwischenleiblichkeit zurück, um noch näher auf die Frage eingehen zu können, wie wir uns gemeinsam auf die Dinge in der Welt beziehen. Wesentlich für ihn ist an diesem Modell das Zwischen, die Zwischenwelt, die einer Zwischensphäre entspricht, die Merleau-Ponty wiederum mit der Figur des Chiasmus oder der Verflechtung umschreibt. Hier differenziert sich der Leibbegriff von Waldenfels aus zwischen einem eigenen und einem fremden Leib:

> „Im Hinblick auf den Eigenleib und den Fremdleib bedeuten Chiasmus oder Verflechtung, daß beide Resultate einer immer nur relativen Differenzierung sind. Eigenleib und Fremdleib sind eigene Sphären, die jeweils durch einen Selbstbezug charakterisiert sind und durch einen Fremdbezug, der in beiden Richtungen verläuft. Dabei befinden sich beide Sphären in einer partiellen Deckung, sie sind mehr oder weniger gegeneinander verschoben" (Waldenfels 2000a, 287).

Der Autor eröffnet einen Raum der Zwischenleiblichkeit, in dem sich Eigenes mit Fremdem verflechtet und in dem der Einzelne nicht einfach ein Teil des Ganzen ist, wie etwa einer Familie oder einer Nation, sondern in dem er Eigenes hat, das sich jedoch vom Fremden abhebt. Er beginnt diese Überlegungen auf der Ebene der Wahrnehmung und fokussiert den Übergang von einer Leiblichkeit in die andere und zurück. Im Gegensatz zu Husserl hat mit Waldenfels die Erfahrungsweise nicht beim Ich, beim Subjekt ihren Ausgang, sondern nimmt dezidiert im unvorhersehbaren Anspruch des Fremden ihren Anfang. Beispielhaft wird dieser Anspruch von Waldenfels in die Sphäre des Tastbaren verlegt, zwischen Hand, Berührung und Händedruck: Auch meine Hand ist offen für den Zugriff Anderer. Über die Selbstberührung hinaus, die eine doppelte Empfindung beinhaltet, in der die tastende, anfassende Hand zur ertasteten, angefassten Hand werden kann und umgekehrt, wird hier durch die fremde Hand ein getastetes Tastendes, ein angefasstes Anfassendes, ein wie bei Merleau-Ponty intersubjektives Übergreifen ermöglicht, das aus einem antwortenden Berühren heraus entsteht (s. dazu die Ausführungen von Bedorf zur Leiblichkeit als „umgreifende Gemeinsamkeit“ in diesem Band).

Von Merleau-Ponty übernimmt Waldenfels Gedanken zur Mittätigkeit von eigenem und fremdem Tun, das sich in der Zwischensphäre abspielt und wechselseitig zu verstehen ist. Es wird jedoch von Waldenfels detailliert die offene Handlungssituation hervorgehoben, die im Wechselspiel meiner Hände zwischen Selbstberührung und Fremdberührung auch auf das Untastbare im Getasteten hinweist, das wiederum als Unantastbares erscheinen kann, welches uns den Zugriff verwehrt. Im Händedruck offenbaren sich manuelle Relationen und leibliche Erlebnisstufen, die verschiedene Verhaltensweisen veranschaulichen und unterschiedliche Bezugsebenen herstellen, die nicht ohne den Anspruch des Anderen zu denken sind. Mit Levinas beachtet Waldenfels hier einen asymmetrischen Charakter, der auf diesen Anspruch verweist: Der Austausch mit dem Anderen findet nicht auf einer Ebene statt, da der Andere meinen Erwartungen und Vorstellungen zuvorkommt: Das Geben meiner Hand bedeutet bereits, dass ich gebe, was nicht allein zu mir gehört. Es ist schon durch den Anderen in Anspruch genommen worden, und ich kann nur im Antworten zu ihm Stellung beziehen. Hierbei überkommt mich die Fremdheit des Anderen, sie überrascht mich, stört meine Intentionen, bevor ich sie auf eine bestimmte Weise verstehe.

An dieser Stelle zeigt sich sowohl mit Levinas als auch mit Merleau-Ponty die ethische Dimension in der Philosophie des Leibes von Waldenfels, die bereits auf der Ebene (der Sinne des Sehens, Hörens und Tastens) erste Fragen nach der Art und Weise unseres Lebens und nach den auf uns wartenden Ansprüchen und deren Konsequenzen stellt. Der Auftritt des Anderen wird mit einer Fremdheit zusammengedacht, die Kategorie des Fremden erweist sich als bedeutsam für das Verständnis leiblicher Erfahrung. Was versteht Waldenfels unter dem Fremden?

Das Fremde ist zunächst, wie im ersten Band seiner vierteiligen *Studien zur Phänomenologie des Fremden. Topographie des Fremden* (Waldenfels 1997) definiert, in einem Bereich außerhalb meiner Selbst angesiedelt (vgl. *externum, extraneum, peregrinum*; *ξένον*; *étranger*; *foreign*) und verweist zugleich auf das, was einem Anderen gehört (vgl. *ἀλλότριον*; *alienum*; *alien*) und auch auf das, was von fremder Art ist, als fremdartig gilt (vgl. *insolitum*; *ξένον*; *étrange*; *strange*). Es ist wichtig, an dieser Stelle mit Antje Kapust darauf hinzuweisen, daß Fremdheit von Waldenfels nicht *negativ* verstanden wird, „z.B. als das Unbekannte, das Unverstandene oder als dasjenige, was wir noch nicht verstanden haben oder potentiell immer erschließen können" – sie repräsentiert keine Figur des Mangels, weder „hermeneutisch als *Defizit* an Sinn" oder „regulativ als *Abweichung* von einer Norm", „noch praktisch als *Mangel* an Realisierung" – „als Figur eines *Entzugs*", so die Phänomenologin, „bezieht sie sich auf die drei Dimensionen der Ordnung, des Selbst und des Anderen und charakterisiert somit ein *Außerordentliches*, eine Fremdheit bei oder in uns selbst und die Fremdheit des Anderen" (Kapust 2007, 22, 23). Der Fremdbezug wird von Waldenfels nicht nur in Hinsicht auf den Anderen gedacht, vielmehr ist er in Verschränkung mit einem Selbstbezug zu verstehen, der Momente eines Selbstentzugs beinhaltet und auf die Fremdheit des eigenen Leibes hindeutet. Der Leib ist immer schon da, bevor er von uns durchdacht wird, er ist bereits aktiv, ehe wir ihn erfassen können; der eigene Leib geht voraus, in einer Eigenbewegung, er fungiert auf vorgängige Weise und begrenzt Thematisierung und Versprachlichung: Im Anblick meiner Selbst im Spiegel überrasche ich mich selbst und sehe mich als Anderen, im Moment der Müdigkeit verselbstständigt sich die Bewegung des Leibes und entzieht sich mir, im Augenblick des Echos höre ich meine Stimme und sie klingt für mich fremd.

Die Unfasslichkeit des Leibes, wie Waldenfels im *Antwortregister* (Waldenfels 1994b) betont, potenziert sich, die Leiblichkeit „bildet im Getriebe des Lebens etwas wie eine Unruh, und dies auf Grund einer inneren Ambiguität, einer *Verdopplung* in fungierenden Leib und Körperding, in Leibseele und Leibkörper, in Leibsein und Körperhaben, in Subjektleib und Objektleib, oder wie immer man diesen Doppelcharakter bezeichnen mag" (Waldenfels 1994b, 465). Der Leib kommt mit Waldenfels nicht zur Ruhe, „weder in einem Reich der Dinge noch in einem Reich der Ideen, weder in einem Bereich der Natur noch in einem Bereich des Geistes, weder in einem Reich der Notwendigkeit noch in einem Reich der Freiheit"; infolge seiner „potenzierten Form der *Selbstverdopplung* entschlüpft er sich selbst, sobald er sich zu fassen versucht" (ebd.). Dieser Ansatz wird verschränkt mit Überlegungen zum Anderen, der ebenfalls im Selbstsein auftritt, eine Eigenheitssphäre hat, die Initiative ergreifen kann und Unruhe schafft. Hiermit macht der Phänomenologe grundsätzlich darauf aufmerksam, dass der eigene Leib nicht ohne den des Anderen zu denken ist: Der Leib des Anderen ist immer schon da, ich lebe im Blickfeld des Anderen und gehöre nicht ganz mir selber, ich existiere in der Welt zusammen mit Anderen. Im Anschluß daran entwickelt Waldenfels das in seiner Philosophie zentrale Konzept der Responsivität des Leibes.

4. Das Konzept der Responsivität des Leibes

Leiblichkeit wird von Waldenfels als eine Verhaltens- und Erlebnisweise verstanden, wie sie bereits in den bisherigen Ausführungen zur Empfindung und zum Handschlag angeklungen ist. Leiblichkeit antwortet bei Waldenfels auf fremde Ansprüche und über diese Antwort (vgl. *response*) versteht Waldenfels sie daher als responsiv. Ein Antworten auf fremde Ansprüche wird von ihm neben der Intentionalität und der Kommunikativität als Grundzug leiblichen Verhaltens angesehen. Alle drei Bereiche umfassen das Konzept der Responsivität, in dem Begriffen wie „leibliches Responsorium", „Pathos" und „Diastase" zentrale Bedeutung zukommt, ausgehend vom Begriff des Antwortens: Waldenfels beginnt seine Konzeption mit einer Unterscheidung zwischen einem Antworten im engeren Sinne (vgl. *to answer*) und einem Antworten im weiteren Sinne (vgl. *to respond*). Das Antworten im engeren Sinne beinhaltet die Erteilung einer Auskunft und der Vermittlung eines Wissens: Ich werde nach etwas gefragt und gebe darauf eine Antwort; ich werde nach dem Weg gefragt und erteile bereitwillig Auskunft. Waldenfels stellt hier das Antworten als spezielle Weitergabe des Wissens heraus, das beim Antworten in einem weiteren Sinne nicht mehr darauf beschränkt bleibt, wenn der fremde Anspruch hinzugedacht wird, sobald zum Beispiel die Antwort auf die Frage nicht gegeben wird: Keine Antwort ist auch eine Antwort, weil der Andere mit seinem Anspruch vor mir steht, er etwas von mir einfordert. Zu dieser Forderung habe ich mich zu verhalten, wobei der „Spielraum des Verhaltens" (Waldenfels 1980) darin besteht, dass ich erfragte Antwort geben oder verweigern kann bzw. anderweitig kreativ mit dieser Forderung umgehen kann. Damit ist das Antworten in einem weiteren Sinne auch nicht auf die Sprache beschränkt, sondern geht darüber hinaus und kann hier ein Wegsehen oder Weghören einschließen oder im Falle des Handschlags ein Ausschlagen desselben.

Waldenfels interessiert sich hier in Entwicklung seines Konzepts zunächst für die Intentionalität, die er im Sinn des Woraufhin eines Verhaltens oder eines Erlebens versteht. Jedoch können sich auch Regeln einschleichen, wie im Gruß mit der rechten Hand und einem rechten Druck, die Waldenfels in den Kontext der Kommunikativität (vgl. Jürgen Habermas) setzt, die er mitberücksichtigt, um die Möglichkeit von subjektiven Intentionen (vgl. Hans-Georg Gadamer) hin zu intersubjektiven Regelungen aufzuzeigen. Die Responsivität hingegen fokussiert die Momente des Worauf, Momente der Überraschung, des Zuvorkommens, des Sichereignens, der Konfrontationen mit Unbekannten, der Beanspruchung, der

(An-)Erkennung der Autonomie des Anderen, der Thematisierung einer Fremderfahrung im Kontrast zur Selbsterfahrung. Der Leib ist mehr als nur Subjekt und Träger bestimmter Funktionen, der auf andere Leiber als Objekte und Träger vergleichbarer Funktionen trifft. Er ist in allen Bereichen konstitutiv (mit-)beteiligt, und Waldenfels bezieht diese Bereiche daher auf eine Sphäre der Leiblichkeit, um herauszuarbeiten, inwiefern leibliches Verhalten als responsiv verstanden werden kann. Dazu beschreibt er verschiedene Dimensionen des leiblichen Antwortens wie Sensorik (Tasten, Sehen, Hören), Motorik, Ausdruck und Sexualität und veranschaulicht, wie sich diese in ihrem Antworten auf die Erfordernisse der jeweiligen Situation zu einem „leiblichen Responsorium" verbinden, das aus verschiedenen responsiven Registern besteht.

Als eines der Register, die zum leiblichen Responsorium gehören, führt Waldenfels wiederum den Handschlag an, der von ihm zum Beispiel zusammen mit Stimme und Blick zu den besonderen Antwortweisen leiblichen Verhaltens gezählt wird: Die Hand zum Handschlag gilt als leibliches Phänomen, jedoch nicht primär als Körperteil oder Werkzeug, sondern als Register, in dem sich das Geschehen von Anspruch und Antwort auf verschiedene Weise bemerkbar macht. Wie oben diskutiert, bedeutet das Geben meiner Hand bereits, dass ich gebe, was nicht allein zu mir gehört. Es ist schon durch den Anderen in Anspruch genommen worden, und ich kann nur im Antworten zu ihm Stellung beziehen. Mit meiner Hand gebe ich ihm einen Teil meines eigenen Leibes. Ich vollziehe mit meinem Händedruck eine Gebärde des Sichgebens, und es entsteht im Bereich des Tastens eine Wechselberührung im Händedruck, wobei der Druck, ob kräftig oder leicht, verschiedene Grade von Nachdruck erkennen lässt und der Stimme oder dem Blick insofern gleicht, als dass er keine „Eigenschaft" und kein „Zustand" von etwas ist, sondern *geschieht* (vgl. Waldenfels 1994b, 513, 514). Im Sinne eines „antwortenden Hörens" oder eines „Schauens auf" entspricht dieses Geschehen einem „Rühren an".

Waldenfels erkennt die Dimension des Responsiven, weil ich gebe, was nicht allein mir gehört, und weil es durch den Anderen vorweg schon in Anspruch genommen ist. Auch zeigt sich die unabdingbare pathische Dimension der Erfahrung, die ein weiteres Merkmal der responsiven Phänomenologie von Waldenfels darstellt: Diese geht vom Pathos, vom Widerfahrnis aus, das mich anrührt, das mir zuvorkommt, dem ich ausgesetzt bin, das mich verletzt oder mich herausfordert. Ich mache eine Erfahrung, die sich mir auferlegt (vgl. Busch u. Därmann 2007). Ich bin einem Anspruch ausgesetzt, der sich meiner Kontrolle entzieht, der meine Möglichkeiten übersteigen kann. Ich antworte nicht auf etwas, sondern erst im Antworten tritt das, was mich trifft, als solches zutage. Ich und der Andere, das Eigene und das Fremde gehen aus dem besagten Zwischengeschehen hervor; ein Geschehen, das weder in einem Schema von Reiz und Reaktion noch mit der Auffassung von Ursache und Wirkung begriffen wird, denn die Wirkung geht der Ursache voraus und verweist auf einen Spalt des Unmöglichen, sobald sie die eigenen Möglichkeiten übersteigt. Waldenfels umschreibt diesen Prozess unter anderem in den *Bruchlinien der Erfahrung* (Waldenfels 2002) mit dem Ausdruck „Diastase", der wörtlich ein Auseinanderstehen, ein Auseinandertreten meint und auf einen Differenzierungsprozeß verweist, in dem das, was unterschieden wird, erst entsteht (vgl. Gelhard 2007). Die Erfahrung ist gegenüber sich selbst verschoben „in Form einer Vorgängigkeit dessen, was uns affiziert, und einer Nachträglichkeit dessen, was wir darauf antworten" (Waldenfels 2002, 10).

5. Der Auftritt des Anderen in den Künsten und Medien. Kontextualisierungen in Theater, Tanz und Film

Waldenfels' Theorie leiblich verankerter „Responsivität", die das Antworten auch in einem leiblichen Sinn als einen Grundzug allen menschlichen Verhaltens und Schaffens thematisiert, findet in den Künsten und Medien, in Analysen ihrer Ästhetik und Ethik, zum Beispiel in Kontextualisierungen zwischen Theater, Tanz und Film produktive kulturelle und kulturwissenschaftliche Anschlüsse. Innerhalb seines Konzepts von Leiblichkeit, in der sowohl der eigene als auch der fremde Leib immer beteiligt sind, eröffnen sich Spielräume eigener und fremder Möglichkeiten, verschieben sich Bedeutungen auch in den Bereichen des Tanzes, des Theaters und des Films, Orte sowohl ästhetischer als auch leiblicher Erfahrung. Das Wovon des Getroffenseins, das etwas in Gang setzt und das Worauf des Antwortens, in dem dieses etwas Gestalt und Sinn annimmt, finden sich nach Waldenfels auch in den Künsten, die Erfahrungen (mit-)gestalten: Hier beispielhaft im Tanz als Kunst leiblicher Bewegung, wo Rhythmen und Techniken ihren leiblichen Halt in Fähigkeiten zur Bewegung und in Gewohnheiten der Bewegung finden, und im Aufführungsgeschehen die leibliche Bewegung eine Erprobung und Steigerung erfährt (vgl. weiterführend Brandstetter 2009; Foellmer 2009); darüber hinaus im Theater als Schauplatz des Fremden, das Fremdes zur Darstellung bringt, selbst aus der Fremde kommt und von pathischen Impulsen lebt (vgl. grundlegend und in detaillierter Diskussion von Waldenfels: Roselt 2008); dazu im Kino, einem Ort überraschter Wahrnehmung und leiblicher Verwirrung, wo das Sehen und Hören vergehen sowie der Atem stocken kann. Es klingt hier bereits an, worum es Waldenfels, unter anderem in seinem dritten Band der Studien zur Phänomenologie des Fremden, *Sinnesschwellen* (Waldenfels 1999), geht und was im Folgenden an der Wahrnehmungssituation im Kino mit Fokus auf den Filmschauspieler weiter durchdacht und hinterfragt wird: Sinne und Künste befinden sich in einem Wechselspiel, versetzt in einen weiteren Modell des Zwischen, in dem der Leib als Umschlagstelle fungiert, in Schwellenerfahrungen, quer durch die Sinnessphären hindurch, in denen optische und akustische Phänomene, Gesehenes und Gehörtes nicht einfach in der

Welt sind, sondern eine Ereignishaftigkeit besitzen und im Sichtbarwerden und Hörbarwerden entstehen, die Erfahrungen (mit-)organisieren. Auch hier rührt die Fremdheit an den Sinnen, wird der Spielraum der eigenen Möglichkeiten beansprucht, tritt ein Anderer auf und fordert eine Antwort.

Im Kontext visueller Darstellungen von Personen ist die Erfahrung im zeitgleichen Akt des Sehens und der Wahrnehmung eine vermittelte, soweit sie von uns als Zuschauer in unserer Vorstellung realisiert und um eigene imaginäre Anteile ergänzt wird, doch wirkt sie im Gegensatz zur Erfahrung mit Personen im Roman unmittelbarer: Die Veranschaulichung ist direkter, aber dadurch schwerer zu begreifen und abzuwehren. Innerhalb einer phänomenologischen Ästhetik des Films, die, vermittels der Intentionalität, nicht den Film als Kunstwerk selbst untersucht, sondern die Modalität, in der er gesehen, erlebt und wahrgenommen wird, ist der Auftritt des Filmschauspielers Teil der Erfahrung mit diesem Medium: Film als Ausdruck von Erfahrung durch Erfahrung ist die Verbindung zweier schauender Subjekte, die auch als sichtbare Objekte existieren, und wird somatisch verstanden (vgl. dazu grundlegend Sobchack 1992 und einführend Robnik 2002). In dieser intentionalen Struktur der Wahrnehmung existiert eine untrennbare Relation zwischen dem Sehen und dem Sichtbaren im visuellen Feld, in der das Sehen als Wechselbeziehung zwischen dem Blick des Zuschauers auf die Leinwand und den Objekten, den Personen und Gegenständen darin zu verstehen ist.

Innerhalb solcher Korrelationen regt das leibliche Verhalten des Filmschauspielers, zu dem auch die Stimme gehört, den Zuschauer unmittelbar an: Er fühlt sich von ihnen angezogen oder vielleicht abgestoßen, er verfolgt das Geschehen fasziniert oder gegebenenfalls gelangweilt, er erfährt Stimme, Bewegung, Rhythmus, Mimik und Gestik auf vielfältige Weise, er ist mitgerissen oder beschämt, er erkennt sich in der Kunst des Schauspielers wieder und bekommt eine Rolle, in der Selbst- und Fremderfahrung ineinander spielen. Der Zuschauer verharrt in dieser besonderen Wahrnehmungssituation im Sessel in aufgezwungener Distanz und erfährt doch unmittelbare Nähe zu den Akteuren auf der Leinwand, die außerhalb des Kinos nicht möglich ist, weil er ihnen dort nicht in gleicher Weise begegnen wird. Die Erfahrung mit dem Filmschauspieler wird deshalb als eine virtuelle Erfahrung mit seinem Leib erkannt. Seine Präsenz auf der Leinwand ist zu allererst eine leibliche Präsenz. Der Affekt des Zuschauers ist ein korrespondierender Affekt der Leiblichkeit: Er versteht den Film nicht nur durch die Bilder und die durch sie und ihre Montage und Technik entwickelte Narration, sondern gleichsam durch den entgegenkommenden Leib, seine Gesichtigkeit und Stimme (vgl. Sternagel, Levitt, Mersch 2011). Die Grunderfahrung des Films ist darum zunächst und zuallererst eine leibliche Fremderfahrung.

Der in die Welt gesetzte Leib des Filmschauspielers, der gleichsam erfährt, handelt, sich verhält und orientiert, fungiert dabei als Medium und Voraussetzung der Filmrezeption, die Sinnerfahrung gründet im Leib, in einer ebenso mimetischen wie responsiven Leiberfahrung: Die Bewegungen, das Verhalten, die Berührungen des Schauspielers werden leiblich mitempfunden. Zuschauer und Schauspieler begegnen sich innerhalb gemeinsamer Strukturen verkörperter Erfahrung, in denen auch die Fremdheit, wie sie Waldenfels definiert, eine Rolle spielt: „Die Fremdheit des Anderen ist indessen genau das, was meine Möglichkeiten durchbricht in dem Sinne, dass meine Möglichkeiten durch den Anderen in Frage gestellt werden" (Waldenfels 2000a, 392). Der Zuschauer wird mit der Präsenz des Schauspielers konfrontiert und erfährt die subjektive Wahrnehmung des Anderen und Fremden im filmischen Bild, im Spiel des Schauspielers, das sich zur Welt öffnet, sukzessive eine Figur entstehen läßt und ebenso leiblich und intentional erscheint wie sein eigenes Verhalten. Eine solche Wahrnehmungssituation läßt sich über das jeweilige technische Dispositiv des Films hinaus annehmen und wird durch dessen wechselnde Konstellation nicht tangiert – es läßt sich vielmehr von einer *Vorstruktur* sprechen, die in diese eingeht, die optimiert oder durch Effekte übertont, nicht aber in Frage gestellt wird. Das Aufeinandertreffen zwischen Zuschauer und Schauspieler ist auch ein Treffen, in dem es um den reflektiven und reflexiven Gebrauch des Leibes, um die Responsivität und um die Wahrnehmung des Ausdrucks und den Ausdruck der Wahrnehmung geht. Es ist ein Treffen, in dem Korrelationen zwischen dem Selbst und dem Anderen bestehen. Das Andere deutet auf die Andersheit, auf die Alterität, auf die Beziehung zum Fremden hin, auf das Verhältnis der Koexistenz mit dem sich zeigenden Anderen, der anderen Person, seiner Erscheinung: Dem Filmschauspieler werden seine Erlebnisse auf Grundlage seiner leiblichen Äußerungen angesehen. Ihr Sinn wird als angedeutet aufgefasst, bedeutet aber nicht nur als unverfügbares Zeichen. Der Rhythmus des Tons und des Bildes, die Montage von Geräuschen und Tönen organisieren sich in ihrer zeitlichen und räumlichen Anordnung vor dem Zuschauer.

„Die Schauspieler für uns und für sich selbst", wie Merleau-Ponty in seiner Vorlesung über das Kino betont, werden im Bild als sichtbare Möglichkeiten des Verhaltens wahrgenommen, indem sie sich artikulieren, sich bewegen und miteinander agieren: Der Film gibt ihnen die Gelegenheit, „sinnlich wahrnehmbare Sinnbilder" zu suchen, die sie gemeinsam mit den anderen am Entstehungsprozess des Films Beteiligten zu einem „sichtbare[n] und klingende[n] Monogramm" entwerfen (Merleau-Ponty 1947a, 44, vgl. Fahle 2010, 166f.). „[D]er Sinn des Films ist seinem Rhythmus einverleibt, wie der Sinn einer Geste der Geste unmittelbar ablesbar ist, und der Film will nichts bedeuten außer sich selbst"; der Film wendet sich an „unsere Fähigkeit, die Welt oder die Menschen stillschweigend zu entziffern und mit ihnen zu koexistieren" (ebd.). Der Zuschauer koexistiert mit dem Filmschauspieler, der sich an ihn wendet, an seine Fähigkeit, die Welt oder die Menschen „zu entziffern". Auch der Leib des Zuschauers und der Leib des Filmschauspielers treffen sich im Verhältnis eines intentionalen Übergreifens, zwischen beiden besteht gleichsam „das Band der Gestalt, die den visuellen und taktilen Wahrnehmungen gemeinsam ist", im Ausdruck der Erfahrung durch Erfahrung, und der Leib des Filmschauspielers zieht den Leib des Zuschauers in die Bewegungen seines Leibes hinein (Merleau-Ponty 1988, 436): Stimme, Bewegung, Rhythmus, Mimik und Gestik rücken, in einem Vorverständnis der Rolle, vor einer intellektuellen Konstruktion oder Identifikation, in das Zentrum der Wahrnehmung, für das wie im Theater gilt: „Wahrnehmend kann der Zuschauer nicht bei sich bleiben, seine Erfahrung beginnt immer beim Anderen" – „Zwischen Schauspieler und Zuschauer entsteht eine Beziehung, die nicht auf einer gemeinsamen Auffassung der Rolle oder einer inhaltlichen Interpretation eines Dramas gegründet wäre" (Roselt 2008, 239).

Im Gegensatz zum Theaterschauspieler repräsentiert der Filmschauspieler in seiner Inszenierung vor und mit der Kamera ein Objekt gesteigerter Wahrnehmung. Seine künstlerischen Qualitäten unterliegen einem anderen Wahrnehmungsmodus. Innerhalb des Zentrums der Wahrnehmung kann u.a. das Gesicht in einer Nahaufnahme ein überwältigender Bestandteil sein. Der Leib des Schauspielers agiert im Bild intentional, seine Erlebnisse können ihm auf Grundlage seiner leiblichen Äußerungen angesehen werden. Er bringt wie der Theaterschaupieler in einem performativen Prozess leibliches Verhalten hervor, eröffnet dem Zuschauer mit seiner Präsenz ein Potential und ist auch in bloßen Teilen für den Zuschauer verfügbar. Der Zuschauer partizipiert mit Hilfe des Filmschauspielers an einer unmittelbaren und ästhetisch wirkungsmächtigen Erfahrung und stellt sich auf einen unvorhersehbaren Blick ein. Er erfährt auf eine Weise, die Waldenfels im Rückgriff auf Merleau-Ponty, im Kontext der Intentionalität leiblicher Bewegung, wie folgt feststellt: „Hinschauen und Hinsehen bestehen nicht darin, daß bestimmte Reize eintreffen und dann eine Reaktion auslösen, sondern das Sehen setzt schon voraus, daß ich mich auf etwas einstelle, daß ich aufmerke und in diesem Sinne tätig werde" (Waldenfels 2000a, 145). Der Zuschauer wird aktiviert und ist in sich selbst beim Anderen. Er handelt bereits mit seinem eigenen Sehen und begegnet dem Schauspieler im Film, der in seiner Wahrnehmung eine Bedeutung schafft, der für ihn sichtbar gemacht wird und wahrnehmbar wird. Dieser realisiert im Ausdruck Sinn: „Ausdruck bedeutet nicht, daß ein inneres Erleben nach außen tritt, etwa vermittels konventioneller Zeichen, wie wir es von der Sprache her kennen, sondern Realisierung von Sinn bedeutet, daß der Sinn im Verhalten selber wirklich wird." (ebd., 229). Sinn wird im Verhalten des Filmschauspielers erfahrbar und ist nicht verborgen, sondern zeigt sich auf dem Gesicht oder in den Gesten.

Im (An-)Gesicht des Filmschauspielers ermöglicht dieser Ansatz von Waldenfels das Verständnis für die Wahrnehmungssituation im Kino als ein Zwischengeschehen zwischen Schauspieler und Zuschauer, in dem sich der Zuschauer mit dem Schauspieler und mit sich selbst auseinandersetzt, in dem verschiedene responsive Register gezogen werden können. Die Fremdheit des Schauspielers rührt an den Sinnen, die leiblichen Sinne des Zuschauers werden von ihm nicht verschont, sie werden mit ihm in Bereiche der Schwellenerfahrungen versetzt, sie sind in allen Sinnessphären aktiviert (vgl. zur synästhetischen Filmerfahrung einführend Becker 2005 sowie grundlegend Marks 2002 und Barker 2009). Der Leib des Zuschauers wirkt zurück auf die Zugangsweise, in der ihm der Schauspieler begegnet, und es ist diese besondere Weise, die ihn in ein Unvertrautes gelangen läßt, wo er sich der Präsenz des Schauspielers gegenübersieht und seine Wahrnehmung damit beginnt, daß ihm etwas auffällt. Für ein weiteres Verständnis der Wahrnehmungssituation im Kino, in der der Zuschauer mit seinem Leib immer beteiligt ist, gilt es über Waldenfels hinaus, zum Beispiel mit Gilles Deleuze (s. den Beitrag von Schaub in diesem Band), das Bewegtbild hinsichtlich der Frage nach den Trägern von Affekten detailliert zu durchdenken, die auch abseits des Schauspielers zu finden sind. Es ergeben sich daraus in Berücksichtigung der Entwicklungen vom analogen zum digitalen Bewegtbild weitere Fragestellungen bildtheoretischer Art, die mit Waldenfels' Ansatz verfolgt werden könnten, unter anderem zum Konzept der Responsivität und seiner Anwendungsöglichkeit in einer Analyse zur Ästhetik des Computerspiels in Bezug auf den Avatar.

Literatur:

Waldenfels 1971, Waldenfels 1980, Waldenfels 2000a, Waldenfels 1994b, Waldenfels 2002, Kapust 2007, Roselt 2008.

Hermann Schmitz – Leiblichkeit als kommunikatives Selbst- und Weltverhältnis

Kerstin Andermann

1. Einleitung

Die „Neue Phänomenologie" von Hermann Schmitz bietet eine Theorie der Leiblichkeit im engeren Sinne. Sie bemüht sich um eine begriffliche Bestimmung leiblicher Erfahrung, die sich dem phänomenalen Charakter des Erlebens anpasst, ohne ihren Gegenstand durch unhinterfragte Konstitutionsbedingungen zu reduzieren. Sie will der Hintergründigkeit und der Verborgenheit dessen, was wir in Abgrenzung vom Körperlichen als das Leibliche bezeichnen, durch präzise begriffliche Erschließung Evidenz verleihen und es in seiner Geltung für den menschlichen Lebenszusammenhang hervorheben. Kaum ein anderer Begriff nimmt in der Philosophie von Hermann Schmitz eine so zentrale Stellung ein wie der des Leibes, und dementsprechend besteht die hervorzuhebende Leistung der Neuen Phänomenologie besonders in der Grundlegung und „Durchmusterung des Gegenstandsgebiets" (Schmitz 1990, 115) der Leiblichkeit und der Bereitstellung eines systematischen Begriffsrepertoires zur adäquaten und differenzierten Beschreibung leiblicher Phänomene. Der Begriff der Leiblichkeit bildet eine Scharnierstelle für weitere systematische Teilbereiche der Neuen Phänomenologie und er stellt die Basis aller weiteren Bestimmungen der menschlichen Existenzweise dar. Leiblichkeit wird nicht nur als Fundament der Erfahrung *entfalteter Gegenwart* und zur Bestimmung von Gefühlen, Bewusstsein und Personalität einbezogen, sondern auch in ihrer zentralen Rolle für die Kultursysteme (Kunst, Recht, Moral, Religion, Politik) untersucht, die den lebensweltlichen Gesamtzusammenhang bilden. Umgekehrt wird die Dimension der Leiblichkeit aber auch philosophiehistorisch in den Blick genommen, um die ontologischen und erkenntnistheoretischen Voraussetzungen und die philosophiegeschichtlichen Umschlagpunkte erkennbar zu machen, von denen ihre Bestimmung abhängt und die zur Leibvergessenheit weiter Bereiche des philosophischen Denkens geführt haben.

2. Leiblichkeit in der Neuen Phänomenologie

Die Notwendigkeit einer Rehabilitierung der leiblichen Erfahrung ergibt sich für Schmitz aus einem Paradigmenwechsel, der sich nicht erst im neuzeitlichen Denken (und längst nicht allein, wie oft behauptet, in der hierarchischen Negation des Körpers bei Descartes), sondern bereits in der vorchristlichen Philosophie bei Demokrit und Platon ereignet habe. Dieser Paradigmenwechsel zeichnet sich für Schmitz durch eine Abschließung des Erlebens in die privaten *Innenwelten* des Einzelnen und eine projizierende Abspaltung des unmittelbar Gegebenen aus, die im Platonismus ihren Ausgang genommen habe. Mit der Beschneidung der Außenwelt um mannigfaltige Qualitäten gehe das Zurücktreten derselben in eine innere Sphäre unbestimmter Erfahrung einher. Die Aufspaltung des Menschen in eine Seele und einen Körper und die Gliederung der Erfahrung nach dualistischem Muster führe zudem dazu, dass leibliche Regungen nicht ganzheitlich zuzuordnen sind und sich der Bestimmung von der einen wie von der anderen Seite her entziehen.

Die *introjektionistische* Reduzierung der Fülle unwillkürlicher Lebenserfahrung ist aber auch verbunden mit einer Orientierung der Möglichkeitsbedingungen von Wahrnehmung an ontologischen Kategorisierungen (wie sie z.B. mit der aristotelischen Kategorienlehre und ihrer Auszeichnung der Substanz vor der Relation vorliegen), die die Evidenz diffus-bedeutsamer, mannigfaltiger und unbestimmter Qualitäten ihrerseits konterkarieren. Als Grundlagentheorie und in ihrer Funktion der Abbildung verharrender Strukturen des Seins trägt die Ontologie eine besondere Verantwortung dafür, das Gegebene nicht an reduzierenden Leitbildern zu orientieren und es nicht durch metaphysische Voraussetzungen zu verzerren. Zwar betont Schmitz diese Verantwortung der Ontologie, gleichwohl aber kommt auch er nicht umhin, mit seiner Bestimmung des Gegebenen neue ontologische Leitbilder einzuführen – wenn auch unter ganz anderen kategorialen Vorzeichen. Durch die historische Erschließung und systematische Durchdringung der philosophiegeschichtlichen Entwicklungen, die zur Verdrängung der *Leiblichkeit* und des *affektiven Betroffenseins*, zur Verkürzung des *Raum*verständnisses, zur Verkennung der *Gefühle* in ihrer leiblich vermittelten *Atmosphären*haftigkeit und zur Aufspaltung der *binnendiffusen Bedeutsamkeit* von *Situationen* in messbare Einzelwerte geführt haben, können die Möglichkeitsbedingungen einer anderen Bestimmung und damit einhergehend einer anderen Erfahrung des Gegebenen ausgelotet werden.

Die Phänomenologie der Leiblichkeit wurde im Rahmen seines umfangreichen *Systems der Philosophie* seit 1964 und nach Abschluss des Systems ab 1980 in zahlreichen Einzelstudien dargelegt, unter denen sich auch eine kritische Revision des Systems findet (vgl. Schmitz 1999, 181–273). Mit dem Systembegriff verbindet Schmitz nicht den Anspruch, die Unendlichkeit philosophischer Probleme in einem System erschöpfend zu behandeln. Er betont im Gegenteil vielmehr die notwendige Pluralität der Systeme und kennzeichnet es als die primäre Aufgabe seiner Philosophie, die Stellung des Menschen in seiner Umgebung durch eine systematische, schrittweise Prüfung der Bedingungen zu erhellen, die zur reduzierenden Vergegenständlichung seiner Gegenwart geführt haben. Der Systemcharakter seines philosophischen Hauptwerks geht auf den methodischen Anspruch einer schrittweisen Überwindung *reduktionistischer*, *introjektionistischer* und *psychologistischer* Paradigmen zurück und zielt auf die Herauslösung der Phänomene aus ihrer Umklammerung durch die Begriffe dieser Tradition. Mit dem Begriff des Systems ist die systematisch und historisch ausgerichtete Durcharbeitung der philosophischen Probleme gekennzeichnet, die den Lebenszusammenhang des Menschen bestimmen.

> „Eine unerläßliche Voraussetzung für ergiebige Bearbeitung der phänomenologischen Aufgabe, mit Begriffen in die faktische Lebenserfahrung hineinzuleuchten, ist der Durchbruch durch die Kruste der zu hoch und zu künstlich angelegten Abstraktionsbasis der dominanten europäischen Intellektualkultur.“ (Schmitz 2003a, 375)

Den Mittelpunkt dieses kritisch-aufklärerischen Unternehmens bildet die Leiblichkeit als Basis der menschlichen Seinsweise. In Abgrenzung von der Klassifikation des Erlebens entlang der Sinnesleistungen wird das *eigenleibliche Spüren* als ein Vorgang gekennzeichnet, dessen begriffliche und kategoriale Fassung eine Neuorientierung erfordert. Die Notwendigkeit, Begriffe zu finden, die sich von denen der (natur-)wissenschaftlichen Bestimmung des Körpers unterscheiden, weist dabei auf einen qualitativen Unterschied von Leib und Körper hin, dessen Bestimmung sich aufdrängt, trotzdem der sicht- und tastbare Körper und der spürbare Leib engstens ineinander verschränkt sind. Vorangestellt wird eine Definition dessen, was der Leib im Unterschied zum Körper und unter der Voraussetzung einer Infragestellung der Seele ist.

> „Wenn ich vom Leib spreche, denke ich nicht an den menschlichen oder tierischen Körper, den man besichtigen und betasten kann, sondern an das, was man in dessen Gegend von sich spürt, ohne über ein „Sinnesorgan“ wie Auge oder Hand zu verfügen, das man zum Zweck dieses Spürens willkürlich einsetzen könnte.“ (Schmitz 1990, 115)

Im Zentrum der Schmitzschen Leibdefinition steht das Vermögen einer spezifischen (Selbst-)Wahrnehmung des Subjekts und seiner affektiven Betroffenheit. Schmitz unterscheidet zwischen einem Körper, der von seinen Organen, seiner Sinnesordnung und dem Erleben bestimmt ist, das sich über die Sinnesleistungen vermittelt, und einem Leib, der sich von den sinnlichen Vermögen abhebt, von vitalen Regungen bestimmt ist und im *eigenleiblichen Spüren* erfahrbar wird. Zwar ist das leibliche Erleben nicht durchgängig von der Erfahrung des Körpers abzugrenzen, doch gleichwohl ist es seiner Struktur nach scharf von einer gliedernden Schematisierung zu trennen, die durch das Wissen vom Körper und seine visuelle Wahrnehmung vorgegeben ist. Eigenleibliches Spüren – des Herzens und der inneren Organe, der Muskeln, des in den Adern pulsierenden Blutes, der konzentrischen Schmerzpunkte eines verspannten Nackens, des Ein- und Ausatmens – ist ein „Innesein des eigenen Leibes“ (Schmitz 1965a, 54) ohne die Zuhilfenahme der Sinnesleistungen des Sehens, Hörens, Riechens, Schmeckens, Tastens und der damit verbundenen fünfgliedrigen Klassifizierung des Wahrnehmbaren.

3. Die Räumlichkeit des Leibes und seine unbestimmte Gliederung

Die räumliche Verfasstheit des Leiblichen ist für Schmitz ein wesentliches Merkmal seiner Abgrenzung vom Körper. Er bestimmt diese Räumlichkeit als *flächenlos* und *prädimensional*, aber *örtlich abgehoben* und ihrem phänomenalen Volumen nach dem Hören vergleichbar. Während der Körper von einer klaren und flächigen Grenze nach außen gekennzeichnet ist, wird das Leibliche eher als eine voluminöse Ausdehnung erlebt, die im relationalen System von Lage- und Abstandsverhältnissen nur vage auszumachen ist:

„Relativ heißt […] ein Ort, wenn er durch räumliche Orientierung bestimmt ist, d.h. durch ein System von Lage- und Abstandsbeziehungen, wodurch mehrere Orte einander wechselseitig identifizierbar werden lassen. Absolut heißt ein Ort dagegen, wenn er unabhängig von räumlicher Orientierung bestimmt oder identifizierbar ist.“ (Schmitz 1965a, 6)

Die örtliche Relativität kann als Normalfall räumlicher Orientierung gelten und bedarf an dieser Stelle keiner weiteren Erklärung. Die *absolute Örtlichkeit* hingegen wird von Schmitz insbesondere an Phänomenen leiblicher Regung nachgewiesen: Überwältigende Angst und starker Schmerz gelten als zwei der äußersten Erfahrungsweisen absoluter Örtlichkeit, wobei in jedem leiblichen Befinden ein absoluter Ort gegeben ist (vgl. Schmitz 1965b, 11ff.). In ihnen scheitert der Drang, sich vom eigenen Ort zu entfernen und Gegenwart wird insistierend als unumgängliche Anwesenheit am eigenen Ort erfahren. Auch die Erfahrung von *Enge* kann in besonderer Weise als leiblich ausgewiesen werden, insofern sie mit einer Erfahrung absoluter Örtlichkeit einhergeht und das heißt mit einem absoluten Ort zusammenfällt. Das Erleben von *Weite* hingegen begreift Schmitz als von sich aus ortlos, aber der Enge in dialogischer Struktur verhaftet gegenüberstehend und aufgrund dieser reversiblen Verschränkung ebenfalls als leibliches Phänomen anzusehen. Die räumliche Bestimmung der Leiblichkeit ist also im engeren Sinne einer *absoluten Örtlichkeit* und in einem weiteren Sinne mit Blick auf die Korrelate dieser Örtlichkeit zu verstehen. Die erste, im zweiten Band des Systems von 1965 gegebene Definition des Leiblichen nimmt ihren Ausgang von der Untersuchung der Räumlichkeit: „Leiblich ist das, dessen Örtlichkeit absolut ist. Körperlich ist das, dessen Örtlichkeit relativ ist.“ (Schmitz 1965a, 6) Während die Gleichzeitigkeit des Erlebens leiblicher und körperlicher Dimensionen sich auch ihrer räumlichen Definition nach nicht widerspricht, vielmehr sogar bedingt, wird das gleichzeitige Vorhandensein seelischer und körperlich-leiblicher Phänomene ausgeschlossen und die Frage nach dem Seelischen zum Ausgangspunkt der Kritik des *Introjektionismus* gemacht. Zur Unterscheidung von Leib und Körper schreibt Schmitz im ersten Band des Systems:

> „Der *reine Leib* ist bloß absolut-örtlich und gar nicht relativ örtlich bestimmt; er kommt bei den panischen Zuständen von Angst, Schmerz und Wollust vor, wenn die räumliche Orientierung verloren gegangen ist. Der *reine Körper* ist bloß relativ-örtlich und gar nicht absolut-örtlich bestimmt; er bildet das Objekt der naturwissenschaftlichen Beschäftigung von Anatomie, Physiologie und exakt messender Medizin mit dem menschlichen Körper. In der Mitte zwischen Beiden steht der *körperliche Leib*, der sowohl absolut-örtlich als auch relativ-örtlich ist: das Gewoge verschwommener Inseln, die ebenso je für sich einen relativen und einen absoluten Ort haben, wie sie durch einen absoluten Ort zur Einheit des Leibes im Ganzen zusammen gehalten werden." (Schmitz 1965a, 54)

Während hier noch eine mögliche Trennung des reinen Körpers vom reinen Leib angenommen wird, hält Schmitz in seiner Revision des Systems von 1999 fest, dass die Unterscheidung eines reinen Leibes vom körperlichen Leib „zwar begrifflich ausreichend präzise, praktisch aber wenig ergiebig" (Schmitz 1999, 199) ist. Die Erfahrung des Leiblichen ist also im Wesentlichen nicht von seiner relativen Örtlichkeit im Koordinatensystem körperlicher Raumerfahrung her zu verstehen, sondern hebt sich als situative Gegenwart vom durch Lage- und Abstandsverhältnisse gegliederten Körper ab.

Schmitz präzisiert die Bestimmung der Leiblichkeit weiter durch ihre Charakterisierung als *unteilbar ausgedehnt* und ihre Unterscheidung von *teilbar ausgedehnten* Phänomenen des Körperlichen. In der absoluten Örtlichkeit des Leiblichen wird die Gesamtheit dessen integriert, was wir im erfahrbaren Raum des Körpers vernehmen. Ist diese Ausdehnung als Gesamtheit gestört, so ist die Einheit des Leibes in der Selbstwahrnehmung gestört. Schmitz charakterisiert die ganzheitliche leibliche Wahrnehmung als ein leibliches Befinden vom Typ einer *Gesamtstimmung* oder eines Körpergefühls, das nicht weiter aufzuspalten ist, wenngleich es insgesamt doch von einer Verschwommenheit partieller Regungen bestimmt ist. Die leiblichen Regungen werden weiter unterschieden in *teilheitliche* Regungen, wie Kitzel oder Herzklopfen und *ganzheitliche* leibliche Regungen, die eher wie eine umfassende Gestimmtheit auftreten (wobei die ganzheitliche leibliche Wahrnehmung eben auch von der Dominanz einzelner, z.B. schmerzender, Leibesinseln bestimmt sein kann). Was für eine Phänomenalität des Körperlichen mit dieser Bestimmung von Leiblichkeit gemeint ist, zeigt sich im bewussten Nachvollzug.

„Versuche man aber nur einmal, an sich so stetig „hinunterzuspüren", wie man an sich hinuntersehen und hinuntertasten kann, aber ohne sich auf Augen und Hände oder die durch früheres Besehen und Betasten erworbenen Vorstellungsbilder zu verlassen! Man wird gleich merken, daß das nicht geht. Statt stetigen Zusammenhangs begegnet dem Spürenden ein Gewoge verschwommener Inseln in größerer oder geringerer Zahl, dünnerer oder dichterer Verteilung. Sie befinden sich in beständiger, gewöhnlich fast unbemerkter Wandlung, ermangeln des scharfen Umrisses und der beharrlichen Lagerung. Man kann das Experiment auch an einzelnen Gliedern ausführen, z.B. am Fuß. Optische und taktile Wahrnehmung liefern die bekannte Gliederung zwischen Hacke und Zehen. Für das eigenleibliche Spüren pflegt dagegen die gestalthafte Einheit des Fußes zu fehlen." (Schmitz 1990, 119)

Die „Inselhaftigkeit" des Leiblichen wird in dieser Darstellung besonders deutlich und in ihrer Bestimmung als ein „Gewoge verschwommener Inseln" (ebd.) auf den Punkt gebracht.

Eine weitere wichtige Unterscheidung der begrifflichen Durchgliederung der Leiblichkeit und des leiblichen Raumes, wie Schmitz sie vornimmt, ist die des motorischen und des perzeptiven Körperschemas. Das *motorische Körperschema* ist ein habitualisiertes Vermögen der orientierenden leiblichen Richtungnahme und ein intuitives Wissen von der Anordnung der Körperteile und der empfundenen „Leibesinseln". Als System der Orientierung in der Körpergegend unterscheidet es sich vom *perzeptiven Körperschema* nicht nur dadurch, dass seine Funktionsweise unwillkürlich und vorreflexiv bleibt, sondern auch durch die Unumkehrbarkeit seiner Richtungen. Im Gegensatz zu den umkehrbaren Verbindungen des perzeptiven Körperschemas, ist die Richtungnahme im motorischen Körperschema nicht als ein System von Lagen und Abständen rekonstruierbar. Das Zusammenspiel der Glieder des Körpers und die Einbeziehung der Umgebung und der umgebenden Dinge in die richtungsräumliche Orientierung verlaufen im motorischen Körperschema ohne eine phänomenal erfahrene Reaktionszeit. Verdeutlicht wird dies z.B. anhand des routinierten Autofahrers, der nicht nur motorisch mit dem umgebenden Vehikel zu einer leiblichen Bewegungseinheit verschmilzt, sondern auch in der *leiblichen Richtungnahme* durch den Blick *ohne Reaktionszeit* koagieren kann. In diesem Sinne muss das motorische Körperschema als ein eigengesetzliches Vermögen der Leiblichkeit begriffen werden, das tendenziell gerade im Moment seiner bewussten Ausübung zum Erliegen kommt. Auch für den routinierten Autofahrer wäre es zu spät, wenn er angesichts eines plötzlich die Straße kreuzenden Fußgängers erst nachdenken müsste, ob und wie er seinen Fuß auf die Bremse zu setzen hat. Das *perzeptive Körperschema* zeichnet sich im Unterschied zum motorischen durch die Übernahme objektiver Dimensionen und standardisierter Vorstellungen in die leibliche Orientierung aus. Es ist ein objektives, reflektiertes Vorstellungsbild des Körpers, das die leibliche Orientierung gleichsam überschreibt und in das sich die verschwommene Leiblichkeit wie in ein Formular einfügt. Im perzeptiven Körperschema beansprucht eine schematische

Ordnung des Körpers ihre Geltung, die sich von der unbestimmten und intuitiv vollzogenen Ordnung des Leibes trennen lässt.

Schmitz sieht die Reduktion des Körpers auf eine Trägersubstanz bestimmter Merkmale und ein gegliedertes Spektrum funktional geordneter Zonen als eine „nützliche und bei vernünftigem Gebrauch segensreiche Fiktion der Naturwissenschaft und Technik" (Schmitz 1990, 117) an. Er macht jedoch zugleich deutlich, dass dieser Körper nicht mit dem phänomenal reicheren Körper, den die Untersuchung der Leiblichkeit zu erschließen hat, verwechselt werden darf. Eine wesentliche Motivation des Bemühens um eine klare phänomenologische Begriffssprache besteht daher in der Abgrenzung von den Naturwissenschaften und der Sicherung phänomenologischer Erkenntnisse gegen die Konkurrenz exakt messender Wissenschaften. Schmitz bemüht sich um eine Definition des Leiblichen und des phänomenalen leiblichen Erlebens, die es erlaubt, über subjektive leibliche Tatsachen zu sprechen, ohne diese im Dualismus von Innen und Außen aus den Augen zu verlieren. Aus diesen Gründen ist die Frage nach der Möglichkeit des Sprechens in der Perspektive der Ersten Person so zentral für die Phänomenologie der Leiblichkeit.

4. Die Dynamik des Leibes und seine antagonistische Organisation

Mit der Bestimmung der Räumlichkeit des Leibes ist bisher nur eine Dimension der umfassenden begrifflichen Rekonstruktion der Leiblichkeit bei Hermann Schmitz angesprochen. Wesentlich für die Analyse leiblicher Erfahrung ist aber vor allem die *Dynamik* des Leiblichen bzw. die dynamische Verfasstheit der leiblichen Regungen. Wie Schmitz zeigt, kann diese Dynamik als ein strukturiertes System schematisierend erfasst werden. Seinen Grundzügen nach wird das leibliche Geschehen als ein Wechselspiel von *Enge* und *Weite* beschrieben und in diesen Grundzügen liegt die Lebendigkeit der körperlich-leiblichen Seinsweise. Die antagonistischen Tendenzen der Engung und der Weitung bestimmen das leibliche Erleben und machen den *vitalen Antrieb* des Subjekts aus. Als ihrer phänomenalen Qualität nach verbunden mit der Dynamik von *Engung* und *Weitung* werden die Dimensionen der *Spannung* und der *Schwellung* im leiblichen Erleben beschrieben, die den Spielraum der leiblichen Dynamik in wechselnder Gewichtung beider Richtungen ausfüllen. Das Dahinleben im leiblichen Rhythmus von Engung und Weitung (sowie korrelierend dazu Spannung und Schwellung) ist für Schmitz der Normalzustand des Lebens in entfalteter Gegenwart. Für die Bestimmung von Subjektivität ist allerdings gerade die Unterbrechung dieses Dahinlebens relevant, die sich als *primitive Gegenwart* ereignet und mit der zwingenden Erfahrung des Ich, Hier, Jetzt einhergeht.

„Primitive Gegenwart ereignet sich im elementar-leiblichen Betroffensein, im Einbruch des Neuen, das stutzen läßt, im Schreck, in Angst und Schmerz, in der Exponiertheit auf dem Gipfel des Orgasmus oder in katastrophaler Scham, im Zusammenbruch des Menschen an etwas, dem er nicht gewachsen ist: also im Getriebenwerden in die Enge, in akuter Engung." (Schmitz 1990, 122)

Solche Erfahrung primitiver Gegenwart durch leibliche Betroffenheit von einer bestimmten Wirklichkeit, wird als Auslöser von Individuation im Sinne eines Erkennens von *Identität* und *Verschiedenheit* verstanden, das sich aus dem Kontinuum *chaotischer Mannigfaltigkeit* abhebt. Die in der leiblichen Erfahrung fundierte Differenzierung des chaotisch mannigfaltigen Daseins ist für Schmitz Voraussetzung von Personalität, d.h. Voraussetzung des Denkens und des Erkennens, des Wollens und Handelns als Person in entfalteter Gegenwart. Die Korrelation von Enge und Weite und das antagonistische Miteinander von Engung und Weitung werden in diesem Sinne als Grundprinzipien der leiblichen Existenzweise vorgestellt und die Ausgeglichenheit von Engung und Weitung ist dabei der „normale" Zustand des leiblichen Befindens in entfalteter Gegenwart. Leibliches Spüren als Ausgangspunkt der Selbstwahrnehmung ereignet sich aber eben gerade als Abhebung aus diesem ausgeglichenen Zustand zwischen Enge und Weite im Moment leiblicher Betroffenheit, so z.B. im Schreck, in der Angst oder im Schmerz, die sich als Engung und Spannung bemerkbar machen. In Entspannungsmomenten, beim Einschlafen, in großzügigen Räumen, in räumlicher Weite der Natur oder in Erfahrungen von Leichtigkeit und Erleichterung hingegen fallen Schwellung und Spannung aus. Die Dynamik der Tendenzen von Engung und Weitung hängt beim lebenden Menschen eng zusammen, sie vereinseitigt sich im *vitalen Antrieb* als Übergewicht des einen Zustands über den anderen oder sie spaltet sich ab als *privative Weitung*. Die ausgeglichene Gewichtung beider Tendenzen, wie sie z.B. im gleichförmigen Ein- und Ausatmen deutlich wird, bildet das Grundmuster *leiblicher Ökonomie* im Spektrum körperlicher Erfahrungs- und Verhaltensweisen. Schmitz führt seine phänomenologischen Beschreibungen anhand einer beachtlichen Vielzahl und Varietät von Beispielen umfassend aus und schließt an unterschiedliche Anwendungs- und Praxisfelder an.

Eine weitere Nuance in der Bestimmung des phänomenalen Charakters der Leiblichkeit wird mit dem Begriffspaar der *protopathischen* und der *epikritischen* Tendenz eingeholt, das der Neurologe Henry Head geprägt hat. Im Unterschied zur Bestimmung der Tendenzen leiblicher Richtungnahme wird hiermit die Qualität von Empfindungen im engeren Sinne erfasst:

„Protopathisch ist die Tendenz zum Dumpfen, Diffusen, Ausstrahlenden, worin die Umrisse verschwimmen, epikritisch die schärfende, spitze Punkte und Umrisse setzende Tendenz." (Schmitz 1990, 126)

Protopathische und epikritische Empfindungen schließen sich nicht aus, sondern leibliche Regungen können sowohl in der einen als auch in der anderen Weise erlebt werden. Besonders deutlich auszumachen sind diese Qualitäten wiederum in der Erfahrung von Schmerz, der nun – wie Schmitz beschreibt – eher als dumpf und wühlend oder als scharf und stechend wahrgenommen werden kann.

Die Dynamik des Leiblichen läßt sich auch anhand längerfristiger *leiblicher Dispositionen* beschreiben – die wandelbar und abhängig von äußeren Faktoren – den Einzelnen oder auch ganze Gruppen erfassen und beherrschen können. Schmitz hat diese Dimension der leiblichen Disposition in ganz verschiedenen Analysen zur politischen Geschichte und zur Kunstgeschichte, aber auch zur Einordnung psychiatrischer Krankheitsbilder herausgestellt. Zwar ist die leibliche Disposition, wie Schmitz sie bestimmt, nicht im Sinne einer statischen Bedingung zu verstehen, sondern wird als höchst wandelbar und durchlässig angesehen. Gleichwohl liegt der Verdacht nahe, dass wir es hier mit einer deterministischen Denkungsart zu tun haben, durch die das Subjekt reduzierend von seiner leiblichen Disposition her bestimmt und klassifizierend an die Bedingungen seiner Leiblichkeit gebunden wird. Schmitz bestimmt die Rolle der Leiblichkeit vor allem in ihrer Fundierungsfunktion, wenn er ihre Bedeutung als Basis der menschlichen Lebenszusammenhänge und der Kultur hervorhebt. Als solche aber ist die Leiblichkeit konstitutiv mit kulturellen Dimensionen verschränkt und nicht von den Macht- und Wissensverhältnissen zu trennen, denen das Erleben des Körpers untersteht.

5. Leiblichkeit als Kommunikation und Resonanz

Von ihrer Dynamik ausgehend wird Leiblichkeit auch in übergreifenden Zusammenhängen sichtbar und zur Grundlage der Erklärung von Leistungen, die den Raum des einzelnen Körpers überschreiten. Der Leib zeigt sich in Hinblick auf seine Resonanzfähigkeit als Akteur und nicht als bloß latenter Hintergrund des Handlungs- und Wahrnehmungsgeschehens. Leiblichkeit ist nicht nur als eine Frage der Selbstaffektion, d.h. vom eigenleiblichen Spüren und der leiblichen Betroffenheit des Subjekts durch seine psychophysische Verfasstheit (z.B. im Falle von starken Emotionen oder Schmerz) her in den Blick zu nehmen. Sie wird vielmehr auch in einem weiteren Sinne evident, wenn wir den Leib in Kommunikations- und Interaktionszusammenhängen betrachten, die den Körperraum überschreiten und ihn im Zusammenspiel mit anderen Körpern (im Straßenverkehr oder beim Sport), im Umgang mit Dingen und Objekten (technischen Medien, Werkzeugen oder Instrumenten), in der Wahrnehmung von Atmosphären und Situationen (im Falle von Stimmungen, Gefühlen oder geteilten Situationen) usw. zeigen. Leiblichkeit ist durch die ihr innewohnende Dynamik in übergreifende Zusammenhänge eingeschlossen und erweist sich als ein Resonanzfeld mit permanent übergreifendem Bezug auf die Umgebung. Das leibliche Geschehen seiner Struktur nach als Kommunikation zu verstehen, ist für Schmitz der leitende Ausgangspunkt zur Analyse der Einzelphänomene. Bereits in seiner grundlegenden (oben angeführten) Definition der Leiblichkeit wird deutlich, dass der Leib die Grenzen des Körpers überschreitet und die leibliche Selbsterfahrung nicht im Sinne eines gegen sein Außen abgeschotteten Refugiums reiner Unmittelbarkeit zu verstehen ist. Als Resonanzphänomen ist Leiblichkeit ihrer elementaren Struktur und Dynamik nach nur in Beziehung auf die Umgebung hin zu denken. Der Leib ist keine

> „abgesonderte Provinz, sondern der universale Resonanzboden, wo alles Betroffensein des Menschen seinen Sitz hat und in die Initiative eigenen Verhaltens umgeformt wird; nur im Verhältnis zu seiner Leiblichkeit bestimmt sich der Mensch als Person." (Schmitz 1990, 116)

Schmitz unterscheidet nun wiederum verschiedene Formen der leiblichen Kommunikation, die das Zusammenspiel und die Verschränkung des Leibes und seines Umgebungsraums deutlich machen. So z.B. die *Bewegungssuggestion* als

> „anschauliche Vorzeichnung einer (bevorstehenden oder ausbleibenden, aber sinnfällig nahegelegten) Bewegung, die als Brückenqualität zwischen dem spürbaren Leib und wahrgenommenen, auch leiblosen Gestalten dafür sorgt, dass die Brücke leiblicher Kommunikation geschlagen werden kann." (Schmitz 2003a, 38)

Deutlich gemacht wird dies unter anderem am Beispiel der Ausweichbewegung vor einem heranfliegenden Stein, die möglich ist, ohne die Position des eigenen Körpers in Relation zum Flugobjekt bewusst auszuloten. Es ist vielmehr der Blick als leibliche Kommunikation, der, die Pole des Geschehens einbeziehend, ein *räumliches Feld* aufspannt und die *Bewegungssuggestion* als wahrgenommenen *Gestaltverlauf* in das motorische Körperschema übertragen kann. (Vgl. Schmitz 2003a, 38) Das Ausweichen gelingt durch die leibliche Kommunikation im geteilten Raum des Leibes und der Objekte. (Nimmt man die Verhältnisbestimmung von Körpern und Dingen in den Blick, erweist sich die phänomenologische Perspektive als besonders fruchtbar und es zeigt sich, dass die kulturwissenschaftliche Wende auch in dieser Hinsicht vom Körper ihren Ausgang nimmt.) Neben den *Gestaltverläufen* sind es die *synästhetischen Charaktere* als Andeutungen von Modi des Scharfen, des Spitzen, des Zarten, des Schweren, der Frische, des Übermuts, der Trägheit usw., um nur einige Beispiele von Charakteren zu nennen, die im Resonanzfeld leiblicher Kommunikation zwischen Wahrgenommenem und Wahrnehmendem übergreifen können. Schmitz bestimmt diese Vorgänge vom vitalen Antrieb und der leiblichen Richtungnahme der Weitung her und bezeichnet sie zur genaueren Bestimmung mit den Begriffen der *Einleibung* und der *Ausleibung*. Während die Ausleibung eher in eine vom Subjekt abgehende Richtung verläuft (wie der in die Weite gerichtete Blick), ist die Einleibung, wiederum unterschieden nach *solidarischer* und *antagonistischer* Einleibung, ein dialogisches Verhältnis von miteinander in Schwingung geratenden Tendenzen (wie im Blickkontakt). Die wechselseitige Einleibung ist für Schmitz Bedingung der Wahrnehmung des Anderen, sie ist die „*Quelle der Du-Evidenz*" (Schmitz 2003a, 40). Ebenso wie Merleau-Ponty kritisiert Schmitz die Spielarten intellektualistischer Theorien und ihre Tendenz, die Wahrnehmung allgemein und die Erfahrung des Anderen im Besonderen als einen Akt des Bewusstseins und damit letztlich als eine sich selbst verdoppelnde Projektion anzusehen. Die Evidenz des Anderen in seiner Andersheit ist von jeder Projektion zu befreien und wird daher erst in der wechselseitigen Wahrnehmung durch antagonistische Einleibung wirklich möglich. (Vgl. zum Primat der Leiblichkeit in der Wahrnehmung des Anderen den Beitrag von Bedorf in diesem Band.)

Im Gegensatz zur antagonistischen Einleibung ist die *solidarische* Einleibung eine simultane Ausrichtung der Leiblichkeit auf Situationen, in denen sich zwischenleibliche Übertragungen ereignen. Besonders anschaulich nachzuvollziehen ist dies bei Kollektivbewegungen, wie z.B. der solidarischen Bewegungsinszenierung begeisterter Fußballfans, beim Mannschaftssport oder im Chorgesang. Mit solidarischer Einleibung haben wir es auch in Fällen ideologischer Instrumentalisierung und Mobilisierung des Menschen auf der Ebene seiner Leiblichkeit zu tun. Die Nutzung der Resonanzfähigkeit des Leibes zu ideologischen und gemeinschaftsromantischen Zwecken (besonders deutlich in der durch primitive Rhythmen verstärkten gemeinschaftlichen Bewegung des Marschierens) ist bekannt. Schmitz bietet ein begriffliches Instrumentarium, das nicht nur die alltagsweltliche Rolle der Leiblichkeit sichtbar, sondern auch hochproblematische Phänomene ideologisch geprägter Vergemeinschaftung auf einer Ebene erklärbar macht, die – insbesondere in politischen Kontexten – selten in den Blick genommen werden. Insbesondere in solchen Fällen wird die umfassende und disziplinär übergreifende Rolle deutlich, die eine solide Analyse der leiblichen Existenzweise des Menschen und vor allem auch seiner Möglichkeiten der Emanzipation von dieser leisten kann. Die Spielräume individueller Abwehr und intellektueller Distanzierung leiblicher Ansprache müssen ebenso in die Analyse einbezogen werden, wie die leibliche Reaktionsweise selbst.

Das Phänomen der Einleibung wird von Schmitz weiter differenziert nach *latenter* und *patenter* Einleibung, die sich besonders anhand von Gesprächssituationen deutlich machen lassen. *Latente* Einleibung liegt in jedem Gespräch vor, ohne dass wir diese in besonderer Weise durch Abhebung einzelner Regungen bemerken würden. *Patent* wird diese Form der Einleibung genannt, wenn sich eine spezielle Abhebung als Reaktion einzelner Leibesinseln ereignet, so z.B. beim plötzlichen Erröten in der Scham. Trotzdem die Einleibung im Gespräch gewöhnlich latent zu pflegen bleibt, gibt es in ihr teilheitliche Sensationen. Ein besonderer Aspekt der leiblichen Kommunikation durch Einleibung zeigt sich in dem, was Schmitz als eine ganzheitliche *Umstimmung* bzw. als *Haltung* oder *Fassung* in Gesprächsituationen charakterisiert. In ihr stabilisiert sich die Person habituell und mehr oder weniger adäquat und geschmeidig gegen durchscheinende Ambivalenzen, die die Kommunikation durchstimmen könnten.

> „Deren elastische Anpassung, eventuell bis hin zu dem nicht mehr elastischen Extrem, sich aus der Fassung bringen zu lassen, ist das feinste Mittel, sich durch Einleibung im Gespräch zu orientieren, indem man den Anderen am eigenen Leibe spürt." (Schmitz 2003a, 42)

Diese Formen der Anpassung zugleich leiblicher und personaler Haltungen durch leibliche Kommunikation ermöglichen nicht nur die Wahrnehmung des konkreten Gesprächspartners, sondern auch die Aufnahme von *Atmosphären* und die Einfühlung in *Situationen*. Auch Schmitz' These von den *Gefühlen als Atmosphären* baut wesentlich auf der Bestimmung der Leiblichkeit als Kommunikation auf, und vornehmlich hier zeigt sich das gleichursprüngliche Eingelassensein des Subjekts und der Strukturen leiblicher Kommunikation in Situationen.

Leiblichkeit im Sinne der Betroffenheit des Subjekts auf affektiver Ebene weist nicht nur einen intentionalen und propositionalen Objektbezug auf und richtet sich in diesem Sinne stets (auch urteilend) auf etwas. Sie zeichnet sich ebenso durch den engsten Subjektbezug selbst aus, da sie das Subjekt in die Betroffenheit von etwas versetzt. Insbesondere in ihrer Bestimmung als Kommunikation ist Leiblichkeit bei Schmitz also mitnichten als eine Abgrenzung von ihrem Außen zu verstehen. Leiblichkeit ist kein Raum innerer Natur und Ursprünglichkeit, seine leibliche Existenzweise macht den Menschen vielmehr höchst anpassungsfähig und offen für Einflüsse und Ansprüche, die sich an ihn richten.

6. Ausblick und Aspekte der Kritik

Will man den Begriff der Leiblichkeit nun zum erneuerten Grundbegriff einer kulturwissenschaftlichen Perspektive auf die Horizonte und Bedingungen menschlicher Erfahrung machen, so ist es unabdingbar, ihn radikal von seiner lebensphilosophischen Zuordnung und dem Anklang einer unterkomplexen Ursprünglichkeitsphilosophie zu befreien, die den Leib lediglich als eine Erlösungsformel beschwört. Eine kulturwissenschaftlich gewendete Phänomenologie der Leiblichkeit hat daher einerseits darauf zu achten, dass sie sich nicht in deterministische und vitalistische Aporien verstrickt und das Subjekt im Ausgang seiner Leiblichkeit wesensphilosophisch herleitet. Sie muss andererseits aber auch darauf achten, das kritisch-aufklärerische Potential nicht aus dem Blick zu verlieren, das eine subtile Bestimmung des Menschen, ausgehend von einem spezifischen Lebens- und Lebendigkeitsbegriff bieten kann. Diese Ambivalenz zeigt sich in so verschiedenen Philosophien, wie der von Deleuze, Bergson, Plessner und eben auch bei Hermann Schmitz, um nur einige Namen zu nennen.

In der Schmitz'schen Konzeption der Leiblichkeit ist eine Struktur der Pluralität und der Überschreitung angelegt, die in hohem Maße auf den Anderen, auf Umwelt, Praxis und kulturelle Umgebung ausgerichtet ist und die jede Rede von einer Wahrheit oder Eigentlichkeit der leiblichen Natur Lügen straft. Diese Offenheit und Dynamik resonanzhafter Selbstüberschreitung auf einer elementaren, empirischen Ebene leiblichen Geschehens eingeholt zu haben, ist die Stärke der Leibphänomenologie von Hermann Schmitz. Leiblichkeit wird hier als Kommunikationsform von ihrer umfassenden Ausrichtung auf die Umgebung her verstanden. Sie wird nicht von einem dualistischen Duplizierungsvorgang ausgehend bestimmt, sondern als ein selbstständiges, horizontales Verhältnis des Körpers zur Umgebung begründet. Sie ist keine eigentliche Natur des Menschen, die seiner historisch und kulturell geprägten Seite entgegenzustellen wäre, sondern muss, ähnlich wie bei Plessner und Cassirer, die den Menschen im Ausgang des biologischen *Umwelt*begriffs Uexkülls in den Funktionszusammenhang seiner Weltoffenheit stellen, frei von wesensphilosophischen Begründungen gesehen werden. Anders als Philosophische Anthropologie und Kulturanthropologie sucht die Phänomenologie ihren Ausgangspunkt nicht in einer Philosophie der Biologie, sie sucht nicht die *Sonderstellung* des Menschen in der Natur zu begründen. Sie versteht die leibliche Existenzweise vielmehr vom Primat der Gleichursprünglichkeit ausgehend als eine unhintergehbar doppelte Verschränkung des Subjekts mit seinem Außen und kann dabei auf jede Form naturalisierender Wesensbestimmung und dualistischer Ableitung verzichten.

Schmitz sieht seine Philosophie in besonderer Weise auf die Praxis übergreifend und stellt sie aktiv in den Anwendungszusammenhang humanwissenschaftlicher Praxisfelder (Psychologie, Medizin usw.) und in den Kontext aktueller kulturkritischer Bezüge.

Als Quellen und zur Veranschaulichung seiner Analysen zieht Schmitz zahlreiche lebensphilosophisch geprägte, populärwissenschaftliche Untersuchungen der 20er und 30er Jahre heran. (Vgl. z.B. Schmitz 1990, 127ff.) Auf der Basis dieses Materials holt er viel von der vitalen Dynamik der Leiblichkeit ein und kann die leibliche Lebendigkeit des Menschen gegen einen reduktionistischen Begriff des Lebens und des Körpers verteidigen. Bedauerlicherweise nimmt er dabei aber eine unhaltbare naturphilosophische Hypostasierung und wesensphilosophische Abschließung der menschlichen Natur gegen ihre vermeintliche kulturelle Entfremdung in Kauf. An dieser Stelle kommt die methodologische Verpflichtung der Phänomenologie auf einen offenen Phänomenbegriff und einen rein beschreibenden Umgang mit den Erfahrungsquellen an ihre Grenzen. Ebenso wie das rein empirisch-historische Denken den Menschen in seiner spezifischen Existenzweise nicht zu erfassen vermag, ist eine rein phänomenologische Beschreibung, die sich aus allen möglichen Quellen speist, nicht hinreichend. Vor allem dann nicht, wenn diese ihre Quellen nicht auch kritisch in den Blick nimmt.

In der Schmitz'schen Konzeption der Leiblichkeit von ihrer resonanzhaften Seite her wird diese als ein offenes und unbestimmtes Phänomen sichtbar, das den Menschen unter ständiger Bezugnahme auf die mannigfaltigen und pluralen Bedingungen seiner Umgebung zeigt. Die Tatsache, dass dieser offene Umgebungsbezug der Leiblichkeit von seiner kulturellen Durchdringung nicht zu trennen ist und der Mensch daher nicht einfach natur- und wesensphilosophisch zu reduzieren ist, ist in der Konzeption der Leiblichkeit von vorneherein angelegt. Diese Anlage bleibt aber undeutlich und wird verschenkt, solange es keine Theorie gibt, durch die sie auf einer abstrahierenden, übergeordneten Ebene dargestellt wird und durch die sie sich vor der Indienstnahme ihres affirmativen Lebensbegriffs schützen kann.

Der Schmitz'schen Leibphänomenologie fehlt also gewissermaßen die theoretische Absicherung ihrer im Kern pluralistischen und eben nicht reduktionistisch-dualistischen Grundstruktur, und so muss sie sich den Vorwurf gefallen lassen, den Menschen reduzierend auf Wesensmerkmale hin und von deren Bestimmung ausgehend zu definieren. Sie zeigt die Leiblichkeit zwar in aufschlussreicher Weise als ein offenes und an der Praxis ausgerichtetes Verhältnis, aber verwickelt sich in lebensphilosophische Aporien, die durch die Einbeziehung von historisch und ideologisch unhinterfragten Quellen noch verstärkt werden. Schmitz führt die Dynamik des Leiblichen zwar an einer beachtlichen Breite von Referenzen auf das empirische Gegenstandsfeld aus und kann den Zusammenhang von leiblichen Dispositionen und kulturellen Systemen sowie Ausdrucksformen dadurch genau aufzeigen. Er begründet das Verhältnis von Körper und Welt bzw. von Natur und Kultur aber nicht auf einer theoretischen Ebene, wie Plessner es z.B. mit den zentralen Begriffen der *exzentrischen Positionalität* und der *natürlichen Künstlichkeit* oder wie Merleau-Ponty es mit der Bestimmung einer *chiastischen Verflechtung* getan hat (vgl. die Beiträge von ALLOA, KRISTENSEN und SCHÜRMANN in diesem Band).

Im Falle Merleau-Pontys ist der Weg von der phänomenologisch-empirischen Auseinandersetzung mit dem Gegebenen zur theoretischen Darlegung seines Denkens durch die Aufklärung eines zugrunde liegenden ontologischen Strukturmodells im Übergang von *Phénoménologie de la Perception* zu *Le visible et l'invisible* zu beobachten. Zwar wird die Markierung der zentralen Struktur des Chiasmus ihrerseits durch den Begriff „*chair*" etwas verschleiert, doch Merleau-Ponty versäumt es nicht, die allen Beschreibungen zugrunde liegende Struktur der Verschränkung von Subjekt und Objekt, von Sichtbarem und Unsichtbarem, von Berührtem und Berührendem immer wieder auch in Abstraktion von ihren empirischen Grundlagen darzustellen. Schmitz kritisiert hingegen, dass eine theoretische Grundlegung des menschlichen Selbst- und Weltverhältnisses nur oberflächlich bleiben kann, solange sie sich im Bereich objektiver, neutraler Tatsachen bewegt. Seine Kritik an Plessner geht vor allem in diese Richtung und entzündet sich daran, dass dieser zwar das Verhältnis des Menschen zu sich selbst bestimme, dass er aber nicht zeigen könne, wie Selbstwahrnehmung überhaupt möglich ist und subjektive Sachverhalte erschlossen werden könnten (vgl. Schmitz 2003b, 873–876).

Dass Leiblichkeit nicht nur die Leiblichkeit des einzelnen Subjekts ist, sondern als *Zwischenleiblichkeit* verschiedene Sphären reversibel verschränkend ineinander führt, haben Schmitz und Merleau-Ponty gleichermaßen deutlich gemacht. Beide haben die der Leiblichkeit allgemein inhärente Überkreuzung von Subjekt und Objekt in einer leiblichen Konstellation des Körpers paradigmatisch abgebildet gesehen: Für Merleau-Ponty sind es die sich berührenden Hände, in denen sich „eine grundsätzliche Beziehung, eine Verwandtschaft" (Merleau-Ponty 1964a, 176) zeigt, in der das „berührende Subjekt zum berührten wird" (ebd.). Für Schmitz zeigt sich diese besondere Situation der gleichzeitigen Subjekt- und Objekterfahrung im eigenleiblichen Spüren des Mundes. Der Mund ist ein „Leib im Kleinen" (Schmitz 1990, 132) und die gleichförmige Dauerhaftigkeit der aktiven und der passiven Rolle in dieser inselhaften Selbstberührung bildet die leibliche Dynamik als Ganze ab.

Die Betonung der Begriffsarbeit und das Bemühen um Unterscheidungen, die sich den Phänomenen geschmeidig anpassen, ist als eine der hervorzuhebenden Leistungen von Schmitz anzusehen. Zwar trägt diese Begriffsarbeit tatsächlich zur Infragestellung tradierter Leitbilder und zur Kennzeichnung der Probleme bei, die sich z.B. aus der Orientierung der Wahrnehmung an *Gattungszugehörigkeit*, *Zahlfähigkeit* und *Trägersubstanzen* ergeben. (Besonders deutlich wird z.B. die Infragestellung des Substanzprimats in der These von den *Gefühlen als Atmosphären* und im Begriff der *Situation*.) Gleichwohl aber ist auch darauf hinzuweisen, dass Schmitz wiederum Kategorisierungen einführt, die zu neuen Vereinseitigungen führen.

Auch aus diesem Grund steht zu fragen, ob die Orientierung an reduzierenden *Bildern des Denkens* (Deleuze) nicht durch eine gewisse Offenheit im Deutungshorizont der Begriffe vermieden werden könnte. Mit der Frage nach der Leistungsfähigkeit metaphorischen Denkens und Sprechens wird diese Problematik eingeholt, und erst im reflektierten Gebrauch der Begriffe lassen sich die latenten und unbestimmten Qualitäten der Leiblichkeit wirklich anschaulich machen. Im Feld der Leiblichkeit versprechen sowohl die bestimmende, explikative Präzision neuphänomenologischer Begriffsarbeit als auch der offene und auf den unbestimmbar auszudeutenden, selbsttätig schöpferischen Nachvollzug setzende Gebrauch von Metaphern aufschlussreich zu sein. Schmitz setzt sich vom konstruktiven Metapherngebrauch dezidiert ab und will der Unbestimmtheit metaphorischer Ausdeutung einen geschmeidigen Apparat von variablen und sich entwickelnden Begriffen gegenüber stellen, der die unwillkürliche Lebenserfahrung immer wieder neu spiegelt, ohne sie in Künstlichkeiten schrumpfen zu lassen.

Ein Rückgang auf Eigentlichkeit und Natürlichkeit macht für ihn keinen Sinn; vielmehr muss die Verstrickung und Verdeckung der Lebenserfahrung mit begrifflichen Mitteln gezeigt und gegen ein vorgemachtes Leben gestellt werden. Zur Rehabilitierung und zur Verteidigung der leiblichen Lebendigkeit des Menschen auch über die Philosophie hinaus bleibt der subtil differenzierte Begriffsapparat von Hermann Schmitz äußerst wertvoll.

Literatur:

Schmitz 1965a, Schmitz 1965b, Schmitz 2003a, Schmitz 2003b, Andermann 2007, Andermann 2011.

II. Zur Geschichte des Leibbegriffs

Philosophische Anthropologie im 19. Jahrhundert – Zwischen Leib und Körper

Marc Rölli

1. Überblick

Plessners berühmte Unterscheidung zwischen „Leib sein“ und „Körper haben“ situiert das Thema des vorliegenden Bandes fast unwillkürlich in einem anthropologiegeschichtlichen Rahmen (Plessner 1928, 294f., 230f.). In diesen fügen sich auch Husserls Analysen der „beseelten Natur“ des Leibes, die in den *Ideen II* durchgeführt werden (Hua IV, 121ff.). Jeweils wird eine animalische oder charakteristisch *lebendige* Natur ausgezeichnet, die nicht auf die physikalisch bestimmbaren Körperdinge reduziert werden kann. Ebenso wenig erschließt sich die quasi spekulative Natur des Leibes einer die physikalische Perspektive kontrastierenden rationalistischen Sichtweise, sofern sie in aller Regel nur bestimmte (transzendental-)logische Grundformen, nicht aber temporale, psycho-somatische, habituelle, intersubjektive oder kinästhetische, d.h. typisch leibbedingte Aspekte im Erfahrungsaufbau berücksichtigt. Die von Husserl wie von Plessner unterschiedlich anvisierte *Zwischenposition* ergibt sich aus einem vielleicht etwas schematisch geratenen anticartesianischen Impuls, den Dualismus der Substanzen (und damit verbunden: der wissenschaftlichen Methoden) zurückzuweisen und in einer eigentlichen Wirklichkeit des Lebens bzw. der Erfahrung eine neue Konkretion zu suchen.

Die Leib-Körper-Differenz findet sich terminologisch und inhaltlich in den naturphilosophischen Voraussetzungen der Anthropologie des 19. Jahrhunderts vorgeprägt. Dieser begriffs- und diskursgeschichtliche Befund wird im Selbstverständnis der phänomenologischen und anthropologischen Traditionen der Philosophie des 20. Jahrhunderts weitgehend marginalisiert. Man verweist auf die Einseitigkeit der idealistischen bzw. materialistischen Bestimmungen, die *grundsätzlich* eine ausgewogene mittlere Stellung zwischen spiritualistischen Erhebungen und naturalistischen Profanierungen verfehlten. Die historische Reflexion kann hier helfen, allzu pauschalen, reflexartig vorgetragenen Standortbekundungen zu widersprechen, die vorgeben, mit dem Leib gleichzeitig das eigentlich Menschliche gegen bedrohliche Entwicklungen in Wissenschaft und Technik in Schutz zu nehmen. Das im Rahmen solcher Pauschalierungen leitende Wissenschafts- und Technikverständnis entspricht der schematisch verkürzten Sichtweise des *Anticartesianismus* und der Kritik der *two cultures* (Plessner 1928, 38ff.). Erst wenn die anthropologische Fixierung auf den Leib als das Andere des Körpers gelöst wird, lässt sich der Gewinn geltend machen, der in der Aufmerksamkeit auf die leiblich-körperlich vermittelten Erfahrungsdimensionen liegt.

Im Folgenden werde ich in drei Schritten auf einige der historisch exemplarischen Überlegungen zu einer philosophischen Fassung der Leiblichkeit im Unterschied zur Körperlichkeit eingehen, bevor im Schlussabschnitt das Thema einer möglichen Leib-Anthropologie angeschnitten wird. Zunächst stehen die organisierten Wesen zur Diskussion, die Kant in der *Kritik der Urteilskraft* auf einer neuartigen Theorieachse ins Spiel bringt, indem er organisierte und mechanisch erzeugte Körper strikt unterscheidet (Kant 1790, 275). In der romantischen Naturphilosophie und Anthropologie wird dieses Organismuskonzept zweitens in etwas modifizierter Form aufgenommen und zur Grundlage der tierischen und auch spezifisch menschlichen Leiblichkeit gemacht. Die seit den 1840er Jahren zunehmend dominanter werdenden materialistischen Strömungen scheinen drittens erstmals in aller Radikalität das mechanistische Paradigma der Naturforschung auch auf den menschlichen Körper anzuwenden. Man könnte daher vermuten, dass der Leib als eine spekulative Vorstellung angesehen wird, die konsequent zurückgewiesen wird. Zwar entspricht diese Vermutung durchaus dem materialistischen Selbstverständnis, sie büßt aber an Überzeugungskraft ein, wenn man sich vergegenwärtigt, in welchem Ausmaß die von Ludwig Büchner und anderen intendierte Zusammenführung von Körper und Seele auf naturwissenschaftlicher Basis von den älteren philosophischen Traditionen der Seelenlehre etc. abhängig bleibt.

2. Kants organisierte Wesen

Mit der *Kritik der Urteilskraft* entwickelt Kant zwischen der in den ersten beiden Kritiken dargestellten Gesetzgebung des (theoretischen) Verstandes und der (praktischen) Vernunft die kritischen Grundlagen eines weiteren, dritten gesetzgebenden Vermögens. Es ist die Urteilskraft, die einen „Übergang vom Verstande zur Vernunft möglich macht" bzw. vom „Gebiete der Naturbegriffe, zum Gebiete der Freiheitsbegriffe", indem sie ein Prinzip a priori enthält, das „zwischen dem Erkenntnis- und dem Begehrungsvermögen [auf] das Gefühl der Lust" und Unlust bezogen ist (Kant 1790, 14f.). Neben einer Analytik des Schönen und des Erhabenen wird hier die Zweckmäßigkeit der Natur im Rahmen einer Analytik der teleologischen Urteilskraft zum Thema gemacht. Im Mittelpunkt dieser Kantischen Überlegungen stehen die „Naturzwecke" als organisierte Wesen (Kant 1790, 232ff.). Sie sind „von sich selbst Ursache und Wirkung", d.h. sie lassen sich nicht nach dem Prinzip der wirkenden Ursachen erkennen, sondern setzen eine Kausalverknüpfung der Endursachen voraus. Als

Beispiele für organische Prozesse, die nicht „nach mechanischen Gesetzen“ konstruiert werden können, diskutiert Kant die Fortpflanzung, das Wachstum und die Selbsterhaltung oder Regeneration von Bäumen. Im Unterschied zu einem Kunstwerk zeichnen sich Naturzwecke nicht nur dadurch aus, dass ihre Teile durch die Beziehung auf das Ganze möglich sind, sondern sie kommen ohne eine ihnen äußerlich bleibende Idee aus, indem ihre Teile als Organe aufgefasst werden können, die „die anderen Teile (folglich jeder den anderen wechselseitig) *hervorbringen* [...]; und nur dann und darum wird ein solches Produkt als *organisiertes* und *sich selbst organisierendes Wesen* ein *Naturzweck* genannt werden können.“ (Kant 1790, 236–237) Organisationen als Naturzwecke sind weder mechanistisch (im Sinne des *nexus effectivus*) noch unter der Voraussetzung einer ihnen zugrunde liegenden objektiven Zweckursache zu begreifen. Die Idee des Ganzen fungiert vielmehr als ein „Erkenntnisgrund der systematischen Einheit der Form und Verbindung alles Mannigfaltigen, was in der gegebenen Materie enthalten ist für den, der es beurteilt“ – und wird damit in einem regulativen und methodischen, nicht aber in einem konstitutiven Sinne in der Naturwissenschaft gebraucht (Kant 1790, 236ff., 283ff.).

Für die entstehenden Naturphilosophien ist von entscheidender Bedeutung, dass Kant eine Naturbetrachtung organisierter Wesen nach Prinzipien einer teleologischen Urteilskraft entwirft, die zum einen mit dem physikalischen Modell der Naturerkenntnis bricht und zum anderen eine Vernunftidee geltend macht, die zur Darstellung einer Zweckmäßigkeit der Natur notwendig vorausgesetzt werden muss. Das gilt nicht minder für die großen Diskurslinien der stets naturphilosophisch fundierten philosophischen Anthropologien in der ersten Hälfte des 19. Jahrhunderts. Dass organisierte Wesen keine Maschinen sind, ist eine (anthropologische) Einsicht, die auf der Basis der Kantischen Bestimmungen formuliert wird:

> „Ein organisiertes Wesen ist also nicht bloß Maschine, denn die hat lediglich *bewegende* Kraft, sondern es besitzt in sich *bildende* Kraft, und zwar eine solche, die es den Materien mitteilt, welche sie nicht haben (sie organisiert), also eine sich fortpflanzende bildende Kraft, welche durch das Bewegungsvermögen allein (den Mechanism) nicht erklärt werden kann.“ (Kant 1790, 237)

Ebenso steht Kant im Hintergrund, wenn auf die Einführung ideeller Prinzipien in die Naturforschung hingearbeitet wird.

> „In der Tat können sie [die Botaniker und Zoologen; Vf.] sich auch von diesem teleologischen Grundsatze ebensowenig lossagen [...] weil [sonst] kein Leitfaden für die Beobachtung einer Art von Naturdingen, die wir [...] unter dem Begriffe der Naturzwecke gedacht haben, übrigbleiben würde.“ (Kant 1790, 240)

Beide Gesichtspunkte sind für die Konsolidierung der Anthropologie als philosophische Disziplin von maßgeblicher Bedeutung.

Mit der im Jahre 1798 erscheinenden *Anthropologie in pragmatischer Hinsicht* beschließt Kant eine 25 Jahre währende Vorlesungstätigkeit über anthropologische Themen. Diese im Wesentlichen auf der Entwicklung der kritischen Philosophie fundierte Arbeit bringt ihn in die Rolle eines Initiators der Anthropologie als eines modernen, genuin philosophischen Diskurses. Tatsächlich hebt dieser Diskurs um 1800 an. Es entstehen zahlreiche Arbeiten auf diesem Gebiet, die sich buchstäblich auch so nennen und die allesamt auf die Kantische Anthropologie als Referenztext Bezug nehmen (Marquard 1963, 122ff.). Für diesen historischen Befund gibt es einige sachliche Gründe. Mit der von Kant in der *Kritik der reinen Vernunft* vorgelegten Psychologiekritik verbindet sich das systematische Erfordernis einer wissenschaftlichen Neuverteilung psychologischer Themen und Lehrbestände. Die *Anthropologie in pragmatischer Hinsicht* übernimmt in ihrem ersten (didaktischen) Teil die Aufgabe, die Seelenvermögen empirisch abzuhandeln, indem sie sie pragmatisch im Kontext einer „Weltkenntnis", die sich auf die „Erkenntnis des Menschen als Weltbürgers" bezieht, betrachtet. ‚Psychologie' lässt sich demzufolge weder metaphysisch noch naturwissenschaftlich, dafür aber anthropologisch betreiben. Hinzu kommt, dass gerade dem cartesianischen Leib-Seele-Verhältnis, das im Rahmen der medizinischen oder physiologischen Anthropologien des 18. Jahrhunderts fortgeschrieben wurde, von Kant eine definitive Absage erteilt wird. Die physiologische Spielart der Anthropologie, wie z.B. diejenige Platners, ist Kant zufolge eine Denkweise des „Vernünftelns" ohne jede wissenschaftliche Grundlage (Kant 1798, 119). Dagegen sichert ihre pragmatische Ausrichtung ab, dass keine naturwissenschaftlichen oder metaphysischen Wahrheitsansprüche erhoben werden. Es verwundert daher auch nicht, dass die in der *Kritik der Urteilskraft* angestellten Überlegungen zu den organisierten Wesen als Naturzwecken von Kant nicht im Sinne theoretischer Grundlagen der Anthropologie zur Geltung gebracht werden. Genau hier aber wird die Mehrheit der naturphilosophisch inspirierten Anthropologen der Folgezeit ansetzen. Dass bereits Kant selbst im zweiten (charakteristischen) Teil seiner Anthropologie – nicht ganz konsequent – physiologische *und* pragmatische Aspekte des menschlichen Charakters in eine Einheit zusammenführt, hat die naturphilosophisch ausgerichtete Rezeption allerdings begünstigt.

3. Romantische Leiblichkeit

Seit einiger Zeit hat sich unter dem Titel „romantische Anthropologie" ein Forschungsgebiet etabliert, das philosophie-, literatur- und wissenschaftsgeschichtliche Perspektiven miteinander verschränkt. Aus philosophischer Sicht sind die Anthropologien, die sich als „romantische" einstufen lassen, in der Hauptsache auf der von Schelling entwickelten Naturphilosophie begründet (Engel

2002, 66ff.). Ein entscheidendes Kriterium dieser Referenz liegt in der Adaption von Schellings an Kant angelehnter Ausarbeitung des Organismusbegriffs, die im Zentrum seiner ersten naturphilosophischen Systementwürfe steht. Schelling unternimmt es erstmals in seinen *Ideen zu einer Philosophie der Natur*, die bei Kant formulierte ‚regulative Verbindung' des Idealen und Realen im Begriff des Organismus als Naturzweck für seinen spekulativen Einheitsgedanken produktiv zu machen. Ein erster resultierender Grundsatz unterstreicht die mit dem Organismus als Instanz der Natur überschrittene Grenze mechanistischer Kausalverhältnisse. Hier liegt der entscheidende Schritt über das physikalische Naturverständnis hinaus. „Nun ist aber Mechanismus allein bey weitem nicht das, was die Natur ausmacht. Denn sobald wir ins Gebiet der *organischen Natur* übertreten, hört für uns alle mechanische Verknüpfung von Ursache und Wirkung auf." (Schelling 1797, 93) Ein organisches Gebilde organisiert und reproduziert sich selbst. Es ist nicht von einer äußeren Ursache bewirkt, sondern trägt seinen Grund in sich selbst, indem es sowohl Ursache als auch Wirkung seiner selbst ist. Die Teile des organischen Ganzen stehen in Verhältnissen der Wechselwirkung; keinesfalls lassen sie sich willkürlich isolieren und als elementare Bausteine verwenden. Daher sind sie rational geordnet und in eine lebendige Einheit gebracht. „Also liegt jeder Organisation ein *Begriff* zu Grunde, denn wo nothwendige Beziehung des Ganzen auf Theile und der Theile auf ein Ganzes ist, ist *Begriff*." (Schelling 1797, 94) Schelling überträgt die organisationslogische Identitätsfigur auf seine generellen naturphilosophischen Überlegungen. Gegen dogmatische und mechanistische Erklärungen der Zweckmäßigkeit organischer Produkte hält er an der realen und sich selbst hervorbringenden Wesensart lebendiger Organisationen fest, die sich in der Nahrungsassimilation, im Atmungsvorgang sowie im Funktionieren des Nervensystems zeigt. Mit dieser Wendung zur daseinsmäßigen Zweckmäßigkeit geht Schelling zu Kant auf Distanz: „Ursache und Wirkung ist etwas Vorübergehendes, [...] bloße *Erscheinung* [...]. Die Organisation aber ist nicht bloße Erscheinung, sondern selbst Objekt, und zwar ein durch sich selbst bestehendes, in sich selbst ganzes, untheilbares Objekt [...]." (Schelling 1797, 95) Werden mit der objektiven Verfassung einer in sich zweckmäßig organisierten Natur die Positionen der *Kritik der Urteilskraft* in Richtung einer Autonomie der Natur überschritten, so insistiert Schelling aber doch auf der *begrifflichen*, nicht materiellen Einheit des Organismus, die „nur da [ist] in Bezug auf ein anschauendes und reflektirendes Wesen." (Ebd.) In dialektischer Manier werden die Einseitigkeiten von Materie und Begriff in einem Dritten, im Geist, zur Aufhebung gebracht. Das ist wichtig, sofern nicht nur die *regulative Distanz* der reflektierenden Urteilskraft, sondern auch die *konstitutive Herrschaft* der bestimmenden Urteilskraft in einem naturphilosophischen Identitätsdenken überwunden werden soll. Mit Blick auf Kant fordert Schelling die Überwindung der erkenntnistheoretischen Position:

„Das Erste also, was ihr zugebt, ist dieses: Aller Begriff von Zweckmäßigkeit kann nur in einem Verstande entstehen, und nur in Bezug auf einen solchen Verstand, kann irgend ein Ding zweckmäßig heißen. Gleichwohl seyd ihr nicht minder genöthigt, einzuräumen, daß die Zweckmäßigkeit der Naturprodukte *in ihnen selbst* wohnt, daß sie *objektiv* und *real*, daß sie also [...] zu euern nothwendigen Vorstellungen gehört." (Schelling 1797, 96)

In den folgenden Jahren führt Schelling diese Überlegungen – in der *Weltseele* (1798) im Hinblick auf eine Theorie des Lebens, im *Entwurf eines Systems der Naturphilosophie* (1799) hinsichtlich einer dynamischen Stufenfolge der Organisationen – weiter aus. Zwar erstrecken sich die Ausführungen zunächst weniger auf anthropologische Themen, aber sie etablieren doch bereits die Theoriegrundlagen, die die Rehabilitierung der physiologischen Anthropologie nach Kant möglich machen (Schelling 1804, 486–488 und Schelling 1810, 457). Das spekulative Prinzip der Idee wird im Sinne einer Erweiterung des Organisationsgedankens nach Kant einer notwendigen Vermittlung physiologischer und psychologischer Aspekte der Lebewesen zugrunde gelegt. Hiermit wird es auch möglich, die am Ideal des ganzen Menschen ausgerichtete ältere medizinische Anthropologie auf naturphilosophischen Fundamenten zu erneuern. Der physikalisch oder chemisch bestimmbare Körper ist vor allem nicht mit dem Leib zu verwechseln, der sich erst einer ‚höheren' Betrachtungsart des Lebens erschließt, die das Physische nicht abgetrennt für sich, sondern in seinen Korrelationen mit dem Psychischen zu sehen vermag. Erst auf der Grundlage einer spekulativen Physiologie des lebendigen Leibes wird es möglich, anthropologische und psychologische Fragestellungen aufzugreifen. Die Lebensfunktionen, die Schelling anhand der Trias Sensibilität – Irritabilität – Reproduktion bestimmt, definieren in ihren unterschiedlichen Proportionen die Entwicklungsstadien der organisierten Wesen, wobei mit gesteigerter Sensibilität oder Komplexität des Nervensystems auch die seelischen Fähigkeiten zunehmen. Der Mensch steht ganz oben in der Entwicklungshierarchie, was sich z.B. in der Ausbildung des Gehirns, aber auch in physiognomischer und ästhetischer Hinsicht deutlich machen lässt. In den Vorlesungen zur *Philosophie der Kunst* (1802–03) kommt Schelling auf einige Punkte zu sprechen, die die symbolische Bedeutung des menschlichen Leibes als Mikrokosmos zum Ausdruck bringen. „Wie nun die Natur des Menschen an und für sich selbst eine Verbindung des Himmels und der Erde ausdrückt, so ist diese [...] auch durch seine Gestalt ausgedrückt." (Schelling 1802–03, 605) Bedeutet der Kopf den Himmel und die Sonne, so vermittelt zwischen ihm und dem Unterleib, der „die im Inneren der Erde wirksame Reproduktionskraft" symbolisiert, die Brust und die zu ihr zählenden Organe Lunge und Herz (ebd., 605f.). Im menschlichen Leib – als „Urbild der Thiergestalten" – verbinden sich die einzelnen Teile zu einem im „vollkommensten Gleichgewicht" befindlichen Ganzen, weil „das Leben als Produkt der inneren Triebfedern sich auf der Oberfläche concentrirt und als reine Schönheit sich über sie verbreitet." (Ebd., 608) Ist die leibliche Gestalt des Menschen an sich schon ein Bild des Universums, so ist sie „durch ihre erste Anlage" gleichzeitig auch ein „vollkommen leitendes Medium der Aeußerungen der Seele" (ebd., 609). Ihre Symbolik erlaubt es, dass sich Seele und Geist im Medium der Leiblichkeit widerstandslos ausdrücken, weshalb sie zum privilegierten Gegenstand der bildenden Künste avanciert. Die Ideen müssen in der Kunst zur sinnlichen Erscheinung gebracht werden – und umgekehrt muss die äußere Erscheinung durchsichtig sein auf die Idee.

In den *Vorlesungen über die Methode des akademischen Studiums* bezeichnet Schelling die „Idee des Menschen" als Kernstück einer philosophischen Wissenschaft, die sich weder einseitig logisch auf ein formales Verstandeswissen noch psychologisch auf bloß empirische Inhalte bezieht. Entscheidend ist, dass das produktive Vermögen des Geistes nur ausgebildet werden kann, wenn es sich gleichermaßen auf Seele *und* Leib bezieht, d.h. nicht auf den „wirklichen und empirischen Menschen", sondern auf den absoluten (Schelling 1803, 504). Ebenso wenig kann die „wahre Naturwissenschaft [...] aus dieser Trennung, sondern ihrerseits ebenso nur aus der Identität der Seele und des Leibes aller Dinge [d.h. aus der Idee] hervorgehen." (Ebd., 505) Physik und Psychologie bilden daher auch keinen realen Gegensatz, sondern finden ihr Lebenselixier in der bezeichneten Idee. Ist hiermit angezeigt, dass die (eigentlich anthropologische) psycho-physische Identität als solche nur gedacht werden kann, wenn man den empirischen Kontext (hin zur ‚Idee') überschreitet, so zeigt sich auch umgekehrt, dass die Empirie nicht spekulativ unbehelligt ihr Tatsachendasein weiterfristen kann. Die Naturphilosophie begnügt sich nicht mit einer theoretischen Grundlegung der Naturgeschichte oder auch der Biologie. Vielmehr organisiert sie das physiologische bzw. biologische Wissen, indem sie ein metaphysisches *System* der Wissenschaften konstituiert (Burdach 1809). Die romantischen Anthropologien, die von Franz Gruithuisen (1810) und später von Heinrich Steffens, Johann Heinroth u.a. publiziert werden, sind naturphilosophisch auf dem Begriff einer spekulativen Empirie begründet. Dieser Begriff integriert die mechanistische Erklärungsart der Physik in einen größeren, die lebendige Natur umfassenden Zusammenhang. In der Vorrede seines *Abrisses der Naturphilosophie* bringt bereits Lorenz Oken das Verhältnis zwischen empirischer Naturwissenschaft und spekulativer Naturphilosophie auf den Punkt, indem er die „Biologie" als „Naturphilosophie des Organischen" bestimmt und auf diese Weise die notwendigen philosophischen Konstruktionen wesensmäßig auf eine (durch sie wohl organisierte) Empirie bezieht.

„Die Einsicht in das *nothwendige* Dasein und Sosein dieser Stoffe ist die philosophische Einsicht, welche ohne die empirische Kenntniß derselben schlechthin unmöglich ist; nicht als wenn diese Einsicht entstände *aus* der empirischen Kenntniß, sondern weil das philosophische Wissen an den empirischen Formen allein construirt werden kann [...]. Ich habe deswegen versucht, die Erfahrung mit der Wissenschaft so innig zu vermischen, daß man nicht wissen möge, ist das Ganze aus empirischen Quellen geflossen, oder sind diese erst gegraben worden, nachdem ihre Lagen durch Messungen gefunden waren." (Oken 1805, VIII-IX, vgl. dazu noch Plessner 1928, 116ff.)

Die romantischen Leibvorstellungen basieren insgesamt auf einer naturphilosophischen Physiologie, die die nach mechanischen Gesetzmäßigkeiten unfassbaren Lebensfunktionen in einen Entwicklungszusammenhang stellt, der gemäß den verschiedenen Stufen des Organischen (Pflanze – Tier – Mensch) gegliedert ist. Die Entwicklungshöhe bestimmt sich aus der Idee der Organisation und ihrer konkreten Verleiblichung in den Lebewesen, wobei in Übereinstimmung mit der integrativen, die Gegensätze überwindenden Sichtweise auf die miteinander korrespondierenden physischen und psychischen Aspekte in der Charaktertotalität der menschlichen Natur Bezug genommen wird. Die Ausdifferenzierung der Sinne spiegelt den Komplexitätsgrad der Hirnentwicklung, und der innere Wert einer Person kann physiognomisch an seiner äußeren Erscheinungsform abgelesen werden (Steffens 1822, 338f.). Überhaupt sind die charakterspezifischen Entwicklungs- und Bildungsmöglichkeiten in den vererblichen, biologisch fassbaren Anlagen – den ‚Keimen' – prädeterminiert. Noch spätere (romantische) Anthropologen wie Carus, Burdach oder Lotze verbinden mit der nicht-materialistischen Auffassung des menschlichen Leibes die Überzeugung, dass zwischen der physiologischen Konstitution und der (z.B. gesunden oder kranken) Ausbildung des Seelenlebens innere Beziehungen hergestellt werden können. Auf genau dieser Theorieachse werden dann in der zweiten Hälfte des 19. Jahrhunderts evolutionsbiologische und kulturgeschichtliche, rassen- und völkerpsychologische Zusammenhänge konstruiert.

4. Materialismus des menschlichen Körpers

Neben den naturphilosophisch-romantischen Ausarbeitungen einer Anthropologie des Leibes, die noch in den Systementwürfen der Hegelschen *Enzyklopädie* im Rahmen einer Philosophie des Geistes z.B. in den Ausführungen zu einer Physio-Psychologie einen Niederschlag finden, etablieren sich seit den 1830er und 1840er Jahren auch im deutschsprachigen Raum materialistische Auffassungen. Einschlägig sind hier die Arbeiten von Emil Du Bois-Reymond zu einer experimentellen Physiologie, die sich polemisch von der idealistischen Naturphilosophie absetzen – und dies in den stark romantisch geprägten Arbeitsgebieten der „tierischen Elektrizität" (Lenoir 1992, 25ff.). Mit der Konsolidierung der Biologie auf zelltheoretischer Grundlage (Schwann, Schleiden), aber auch mit den Entwicklungen der organischen Chemie (Liebig), der Sinnesphysiologie (Helmholtz), der Zellularpathologie (Virchow) oder auch der Thermodynamik festigen sich anthropologische Positionen, die auf naturwissenschaftlicher Grundlage den menschlichen Körper gegen ältere philosophische Leibvorstellungen in Stellung bringen. Ein Kulminationspunkt dieser Tendenzen, die einen

Funktions- und Strukturwandel in den Wissenschaften zum Ausdruck bringen, stellt der sog. „Materialismusstreit“ dar (Schnädelbach 1983b, 90ff.; Lübbe 1963, 124ff.). Der zwischen Carl Vogt und Rudolph Wagner auf der 31. Versammlung der Gesellschaft deutscher Naturforscher und Ärzte in Göttingen 1854 entbrannte Streit bringt die mit den Autonomiegewinnen der Naturwissenschaften verbundenen Schwierigkeiten besonders gut zum Ausdruck – und steht hierbei „ganz im Zeichen der Anthropologie“ (Querner 1969, 149). Herausgefordert wird die *weltanschauliche Autorität* von Philosophie und Religion – von Seiten einer nationalliberalen Reformbewegung, die den Anspruch erhebt, auf rein naturwissenschaftlicher Grundlage ein mit den alten Mächten der Restauration streitendes Weltbild zu generieren. Während Wagner darauf beharrt, dass die traditionellen Vorstellungen von einer Seelensubstanz mit den neuen naturwissenschaftlichen Erkenntnisgewinnen vereinbar seien, setzt Vogt in Übereinstimmung mit den neuesten populärmaterialistischen Arbeiten von Moleschott auf ein voll und ganz naturalistisches Menschenbild, indem er z.B. die Psychologie als reine, auf physikalisch-chemischen Methoden basierende Naturwissenschaft begreift (Vogt 1855, 84ff.).

Die materialistische Polemik gegen die ‚Schulphilosophie‘ bringt dann Ludwig Büchner in seinem Beststeller *Kraft und Stoff* (1855) auf den Punkt, wenn er den Siegeszug der empirischen Naturwissenschaften in der neuesten Zeit auf ihren Bezug zu Tatsachen und mechanischen Gesetzmäßigkeiten zurückführt. Sie verbannen „jede Art von Supranaturalismus und Idealismus aus der Erklärung des natürlichen Geschehens“, weshalb ihr Aufstieg unmittelbar mit dem Niedergang der akademischen Philosophie verbunden wird (Büchner 1855, 2). Als erste Gegnerin der Naturwissenschaften firmiert die spekulative Naturphilosophie.

> „Diese sonderbaren Versuche, die Welt aus dem Gedanken, statt aus der Beobachtung, zu konstruieren, sind dermaßen mißlungen und haben ihre Anhänger so sehr in den öffentlichen Mißkredit gebracht, daß das Wort ‚Naturphilosoph‘ gegenwärtig fast allgemein als ein wissenschaftliches Scheltwort gilt.“ (Ebd., 3)

Von ihr hebt sich die „natürliche Philosophie“ ab, die die Natur wieder in ihr Recht setzt, indem sie voraussetzt, „daß die Naturwissenschaften die Basis jeder auf Exaktheit Anspruch machenden Philosophie abgeben.“ (Ebd.) Das weltanschauliche Moment des exakten Naturwissens schließt Büchner mit Feuerbachs religionskritisch motivierter und im Namen von Mensch und Natur vollzogener Abkehr von der Spekulation zusammen. Anthropologie firmiert daher auch bei Büchner nicht allein als eine naturwissenschaftliche Betrachtung des Menschen, sondern liefert zudem die Grundsätze einer „natürlichen Philosophie“, die mit den unmenschlichen und übermenschlichen Vorstellungen Schluss macht, die seit alters her den „gesunden Sinn“ des Menschen verdorben haben (ebd., 92). Büchners Kritik zielt hier auf die religiöse Selbstentfremdung des Menschen, aber auch auf die metaphysische Verselbstständigung der Seele bzw. des Geistes. Dagegen ist „die ganze Anthropologie […] ein fortlaufender Beweis für die Zusammengehörigkeit von Gehirn und Seele." (Büchner 1855, 110) Dass diese „Zusammengehörigkeit" aber in einer naturphilosophischen Anthropologietradition steht, wird von Büchner nicht realisiert. Vielmehr wähnt er sich auf sicherem empirischem Terrain, wenn er charakterspezifische Verbindungen zwischen Anatomie und Physiologie auf der einen Seite und der Beschaffenheit der Seelenvermögen (bei Kranken und Gesunden, Mann und Frau, unterschiedlichen Rassen etc.) auf der anderen konstatiert.

Mit dem philosophischen Anspruch des Populärmaterialismus verbindet sich die Überzeugung von der weltanschaulichen Leitfunktion der Naturwissenschaften. An diesem Punkt wird der Begriff der Anthropologie adaptiert, sofern gerade die älteren, um den ganzen Menschen kreisenden Wesensfragen erst die wahre Bedeutung der Wissenschaftsentwicklung, ihrer Entdeckungen und Problemlösungen, herausstellen können. Dies wird in den 1860er Jahren im Rahmen der Darwinrezeption besonders offensichtlich, wenn die ‚Stellung des Menschen in der Natur' zu *dem* diskursbeherrschenden Thema avanciert. In der *Generellen Morphologie* (1866) entwickelt z.B. Haeckel die Anthropologie als eine zoologische Disziplin, die zwar eine natürliche Einheit des ganzen Menschen als körperlich-geistige Totalität denkt, aber die dialektischen Verknüpfungen zwischen dem lebendigen Leib und der Seele als immanent teleologisches Organisationsprinzip zurückweist (Haeckel 1866, 423ff.). Rückblickend spricht er von dem „glänzenden Triumphzug" der Anthropologie, welcher „die höchste Bedeutung für das Gesamtgebiet der Naturerkenntnis" beizumessen ist, denn sie erlangt nicht nur „das Verständnis unserer körperlichen Organisation und Entwicklung", sondern sie „erklärt […] damit zugleich die geistige Seite unseres Wesens […]; denn beide Seiten sind untrennbar verknüpft." (Haeckel 1913, 215, 212) Der Monismus Haeckelschen Typs unterliegt voll und ganz dem mechanistischen Paradigma – und nimmt doch gleichzeitig wie selbstverständlich für sich in Anspruch, *prima philosophia* zu sein. Aus begriffsgeschichtlicher Sicht lässt sich hier eine Kontinuität bis zu den Anfängen der empirisch verankerten philosophischen Anthropologien z.B. bei Schulze oder Fries zurückverfolgen. In dieser Theorielinie wird die Psychologie als empirische Disziplin auf physiologischer Grundlage entwickelt – und der Anspruch erhoben, Metaphysik als Wissenschaft – oder eben: Anthropologie als erste Philosophie – zu betreiben. Es ist daher wenig verwunderlich, dass zwischen der naturphilosophischen und der materialistischen Phase des Leib- bzw. Körperdenkens trotz aller Unterschiede wesentliche Gemeinsamkeiten ausgemacht werden können, die sich insbesondere in den Leib-Seele-Verhältnissen manifestieren. Man kann zwar sagen, dass die *teleologische Einheit* der leiblichen Organisation im theoretischen Selbstverständnis der experimentellen Naturwissenschaften keine Rolle mehr spielt, aber die Zusammenhänge physiologischer und psychologischer Bestimmungen werden nun zum Gegenstand der empirischen Erforschung erklärt (Wundt 1874).

Dabei halten sich zahlreiche ältere anthropologische Denkmuster durch, z.B. der Gebrauch bestimmter Messverfahren zur Abmessung des Schädels oder auch des Gehirns und die Übertragung der gemessenen Werte in pathologische, kulturhistorische (rassenkundliche) oder auch bevölkerungswissenschaftliche Kontexte. Wenn daher behauptet wurde, dass die romantische Leiblichkeit im Zuge der Entstehung eines neuen, naturwissenschaftlich und evolutionstheoretisch basierten Menschenbildes verdrängt wurde, so kann doch auch umgekehrt auf die problematische Fortexistenz älterer physiognomischer Denkweisen im Rahmen der nicht-philosophischen Anthropologien hingewiesen werden. Zwischen Biologie, Eugenik und Rassenanthropologie etablieren sich auch und gerade im wissenschaftlichen Grundlagenbereich der sozialdarwinistischen Literatur gegen Ende des 19. Jahrhunderts enge Beziehungen.

5. Leib-Anthropologie? Zusammenfassung und Ausblick

Nimmt man in den aktuellen Diskussionen auf den Unterschied von Leib und Körper Bezug, so will man in der Regel einen primären lebensweltlichen Erfahrungsmodus des Leibseins gegen die objektivierende Betrachtung der Leiblichkeit als Körperding zur Geltung bringen (Habermas 2001, 89ff.). Das von Natur Gewordene oder Gewachsene wird dem Körperlichen als gegenständlich Vorgestelltes oder Hergestelltes entgegengesetzt. Dabei kann der Gegensatz verschiedene Formen annehmen. In der Tradition der romantischen Anthropologie wird die teleologische Selbstorganisationsform bzw. die Idee des Lebens von den mechanistischen Kausalverhältnissen in der Welt der ausgedehnten Körper abgegrenzt. Die Phänomenologie Husserls situiert die leibliche Dimension in erster Linie dort, wo die Natur nicht länger spekulativ in der Vernunft aufgehoben werden kann, sondern als *Entzugsphänomen* des objektiv-wissenschaftlichen Erkennens begriffen wird. Phänomenal fassbar wird der Leib als erfahrungskonstitutives Bewegungs- und Wahrnehmungsorgan, als Orientierungszentrum und als seelische Realität einer zeitlichen, historischen, psychophysischen oder auch habituellen Einheit (Hua IV, 121–132; vgl. den Beitrag von Depraz in diesem Band). Es liegt auf der Hand, dass diese qualitativen Erfahrungsbereiche weder auf einen idealistischen Kategorienapparat zurückgeführt noch auf naturwissenschaftlich erforschbare materielle Prozesse reduziert werden können. Wie können sie dann aber begrifflich konstruiert werden? Auch innerhalb der Anthropologie Schelers und Plessners stellt sich das philosophische Ausgangsproblem in ähnlicher Form, sofern der Leib als natürliches Fundament der historischen und kulturellen Existenz des Menschen betrachtet wird. Seine exzentrische Weltoffenheit gründet demnach in der „Lebensorganisation“, deren „Vitalkategorien“ in einer philosophischen Biologie zu entfalten sind (Plessner 1928, 64f., 73f.; vgl. den Beitrag von Schürmann in diesem Band).

„Den Menschen trägt die lebendige Natur, ihr bleibt er bei aller Vergeistigung verfallen, aus ihr zieht er die Kräfte und Stoffe für jegliche Sublimierung. Deshalb drängt von selbst die Forderung nach einer philosophischen Anthropologie auf die Forderung nach einer philosophischen Biologie […].“ (Ebd., 76)

„Leben“ ist dabei als ein Erfahrungsmodus begriffen, der im Sinne einer hermeneutischen Methode, d.h. im Anschluss an die Entwicklungen einer deskriptiven statt erklärenden Psychologie zu entfalten ist. Wie auch bei Husserl rückt somit die in der experimentellen Psychologie vertretene Parallelismusthese in den Fokus der Kritik, sofern sich mit ihr eine funktionelle Abhängigkeit geistiger von körperlichen Zuständen verbindet. Das aber bedeutet für die Problematik von Leib und Körper, dass in der naturwissenschaftlich ausgerichteten Psychologie – exemplarisch in Fechners *Psychophysik* (1860) – die Leiblichkeit als lebendige, beseelte Realität ausgeblendet und gleichzeitig das Wesen des Geistigen „psychologistisch“ verkürzt wird. Der im Unterschied zu Husserl stärker naturalistische, auf vitalistische Positionen in der theoretischen Biologie rekurrierende Zug in der Anthropologie zeigt sich nicht zuletzt in der intensiven Rezeption „lebensphilosophischer“ Positionen. Sowohl Plessner als auch Scheler zielen auf eine phänomenologisch bzw. hermeneutisch aufgeklärte Philosophie des Lebens ab, die weder auf eine intuitive Unmittelbarkeit des fließenden Lebensprozesses noch auf ein rein naturwissenschaftliches, evolutionsbiologisches Wissen zurückgeführt werden kann (Scheler 1928, 82; vgl. Rölli 2009a, 141–172). Mit der Abgrenzung von den „romantischen“ Lebensphilosophien wird dabei eine Differenz suggeriert, die so in der Sache gar nicht besteht. Das zeigt sich im fundamentalphilosophischen Gebrauch der Lebensbegriffe (auch des Lebensweltbegriffs), wenn die „positiven“ Wissenschaften auf einen eigentlichen Grund der Subjektivität und Lebenspraxis bezogen werden, den sie selbst aber wesensmäßig nicht in den Blick bekommen (Rölli 2009b, 46–58). So bleibt es der Philosophie vorbehalten, in die Tiefen der allgemein menschlichen Wahrheiten vorzustoßen und die durch Wissenschaft und Technik hervorgebrachte Krisensituation zu reflektieren und zu überwinden.

Die bemerkenswerte Auszeichnung des Leibes in der Anthropologietradition ist insofern zu problematisieren, als sie sich mit einer Loslösung vom Körper verbindet. Damit ist gemeint, dass die Anthropologie des Leibes dazu neigt, in ihrer Abwendung von der ‚Maschine‘ ein Wissenschafts- und Technikverständnis zu kultivieren, das auf Naturbeherrschung, instrumentelle Rationalität, Positivismus etc. ausgerichtet ist. Im Kontrast dazu wird dann eine z. T. mit den Lebensreformbewegungen um 1900 korrespondierende ‚Romantiknatur‘ bemüht, die die leibliche Dimension gegen soziale und technische Vermittlungen abschirmt. Dagegen könnte in einer stärker pragmatistisch bestimmten Sichtweise gerade die Freilegung der spezifisch zeitlichen, affektiven und habituellen Erfahrungs- und Handlungsbedingungen dazu verwendet werden, den Begriff des Körpers im Kontext von Subjektivierungsweisen, Wissensproduktionen, Machtdispositiven und Assoziationen von sozialen Handlungsträgern aller Art zu situieren. Auf diesem Weg wäre es möglich, die in der Tradition der Phänomenologie am Leitfaden des Leibes herausgearbeiteten Erfahrungsdimensionen nicht einseitig auf eine weltfremd vorausgesetzte transzendentale Subjektivität, sondern (im Anschluss an Merleau-Ponty, Waldenfels u.a.) auf die vielfältigen historischen Vermittlungen z.B. veränderlicher Grenzen, Beschaffenheiten und Wirklichkeiten von Körpern zu beziehen. „Die Praxis, die den Körper vollzieht, tritt also nicht zu einem stofflich bereits vorhandenen Etwas hinzu, sondern sie wohnt ihm inne. Ohne Rest." (Gehring 2008, 189)

Wenn Anthropologen die Gefahren des ‚Sozialkonstruktivismus' ausmalen, indem sie den angeblichen Allmachtsphantasien, alles Wirkliche – z.B. als virtuelle Realität – subjektiv oder diskursiv hervorzubringen, die Widerständigkeit des Leibes, der Materie und überhaupt der Dinge und Menschen entgegensetzen, dann bemerken sie häufig nicht, dass sie diesen Begriff des Sozialkonstruktivismus selbst konstruiert haben. Im Insistieren auf einem vorgängigen Seinsbereich verlieren sie regelmäßig aus dem Blick, dass Objekte aller Art in sozialpragmatisch bestimmbaren Situationen *als* wirkliche Gegebenheiten fabriziert bzw. erfinderisch entdeckt werden (Latour 2005, 152–161). Mit der Vorstellung einer Leiblichkeit, die den gesellschaftlichen Kommunikationen zugrunde liegt, werden die Verbindungslinien zerschnitten, die den Körper – z.B. als gelehrigen oder dressierten Körper nach Nietzsche und Foucault – in einem Netz mannigfaltiger und historisch bestimmter Relationen verstricken. Der Abstraktion anthropologischer Leiblichkeit kann daher die pragmatische Konkretion des Körpers mitsamt der ihn prägenden politischen, ästhetischen, wissenschaftlichen und medial vermittelten Aktualisierung entgegengesetzt werden. Und die Phänomenologie sieht sich vor die Aufgabe gestellt, die naturalistisch uneinholbaren Erfahrungswirklichkeiten des ‚Leibseins', die in die phänomenologisch beschreibbare Erfahrungskonstitution eingehen, in ihrer ganzen ‚kulturellen' Bestimmtheit aufzufassen und zur Geltung zu bringen.

Literatur:

Hua IV, Kant 1798, Plessner 1928, Foucault 1966, Marquard 1963, Rölli 2011.

Friedrich Nietzsche
– Denken am „Leitfaden des Leibes"

Tobias Nikolaus Klass

1. Überblick

Friedrich Nietzsche ist zuerst ein großer Kritiker des abendländischen Denkens und seiner Selbstverständlichkeiten. Schon in seinem ersten philosophisch zu nennenden Werk – *Die Geburt der Tragödie aus dem Geist der Musik* (1872) – setzt er zur Generalkritik der abendländischen Philosophie an. Dazu fragt er noch einmal vor ihre „Verflachung" zu blankem Vernunftoptimismus schon bei ihren Gründungsvätern in der Antike zurück und will sie zur „Tiefe" des im Laufe ihrer Entstehung ausgeschlossenen „Tragischen" zurückführen. Damit nimmt seine Kritik schon hier eine Gestalt an, die sein Denken im Folgenden immer stärker prägen wird: Er zeigt, wie sehr das, was sich als Fortschritt in der Geschichte der Philosophie verstanden wissen will, selbst nur entstehen konnte, indem es ein anderes, dabei Verfemtes, Stück für Stück aus sich ausgegrenzt hat (das Nietzsche dabei nicht selten in direkter „Umwertung" bestehender Wertungen als das eigentlich Höherwertige ansetzt); und wie dabei eben dieses verfemte und auch verdrängte Andere unausgesprochen gleichwohl weiter tragendes Moment und wirkmächtige Grundlage des „flacheren" Neuen bleibt (was dem Neuen stets den Vorwurf Nietzsches einträgt, unehrlich in der Bestimmung der eigenen Grundlagen zu sein). Aus diesem Geist einer kritischen Genealogie bestehender philosophischer Begrifflichkeiten aus ihrem verdrängten anderen ist auch Nietzsches Denken des Leibes zu verstehen. Die in Nietzsches Werk zunehmend wichtiger werdende emphatische Betonung alles Leiblichen dient ihm zuerst dazu, eine Reihe von Abwehrgesten gegen zu seiner Zeit vorherrschende philosophische Setzungen und Wertungen zu stützen, vor allem solchen, die „Vernunft", „Idealität" oder „Reinheit" über alles andere stellen. Im Kontext solcher kritischen Neubeleuchtungen der Entstehung herrschender Begriffe erhalten Nietzsches berühmte und gerade in der Leib-Diskussion gern zitierte Formeln wie die, jede wirkliche Philosophie habe zuerst „am Leitfaden des Leibes" zu denken bzw. den „Leib" als „grosse Vernunft" hinter der „kleinen Vernunft", dem „Geist" oder „Bewusstsein", zu verstehen, ihren eigentlichen Sinn und ihre eigentliche Schärfe. Schwieriger wird es, diese Formeln zu einer eigenständigen, in sich konsistenten Theorie des Leibes zusammenzufügen; dazu ist die Anzahl sich direkt widersprechender Aussagen zum Leib zu groß. Statt von einer solchen geschlossenen Theorie des Leibes bei Nietzsche auszugehen, scheint es daher sinnvoller zu sein, davon zu sprechen, dass Nietzsche, im Zuge der Kritik der Leibvergessenheit seiner Zeit, ein feines Sensorium für *Phänomene von Leiblichkeit* auf ganz unterschiedlichen Ebenen und in ganz unterschiedlichen Kontexten entwickelt hat, die zu bedenken für jeden Leib-Philosophen sich lohnt. Und dass Nietzsche dabei durchaus Phänomene in den Blick bekommt, die – im Vorgriff auf die phänomenologische Unterscheidung von Körper und Leib – einen „Leib" philosophisch zu fassen versuchen, der auf den bloßen Körper nicht reduzierbar ist.

2. Der „Leib" als Einsatz der Kritik

Die Abwehrgesten, für die Nietzsche den Leib in Anschlag bringt, lassen sich systematisch auf zwei große Felder eingrenzen. *Theoretisch* versucht Nietzsche in der Frage der *Konstitution und Erkenntnis von Welt* gegen die vermeintlich zentrale Rolle der Vernunft den Anteil des Leiblichen in Stellung zu bringen; *praktisch* möchte er die Stimme des Leibes gegen eine rein „geistig" gedachte Moral geltend machen (wobei seine Kritik hier erstaunlicherweise eher einer christlich inspirierten Mitleids- und Nächstenliebe-Moral – die ja an sich nicht gänzlich leibfern ist – gilt als einer Pflicht-Ethik kantischer Provenienz (die sehr viel leibferner genannt werden kann)). Die theoretische Kritik der Leibvergessenheit bzw. Leibverdrängung der Philosophie will vor allem darauf hinweisen, wie sehr die fraglose Annahme eines Willens zur Wahrheit als Grund aller Erkenntnis verklärt und verkennt, in welchem Ausmaß er selbst zuerst ein – leiblich getragener – Wille zur Macht ist. Und die praktische Kritik der Leibvergessenheit bzw. Leibverdrängung will zeigen, wie sehr der Wille zum Guten verklärt und verkennt, wie, was von ihm als „Gutes" postuliert und von allem „Schlechten" kategorisch abgrenzt wird, aus eben diesem „Schlechten" herrührt, wie sehr also der Drang zur „Vergeistigung" in der Moral unabweisbar Produkt eines „niederen", d.i. leiblichen Triebes ist. Mögliche Beispiele für diese Art Kritik sind Legion: Im Abschnitt „Von den Hinterweltlern" in *Also sprach Zarathustra* etwa findet Nietzsche den Ursprung der christlichen Leibverachtung nicht in der „Reinheit" irgendeines „Geistes", sondern: „Kranke und Absterbende waren es, die verachteten Leib und Erde und erfanden das Himmlische und die erlösenden Blutstropfen"; womit er nicht nur eine Unehrlichkeit, sondern zugleich einen Selbstwiderspruch zu entlarven sucht, indem er fortfährt: „aber auch noch diese süssen und düstern Gifte nahmen sie von Leib und Erde!" (vgl. Nietzsche 1988, Band 4, 36; alle Nietzsche-Zitate werden im Folgenden durch Angabe des Bandes der *Kritischen Studienausgabe* und der Seitenzahl ausgewiesen). Diese Art von Kritik wird im Spätwerk – vor allem in *Zur Genealogie der Moral* – systematisch in die Kritik der „Sklavenmoral" samt ihrer „Verkleidungen" und Unehrlichkeiten überführt und dem Ansatz der von ihm in diesem Punkt hofierten „englischen

Psychologen“ – gemeint sind vor allem Mill und Hume – entgegen gestellt. Diese nämlich wagen es offen, „die partie honteuse unserer inneren Welt in den Vordergrund zu drängen und gerade dort das eigentlich Wirksame, Leitende, für die Entwicklung Entscheidende zu suchen, wo der intellektuelle Stolz des Menschen es am letzten zu finden wünschte“ (5, 257). Ähnlich verfährt Nietzsche im „Ersten Hauptstück“ von *Jenseits von Gut und Böse*, in dem er zum ersten mal direkt die fraglose Annahme eines alle philosophische Fragen leitenden „Willens zur Wahrheit“ kritisch in Augenschein zu nehmen auffordert und nach der Möglichkeit fragt, ob nicht etwas – also auch das „Gute“, „Hohe“, „Geistige“ – genau aus dem Gegenteil entstehen kann, von dem es sich gerade abzuheben versucht: „Zum Beispiel die Wahrheit aus dem Irrthum? Oder der Wille zur Wahrheit aus dem Willen zur Täuschung? Oder die selbstlose Handlung aus dem Eigennutze? Oder das reine sonnenhafte Schauen des Weisen aus der Begehrlichkeit?“ (5, 16) Um, geleitet durch diese kritische Umkehrung im Blick auf die Entstehung von Philosophien, darauf zu stoßen, dass „‚Bewusstsein‘“ gerade nicht „in irgendeinem entscheidenden Sinne dem Instinktiven entgegengesetzt“ ist, sondern „das meiste bewusste Denken eines Philosophen [...] durch seine Instinkte heimlich geführt und in bestimmte Bahnen gezwungen [ist]. Auch hinter der Logik und ihrer anscheinenden Selbstherrlichkeit der Bewegung stehen Wertschätzungen, deutlicher gesprochen, physiologische Forderungen zur Erhaltung einer bestimmten Art zu leben.“ (5, 17) Die „Physiologie“, die „Instinkte“ rücken hier, eben weil sie in bestimmten Philosophien als „partie honteuse“ abgetan werden, als Mittel ihrer radikalstmöglichen Kritik in den Blick.

3. Zur positiven Bestimmung des Leibes in Nietzsches Denken: Der Leib in seiner Ambivalenz

Wichtiger als diese Abwehrgesten ist nun natürlich die Frage: Was folgt *positiv* aus ihnen? Lässt sich etwa – um nur eines der genannten Beispiele noch einmal aufzunehmen – aus der Kritik der christlichen Moral eine eigene praktische Position ableiten, die – wie Nietzsche selber es nennt – „der Erde treu bleibt“, d.h. den „Leib“ eben nicht „verachtet“?

Diese Frage lässt sich schon deshalb schwer eindeutig beantworten, weil Nietzsches positives Denken fast durchgängig von Ambivalenzen und Positionswechseln geprägt ist, die die Identifikation einer einheitlichen Position, die alle Kontexte überdauert, nahezu unmöglich macht. Das lässt sich für jeden nachvollziehbar schon durch ein einfaches Beispiel illustrieren: Für kaum jemanden, so scheint es, findet Nietzsche mehr Spott und Verachtung als für die „Verächter des Leibes“ in Gestalt des „asketischen Priesters“. Heißt das, dass Nietzsche sich in direkter Umkehrung daher zu einem Philosophen des Leibes und der ihn bestimmenden „Leidenschaften“ macht, derart, dass sein Konzept eines „der

Erde treue[n]" Lebens allem Asketismus den Garaus macht? Mitnichten. Denn direkt neben unverhohlenem Spott findet sich direkte Bewunderung für die Figur des Asketen in Nietzsches Werk; allem voran im dritten Buch der *Genealogie der Moral*, das er ganz den „asketischen Idealen" bzw. der Figur des „asketischen Priester" widmet: immer hin und her geworfen dabei zwischen Attraktion und Repulsion, zwischen Verachtung und Bewunderung für diese Figur, die, indem sie das Leben verneint, dabei doch zugleich die Fähigkeit besitzt, Herr über das Leben zu werden (vgl. Staten 1990). In ähnliche Ambivalenzen stürzt Nietzsche auch auf vielen anderen Ebenen des Praktischen, etwa wenn er beginnt, der „Sklavenmoral", die er nicht selten eine Moral der „Schwachen", „Kranken", des „niedergehenden" Lebens nennt, das Gegenbild der „Herrenmoral" der „Starken", „Gesunden" und des „aufsteigenden" Lebens entgegenzustellen. Denn je genauer Nietzsche selbst auf die so kraftvoll inszenierte Unterscheidung etwa von verachtenswerter Krankheit und erstrebenswerter Gesundheit schaut, desto unschärfer wird die Grenze zwischen beiden und desto ambivalenter auch ihre Bewertung: Der Schwache entpuppt sich gerade ob seiner Schwäche als stark, Krankheit, als scheinbarer Gegenpol zur erwünschten „Gesundheit", wird ihrerseits selbst zum eigentlichen „Stimulanzmittel der großen Gesundheit" (12, 108) und Ähnliches mehr.

Diese inhaltlichen Ambivalenzen auf der *praktischen* Seite seines Denkens sind auf der *theoretischen* Seite – um die es hier zuerst gehen soll, da auch der Begriff des „Leibes" in seiner Abhebung vom „Körper" zuerst ein theoretisches Konzept vorstellt – noch stärker ausgeprägt. Und dies in mehrfacher Hinsicht und auf mehreren Ebenen. Im berühmten Kapitel „Von den Verächtern des Leibes" in *Also sprach Zarathustra* spricht Nietzsche gegen die Genannten dem „Wissenden" die Einsicht zu: „Leib bin ich ganz und gar, und Nichts außerdem; und Seele ist nur ein Wort für ein Etwas am Leibe." (4, 39) Dieser alles in sich einschließende Leib wird dann „eine grosse Vernunft, eine Vielheit mit einem Sinn" genannt, und als solcher als erstes der „kleinen Vernunft", dem „Geist", der nur „ein kleines Werk- und Spielzeug deiner grossen Vernunft" ist, entgegen gestellt; und dann, als zweites, dem „Ich": „‚Ich' sagst du und bist stolz auf dieses Wort. Aber das Grössere ist, woran du nicht glauben willst, – dein Leib und seine grosse Vernunft: die sagt nicht Ich, aber thut Ich." (ebd.) Mit diesen wenigen Worten scheint Nietzsches Position eindeutig umrissen: Alle menschlichen Handlungen und Urteile sind ihr zufolge nicht mehr zuerst Ausdruck eines seiner selbst bewussten und autonomen „Ich", sondern „*zuerst* ein Zustand des Körpers" (10, 360). „Das Geistige" habe man entsprechend „als Zeichensprache des Leibes festzuhalten" (10, 285), jede Vorstellung einer „Einheit in mir" habe man dagegen „gewiß nicht in dem bewußten Ich und dem Fühlen Wollen Denken [zu suchen], sondern wo anders: in der erhaltenden aneignenden ausscheidenden überwachenden Klugheit meines ganzen Organismus." (11, 434) Diese Art leiblicher „Selbstorganisation" – ein in der naturwissenschaftlichen Diskussion des 19. Jahrhunderts beliebtes Motiv – lässt den Leib nicht einfach zu etwas der Vernunft Entgegengesetztem werden, sondern zu einer eignen „Vernunft", und zwar einer „grossen", die die „kleine Vernunft" des Geistes noch umfasst in ihrer Fähigkeit „eine Vielheit mit einem Sinn" zu sein, d.i. ein Einheit schaffendes Prinzip, dass gleichwohl der irreduziblen Vielheit ihren Raum lässt (vgl. Gerhardt 2000).

Nun stellt man, schaut man genauer hin, schnell fest, dass diese im *Zarathustra* vorherrschende biblische Rede vom „Leib" alles andere als eine klare Bestimmung eines Grundprinzips ist; der Terminus in seiner Allgemeinheit und Bildhaftigkeit ist eher dazu angetan, ein aus Nietzsches Sicht bisher wenig beachtetes Problemfeld zu eröffnen, als wirklich eine Lösung für das damit aufgetauchte Problem zu bieten. Das hat wohl auch Nietzsche so gesehen und so hat er sich Anfang/Mitte der 80er Jahre verstärkt daran gemacht, eine Philosophie zu suchen, die, wie er schreibt, ihren „Ausgangspunkte vom Leibe *und der Physiologie*" (11, 638; meine Hervorhebung) nimmt, d.i. die neben die Rede von dem allem zu Grunde liegenden Leib das Wissen der Naturwissenschaften stellt, dem sich Nietzsche in diesen Jahren verstärkt zuwendet. Schon in der *Morgenröthe* fasst Nietzsche die Grundannahme dieses Perspektivwechsels wie folgt: „Auch unsere moralischen Urtheile und Werthschätzungen [sind] nur Bilder und Phantasien über einen uns unbekannten physiologischen Vorgang [...], eine Art angewöhnter Sprache, gewisse Nervenreize zu interpretieren." (3, 113) Etwas später, 1883, fasst Nietzsche dann die zuvor noch „unbekannt" genannten (bzw. in „Nervenreizen" verorteten), erst eigens zu „interpretierenden", „physiologischen" Prozesse in ein Bild, das dem *Verhalten von Trieben zueinander* eine Schlüsselrolle zuweist: „Wie Zelle neben Zelle physiologisch steht, so steht Trieb neben Trieb. Das allgemeinste Bild unseres Wesens ist *eine Vergesellschaftung von Trieben*, mit fortwährender Rivalität und Einzelbündnissen unter einander." (10, 274) Es ist diese „physiologische" Bestimmung des Leibes, die Nietzsche in *Jenseits von Gut und Böse* – der Schrift, in der er seine Philosophie insgesamt explizit zu einer „Physio-Psychologie" (5, 38) erklärt – zu der Annahme führt, dass „nichts Anderes als real ‚gegeben' ist als unsre Welt der Begierden und Leidenschaften, dass wir zu keiner anderen ‚Realität' hinab oder hinauf können als gerade der Realität unsrer Triebe." (5, 54) Mit dem „Trieb" – bisweilen spricht er auch von „Trieben und Affekten", bisweilen auch nur von „Affekten" (vgl. Moles 1990) – scheint Nietzsche eine Instanz gefunden zu haben, die ihm sein Bild vom alles umfassenden, sich selbst organisierenden Leib besser „physiologisch" zu konturieren hilft. Diese Auflösung oder Ausdifferenzierung des einen Leibes in ein Netz von aufeinander bezogenen „Trieben" führt auch zu einer entsprechenden Bestimmung der Grundlagen von Handlungen und Urteilen. So sind für Nietzsche „in jeder Handlung [...] viele Triebe thätig", und zwar auf folgende Art und Weise: „Der Trieb befriedigt sich d.h. er ist thätig, indem er sich der Reize bemächtigt, und sie umbildet. Um sich ihrer zu bemächtigen, muß er kämpfen: d.h. einen anderen Trieb zurückhalten, dämpfen. [...] Der Trieb selber ist [...]

nichts Anderes als ein bestimmtes Thätig sein." (10, 322) Gleiches gilt für Urteile Denn auch Urteile, so behauptet Nietzsche nun, seien nur „ein Resultat aus den verschiedenen und sich widerstrebenden Trieben", die einander „bekämpfen", Kämpfe, von denen uns „nur die letzten Versöhnungsszenen und Schlußabrechnungen dieses Processes zum Bewusstsein kommen" (3, 558), die wir dann *nachträglich* „Denken" nennen. „Denken", bis dahin als „etwas wesentlich den Trieben entgegengesetztes" gedacht, zeigt unter der neuen „physio-psychologischen" Perspektive, dass es nicht mehr als *„ein gewisses Verhalten der Triebe zu einander ist*": „Die längste Zeit hindurch hat man bewusstes Denken als das Denken überhaupt betrachtet: jetzt dämmert uns die Wahrheit auf, dass der allergrößte Theil unseres geistigen Wirkens uns unbewusst, ungefühlt verläuft." (3, 559)

Diese den einen Leib weiter ausdifferenzierende, unterhalb des Bewusstseins angesetzte Tätigkeit von „Trieben" und „Affekten" ist nun freilich bei genauem Blick weit weniger eine wirkliche Präzisierung des Gegenstandes „Leib" als es den Augenschein haben mag. Und dies aus zwei Gründen. Zum einen ist in den Beschreibungen besagter „Triebe" bzw. ihres „Verhaltens zueinander" leicht zu sehen, dass sie kaum mehr sind als eine Übersetzung eines bei Nietzsche viel grundsätzlicher angesetzten Prinzips auf die Ebene der „Physiologie". Schon im bereits zitierten Abschnitt aus *Jenseits von Gut und Böse* nämlich, in dem Nietzsche behauptet hatte, dass wir „zu keiner anderen ‚Realität' hinab oder hinauf können als gerade der Realität unsrer Triebe" (5, 54), geht er selbst eben doch einen Schritt weiter „hinauf oder hinab" zu einer, wie er schreibt, „primitiveren Form der Welt der Affekte, in der Alles noch in mächtiger Einheit beschlossen liegt, was sich dann im organischen Prozesse abzweigt und ausgestaltet [...], als eine Art von Triebleben, in dem noch sämtliche organische Funktionen, mit Selbst-Regulierung, Assimilation, Ernährung, Ausscheidung, Stoffwechsel synthetisch gebunden in einander sind – als eine Vorform des Lebens" (5, 54f). Und auf dieser Ebene der „Vorform des Lebens" trifft er dann „nicht auf ‚Stoffe' (nicht auf ‚Nerven' zum Beispiel)" (5, 55), sondern – auf den „Willen zur Macht" als das Grundprinzip der Welt. „Die Welt von innen gesehen", endet daher der Absatz über die Triebe als einzig möglich zu erreichender „Realität" in *Jenseits von Gut und Böse*, „die Welt auf ihren ‚intelligiblen Charakter' hin bestimmt und bezeichnet – sie wäre eben ‚Wille zur Macht' und nichts außerdem." (5, 55) Derart betrachtet, entpuppt sich Nietzsches „Philosophie des Leibes" als eine nicht wirklich eigenständige, den Leib als Leib in seiner spezifischen Besonderheit in Augenschein nehmende Philosophie, sondern als eine bloße Stufe oder ein Aggregatzustand seiner Philosophie des Willens zur Macht. Dies macht aus den leiblichen Grundentitäten „Triebe" und „Affekte" recht eigentlich nur eine besondere Art von „Kraft-" oder auch „Machtquanta" , die sich grundsätzlich nicht anders verhalten und nicht anders wirken als andere „Machtquanta" auch: Sie „kämpfen" miteinander, versuchen einander zu „überwältigen" und dergleichen mehr.

Und das ist nur die eine, die Ebene der Grundlegung des Leibes. Daneben steht es auch um die genaue Bestimmung der „Triebe und Affekte" als den „Leib" organisierende „Kräfte" schwieriger, als bisher dargestellt. Genauer: Es steht schwieriger um ihren Status als „physiologische" Entitäten, um ihre besondere „Leibhaftigkeit". So behauptet Nietzsche zwar, wie bereits zitiert, dass „alle Affekte *zuerst* ein Zustand des Körpers" seien; doch fügt er hinzu: „der interpretirt wird." (10, 360) Diese Notwendigkeit der „Interpretation" leiblicher Entitäten wie Triebe und Affekte – und für Nietzsche hat bekanntlich „das Interpretiren selbst [...] Dasein" (12, 140) –, diese unumgehbar zu vollziehende „Interpretation" erweist „Triebe" und „Affekte" nicht wirklich als selbständige „physiologische" Entitäten, sondern als eigenwillige Zwischenwesen zwischen *physis* und *psyché*: „Unsere *Triebe Affekte*", heißt es in den nachgelassenen Fragmenten, *„werden uns [...] erst gelehrt: sie sind nichts Ursprüngliches*! Es giebt keinen ‚Naturzustand' für sie." (9, 510f) Oder auch: „Affekte sind eine Construktion des Intellekts" (10, 657) und sind als solche gerade „Gegenstück zu physiologischen Gruppen" (11, 64). In Formulierungen wie diesen zeigt sich die ganze Ambiguität von Nietzsches Versuch, den Leib philosophisch zu rehabilitieren: Er will zum Leib, er will die Macht des Leibes gegen eine bloße Bewussteinsfixierung geltend machen, indem er das „Physiologische" gegen den „Geist" und die „Vernunft" in Stellung bringt – und findet doch im Leib selbst, seinen „physiologisch" genannten Grundeinheiten immer wieder „geistige" und „intellektuelle" Momente, die die Idee reiner Physiologie unterminieren. Damit kommt er aus der klassischen Leib-Seele-Dichotomie nicht wirklich heraus, sondern schwankt, je nach Position, nur zwischen beiden Prinzipien hin und her, ohne wirklich einen dritten Weg zu finden, eine eigenständige Denkweise, die über die klassischen Entgegensetzungen wirklich hinaus kommt.

Da hilft auch ein Rückgang auf sein viel zitiertes Diktum, man habe Philosophie fortan „am Leitfaden des Leibes" zu betreiben, nicht wirklich weiter. Denn wenn Nietzsche davon spricht, es sei für seine physio-psychologischen Betrachtungen „wesentlich, vom Leibe auszugehen und ihn als Leitfaden zu benutzen", dann liegt der Grund dafür – und darin unterscheidet sich Nietzsche deutlich von der Phänomenologie – nicht in irgendeiner Art ontologischer Vorrangigkeit des Leibes, sondern dies hat, nach eigener Aussage, für Nietzsche allein einen *methodologischen* Grund: nämlich den, dass, wie er schreibt, der Leib „das viel reichere Phänomen [ist], welches deutlichere Beobachtung zuläßt" (11, 635), und sich wegen dieses Reichtums „am Leitfaden des Leibes [...] eine ungeheure *Vielfachheit*" zeige, was ihn zu der Überzeugung führt: „Es ist methodisch erlaubt, das studirbare *reichere* Phänomen zum Leitfaden für das Verständniß des ärmeren zu benutzen." (12, 106; vgl. dazu Salaquarda 1994) Bezogen auf den *ontologischen* Status des da zum „Leitfaden" erhobenen „Leibes" besagt dies nicht, dass einzig dieser „ist", im Gegensatz zu den Oberflächenphänomenen „Bewußtsein", „Seele", „Wille" u.ä., an die wir nur „glauben", sondern es besagt lediglich:

„Der Glaube an den Leib ist besser festgestellt als der Glaube an den Geist.“ (11, 635) Der „menschliche Leib“, schreibt Nietzsche, sei, betrachte man es einmal in Ruhe, tatsächlich ein sehr viel „erstaunlicherer Gedanke als die alte ‚Seele‘“ (11, 565), die bekanntlich bis dato im Zentrum der Aufmerksamkeit stand; gleichwohl, weiß Nietzsche, bleibt auch der Leib zuerst ein „Gedanke“ und damit ein „Glauben“, wenn vielleicht auch „ein stärkerer Glaube als [etwa] der Glaube an den Geist“: „Aber was bedeutet zuletzt *Stärke des Glaubens*! Deshalb könnte es immer noch ein sehr dummer Glaube sein! – Hierüber ist nachzudenken“ (11, 566). Ein „Nachdenken“, das Nietzsche dahin führt zu konstatieren, dass, wenn man von psycho-physiologischen Kräften (wie „Trieben“ und „Affekten“), „welche unseren Leib constituiren“, spricht, es wohl „richtiger“ wäre zu sagen, dass „von deren Zusammenwirken das, was wir ‚Leib‘ nennen, das beste Gleichniß ist“ (11, 577). Auch der Begriff „Leib“ ist, das weiß keiner besser als Nietzsche selbst, wie so viele andere von ihm zu Schlüsselbegriffen erhobene Termini (wie „Übermensch“, „ewige Wiederkehr“, „Wille zur Macht“ u.a.) nur ein „Gleichniß“, das einen vielfachen Prozess in eins synthetisiert, der als Prozess vor allem „etwas Wachsendes, Kämpfendes, Sich-Vermehrendes und Wieder-Absterbendes“ (11, 577), kurz: in ontologisierenden Begriffen Unfaßbares ist (vgl. Derrida 1978, Blondel 1986). Die Fixierung des „Physio-Psychologen“ Nietzsche auf den von ihm zum „Leitfaden“ erhobenen „Leib“ und die mit diesem verbundenen Vorstellungen (wie „Affekte“ und „Triebe“) und Prozesse (wie „Einverleibung“ und „Assimilation“) sind demnach keine Ersetzung einer ontologischen Grundlage – „freier Wille“, „Seele“, „Subjekt“ usf. – durch eine andere – „Leib“, „Triebe“, „Affekte“ –, sondern vor allem eine Arbeit an der Sprache der Philosophie. Diese soll ihm ermöglichen, einen begrifflichen – oder doch zumindest begriffsaffinen – Ausdruck für die Intuition zu finden, dass, wie er barock in der Vorrede der *Fröhlichen Wissenschaft* schreibt,

> „ein Philosoph, der den Gang durch viele Gesundheiten [d.h. leibliche Zustände] gemacht hat und immer wieder macht, [...] auch durch ebensoviele Philosophien hindurchgegangen [ist]: er kann eben nicht anders als seinen Zustand jedes mal in die geistigste Form und Ferne umzusetzen, – diese Kunst der Transformation ist eben Philosophie. Es steht uns Philosophen nicht frei, zwischen Seele und Leib zu trennen, wie das Volk es trennt, es steht uns noch weniger frei, zwischen Seele und Geist zu trennen. Wir sind keine denkenden Frösche, keine Objectivir- und Registrir-Apparate mit kalt gestellten Eingeweiden, – wir müssen beständig unsre Gedanken aus unserem Schmerz gebären und mütterlich ihnen Alles mitgeben, was wir von Blut, Herz, Feuer, Lust, Leidenschaft, Qual, Gewissen, Schicksal, Verhängniss in uns haben.“ (3, 349f.)

In Bildern wie dem gerade zitierten weiß Nietzsche sein Denken des Leibes anschaulich zu bannen; sobald er sich daran macht, diese Gedanken auch systematisch ausformulieren zu wollen – was er, vor allem in den nachgelassenen Notizbüchern, entgegen aller laut geäußerten Skepsis allen Systemen gegenüber doch immer wieder zumindest versucht –, scheitert er, weil er dem Denken in den alten, von ihm selbst in Frage gestellten Gegensätzen, die die Diskussion beherrschen, nicht entkommt.

4. Phänomene von Leiblichkeit

Die bisherigen Überlegungen legen in ihrer kritischen Grundhaltung nahe, Nietzsche aus der Liste der ernst zu nehmenden „Leib“-Philosophen (im phänomenologischen Sinn des Wortes) zu streichen, da er über eine polemische Abgrenzung gegen Leibvergessene bzw. Leibverdrängende Philosophien hinaus nicht wirklich dahin gelangt, positiv eine eigenständige Alternative zu den von ihm kritisierten Ansätzen zu formulieren, sondern nur bis zu den klassischen Dilemmata kommt, in denen auch viele Autoren vor ihm, die die Leib-Seele-Dichotomie bzw. die Körper-Geist-Dichotomie zu übersteigen versucht haben, geendet sind. Doch dem ist durchaus nicht so. Denn wenn es Nietzsche auch nicht gelingen mag, eine in sich konsistente Philosophie des Leibes zu formulieren, so führt ihn sein Bemühen, die Leibhaltigkeit des Urteilens und Handelns besser zu verstehen, doch in viele Denkräume, die zu betreten und mit seinem feinen Gespür für Nuancen auszuleuchten zweifellos einen Gewinn bedeutet. Drei solcher Denkräume seien im Folgenden angesprochen.

Zuerst einmal schärft Nietzsche als einer der ersten das Gefühl für die Differenz zwischen dem wissenschaftlich erfassten und dem alltäglich erlebten Leib (und ist damit denkbar nahe an phänomenologischen Grundintuitionen): „Wie verschieden ist“, notiert er in seinen Aufzeichnungen, „der Leib, wie wir ihn empfinden, sehen, fühlen, fürchten, bewundern und der ‚Leib‘ wie ihn der Anatom uns lehrt! Die Pflanze, die Nahrung, der Berg und was uns nur die Wissenschaft zeigt – alles ist eine wildfremde eben entdeckte neue Welt, der größte Widerspruch mit unserer Empfindung!“ (9,623) Konsequenz dieser Entdeckung ist für Nietzsche explizit eine Gegenposition zum szientistischen Weltbild und ein Parteiergreifen vor allem für den *alltäglichen* Leib. Unter der Überschrift „Was uns Ehre macht“ etwa hält Nietzsche fest: „Wir haben den Ernst wo andershin gelegt: wir nehmen die von allen Zeiten verachteten und bei Seite gelassenen niedrigen Dinge wichtig“, und fragt im Anschluss an diese Feststellung:

> „Giebt es eine gefährlichere Verirrung, als die Verachtung des Leibes? Als ob nicht mit ihr die ganze Geistigkeit verurtheilt wäre krankhaft zu werden, zu den vapeurs des ‚Idealismus‘! […] Wir sind radikaler. Wir haben die ‚kleinste Welt‘ als das überall-Entscheidende entdeckt […]: Straßenpflaster, gute Luft im Zimmer, die Bude nicht vergiftet, die Speisen auf ihren Werth begriffen, wir haben Ernst gemacht mit allen Necessitäten des Daseins und verachten alles ‚Schönseelenthum‘ als eine Art der ‚Leichtfertigkeit und Frivolität‘. Das bisher Verachtetste ist in die erste Linie gerückt.“ (13, 236)

Diese Aufwertung des Leibes, „wie wir ihn empfinden, sehen, fühlen, fürchten, bewundern“ und der für ihn wichtigen „niedrigen“ Dinge wie das Klima, die Speisen, das soziale und historische Umfeld u.a., hat für Nietzsche dabei nicht nur praktische Konsequenzen – „Das Kleine Nächste streng nehmen und den Menschen im Leiblichen sehr fördern – sehen, was für eine Ethik ihm dann wächst – abwarten! die ethischen Bedürfnisse müssen uns auf den Leib passen!“ (9, 349) –, sondern ist eben auch theoretisch von Belang: Denn wer „die ‚kleinste Welt‘ als das überall-Entscheidende entdeckt“, und mit dieser „kleinsten Welt“ vor allem die leiblich relevanten Existenzbedingungen eines Handelnden und Urteilenden meint, der eröffnet für die Philosophie bzw. die kritische Selbstreflexion der Genese von Philosophemen ganz neue Denkräume. „In den rechtlichen, moralischen und religiösen Dingen“, notiert Nietzsche, „hat das Aeusserlichste, das Anschauliche, also der Brauch, die Gebärde, die Ceremonie am meisten Dauer: sie ist der Leib, zu dem immer eine neue Seele hinzukommt.“ (2, 587) Dieser Perspektivwechsel macht aus Nietzsche zweifellos einen der ersten auch systematisch ernst zu nehmenden Kulturphilosophen: der ganz explizit dazu auffordert, sich auch als Philosoph mit Gegenständen von „Cultus“ und „Sitte“ auseinanderzusetzen „wie „Essen, Sich-Kleiden, Verkehren“ (2, 541; vgl. Klass 2007). Und zwar einen, der Kulturalität im Plural der Kulturen zu denken verlangt, was ihn selbst, beim Blick etwa auf Ernährungspraktiken, zu Betrachtungen wie den folgenden führt: „Die alten Culturvölker Amerikas kannten den Gebrauch der Milch nicht. / Der Chinese ißt sehr viel Gerichte in sehr kleinen Portionen. / Man will sich nicht die Fehler eines Thiers aneignen z.B. die Feigheit des Hirsches (auf Borneo) […] / Unsinnige Massen Reis ißt z.B. der Siamese“ (10, 325; vgl. Elberfeld 2008).

Eine zweite Besonderheit des Denkens des Leibes in Nietzsches Philosophie ist zweifellos seiner Herkunft geschuldet, d.i. seinem Philologentum. Als ein solcher nämlich weiß er nicht nur um die Macht der Rhetorik, sondern entwickelt auch – im ganz wörtlichen Sinne – ein Gespür für sie (vgl. Kremer-Marietti 1992; Tebartz-van Elst 1994; Kalb 2000). Bei Nietzsche wird Sprache leiblich und zugleich in ihrer Leiblichkeit wahrnehmbar – praktisch wie theoretisch. Theoretisch reflektiert er dies vor allem Anfang der 70er Jahre in und nach der Zeit der *Geburt der Tragödie*, eine Zeit, in die auch sein zu Lebzeiten unveröffentlichter Text *Über Wahrheit und Lüge im aussermoralischen Sinne* fällt. In diesem Text und in den diesen Text umgebenden Schriften und Notizen beschäftigt sich Nietzsche stark mit der Frage nach dem Wesen der Sprache und stellt fest, dass alle „Mittheilungszeichen“ nicht nur aus „Nervenreizen“ „Bilder“ oder „Vorstellungen“ zu produzieren und in ihnen „Eindrücke“ zu fixieren versuchen, sondern diesen „Bildern“ und „Vorstellungen“ stets „Lust- oder Unlustempfindungen“ beigegeben sind, die „als ein nie fehlender Grundbaß alle übrigen Vorstellungen [begleiten]“ (7, 361). Dieses In-sich-Aufnehmen auch der affektiven Seite einer Vorstellung vermag Sprache laut Nietzsche deshalb, weil jedes Wort seiner

Struktur nach stets eine – wie auch immer abgeschwächte, verbrauchte oder vergessene – „Vereinigung von Musik und Bild“ (7, 232) ist, da – vor allem im *Klang* eines Wortes, aber auch der Rhythmik, Dynamik oder Melodik einer ganzen Phrase, einer Verkettung von Wörtern, im *Tonfall* schließlich einer ganzen Rede – auch in der Benennungsfunktion der Sprache deren „Tonuntergrund“ (7, 361) stets mitübertragen werde (vgl. Levèsque 1988, Dufour 2001). „Verstehen“ solcher „Mittheilungszeichen“ heißt demnach für Nietzsche stets, nicht bloß der Fülle der „Vorstellungen“ hinter den Worten auf die Spur kommen wollen, sondern zugleich, zur „Magie des *Tones* und der Rhythmik der Tonfolge“ (7, 232) sich zu verhalten, sich der „Bilderwelt“ *und* „Musikwelt“ (1, 49) des Gesagten auszusetzen. Sprache ist damit nie nur und zuerst ein Vehikel der kognitiven Informationsfixierung und -übertragung, sondern zuvor schon „wirkt“ sie durch ihre „musikalische“ Seite auf den Leib des Hörers, genauer: „auf die Muskeln und Sinne, [...] – sie redet zu [einer] Art von feiner Erreglichkeit des Leibes.“ In diesem Sinne „wirkt“ alle Sprache stets „tonisch, mehrt die Kraft, entzündet die Lust (d.h. das Gefühl der Kraft), regt alle feineren Erinnerungen des Rausches an.“ (13, 296)

Die bei Nietzsche derart theoretisch reflektierte Leiblichkeit der Sprache findet ihre praktische Entsprechung auf der Ebene des *Stils*, weil auf ihr die besagten „musikalischen“ Züge der Sprache wie Rhythmus, Tempo, Melodik u.a. in besonderem Maße zu Tragen kommen. In diesem Sinne schreibt Nietzsche in seiner für Lou von Salomé zusammengestellten, ihr brieflich zugestellten „Lehre von Stil“: „Der Reichthum an Leben verräth sich durch *Reichthum an Gebärden.* Man muß Alles, Länge und Kürze der Sätze, der Interpunktion, die Wahl der Worte, die Pausen, die Reihenfolge der Argumente – als Gebärden empfinden *lernen.*“ (10, 38) Diese Einsicht ist für Nietzsche mehr als eine Feststellung, sie ist – in deutlicher Abgrenzung von der rhetorikfeindlichen Tradition der Philosophie – eine Aufforderung gerade an den Philosophen, selbst *leiblich* zu schreiben, d.i. den eigenen Stil auf seine Musikalität hin zu reflektieren und alle entsprechenden Möglichkeiten des Stils auszuloten. Als der Philosoph, der, wie Nietzsche in *Ecce Homo* schreibt, „die vielfachste Kunst des Stils überhaupt, über die je ein Mensch verfügt hat“ (6, 304), kennt und auch in Anschlag bringt, stellt sich Nietzsche explizit gegen „das grosse Missverständniss der deutschen Bildung“ und fordert auch vom philosophischen Schreiber: „[M]an muss den Leib zuerst überreden“, und zwar indem man „die Cultur an der rechten Stelle beginnt – nicht an der ‚Seele‘ (wie es der verhängnissvolle Aberglaube der Priester und Halb-Priester war): die rechte Stelle ist der Leib, die Gebärde, die Diät, die Physiologie, der Rest folgt daraus ...“ (6, 148) Ein solcher „richtiger“ Ansatz des Schreibenden bei „Leib“ und „Gebärde“ führt in Nietzsches eigenem Schreiben – von dem er behauptet „Ich bin darin mit Leib und Seele“ (12, 232) – bekannterweise zu einer ungeheuren Experimentierwut mit verschiedenen Textformen und Stilelementen unterschiedlichster Art. Philosophie wird so mehr und etwas anderes als ein Anbieten und Auseinanderlegen von Argumenten, sie wird hier zu einem Kampf um und einem Abgleichen von Erfahrungen, die in Leiber eingeschrieben sind und so ganze Lebensweisen tragen und bestimmen. Damit geht es auch in Nietzsches Philosophie noch um „Erkenntnisse", doch eben um solche, die nicht einfach nur Denkhorizonte ausmachen, sondern unser ganzes leibliches Zur-Welt-Sein prägen; aus Nietzsches Sicht konsequenterweise, denn „die *Kraft* der Erkenntnisse liegt nicht in ihrem Grade von Wahrheit, sondern ihrem Alter, ihrer Einverleibtheit, ihrem Charakter als Lebensbedingung." (3, 469) Und an eben diese Ebene kommt die philosophische *écriture* nur, wenn sie es auch vermag, die „tonische" Dimension des Sprechens, die „zu Muskeln und Sinnen", zu einer „feinen Erregbarkeit des Leibes" spricht, bestmöglich auszunutzen

Und noch ein dritter Aspekt des Denkens des Leibes bei Nietzsche ist an dieser Stelle erwähnenswert: der teleologische Zug dieses Denkens. Wenn Nietzsche in *Jenseits von Gut und Böse* davon spricht, seine „Aufgabe" als Genealoge sei es, „den Menschen [...] zurück[zu]übersetzen in die Natur" (5, 169), kann man darin natürlich ein einfaches „Revenons à la nature!" als implizites Gegenmodell mitschwingen hören, wie man es – fälschlicherweise – Rousseau nachgesagt hat. Das freilich ist nicht gemeint, denn, wie Nietzsche sagt, „zur Natur kommt der Mensch nach langem Kampfe – er kehrt nie ‚zurück'." Den Begriff von Natur, den er hier erprobt, bestimmt Nietzsche in der *Götzendämmerung* mit den Worten: „Auch ich rede von ‚Rückkehr zur Natur', obwohl es nicht eigentlich ein Zurückgehn, sondern ein Hinaufkommen ist – hinauf in die hohe, freie, selbst furchtbare Natur und Natürlichkeit, eine solche, die mit großen Aufgaben spielt, spielen darf ..." (6, 150) Diese Idee einer „hohen" oder „höheren Natur", zu der man allererst „hinauf" zu kommen habe, überträgt Nietzsche explizit auch auf seine Vorstellung vom zu suchenden Leib: Über die „Kranken", die die „Verächter des Leibes" *au fond* sind, heißt es in *Also sprach Zarathustra:* „Milde ist Zarathustra den Kranken. [...] Mögen sie Genesende werden und Überwindende und einen höheren Leib sich schaffen!" (4. 35) Wie dieser „höhere" Leib zu denken ist, reflektiert er parallel dazu in den Notizbüchern: „Es handelt sich", heißt es da, „vielleicht bei der ganzen Entwicklung des Geistes um den Leib: es ist die fühlbar werdende Geschichte davon, daß ein höherer Leib sich bildet. Das Organische steigt noch auf höhere Stufen." (10, 653)

Dass mit dem „höheren Leib" „das Organische" „auf höhere Stufen" steigt, ist nun natürlich einmal mehr eine ausgesprochen mehrdeutige Rede. Zuallererst kann man wohl nicht umhin, auch in diesen Formulierungen wieder zuerst ein Echo der Grundbestimmungen des „Willens zur Macht" zu hören (d.i. nichts Leibspezifisches), genauer: der Maxime, die ihn grundsätzlich leitet, nämlich die der permanenten „Selbstüberschreitung" oder „Selbstüberwindung". Diese in dieser Allgemeinheit nur metaphysisch zu verstehende Teleologie ohne *telos*, in der ein ständiges Über-Hinaus gefordert wird, das gerade kein Etwas, kein benennbares Ziel als Endpunkt kennen darf, bekommt freilich, auf den Leib übertragen, bei Nietzsche deutlich konkretere Züge. So schließt sich an die Rede vom

„höheren Leib", den die Kranken anzustreben hätten, oft sehr direkt die Vorstellung einer zu suchenden „Gesundheit" an: „Hört mir", beendet Zarathustra sein Reden an die leibverachtenden „Hinterwelter", die er kurz zuvor aufgefordert hatte, sich einen „höheren Leib" zu schaffen, „auf die Stimme des gesunden Leibes: eine redlichere und reinere Stimme ist diess." (4, 38) Der „Leib", zu dem man da „hinauf" zu kommen hat, wäre somit zuerst der „gesunde Leib", der sich durch eine Reihe ziemlich klar benennbarer Anthropotechniken – „die Gebärde, die Diät" (6, 148), Aufmerksamkeit für „Ort und Klima" (6, 281) und anderes mehr – befördern ließe (vgl. dazu Klass 2008).

Das *telos* je individueller „Gesundheit" (das in sich, wie oben dargelegt, alles andere als klar umrissen ist bei Nietzsche) ist freilich nicht die einzige Möglichkeit, die seine Texte zur Bestimmung des „höheren Leibes" anbieten. Eine zweite, schwierigere findet sich in seinen Überlegungen zur „Zucht" „reiner Rassen", die man nicht ausklammern darf, wenn es um Nietzsches Leib-Begriff geht (vgl. Schank 2000). Wie stets steht auch dabei zuerst der kritische Aspekt im Vordergrund. „Zu allen Zeiten", fasst Nietzsche diese Kritik in der *Götzendämmerung*, „hat man die Menschen ‚verbessern' wollen: dies vor allem hieß Moral. Aber unter dem gleichen Wort ist das Allerverschiedenste von Tendenz versteckt. Sowohl die Zähmung der Bestie Mensch, als die Züchtung einer bestimmten Gattung Mensch ist ‚Besserung' genannt worden: erst diese zoologischen termini drücken Realitäten aus – Realitäten freilich, von denen der typische ‚Verbesserer', der Priester, nichts weiß – nichts wissen will ..." (6, 99) Im Zusammenhang mit der moralischen „Verbesserung" des Menschen von „Zucht" zu sprechen, d.h., wie Nietzsche sagt: „zoologische termini" zu verwenden, bedeutet zuerst, sichtbar zu machen, dass jede moralische oder auch nicht moralische „Verbesserung" des Menschen niemals je nur an seinen „Geist" appelliert, sondern den Menschen als eine physio-psychologische Einheit erfasst, mit ihren Transformationstechniken dabei zuerst am Leib ansetzt. Nietzsches wirkmächtigste Entdeckung in diesem Kontext ist die Geburt moderner Subjektivität aus dem Geist (und der Praxis) der moralisch begründeten Disziplinartechniken, die Foucault so eindrucksvoll ausbuchstabiert hat (vgl. Foucault 1975).

Wenn aber, schlußfolgert Nietzsche nun positiv aus besagter Kritik, Wissen und Moral, die handlungsanleitend sind, nie bloß kognitive Wahlmöglichkeiten, sondern „einverleibte" Haltungen zur Welt sind, die nur durch leibbezogene Techniken transformiert werden können, dann muß redlicherweise jeder, der dem Status quo etwas „Höheres" entgegensetzen möchte, genau dort ansetzen: am Leib. Eben diese Vorstellung steht im Hintergrund, wenn Nietzsche sich „nach neuen Philosophen [sehnt], [...] stark und ursprünglich genug, um die Anstöße zu entgegengesetzten Wertschätzungen zu geben und ‚ewige Werte' umzuwerten, umzukehren; nach Vorausgesandten, nach Menschen der Zukunft, welche in der Gegenwart den Zwang und Knoten anknüpfen, der den Willen von Jahrtausenden auf neue Bahnen zwingt. Dem Menschen die Zukunft des Menschen als seinen Willen, als abhängig von einem Menschenwillen zu lehren und große Wagnisse und Gesamt-Versuche von Zucht und Züchtung vorzubereiten. [...]: dazu wird irgendwann einmal eine neue Art von Philosophen und Befehlshabern nötig sein." (5, 126) Der Philosoph, den Nietzsche fordert, ist damit nicht bloß ein *Denker*, sondern ein „cäsarische[r] Züchter und Gewaltmensch [...] der Kultur" (5, 136), der es immer mit dem, wie er sagt, „Problem der Rasse" zu tun hat: „Es ist gar nicht möglich, daß ein Mensch nicht die Eigenschaften und Vorlieben seiner Eltern und Altvordern im Leibe habe: was auch der Augenschein dagegen sagen mag. Dies ist das Problem der Rasse." (5, 219)

An dieser Stelle gilt es, genau hinzuhören. Die „Rasse", von der da die Rede ist, ist bestimmt durch einverleibte, von „Eltern und Altvorderen" ererbte „Eigenschaften und Vorlieben" – und nicht: durch eine bestimmte Haar- oder Hautfarbe, einen bestimmten Körperwuchs oder ein bestimmtes Genmaterial; Ziel jeder „Zucht" – die eigentlich immer eine „Umzucht" ist, da sie als ihre eigentliche Aufgabe sieht, bereits vorhandene einverleibte Werte „umzukehren" und „umzuwerten" – ist weniger die systematische Produktion bestimmter Körpermerkmale oder -potentiale, als vielmehr, über viele Generationen einverleibte Lebensformen und die damit einhergehenden Wertsysteme „auf neue Bahnen" zu zwingen – um so der „Verfalls-, nämlich Verkleinerungsform des Menschen", seiner „Vermittelmässigung und Wert-Erniedrigung" (5, 126) entgegenzuwirken. Wie eine solche „Zucht" funktioniert, fasst Nietzsche unter der Formel „Veredelung durch Entartung" oder „veredelnde Inoculation". Am Anfang aller „Zucht" steht für ihn nämlich die „Vermischung" bislang voneinander getrennt lebender Rassen, und diese Vermischung kann entweder zu einer schmerzlosen, allmählichen Anähnlichung und Einebnung aller Differenzen führen: „Dabei mischen sich die Träger der Niedergangsinstinkte [...] in alles Blut aller Stände; zwei, drei Geschlechter darauf ist die Rasse nicht mehr zu erkennen – Alles ist verpöbelt" (13, 365); oder aber es kommt zu einer ernsthaften „Verwundung" einer Rasse, d.h. zu einer desorientierenden Verunsicherung ihrer Instinkte, die Platz für „Neues" schafft und die Nietzsche mit dem ihm eigenen Pathos die „Zucht des Leidens, des grossen Leidens", die „alle Erhöhung des Menschen bisher geschaffen hat" (5, 161) nennt. Ziel dieser ins „Hohe" führenden „Zucht" ist – so sie nicht ins Verderben führt – die „reine Rasse", genauer: da es „wahrscheinlich keine reinen, sondern nur reingewordene Rassen [giebt]" (3, 213), die „reingewordene Rasse", deren „Reinheit das letzte Resultat von zahllosen Anpassungen, Einsaugungen und Ausscheidungen [ist]", und deren „Fortschritt" sich darin zeigt, „dass die in einer Rasse vorhandene Kraft sich immer mehr auf einzelne ausgewählte Funktionen beschränkt." Die beschriebene Konzentration der Kräfte im Prozeß der – stets nur langsam voranschreitenden – „Reinigung" einer Rasse hat vor allem das Ziel, das Vermögen zu entwickeln, unabhängig zu werden vom bis dato Verhalten bestimmenden „milieu" wie Kultur, Ort, Klima und Ernährung. In diesem Sinne ist jede „reine Rasse" der Anfang einer „Über-Rasse" (11, 136), d.h. der Lösung von aller Rasse. Unter all dem Gerede von wachsender „Zivilisation" und „Fortschritt" in Europa – das Nietzsche für kurzsichtig und oberflächlich hielt – vollzieht sich seines Erachtens

„ein ungeheurer physiologischer Prozeß, der immer mehr in Fluß gerät – der Prozeß einer Anähnlichung der Europäer, ihrer wachsenden Loslösung von den Bedingungen, unter denen ständisch und klimatisch gebundene Rassen entstehen, ihre zunehmende Unabhängigkeit von jedem bestimmten milieu, das jahrhundertelang sich mit den gleichen Forderungen in Leib und Seele einschreiben möchte – also die langsame Heraufkunft einer wesentlich übernationalen und nomadischen Art Mensch, welche, physiologisch geredet, ein Maximum an Anpassungskunst und -kraft als ihre typische Auszeichnung besitzt." (5, 182)

5. Resümee

Nietzsche, so könnte man das Gesagte zusammenzufassen versuchen, war zweifellos einer der ersten deutschsprachigen Philosophen, der die bisherige Leibvergessenheit der abendländischen Philosophie nicht nur wahrgenommen, sondern zum Ausgangspunkt einer Philosophie zu machen versucht hat, die in direkter Umkehrung dieser Leibvergessenheit dem Leib eine zentrale Rolle im Denken zugewiesen hat. Die dadurch sich für das philosophische Denken eröffnenden Möglichkeiten der Kritik hergebrachter Positionen – vor allem der Kritik der von diesen Positionen verdrängten Anteile von Leiblichkeit in der eigenen Grundlegung – hat Nietzsche lustvoll und gewinnbringend ausgeschöpft. Zugleich aber ist er, in Überschreitung dieser Kritik, nicht wirklich dahin gelangt, den kritisierten Positionen eine in sich geschlossene und konsistente eigene Philosophie des Leibes entgegen zu stellen. Gleichwohl lassen sich bei Nietzsche eine Reihe von Ansätzen zu einer solchen Philosophie finden, zumal das, was Nietzsche da als Vergessenes und Verdrängtes entdeckt und ins Zentrum zu stellen gefordert hat, tatsächlich auf den bloßen Körper sich nicht reduzieren lässt, sondern deutlich Züge von Leiblichkeit im phänomenologischen Sinn annimmt. Auch der Leib, den Nietzsche philosophisch zu beachten auffordert, ist mehr als einfach die physiologische Seite alles Denkens und Handelns, sondern auch bei Nietzsche ist der Leib eher gedacht als Bedingung der Möglichkeit aller Genese von sinnhaftem Weltbezug überhaupt *vor* aller theoretischen Idealisierung und Begriffsbildung. Dabei sind es vornehmlich die *praktischen* Konsequenzen des Denkens des Leibes bei Nietzsche, die eine produktive Herausforderung für den phänomenologischen Leibbegriff bedeuten können. Dies rührt vor allem aus dem teleologischen Zug seines Denkens: Der menschliche Leib ist für Nietzsche nicht nur Fundament, sondern stets auch Ziel allen Philosophierens; Arbeit am Begriff ist bei ihm daher nicht nur: Arbeit *des* Leibes, sondern immer auch: Arbeit *am* Leib; und das Ziel dieser Arbeit *am* Leib ist das seiner „Erhöhung". Dabei ist eine solche „Erhöhung" des Leibes zum „höheren Leib" nicht nur – wenngleich auch – Produkt je individuell zu bestimmender Ernähungs- und anderer leiblicher Gestaltungspraktiken, sondern zuerst und vor allem Produkt permanenter „Einverleibungs-"Versuche des anderen, d.i. unhintergehbarer Bestimmungsgrund von Intersubjektivität, die zuerst durch Versuche von leiblicher „Vermischung" mit anderen, von gegenseitiger „Einverleibung" und „Inoculation" gekennzeichnet ist. *Wie* Nietzsche sich diese Prozesse *en detail* und *konkret* vorstellt, dazu macht er wenig genaue Angaben; Sprache, das scheint deutlich, spielt dabei eine wichtige Rolle, d.i. bestimmte leiblich wirkmächtige Arten der (An-)Rede des anderen; aber auch Bilder eines unmittelbaren Kampfes finden sich in Nietzsches Werk (etwa im frühen Text *Homers Wettkampf*, aber auch in *Also sprach Zarathustra* (vor allem im vierten Teil) und den nachfolgenden Schriften). Doch wie auch immer man *in concreto* diese einen „höheren Leib" „züchtende" Art gegenseitiger „Einverleibung" und „Inoculation" denken mag: auch Nietzsche, das scheint unzweifelhaft, denkt Intersubjektivität zuerst von einer ihr zu Grunde liegenden „Zwischenleiblichkeit" her, sucht den Einzelnen zuerst auf der Ebene ineinander verstrickter, auf einander antwortender Leiber. Dabei freilich wird ihm diese „Zwischenleiblichkeit" dank des grundsätzlich teleologischen Zugs seines Denkens nie – wie bei Merleau-Ponty – ein ruhiger, unfraglich verbürgter Strom gemeinsamen Seins, sondern ist ihm nur vorstellbar als eine durch und durch agonal geprägte, stets prekäre Praxis, die unterhalb der Dialektik der Anerkennung oder auch der Blicke agiert und deren Ziel nie nur das Gegebene, sondern stets auch den Einzelnen übersteigt.

Literatur:

Nietzsche 1988, Blondel 1986, Derrida 1978, Gerhardt 2000, Kalb 2000, Klass 2007 und 2008.

Sigmund Freud – Der gelebte vs. der phantasmatische Leib

Andreas Cremonini

1. Phänomenologie und Psychoanalyse. Zur Geschichte eines verwickelten Verhältnisses

Die Geschichte des Verhältnisses von Psychoanalyse und Phänomenologie ist keine einfache. Es ist eine Geschichte der stillen oder ausdrücklichen Anleihen, der persönlichen sowie der thematischen Verflechtungen, der energischen Abgrenzungsversuche und emphatischen Einverleibungen, der gegenseitigen Befruchtung zuweilen, aber auch der verfehlten Begegnungen – kurz „eine schwierige Partnerschaft" (Waldenfels 1983, 417). Für die „lange[n] Jahre der Verkennung" (Gondek u. Tengelyi 2011, 260), welche die gegenseitige Wahrnehmung geprägt haben, gibt es eine ganze Reihe von Gründen. Zwei wichtige sind, erstens, eine gewisse Nachträglichkeit bzw. Ungleichzeitigkeit innerhalb von Phänomenologie und Psychoanalyse selbst sowie, zweitens, die Unterschiede des theoretischen Milieus, in welchem der Bezug jeweils hergestellt wird.

Sowohl für Freud als auch für Husserl gilt, dass ihre theoretischen Positionen einer gewissen Entwicklung unterliegen. Weder die Psychoanalyse noch die Phänomenologie ist mit einem Schlag da. Zwar liegen die beiden Bücher, mit denen die beiden Begründer den Durchbruch erlangten – *Traumdeutung* (1900) und *Logische Untersuchungen* (1900–1901) – zeitlich nah beieinander. Doch erschließt sich darin die Tragweite der angestoßenen Projekte erst in Umrissen. In der *Traumdeutung* sind zentrale Themen der Freud'schen Psychoanalyse wie die Idee der infantilen Sexualität und die darin angelegte Triebtheorie, der Begriff des Narzissmus und die mit ihm verknüpfte Theorie der Ich-Bildung aber auch die metapsychologischen Umschichtungen der sog. zweiten Topik abwesend. Wichtige Einsatzpunkte für eine phänomenologische Lesart der Psychoanalyse am Leitfaden des Leibes fehlen also.

Auf der anderen Seite sieht es nicht anders aus. Wenn wir uns eine geläufige Periodisierung von Husserls Werk zu eigen machen (Zahavi 2009), so gewinnt der Leib (zusammen mit den Themen Zeit und Intersubjektivität) erst in der dritten und letzten Phase von Husserls Denken eine eigenständige Bedeutung. Der frühe Husserl der *Logischen Untersuchungen* ist vollauf damit beschäftigt, sich mithilfe des Begriffs der Intentionalität von psychologistischen Erklärungsweisen geistiger Zustände abzugrenzen. Dieses vornehmlich logische und epistemologische Interesse weicht beim mittleren Husserl dann der Aufmerksamkeit auf die konstituierenden Leistungen einer (transzendentalen) Subjektivität. Der Leib als eine perspektivische Bedingung von Wahrnehmung durchzieht zwar die gesamte Analyse von Husserls Denken, doch verschiebt sich die Aufmerksamkeit in den späteren Schriften deutlich. Husserl stellt nun die leibliche Eigenleistung bei der Konstitution des Wahrnehmungsgegenstandes in den Vordergrund, wodurch der Leib in eine quasi-transzendentale Stellung einrückt.

Auch für Husserl gilt also, dass zentrale Stichworte, die eine mögliche Konvergenz von psychoanalytischer und phänomenologischer Perspektive attraktiv erscheinen lassen, zu Beginn noch fehlen. Kurz: Weder Freud noch Husserl sind um 1900 bereits Freud oder Husserl – d.h. „Diskursivitätsbegründer" im Sinne Foucaults (Foucault 1969). Sie werden zu solchen erst im Verlaufe ihrer Rezeptionsgeschichte. Es ist wohl diese Nachträglichkeit auch ein Grund dafür, dass die beiden Stifterfiguren trotz bestehender Gemeinsamkeiten des Wohnortes (Wien), der deutschen Sprache, des akademischen Umfeldes (Adler, Binswanger, Brentano) oder der jüdischen Herkunft nicht voneinander Notiz genommen haben (Askay u. Farquhar 2006, 165f.). Viel eher scheint das Bild, das die beiden um 1900 voneinander haben konnten, dazu geeignet, bestehende Vorurteile zu bestärken. So scheint Husserls Konzeption der Phänomenologie in der frühen und mittleren Phase wenig geeignet, die notorischen Vorbehalte Freuds gegenüber abstrakten philosophischen Analysen zu zerstreuen. Umgekehrt hätte Husserl in Freuds frühem *Entwurf zu einer Psychologie* (1896) wohl kaum mehr als ein typisches Produkt des zeitgenössischen Psychologismus gesehen, den er philosophisch kritisierte.

Der zweite Punkt, der dazu beitragen kann, das verwickelte Verhältnis von Phänomenologie und Psychoanalyse zu entflechten, betrifft das theoretische Umfeld, in dem sich die beiden Disziplinen begegnen. Eine besonders produktive Rezeption hat die Psychoanalyse Freuds in der französischen Phänomenologie gefunden. Man hat die Psychoanalyse daher auch als eine Art „Begleitmusik" (Waldenfels 1992, 94) der französischen Phänomenologie bezeichnet. Doch so triftig diese Charakterisierung ist, sie sollte uns nicht die anderen Stimmen des philosophischen Konzertes überhören lassen. Die Philosophie Husserls wird in der französischen Philosophie nämlich stets in engem Zusammenhang mit den beiden anderen „großen H" – Hegel und Heidegger – wahrgenommen. Die Begegnung von Phänomenologie und Psychoanalyse findet somit in einem theoretisch hoch aufgeladenen Umfeld statt, das dazu beiträgt, dass die Phänomenologie bzw. die Psychoanalyse immer schon in Hinblick auf ein bestimmtes Erkenntnisinteresse rezipiert wird.

Das lässt sich exemplarisch an den „zwei Wirkungswellen" (Waldenfels 1992, 94) der französischen Psychoanalyserezeption darlegen, die parallel zu den zwei Phasen der Hegelrezeption (Descombes 1979) verlaufen. Die erste steht ganz im Zeichen einer existentialphilosophisch gewendeten Phänomenologie. Das Bestreben geht hier dahin, die der Philosophie affinen Bereiche der Psychoanalyse aufzugreifen und sie gleichzeitig von den nicht kompatiblen Theorie-Anteilen abzugrenzen. Max Scheler hatte bereits in einer frühen Stellungnahme einen kritischen Akzent gesetzt. Es ist der Vorwurf eines reduktiven Naturalismus, der hier erstmals gegen Freuds Triebtheorie formuliert wird (Gondek u. Tengelyi 2011, 260f.). In Frankreich ist es Georges Politzers wirkmächtige, aber durchaus zweideutige Kritik an der Psychoanalyse, die in dieselbe Kerbe schlägt und für eine ganze Generation von Phänomenologen die Stichworte vorgibt (Waldenfels 1983, 398f.). Verdinglichung, Objektivierung, Naturalisierung des Mentalen: Das sind die kritischen Einwände, die in der Folge die phänomenologischen Annäherungen Sartres oder Merleau-Pontys prägen werden und denen reflexartig meist die Subjektivität des Erlebens und des leiblichen Sinns entgegengehalten werden (Waldenfels 1992, 94ff.). All diese Versuche einer Annäherung an die Psychoanalyse stehen unter dem an Hegel abgelesenen Motto einer „Erweiterung der Vernunft", die ihre Wirklichkeit bekanntlich „hinter dem Rücken" des individuellen Bewusstseins entfaltet.

Mit der zweiten Wirkungswelle, die unter dem Einfluss von Jacques Lacans strukturalistischer Relektüre Freuds steht, weicht diese optimistische Einschätzung einer skeptischeren Betrachtung. Eine auf breiter Front sich durchsetzende Hegel-kritische Haltung erhebt nun Zweifel an der grenzenlosen Vermittlungsfähigkeit des Geistes. Durch die Aufmerksamkeit auf die Eigengesetzlichkeit sprachlicher und symbolischer Strukturen relativiert Lacan die für die klassische Phänomenologie zentrale Bedeutung des Bewusstseins und erneuert im selben Zuge Freuds These vom Unbewussten. „Das Unbewusste ist wie eine Sprache strukturiert" (Lacan 1973, 26), die Dezentrierung des Subjekts vollzieht sich nun im Medium des Saussure'schen Signifikanten. Damit ist der Weg zu einer Phänomenologie, die sich als eine Bewusstseinsphilosophie versteht, abgeschnitten. Trotz dieser gewichtigen Verschiebung brechen die Vermittlungsversuche nicht ab. Es ist wiederum Merleau-Ponty, der die strukturalistische Herausforderung annimmt und sie am Leitfaden leiblicher Erfahrungsweisen (Kindersprache, Literatur, Malerei) zu einer Theorie des leiblichen Ausdrucks erweitert. In den späten Meditationen (1964a) schließlich lässt Merleau-Ponty den Rahmen einer existentialen Phänomenologie ganz hinter sich, um zu einer ganz an der Eigenlogik des Leibes orientierten Ontologie, die auch Triebobjekte beinhaltet, aufzubrechen. Neben Merleau-Ponty sind es Alphonse de Waelhens und Antoine Vergote, die von phänomenologischer Seite das Gespräch weiterführen (Waldenfels 1992, 96).

Diesen zwei Wirkungswellen der Auseinandersetzung mit der Psychoanalyse ließe sich noch eine dritte Etappe hinzugesellen. Sie entzieht sich allerdings dem hegelianisierenden Schema von These und Antithese. Denn es scheint, dass die Auseinandersetzung mit der Psychoanalyse als einer Auseinandersetzung mit dem Anderen der Vernunft bei den Phänomenologen, die von Hans-Dieter Gondek und Laszlo Tengelyi unter dem Titel „Neue Phänomenologie in Frankreich" gruppiert worden sind, ihre paradigmatische Kraft eingebüßt hat. Gleichwohl finden sich starke Bezüge zur Psychoanalyse in den Arbeiten von Paul Ricœur, Michel Henry oder Marc Richir (Gondek u. Tengelyi 2011, 211–390).

2. Leiblichkeit in der Psychoanalyse

Erst vor dem Hintergrund dieser rezeptions- und theoriegeschichtlichen Kraftfelder ist es sinnvoll, die Psychoanalyse und die Phänomenologie auf ihre sachlichen Konvergenzen hin zu befragen. Das weite Feld des Leiblichen in all seinen Facetten bietet sich in dieser Hinsicht an, ist es doch in beiden theoretischen Projekten ein Referenzpunkt, der thematisch oder unthematisch stets die Reflexionen begleitet (Askay u. Farquhar 2006, 170–189). Dies jedenfalls wird klar, wenn man auf die sachlichen Zusammenhänge achtet. In terminologischer Hinsicht jedoch fällt auf, dass der (phänomenologisch verstandene) Leib in den Schriften Sigmund Freuds keine Bedeutung hat. Das Register der *Gesammelten Werke* verwendet „Leib" unspezifisch, d.h. austauschbar mit „Körper" (Freud 1952, XVIII 293, 311) und verfehlt damit gerade eine der Pointen des phänomenologischen Leibbegriffs. Auch den großen psychoanalytischen Wörterbüchern (Laplanche u. Pontalis 1967, Roudinesco u. Plon 1997) ist das Stichwort „Leib" bzw. „Körper" keinen Eintrag wert Wer also auf der Suche nach einer ausgearbeiteten Leibtheorie ist, wird sich nicht auf die begrifflichen Ressourcen der Freud'schen Psychoanalyse stützen können.

Auf der anderen Seite jedoch ist unübersehbar, dass Gemeinsamkeiten zwischen Psychoanalyse und Phänomenologie bestehen. So stimmen beide Disziplinen in einer theoretischen Geste überein, die auf die Überwindung von Antithesen zielt. Merleau-Ponty beispielsweise situiert die Psychoanalyse in der Tradition des 20. Jahrhunderts, die sich um eine Auslöschung der cartesischen Trennung von Körper und Geist bemüht: „Mit der Psychoanalyse geht der Geist in den Körper ein wie umgekehrt der Körper in den Geist eingeht" (Merleau-Ponty 1952, 78). Diese Neigung zur Überwindung von Antithesen bringt die Psychoanalyse und die Phänomenologie in die Nähe des durch Hegel inspirierten Projekts einer Erweiterung der Vernunft oder, wie es Merleau-Ponty formuliert, einer „Vernunft vor der Vernunft" (zit. n. Stoller 1999, 50).

Doch auch spezifischere Gemeinsamkeiten lassen sich benennen. Paul Ricœur hat sie in seiner großen Freudstudie auf vier Gesichtspunkte reduziert: 1. die Reduktion oder die Relativierung des unmittelbaren Bewusstseins, 2. die (fungierende) Intentionalität oder der blinde Fleck der „Selbstungewissheit" (Ricœur 1965, 388), der aus der uneinholbaren Verspätung der Reflexion entspringt, 3. der dialektische Aspekt der Sprache oder deren irreduzible Zweideutigkeit, 4. die Intersubjektivität oder die Wirklichkeit des Anderen im Eigenen. Zwar lässt Ricœur keinen Zweifel an seiner Überzeugung, dass diese Gemeinsamkeiten an einer unüberwindlichen Differenz – der eigentümlichen, aus Energetik und Hermeneutik „gemischten Rede" (Ricœur 1965, 79) der Psychoanalyse – scheitern. Doch hält er die phänomenologischen Bemühungen um die Psychoanalyse für eine „wirkliche Annäherung", keinen bloßen Irrtum oder ein Missverständnis: „keine reflektive Philosophie ist dem Freud'schen Unbewussten so nahe gekommen wie die Phänomenologie Husserls und einiger seiner Schüler" (Ricœur 1965, 385).

Es ist der zweite Punkt in Ricœurs Systematik, der uns zur Frage nach der Leiblichkeit in der Psychoanalyse führt. Denn das Thema des fungierenden Leibs lässt sich auch so reformulieren, dass eine Parallele zum psychoanalytischen Unbewussten erkennbar wird. Sowohl die Phänomenologie als auch Psychoanalyse fragen nach einer *Seinsweise von Sinn, die nicht die des Bewusstseins ist.* Leiblichkeit als auch Unbewusstes konvergieren also darin, dass sie beide Antworten auf die Frage nach einem Sinn sind, der nicht *bewusster* Sinn ist. Der Leib wäre philosophisch gesprochen das „ontische Modell für jedes denkbare Unbewusste" (Ricœur 1965, 391). Der Vorteil einer solchen Betrachtungsweise liegt auf der Hand. Mithilfe eines Begriffs des „Körpers als inkarniertem Sinn" (Ricœur 1965, 392) wird es möglich, unter anderem auch den „Sinn der Sexualität" (ebd.) zu erfassen. Der psychoanalytische Begriff des Unbewussten und die für die psychoanalytische Anthropologie zentrale Triebtheorie ließen sich also auf diese Weise an eine Leibphänomenologie anschließen.

Bevor wir auf die Konvergenz von sexuellem Leib und triebhaftem Unbewusstem am Beispiel von Merleau-Ponty näher eingehen, ist es geboten, zunächst den Referenzpunkt des Vergleichs zu sichern. Denn das Spezifische der Freud'schen Psychoanalyse liegt nur zu einem Teil in der These des Unbewussten selbst, es liegt ebenso sehr in der Art und Weise, *wie* Freud dieses Unbewusste konzipiert – nämlich als *verdrängt*, als *infantil* und als *sexuell* geprägt. Des Weiteren gilt es für Freuds Denken entscheidende Entwicklungen zu berücksichtigen, welche den metapsychologischen Status des Unbewussten selbst betreffen, so insbesondere den Übergang von der sog. ersten zur zweiten Topik.

Freud selbst hat mehrfach auf den Unterschied zwischen der Philosophie und der Psychoanalyse hingewiesen. „Das Psychische der Philosophen", so schreibt er etwa im Jahr 1925 programmatisch, ist „nicht das der Psychoanalyse" (Freud 1925, 103). Denn während die Philosophen Bewusstsein und Psyche gleichzusetzen pflegen – und alles andere „den organischen Vorbedingungen und Parallelvorgängen des Psychischen" (ebd.) zuschlagen –, geht die Psychoanalyse von einer psychischen Aktivität aus, die auf der einen Seite dem Bewusstsein nicht zugänglich, auf der anderen aber auch nicht ein bloß physiologischer Vorgang ist. Das Unbewusste im Sinne Freuds eröffnet somit einen Bereich zwischen den körperlichen Vorgängen und den intentionalen Zuständen des Bewusstseins, einen Bereich zwischen Natur und Geist.

Nun umfasst das Adjektiv „unbewusst" nach Freud mehr als bloß psychische Vorgänge, die dem Bewusstsein aktualiter nicht zugänglich sind. Freud hat daher zwischen einer *deskriptiven* und einer *topischen* Verwendung des Unbewussten unterschieden. Mit „unbewusst" im deskriptiven Sinne sind Inhalte charakterisierbar, die dem Bewusstsein nicht gegenwärtig sind, die ihm aber grundsätzlich zugänglich wären wie beispielsweise Wahrnehmungen von Körperzuständen, die sich unterhalb der Aufmerksamkeitsschwelle bewegen (z.B. Atembewegungen), oder temporär der Erinnerung entzogene Sachverhalte (z.B. eine Telefonnummer). Freud ordnet letztere im Rahmen seiner ersten Topik dem Bereich des sog. „Vorbewussten" zu. Das Unbewusste im eigentlichen, d.h. psychoanalytischen Verständnis ist hingegen dadurch charakterisiert, dass seine „Inhalte" durch Verdrängung entstanden sind (Freud 1915b).

Freuds Verständnis des Unbewussten geht also über ein bloß Nicht-Bewusstes oder nicht aktualiter Bewusstes deutlich hinaus. Es ist die Idee eines topischen oder, wie Freud auch sagt, *dynamischen* Unbewussten, die den eigentlichen Kern der psychoanalytischen Theorie darstellt. Hier liegt der Stachel, den die Psychoanalyse für die Philosophie bereithält, hier liegen aber auch Schwierigkeiten konzeptioneller Art für die Psychoanalyse selbst. Es stellt sich daher die Frage, wie die Psychoanalyse zu dieser Annahme gelangt. Freud operiert hier mit einem empirischen Argument. Es ist die Konfrontation mit dem psychoanalytischen Material (Traum, Hypnose, Wahnideen etc.), die den Analytiker dazu bewegt, die philosophische Restriktion von seelischen auf (vor-)bewusste Prozesse aufzukündigen und die Möglichkeit unbewusster seelischer Akte in Betracht zu ziehen (Freud 1925, 104). Im Rahmen des psychoanalytischen Settings macht sich das Unbewusste dadurch bemerkbar, dass sich gewisse Inhalte nur durch Überwindung von Widerständen bewusst machen lassen. Eine Telefonnummer etwa ist dann verdrängt und nicht bloß vergessen, wenn sie mehrfach vergessen oder aufgrund von Fehlhandlungen und Fehlleistungen verlegt oder verfälscht worden ist.

Es sind also klinische Erfahrungen und alltägliche Beobachtungen (Traum, Witz, Fehlhandlung), die Freud dazu geführt haben, nicht nur unbewusste psychische Aktivitäten anzunehmen, sondern diese auch in ein Geflecht anthropologischer Annahmen einzubinden. Im Schwerpunkt derselben steht Freuds Konzept der infantilen Sexualität, d.h. die Idee, dass die Geschlechtlichkeit des Menschen sich in einer Art konstitutiver Zweizeitigkeit entwickelt. Es gibt eine infantile Sexualität, die sich in einer Abfolge von privilegierten, libidinös „besetzten" Körperzonen und zugehörigen Objekten entwickelt und eine erwachsene genital fixierte Sexualität, die durch eine Umarbeitung (Neubesetzung) der infantilen Partialstrebungen zustande kommt. Diese Ausweitung des Sexualitätsbegriffs auf die triebhaften Muster infantilen Luststrebens beinhaltet bei Freud jedoch zugleich eine Subversion der „normalen" adulten Sexualität. Denn Freud legt Wert auf die Feststellung, dass die erwachsene auf den Sexualakt fixierte Sexualität keineswegs ein natürliches Entwicklungsziel einer gewissermaßen biologischen Reifung des Geschlechtstriebs darstellt. Vielmehr ist der sog. Geschlechtstrieb eine durchaus prekäre und künstliche, weil psychische Organisation, in der die prägenitalen (oralen, analen) Impulse mehr oder minder ausgeprägt fortleben. Die individuelle Sexualität des Menschen ist daher nicht (restlos) durch instinktuelle Muster reguliert, sie entwickelt sich als ein „Triebschicksal" (Freud 1915a, 219), in welches biographische Ereignisse, soziale Forderungen und individuelle Phantasien gleichermaßen eingegangen sind.

Exemplarisch lässt sich dieser für die Psychoanalyse charakteristische Knoten aus somatischen, historisch-biographischen, normativen und imaginären Elementen am sog. Ödipus-Komplex analysieren. Der Komplex aus feindseligen und erotischen Wünschen gegenüber den Eltern entsteht nach Freud auf dem Höhepunkt der sog. „phallischen" Phase (zwischen drei und fünf Jahren), deren Untergang und Übergang in die Latenzzeit (bis Pubertät) sie auch bewirkt. In seiner positiven Variante umfasst der Komplex aggressive Wünsche gegenüber der Elternperson gleichen Geschlechts und erotische Wünsche gegenüber derjenigen des anderen Geschlechts. Allerdings findet sich der Ödipus auch in einer negativen Variante, in der Hass und zärtliche Gefühle gerade umgekehrt verteilt sind. Die ödipale Krise ist zu verstehen als eine Krise der geschlechtlichen Identifikation, in der die fundamentale Ambivalenz gegenüber den durch Mutter und Vater repräsentierten geschlechtlichen Positionen inszeniert und im Normalfall überwunden d.h. integriert werden (Freud 1924, 399). Wird der Komplex nicht aufgelöst, sondern bloß verdrängt, so entfaltet er im Unbewussten seine pathogene Wirkung. In beiden Fällen ist der Ausgang des ödipalen Dramas nicht nur prägend für die Ausrichtung der sexuellen Wünsche, sondern auch für die Strukturierung der Persönlichkeit (Über-Ich, Ich-Ideal).

Die Verwicklungen des Ödipus lassen erkennen, dass in Freuds Augen die menschliche Sexualität nicht auf eine biologische Funktion verkürzt werden kann. Wären die menschlichen Triebziele als angeborene, biologische Instinkt-Programme abgelegt, so ließe sich nicht erklären, warum diese Triebziele zuweilen nicht (Frigidität, Impotenz) oder nur auf abenteuerlichen Umwegen (Fetischismus, Perversion) erreicht werden. Der Grund für diese „psychische Plastizität" (Freud 1918, 151) des Triebs liegt nach Freud in seiner infantilen Vorgeschichte. Aus dem prägenitalen Reich eines polymorph-perversen Trieblebens (Freud 1905, 92ff.) erhebt sich nach der Pubertät durch Umgestaltung und Neubesetzung die „reife" genitale Sexualität. Die menschliche (adulte) Sexualität und die in ihr bekräftigte heterosexuelle Matrix (*coitus*, Reproduktion) ist daher keine natürliche Funktion, sie entsteht durch eine psychische Überlagerung bzw. Supplementierung biologischer Funktionen. Freud selbst spricht auch von einer „Anlehnung" (ebd., 82) der Sexualstrebung an die Triebe der Selbsterhaltung (z.B. die Nahrung).

Das Konstruierte bzw. Nichtnatürliche, das dem geschlechtlichen Begehren im psychoanalytischen Verständnis zugrunde liegt, wird besonders deutlich im Begriff der Kastration. Bei der Kastration handelt es sich um eine Kastrations-*phantasie* oder genauer formuliert: um die Wahrnehmung eines durch eine infantile Erwartung geformten Mangels. Dieser Mangel – das „Fehlen" des Penis beim Mädchen – ist jedoch keiner, sondern verweist zurück auf die übergeneralisierte Annahme des Knaben, unterschiedslos alle hätten „einen". Das Motiv für diese Verallgemeinerung sieht Freud in der enormen libidinösen Bedeutung, die dem Penis als Lustorgan in der psychischen Ökonomie des Knaben zukommt. Die Vorstellung, es gäbe Wesen, die ohne eine solche Zone masturbatorischen Glücks auskommen müssten, erzeugt daher erhebliche Verunsicherung. Die Phantasie der Kastration „löst" diese Verunsicherung nun so auf, dass das Fehlen als Effekt eines kastrierenden Eingriffs gedeutet wird, der dem Vater zugeschrieben wird. Die kindlich-primitive Art, sich das Faktum des Geschlechtsunterschieds zurecht zu legen, hat Folgen: Die Differenz zwischen den Geschlechtern wird nun als ein Haben oder Nicht-Haben des Phallus (nicht des Penis) rekonstruiert, wobei der Junge den Triumph seines Habens mit der ständigen Kastrationsangst bezahlt, während das Mädchen, so Freuds Erläuterung, sein Nicht-Haben verleugnet, zu kompensieren oder zu reparieren versucht (etwa durch den Wunsch nach einem Kind).

Freuds Erzählung von der Entstehung des psychischen Geschlechtsunterschiedes hat unterschiedliche Reaktionen hervorgerufen. Sie hat von psychoanalytischer (Horney 1967) und von feministischer (Irigaray 1974, 69–75) Seite scharfe Kritik auf sich gezogen, sie hat aber auch dazu beigetragen, zwischen biologischem und psychischem resp. sozialem Geschlecht zu differenzieren. Freud selbst hat immer wieder auf die Bedeutung der Kastration in der Psychoanalyse hingewiesen und die psychoanalytische Therapie auch in gewisser Weise auf diesen Punkt hin – das Bewusstmachen und die Anerkennung der Kastration – ausgerichtet. Die Anerkennung der Kastration, so schreibt Freud in *Die endliche und die unendliche Analyse*, das ist der „gewachsene[...] Fels" (1937, 99), zu dem die Analyse durchdringen muss, an dem ihre Aufgabe endet. Auch in seinen kulturtheoretischen Schriften hat Freud die ödipale Struktur in Hinblick auf ihre Normalisierungsfunktion bzw. als Kulturleistung gewürdigt. Er hat damit die Einsatzstelle geliefert für Lévi-Strauss' strukturale Deutung des Inzestverbots (Exogamieregel) sowie die daran anknüpfende strukturale Reformulierung der Psychoanalyse durch Lacan.

Das Unbewusste im Sinne Freuds bezeichnet somit auf der einen Seite die Verdrängung, die Tatsache also, dass ein Bewusstseinsinhalt vom Bewusstsein abgehalten wird; auf der anderen Seite ist das Unbewusste auch ein Oberbegriff für jenen anderen Schauplatz (Freud 1900, 51) und die in ihm versammelten Inhalte. Diese Inhalte nennt Freud „Triebrepräsentanzen" (Freud 1915c, 285). Unter Triebrepräsentanzen versteht Freud Vorstellungen „welche vom Trieb her mit einem bestimmten Betrag von psychischer Energie (Libido, Interesse) besetzt" (Freud 1925, 254) worden sind. Da die Triebe in Freuds Verständnis nie selbst bewusst werden können, betrifft die Verdrängung stets solche libidinös besetzten Vorstellungen. Reduzieren wir das Unbewusste auf die verdrängten Inhalte – Freud selbst macht diese Gleichung nicht ausnahmslos (Laplanche u. Pontalis 1967, 564) –, so können wir sagen, dass der ödipale Komplex und die in ihm wirksamen Kastrationsphantasien einen wichtigen Bestandteil des Unbewussten ausmachen.

Das Unbewusste in diesem Sinne ist also ein gegliedertes und energetisch hoch bewegliches Ensemble von Vorstellungen aus dem infantil-sexuellen Bereich. Diese Vorstellungen suchen – und das ist eine weitere Eigentümlichkeit – Zugang zum Bewusstsein und Einfluss auf die Handlung zu gewinnen. Das gelingt ihnen nur aufgrund von Kompromissbildungen, mit denen sie die dem Bewusstsein vorgeschaltete Abwehr unterlaufen. Dem Verdrängten eignet somit eine Tendenz, in Träumen, Fehlhandlungen, Versprechern und neurotischen Symptomen wiederzukehren. Ja, im eigentlichen Sinne lässt sich von Verdrängtem nur aus der Perspektive seiner Wiederkehr sprechen.

Freud hat diese der Klinik entnommene Unterscheidung von Bewusstem/Vorbewusstem und Unbewusstem schon früh metapsychologisch zu einer Unterscheidung zwischen zwei Systemen ausgebaut, die unterschiedlichen Prozesslogiken gehorchen. Das Unbewusste wird von dem sog. „Primärprozess" beherrscht, dessen Prozesse der Verschiebung und Verdichtung, der Projektion und Introjektion im Dienste der Lustgewinnung bzw. der Erregungs- und Angstvermeidung stehen. Das Bewusstsein hingegen gehorcht dem Realitätsprinzip und sorgt dafür, dass die psychischen Prozesse den Forderungen der sozialen und empirischen Realität angepasst sind. Das Unbewusste darf also nicht als eine Art „second mind" verstanden werden, es ist eine primitive Form der psychischen Verarbeitung, die jedoch nie als sie selbst, sondern nur als Spur in den Rationalisierungen und inferentiellen Gliederungen des Geistes (Sekundärprozess) zur Erscheinung kommt.

Nun ist die Auffassung des psychischen Apparates entlang der Unterscheidung (vor)bewusst/unbewusst eine, die sich auf einen Abschnitt der Freudschen Lehre beschränkt, den man gemeinhin als die erste Topik bezeichnet. Diese erste topische Konzeption des psychischen Apparates findet ihre exemplarische Ausgestaltung im Kapitel VII. der *Traumdeutung*, sie lässt sich jedoch bis auf den frühen *Entwurf einer Psychologie* (1895) zurückverfolgen und ist auch in den metapsychologischen Schriften von 1915 noch in Geltung. Erst ab 1920 zeichnet sich in Freuds Schriften eine andere Konzeption der psychischen Persönlichkeit ab, die man unter dem Titel einer zweiten Topik zusammenfasst. Charakteristisch für diese neue Strukturierung des psychischen Apparates ist nun seine Dreiteilung. Die psychischen Prozesse werden jetzt als Ausdruck eines komplexen Zusammenspiels dreier Instanzen begriffen, als Konflikte zwischen Ich, Es und Über-Ich. Es sind verschiedene Beobachtungen und Überlegungen, die Freud zu dieser Modifikation des psychischen Apparates geführt haben. Eine wichtige Rolle spielt darin jedoch die klinische Erfahrung der Abwehrmechanismen. Freud scheint sich darüber klar geworden zu sein, dass das Ich als eine psychische Instanz zu verstehen ist, die vor allem im Dienste der Abwehr unlustvoller Affekte steht. Diese Abwehr ist jedoch zum größten Teil unbewusst, wodurch sich eine Spannung zur ersten Topik und der in ihr leitenden Unterscheidung von bewusst/unbewusst ergibt (Laplanche u. Pontalis 1967, 194f.).

Neben der zentralen Einsicht, dass auch Teile des Ichs unbewusst sind, sind es eine ganze Reihe von teils minimalen, teils weitreichenden Transformationen aus den Jahren vor 1920, die durch die Neuordnung der zweiten Topik einen neuen Rahmen erhalten. Zu diesen zählt der genetische Gesichtspunkt einer Ausdifferenzierung des psychischen Apparates aus dem triebhaften Es, aber auch die Bedeutung des Narzissmus sowie die Identifikation für die Ichbildung. Im Zuge dieser hochkomplexen Neuerungen gelangt Freud zu Einsichten, die ihn in die Nähe eines phänomenologischen Leibkonzeptes bringen. Es ist insbesondere die Entstehung eines einheitlichen Ich-Bewusstseins, bei dem Freud die Rolle des Körpers, wenn auch nur im Sinne einer Analogie, betont. „Das Ich ist vor allem ein körperliches", schreibt Freud in *Das Ich und das Es*, „es ist nicht nur ein Oberflächenwesen, sondern selbst die Projektion einer Oberfläche" (Freud 1923, 253). Und in einer von Freud autorisierten Anmerkung zur englischen *Standard Edition* heißt es:

> „Das Ich ist in letzter Instanz von den körperlichen Empfindungen abgeleitet, vor allem von denen, die von der Oberfläche des Körpers herrühren. Es kann also als eine seelische Projektion der Oberfläche des Körper betrachtet werden neben der Tatsache […], dass es die Oberfläche des seelischen Apparates ist" (zit. n. Laplanche u. Pontalis 1967, 198f.).

An gleicher Stelle weist Freud auch auf das Phänomen der Doppelempfindung hin, die Erfahrung also, dass „der eigene Körper und vor allem die Oberfläche desselben […] dem Getast zweierlei Empfindungen" (Freud 1923, 253) darbiete. Die Annahme liegt daher nahe, dass „die den Berührungsempfindungen inhärente Zweiteilung die reflexive Zweiteilung des bewussten Ich vorbereitet, das in der taktilen Erfahrung seine Wurzeln hat" (Anzieu 1985, 114).

Dieser Gedanke einer Projektion des Leiblichen ins Psychische, der den Leib bzw. das Leibschema als die unbewusste Matrix der Ich-Instanz begreift, ist philosophisch sicherlich ein attraktiver Gedanke und hat auch vielfältige Aufnahme erfahren. Die Spuren, die dieser Gedanke im Werk von Merleau-Ponty hinterlassen hat, sollen im folgenden erläutert werden. Es bleibt jedoch anzumerken, dass die Quellenlage für eine leibphänomenologische Rekonstruktion der Psychoanalyse dürftig bleibt. Sie beschränkt sich auf die zitierten zwei Stellen. Die Neubestimmung des Ichs im Rahmen der zweiten Topik ist darüber hinaus voller Vieldeutigkeiten, und Freud hat es vorgezogen, zentrale Fragen wie die nach dem Verhältnis des Ichs als psychischer Instanz zum Ich als Person offen zu lassen. Schließlich bleibt auch in der zweiten Topik die systemische Trennung zwischen bewusst und unbewusst in Kraft. Auch wenn Freud hier die intrapsychische und intersubjektive Verflechtung der Instanzen in den Vordergrund stellt, so bleibt gleichwohl die Differenzierung zwischen (vor)bewusst und unbewusst im topischen Sinne erhalten (Freud 1940, 129f.) und damit auch die wohl schärfste Herausforderung der Psychoanalyse an die Adresse der Philosophie.

3. Merleau-Ponty: Leiblichkeit und Unbewusstes

Da Freuds Psychoanalyse über keine ausgearbeitete Theorie der Leiblichkeit verfügt, lässt sich die Frage nach ihrem Beitrag zu einer Theorie der Leiblichkeit am ehesten indirekt, d.h. über den Umweg jener Begriffe und Interpretationen beantworten, die von philosophischer Seite an sein Werk herangetragen worden sind. Der Beitrag der Psychoanalyse zu einer Theorie der Leiblichkeit läge dann vor allem in dem Widerstand – und der durch diesen hervorgerufenen begrifflichen Arbeit –, den Freuds Konzeption des Unbewussten einer Integration in eine phänomenologische Theorie der Leiblichkeit entgegengesetzt hat.

Kaum ein Philosoph hat sich so nachdrücklich um ein philosophisches Verständnis von Freuds Theorie bemüht wie Maurice Merleau-Ponty. Sein sich über zwei Jahrzehnte hinweg erstreckendes Gespräch mit der Psychoanalyse soll daher als Leitfaden für die Frage nach der Leiblichkeit in Freuds Psychoanalyse dienen. Doch auch Merleau-Pontys Befragung der Psychoanalyse ist keine statische, sie vollzieht eine innere Entwicklung, die es zu berücksichtigen gilt. Deren zentrale Etappen lassen sich grob mit den drei großen Werken *Die Struktur des Verhaltens* (1942), *Phänomenologie der Wahrnehmung* (1945) und dem postum erschienenen *Das Sichtbare und das Unsichtbare* (1964a) fassen.

Das frühe Werk von 1942 dokumentiert die erste Beschäftigung mit Freud. Diese findet vor dem Hintergrund der Frage statt, wie sich ein angemessenes Verständnis der Beziehung zwischen dem Bewusstsein und der physiologischen Natur des Menschen gewinnen lasse, wobei Merleau-Ponty intellektualistische und biologistisch-mechanistische Bestimmungen dieses Verhältnisses ablehnt. Mithilfe der Gestalttheorie Goldsteins versucht Merleau-Ponty eine Beschreibung des menschlichen Verhaltens zu liefern, welche die genannten Oppositionen vermeidet und die verschiedenen Ebenen der Realität – die physische, die vitale und die menschliche – dialektisch integriert. Freuds Psychoanalyse wird als ein Beitrag zur Verhältnisbestimmung von vitalem und menschlichem Verhalten gewürdigt. Kritisch wendet sich Merleau-Ponty jedoch gegen das „System von Kausalbegriffen“ (Merleau-Ponty 1942, 203) – also Komplex, Verdrängung, Regression, Widerstand, Übertragung etc. –, mit dem Freud die Struktur des neurotischen Verhaltens erkläre. Dem will Merleau-Ponty eine „neue Art der Analyse“ (ebd., 76) entgegenstellen, die das pathologische Verhalten nicht aus einem isolierbaren kausalen Mechanismus herleitet, sondern das Neurotische aus dem „Gesamtverhalten und seine[m] immanente[n] Gesetz[...]“ (ebd.) versteht.

Diese neue Art der Analyse, die Merleau-Ponty vorschwebt, verzichtet auf den Begriff der Verdrängung und versucht stattdessen, die pathologischen Komplexe als Formen nicht-integrierten Verhaltens zu beschreiben. Das Modell, das Merleau-Ponty dabei vor Augen hat, ist dasjenige des normalen, nicht-pathologischen Verhaltens des Menschen. Bei diesem sind die zwei Schichten des Verhaltens, die vital-triebhafte und die menschliche, in die höhere menschliche integriert und lassen sich nicht mehr als autonome, d.h. abgespaltene Teile erfassen. Sie sind gewissermaßen in die Gesamtpersönlichkeit aufgegangen. Merleau-Ponty geht somit von einer dialektischen „Aufhebung" im Hegelschen Sinn der jeweils einfacheren in die komplexere Verhaltensschicht aus (ebd., 206f.). Diese Bewegung, die die normale menschliche Entwicklung charakterisieren soll, lässt sich jedoch, so Merleau-Pontys Einwand, mit Freuds Methoden nicht erfassen. Freuds kausale Erklärung des höheren Verhaltens aus primitiveren Verhaltensschichten trifft zwar auf ein „stückhaftes, d.h. pathologisches Verhalten" zu, sie darf aber nicht als „Darstellung der menschlichen Existenz" (ebd., 205) überhaupt missverstanden werden. Die Geltung der Psychoanalyse bleibt in den Augen Merleau-Pontys auf krankhafte Fälle beschränkt, ihr Status ist der eines „Verzeichnis[ses] von Anomalien" (ebd., 205).

Diese beiden Kritikpunkte – Stoller fügt noch den des Substanzialismus hinzu (Stoller 1999, 53) – sollten nicht darüber hinwegtäuschen, dass Merleau-Ponty ein reges Interesse an den von der Psychoanalyse beschriebenen Phänomenen nimmt. Gleichwohl bleibt richtig, dass die Psychoanalyse in diesem frühen Werk von eher marginaler Bedeutung ist. Das stellt sich nur drei Jahre später in dem eigentlichen Hauptwerk Merleau-Pontys, der *Phänomenologie der Wahrnehmung* (1945), etwas anders dar. Verändert hat sich vor allem der grundlegende Ansatz des Buches. An die Stelle des Verhaltens und seiner Beschreibung aus der Perspektive der dritten Person, tritt nun die Wahrnehmung und ihre Erhellung aus der Perspektive der gelebten Erfahrung. In diesem Wechsel der Perspektive macht sich deutlich der Einfluss des existenzialphilosophischen Denkens von Martin Heidegger, aber auch von Jean-Paul Sartre bemerkbar. Zwar ist auch in diesem Werk das Unbewusste der Psychoanalyse nicht eigentlicher Gegenstand, doch wird ihm nunmehr eine Bedeutung eingeräumt, die die Existenz als ganze betrifft. Der Ort, an dem sich diese neue Einschätzung des Unbewussten manifestiert, ist der „Leib als geschlechtlich Seiendes" (Merleau-Ponty 1945, 185).

Die Erkenntnis, die Merleau-Ponty nun der Psychoanalyse zugute hält, ist die, „dass sie in angeblich ‚rein körperlichen' Funktionen eine dialektische Bewegung entdeckt hat und die Geschlechtlichkeit wieder dem Ganzen des Menschseins integriert hat" (ebd., 189). Anders als in *Die Struktur des Verhaltens* versteht Merleau-Ponty die Psychoanalyse nun nicht mehr als den Versuch, das menschliche Verhalten kausal aus dem „sexuellen ‚Unterbau'" (ebd.) zu erklären. Es ist die von Freud immer wieder herausgestellte symbolische Überdeterminiertheit des Trieblebens, die eine kausale Erklärung verbietet. Freuds Verwendung des Wortes „sprengt" (Merleau-Ponty 1960a, 118), wie Merleau-Ponty später schreiben wird, den konventionellen Triebbegriff. Zu „den unverlierbarsten Einsichten der Psychoanalyse" gehört nunmehr der Freud'sche Grundsatz, „jedes menschliche Verhalten ‚habe einen Sinn'" (Merleau-Ponty 1945, 189). Dieser Auffassung zufolge ist die Sexualität nun auch nicht mehr ein organisches, gewissermaßen naturhaftes Geschehen, sie ist selbst eine Art des Verstehens. Dieses Verstehen ist allerdings kein Akt des Verstandes, sondern ein leibliches: „[D]er Begierde […] eignet ein Verstehen, das ‚blindlings' Körper mit Körper verbindet" (ebd., 188).

Der Leib als geschlechtlich Seiendes fügt sich also in die Gesamtidee des Buches, insofern als auch er einen Zugang zur Welt ermöglicht, der weder durch Verstandestätigkeit bestimmt ist, noch bloß empirisch, d.h. von außen erfasst werden kann. Was Merleau-Ponty in den vorhergehenden Kapiteln an der Dingwahrnehmung aufgezeigt hat – die in präreflexiven leiblichen Praxen verwurzelte Konstitution von Gegenständen –, das leistet nun die Aufmerksamkeit auf die erotische Wahrnehmung für die Welt des Anderen (ebd., 202). Mit dem sexuellen Begehren ist eine präreflexive, nicht-kognitive Weise der Intentionalität benannt, die aus „den vitalen Wurzeln der Wahrnehmung, der Bewegung und der Vorstellung" (ebd., 188) entspringt, aber gleichwohl kein „Automatismus" (ebd., 187) ist.

Geschlechtlichkeit durchdringt also Merleau-Ponty zufolge alle Bereiche des menschlichen Existierens, sie „färbt" unsere gesamte Wahrnehmung der Welt: „Beständig ist die Geschlechtlichkeit im Leben gegenwärtig als Atmosphäre." (Ebd., 201) Damit verschiebt sich nun aber der psychoanalytische Begriff des sexuell geprägten Unbewussten, den Merleau-Ponty mit dem erotischen Leib zu beerben sucht. Existenz und Sexualität scheinen sich ineinander aufzulösen, sie werden nun ihrerseits „zweideutig". Das ist Merleau-Ponty nicht entgangen:

> „Verallgemeinert man den Begriff der Sexualität zum Begriff einer Weise des Seins zur physischen und zwischenmenschlichen Welt überhaupt, so kann das zunächst ebenso wohl bedeuten, dass der gesamte Sinn der Existenz letztlich ein sexueller ist, wie auch, dass der Sinn der sexuellen Phänomene ein existentieller ist." (Ebd., 190).

Die „Aufwertung" der unbewussten Sexualität Freuds zu einer alles durchdringenden existentiellen Dimension hat zur Folge, dass die psychoanalytische Rede von einem latenten sexuellen Sinn einer Handlung (ebd., 202) oder einer Traumsequenz (ebd., 201) unsinnig wird, denn es gibt unter diesen Voraussetzungen keinen nicht-sexuellen Grund, von dem dieser Sinn abgehoben werden könnte. Die unbewusste Sexualität partizipiert damit an der fundamentalen „Zweideutigkeit des Leibes" (ebd., 200).

Es ist nun deutlicher, warum Merleau-Ponty im Anschluss an Sartre (1943) von einer *existentiellen* Psychoanalyse spricht und nicht von einer Freud'schen. Wie schon Sartre deutet Merleau-Ponty die psychischen Symptome, an denen Freud seine These des Unbewussten festmachte, als Ausdruck eines existentiellen Seins-zur-Welt. Merleau-Ponty geht zwar deutlich über das Bewusstseinsmodell Sartres hinaus, indem er den Leib als den Ort einer verkörperten, dem *cogito* vorgeordneten Intentionalität versteht, die nicht bloß als konstituierend, sondern in gewisser Weise auch als konstituiert, d.h. in gewissen Grenzen als passiv verstanden wird. Gleichwohl ist nicht zu übersehen, dass der theoretische Rahmen grob derselbe ist: An die Stelle von Sartres ursprünglichem Entwurf (Sartre 1943, 963) tritt bei Merleau-Ponty der Leib, aus dessen erfahrungsgesättigter Eigentätigkeit sich die Welt der Dinge und der Anderen erschließt. Die theoretische „Wahlverwandtschaft“ (von Fabeck 1994, 87) von Merleau-Ponty und Freud hat also ihre Grenzen. Sie treten deutlich zutage, wenn man darauf achtet, wie Merleau-Ponty Freuds Begriff des Unbewussten in seine Leibphänomenologie integriert.

In der Literatur herrscht Einigkeit in der Einschätzung, dass die zentrale Verschiebung, die Merleau-Ponty an Freuds Begriff des Unbewussten vornimmt, darin besteht, ihn dem Begriff eines impliziten bzw. lateralen Bewusstseins anzunähern, also dem, was Freud das Vorbewusste nennt (Frostholm 1978, 32ff.; von Fabeck 1994, 94; Stoller 1999, 54ff.). In Folge dieser Annäherung, wird die bei Freud akzentuierte systemische Differenz der beiden Bereiche Bewusstsein und Unbewusstes nivelliert. Merleau-Ponty fasst das Unbewusste als die „Kehrseite“ [*l'envers*] und das heißt als eine potentiell reversible (von Fabeck 1994, 94), weil komplementäre andere Seite des Bewusstseins und nicht, wie Freud, als den anderen Schauplatz (Freud 1900, 51), worauf der Psychoanalytiker Jean-Bernard Pontalis bereits früh hingewiesen hat (Pontalis 1961, 303). Diese Einebnung der Systemgrenzen zwischen Bewusstsein und Unbewusstem macht sich an verschiedenen Stellen bemerkbar. Sie ist besonders greifbar in Merleau-Pontys Deutung der Verdrängung als Fixierung (Merleau-Ponty 1945, 108) oder als Unterdrückung, der er trotz anderslautender Versicherungen „Aktcharakter“ (ebd., 194) zugesteht. Das heißt, der Neurotiker hat ein implizites „vorbewusstes Wissen“ (ebd., 108), das er lediglich „auf Abstand“ (ebd., 194) hält: „Das Erlebte ist von mir erlebt, ich bin nicht einfach in Unkenntnis der Gefühle, die ich verdränge, und insofern gibt es kein Unbewusstes.“ (Ebd., 344, vgl. 201ff.)

Merleau-Ponty hat selbst im Rückblick kritisch auf die Nähe zwischen seinem Leibkonzept in der *Phänomenologie der Wahrnehmung* und der Subjektphilosophie hingewiesen (Merleau-Ponty 1964a, 219, 41; 1973, 11). Ein großer Teil seiner nachfolgenden Arbeiten lässt sich denn auch als Versuch lesen, dieser subjektphilosophischen Rezentrierung der Psychoanalyse etwas entgegenzusetzen. Der wohl radikalste, wenn auch nur fragmentarisch realisierte Versuch einer Überwindung der phänomenologischen Engführung von Leib und Subjekt stellt das postum herausgegebene Werk *Das Sichtbare und das Unsichtbare* (1964a) dar. Der zentrale Gedanke liegt hier in der Idee, nicht den Leib als unhintergehbaren Ausgangspunkt einer Phänomenologie zu nehmen, sondern etwas, was diesem noch vorausliegt: das rohe, wilde Sein, das Merleau-Ponty auch „la chair“, das Fleisch (Merleau-Ponty 1964a, 183) nennt. Während die *Phänomenologie der Wahrnehmung* die Verwandtschaft von phänomenologischem Leib und Freud'schem Ich sondiert und dabei sich vor allem auf Freuds erste Topik (Bw, Vbw, Ubw) abstützt, geht das *Sichtbare und das Unsichtbare* einen Schritt weiter: Mit der Berücksichtigung von Freuds zweiter Topik gelangt nun auch ein genetischer Gesichtspunkt ins Spiel. So wie Freud das Ich und das Über-Ich als Instanzen versteht, die sich aus dem undifferenzierten triebhaften Es heraus entwickeln, so ist auch der Leib im Spätwerk Merleau-Pontys keine bloße Gegebenheit mehr. Der Leib ist nun vielmehr ein Geschehen des „Einrollens des Sichtbaren in den sehenden Leib" (ebd., 191), das sich aus einer allgemeinen und anonymen Reflexivität des Fleisches speist.

Auf diesem Weg zu seiner späten „ontologische[n] Psychoanalyse" (ebd., 338) lassen sich verschiedene Einflüsse benennen, die die Neupositionierung Merleau-Pontys begleiten. Es ist die Begegnung mit der Ethnologie, der Soziologie, der Kinderpsychologie, aber vor allem auch der Linguistik Saussures, die Merleau-Ponty zur Revision eigener Positionen führen (Waldenfels 1983, 187–198). Und es ist die zweite Welle der nunmehr strukturalistischen Psychoanalyse-Rezeption, die eine abermalige Transformation seines Psychoanalyse-Verständnisses erwirkt. Die Rezeption zeitgenössischer psychoanalytischer Theorien (Melanie Klein, Donald Winnicott), aber auch die intensive Auseinandersetzung mit der strukturalistischen Freud-Deutung Lacans (Phillips 1996) führen zu einer radikalen Neueinschätzung der Psychoanalyse, deren akribisches Protokoll die ebenfalls postum herausgegebenen Vorlesungsmitschriften der Jahre 1949–1952 darstellen (Merleau-Ponty 1988).

Diese sich abzeichnende Wende im Verständnis der Psychoanalyse tritt überraschend, aber pointiert in einem Vorwort zutage, das Merleau-Ponty zu einer Arbeit des Psychiaters Angelo Hesnard geschrieben hat. In diesem kurzen Text, der zu Recht als das „Vermächtnis" (Waldenfels 1994b, 16) von Merleau-Pontys Auseinandersetzung mit der Psychoanalyse bezeichnet wurde, findet sich eine nachdenkliche Würdigung Freuds. Merleau-Ponty kritisiert ausdrücklich „eine idealistische Abweichung der freudschen Forschung". Es sind jetzt gerade die „energetischen oder mechanistischen Metaphern" Freuds, die Merleau-Ponty als den Kern der Freud'schen Intuition verteidigt. In diesen sieht Merleau-Ponty nun die Idee „unserer", wie er betont, „*Archäologie*" (Merleau-Ponty 1960b, 9) beschlossen.

4. Der Leib in der Psychoanalyse: Der gelebte vs. der phantasmatische Leib

Es ist angesichts dieser verwickelten Verhältnisse nicht leicht, sich von der Bedeutung des Leibes in der Psychoanalyse ein klares Bild zu machen. Deutlich ist, dass der phänomenologisch gedachte Leib bei Merleau-Ponty stark mit der Subjektivität des Erlebens und den entsprechenden Qualitäten des Bewusstseins, der Ichzentrierung, d.h. mit zentralen phänomenologischen Intuitionen verbunden ist. Der Leib ist letztlich, wie es Husserl vom Unbewussten sagen zu können glaubte, auf einen „Grenzmodus des Bewusstseins" (zit. n. Waldenfels 1992, 94) reduzierbar und damit mit Freuds Vorstellung vom Ich als einem „Grenzwesen" (1923, 286) vergleichbar. Ob die ontologische Psychoanalyse, die Merleau-Ponty in seinen letzten Jahren vorschwebte, diesem cartesischen „Webfehler" des Leibkonzepts entkommt, ist unklar. Immerhin scheint Merleau-Ponty an grundlegenden Begriffen wie dem Empfinden (*sentir*), der Wahrnehmung, der präreflexiven Reflexivität des Fleisches etc. festzuhalten und damit den Nexus zwischen dem *cogito* und dem *cogitatum* auf der Ebene des „sentir" zu erneuern Die Kritik, die Jacques Lacan in seinem Nachruf auf dem befreundeten Philosophen formuliert hat, weist in diese Richtung (Lacan 1961).

Nimmt man eine gewisse Überzeichnung in Kauf, ließe sich sagen, dass eine leibphänomenologisch ansetzende Auslegung der Psychoanalyse sich im Rahmen einer Anthropologie oder eines Humanismus des gelebten Leibes situiert (vgl. dazu exemplarisch Fuchs 2000). Es ist die Seinsweise des Menschen, von der her sich phänomenologisch gedacht die Welt erschließt. Diese Seinsweise ist leiblich und insofern ist der Leib mitsamt seiner sensorischen Ausstattung das natürliche Medium der Welterschließung. Leiblichkeit ist ein präreflexives, fungierendes Sein zur Welt, das sowohl die Orientierung in der Welt als auch die sensomotorische Koordination der leiblichen Vermögen selbst ausbildet. Ein solches Verständnis des Leiblichen lässt sich kontrastieren mit dem, was man einen psychoanalytischen Anti-Humanismus nennen könnte. Anti-humanistisch ist die psychoanalytische Konzeption des Triebleibs insofern, als sie den Leib – seine Gestalt, seine sensorische Ausstattung, sein Schema – nicht als etwas Ursprüngliches nimmt, sondern als etwas, das erst im Prozess libidinöser Besetzungen Konsistenz und Bedeutung erlangt. Das Medium dieser Ausbildung eines Schemas von erogenen Körperzonen ist aber nicht vorrangig deren sensorische Beschaffenheit, sondern deren Verknüpfung mit und Überlagerung durch infantile Phantasien. Diese Phantasien erfüllen zwar eine regulatorische Funktion im Rahmen der Triebökonomie und der Ontogenese, sie sind jedoch nicht – oder nicht primär – einer Welt eigenständiger Dinge oder Personen angepasst. Während der phänomenologisch gedachte Leib also die Welt der Objekte erschließt, erschließen der unbewusste Triebleib und seine Repräsentationen die (Un-)Welt der Begehrensobjekte. Denn das Objekt des Begehrens ist in seinem Kern phantasmatisch. Die sog. Partialobjekte Brust, Faeces und Penis sind nicht natürliche Objekte des Begehrens, sondern phantasmatische Positivierungen („Verkörperungen") von Körperöffnungen, die erst durch einen Bruch mit der Unmittelbarkeit (Privation, Frustration, Kastration) psychisch auffällig geworden sind. Man könnte also sagen: Der unbewusste Triebleib verhält sich exzentrisch zum gelebten Leib. Der „Sinn" der sich in ihm manifestiert, wird als Unsinn, als Störung oder Fremdkörper erlebt.

Literatur:

Freud 1905, Freud 1914, Freud 1923, Frostholm 1978, Fabeck 1994, Stoller 1999.

Kurt Goldstein und Frederik Buytendijk – Der Leib-Begriff in der organismischen Biologie

Uta Noppeney

1. Das mechanistische Forschungsparadigma und seine Kritiker

Durch die Erfolge in Physik und Chemie etabliert sich im 19. Jahrhundert das mechanistische und atomistische Paradigma als einheitliches Weltbild (Harrington 1996), das nicht nur auf unbelebte Körper, sondern auch auf lebende Organismen angewandt wird. La Mettries Ruf *L'homme machine* (1748) folgend sollen selbst psychische Prozesse durch kausale und atomistische Prinzipien in mechanistischen Modellen erklärt werden. Diesem fulminanten Siegeszug des mechanistischen und atomistischen Forschungsparadigmas in Biologie, Medizin und Psychologie widersetzen sich in besonderer Weise Kurt Goldstein und Frederik J.J. Buytendijk. Sie argumentieren, dass das isolierende Experiment und die kausalanalytische Betrachtung allein ein Verständnis von Teilaspekten und -funktionen des Organismus ermögliche, den Zugang zum lebendigen Organismus in seiner Ganzheit und Ursprünglichkeit jedoch versperre.

In der Physiologie illustriert Buytendijk dies exemplarisch an der Pawlow'schen Reflextheorie, die komplexe Verhaltensstrukturen durch eine Reflexkette und Wechselbeziehungen von Erregung und Hemmug zu erklären sucht. Die Zergliederung des Verhaltens des Organismus in Erklärungsschemata der „Reflexmaschinerie" (Buytendijk 1935, 19) mag Verhaltensmuster unter den künstlichen Bedingungen des Laboratoriums erklären. Das natürliche Verhalten eines Organismus muss jedoch als Antwort auf seine Umwelt beschrieben und verstanden werden. In der Neurologie wehrt sich Goldstein gegen Tendenzen, den Menschen in Einzelfunktionen zu parzellieren (Noppeney 2000). Auch wenn Hirnareale für verschiedene Funktionen spezialisiert sind, so sind sie stets verwoben mit der Gesamtheit des zentralen Nervensystems. Daher führen auch Hirnläsionen nicht nur zu klar umgrenzten Funktionsausfällen, sondern stören und verändern die Haltung des Menschen zu seiner Umwelt. Deutlich wird dies an der Beschreibung der amnestischen Aphasie, die Goldstein nicht auf eine Wortfindungsstörung reduziert, sondern in ihr eine kategoriale Störung erkennt, die es dem Patienten nicht mehr erlaubt, sich der Welt in einer abstrakten Haltung gegenüberzustellen (Goldstein 1924; Noppeney & Wallesch 2000).

Diese beiden Beispiele zeigen, dass Goldstein und Buytendijk sich dem Organismus und dem Menschen im Speziellen mit einer phänomenologischen Methode zu nähern versuchen. Zuallererst gilt es, das natürliche Verhalten eines Organismus möglichst frei von bereits bestehenden Begriffssystemen und experimentellen Eingriffen zu beschreiben. Durch diese phänomenologische Methode als auch ihre integrativen Erklärungsmodelle öffnen sich Goldsteins und Buytendijks Forschungen dem philosophischen Denken. Beide Wissenschaftler stehen in regem geistigen Austausch mit bedeutenden zeitgenössischen Philosophen wie Maurice Merleau-Ponty (1942, 1945; vgl. dazu die Beiträge von Alloa und Kristensen in diesem Band), Ernst Cassirer (1929, 1944; vgl dazu den Artikel von Lauschke in diesem Band), George Canguilhem (1943), Aaron Gurwitsch (1940, 1949) und Hellmuth Plessner (1928; vgl. dazu den Beitrag von Schürmann in diesem Band), die ihre empirischen Forschungsergebnisse und Ideen rezipieren und in ihr philosophisches Werk einfügen. Goldsteins Cousin, der Neukantianer Ernst Cassirer, setzt sich intensiv mit dessen Theorie der Aphasie als einer kategorialen Störung auseinander. In seiner Theorie der symbolischen Formen führt er Goldsteins gedankliche Ansätze fort und interpretiert die Aphasie als eine Pathologie des Symbolbewusstseins (Cassirer 1929, 1944; Noppeney 2001). Buytendijk und Hellmuth Plessner (1928) erarbeiten gemeinsam eine Kritik der Pawlow'schen Reflextheorie. Insbesondere Maurice Merleau-Ponty rezipiert aktiv Goldsteins und Buytendijks wissenschaftstheoretische Kritik und deren gestalttheoretische Ansätze zur Überwindung des Leib-Seele-Dualismus (1942, 1945).

Umgekehrt gehen Goldsteins und Buytendijks spätere Entwürfe einer organismischen Biologie zwar von ihren Studien und Forschungen in Biologie, Psychologie und Medizin aus, nehmen gleichzeitig aber deren philosophische Ideen auf (Noppeney 2000). Goldstein ist primär beeinflusst von Cassirers Theorie der symbolischen Formen (1929). Buytendijks Ideen orientieren sich zunächst an den anthropologischen Konzeptionen Hellmuth Plessners (Buytendijk u. Plessner 1935; Boudier 1993; Dekkers 1995). Sein späteres Hauptwerk *Prolegomena einer anthropologischen Physiologie* (1967) ist geprägt durch Merleau-Pontys Phänomenologie des leiblichen Verhaltens (1942, 1945) und Viktor von Weizsäckers Theorie des Gestaltkreises (1940).

In ihren Entwürfen einer organismischen Biologie entwickeln beide theoretische Konzeptionen vom menschlichen Organismus als einem in sich gegliederten Ganzen, der der dualistischen Spaltung in Geist und Körper vorhergeht. Bei dem Neurologen Goldstein vermitteln sich Geist, Seele und Körper dialektisch als Strukturen des Organismus im organismischen Prozess der menschlichen Existenz. Bei dem Physiologen Buytendijk konstituieren sich Leib-Subjekt und Seele-Subjekt als polare Einheit im Vollzug des individuellen Daseins. Im Folgenden werden Goldsteins und Buytendijks Leib-Seele-Konzeptionen näher vorgestellt.

2. Kurt Goldstein

2.1 Geist, Seele, Körper verschränkt im organismischen Gesamtgeschehen

Den Ausgangspunkt für Goldsteins Überlegungen bildet seine klinische Erfahrung. Während in früheren Zeiten die Ärzte stets natürlicherweise von psychophysischen Wechselwirkungen ausgegangen sind, sieht er nun die Medizin in somatische und psychische Therapierichtungen zerfallen. Diese Aufspaltung ist tiefer begründet in der dualistischen Betrachtung des Organismus, die das Psychische und Körperliche als „zwei gesonderte Seinsweisen", ja sogar zwei „selbständige Reiche" aufzeigt (Goldstein 1934, 200).

Demgegenüber zeigt die klinische Erfahrung bei Hypnoseversuchen ausgeprägte Wechselwirkungen zwischen Psyche und Körper. Den Terminus „Wechselwirkung" betrachtet Goldstein jedoch als verfehlt, da er lediglich als ein Produkt der atomistisch analytischen Herangehensweise entsteht. Denn zuallererst sind wir mit dem Phänomen des Lebendigen konfrontiert, aus dem wir abstraktiv Psychisches und Physisches herausheben und isolieren. Diese durch einen analytischen Prozeß gewonnenen Daten können allenfalls als Material gelten, das erst auf seine Bedeutung für das Ganze hin gewertet werden muss (ebd. 241). Denn die analytisch abstraktive Methode erlaubt nur die Beschreibung und das Verständnis von einzelnen Teilaspekten des Organismus und vermittelt somit eine beschränkte Sicht auf den Organismus. Goldsteins Argumentation zeigt auf, dass seine Kritik am Geist-Körper-Dualismus immanent auch eine wissenschaftstheoretische und epistemologische Kritik an den analytischen Methoden und Herangehensweisen in den Lebenswissenschaften impliziert.

In der abstraktiven Haltung lassen sich nach Goldstein drei verschiedene „Erscheinungen" am menschlichen Organismus voneinander abgrenzen: Geist, Seele, Körper.

Unter *Geist* (oder auch Bewusstsein) versteht Goldstein nicht ein „Gefäß, in dem etwa bestimmte Inhalte wirklich enthalten wären" (ebd., 205), sondern „eine bestimmte Verhaltensweise menschlichen Seins" (ebd., 205). In der Verhaltensweise des Geistes hat das Individuum als Subjekt eine „gegenständlich gegliederte Welt", die in der Wahrnehmung oder Vorstellung gegeben sein kann und seinem gegenständlichen Ich gegenübersteht. Um diese Distanz zwischen Welt und Ich im bewußten Akt zu verdeutlichen, zieht Goldstein den Ausdruck „etwas bewußt haben" vor. Im bewussten Akt erfolgt eine „Trennung von Ich und Außenwelt" (ebd, 206), gleichzeitig aber auch zumindest in einem isolierenden Experiment eine Entfremdung des Organismus von seinem einheitlichen Ich: „The world then is experienced as apart from us, and we experience ourselves as objects equivalent to other objects." (Goldstein 1947, 151) Der Körper eines Individuums verliert dadurch den spezifischen Charakter des Leibes (i. e. der Körper eines Individuums zu sein) und reduziert sich auf einen beliebigen, jedem anderen gegenüber äquivalenten Körper. Das Individuum „weiß von der Welt und dem Ich als objektivem Sein“ (Goldstein 1934, 205). Damit charakterisiert Goldstein das Bewusstsein traditionell in seiner Selbstreflexivität als Selbstbewusstsein. Die Erscheinungen des „bewußt haben“ können in Grad und Umfang differieren (ebd., 206).

Goldstein reduziert das Psychische aber keineswegs auf Bewusstes oder gar auf das reine Denken. Unter dem Begriff Seele fasst er die Phänomene aus der Sphäre des „Erlebens“ zusammen. Zum einen zählt er hierzu Gefühle, Stimmungen etc., zum anderen aber auch intentionale Akte wie Wollen oder Glauben. Dieses „Erleben“ als ein „Sein in der Welt“ begleitet stets die bewussten Akte, ohne dabei selbst bewusst zu werden. Die Phänomene des Erlebens lassen sich zwar auch sekundär feststellen und dadurch „bewusst machen“, verlieren aber auf diese Weise gerade ihren wesenseigentümlichen Erlebnischarakter. Erlebnisphänomene bestimmen sich durch Richtung (bei intentionalen) und Gestaltung (bei nicht intentionalen Phänomenen).

Schließlich grenzt Goldstein die Sphäre der körperlichen Phänomene ab, die sich in Zeitlichkeit, Örtlichkeit und Intensität unterscheiden. Die körperlichen Vorgänge „werden in uns“ (ebd., 206). Mit dieser Formulierung, die die Umkehrung vom „Geist in der Maschine“ beschreibt, unterstreicht Goldstein die Verschränkung von Geist – Seele – Körper. Nach Goldstein stehen die drei herausdestillierten Ebenen Geist, Seele, Körper in der Abstraktion disparat nebeneinander, eine „Interaktion“ zwischen ihnen lässt sich nur aus der Perspektive des Gesamtprozesses verstehen:

„Es gibt zwischen den drei Vorgängen, wenn man sie in jener Abstraktion betrachtet, wie es gewöhnlich geschieht, keinen direkten Übergang, keine direkte Einwirkung aufeinander. Alle Einwirkung wird nur verständlich, wenn man die abstraktiv betrachteten Vorgänge in ihrem Enthaltensein im Ganzen betrachtet, das ja allein wirklich ist.“ (Ebd., 207)

Im organismischen Gesamtprozess verwirklicht der Organismus sein Wesen in Auseinandersetzung mit der Umwelt. Goldstein kennzeichnet die Auseinandersetzung des Organismus mit der Umwelt als „Biologisches Grundgesetz“ (ebd., 76), um deren grundlegende Bedeutung für seine Konzeption zu unterstreichen. Die Anforderungen aus der Umwelt führen zu einer Strukturierung des Verhaltens (i. e. des organismischen Gesamtgeschehens) in Vorder- und Hintergrundgeschehen. Der Vordergrund oder auch die Figur wird „bestimmt durch die Aufgabe, die der Organismus jeweils zu erfüllen hat, d.h. durch die Situation, in der er sich gerade befindet und mit deren Anforderungen er fertig zu werden hat“ (ebd., 75). Figur und Grund lassen sich aber nur in einer Abstraktion abgrenzen. „Eigentlich muß man immer von einer Reaktionsgestalt sprechen, die den ganzen Organismus umfaßt.“ (ebd., 140) Das Verhalten des Organismus, an dem man in der Abstraktionshaltung Figur und Hintergrund differenzieren kann, lässt sich also als strukturiert oder gestaltet charakterisieren.

In der Figur rücken nun Geist, Seele oder Körper in den Vordergrund des Verhaltens. Im Gedankenexperiment kann sich das Individuum im einen Extremfall ganz dem Körper „überlassen" (i. e. der Körper dominiert die Figur), der dadurch zum rein physischen Objekt „degeneriert" und nur noch der Kausalgesetzlichkeit und Objektivität unterliegt. Im anderen Extremfall drängt sich das gegenständliche Bewusstsein völlig in den Vordergrund: Der Mensch erscheint dann „in der höchsten, vollständigsten, wesenhaft vollkommensten Weise" (ebd., 208) und wird von der teleologischen Erklärungsstruktur geprägt. Im gewöhnlichen Verhalten aber tritt „bald das eine, bald das andere Element mehr oder weniger gesondert als Figur" (ebd., 208) hervor. In den Figuren also vermitteln Geist, Seele, Körper sich. Geist, Seele und Körper bilden die gedanklichen Extrempunkte, zwischen denen sich das wirkliche Verhalten als ein Figur-Hintergrund-Geschehen entwickeln kann. Die Unterscheidung in Figur und Hintergrund stellt aber schon wieder eine Abstraktion des wirklichen gestalthaften Gesamtgeschehens dar. Die Figur selbst ist also wiederum eingebettet in ein Hintergrund-Geschehen:

> „Sehen wir uns einen Menschen, der etwas bewußt hat, an, so stellen wir fest, daß dieses Wissen um etwas bestimmtes einhergeht mit einer bestimmten Gestaltung der Erlebnissphäre sowie einer bestimmten Gestaltung der körperlichen Vorgänge, und daß der normale Ablauf des Wissens vom normalen Ablauf in den anderen Sphären mit abhängig, ein bestimmtes Wissen immer sich gleichzeitig als bestimmtes Erleben und bestimmter körperlicher Zustand darstellt." (Ebd., 207)

Figur und Hintergrund bilden eine aufeinander bezogene Einheit. Bewusste Akte können sich nur dann als Figur vollziehen, wenn sie von einem geordneten körperlich-seelischen Hintergrundgeschehen begleitet werden: „Disturbances in the normal state of the attitudes or bodily processes derange the conscious actions, thought, will, power, and so on" (Goldstein 1947, 153). Das körperlich-seelische Geschehen bildet die notwendige Basis, die erst das bewusste Geschehen ermöglicht. Nach Goldstein beginnt alles „Tun" immer mit

> „bewußter Einstellung im Sinne von Wissen um etwas, Wissen um die Situation, die Aufgabe; später braucht dieses Wissen nur den allgemeinen Rahmen, den Hintergrund, abzugeben, in dem die anderen geschilderten Vorgänge ohne dauernde Begleitung des Wissens ablaufen." (Goldstein 1934, 208)

Wenn sich für Goldstein ein Geschehen als Hintergrundgeschehen auch ohne dauernde „Begleitung von Wissen" abspielen kann, so betont er doch traditionell die Bedeutung des Bewusstseins:

> „Jedes Erlebnis, Erlebnisgeschehen, jeder physiologische Vorgang muss vom Bewusstsein aus in Gang gesetzt werden, d.h. es muss eine bewusste Einstellung da sein, damit die Vorgänge in Gang kommen." (Ebd., 208)

Geist, Seele, Körper stehen also nicht völlig gleichberechtigt nebeneinander. Zwar kann je nach Situationsbedarf prinzipiell jedes dieser Elemente als Figur in den Vordergrund treten, doch wird dem Bewusstsein die Funktion des Impulsgebers zugetragen.

Goldsteins Konzeption des Organismus sei in ihren Verschränkungs- bzw. Vermittlungsebenen noch einmal kurz zusammengefasst: Geist, Seele und Körper stellen abstraktive Extrempunkte dar, zwischen denen sich das wirkliche Verhalten entfalten kann. Im Verhalten vermittelt sich der in objektiver Begrifflichkeit fassbare Körper mit der Subjektivität der psychischen Sphäre, die kausale mit der teleologischen Perspektive: Der Mensch ist Körper und Geist-Seele zugleich. Schließlich verschränkt sich der Organismus in aktiver Auseinandersetzung mit seiner Umgebung und Anpassung an die jeweilige Situation mit der Welt.

2.2 Die Konzeption des organismischen Gesamtgeschehens zwischen Gestalttheorie und Proto-Existentialismus

Goldsteins Konzeption, in der sich das organismische Gesamtgeschehen in einen Figur-Hintergrund Prozess strukturiert, knüpft an System- und Strukturgedanken der Gestalttheorie an (Köhler 1920, 1947, Ehrenfels 1890). Auch nach der Gestalttheorie zeichnen sich die Erfahrungen eines Individuums durch eine Gestalthaftigkeit aus, Köhler spricht von physischen Gestalten, gestalthaften Hirnprozessen, gestalthaftem Verhalten etc. Den phänomenalen Gestalten in der Erfahrung entsprechen isomorphe Hirnprozesse, die durch dynamische Selbstorganisation entstehen. Der Gestaltungsprozess wird in Analogie zu dynamischen physikalischen Systemen konstruiert. Schon die physische Welt besitzt eigene gestalthafte Strukturen, auf die ein Individuum mit gestalthaftem Verhalten reagiert.

Demgegenüber lehnt Goldstein das Isomorphieprinzip und Denken in parallelen Leib-Seele-Strukturen ab. In Goldsteins Konzeption strukturiert sich der organismische Prozess oder der Organismus in seiner Gesamtheit, die Goldstein aber nicht weiter zu charakterisieren sucht. Den Organismus verankert Goldstein seinerseits in der Umwelt, mit der dieser sich auseinandersetzt und so sein Wesen verwirklicht:

„Gute Gestalt […] stellt eine ganz bestimmte Form der Auseinandersetzung von Organismus und Welt dar, nämlich die, in der der Organismus sich am besten seinem Wesen entsprechend verwirklicht." (Ebd., 334)

Das „Wesen" des Organismus wirkt somit als Ziel des Organismus. In Goldsteins Systemkonzeption vom Organismus charakterisiert er das Wesen als eine „qualitative Struktur" oder „eine Topographie, die das Geschehen mitbestimmt" (ebd., 334). Gestalt entwickelt sich nicht wie bei Köhler durch einen Prozess der Selbstorganisation, sondern wird vor allem durch die Topographie des Systems mitbestimmt. Durch seine eigenständige Topographie gewinnt der Organismus Unabhängigkeit von der Umwelt. Hierdurch ist der Organismus eingebettet in seine Umwelt, aber gleichzeitig auch autonom von ihr. Das Wesen als Ziel des Organismus lässt sich damit in Goldsteins Systemkonzeption als Systemeigenschaften begreifen, die dem System in Abhängigkeit von äußeren Einflüssen stabile Spannungszustände vorschreiben.

Aber auch die Topographie wird von Goldstein nicht starr konzipiert, sondern als „eine Topographie, die selbst dynamischer Natur ist, mit den verschiedenen Situationen, die die Selbstverwirklichung des Organismus notwendig macht" (ebd., 334). Goldstein kritisiert die gestalttheoretische Systemkonzeption, da sie sich an statischen Gleichgewichtssystemen orientiere, die in keiner Weise der Dynamik organismischer Erscheinungen entsprächen. Da bei Goldstein der Organismus über die körperliche Welt hinausreicht, auch Seele und Geist einschließt, orientieren sich die Systemeigenschaften nicht an physischen Systemen, sondern werden von ihm als rein formale Eigenschaften bestimmt. Damit wird der Weg geebnet für eine Umdeutung der „Verwirklichung des Wesens" (i. e. seiner Struktur) in eine protoexistentialistische „Selbstverwirklichung" in Goldsteins späteren *James-Lectures*, überschrieben mit *Human Nature in the Light of Psychopathology* (Goldstein 1947).

In den James-Lectures behält Goldstein die Grundgedanken der organismischen Dynamik bei, entkleidet sie aber der früheren organizistischen Terminologie. An die Stelle von Systemprozessen und stabilen Zuständen treten Tendenzen und Triebe, um zielgerichtetes Verhalten zu kennzeichnen:

„Under adequate conditions the tendency of normal life is toward activity and progress." (Goldstein 1947, 142)

„The organism has definite potentialities, and because it has them, it has the need to actualize or realize them. The fulfilment of these needs represents the selfactualization of the organism." (Ebd., 146)

Auch hier erkennt man wieder das gleiche dynamische Moment: Der Mensch ist nach Goldstein nicht darauf aus, im Gleichgewicht zu leben, sondern auf spannungsreiche Selbstverwirklichung gerichtet. Als vorweggenommene Wirklichkeiten treiben die Potentialitäten den Organismus an, diese Potentialitäten und damit sich selbst zu verwirklichen. In den *James-Lectures* werden Goldsteins organizistische Ideen somit ihres systemischen Kontextes und ihrer gestalttheoretischen Ursprünge enthoben und um die Vorstellung einer dynamischen Zweckgerichtetheit erweitert. Der Mensch wird dabei als ein Wesen charakterisiert, dessen Verhalten sich durch Wille, Zweckhaltigkeit und Einsicht bestimmt: „His behaviour comes to be determined by will, insight, and the purposeful use of his organic capacities." (Ebd., 135)

Als ein Lebewesen mit Wünschen, Einsichten und Zielgerichtetheit strebt der Mensch in Auseinandersetzung mit der Umwelt nach Selbstverwirklichung. Damit gelangt Goldstein zu einer proto-existentialistischen (vgl. Ash 1995, 282) Sichtweise und wird so zum Vorläufer der humanistischen Psychologie, die sein Konzept aufgreift und weiterentwickelt.

2.3 Biologische Erkenntnis als dialektischer Prozess

Aus ontologischer Perspektive besteht für Goldstein der menschliche Organismus allein aus Atomen und Molekülen. Obgleich keine weiteren Entelechiefaktoren im Sinne von Hans Drieschs Neovitalismus (1922) wirken, reduziert er damit den Menschen darum noch nicht auf seine physikalisch-chemische Dimension. Denn in seiner natürlichen Lebensweltlichkeit entzieht sich der Mensch der kausalen Gesetzlichkeit:

„Es dürfte sich kaum irgendwo nachweisen lassen, dass bei solchen Vorgängen, die adäquat dem Organismus zugehören, kausale Verhältnisse walten.“ (Goldstein 1934, 259)

Andererseits lassen sich Teilvorgänge durchaus in kausaler (und damit im Goldstein'schen Sinne physikalisch-chemischer Gesetzlichkeit) erfassen.

„Und wenn uns einzelne Erscheinungen kausal erklärbar erscheinen, so nur deshalb, weil sie (wie die konstanten Reflexe) unter Bedingungen der Isolierung auftreten, durch die der Organismus in bestimmter, diese Vorgänge nicht störender Situation künstlich erhalten wird.“ (Ebd., 259)

Diese beiden zunächst widersprüchlich erscheinenden Perspektiven vermitteln sich in Goldsteins Konzeption biologischer Erkenntnis als eines dialektischen Prozesses, in dem sich die atomistisch-analytische Datenerhebung und eine schöpferische Gesamtschau miteinander verschränken.

„Wir gehen […] so vor, dass wir von den analytisch gewonnenen Tatsachen aus ein Bild des Ganzen entwerfen, das uns zu weiteren Fragen und Untersuchungen anregt, weil wir immer noch Unstimmigkeiten zwischen ihm und der Erfahrung erleben. Von den neuen Erfahrungen erfährt das Bild des Ganzen seine Berichtigung u.s.f. So gelangen wir […] zu einer fortschreitend adäquateren Erkenntnis vom Wesen des Organismus und einer immer richtigeren Bewertung der festgestellten Einzeltatsachen als für den Organismus wesentlich oder nicht.“ (Ebd., 241)

Empirische Daten können nach Goldstein allein durch klassisch atomistisch-analytische Methoden gewonnen werden (Goldstein 1947, 9), beispielsweise durch ein Experiment, das bestimmte Randbedingungen isoliert. In dem artifiziellen Zustand des standardisierten Experimentes lassen sich Vorgänge durch physikalisch-chemische Gesetzlichkeit beschreiben; der Organismus reduziert sich auf ein Maschinenmodell. In der natürlichen Existenz des Organismus sind die Randbedingungen aber nicht konstant, ja diese können nicht einmal adäquat erfasst werden. Demnach verharren die atomisierenden Methoden prinzipiell in „der Feststellung solcher Einzelergebnisse“ (Goldstein 1934, 7) und führen zu keinem Gesamtbild des Organismus.

Um das Wesen des Organismus zu erkennen, muss der Forscher stattdessen von den mannigfaltigen Einzeldaten ausgehend in einem ‚schöpferischen Akt‘ ein Bild des Organismus im Sinne einer Goethe'schen Schau entwerfen (ebd., 242). Des Weiteren charakterisiert Goldstein in Anlehnung an Cassirer den schöpferischen Akt als einen Prozess der symbolischen Formung, durch den die empirischen Einzeltatsachen auf eine *metabasis eis allo genos* zusammengeführt werden: „[A]nstelle der konkreten Data werden symbolische Vorstellungen gesetzt“ (Cassirer 1929, 26). Nur in ihrer jeweiligen symbolischen Form entwickeln sie ihren Sinn. Durch die Einführung der symbolischen Formung eröffnet Goldstein ein methodisches Spektrum, in dem das empirische Material durch die symbolischen Formen der einzelnen Fachdisziplinen geprägt wird.

Goldstein fordert für die organismische Wissenschaft eine eigenständige symbolische Form, die über die physikalisch-mechanischen Kategorien hinausgeht und den Prinzipien der Qualität und Individualität genügt (Goldstein 1934, 250, vgl. Rickert 1899). Eine symbolische Form fungiert aber nicht nur als ein wissenschaftliches Modell, sie begründet gleichzeitig eine bestimmte Weltsicht. Wenn Lebenswissenschaften den Menschen nur in physikalisch-mechanischen Kategorien zu erfassen suchen, reduzieren sie den menschlichen Organismus auf das Maschinenmodell und versperren sich so nach Goldstein den Zugang zu fundamentalen organismischen Dimensionen. Sie werden nie auf einen Menschen im ganzheitlichen Sinne treffen.

3. Frederik Jacobus Johannes Buytendijk

3.1 Leib und Geist als polare Einheit

Auch für Buytendijk bildet der Leib-Seele-Dualismus, den er nach dem Schweizer Psychiater Binswanger als „Krebsübel der Psychologie“ (Buytendijk 1967, 13) bezeichnet, den Ausgangspunkt für seine Überlegungen. Diese cartesianische Dichotomie zwischen Leib und Seele widerspricht unserer phänomenologischen Erfahrung, in der das menschliche Dasein als leibliches und persönliches Situiertsein erscheint. Zwar lässt sich nach Buytendijk das psychophysische Problem nicht durch wissenschaftliche Erkenntnisse oder reflektierendes Denken lösen (ebd., 71), aber im existentiellen Daseinsvollzug offenbart sich die polare Einheit von Leib und Seele. Dieser polaren Einheit versucht er in der *Prolegomena einer anthropologischen Physiologie*, auf die sich unser Beitrag konzentrieren wird, nachzuspüren.

Im neutralen Monismus einer „Physiogenese“ soll sich der Leib-Seele-Dualismus aufheben. Physis bezieht sich dann auf einen lebendigen Leib, der die Psyche nicht ausschließt, sondern ausdrückt und offenbart. Das Begriffssystem der Physiogenese soll somit Psychologie und Physiologie verbinden (ebd., 57). In seinem Werk entwickelt Buytendijk jedoch keine wirklich eigenständig neue und in sich konsistente Leib-Seele-Konzeption. Vielmehr integriert er eklektisch Ideen verschiedenster Philosophen (z.B. Max Scheler, Gabriel Marcel) und theoretischer Biologen (z.B. Karl Rothschuh). Vor allem rekurriert er auf Gedanken der existentiellen Phänomenologie des leiblichen Verhaltens von Merleau-Ponty und der Gestaltkreistheorie von Viktor von Weizsäcker.

In Anlehnung an Merleau-Ponty hebt Buytendijk die Ambiguität der menschlichen Existenz in ihrem leiblichen Dasein hervor. Sie entsteht durch die Antithese zwischen dem tatsächlichen Körper, den man hat, und der Leiblichkeit, die man ist (ebd., 13). Diese Ambiguität entzieht sich der analytischen Begreifbarkeit, vollzieht sich dialektisch in der menschlichen Existenz. Denn im Vollzug des Daseins erfährt der Mensch seinen Leib sowohl als einen objektiv gegebenen Köper, der sich wie ein komplexes physiologisches Regelwerk untersuchen lässt, als auch als sein leibliches ‚ICH', das ihm zuallererst einen Zugang zur Welt ermöglicht. Die Ambiguität und Spannung zwischen dem objektiv gegebenem und dem subjektiven Leib stellt Buytendijk dem Leser im folgenden Beispiel plastisch vor Augen:

> „Wenn ich diesen objektiv – und also als einen Leib betrachte – dann kann ich […] ihn sicher als einen Apparat, also technisch verstehen. Aber wenn ich meinen Leib als Instrument denken wollte, dann müsste ich mir selbst, der dieses Instrument benutzt, die Möglichkeit einer Art Können zuerkennen, die gerade allein durch einen Leib verwirklicht werden kann." (Ebd., 71)

Buytendijk vermittelt zwischen den beiden Betrachtungsperspektiven, in dem er in Anlehnung an Karl Rothschuhs Konzeption der bionomen Ordnung (1968) mehrere Struktur- oder Ordnungsebenen unterscheidet. So unterliegt der menschliche Organismus nicht nur einer gesetzmäßigen physischen Ordnung, die erkennbar ist als eine „unité des correlations" (ebd., 27) und die kausalen Prinzipien folgt, sondern auch einer sich selbst formenden und gestaltenden Bedeutungsordnung, der „unité des significations" (ebd., 27). Allein die physiologische Ordnung lässt sich objektiv beschreiben, während die thematische Ordnung sich einer solchen analytischen Beschreibung entzieht. Buytendijk betont,

> „dass die menschliche Leiblichkeit in ihren morphologischen und physiologischen Details zwar objektiv zu beschreiben ist als eine komplizierte Struktur und Strukturfunktion, dass aber eine solche analytische Beschreibung die thematische Ordnung der sich im Dasein formenden physiologischen Leistungen unsichtbar macht" (ebd., 23).

Auch wenn Buytendijk verschiedene Ordnungsebenen unterscheidet, so organisieren sich Geist und Leib als ‚Subjekte' gemeinsam im Vollzug der menschlichen Existenz und bilden so eine polare Einheit, die im Laufe des individuellen Daseins „sich zu einer thematischen und thematisierenden Ordnung konstituiert" (ebd., 32).

Buytendijk bezieht sich mit dem Begriff „Subjekt" explizit sowohl auf den Geist als auch auf den Leib. Der Begriff „Subjekt" ist damit umfassender als Bewusstsein und Wissen von der Welt. Er impliziert in einem fundamentalen Sinne eine „Seinsweise, die sich als ein sich selbst konstituierendes System von Bedeutungen für uns verständlich macht" (ebd., 28). In der Auseinandersetzung mit seiner Umwelt konstituiert ein Individuum Bedeutung, die sich im Verhalten und in organischen Eindrücken offenbart.

> „Ein Subjekt ist also jeder Organismus, insoweit dieser in seiner Morphogenese und in seiner vollendeten Morphostase, in dem sinnvollen Zusammenhang seiner intraorganischen Leistungen, Regulationen und Adaptationen schon auf ein Sinngebendes, ein existere, also auf einen Zusammenhang fungierender Intentionalitäten verweist, wodurch der Organismus sich an sein Milieu richtet und mit ihm ko-existiert als mit einem Feld pathisch gelebter Bedeutung und relevanter Faktoren für das eigene Dasein." (Ebd., 29)

In Anlehnung an Husserl und Merleau-Ponty unterscheidet Buytendijk zwischen einer unbewussten fungierenden Intentionalität und einer bewussten Akt-Intentionalität. In der fungierenden Intentionalität richtet sich der Organismus vorbewusst der Welt zu, so dass die Koexistenz der Welt bereits unreflektiert in der Leiblichkeit anwesend ist. Dieses radikale Zur-Welt-Sein erlaubt bereits eine ursprüngliche Konstituierung von bedeutungsvollen Strukturen, die so das Fundament bilden für die bewusste Aktintentionalität.

Der Unterscheidung in eine fungierende und in eine thematische Intentionalität entsprechend, manifestiert sich für Buytendijk das spezifisch Menschliche nicht allein im Bewusstsein, sondern in der ganzen Subjektivität des Leibes (ebd., 31). Zwar entsprechen die physiologischen Funktionsprinzipien und der Bauplan des menschlichen Leibes dem der verwandten Tierarten, doch unterscheidet sich der menschliche Leib gleichwohl grundlegend vom tierischen durch sein Gerichtetsein auf die menschliche Welt, die Natur- und Kulturgegenstände umschließt.

> „Das spezifisch Menschliche verstehen wir aber nicht als ein Bewusstsein, sondern als die Manifestation einer Daseinsweise, die während des ganzen Lebenslaufes und unter allen Umständen durch eine körperlich fundierte, nicht zu unterbrechende Verbindung mit der Welt gekennzeichnet ist, in der gelebt wird und in der primär durch den eigenen Körper der Zugang erschlossen wird. Diese Lebenswelt erfüllt von den uns vertrauten Natur- und Kulturgegenständen […] ist ebenso spezifisch menschlich wie der Leib und die Person." (Ebd., 21)

3.2 Physiogenese: Einführung des Subjekts in die Physiologie

Wie soll eine anthropologische Physiologie sich dem menschlichen Organismus in seiner leiblichen Verfasstheit nähern, ihn beschreiben und untersuchen? Buytendijk kritisiert die analytische Vorgehensweise der klassischen Physiologie, die die körperlich physiologischen Prozesse allein durch kausal-mechanistische Prinzipien zu erklären sucht. Wie bereits Viktor von Weizsäcker in seinen Ausführungen zur Gestaltkreistheorie (1940), so fordert auch Buytendijk eine „Einführung des Subjektes in die Physiologie". Diese „Einführung des Subjektes in die Physiologie" soll ermöglichen, über die kausale Erklärung physiologischer Prozesse hinaus zu einem Verstehen des leiblichen Verhaltens in seinen individuellen Verhaltensformen und Sinnzusammenhängen zu gelangen (ebd., 83).

Ähnlich wie Goldstein betont er, dass die Antworten eines Organismus sich nicht durch ein allgemein gültiges Reiz-Antwort-Schema beschreiben lassen, sondern vielmehr von der jeweiligen situativen Bedeutung des Stimulus für den Organismus abhängen.

„Die Reize, die in der analytischen Physiologie als physikalische Erscheinungen definiert werden, sind für den gelebten eigenen Leib Eindrücke, die durch ihre Bedeutung wirken." (Ebd., 37)

So lässt sich auch kein stabiles Verhältnis zwischen Reizstärke und Wahrnehmung, i. e. ein konstanter Schwellenwert, bei Organismen feststellen; die Reiz-Schwellenwerte variieren mit der situativen Bedeutung und der ganzheitlich leiblichen Verfasstheit des Individuums (ebd., 11).

Vermögen diese methodischen Ansätze wirklich Leib und Seele in ihrer polaren Einheit zu erfassen? Auch Buytendijk räumt ein, dass sich oft lediglich eine Korrelation oder, wie er es nach Alfred Auersperg formuliert, eine koinzidierende Korrespondenz (ebd., 83, Auersperg 1954) zwischen physiologischen Funktionen und psychischen Ausdrucksformen etablieren lasse. Seine eigenen exemplarischen Analysen verschiedener ‚Seinsweisen und vegetativer Regulationen', die er im zweiten Teil seiner anthropologischen Physiologie vorstellt, folgen selbst allzu oft noch dem Forschungsparadigma der klassischen Psychophysiologie und beschreiben lediglich die statistischen Abhängigkeiten zwischen physiologischen Parametern und psychischen Phänomenen. In diesem Sinne können Buytendijks Arbeiten bestenfalls als Prolegomena verstanden werden, die einer anthropologischen Physiologie die Richtung weisen und gleichzeitig bereits deren Grenzen aufzeigen.

4. Epilog

Sowohl Goldstein als auch Buytendijk wehren sich in ihren Entwürfen gegen die zunehmende Tendenz der Lebenswissenschaften, den Menschen allein durch kausal-mechanistische Prinzipien zu erklären. Von diesem gemeinsamen Ausgangspunkt versuchen Goldstein und Buytendijk Konzeptionen des menschlichen Organismus zu entwickeln, in denen sich Geist und Körper im zugrundeliegenden organismischen Gesamtgeschehen (Goldstein) oder in einer polaren Einheit (Buytendijk) im Daseins-Vollzug verschränken. Goldsteins Organismus-Konzeption (1934) ist geprägt von gestalttheoretischen Ideen. Seine systemische Theorie des Organismus überführt jedoch den Leib-Seele-Parallelismus der Gestalttheorie in einen neutralen Monismus eines organismischen Gesamtgeschehens. In seinen späteren *James-Lectures* wird Goldsteins ursprünglich organismische und systemische Perspektive durch weitere existentialistische Momente bereichert. Demgegenüber orientiert sich Buytendijks Konzeption (1967) an Merleau-Pontys Phänomenologie, so dass der ursprüngliche Systemcharakter des Organismus sich nun in der leiblichen Verfasstheit des Individuums ausdrückt.

Bei aller Theoretisierung sind jedoch sowohl Goldstein als auch Buytendijk deutlich in den Forschungen der Medizin/Neurologie und Physiologie verwurzelt. Beide versuchen, für ihre Herkunftsdisziplinen einen Ansatz zu entwickeln, der über ein kausal-analytisches Verständnis hinausgeht und einen Zugang zu dem Organismus als leiblich-geistiger Einheit ermöglicht. Während Goldstein für die Lebenswissenschaften eine eigene symbolische Form fordert, die die Prinzipien von Individualität und Qualität einzubeziehen vermag, ist Buytendijk bemüht, die irreduzible subjektive Komponente in der Physiologie sichtbar zu machen.

Wenn auch weder Goldstein noch Buytendijk einen wirklich überzeugenden neuen methodischen Ansatz in den Lebenswissenschaften etablieren konnten, so zeigen ihre Untersuchungen die Grenzen klassisch analytisch quantifizierender Methoden auf. Ihre Theorien und Gedanken förderten die Entwicklung psychosomatischer Ansätze in den Lebenswissenschaften, die dem Menschen in seiner psychophysischen Einheit und Individualität Rechnung zu tragen versuchen.

Literatur:

Buytendijk 1935, Butendijk 1967, Goldstein 1934, Goldstein 1947; Dekkers 1995, Gurwitsch 1940, Gurwitsch 1949, Noppeney 2000.

Max Scheler und Helmuth Plessner – Leiblichkeit in der Philosophischen Anthropologie

Volker Schürmann

> „Allein Gott ist vom Körper gänzlich befreit." (Leibniz 1714, § 72)
> „Gott ist also gleichsam die Gosse, worin alle die Widersprüche zusammenlaufen. Eine solche populäre Sammlung ist nun Leibnizens *Theodizee*. Da sind immer allerhand Ausreden auszuklügeln." (Hegel 1833, 255)
> „Wo die körperliche Dimension beginnt, hört für sie die Philosophie auf." (Plessner 1963, 243)

Die zentrale Problemstellung der Philosophischen Anthropologie in Bezug auf das Thema *Leiblichkeit* ist die Frage nach dem *Verhältnis* von Körper und Leib. Eine Vorabbestimmung der Begriffe Körper bzw. Leib ist daher hier nicht möglich, weil deren Bedeutungen von dieser Verhältnisbestimmung abhängen.

An der Unterscheidung von Körper und Leib kann manches strittig sein. Zunächst kann man unterschiedlicher Meinung sein, wie die beiden Pole dieser Unterscheidung inhaltlich zu bestimmen sind. Zum zweiten kann strittig sein, wovon bzw. woran dies denn überhaupt eine Unterscheidung ist – ob es sich etwa um eine Unterscheidung an einem Körper selber handelt, oder um eine Unterscheidung von Bedeutungen von ‚Körperlichkeit', oder aber um eine Unterscheidung von Perspektiven, in denen wir unsere Körperlichkeit thematisieren. Und zum dritten kann strittig sein, welcher Logik diese Unterscheidung folgt: So kann man erweisen wollen, dass beide Pole identisch sind, oder dass es einen der beiden gar nicht gibt, oder dass einer ein Teilaspekt des anderen ist, oder was immer.

Einer der wichtigsten Aspekte der Philosophischen Anthropologie liegt darin, auf solche Unterschiede der Unterscheidung von Körper und Leib aufmerksam zu machen. Das hat dann dort die Konsequenz, bei der Bestimmung von ‚Körper' und ‚Leib' notwendigerweise einen Umweg machen zu müssen, d.h. gewisse Vorfragen klären zu müssen.

Ich beginne daher mit einer kleinen Vorgeschichte (1.), die mit Bezug auf Ludwig Feuerbach die „spekulative" Rolle der Leiblichkeit herausstellt. Das besagt hier nicht mehr, als dass die Leiblichkeit nicht nur Thema einer philosophischen Anthropologie ist, sondern dass die Thematisierung von Körper und Leib hier zugleich das Grundverständnis von Philosophie, insbesondere von philosophischer Wahrheit, ändert. Die entscheidende Konsequenz wird sein, dass die Philosophische Anthropologie die Körper- und Leiblichkeit nicht rein als solche, sondern immer nur eingebettet in eine dritte Dimension thematisiert. An die Stelle einer Doppelheit von Körper und Leib tritt daher die Trias von Person, Leib und Körper. Anhand der Philosophie Schelers (2.) kann dabei zweierlei herausgestellt werden. Zum einen die jeweils aufeinander unreduzierbare Unterschiedenheit dieser drei Dimensionen und zum anderen die unterschiedlichen Logiken, die für diese Unreduzierbarkeiten verantwortlich sind. Leib und Körper unterscheiden sich durch ein grundsätzlich anderes Verhältnis zur Lebendigkeit, und beide wiederum unterscheiden sich, so Scheler, grundsätzlich von der Personalität, die nämlich an Vollzüge, nicht aber wie Körper und Leib an Gegenständlichkeit, gebunden sei. Personalität ist in diesem Sinne ein von Scheler so genannter „geistiger" Sachverhalt. Mit der Philosophie Plessners (3.) kann daran anschließend problematisiert werden, dass bzw. wie die grundsätzliche Unterschiedenheit von Körper, Leib und Person nicht zu einer reinen Verschiedenheit, zu einem beziehungslosen Nebeneinander, zu einem verharmlosenden einerseits/andererseits gerät. Plessner insistiert, anders als Scheler, darauf, dass Menschen nicht Personen sind, die auch noch einen Leib haben – so als wäre Personalität als solche auch leiblos denkbar. Plessner kennt nur leibhaftige Personen, und d.h., dass alle drei Dimensionen jener Trias *körperliche* Dimensionen sind. Dies wird sich als wesentlicher Unterschied im Geist-Begriff Schelers und Plessners erweisen (4.).

1. Der spekulative Leib, oder: Anthropologie als *prima philosophia*

Unter dem Namen *philosophische Anthropologie* können drei verschiedene Aspekte thematisiert sein. Zum einen ist die philosophische Anthropologie ein Teilgebiet der Philosophie – also analog zur Ontologie, Erkenntnistheorie, Ästhetik, Sozialphilosophie, Technikphilosophie etc. Spezifiziert wird diese Bedeutung, wenn die Anthropologie nicht nur mitthematisiert wird (z.B. bei der Diskussion erkenntnistheoretischer Fragen), sondern sich auch als eigenständige Teildisziplin herausbildet (vgl. Groethuysen 1931); wesentliche Stationen dieser Geschichte sind Sokrates (Emanzipation der Ethik von der Naturphilosophie) und vor allem Feuerbach. Zum zweiten ist die *Philosophische Anthropologie* – dann mit großem P – eine eigene Denkrichtung oder Schule – also analog zum Neukantianismus, zur Phänomenologie, zur Kritischen Theorie etc. (zu dieser Unterscheidung und ihrer ausführlichen Begründung vgl. Fischer 2008). Zum dritten wird die philosophische Anthropologie gelegentlich in den Rang der *prima philosophia* erhoben: Das Mensch-sein ist dann nicht nur philosophisch mitthematisiert, und es ist auch nicht nur in einer eigenen Teildisziplin der Philosophie aus- und nachdrücklich thematisiert, sondern bekommt eine Grundlegungsfunktion für die Philosophie.

Dies geschieht explizit und entschieden bei Feuerbach, aber dies ist auch ein, wenn nicht das wesentliche Charakteristikum der Philosophischen Anthropologie. Bei Plessner etwa geschieht das weniger explizit als bei Feuerbach, aber dennoch genau so entschieden (vgl. etwa Orth 1991), und bei Plessner ist das zudem mit einer wichtigen Unterscheidung und damit Klärung dessen verbunden, was „Grundlegung" noch heißen kann. Dass die philosophische Anthropologie in der Philosophischen Anthropologie als *prima philosophia* konzipiert wird, heißt bei Plessner gerade nicht, dass er die Anthropologie als eine logisch allen anderen Teilgebieten der Philosophie vorgeordnete Fundamentierung ansieht. Eine solche Vorstellung meint, das Wesen des Menschen vorab und positiv bestimmen zu können, um dann, logisch sekundär, auf diesem Fundament bauen zu können. Diese von Plessner kritisierte Vorstellung trägt bei ihm den Namen „anthropologische Philosophie", und Plessner meint, ob zu Recht, muss hier nicht entschieden werden, in Feuerbach einen Vertreter einer solchen Vorstellung sehen zu sollen (vgl. Plessner 1937, 36; Krüger 2009, 66). Diese Kritik an Feuerbach ändert nichts daran, dass auch Plessner der Anthropologie eine Grundlegungsfunktion im Anliegen einer „Neuschöpfung der Philosophie" (Plessner 1928, 30) zuschreibt (zur Aktualität eines solchen Projektes einer *prima philosophia* vgl. Borsche 2010).

In Bezug auf das Thema *Körper und Leib* hat diese Rolle der Anthropologie als *prima philosophia* Konsequenzen. Zunächst sind Körper, Leib und deren Verhältnis schlicht Thema einer solchen Philosophie. Das ist nicht überraschend, sondern das ist das, was man üblicherweise von einer philosophischen *Anthropologie* erwarten kann. Die Philosophische Anthropologie macht das, wie oben schon erwähnt, durchaus in spezifischer Weise zum Thema, insofern sie ihren Ausgangspunkt bei dem *Verhältnis* von Körper und Leib nimmt, und sich in dieser Hinsicht auf einen Indifferenzpunkt besinnt, der der Subjekt-Objekt-Unterscheidung noch zugrunde liege. All dies wäre noch nicht spezifisch für eine Anthropologie als *prima philosophia*. Diese Spezifik kommt erst dort ins Spiel, wo das Thema *Körper und Leib* nicht lediglich irgendein (interessantes, wichtiges, möglicherweise andernorts vernachlässigtes) Thema der Philosophie neben anderen wichtigen Themen ist, sondern wo die Thematisierung von Körper und Leib an eine Veränderung im Verständnis von Philosophie gekoppelt ist.

Letzteres ist nun etwa bei Solger (vgl. Koßler 1999), vor allem aber bei Feuerbach entschieden der Fall. Er redet explizit von der „spekulativen Bedeutung" des Leibes (Feuerbach 1841, 152f.), und dies ist sichtbarer Indikator eines sich ändernden Philosophie-Verständnisses, das Feuerbach u.a. in Kontrast zu Leibniz mehr postuliert und vorführt als begründet. Feuerbach ist voller Hochachtung, solange er Leibniz' Konzept der Monaden, also der individuellen Substanzen, als *das* philosophische Konzept der Individualität und grundsätzlichen Perspektivität von Wissen liest und darstellt (Feuerbach 1837). Aber er polemisiert dort, wo auch und gerade Leibniz noch der Vorstellung einer rein allgemeinen, nicht in der Welt situierten, sondern über ihr schwebenden Wahrheit kennt – das Wahre als *apeiron*, als körperlos. Philosophieren sei prinzipiell insofern ‚menschlich' grundiert, als wir Menschen grundsätzlich keinen Blick von Außen auf die Welt haben, sondern immer nur einen je situierten Blick von innerhalb der Welt – das freilich durchaus auf die ganze Welt. Dass Gott vom Körper befreit sei (Leibniz), ist daher, gemessen an menschlichem Maß, in der Tat Geisterbeschwörung; mit Folgen auch für die weltlichen individuellen Substanzen: Leibnizens Monaden seien nicht aus Fleisch und Blut, nur Zuschauer, aber nicht Mitspieler im Welttheater, und darin liege „der Hauptmangel der Monadologie" (ebd., § 12, 92).

Die Anthropologie zur *prima philosophia* zu machen, ist insofern ein radikales Gegenprogramm gegen die Programme der „nackten Wahrheit" (Konersmann 2006) und der „schönen Seele" (Konersmann 1993). „Im Leib sein heißt in der Welt sein. Soviel Sinne – soviel Poren, soviel Blößen. Der Leib ist nichts als das *poröse* Ich." (Feuerbach 1841, 151)

Dass die philosophische Anthropologie in der Philosophischen Anthropologie die Rolle der *prima philosophia* bekommt, hat Auswirkungen auf die folgende Darstellung. Es sind nunmehr nämlich zwei verschiedene Aspekte zu unterscheiden: Zum einen ist das Verhältnis von Körper und Leib ein spezifisches sachliches Problem, das auch mit den Mitteln der akademischen Philosophie behandelt werden kann und sollte. Zum zweiten aber ist das Verhältnis von Körper und Leib ein virulentes Problem der und für die Philosophie, also nicht lediglich Anwendungsfall schon gesicherter ‚Vernunft', sondern, analog zum Lachen (Schürmann 2010a), Gegenstand im Selbstbezug und Herausforderung für philosophische Vernunft.

Bei Arnold Gehlen mag man gewisse technische Aspekte in Bezug auf den ersten Aspekt lernen können, die über das hinaus gehen, was man auch schon bei Scheler, Plessner, Löwith, Portmann etc. lesen kann. Der Autor Gehlen ist klug genug, um solcherart Erweiterungen allemal wahrscheinlich zu machen. Aber in Bezug auf den zweiten Aspekt kann man bei Gehlen gar nichts lernen. Im Gegenteil hat er *diese* Dimension von Philosophie, die sich noch durch das, was sie thematisiert, irritieren lässt, offensiv abgeschafft; seinen eigenen Gegenentwurf bezeichnet er mit dem Wortungetüm „empirische Philosophie" (Gehlen 1941, 62). Als hätte er es geahnt, hat Plessner schon 1936 im ersten Absatz seiner Groninger Antrittsvorlesung alles dazu gesagt, was man aus der Sicht der Philosophischen Anthropologie zu solcherart Konzeptionen sagen kann und muss: Philosophisch gehe es darum, einen Maßstab zu gewinnen, nicht aber darum, empirische Wissenschaften zu betreiben (Plessner 1937, 33). – Aus diesem Grunde werde ich Gehlen in der folgenden Darstellung nicht behandeln. Alle zentralen Argumente, dies anders zu sehen, finden sich bei Fischer (2008), der dabei jedoch die Rolle der philosophischen Anthropologie als *prima philosophia* erst gar nicht thematisiert (vgl. Schürmann 2009b).

2. Max Scheler: Der Unterschied von Gegenstand und Vollzug

Dass Philosophische Anthropologen primär nach dem *Verhältnis* von Körper und Leib fragen, heißt, dass sie nach einer, oder gar nach der, Vermittlungsinstanz fragen. Bei ihnen verlangt die Thematisierung von Körper und Leib notwendigerweise einen jeweils dritten Begriff, ohne den nicht angebbar ist, was Körper und Leib sind. So finden sich bei Scheler die zentralen Passagen zur Verhältnisbestimmung von Körper und Leib in einem Kapitel zur Bestimmung von Personalität unter dem Titel *Formalismus und Person* (Scheler 1913/16, 370–469).

Die zentrale Einsicht Schelers besteht darin, dass man zwar zwischen Körper und Leib grundsätzlich, also wechselseitig unreduzierbar, unterscheiden muss, dass beide aber noch darin übereinkommen, als *Gegenstand* bestimmt zu sein. Nun sei aber nicht alles, worüber wir uns verständigen können, *als Gegenstand* bestimmt. Wir kennen auch so etwas wie Vollzüge, und Vollzüge sind „niemals ein Gegenstand. Denn wie sehr es auch neben dem naiven Aktvollzug noch ein Wissen um diesen Akt in der Reflexion gibt, so enthält doch diese Reflexion [...] nichts von Vergegenständlichung, wie sie z.B. aller inneren Wahrnehmung, erst recht aller inneren Beobachtung eigentümlich ist." (ebd. 386) Insofern gehört weder die Körperlichkeit noch die Leiblichkeit in die Sphäre des Geistigen – wobei Scheler „den Terminus ‚Geist' [für die gesamte Sphäre der Akte] in Anspruch [nimmt]" (ebd. 388; vgl. Scheler 1928, 31ff., insbes. 31f., 38f.). Nun gehören aber Personen in diese Sphäre des Geistigen, denn *„zum Wesen der Person gehört*, daß sie nur existiert und lebt *im Vollzug intentionaler Akte*" (Scheler 1913/16, 389). Folglich „[ist] mit Person und Akt noch kein Leib gesetzt" (ebd. 387). Das eröffnet für Scheler die Möglichkeit, dass Gott eine Person sein kann (vgl. ebd. 389) – Leibhaftigkeit ist also nicht wesensnotwendig für Personalität. Das mag man mit Hegel für die „Gosse" einer „ausgeklügelten Ausrede" halten, aber die Frage ist zunächst, was atheistische Anliegen hier lernen können resp. als Lernchance vertun, wenn sie solches Klügeln bloß als Geschwätz behandeln.

2.1 Die Nicht-Substantialisierbarkeit der Person als Voraussetzung ihrer Würde

Scheler liegt daran, die Einmaligkeit und Unaustauschbarkeit der Person auch philosophisch zu wahren. Er setzt daher bei der Kantischen Unterscheidung von ‚Preis' und ‚Würde' an (Scheler 1913/16, 370). Eine Person ist demgemäß durch Würde charakterisiert, und das will sagen: Eine Person ist niemals *nur* deshalb zu achten, weil sie in Bezug auf einen anderen Zweck (als es diese Person selbst ist) ein hoch zu schätzendes Mittel ist, sondern sie sei primär und vor allem um ihrer selbst willen zu würdigen. Dem Kantischen Anliegen nach ist dort also die Einmaligkeit und Unaustauschbarkeit der Person gewahrt; als noch so gutes

Mittel für noch so hehre Zwecke wäre ein Mensch immer austauschbar, aber ihn um seiner selbst willen zu würdigen heißt, ihn für unaustauschbar zu erachten.

Scheler teilt diesen Ansatz sehr entschieden, und also auch die Kantische Kritik an der dort so genannten „materialen Ethik“, die Menschen allenfalls preisen, aber gerade nicht würdigen können. Aber er kritisiert die Kantische „formale Ethik“ genauso entschieden als „formalistisch“. Er fragt, ob und antwortet, dass diese Version von formaler Ethik, bei aller Berechtigung gegen materiale Preis-Ethiken, gerade auch, wenn auch in ganz anderer Weise, „die Person *ent*würdige, und zwar dadurch, daß sie dieselbe unter die Herrschaft eines unpersönlichen *Nomos* stellt, dem gehorchend sich erst ihr Personwerden vollziehen soll“ (ebd.).

Scheler argumentiert, dass in der Kantischen Vorstellung der Person als Vernunftperson die Person insofern *ent*würdigt werde, als dort die Individualität gerade herabgewürdigt werde zugunsten eines allen Menschen gleichermaßen Zukommenden. Der Begriff einer ‚individuellen Person‘ würde dort „streng genommen zu einer contradictio in adjecto“ (ebd. 371), denn in das, was dort Personalität ausmacht – das Befolgen eines allgemeinen, eben überindividuellen Vernunftgesetzes –, könne keinerlei individuelle Besonderheit eingetragen werden, ohne den Allgemeinheitscharakter zu „trüben“. Die Rede von einer „Vernunftperson“ sei also im strikten Sinne widersinnig, d.h. weder widersprüchlich noch unsinnig, sondern derart, dass der Sinn der Rede von „Person“ außer Kraft gesetzt wird (vgl. ebd. 378, Anm. 1): Eine Person ist, so Scheler, entweder eine *individuelle* Person oder sie ist nicht *Person*.

Eines sei dabei am Kantischen Konzept aber „ganz richtig“, und dies schütze sie davor, zu einer materialen Preis-Ethik zu werden, nämlich ‚Person‘ gerade nicht als „ein *Ding* oder eine *Substanz*“ zu denken, „die irgendwelche Vermögen oder Kräfte hätte“, im Sonderfall „auch ein ‚Vermögen‘ oder eine ‚Kraft‘ der Vernunft“ (ebd. 371). Scheler zeigt dann aber (ebd. 373ff.), dass das Kantische ‚Ich‘ der transzendentalen Apperzeption nicht als Person genommen werden kann, weil Kant dieses Ich noch vergegenständliche (ebd. 379f.). Dem gegenüber hält Scheler strikt an dem *Vollzugs*charakter von „Akten“ bzw. von Tätigkeiten fest, und bestimmt auf dieser Basis ‚Person‘ als das Individuierungsprinzip von Vollzügen (vgl. ebd. 383). In diesem vermittelten Sinn – als wesensnotwendig zu nicht gegenständlichen Vollzügen gehörend – ist auch ‚Person‘ „wesenhaft kein ‚Gegenstand‘“ (ebd. 389). Nur diese ihre „Geistigkeit“ gewährleiste ihre Individualität.

2.2 Kommentar I

Dass „allein Gott vom Körper gänzlich befreit“ sei (Leibniz), ist die traditionelle Formel des Wahrheitsverständnisses: Wahrheit sei ein Allgemeines, und jede Abhängigkeit von Raum, Zeit und Person gilt als Beschränkung, als unvereinbar mit dem Notwendigkeitscharakter von Wahrheit. Wahrheit gilt als *apeiron*, und hätte die Wahrheit einen Körper, wäre sie eine bestimmte und insofern bedingte, nicht mehr unbedingt-notwendige. Dort muss Wahrheit körperlos gedacht sein.

Scheler diagnostiziert dieselbe Struktur an der Kantisch konzipierten Vernunft, wendet dies aber kritisch gegen diese Konzeption: Er klagt ein, im Begriff der Person die Individualität eines Allgemeinen denken zu müssen. Dies könne allerdings prinzipiell nur innerhalb der Sphäre der Akte, also des Geistigen, gelingen. Damit sind Körperlichkeit und Leiblichkeit immer noch, gegen Feuerbach, in ihrer traditionellen Rolle belassen, Einschränkungen eines Vollkommenen zu sein.

2.3 Leib und Körper bei Scheler

„Da ist nun zuallernächst sicher, daß der *Leib nicht* zur *Personsphäre und Aktsphäre*, sondern zur *Gegenstandssphäre* eines jeglichen ‚Bewußtseins von etwas' und seiner Arten und Weisen gehört. Und zwar ist seine phänomenale Gegebenheitsart und -fundierung eine von der des *Ich* und seiner Zustände und Erlebnisse wesensverschiedene." (Scheler 1913/16, 397)

Durch die Wesensverschiedenheit von Leib und Ich ist der Unterschied von Leib und Körper definiert.

Neben dem grundsätzlichen Unterschied der Sphäre des Geistigen einerseits und der Gegenstandssphäre andererseits kennt Scheler also auch grundsätzliche Unterschiede innerhalb der Gegenstandssphäre. Zunächst finden sich dort die ‚gewöhnlichen' Verhältnisse der Wahrnehmung von Dingen in der Außenwelt. In Bezug auf solche Verhältnisse spricht Scheler von „Ich", dem dort Dinge – Naturkörper – gegenständlich werden. Im Sonderfall ist das der eigene Körper, den wir (dann auch) ganz analog zu den anderen Naturkörpern, z.B. in den „sog. ‚*Organempfindungen*' (z.B. Muskelempfindungen, Empfindungen bei Veränderung der Gelenke, Schmerzempfindungen, Kitzelempfindungen usw.)" (ebd. 398), wahrnehmen.

Diese Verhältnisse ‚Ich – Welt der Naturkörper' sind neutral gegen den Unterschied tote/lebendige Körper, d.h. die Lebendigkeit bestimmter Naturkörper ist für den Charakter von Ich-Außenwelt-Verhältnissen nicht relevant. Das unterscheidet sie von vornherein von den von Scheler so genannten „Leib-Umwelt-Verhältnissen": Von unserem Leib haben wir „auch noch ein inneres Bewußtsein, dessen wir bei allen toten Körpern entbehren" (ebd. 398). Scheler wendet sich scharf dagegen, dieses an den Leib geknüpfte „innere Bewußtsein" mit den oben genannten Empfindungen des eigenen Körpers zu verwechseln bzw. den Unterschied zwischen beidem zu verwischen (zu einer Liste typischer „Irrtümer" vgl. ebd. 400f.). Das zentrale – teils logische, teils phänomenale – Argument besteht darin, dass wir nicht von einzelnen Empfindungen von Naturkörpern induktiv auf Leiblichkeit schließen (können), sondern dass umgekehrt jeder dieser Empfindungen schon ein Bewusstsein unseres Leibes eingeschrieben ist, um diese Empfindungen als je meinige Empfindungen überhaupt identifizieren zu können. „Und eben *dieses* fundierende Grundphänomen ist ‚*Leib*' im strengsten Wortsinne." (Ebd. 399)

Der logische Anteil an diesem Argument ist ein systemisches Argument: Es sei schlicht ein Irrtum, das innere Bewusstsein von unserem Leib als eine Summe von Empfindungen zu denken; es sei vielmehr stets, und insofern eben die Einzelempfindungen fundierend, „das Bewusstsein von einem Ganzen, mehr oder weniger vage gegliedert" (ebd. 401). Der springende Punkt für Scheler ist die Logik dieses Verhältnisses von Leib und Einzelempfindungen: Es sei nicht eine Teil-Ganzes-Beziehung und auch keine Beziehung eines vorgelagerten Fundamentes, sondern „das einer *Form* zu ihrem *Gehalte*" (ebd.). Und d.h. eben: Der Leib ist nicht im selben Sinne Gegenstand, wie die Naturkörper in den einzelnen Empfindungen Gegenstände für das Ich sind. Matthias Koßler hat diesen grundsätzlichen Unterschied von Ich-Außenwelt- und Leib-Umwelt-Verhältnissen – oder abkürzend: von Körper und Leib – sehr klar und deutlich rekonstruiert. Einen ersten Hinweis gibt die Etymologie: Das Wort ‚Leib' „ist die alte und ursprüngliche Form der Substantivierung von ‚leben'" (Koßler 2004, 80). Dies kann als Anzeiger dafür gelten, das Körper und Leib insofern Gegensätze sind, „als ‚Leib' untrennbar mit Lebendigkeit verknüpft ist", während „Körper" eben sowohl lebendige als auch tote Körper bezeichnen kann und dabei insofern „den Aspekt der Leblosigkeit betont", als dieser Unterschied von tot und lebendig für die Rede von „Körper" nichts zur Sache tut (ebd. 80f.).

Es ist daher auch ein deutlicher Unterschied zwischen „lebendiger Körper" und „Leib", denn in der Rede von „lebendigen Körpern" kommt bestimmten Körpern – die *Körper* sind unabhängig davon, ob sie tot oder lebendig sind – die zusätzliche Eigenschaft zu, lebendig zu sein. Lebendig zu sein, tangiert hier also nicht das Körpersein, sondern sondert ‚nur' aus allen Dingen, von denen schon klar ist, dass es Körper sind, ganz besondere, nämlich die lebendigen, aus. In der Rede von „Leib" dagegen ist gemeint, dass etwas nicht ‚Leib' wäre, wäre es nicht lebendig. Deshalb ist die mögliche Definition von ‚Leib' als „beseelter Körper" falsch: „Der Leib ist etwas anderes als ein Körper, der *auch* eine Seele hat." (Ebd. 81) Die Art des Verhältnisses von Leib und Leben ist ein grundsätzlich anderes als das von Körper und lebendig; dieses ist ein Ding-Eigenschafts-Verhältnis, jenes eine Ausdrucksbeziehung. ‚Leib' kann insofern als „materialer Ausdruck von Leben" (ebd. 81) bezeichnet werden.

Koßler bezeichnet die so vorgenommene Unterscheidung von Leib und Körper als „Allgemeingut der philosophischen Anthropologie" (ebd.). Und in der Tat ist dieser Unterschied etwa auch für Plessner ein solcher, der Wichtiges, wenn nicht alles entscheidet. Mit der so vorgenommenen Unterscheidung ist nämlich eines der wichtigsten Anliegen Plessners plausibel sagbar: Dass wir davon ausgehen sollten, den Menschen einerseits als Naturwesen wie jeden anderen Naturkörper auch, als Ding neben Dingen – als Körper – zu begreifen; um ihn andererseits und widerspruchslos zugleich als ausnehmend besonderes Wesen, als

Mittelpunkt seiner Welt – als Leib –, zu begreifen. Diese Zuordnung von Körper und Leib – ein *Körper* wie jeder andere Körper auch, und ein *Leib* im Zentrum einer Welt – entspringt dem Blick in die Welt der Naturkörper; und es stützt das Anliegen Plessners, dass sich diese Zuordnung aus der Sicht eines je bestimmten Menschen gerade umkehrt: Als Körper ist er dann gerade auf ein Zentrum bezogen, und als Leib ist er in dieser Zentralgewalthaftigkeit depotenziert (s.u., Abschnitt 3.1). Jene Unterscheidung von Leib und Körper lässt es aussichtsreich scheinen, die „Sonderstellung des Menschen im Kosmos" sowohl gegenüber traditionellen Verständnissen zu depotenzieren als auch in seinem berechtigten Kern zu bewahren.

Dieses Anliegen wiederum ist bis heute hoch brisant. Traditionell ist jene Rede von der „Sonderstellung" des Menschen unvermeidbar eine Hierarchisierung. Man mag es dort noch so freundlich mit nicht-menschlichen Naturverhältnissen meinen, der Sache nach reproduziert sich eine Herrschaft des Menschen, denn als eigenständige können solche Naturverhältnisse dort gar nicht erst gedacht werden. Immer schon ist es das übergeordnete Sondermaß menschlicher Vernunft, das an den Rest des Kosmos angelegt wird; bis hin zu Fichte ist es restlos das Ich, das das Nicht-Ich setzt. Solcherart „Sonderstellung" ist daher zu Recht als fataler Anthropomorphismus kritisiert worden, den es folglich zu depotenzieren gilt. Andererseits ist ein minimaler Anthropomorphismus unhintergehbar. Jedes andere Konzept unterstellt nämlich, dass unsere Zugriffe auf die Natur völlig unabhängig davon sind, dass gerade wir es sind, die solchen Zugriff bewerkstelligen. Doch solche Neutralität, ein strikt naturalisierter Blick auf unsere Naturverhältnisse, wäre nur von außerhalb der Welt auf diese Welt möglich – und von solchem Gottesaugenblick können wir Menschen nur (ab-)träumen, was erstaunlicherweise gleichwohl bis heute geschieht. Der Speciesismus-Vorwurf etwa, mit dem Peter Singer so viel Lärm gemacht hat, richtet sich gegen *jeden* Anthropomorphismus. Im harmlosen Fall ist solche Unterstellung eines göttlichen Blicks ein Selbstmissverständnis, im weniger harmlosen Fall bringen die Stellvertreter der zukünftigen Naturoffenbarungen in der Gegenwart ihre eigenen Schäfchen ins Trockene.

Zusammengefasst finden sich also bei Scheler folgenden Unterscheidungen und Zuordnungen:

- Ich – Außenwelt/Welt der Naturkörper; charakterisiert z.B. Empfindungen, seien dies Empfindungen von ‚äußeren' Naturkörpern („äußere Wahrnehmung"), seien dies Empfindungen des eigenen Körpers („innere Wahrnehmung"; vgl. Scheler 1913/16, 397)
- Leib – Umwelt; „inneres Bewußtsein" des eigenen Leibes, Form der Ich-Außenwelt-Gehalte
- Person – Welt; grundsätzlich an Vollzüge gebunden, nicht substantialisierbar
- Folgeproblem: Weil ‚Person' Individualität meint, ist auch die je bezogene „Welt" zunächst eine individuell gefärbte, einmalige Welt. Hat es „bei der Viel-

heit der Personalwelten zu bleiben" (ebd. 395)? Oder hat „die Idee *einer einzigen identischen wirklichen Welt* [...] noch eine phänomenale Erfüllung" (ebd.)?

2.4 Kommentar II

Zeitgenössische Theorien des Performativen setzen in aller Regel bei der Sprechakttheorie ein. Das ist mit gewissen Umwegen, ja mit „konzeptionelle[n] Engführungen" (Krämer 2004, 21) verbunden. Von Schelers wuchtiger Unterscheidung von Gegenständen und Vollzügen her lässt sich wohl eine weitere Traditionslinie des Performativen ziehen – insbesondere dann, wenn die damalige Konstellation von Phänomenologie, Hermeneutik, Lebensphilosophie und Anthropologie hinzugezogen wird. Beispielsweise ist hier die Zentrierung von Performativität im (wortsprachlichen) Sprechen von vornherein zugunsten einer „korporalisierenden Performativität" (ebd. 17ff.) relativiert.

3. Helmuth Plessner: Der Unterschied von zentrischen und exzentrischen Leib-Körpern

Den Übergang zur Anthropologie Plessners kann man jetzt vielleicht am besten dadurch vollziehen, dass man nun nach dem Verhältnis von Körper und Leib bzw. nach dem Verhältnis von Ich-Außenwelt- und Leib-Umwelt-Verhältnissen fragen kann und muss. Dass beide grundsätzlich verschieden sind, kann nämlich nicht das letzte Wort sein. Denn obwohl Körper und Leib grundsätzlich verschieden sind, und ohne diese grundsätzliche Verschiedenheit wieder zurück zu nehmen, ist es doch ganz sicher nicht so, dass „der (lebende) Mensch [...] einen Leib und *auch* noch einen Körper [hat]" (Koßler 2004, 82). Die „Aspekte der Leiblichkeit und der Körperlichkeit [lassen sich demnach] nicht einfach als beziehungslose Alternativen fassen. Als *materialer* Ausdruck des Lebens hat der Leib immer auch den Aspekt der Körperlichkeit an sich." (Ebd.)

3.1 Was sich im Lachen und Weinen zeigt

Positionalität ist bei Plessner dasjenige Prinzip, das lebendige Naturkörper als Lebewesen, als Organismen identifizierbar bzw. „ansprechbar" macht. – Dieser Satz muss etwas kompliziert klingen, weil „Positionalität" bei Plessner eine *Kategorie* ist, nicht aber eine empirisch bestimmbare Eigenschaft gewisser Naturkörper (vgl. Plessner 1931, 151–154, insbes. 152 zu „Ansprechbarkeit"; vgl. auch Plessner 1928, 234–236 in Bezug auf Wesensunterschiede innerhalb des Lebendigen). Man kann mit Plessner also nicht sagen, dass Lebewesen positioniert *sind* (und auch nicht, dass Menschen exzentrisch positioniert *sind*), weil für Plessner die Erfahrung lebendiger Wesen nicht als induktive Verallgemeinerung der Wahrnehmung vieler lebendiger Dinge realisierbar ist. Notwendig sei vielmehr irgendeine Kategorie bereits im Gebrauch, um lebendige Wesen als lebendige zu identifizieren. Das ist dieselbe Logik des systemischen Arguments, die oben bereits bei Scheler begegnete. Plessner bestimmt diese Kategorie als Positionalität, womit ‚Positionalität' keine Eigenschaft lebendiger Wesen ist, sondern die Form eines Gehalts, um es mit Scheler zu sagen, oder der Ausdruck von Lebendigkeit, um es mit Koßler zu sagen.

Plessner bindet Lebendigkeit an ein besonderes Verhältnis des Naturkörpers zu seiner Grenze. Ein lebendiges Ding höre nicht einfach, wie unlebendige Dinge, an seinem Rand auf, sondern sei in ein Verhältnis zu diesem Rand gesetzt – es vollziehe einen Grenzübergang (Plessner 1928, Kap. 3). Oder anders formuliert: Lebendige Wesen befinden sich prinzipiell in einem Zentrum-Außenwelt-Verhältnis, und sind in diesem Sinne positioniert: gesetzt und sich behauptend. Dadurch kann und muss man die Stellung des Lebewesens im Kosmos in zwei „Ordnungen" beschreiben, generiert durch die Doppelheit von Körper und Leib bzw. von Körper-haben und Körper-sein.

Plessner unterscheidet zwischen Körper-sein und Körper-haben. *Körper-haben* bezeichnet denjenigen Aspekt, dass ein Lebewesen in seinem Tun von seinem Körper distanziert ist, ihm also gleichsam gegenüber steht und ihn als ein Mittel der Umweltauseinandersetzung einsetzt. Der Bezug eines solchen Lebewesens auf seine Umwelt ist dann vermittelt über seinen Körper, der als eine dritte Größe zwischen ihm und der Umwelt (analog zu einer Leiter) fungiert. *Körper-sein* bezeichnet denjenigen Aspekt, dass der Bezug eines Lebewesens auf seine Umwelt nicht ohne Rest in solch instrumentellen Verhältnissen aufgeht. Offenbar steht nicht alles Tun in der Verfügungsgewalt des Lebewesens. Beispiele in Bezug auf den Menschen sind für Plessner Lachen und Weinen, für Seel (1993) das eigentlich Sportliche am sportlichen Geschehen: Es sind Beispiele von Grenzreaktionen menschlichen Tuns, in denen das Körper-sein sich gegenüber dem Körper-haben verselbständigt und der so gelockerte Leib-Körper für die Person auf eine Grenzsituation antwortet. Der Person geschieht etwas (passiv) und doch ist sie es, die antwortet (aktiv) – es ist noch eine Macht der Person, aber sie hat sich nicht in der Gewalt (vgl. auch Plessner 1973, 396ff.). Beim Körpersein vollzieht sich die Vermittlung von Lebewesen und Umwelt nicht durch den Körper als eine dritte Größe, als Mittel, sondern vermöge der Körperlichkeit als Medium (analog dazu, dass der Bezug eines Fisches auf seine Nahrung vermittelt ist durch das Wasser als seinem Lebenselement). Der Unterschied von Körper-haben und Körper-sein liegt also nicht in einer Entgegensetzung von Vermitteltheit (vermeintlich das Körper-haben) und Unmittelbarkeit (vermeintlich Körper-sein), sondern ist ein Unterschied von zwei Weisen von Vermitteltheit (vgl. Schürmann 2010b).

Daraus ergeben sich jene beiden „Ordnungen" der Beschreibung. In der Perspektive des Körper-habens sind alle Dinge der Außenwelt einschließlich des eigenen Körpers auf ein, gleichsam sich ‚im' Körper befindliches, „beharrendes Zentrum" – auf ein Selbst – als absoluten Mittelpunkt bezogen. In der Perspektive des Körper-seins ist der eigene Körper ein Naturkörper neben allen anderen – wobei auch dies, wie oben angemerkt, perspektivenabhängig ist: Aus der Sicht nicht des eigenen, sondern aller Körper ist das Verhältnis von relativer Gegenseitigkeit und Zentrumsbezogenheit gerade umgekehrt.

Die eigentliche These Plessners bzw. die Definition von *Exzentrizität* ist nun, dass *beim Menschen* „beide Ordnungen ineinander verschränkt [sind] und eine merkwürdige Einheit [bilden]" (ebd. 240). Beide Ordnungen schließen sich aus, aber dennoch müsse an beiden festgehalten werden; es könne keine Entscheidung zugunsten einer der beiden Ordnungen getroffen werden und streng genommen handele es sich nicht um ein abwechselndes Vorkommen beider Ordnungen: Exzentrizität *ist* die „Verschränkung" beider Ordnungen. Exzentrizität ist also nicht einfach durch das Bestehen eines Doppelten von Körper-sein und Körper-haben charakterisiert; dies gilt vielmehr für Lebewesen generell. Exzentrizität ist gebunden an eine Spezifik des Verhältnisses von Körper-sein und Körper-haben bzw. der genannten beiden Ordnungen; dieses Verhältnis bestimmt Plessner mit König als das der „Verschränkung" (Plessner 1928, VI; vgl. auch König u. Plessner 1994). Zur Bestimmung der Exzentrizität benötigt Plessner daher – seine eigenen Formulierungen sind hier nicht immer ganz klar – ein zusätzliches Argument über den Aufweis des Bestehens beider Ordnungen hinaus.

Plessners Argument ist nun, dass die Doppelheit beider Ordnungen (etwa) beim Tier in dessen Lebensvollzug aufgeht, dass der Mensch dagegen in seinem Lebensvollzug sich seinerseits noch einmal in ein Verhältnis zu dieser Doppelheit setzt. Plessner formuliert es als eine Aufgabe, „ein Verhältnis zu ihnen [den beiden Ordnungen] zu finden" (Plessner 1941, 241), während das Tier den „Umschlag vom Sein ins Haben, vom Haben ins Sein [...] beständig vollzieht", und „der sich ihm nicht noch einmal dar[stellt] und ihm infolgedessen auch kein ‚Problem' [bietet]" (ebd. 242). Andernorts drückt Plessner das so aus, dass das Tier seinen Leib „*durch*herrscht", der Mensch aber in seinem Leib „wie in einem Futteral" steckt und daher seinen Leib „*be*herrscht" (Plessner 1969, 356).

Jedoch ist die genannte Unklarheit durch Plessners Formulierungen nicht gänzlich beseitigt, sondern nur verschoben. Es streiten zwei Interpretationen miteinander:

i) Betont man in dem Argument, dass der Mensch vor der *Aufgabe* steht, sich in ein Verhältnis zu den beiden Ordnungen zu setzen – einen „Ausgleich zwischen Sein und Haben" herzustellen –, dann scheint es so zu sein, dass Exzentrizität nur ausnahmsweise vorliegt. Dann wäre es eine Option, exzentrisch zu sein, nämlich dann, wenn ein solcher Ausgleich hergestellt wird, im Unterschied zu denjenigen Situationen, in denen der „Umschlag" sich, genau wie beim Tier, einfach vollzieht. Das Wesen des Menschen läge dann darin, *der Möglichkeit nach* exzentrisch zu sein, und ‚wahres' Mensch-sein läge darin, Exzentrizität tatsächlich zu realisieren.

ii) Betont man in dem Argument, dass Exzentrizität die Verschränkung beider Ordnungen *ist*, dann ist Exzentrizität prinzipiell von der tierischen Stellung unterschieden und nicht etwas (zu einem Gemeinsamen von Tier und Mensch) Hinzukommendes. Als exzentrisches Wesen hätte der Mensch jenen „Ausgleich" immer schon vollzogen; *jegliches* menschliches Tun wäre gebrochen dadurch, sich in ein Verhältnis zu den beiden Ordnungen gesetzt zu haben und eben nicht, wie beim Tier, ein unproblematischer Vollzug eines Umschlagens. Plessner formuliert denn auch, dass im normalen menschlichen Leben der „Zwang zum Ausgleich nicht auf[fällt]" (Plessner 1941, 241), nicht aber, dass in diesen Zeiten gar kein Ausgleich stattfindet.

Plessners Ausführungen schwanken zwischen diesen beiden Interpretationen. Name und Anliegen von *Exzentrizität* lassen jedoch nur die zweite Interpretation zu (so explizit Plessner 1928, 300). Die erste Interpretation unterstellt nämlich ein weiteres Zentrum resp. einen fixierbaren Ort, von dem aus die mittelpunktbezogene und die nicht-mittelpunktbezogene Ordnung noch einmal in ein Verhältnis allererst gesetzt werden. Ex-zentrizität soll dagegen über ein solch eigenes Zentrum gerade nicht mehr verfügen und lediglich die prinzipielle Gebrochenheit jener mittelpunktbezogenen Ordnung besagen (vgl. ebd. 289–291).

Andererseits muss Exzentrizität jenen Mittelpunkt (der seinerseits nur im Vollzug gegeben sei) in *irgend*einem Sinne noch einmal zum Gegenstand haben, soll sich menschliches Tun vom einfach sich vollziehenden Umschlag von Haben und Sein beim Tier unterscheiden. Das Tier „bildet ein auf es selber rückbezügliches System, ein Sich, aber es erlebt nicht – sich." (Ebd. 288) Anders gesagt: das Sich-in-Beziehung-setzen zu der prinzipiellen Gleichwertigkeit beider Ordnungen muss Relevanz haben für menschliches Tun. In diesem Sinne ist Exzentrizität nichts, was dem Menschen einfach geschieht, sondern sozusagen ein *aktives* Sich-immer-schon-vollzogen-haben. Jenseits dieser Paradoxie ist Exzentrizität nicht zu haben.

Man kann oder muss dann – wenn man Plessners Unklarheit in dieser Weise vereindeutigt – sagen, dass im Rahmen dieses Konzeptes menschliches Tun nicht nicht exzentrisch sein kann, dass aber der Modus der Exzentrizität – die Art und Weise, in der sie realisiert ist – in der Macht des Menschen steht. König (1937) hat solche Strukturen als „notwendige Möglichkeiten" charakterisiert; ein Ausdruck, der auch bei Plessner, wenn auch nicht in derselben begrifflichen Schärfe, gelegentlich auftaucht (Plessner 1928, 151; Plessner 1941, 244; vgl. Schürmann 1999, Kap. 5.2).

Lachen und Weinen dokumentieren damit im Hinblick darauf, was Exzentrizität als Exzentrizität besagt, gerade nicht eine Ausnahmesituation, sondern Plessners Interpretation, dass in einer nicht bedrohlichen Situation reflexiven Orientierungsverlustes der Leib-Körper für die Person in der Situation auf diese Situation antwortet (Plessner 1941, 274–277), will sagen, dass der immer schon vollzogene „Ausgleich" zwischen Körper-haben und Körper-sein für Exzentriker nichts ist, was ihnen einfach geschieht, sondern was sie hinsichtlich der Art und Weise des „Ausgleichs" gestalten. Auch hier, im Gesetztsein in ein Verhältnis zu den beiden Ordnungen, ist also noch Freiheit im Spiel. Diese Freiheit dokumentiert sich gerade dort noch als personale Macht, wo der Lachende oder Weinende seine Beherrschung des Körpers verliert.

3.2 Kommentar III

In der Ordnung des Körper-habens beschrieben, hat der Mensch ein instrumentelles Verhältnis zu seinem Körper. Dies gilt für jedes menschliche, mehr noch: für jedes lebendige Tun, und Plessner kann darin, anders als alle Kulturkritik, nichts Besorgniserregendes entdecken. Kritikwürdig wird diese Beschreibung menschlichen Tuns erst durch zweierlei Reduktionismen. Zum einen dadurch, dass dieses Tun nicht auch in der Ordnung des Körper-seins beschrieben wird. Dann wird implizit oder explizit die Form der Gehalte des Körper-habens darauf reduziert, auch bloß ein Ich-Außenwelt-Gehalt zu sein. Solcherart Reduktion wird schon dem tierischen, erst recht dem menschlichen Tun nicht gerecht (Plessner 1941, 242, 246).

Zum zweiten wird das Verhältnis der Verschränkung von Körper-haben und Körper-sein dadurch reduziert, dass die Gestaltbarkeit dieses Verhältnisses, also das exzentrische sich Verhalten zu diesem Verhältnis, geleugnet wird. Mit Plessner kann man daher beides zugleich sagen: Dass jedes menschliche Tun eine Körper-Technik ist, mithin nie der Vollzug eines naturhaft Gegebenen. – „Ich habe stehend im Gebirge geschlafen." (Mauss 1935, 212) Zugleich wäre es menschliche Hybris, würde man die jeweilige Bedingtheit solcher Körper-Techniken leugnen. Mit Plessner kann man keinen Kult um die Körper-Beherrschung, keinen Persilschein für restlose Körper-Technologisierung, begründen. Das Verhältnis von Exzentrikern zu sich „hat von vornherein instrumentalen Charakter" (Plessner 1941, 242), aber daraus folgt mit Plessner nicht, den eigenen Körper als Maschine vorzustellen.

3.3 Leibhaftige Personen

Das *Verhältnis* von Körper und Leib ist also bei Plessner, genau wie bei Scheler auch, ein dreistelliges Verhältnis von Körper, Leib und Person. Exzentriker verhalten sich zum Verhältnis von Körper und Leib, und dies können sie nicht nicht tun. Diese Dreistelligkeit des Verhältnisses charakterisiert Exzentriker als Personen:

> „Positional liegt ein Dreifaches vor: das Lebendige ist Körper, im Körper (als Innenleben oder Seele) und außer dem Körper als Blickpunkt, von dem aus er beides ist. Ein Individuum, welches positional derart dreifach charakterisiert ist, heißt *Person*." (Plessner 1928, 293)

Und genau wie bei Scheler auch, ist jener exzentrische „Blickpunkt" von Außen auf sich nicht substantialisierbar, sondern nur im tätigen Vollzug gegeben, und auch Plessner kann hier noch von *Geist* reden. Aber im Unterschied zu Scheler kann *Geist* bei Plessner kein göttlicher sein – mindestens nicht in dem Sinne, dass er vom Körper befreit wäre.

„Eine weitere Steigerung darüber hinaus ist unmöglich, denn das lebendige Ding ist jetzt wirklich hinter sich gekommen. [...] Dann ist es diesseits und jenseits der Kluft, gebunden im Körper, gebunden in der Seele und zugleich nirgends, ortlos außer aller Bindung in Raum und Zeit und so ist es Mensch." (Plessner 1928, 291)

In doppelter Hinsicht ist der geistige Blickpunkt bei Plessner, anders als bei Scheler, prinzipiell gebunden – zum einen mitweltlich, zum anderen körperlich. Dass es ein Blick von außen auf das Verhältnis von Körper-haben und Körper-sein sei, heißt, dass Exzentriker sich je schon mit anderen Augen sehen – und das heißt für Plessner, dass sie sich je schon mit den Augen der Anderen sehen. Naturkörpern ist natürlich eine transzentrische Position nicht vollziehbar. Zum zweiten akzentuiert Plessner ein Argument Schelers auch in körperlicher Hinsicht.

Scheler hatte argumentiert, dass Personen in vermittelter Weise zur Sphäre des Geistigen dazugehören. Zwar sind sie nicht selber Vollzüge, aber sie seien eben auch nicht lediglich leerer Ausgangspunkt von Vollzügen. Als notwendiges Individuierungsprinzip gehören Personen, so Scheler, wesentlich zu Vollzügen dazu – und insofern haben sie teil an der Sphäre der Vollzüge bzw. des Geistigen. Plessner redet aber nicht lediglich und generell von Vollzügen, sondern eben von exzentrischen Vollzügen, die er als ein sich Verhalten zu sich, also als ein Verhalten zum Verhältnis von Körper-haben und Körper-sein bestimmt hatte. Und in dieser Konkretion wiederholt er Schelers Argument: Weil exzentrische Vollzüge nicht substantialisierbar sind, *sind* sie nur als Verhalten zu jenen beiden Körper-Ordnungen. Exzentrische Vollzüge gibt es gleichsam nur als Verhalten zu Verhältnissen körperlich-leiblicher Ordnungen, und in *dieser* Gebundenheit sind sie selbst in vermittelter Weise körperlich. Gegen Scheler: Ein körperloser Gott könnte nicht Person sein, weil es keine körperlichen Ordnungen gäbe, zu denen er sich verhalten könnte. „Wer nicht *über* dem Leben steht, sondern sich *in* ihm bewegt, verhält sich immer auch zu seinem/ihrem Körper." (Krüger 2009, 66)

3.4 Verkörperungen

Dass Plessner exzentrische Vollzüge als mitweltlich und körperlich gebundene begreift, hat eine wesentliche Konsequenz hinsichtlich ihrer Verstehbarkeit. Mit Scheler ist durch die Betonung der Vollzüge gesichert, dass Personalität nicht zum Ding gerät. Scheler konnte diese Würde der Person aber nur um den Preis gewährleisten, dass *jegliches* Sich-zum-Gegenstand-Machen von Personalität im Verdacht steht, einer Verdinglichung Vorschub zu leisten. Mit Scheler muss es so sein, dass *jede* Vergegenständlichung von Vollzügen den ‚eigentlichen' Sinn des sich Vollziehenden tötet. Schelers Geist-Begriff lässt nur eine Erlebens-Hermeneutik zu: Der Sinn eines reinen Vollzugs kann letztlich nur je meinem eigenen Erleben gegeben sein. Betont man dagegen wie Plessner die körperliche Seite exzentrischer Vollzüge, dann spielen sich schon die Vollzüge selber nicht mehr im rein privaten Binnenraum eines sogenannten Erlebens ab, sondern zeitigen körperliche, und also zugängliche, der Möglichkeit nach verstehbare Symptome. Vor allem aber gerinnen Vollzüge dann zu Ausdrucksgestalten, so dass man die Vollzüge auch vermittelt verstehen kann, nämlich rückschließend vom verkörperten Vollzogenen auf den Vollzug. In dem mit Buytendijk verfassten Aufsatz wird deutlich, inwiefern Plessner keine Erlebens-, sondern eine Ausdrucks-Hermeneutik konzipiert (Plessner u. Buytendijk 1925, Schürmann 2009a; vgl. zu Buytendijks Denken den Beitrag von Noppeney in diesem Band), in der personaler Sinn ein öffentlich-zugänglicher, nicht aber ein privat-verschlossener ist (zum Hermeneutik-Konzept Plessners vgl. Plessner 1953, Plessner 1970, 383f.; Kämpf 2003, Lindemann 2008).

Plessners Modell für Exzentrizität ist das Schauspielern (Plessner 1948). Es ist, mit einem Plessnerschen Terminus gesprochen, „unentscheidbar“ (Plessner 1931), ob dieses Modell primär ein Modell exzentrischer Tätigkeit oder primär ein Modell der Hermeneutik menschlicher Tätigkeit oder primär ein Modell eines gelungenen Selbstverständnisses von Personen als Personen ist. So oder so:

> „Es ist kein Zufall, daß wir für die Aktion des Schauspielers das Wort Verkörperung haben, denn er zeigt sie uns. Die Verschränkung von Leib in Körper, von Körper-Sein und Körper-Haben, mit der wir Menschen fertig werden müssen, wenn uns das Leben hier und jetzt gelingen soll, mit der wir ständig befaßt sind, die uns festhält, führt uns der Schauspieler vor. Der ganze Mensch wird zur Figur. Sein Rollenspiel, zu dem ihn die Gesellschaft zwingt, wird, auf Augenmaß gebracht, zu einem Beispiel. Diese Erinnerung sollte kein Grund sein, das Theater über alle Künste zu stellen. Wohl aber gelingt nur ihm, die Einheit der Sinne in der Fülle ihrer Dimensionen zu zeigen, unbeschadet der Tatsache, daß jede Sinnesmodalität für sich genommen aber eben nur im Zusammenwirken mit einer ihr entsprechenden Aktivität die gleiche Chance hat. Zur Einheit der Sinne kommt der Mensch niemals in bloßer Passivität. Den Qualitäten selber ist sie nicht inhärent, nicht instrumental und nicht intermodal oder synästhetisch. Erst unserer Aktivität erschließt sie sich, und der Verkörperung des Schauspielers gelingt es, sie uns im Bilde eines anderen Menschen zu zeigen.“ (Plessner 1970, 391)

4. Kommentar IV

Der Ertrag der Philosophischen Anthropologie für das Thema Leiblichkeit und für zeitgenössische Philosophie-Verständnisse lässt sich vielleicht am besten *ex negativo* herausstellen. Es wäre lohnend, das, was Philosophische Anthropologen unter dem Titel *Geist* thematisieren, in aktuellen Debatten präsenter zu haben. Dann wäre klar, dass wir „Geist“ auch mit *spirit* übersetzen können, was vielleicht ein wenig Luft verschafft in einem Klima, in dem einem beim Problem der Körperlichkeit sofort das sog. *mind-body*-Problem in den Kopf schießt. Es wäre aber auch deshalb lohnend, weil sich die sachlichen Fragen nicht aufgelöst haben. Zunächst einmal reden wir nur anders: Statt „Vollzughaftigkeit des Geistigen" sagen wir „Performanz", statt „Mitwelt" sagen wir je nach Akzent „das Soziale", „das Gesellschaftliche" oder auch „das Politische". Solche Änderungen philosophischer Nomenklatur sind selbstverständlich als solche nicht nur kein Problem, sondern zeugen von Entwicklungen, neuen Einsichten und neuen Differenzierungen. Problematisch wird es erst dann, wenn unter neuem Namen lediglich das Rad noch einmal neu erfunden wird. Die Renaissance, die die Philosophische Anthropologie in den letzten Jahren erfahren hat, war und ist daher auch beides zugleich: Wiedervergegenwärtigungen von schon einmal Gewusstem und überraschende Neu-Lektüren scheinbar bekannter Texte.

Gelegentlich sind Wiedererinnerungen schlicht Korrekturen oder Zuspitzungen in sonst mäandernden Debatten. Beispielsweise ist die zeitgenössische Debatte um den Person-Begriff dominiert von dem Modell, Personalität als Eigenschaft vorzustellen (vgl. dazu und dagegen Kannetzky u. Tegtmeyer 2007), was mit Scheler schlicht ein Fehler ist. Und dass eine Erlebnis-Hermeneutik, die von *privatem* Sinn ausgeht, und eine Ausdrucks-Hermeneutik, die *öffentlichen* Sinn zugrundelegt, schlicht unvereinbar sind, müsste eigentlich bei konfrontierender Scheler-Plessner-Lektüre nicht erst mühsam wieder aufgezeigt werden.

Literatur:

Plessner 1928, 1941, 1970; Scheler 1913/16, 1928, Koßler 2004, Krüger 1999, Schloßberger 2005.

Ernst Cassirer und Aby Warburg – Kulturanthropologie

Marion Lauschke

1. Einleitung

Der Begriff „Kulturanthropologie", unter dem die Ansätze Ernst Cassirers und Aby Warburgs in diesem Artikel zusammengefasst werden, ist erklärungsbedürftig, denn „Kulturanthropologie" als kulturwissenschaftliche Nachfolgedisziplin der Volkskunde hat Aby Warburg zum Teil, Ernst Cassirer gar nicht betrieben.

Cassirer verwendet Ergebnisse verschiedener kulturwissenschaftlicher Forschungen, unter anderem aus dem Bereich der Sprachwissenschaft, der Ethnologie oder der Religionswissenschaft, um seine Anthropologie im Lichte der Kultur zu begründen, arbeitet jedoch nicht empirisch an der Erforschung kultureller Phänomene und Zusammenhänge. Seine Philosophie der symbolischen Formen wird als Begründung der Kulturphilosophie als Disziplin sowie als Grundlegung der Kulturwissenschaften verstanden. Warburg hingegen begriff sich als interdisziplinär arbeitender Kulturwissenschaftler und Anthropologe, der 1895 bis 1896 in den USA Feldforschungen betrieb, aus denen seine Studie zum Schlangenritual (Warburg 1923) hervorgegangen ist, die Kultur und Kulturentwicklung jedoch vor allem im Medium bildlicher Darstellungen untersuchte.

Das *tertium comparationis*, das es erlaubt, beide Ansätze als „Kulturanthropologie" zu fassen, ist die Funktion der Kultur für die Bestimmung des Menschen. Bei Cassirer ist es die Schaffung symbolischer Formen wie Sprache, Mythos, Wissenschaft, Kunst, Geschichte und Technik, bei Warburg ist es vor allem die Produktion von Bildern, durch die der Mensch zum Menschen wird und in deren Spiegel sich der Prozess der Kulturentwicklung studieren lässt.

Der Begriff „Kulturanthropologie" als philosophische Disziplin, der 1942 von Erich Rothacker eingeführt wurde und sich von der empirisch ausgerichteten kulturwissenschaftlichen Disziplin unterscheidet, lässt sich zur Kennzeichnung von Cassirer und Warburg verwenden, da beide grundlegende Fragestellungen bezüglich des menschlichen Welt- und Selbstverhältnisses im Medium der Kultur verfolgen: „Die Thematisierung von Mensch und Kultur muß dabei im Zusammenhang gesehen werden: denn was der Mensch ist, zeigt sich in der Kultur; umgekehrt ist die Kultur zu verstehen als Welt des Menschen" (Orth 2004, 301).

Daraus folgt, dass auch die Beiträge, die Ernst Cassirer und Aby Warburg zum Verständnis der Leiblichkeit des Menschen leisten, im Funktionszusammenhang der Kulturproduktion und -rezeption stehen.

Cassirers Kulturphilosophie soll im Folgenden in vier Punkten dargestellt werden: In einem ersten Schritt wird es darum gehen zu zeigen, dass Erkennen bzw. Verstehen für Cassirer kein zweistufiger Prozess ist, der sich in eine Primär- und Sekundärformung, die Bereitstellung von Wahrnehmungsmaterial durch die Sinnesorgane und bedeutungsgebende Akte des Verstandes, unterteilen lässt, sondern eine symbolische Formung, die bereits in der symbolisch prägnanten Wahrnehmung als erster Artikulation beginnt.

Sodann soll gezeigt werden, dass die Einheit von Körper und Geist bzw. Leib und Seele für Cassirer ein Urphänomen ist, das Verstehensleistungen aller Art überhaupt erst ermöglicht und der Prototyp einer symbolischen Relation ist. Erkennen bzw. Verstehen ist für Cassirer nicht medienneutral zu denken, sondern findet stets in Auseinandersetzung mit materiellen Zeichenkörpern statt. Symbolische Formen sind Verkörperungsformen des Geistes.

Drittens soll erwiesen werden, dass Cassirers Untersuchungen zum Ausdrucksphänomen als Basisphänomen und als erste der menschlichen Symbolfunktionen im besonderen Maße dazu geeignet sind, die ursprüngliche Einheit von Körper und Geist zu erläutern. Der natürliche Ausdruck des Menschen steht in Kontinuität mit tierischen Ausdrucksformen. Es ist keine ontologische Differenz, sondern ein Funktionswechsel, der im Übergang zur kulturellen Symbolizität stattfindet.

Viertens wird es schließlich darum gehen zu zeigen, dass Cassirers Kulturgenealogie ihren Ausgang von Semantisierungen des menschlichen Körpers nimmt und die Wechselwirkungen zwischen dem Wissen um Gestalt und Funktion des eigenen Körpers und symbolischer Formung deutlich macht.

Aby Warburg, als zweiter im Folgenden zu betrachtender Autor, nennt seine kulturwissenschaftliche Forschung eine „Lehre vom bewegten Menschen", um damit einen Akzent auf den körperlichen Anteil an der Schaffung, Rezeption und Transformation zu setzen. Im Zentrum des zweiten Teils dieses Artikels, der Aby Warburg gewidmet ist, stehen zuerst die Pathosformeln als überlieferte Ausdrucksformen der Bildgeschichte, in denen sich psychosomatische Energie entäußert und erhält. In einem zweiten Schritt wird es dann um Warburgs Verständnis von Wahrnehmung als imaginäres Abtasten und körperlicher Austausch gehen.

2. Begriffliche Klärung

In den Schriften des Kulturphilosophen Ernst Cassirer wird man eine begrifflich strenge Trennung von „Leib" und „Körper" vergeblich suchen – was nicht bedeutet, dass ihm die Differenz zwischen einem den Naturwissenschaften zugänglichen ausgedehnten Körper und der Unmittelbarkeit eigener leiblicher Erfahrung sowie der Wahrnehmung anderer belebter menschlicher Körper als Subjekte fremdgeblieben oder dass er mit den Problemen des traditionellen Leib-Seele-Dualismus nicht vertraut gewesen wäre. Weder „Leib" noch „Körper" stehen im Zentrum seines Denkens, wenngleich die Philosophie der symbolischen Formen, mit der Cassirer die Kulturphilosophie als Disziplin begründet, in ihrer Entwicklung zunehmend anthropologisch kontextualisiert wird und er die verkörperte Existenz des Menschen in ihrer evolutionsbiologischen Kontinuität mit animalischen Formen des Lebens nicht außer Acht gelassen hat. Es sind die kulturell vermittelten Symbolisierungen von Leibselbst, Körperding und Weltverhältnissen, die im Fokus der Aufmerksamkeit Cassirers stehen und an denen er die fundamentale Differenz von Dingwahrnehmung und onto- wie phylogenetisch früherer Ausdrucks- oder Duwahrnehmung expliziert.

Die transzendentalphilosophische Orientierung Ernst Cassirers ist der Grund dafür, dass das unmittelbare leibliche Erleben für ihn nicht im Zentrum des Interesses steht. Das „Paradies der Unmittelbarkeit" (Cassirer 1923a, 49) ist für den Philosophen, der sich der begrifflichen Klarheit diskursiven Denkens verpflichtet fühlt und den Weg zur menschlichen Subjektivität über kulturelle Objektivationen sucht, verschlossen, aber auch der aus Erfahrungszusammenhängen gelöste menschliche Körper stellt für Cassirer keinen Ausgangspunkt, sondern eine wissenschaftliche Abstraktion dar.

Das kulturgenealogische Projekt der Philosophie der symbolischen Formen begreift Cassirer als eine „Phänomenologie des Geistes", fasst jedoch den Begriff des Geistes so weit, dass er alle Formen menschlichen Bewusstseins unter sich vereint, in denen sich Spuren von Spontaneität sowie eine Lösung vom unmittelbaren Erlebniseindruck zeigen. Zugang zum psychosomatischen Erleben findet er über die Ausdrucksgestaltungen, in denen sich das Erleben äußert und wahrnehmbar wird. Cassirer erblickt in den kultischen und rituellen Gestaltungen und Lebensorientierungen des Mythos die ersten Verarbeitungsformen, in denen der Mensch beginnt, sich von der Übermacht ihn bedrängender Eindrücke zu befreien und eine reflexive Distanz zu gewinnen. Sie bilden daher den Ursprung der Kultur, der den philosophischen Einsatzpunkt für Cassirer markiert. Was vor dieser ersten symbolischen Formung liegt, lässt sich nur auf Umwegen rekonstruieren: „Wir können niemals zu dem Punkte zurückdringen, an dem der erste Strahl des geistigen Bewusstseins aus der Welt des Lebens hervorbricht" (Cassirer 1928, 36). Methodisch bleibt für die Philosophie Cassirer zufolge daher „kein anderer Ausweg, als die Richtung der Betrachtung umzukehren. Statt den

Weg zurückzutun, muß sie versuchen, ihn nach vorwärts zu vollenden. Wenn alle Kultur sich in der Erschaffung bestimmter geistiger Bildwelten, bestimmter symbolischer Formen wirksam erweist, so besteht das Ziel der Philosophie nicht darin, hinter all diese Schöpfungen zurückzugehen, sondern vielmehr darin, sie in ihrem gestaltenden Grundprinzip zu verstehen und bewußt zu machen" (Cassirer 1923a, 49f.).

Wenngleich die Kulturphilosophie Ernst Cassirers in begriffsgeschichtlicher Hinsicht für die Schärfung des Verständnisses der Leib/Körper-Differenz unfruchtbar zu sein scheint, bildet sie der Sache nach einen hervorragenden Referenzpunkt für Entwürfe einer integrativen Anthropologie, die sowohl naturalistischen Verkürzungen als auch kulturalistischen Dualismen zu entgehen trachten und die Vermittlungsebene von Leib und Seele bzw. Körper und Geist in den Wahrnehmungs- und Ausdrucksformen des Menschen suchen, welche gleichermaßen kulturell informiert wie natürlich geprägt sind, und somit ihren Ausgang von der „Verkörpertheit von Zeichenprozessen" (Jung 2009, 5) nehmen. Wenn Helmuth Plessner Ernst Cassirer vorwirft, mit seiner Philosophie dort aufzuhören, „wo die körperliche Dimension beginnt" (Plessner 1963, 243), hat er streng begrifflich betrachtet recht: Der Körper als Naturding unter Naturdingen ist für Cassirer in der Tat nicht von Interesse; anders jedoch der menschliche Leib, der als Grenzphänomen den Ursprung des Symbolisierens darstellt: „[Die] Ebene geistigen Tuns, schöpferischer Arbeit [...] kreuzt sich mit der Ebene seines leiblichen Daseins" – zitiert Cassirer wiederum zustimmend Plessner (Cassirer 1928, 35f.).

3. Verortung des Leibbegriffs bei Cassirer

Um den leibphilosophischen bzw. verkörperungstheoretischen Akzent der Cassirer'schen Kulturphilosophie zu markieren, ist es notwendig, sie in ihren Grundzügen kurz darzustellen.

Cassirer geht von der Transzendentalphilosophie Immanuel Kants aus, sein Programm ist es jedoch, die kritische Philosophie um den Bereich der Kultur zu erweitern und eine tiefere Vermittlung von Sinn und Sinnlichkeit als Kant zu erreichen, der eine passiv-rezeptive sinnliche Wahrnehmung und eine spontane Sinngebung des Verstandes separierte. Die Anschauungsformen und Kategorien, in denen sich Rezeption und Formgebung Kant zufolge vollziehen, dynamisiert Cassirer zu einem Prozess symbolischer Formung, der sich nicht in invariable Anschauungsformen und sekundär formende Verstandeskategorien abstuft, sondern in dem als Produkt des Symbolisierungsprozesses verschiedene Modi von Raum-, Zeit- und Quantitätsverhältnissen erst herausgebildet werden. Gegenstand ist in Cassirers Philosophie der symbolischen Formen – verglichen mit seinem Frühwerk – nicht mehr ausschließlich die wissenschaftliche Erkenntnis, sondern die ganze Bandbreite der Phänomenologie der Erkenntnis, die beim mythischen Bewusstsein beginnt und über religiöse Gehalte und Alltagswissen bis zu Kunst und Wissenschaft führt. Er unterscheidet die als symbolische Formen begriffenen Kulturgebiete durch ihre unterschiedlichen Gestaltungen von Raum, Zeit und Zahl sowie durch die Distanz, die der Mensch durch Loslösung und Gestaltung von seinen unmittelbaren Eindrücken gewinnt, und das Verhältnis, dass er zu ihnen einnimmt. Die durch unterschiedliche Grade der Distanz zum ursprünglichen Erlebniszustand gekennzeichneten Verhältnisse nennt er „Symbolfunktionen" und differenziert sie in die Ausdrucks- und Darstellungsfunktion sowie die reine Bedeutungsfunktion. Sie markieren Reflexionsstufen, d.h. Positionen auf einer imaginären Skala, welche die Distanz misst, die kulturschaffende Wesen auf dem Weg von einem Zustand unmittelbarer leiblicher und emotionaler Betroffenheit zu demjenigen freier, selbstbewusster Tätigkeit zurücklegen können.

3.1 Die symbolische Prägnanz der Wahrnehmung

Ungelöste Probleme der Vermittlung von Denken und Anschauung insbesondere der Kantischen Philosophie, Probleme des Verständnisses der Wahrnehmung und schließlich die Bestimmung des Denkens selbst sind für die Entwicklung der Philosophie Ernst Cassirers prägend. Bereits die Kantlektüre des zweiten Teils seines vierbändigen Werkes *Das Erkenntnisproblem in der Philosophie und Wissenschaft der neueren Zeit* von 1907 lässt das Interesse Cassirers erkennen, die von Kant in der *Kritik der reinen Vernunft* angenommene Zweistämmigkeit der Erfahrung aufzuheben. Sein zentrales Anliegen ist es, Sinnlichkeit und Sinn, Spontaneität und Rezeptivität, durch die menschliche Physis bedingte Anschauungsformen und Kategorien des Verstandes, die Kant in der *Kritik der reinen Vernunft* streng trennt, zu verbinden. Cassirer versucht das Problem der Vermittlung zweier (scheinbar unabhängig agierender) Vermögen zu lösen, indem er die Blickrichtung wendet und sich auf die Leistung dieser Funktionen konzentriert. Er baut nicht, wie Kant, den Begriff der Erkenntnis aus den Grundbestandteilen von Anschauung und Begriff auf, sondern fasst die Erkenntnis insgesamt als einen stetig fortschreitenden Prozess der Gestaltung und Deutung von Wahrnehmung. Die sinnliche Wahrnehmung, der Kant zwar (in der ersten Auflage der *Kritik der reinen Vernunft*) als „notwendiges Ingredienz" (KrV 120 A) die Einbildungskraft beigegeben, sie aber insgesamt als rezeptiv bestimmt hat, gewinnt in Cassirers Lesart an Selbständigkeit. Er unterstreicht den konstruktiven Charakter der reinen Anschauung und stellt das Gegebensein des empirischen Wahrnehmungsmaterials in Frage. Auf dem Weg der Vermittlung von Sinn und Sinnlichkeit folgt er dem Weg, den Kant von der *Kritik der reinen Vernunft* zur *Kritik der Urteilskraft* eingeschlagen hat. Denn dieser widerspricht ihrer vermögenstheoretischen Trennung in der *Kritik der Urteilskraft* im Zuge der Prüfung der Angemessenheit von lebendigen Formen und Formen der Kunst für die menschliche Vernunft. Über die Diskussion der ästhetischen Urteilskraft Kants treibt Cassirer die Vermittlung von Sinnlichkeit und Verstand, die seiner späteren Symbolphilosophie zugrunde liegt, weiter. Er verlagert die Tätigkeit des Verstandes in den Akt der Auffassung, denn die abgrenzende, einheitsetzende Funktion des Bewusstseins lässt sich nicht von einer passiven Anschauung trennen. Die in der Anschauung selbst wirksame Spontaneität ist für Cassirer wesentlich ein Akt der Grenzsetzung und Gestaltbildung. Wahrnehmung ist als Besonderung und die durch diese Besonderung entstehende Relation als eine erste Setzung zu begreifen. Unter Rückgriff auf in der Kinderpsychologie und in der Ethnologie entdeckte Phänomene sowie auf klinische Befunde, aber auch gestützt durch phänomenologische Untersuchungen zeigt Cassirer, dass die in der Sinnschicht der Empfindung verorteten Eindrücke keineswegs ungegliedert sind, sondern bereits auf Zusammenhänge hinweisen. Der Begriff der symbolischen Prägnanz, den Cassirer im dritten Band der *Philosophie der symbolischen Formen* ausführlich erläutert, bringt dies zum Ausdruck und bildet eines der zentralen Theoreme seiner Philosophie:

„Unter ‚symbolischer Prägnanz' soll also die Art verstanden werden, in der ein Wahrnehmungserlebnis, als ‚sinnliches' Erlebnis, zugleich einen bestimmten nicht-anschaulichen ‚Sinn' in sich faßt und ihn zur unmittelbaren konkreten Darstellung bringt. Hier handelt es sich nicht um bloß ‚perzeptive' Gegebenheiten, denen später irgendwelche ‚apperzeptive' Akte aufgepfropft würden, durch die sie gedeutet, beurteilt und umgebildet würden. Vielmehr ist es die Wahrnehmung selbst, die kraft ihrer eigenen immanenten Gliederung eine Art von geistiger ‚Artikulation' gewinnt – die, als in sich gefügte, auch einer bestimmten Sinnfügung angehört. In ihrer vollen Aktualität, in ihrer Ganzheit und Lebendigkeit, ist sie zugleich ein Leben ‚im' Sinn. Sie wird nicht erst nachträglich in diese Sphäre aufgenommen, sondern sie erscheint gewissermaßen als in sie hineingeboren. Diese ideelle Verwobenheit, diese Bezogenheit des einzelnen, hier und jetzt gegebenen Wahrnehmungsphänomens auf ein charakteristisches Sinnganzes, soll der Ausdruck der ‚Prägnanz' bezeichnen." (Cassirer 1929, 230f.)

Spontaneität, vorrangiges Kennzeichen des Geistes, wird durch die These der symbolischen Prägnanz der Wahrnehmung einem Prozess überantwortet, der sich in aktive und rezeptive Bestandteile nicht trennen lässt, den Körper-Geist-Dualismus unterläuft und damit wesentliche Attribute von Leiblichkeit trägt.

3.2 Symbolische Formen. Das Leib-Seele-Verhältnis als Prototyp des Symbolismus

Auf dem Weg der Vermittlung eines Erkenntnisbegriffs, der die Abbildtheorie des Geistes konstruktivistisch verabschiedet, mit der Leibniz'schen Entdeckung der Zeichengebundenheit des Denkens (vgl. Bredekamp 2004 und Lauschke 2007) entwickelt Cassirer seine semiotische Kulturphilosophie als eine Verkörperungstheorie des polyglotten Geistes: Verschiedene Gesetzlichkeiten des Bewusstseins manifestieren sich als unterschiedliche Idiome des Denkens. Sinn entsteht Cassirer zufolge nur durch Verkörperung im Sinnlichen und kann daher niemals medienneutral sein. Die sinnlichen Artikulationsmittel ermöglichen, begrenzen und prägen den Ausdruck eines geistigen Gehaltes gleichermaßen. Die symbolische Form, welche die Vermittlung von Sinn und Sinnlichkeit leistet, definiert Cassirer folgendermaßen: „Unter einer ‚symbolischen Form' soll jede Energie des Geistes verstanden werden, durch welche ein geistiger Bedeutungsgehalt an ein konkretes sinnliches Zeichen geknüpft und diesem Zeichen innerlich zugeeignet wird" (Cassirer 1923a, 79). Auffällig ist in dieser Definition der prozesshafte, aktive Charakter der Form, durch den die Dynamik des Formungsprozesses hervorgehoben wird. Von besonderer Wichtigkeit in diesem Zusammenhang ist denn auch die Entstehung von symbolischen Formen, die Entstehung von Sinn, nicht aus zwei ursprünglich entgegengesetzten Entitäten, sondern als Emergenz. Die Trennung von Sinn und Sinnlichkeit, von Form und Stoff kann Cassirer zufolge nur eine methodische sein, die phänomenologisch nicht aufzuweisen ist:

> „Wenn wir im Sinne der Husserlschen Terminologie zwischen dem sinnlichen Stoff und den ‚beseelenden Akten', zwischen sensueller hylé und intentionaler morphé unterscheiden dürfen – so kann diese abstrakte Scheidung doch niemals bedeuten, daß beides sich im Phänomen trennen läßt, daß ein an sich formloser Stoff gegeben wäre, der nach und nach in verschiedene Formen der Sinngebung aufgenommen und durch sie erst gestaltet würde. […] Für uns jedenfalls steht fest, daß ‚Sinnliches' und ‚Sinnhaftes' uns rein phänomenologisch immer nur als ungeschiedene Einheit gegeben sind. Wir können niemals das Sinnliche als solches, als bloßen ‚Rohstoff' der Empfindung, aus dem Ganzen der Sinnverbände überhaupt herauslösen: Wohl aber können wir aufzeigen, wie es sich verschieden gestaltet und wie es Verschiedenes ‚besagt' und meint, je nach der charakteristischen Sinnperspektive, je nach dem Blickpunkt, unter den es rückt." (Cassirer 1927, 258f.)

Die „prägnante Wahrnehmung", die ein sinnliches Grunderlebnis als Differential in die Perspektive einer symbolischen Form als Integral einstellt und Sinn erzeugt, ist daher gleichermaßen als Verbindung wie als Trennung zu verstehen. Das Movens dieser primären Formung oder Relationierung ist in jeder symbolischen Form ein anderes. Während bspw. die Wissenschaft von dem logischen Ideal einer kausalen Weltordnung geleitet wird, in der Raum, Zeit und Zahl das „Vehikel des ‚Satzes vom Grund'" (Cassirer 1925a, 95) darstellen und ein universelles Stellensystem ausbilden, bestimmt die Trennung von Mana und Tabu bzw. von Licht und Dunkel die Grundrichtung des mythischen Bewusstseins. Mit dem Begriff der „Urteilung" versucht Cassirer die Entstehung von Sinn zu beschreiben: „Jede Grenzsetzung setzt in der Scheidung, die sie vollzieht, zugleich eine ursprüngliche Verknüpfung des Getrennten […] voraus." (Cassirer 1918, 122) Da der Akt der symbolischen Formung, den er unter Rückgriff auf die Etymologie des „templum" als eine solche Grenzsetzung beschreibt, sich vor dem Hintergrund der Unbestimmtheit und Differenzlosigkeit vollzieht, ist es nicht möglich, die semiotische Dynamik, d.h. das Entstehen von Sinn, durch ein „ich denke" zu begleiten, d.h. reflexiv einzuholen. Die Entstehung von Reflexivität aus nichtreflexiven Lebensprozessen bleibt im Dunkeln. Sinn erscheint stets als ursprüngliche Differenz oder als ursprüngliche Relationalität.

In dem Aufsatz „Sprache und Mythos" von 1925 bezeichnet Cassirer das Werden von Symbolwelten in Anlehnung an Max Müller als eine „radikale Metapher", um deutlich zu machen, dass es sich nicht um einen Transfer einer feststehenden Entität auf eine andere handelt, sondern um einen Vorgang, den er in der Folge häufig als *metábasis eis allo génos* beschreibt, denn es werde hierbei, so schreibt er, „nicht nur in eine andere bereits bestehende Gattung übergegangen, sondern die Gattung, in die der Übergang erfolgt, wird selbst erst erschaffen" (Cassirer 1925b, 302). Die „radikale Metapher" bezeichnet den Prozess, in dem eine psychosomatische Erregung und ein zunächst pränoetischer Eindruck sich in einen artikulierten Ausdruck transformieren und in einem Medium objektiviert werden.

Cassirer geht von einer emotionalen Fundierung aller geistigen Tätigkeiten aus; dem vorreflexiven Ursprung des Denkens sowie dem referentiellen Prozess, in dem psychosomatische Lebensprozesse sich in Bilder und schließlich Begriffe transformieren, hat er jedoch in der *Philosophie der symbolischen Formen* nicht weiter nachgeforscht, sondern sich auf die verschiedenen Formen und Stadien, die dieser Prozess passiert und die idealtypisch isoliert werden können, konzentriert. Im *Essay on Man* nimmt er die biologische Kontinuität zwischen Mensch und Tier stärker in den Fokus. Im *Myth of the state* widmet er der Psychologie der Affekte ein eigenes Kapitel. Zustimmend zitiert er Théodule Ribot und William James, die Affekte als Begleiterscheinungen körperlicher Bedingungen und Reaktionen betrachten. Da der Mythos eine Objektivierung von Gefühlen, die den Mythen vorausliegenden Riten „motor manifestations of psychic life" (Cassirer 1946, 31) sind, bindet Cassirer die phylogenetisch früheste symbolische Form im *Myth of the state* stärker an körperliche Prozesse, als er es bislang getan hat. Darwins Ansichten über die Kontinuität des Ausdrucks bei Menschen und Tieren teilt er jedoch nicht und fordert einen scharfen Schnitt zwischen natürlichem Ausdruck der Tiere und symbolischem Ausdruck des Menschen: Was hier passiver Zustand war, wird hier aktiver Prozess.

Die Entstehung von Reflexivität ist für Cassirer jedoch schlicht unlösbar:

> „Keine Metaphysik und keine Empirie wird jemals imstande sein, uns den ‚Ursprung' dieser Gebilde in dem Sinne zu erhellen, daß sie uns in ihren zeitlichen Anfang zurückversetzt, daß sie uns unmittelbar ihre Entstehung belauschen lässt." (Cassirer 1928, 36).

Die symbolische Relation von Sinn und Sinnlichkeit setzt er als ein Urphänomen, denn er geht, so John Michael Krois, „nicht von der Theorie des ‚Bewußtseins', sondern vom belebten Leib aus" (Krois 1995, 63).

„Das Verhältnis von Seele und Leib stellt das erste Vorbild und Musterbild für eine rein symbolische Relation dar, die sich weder in eine Dingbeziehung noch in eine Kausalbeziehung umdenken läßt. Hier gibt es ursprünglich weder ein Innen und Außen noch ein Vorher oder Nachher, ein Wirkendes oder ein Bewirktes; hier waltet eine Verknüpfung, die nicht aus getrennten Elementen erst zusammengefügt zu werden braucht, sondern die primär ein sinnerfülltes Ganzes ist, das sich selbst interpretiert – das sich in eine Doppelheit von Momenten auseinanderlegt, um sich in ihnen ‚auszulegen'." (Cassirer 1929, 113).

Einen Ansatzpunkt für die Entstehung von Verweisungszusammenhängen mithin für eine basale Symbolizität des Lebendigen gibt es jedoch im Werk Ernst Cassirers. Durch die Zeitlichkeit von Lebensprozessen: durch den biologischen Stoffwechsel sowie die Entstehung eines Körpergedächtnisses durch leibliche Einschreibungen eröffnen sich am Organismus die „Möglichkeitsbedingung des Symbolischen" (Orth 1995, 119).

3.3 Ausdruck als Grenzphänomen

Wenngleich sich der Ursprung der Reflexivität nicht einholen lässt, verfolgt Cassirer „die kulturelle Existenz des Menschen gewissermaßen bis an die ‚Ränder' dieser Existenz zurück – und an diesen Rändern stößt er auf das Ausdrucksphänomen". (Meuter 2006, 132) Der Weg von der tierischen Reaktion zur menschlichen Antwort führt über das Ausdrucksverhalten, aus dem sich der Umgang mit Symbolen als Denkinstrumenten und das von der Verwendung von Symbolen abhängige relationale Denken entwickeln. Cassirer hat die Brückenfunktion des Phänomens, an dem sich eine Kontinuität zwischen Mensch und Tier zeigt, unterstrichen, jedoch ohne naturalistische Folgerungen daraus zu ziehen und den menschlichen Ausdruck auf körperlich-neuronale Vorgänge zu reduzieren. Anstatt sich jedoch in der Sackgasse ontologischer Differenzen zu verirren, hebt er auf den Funktionswechsel der Expressivität ab, der sich an der Schwelle von der natürlichen zur symbolischen menschlichen Expressivität vollzieht (vgl. Meuter 2006, 168ff.), denn die kommunikative Bedeutung der Ausdrucksfunktion in höherstufigen Kulturformen wie der menschlichen Sprache oder der Kunst ist ohne diesen Funktionswechsel nicht zu erklären. Dieser markiert, so Cassirer, den Übergang vom „Reich der Notwendigkeit" ins „Reich der Freiheit", der durch die Möglichkeit, Ausdruck zu gestalten und Distanz zu nehmen, gekennzeichnet ist. Im Ausdruck wird der Leib zum Umschlagplatz von kausalem Prozess und intentionalem Geschehen.

Kennzeichnend für den Ausdruck – im Vergleich mit den Symbolfunktionen der Darstellung und der reinen Bedeutung – und bedeutsam für die Akzentuierung von Leiblichkeit innerhalb der Cassirer'schen Kulturphilosophie, ist sein „antidualistisches Potential" (Meuter 2006, 25). Sinn und Sinnlichkeit, Medium und Message sind im menschlichen Ausdruck nicht nur untrennbar verbunden, Ausdruck vollzieht sich am eigenen Leib bzw. wird am Leib des Anderen wahrgenommen. Er beginnt im leiblich-sinnlichen Wahrnehmungseindruck, der eine durch Emotionen begleitete physische Reaktion (wie z.B. unwillkürliche, sinnlich wahrnehmbare, durch Veränderungen von Muskelspannung erzeugte mimische Veränderungen) auslöst, und endet in der Ausdrucksgestaltung im Mythos, in der Sprache oder Kunst.

Momente der Rezeptivität und der Intentionalität sind im Ausdruck wie in der Ausdruckswahrnehmung in einander verwoben. Für ausdrucksgeladene Bilder, Tänze, rituelle Handlungen ist kennzeichnend, dass sowohl ihre Produktion wie ihre Rezeption eher ein Erleiden und Ergriffenwerden als ein selbstbewusstes Gestalten und Ergreifen sind. Das mythische Bewusstsein, an dem Cassirer die Ausdrucksfunktion vorrangig expliziert, das jedoch auch in anderen Kulturgebieten sowie in der Alltagserfahrung von Bedeutung ist, „‚hat' den Gegenstand nur, indem es von ihm überwältigt wird; es besitzt ihn nicht, indem es ihn fortschreitend für sich aufbaut, sondern es wird schlechthin von ihm besessen" (Cassirer 1925a, 88). Ausdrucksphänomene haben performativen Charakter und werden von dem durch sie Berührten nicht als eine Bedeutung tragend begriffen:

> „Für den Mythos ist das Bild niemals etwas bloß Mittelbares, niemals lediglich ‚Zeichen' oder ‚Allegorie', sondern in ihm faßt sich das Wesen selbst zusammen. Das Bild- und Ausdruckshafte einer Erscheinung hat keinen bloß darstellenden Charakter, der auf ein Objektives jenseits ihrer hinweist – sondern in ihm giebt sich uns ein Wirkliches hin, in ihm ergreift uns ein dämonisch-Lebendiges und steht in voller Gegenwart vor uns." (Cassirer 1928, 25)

Das reine Ausdrucksphänomen kennt noch keine Form der Entzweiung; sein Verstehen ist nicht an begriffliche Auslegung gebunden, sondern erfolgt augenblicklich, quasi ohne Vermittlungswege. Es wirkt unmittelbar und unter Umständen sogar unmittelbare Nachahmung evozierend.

Die Ausdrucksfunktion steht sowohl ontogenetisch als auch phylogenetisch vor der Darstellungsfunktion und der mit ihr verbundenen Dingwahrnehmung, stellt jedoch keineswegs eine überwundene Stufe der Kulturentwicklung dar. Was sich in den Zuständlichkeiten des Fühlens, Wollens und Gestimmtseins als Ausdruck erschließt, ist das lebendige, leibhaftige bzw. verkörperte Gegenüber als „Du", das keinen Dingcharakter hat. Es sind Atmosphären, Physiognomien, Stimmungen – nicht nur von Personen, sondern auch von Gegenständen –, die Spannungen erzeugen oder lösen sowie Wahrnehmungen der Außenwelt wie des eigenen Körpers modifizieren und weder als Attribute der Gegenstände noch als Projektionen auf der Subjektseite verortet werden können. Cassirer fasst diese Phänomene, in denen Inneres und Äußeres in einem gegeben sind, als „Wirksamkeit". Die Gewissheit dieser lebendigen Wirksamkeit betrachtet Cassirer als ein Urphänomen, das eine eigene Form und Wirkungsweise hat, die nicht durch Kategorien, die für andere Seinsbereiche gelten, ersetzt werden können.

3.4 Semantisierung des Körpers. Der menschliche Körper als Grundlage für die Ausbildung von Raum- und Quantitätsanschauungen und -begriffen

Die Verbindung von Körper und Geist dient Cassirer nicht nur als Vorbild aller symbolischen Verhältnisse, die er in der Philosophie der symbolischen Formen entwickelt; auch die Orientierung in der Welt, die Schaffung von symbolischen Welten nimmt Cassirer zufolge ihren Ausgang vom Körper des Menschen. Die Vertrautheit mit dem eigenen Körper ist die Voraussetzung für die Entstehung von Raum- und Quantitätsvorstellungen. Dabei ist das Verhältnis von Körper bzw. Leib – auch hier zeigt sich noch einmal deutlich, dass Cassirer begrifflich nicht scharf trennt – und symbolischer Form keine Einbahnstraße. Körperliche Verhältnisse sind das Vorbild für die Erzeugung symbolischer Formen, die ihrerseits wiederum das Wissen um die Grenzen und Möglichkeiten des eigenen Körpers erweitern.

„Nachdem sich für den Menschen das Bild des eigenen Körpers einmal scharf ausgeprägt hat, nachdem er ihn als einen in sich geschlossenen und in sich gegliederten Organismus erfaßt hat, dient er ihm gleichsam als Modell, nach welchem sich das Ganze der Welt aufbaut." (Cassirer 1923a, 157) Cassirer nimmt die Kantische These, dass unsere Begriffe von rechts, links, oben, unten, vorn und hinten durch das Verhältnis zu unserem Körper bestimmt sind (Kant 1768), auf und entwickelt sie in seiner Darlegung der Sprachentwicklung weiter:

„Versucht man […], den Wegen zu folgen, die die Sprache einschlägt, um von den ersten scharf ausgebildeten örtlichen Unterscheidungen zu allgemeinen Raumbestimmungen und Raumbezeichnungen zu gelangen, so scheint sich auch hier zu bewähren, daß die Richtung dieses Prozesses von innen nach außen geht. […] Die Unterschiede des Ortes sind anfangs aufs engste verknüpft mit bestimmten materiellen Unterschieden – und von diesen ist es insbesondere die Unterscheidung der Gliedmaßen des eigenen Leibes, die als Ausgangspunkt aller weiteren Ortsbestimmungen dient." (Cassirer 1923a, 157)

Auch im Mythos erkennt Cassirer dieselbe Bewegung der Teilung und Semantisierung von Raum im Ausgang vom eigenen Körper: Es gibt,

„wie es eine eigene ‚magische Anatomie' gibt, in der bestimmte Teile des menschlichen Körpers bestimmten Teilen der Welt gleichgesetzt werden, so auch eine mythische Geographie und Kosmographie, in welcher der Bau der Erde gemäß der gleichen Grundanschauung beschrieben und bestimmt wird. Oft wächst beides, die magische Anatomie wie die mythische Geographie, in eins zusammen. In der siebenteiligen Weltkarte, die sich in der hippokratischen Schrift von der Siebenzahl findet, wird die Erde als menschlicher Leib dargestellt: Als Kopf hat sie den Peloponnes, der Isthmus entspricht dem Rückenmark, während Ionien als das Zwerchfell, d.h. als das | eigentliche Innere, als der ‚Nabel der Welt' erscheint. Auch alle geistigen und sittlichen Eigenschaften der Völker, die diese Gegenden bewohnen, werden in irgendeiner Weise von dieser Form der ‚Lokalisierung' abhängig gedacht." (Cassirer 1925a, 108)

Noch deutlicher als an der Entstehung des räumlichen Denkens zeigt sich der Ausgang der Symbolisierungsprozesse vom menschlichen Körper bzw. die Semantisierung des Körpers in der Entstehung von Quantitätsvorstellungen. Der eigene Körper bildet das Grundmodell der Zahl insofern, als Gliederungen, die sich an äußeren Objekten finden lassen, „gleichsam auf den Körper des Zählenden übertragen und an ihm sichtbar gemacht werden. Alle Zahlbegriffe sind demgemäß, ehe sie zu Wortbegriffen werden, reine mimische Handbegriffe oder sonstige Körperbegriffe." (Cassirer 1923a, 186) Doch Cassirer geht weiter:

> „Wie man sieht, genügt es hier nicht, daß die einzelnen gezählten Objekte auf die Teile des Körpers irgendwie bezogen werden, sondern sie müssen gleichsam unmittelbar in körperliche Teile und in *Körpergefühle* umgesetzt werden, damit der Akt der ‚Zählung' an ihnen vonstatten gehen kann. Die Zahlworte bezeichnen daher nicht sowohl irgendwelche objektiven Bestimmungen oder Verhältnisse der Gegenstände, als sie vielmehr gewisse Direktiven der körperlichen *Bewegung des Zählens* in sich schließen." (Cassirer 1923a, 187, Hervorhebung M.L.)

Es ist der *Akt* des Zählens, dessen Bewegung körperlich gespürt werden muss, um Bedeutung zu erzeugen. Der Leib ist durch seine natürliche Gliederung nicht nur Modell der Zahl, sondern der Ort, an dem sich der Zählprozess vollzieht und als Bewegung wahrgenommen wird. Eine vom Körper losgelöste Abstraktion des Zahlbegriffes ist in diesem Stadium noch nicht gegeben: Die Zahl bleibt quasi am Leib kleben. Zählen ist ein leiblich spürbares Phänomen, in dem der Leib zum Ursprung der Bedeutungsgeneration wird.

Die Kantische These der Rechts-Links-Orientierung im Ausgang vom eigenen Körper ist nicht unwidersprochen geblieben, zeigt doch der Kognitionspsychologe Daniel Haun, dass die egozentrische Rechts-Links-Strategie zur Orientierung eine kulturelle Konvention ist und in Konkurrenz steht zur (seiner Ansicht nach evolutionär früheren) Orientierung an der Umgebung und an Himmelsrichtungen beispielsweise seminomadischer namibischer Volksgruppen. (Vgl. Haun u. Rapold 2009, 1068f.). Und auch die Cassirer'sche Formulierung der Bedeutungsgeneration im Ausgang von leiblich gespürten Bewegungen lässt deutlich werden, dass die Verschränkung von menschlichem Körper und Bedeutungserzeugung sehr viel intrikater ist, als der am Beispiel der Sprachentwicklung formulierte Prozess der symbolischen Formung als Nachbildung eines gänzlich bewussten Körperbildes vermuten lässt. Mithilfe des von Shaun Gallagher wiederentdeckten Begriffs des Körperschemas (Gallagher 2005a) als unbewusster Vorstrukturierung von Bewegung werden eine tiefere Vermittlung von Leib und Seele, Körper und Geist sichtbar, neue Erkenntnisse bezüglich der Entstehung von Reflexivität möglich und eine Neubestimmung des Intentionalitätsbegriff (Jung 2009, 325) erforderlich.

Die gegenläufige Richtung der Vermittlung symbolischer Formen mit dem menschlichen Körper wird in Cassirers Ausführungen zur symbolischen Form der Technik deutlich. In Anlehnung an Ernst Kapps Theorie der Organprojektion erläutert Cassirer, dass das deutliche Bewusstsein der eigenen Anatomie und Körperfunktionen erst durch den handelnden Umgang mit Gegenständen der äußeren Welt entsteht. Insbesondere durch den Gebrauch von Werkzeugen werde die Kenntnis des eigenen Körpers gefördert: „Jegliches Handwerkszeug erscheint in diesem Sinne als eine Fortsetzung und Fortbildung, als ein Nachaußentreten der Hand selbst." (Cassirer 1930, 167) Erst durch das Erzeugen und die Verwendung von Artefakten gewinne der Mensch Einblick in die Beschaffenheit des eigenen Körpers:

> „Seine eigene Physis ergreift er und begreift er nur im Reflex des von ihm Gewirkten – die Art der mittelbaren Werkzeuge, die er sich gebildet hat, erschließt ihm die Kenntnis der Gesetze, die den Aufbau seines Körpers und die physiologische Leistung seiner einzelnen Gliedmaßen beherrschen." (Cassirer 1925a, 254)

Während die Technik Aufschlüsse über den Aufbau und die Funktionalität des menschlichen Körpers gibt, dient die Kunst der Erschließung der sinnlichen Verfasstheit des Menschen und seiner Selbstwahrnehmung als leibliches Wesen. Ästhetische Erfahrung ist stets bipolar: Sie erfordert die Wahrnehmung eines äußeren Objekts und die Wahrnehmung leiblicher Prozesse, die durch die Objektwahrnehmung initiiert werden: „The sense of beauty is the susceptibility to the dynamic life of forms, and this life cannot be apprehended except by a corresponding dynamic process in ourselves" (Cassirer 1944, 163). Cassirer erläutert dies am Beispiel des ästhetischen Raumes und konstatiert eine Verwandtschaft mit dem mythischen Raum. Wie der mythische sei auch der ästhetische Raum ein von Gefühl und Phantasie modulierter und durch „intensive Ausdruckswerte" – Atmosphären – bestimmter konkreter „Lebensraum". (Cassirer 1931, 422) Der ästhetische Raum sei nicht mit dem abstrakten, richtungslosen Raum der Geometrie vergleichbar, sondern durch ein leibzentriertes Raumgefühl bestimmt. Oben, unten, rechts und links sind nicht gegeneinander austauschbar, sondern durch Gefühlswerte besetzt: Alle ästhetische Auffassung räumlicher Formen wurzelt Cassirer zufolge in „sinnlichen Elementargefühlen"; das Gefühl für Proportion und Symmetrie ist für ihn auf das unmittelbare Körpergefühl zurückführbar (Cassirer 1923b, 82). Es ist die Kunst, die dem Menschen durch die Intensivierung dieser Gefühle zur „vollen Sichtbarkeit seines Leibes" verhilft (Cassirer 1928, 90), indem sie auf die vielfältige sinnliche Verfasstheit des menschlichen Lebensraumes aufmerksam macht bzw. diesen gestaltet. Der sinnliche Erlebnisraum, in dem der Mensch nicht nur affiziert und beeinflusst wird, der ihn atmosphärisch umfängt und Unbehagen oder Wohlgefühl auslösen kann, wird zur Vorstellung gebracht und gestaltet, bzw. wird zur Vorstellung, indem er gestaltet wird. Es gibt für uns, schreibt Cassirer, „ein wahrhaftes Verständnis räumlicher Formen, eine plastische oder architektonische Anschauung nur dadurch, daß wir diese Formen in uns selbst zu erzeugen und uns der Gesetzlichkeit dieser Erzeugung bewußt zu werden vermögen". (Cassirer 1923b,

82). Eine konkrete Ausformulierung der durch die ästhetische Wahrnehmung beförderten „Sichtbarkeit des Leibes" durch Ausbuchstabieren an den einzelnen Sinnen hat dieser Teil der Ästhetik Cassirers jedoch nicht erfahren. Helmuth Plessners „Ästhesiologie des Geistes" ist in dieser Hinsicht ergiebiger.

4. Aby Warburgs „historische Psychologie des menschlichen Ausdrucks"

Der Ausgang vom Leib als Ursprung von Denk- und Lebensordnungen sowie als Medium bestimmt Cassirers Ausführungen über die teleologische Entwicklung symbolischer Formen, die einen kontinuierlichen Weg über Eindrücke, die „auf den Leib rücken" oder leiblich erlebt werden, zu bildlich oder begrifflich vermittelten distanzierten Vorstellungen oder Gedankengebäuden nehmen. Wenngleich die unmittelbare psychosomatische Betroffenheit und ihr Reflex in Ausdrucksgestalten auch in entwickelten Kulturen nicht überwunden werden, da sich in ihnen Emotionalität zeigt, der Zugang zum menschlichen Gegenüber über die Ausdruckswahrnehmung erfolgt und auch die ästhetische Erfahrung von Ausdruckswerten geprägt ist, ist die Transformation und Kanalisierung der unmittelbareren Affizierung durch sinnliche Eindrücke in Vorstellungen ausschlaggebend für die Kulturentwicklung des Menschen. Den Transformationsgewinn bezeichnet Cassirer gelegentlich unter Rückgriff auf eine Formulierung der Kunsthistorikers und Kulturanthropologen Aby Warburg als „Denkraum der Besonnenheit".

Aby Warburg stimmt mit Cassirer hinsichtlich der Funktion symbolischer Verarbeitung von sinnlichen Eindrücken überein: „Bewußtes Distanzschaffen zwischen sich und der Außenwelt darf man wohl als Grundakt menschlicher Zivilisation bezeichnen." (Warburg 1929, 3) Während Cassirer jedoch von einem zwar mehr oder weniger fragilen und durch Remythisierung gefährdeten, aber doch teleologisch orientierten Zivilisationsprozess ausgeht, dessen Gelingen von der Integration verschiedener symbolischer Formen abhängt, ist das Warburg'sche Modell gesellschaftlicher Prozesse polar bzw. elliptisch. Gefahren für die menschliche Gesellschaft drohen sowohl vom Pol der Überwältigung durch chaotische Affekte als auch durch eine sterile, zum Stillstand gekommene technisierte Gesellschaft, in der die kreativen Potentiale erschöpft sind.

Seine „allgemeine Kulturwissenschaft" beschreibt Warburg als „Lehre vom bewegten Körper" (Warburg 1924) oder komplementär als „historische Psychologie des menschlichen Ausdrucks", denn im Zentrum seines Interesses stehen der in Bildern dokumentierte und gesteigerte Affektausdruck bewegter menschlicher Körper sowie der Prozess der künstlerischen Auseinandersetzung mit Ausdrucksmustern vergangener Epochen.

Bilder sind für Warburg das bevorzugte Studienobjekt für die Erforschung von manisch-depressiven Gemütszuständen, die zwischen ekstatischer Erregung und

Besonnenheit pendeln, da sie im Vergleich mit Textdokumenten durch ihre sinnliche Gestalt und Suggestivkraft eine höhere „somatische Performanz" (Böhme 1997, 139) aufweisen. Zwar verdanken sich alle symbolischen Formen *qua definitionem* der Transformation psychosomatischer Bewegtheit, Bilddokumente sind jedoch in besonderem Maße fähig, die in sie investierte Energie zu konservieren, virulent zu halten, in der Rezeption wieder freizusetzen und als Quelle der Kreativität belebend zu wirken. Bilder sind somit nicht *per se* dafür geeignet, an der Schaffung eines „Denkraums der Besonnenheit" mitzuwirken, denn sie sind durch dieselbe Polarität wie der gesamte Zivilisationsprozess gekennzeichnet: Sie können eine ruhige Schau veranlassen und „Freude über das ungefährlich Bewegte" (Warburg 1890, 108) auslösen, aber auch zum Nacherleben oder „Verleiben" des sie erzeugenden Affekts zwingen und eine Intensivierung von Affekten bewirken. Bilder stehen an einer Stelle in der Spannung dieser beiden Pole, wo „das Symbol als Zeichen verstanden wird und dennoch als Bild lebendig bleibt" (Wind 1931, 410).

4.1 Pathosformeln und Engramme

Bei seiner Untersuchung der Aneignung und Transformation von Ausdrucksmustern konzentriert sich Warburg auf gebärdensprachliche Darstellungen in Bildern der Renaissance, in denen psychosomatische Bewegtheit zum Ausdruck kommt, und prägt für sie in dem Aufsatz „Dürer und die italienische Antike" von 1905 den Begriff der „Pathosformel". Pathosformeln sind, entgegen der streng semantisch fixierten Anmutung, die vom Begriff der „Formel" ausgeht, keine identisch wiederholbaren Zitate eines überhistorischen Repertoires, sondern Ergebnisse der individuellen Auseinandersetzung eines Künstlers mit kulturell geprägten Vorgaben im Ringen um den adäquaten Ausdruck eigener Ergriffenheit. Auf der Spur der Pathosformeln untersucht Warburg „die Geschichte der eloquentia corporis, der Rhetoriken, Semantiken und Topiken körperbezogener Ausdrücke und Habitus, also die zu Bildern und Figuren geronnenen Interferenzen zwischen Affektenergien und kulturellen Verarbeitungsmustern" (Böhme 1997, 139). Die Rezeption und Produktion von Pathosformeln versteht Warburg als einen Kreislauf der Verkörperung psychosomatischer Energie in einer Gestalt durch „Einverseelung vorgeprägter Ausdruckswerte bei der Darstellung bewegten Lebens" (Warburg 1929, 3). Diesen schöpferischen Prozess der Verkörperung von Bewegtheit in Ausdrucksformen beschreibt er als ein „hantierendes Abtasten des Objekts" (ebd.) und setzt damit einen Akzent auf die Körperlichkeit des kreativen Prozesses.

Dabei werden in Pathosformeln keine einzelnen Momente einer Bewegung herausgegriffen, sondern sie sind „Dynamogramme", die Bewegungsabläufe prägnant verdichten und durch künstlerische Darstellung zu „Ausdrucksformen zweiter Potenz" (Saxl 1932, 424) steigern (vgl. dazu Meuter 2006, 284ff.).

Bilder betrachtet Warburg auch als „Energiekonserven", die in sie investierte Energien über Jahrhunderte speichern und wieder übertragen können. Ihren Ursprung verortet er in Kultformen der Antike:

> „In der Region der orgiastischen Massenergriffenheit ist das Prägewerk zu suchen, das dem Gedächtnis die Ausdrucksformen des maximalen inneren Ergriffenseins, soweit es sich gebärdensprachlich ausdrücken läßt, in solcher Intensität einhämmert, daß diese Engramme leidenschaftlicher Erfahrung als gedächtnisbewahrtes Erbgut überleben und vorbildlich den Umriß bestimmen, den die Künstlerhand schafft, sobald Höchstwerte der Gebärdensprache durch Künstlerhand im Tageslicht der Gestaltung hervortreten wollen." (Warburg 1929, 3)

Unklar bleibt jedoch, in welchem Medium Warburg die Übertragung des „Erbgutes" ansiedelt. Handelt es sich, wie seine organizistische Metaphorik und die Entlehnung des Begriffs des „Engramms" aus Richard Semons Lehre der Vererbung erlernter Verhaltensweisen durch neurologische Einschreibungen suggeriert, um eine physiologische Gedächtnistheorie, die davon ausgeht, dass die Erregungsmuster nicht nur während der Lebensdauer eines Individuums gespeichert sind, sondern Generationen überdauern können? Die Formulierung einer „soziale[n] Mneme als Bewahrerin der antikisierenden Dynamo-gramme der Gebärdensprache" (Warburg 1927, 120) deutet in diese Richtung. Oder argumentiert er, um den Stilwandel in der Malerei der Renaissance zu erläutern, kulturgeschichtlich mit der Tradierung von Bildern und Symbolen, die im Rezeptionsprozess energetisierend wirken? Warburg schließt kulturelle Entwicklungs- und Rezeptionsprozesse mit genetischer Vererbung kurz – ohne die Übertragungswege zu erläutern.

Während Saxl die Pathosformeln als Sekundärformen betrachtet, ist nicht klar, ob Warburg selbst sie als Symptome eines körperlichen Geschehens oder als Zeichen in kommunikativer Absicht verstanden wissen wollte. Seine Bestimmungen oszillieren zwischen „dem Zeigen eines ‚conventional symbol' und dem Sich-Äußern eines ‚natural symptom' aus der Welt des körperlichen Gebarens" (Knape 2008, 135). Möglicherweise war Warburg sich selbst nicht darüber im Klaren, auf welcher Ebene er seine Pathosformeln angesiedelt wissen wollte. Auszuschließen ist jedoch nicht, dass sein synkretistisches Verfahren und die daraus resultierenden Effekte bewusst kalkuliert sind. In Formulierungen wie der „triebhafte[n] Verflochtenheit des menschlichen Geistes mit der achronologisch geschichteten Materie" nutzt der Psycho- und Bildhistoriker Warburg das bildnerische Potential seiner Sprache und erzeugt durch Engführung von Kulturalismus und Biologismus, die bereits im Begriff der Pathosformel zusammengezwungen werden, zwei Effekte: die Verlebendigung der Bilder und die Einleibung psychischer Bewegtheit. Die Metaphorik und sprachmagische Potenz seiner Ausführungen erhalten heuristische Funktion: Sie stellen eine poetische Vorhut dar, um einen Anspruch zu markieren, der theoretisch erst noch einzulösen ist. „Man erkennt", so Hartmut Böhme (Böhme 1997, 153), „daß Warburg vom äußersten Rande her zu denken versucht, wo die Spuren der Kultur sich im unbesprechbaren Übergang zur Natur auflösen."

4.2 Wahrnehmung als Einverleibung

Während Cassirer im Prozess der symbolischen Formung einen Weg der Distanzierung von leiblicher Affizierung erblickt, die der Philosoph aus rationaler Distanz betrachtet und beurteilt, ist die Richtung der Warburg'schen Methode der Betrachtung von Bildern dem entgegengesetzt. Pathos, leidenschaftliche Bewegtheit, die den Bildern eingeschrieben ist, ist nicht nur sein Forschungsthema, auch methodisch setzt er sich als Forschersubjekt aufs Spiel, um eine „Erkenntnis durch Verschlingung" (Didi-Huberman 2002, 439) zu praktizieren. Die kreisende, nicht zum Abschluss kommende Sprache, in denen er das Verhältnis zu den Artefakten beschreibt, ist gleichermaßen Zeichen einer Urteilsenthaltung gegenüber dem lebendigen, sich wandelnden Bild wie Symptom der methodischen Anverwandlung. Das imaginäre Abtasten der Bilder, dass Warburg in der Einleitung zum Mnemosyne-Atlas zur Methode erhoben hat, ist gleichbedeutend mit dem Versuch der Verkörperung oder Einverleibung, den er in Notizen zu seinem Kreuzlinger Vortrag über das Schlangenritual erläutert. Einfühlung ist eine traditionellere Bezeichnung dieses Vorgangs, auf dessen zahlreiche Korrespondenzen bei Binswanger, Wölfflin und Robert Vischer Didi-Huberman hingewiesen hat. In dieser Form der Rezeption von Bildern vollzieht sich das genaue Gegenteil dessen, was Cassirer als Ergebnis symbolischer Formung beschrieben hat: Während bei Cassirer Ich und Welt durch Auseinandersetzung im Prozess der symbolischen Formung entstehen, verliert sich das Subjekt bei Warburg durch „Einverleibung" oder „körperlich realisierte Einfühlung" (Didi-Huberman 2002, 446) in der Bildrezeption.

John Michael Krois hat jüngst auf eine neurologische Erklärung dieses körperlichen Affiziertseins durch Bilder hingewiesen: Es sind unbewusst ablaufende Reaktionen des durch Propriozeption organisierten Körperschemas des Menschen auf die affektiv geprägte, räumliche Organisation der Artefakte (Krois 2010). Die radikalste Deutung der von Warburg formulierten Bild-Rezipient-Interaktion hat Horst Bredekamp vorgelegt. Pathosformeln sind Bredekamp zufolge „nur mühsam fixierte[...] Zustände[...] gesteigerter Erregung. Pathosformeln verfestigen sich nicht, sondern aktualisieren sich unter dem Druck innerer und äußerer Gefahr immer neu" (Bredekamp 2010, 299). Es ist nicht allein der Betrachter, der sich die Bilder einverleibt, sie selbst kommen ihm aktiv und aktivierend entgegen. Für diese Potenz der Bilder hat Bredekamp den Begriff des Bildakts geprägt.

5. Resümee

Das Leib-Seele-Verhältnis stellt für Ernst Cassirer ein Urphänomen dar und bildet den Prototyp jeder symbolischen Relation. In der Ausdruckswahrnehmung beschäftigt er sich mit einer Form der Wahrnehmung und Symbolisierung, in der Signifikat und Signifikant nicht zu trennen sind, die den Wahrnehmenden ebenfalls leiblich tangiert und atmosphärisch einnimmt. Diese leibliche Beeinflussung steht jedoch nicht im Zentrum seines Interesses, vielmehr verfolgt er die Ausbildung symbolischer Welten, die ihren Ausgang stets vom Körper nehmen, sich in ihrer Ausdifferenzierung jedoch immer weiter von ihm entfernen.

Die wesentliche Leistung Cassirers für eine Philosophie, die den Körper oder Leib nicht mehr ausblenden will, besteht darin, dass er auf die grundsätzliche Verkörperung des Denkens, nicht nur in der Sprache, sondern in verschiedenen Medien, hingewiesen hat. Denken vollzieht sich in der Auseinandersetzung und Gestaltung von Sinnlichem, von Zeichenkörpern. Dem korrespondiert eine Auffassung von Wahrnehmung, die symbolisch orientiert ist, d.h. stets und unmittelbar Gestalten bildet.

An die Beschreibungen körperlicher Austausch- und Einschreibungsprozesse, Formen der Habitualisierung und Überlieferung von Erregungsmustern, die Aby Warburg für die Produktion und Rezeption von Bildern entwickelt, kann eine Philosophie der Leiblichkeit möglicherweise sehr viel einfacher anknüpfen als an das semiotisch orientierte Denken Cassirers. Körperliche Prozesse und Verweisungen bilden zwar den Ausgangspunkt jeder Symbolisierung; für Cassirer ist der Übergang vom natürlichen, unmittelbaren, körperlichen Ausdruck zur Darstellung von Ausdruck, mit der Kultur beginnt, jedoch nicht fließend: Das Einsetzen von Reflexivität erfolgt schlagartig. Die zwei Seiten einer Philosophie der Leiblichkeit oder des verkörperten Denkens – die Verkörperung von Zeichenprozessen und die Sinnhaftigkeit vorsymbolischer Prozesse – in ihren Übergängen zu denken, ist eine Herausforderung, die sich daher im Anschluss an Cassirer stellt.

Literatur:

Warburg, 1927, Warburg 1929, Cassirer 1923a, Cassirer 1925a, Cassirer 1928, Böhme 1997, Knape 2008, Krois 2002, Lauschke 2007, Meuter 2006, Wiegerling 2008.

III. Grenzen und Kritik des Leibbegriffs

Theodor W. Adorno
– Soma und Sensorium

Christian Grüny

Es mag überraschen, Adorno im Kontext eines der Leiblichkeit gewidmeten Bandes zu finden. Diese Überraschung hat ihre Berechtigung, und man muss es klar sagen: Adorno hat keinen ausgearbeiteten Leibbegriff. Dafür gibt es natürlich Gründe, die teilweise auf der systematischen Ebene liegen und teilweise mit seiner philosophischen Herkunft zu tun haben. So ist ihm die Unterscheidung von Körper und Leib weitgehend fremd. Bestimmend vor allem in der Selbstbeschreibung und -verortung bleiben trotz der ausführlichen Auseinandersetzung mit Husserl andere philosophische Traditionen – die Dialektik Hegels etwa und auch Nietzsche, dem er einer eigenen Auskunft nach „am meisten von allen sogenannten großen Philosophen verdank[t]" (Adorno 1963b, 255; vgl. Rath 1987 u. den Beitrag von Klass in diesem Band). Dennoch findet sich in Adornos Texten eine Vielzahl von phänomenologisch zu nennenden Motiven und eine Reihe von Anknüpfungspunkten und Impulsen für eine von der Leiblichkeit ausgehende Philosophie, denen ich im folgenden nachgehen möchte. Nicht zuletzt können sie als Kritik philosophischer Modelle von Körperlichkeit dienen, die bei aller Rücksichtnahme auf Heterogenität doch am Ende mit Einheitsbegriffen operieren.

Es gibt hier zwei unterschiedliche Stränge: auf der einen Seite das in späteren Texten exponierte Motiv des Somatischen, das in Erkenntnistheorie, Metaphysik, Gesellschaftstheorie und Moralphilosophie eine Rolle spielt, auf der anderen dasjenige des Sensoriums, das sich vor allem in Texten zur Ästhetik findet. Tatsächlich muss auch hier eher von Motiven gesprochen werden als von ausgearbeiteten theoretischen Modellen, denn beide Figuren spielen zwar eine zentrale Rolle und werden immer wieder in Anspruch genommen, aber nicht wirklich expliziert. Wer sich mit ihnen beschäftigen will, muss diese Explikationsarbeit daher weitgehend selbst leisten. Aus ihnen lässt sich auch in der explizierenden Zusammenschau kein einheitlicher Leibbegriff bauen – was kein Zufall ist, sondern den Intentionen des Autors entspricht –, aber sie mögen als Korrektiv und Erweiterung fungieren.

1. Soma

„Der Körper ist nicht wieder zurückzuverwandeln in den Leib."
(Horkheimer u. Adorno 1947, 267)

Es gibt wohl kaum einen Satz in Adornos Werk, der die Distanz zur phänomenologischen Leibvorstellung deutlicher macht als dieser. Der Leib, von dem hier die Rede ist, ist nicht die fungierende Erfahrungsinstanz Husserls und Merleau-Pontys, sondern der mit christlichen Konnotationen aufgeladene Leib der Tradition: eine Art Verklärung des Körpers. Wie weit dieser jenseits solcher Verklärung geraten ist, zeigt der folgende Satz: „Er bleibt die Leiche, auch wenn er noch so sehr ertüchtigt wird." Dies macht endgültig deutlich, dass es sich hier nicht nur um eine terminologische Differenz handelt, sondern um eine von einer bestimmten historischen und politischen Diagnose imprägnierte. In einer für die *Dialektik der Aufklärung* typischen *tour de force* werden unterschiedlichste Motive von Gewalt, Erniedrigung und Vergötzung des Körpers zusammengestellt, um so eine dunkle Unterströmung der europäischen Geschichte sichtbar zu machen, die sich vom frühen Christentum bis zum gerade vergangenen Nationalsozialismus erstreckt und deren Fluchtpunkt der Körper als Leiche bildet.

Eine neutrale, ontologische oder phänomenologische Theorie des Körpers oder Leibs liegt demgegenüber überhaupt nicht im Horizont der Autoren, eher schon eine Kulturgeschichte oder Soziologie des Körpers, die freilich unausgeführt bleibt. Als Theoriefigur hat die polemische Gleichsetzung entfernte Berührungspunkte mit Merleau-Pontys Vorstellung des naturwissenschaftlich rekonstruierten Körpers als „verarmtes Abbild" (Merleau-Ponty 1945, 490) des lebendigen Leibes bzw. könnte als Anspruch verstanden werden, ihr den psychohistorischen Hintergrund zu liefern: Erst die „Haßliebe gegen den Körper" (Horkheimer u. Adorno 1947, 266) hat eine solche Objektivierung möglich gemacht, die zwar produktive Konsequenzen hat, der aber Unterdrückung, Gewalt und Tod einbeschrieben bleiben. Das „Interesse am Körper", wie der kurze Text überschrieben ist, ist damit eine hochambivalente Angelegenheit zwischen seiner Verwerfung, Kultivierung, Verstümmelung und Erforschung.

Auch wenn es bis heute ein gewisses Maß an Plausibilität hat, bleibt dieses Bild mangels genauerer Ausführungen grob gezeichnet und polemisch. Es kann aber einen ersten Anknüpfungspunkt bilden, von dem aus Adornos Gegenbild zu diesen Zurichtungen in den Blick genommen werden soll: keine Vision einer heilen Körperlichkeit, sondern Residua, Minima des Widerstandes gegen die Zurichtung, die zu Berufungsinstanzen aufgebaut werden.

Ein erster Ansatzpunkt ist tatsächlich die Auseinandersetzung mit Husserl, gegen den Adorno bisweilen dezidiert phänomenologisch argumentiert. So heißt es etwa in der *Metakritik der Erkenntnistheorie*: „Phänomenologisch gesprochen, gehörte ‚mit den Augen' zum Sinn von Sehen und wäre nicht erst kausale Reflexion und theoretisierende Erklärung." (Adorno 1956, 149) Dies wird verstanden als kritische Anmerkung, was im Kontext der ihm damals zugänglichen Texte nicht unplausibel ist. In den *Cartesianischen Meditationen* allerdings findet Adorno eine Passage zum Leib als Vermögen, zu Sinnesfeldern und Kinästhesen und bemerkt dazu (bezeichnenderweise in einer Fußnote): „An dieser Stelle muß Husserls Analyse verstummen, wenn sie nicht die gesamte ἐπωχέ durch einen in dieser gewonnenen Befund sprengen will." (Adorno 1956, 149, Fn.) Die Diagnose entspricht, wenn auch aus deutlich größerer Distanz, derjenigen Merleau-Pontys, der die „Unmöglichkeit der vollständigen Reduktion" (Merleau-Ponty 1945, 11) als Lehre aus der Reduktion betrachtet und insofern Husserl gutschreibt, statt ihn dafür zu kritisieren. Dass der wahrnehmende Körper nicht als Konstitutum betrachtet werden kann, weil er sich selbst auf der Seite des Konstituierenden befindet, ist für Adorno genauso entscheidend wie für Merleau-Ponty.

Dass der Akzent allerdings deutlich anders gesetzt wird, wird klar, wenn man sich spätere Texte zu diesem Thema ansieht, etwa die einigermaßen verschlungenen Bemerkungen *Zu Subjekt und Objekt*. Dort heißt es: „Aus Subjekt, gleichgültig, wie es bestimmt werde, läßt ein Seiendes nicht sich eskamotieren. Ist Subjekt nicht etwas – und ‚etwas' bezeichnet ein irreduzibel objektives Moment –, so ist es gar nichts […]." (Adorno 1969, 747) Diese Betonung des Objekthaften am Subjekt zielt nicht auf das „Ich kann", das für Husserl Inbegriff der Leiblichkeit als Vermögen ist, und auch nicht auf seine Eigenschaft, Objekt für andere zu werden, sondern vor allem auf seine Materialität, durch die es unter den Dingen ist, und damit auf eine unauflösliche innere Fremdheit.

Insgesamt wird der mittlere Bereich der Leiblichkeit, jener dritten Dimension, die verspricht, die unfruchtbare Subjekt-Objekt-Spaltung zu unterlaufen, von Adorno übersprungen. Zwar pochen die erkenntnistheoretischen Bemerkungen der *Negativen Dialektik* auf die Rolle „des Leiblichen" in der Erkenntnis und nehmen wiederum eine phänomenologische Argumentation in Anspruch – das Körperliche bilde den Kern subjektiver Erkenntnis (Adorno 1966, 194) –, bleiben dabei aber formal. Am Ende sind es die widerständigen Minima, auf die er sich stützt: Lust und, noch entscheidender, Schmerz. An zentraler Stelle heißt es:

> „Aller Schmerz und alle Negativität, Motor des dialektischen Gedankens, sind die vielfach vermittelte, manchmal unkenntlich gewordene Gestalt von Physischem, so wie alles Glück auf sinnliche Erfüllung abzielt und an ihr seine Objektivität gewinnt." (Adorno 1966, 202).

Dass der Schmerz als „Motor des dialektischen Gedankens" bezeichnet wird, hat systematische Bedeutung: Schmerz ist das Phänomen, das jegliche positive Philosophie durchkreuzt und in Richtung eines negativistischen Ansatzes weist. Überdies ist er das Moment in der Erfahrung, bei dem nicht nur die Erkenntnistheorie, von der der Gedankengang ausgeht, sondern die Philosophie insgesamt gezwungen ist, ihre moralische und politische Dimension anzuerkennen.

Die materielle Objektivität, die das Subjekt wesentlich kennzeichnet, zeigt sich am deutlichsten in seiner Verletzlichkeit, und diese wird in der Schmerzerfahrung offenbar. Der Körper ist der Welt hier in einer Weise ausgesetzt, die es unmöglich macht, ihre Wirkungen in Bewusstseinstatsachen und die Reaktion in Willensakte zurückzuverwandeln, die aber auch die „lebendige Kommunikation mit der Welt" (Merleau-Ponty 1945, 66), grundsätzlich in Richtung eines Ausgesetztseins verwandelt; hier finden sich gewisse Affinitäten zu Levinas (vgl. etwa Levinas 1974a; sowie den Beitrag von Bedorf in diesem Band). Der schmerzende Körper erfährt sich von einer feindselig erscheinenden Welt „getroffen" (Buytendijk 1943) und festgenagelt; über die Wertung dessen hinaus, das ihn hervorgerufen hat, macht der Schmerz eine indirekte wertende Aussage über das, was er betrifft, also den geschädigten Körper, der doch unversehrt sein soll: „Weh spricht: vergeh" (Adorno 1966, 203), wie Adorno Nietzsches *Zarathustra* zitierend schreibt. Die Dringlichkeit, die Unabweisbarkeit der Beteiligung des Körpers und der Index des Falschen machen den Schmerz zu einem Phänomen, über das nicht hinweggegangen werden kann (vgl. Grüny 2004).

In gewisser Weise kann er selbst als basale Form der Widerständigkeit gewertet werden: Der Körper, der so betroffen ist, leistet zuerst einmal Widerstand gegen den Druck der Welt, indem er schlicht im Weg ist, und dann durch sein Leiden selbst, das eine Art elementarer Zurückweisung darstellt, durch die eine körperliche Verletzung mehr ist als das „Zerspringen einer Feder im Räderwerk" (Waldenfels 1986, 132).

Mit der Negativität des Schmerzes ist ein Kern des späteren Adorno'schen Denkens erreicht, der sich nicht nur jeder Form der diskursiven Begründung entzieht, sondern auch von der die philosophischen Kategorien dynamisierenden, relativierenden, auflösenden Bewegung der negativen Dialektik ausgenommen ist. Vielmehr bildet er ihren Ausgangs- und Ankerpunkt. Im Schmerz schürzt sich der Knoten, der Körper und Denken, Subjektivität und Objektivität, Negativität und Widerstand zusammenbindet. Er ist „Objektivität, die auf dem Subjekt lastet" (Adorno 1966, 29), Inbegriff des Nichtseinsollenden, untilgbare Anwesenheit des Körpers im Denken, Grenze der Theorie und Maßstab der Praxis. Bei all dem geht es offensichtlich nicht primär um die Tatsache, dass wir in einer Welt leben, in der man sich das Schienbein stoßen kann, sondern um gesellschaftlich verursachtes bzw., noch genauer, um vermeidbares Leiden. Dennoch setzt das Motiv tiefer an. Der Schmerz – jeder Schmerz – trägt einen Index des Negativen, und jede Begründung und Rechtfertigung kommen danach – was nicht heißt, dass es in keinem Fall eine geben kann. Sie wird aber prekär bleiben, insofern auch der begründete und aufgrund dieser Begründung ertragene Schmerz sich nicht einfach bei sich beruhigt.

Indem die Grundfigur körperlicher Negativität ins Zentrum der Philosophie gerückt und der Begründung entzogen wird, bekommt diese einen offen normativen Kern, in dem Moralisches und Politisches nicht voneinander zu trennen sind. Adorno hat nicht die Unbekümmertheit des Horkheimers der dreißiger Jahre, hat aber dessen Grundposition übernommen: die Berufung auf die Abschaffung des Leidens, die als weder begründungsbedürftig noch auch nur begründungsfähig verstanden wird (vgl. beispielsweise Horkheimer 1933). In den Meditationen zur Metaphysik, mit denen die *Negative Dialektik* schließt, erscheint dieser Kern in Gestalt eines neuen kategorischen Imperativs – „dass Auschwitz nicht sich wiederhole" –, an dem die Begründungsresistenz der zentralen Rolle des Schmerzes einen ihrer entscheidenden Ausgangspunkte findet: Ihn „diskursiv zu behandeln", was an dieser Stelle offenbar bedeutet, ihn erwägend in Zweifel zu ziehen, sei „Frevel" (Adorno 1966, 358), also nicht etwa unmöglich, sondern verboten. Kategorisch kann dieser Imperativ genannt werden, indem er, ähnlich wie der Kantische, ein unbedingtes Verhältnis zur Vernunft unterhält, deren Entfernung aus allen historischen und politischen Zusammenhängen damit zurückgenommen wird. Eine Vernunft, die einen derartigen Imperativ als ihr „Faktum", wie es bei Kant heißt (Kant 1788, B 56), anerkennt, hat erkannt, dass sie sich andernfalls als Vernunft selbst durchstreichen würde. Der Grund dafür ist nicht formal im Sinne jenes performativen Selbstwiderspruchs, der Horkheimer und Adorno vorgeworfen wurde, sondern sozusagen substantiell, im Sinne einer Setzung, deren Unterbleiben kein logisches Problem, sondern den endgültigen moralischen Bankrott bedeutete.

Die Möglichkeit der Reduktion von Menschen auf das Minimum des Somatischen, auf reinen Schmerz und durch keine Sinnstiftung gemilderten Tod, liegt in ihrer Körperlichkeit begründet; als reale Möglichkeit ist sie durch Auschwitz in die Welt gekommen und nun nicht mehr zu tilgen. Die theoretischen Implikationen reichen aber noch tiefer: Von philosophischer Theorie zu verlangen, sie müsse sich von dieser Form normativer Setzung befreien, wäre aus Adornos Perspektive pure Ideologie, indem es eine Reinheit und Neutralität suggeriert, die es nicht geben kann. Der Anstoß für diese Setzung ist der Körper.

Das Gleiche gilt im Prinzip auch für den Bezug auf Lust, das physisch verankerte Glück, das für Horkheimer womöglich noch wichtiger war; dennoch ist dies für Adorno ein schwierigeres Thema. In gewisser Weise kann Lust als Inbegriff des Richtigen gelten, aber der entscheidende Grund für den Vorrang des Leidens oder genauer des körperlichen Schmerzes ist die Kritik, der sich die konkreten Formen von Lust als „Verlangen, das Gewalttat und Unterjochung in sich hat" (Adorno 1966, 371), auszusetzen haben. Zu vergleichen wäre der in seiner extremsten Ausprägung formal bestimmte physische Schmerz mit der „blinden somatischen Lust", von der Adorno in der Tat sagt, in ihr wäre „die Utopie zu bestimmen" (Adorno 1951a, 68); sie taugt aber nicht als Ideal, sondern bestenfalls als Bild, als Idee. Sie als in der Welt vorfindliche Berufungsinstanz zu verstehen, würde zu jener „hedonistischen Utopie vollständiger Triebbefriedigung" (Schnädelbach 1983a, 91) führen, die sich bei Adorno gerade nicht findet. Schnädelbach scheint mir die Komplexität seiner Behandlung von Glück und, damit zusammenhängend, von Bedürfnis deutlich zu unterschätzen. Natürlich lässt sich auch aus der Negativität des Schmerzes keine kohärente politische Position ableiten, aber man muss wohl folgendes festhalten: „Vermeintliches Glück ist vorstellbar, vermeintlicher Schmerz hingegen nicht." (Kohlmann 1997, 182)

Wenn im Theoriekontext des späteren Adorno wieder von der Leiche die Rede ist, so in einer anderen Hinsicht als in der eingangs zitierten Passage:

> „Ich meine, der Unterschied zwischen dem abstrakten allgemeinen Satz von Heidegger: ‚Wenn wir sterben, bleibt eine Leiche zurück' und der Erfahrung, die der Medizinstudent in der Anatomie macht, wenn er an einer Leiche herumschneiden muß, ist eigentlich der Inhalt der Philosophie." (Adorno 1963a, 181)

Diese aus einer Vorlesung stammende Aussage ist von unabsehbarer Reichweite. Sie findet ihr Echo in den Meditationen zur Metaphysik.

Deren zweiter Abschnitt spricht von den Erfahrungen des Kindes mit dem Anblick und dem Gestank von Kadavern, wo laut Adorno „die armselige Existenz [...] ins oberste Interesse [zündet]" (Adorno 1966, 359). Diese Leiche ist nicht das Produkt einer gewaltsamen und verarmenden Abstraktion, sondern ein elementares Faktum menschlicher Körperlichkeit. Zum Sinn von Wahrnehmung gehört nicht nur, dass sie mit den entsprechenden Organen stattfindet, sondern auch die Verletzlichkeit und Fleischlichkeit dieser Organe, und der Schmerz, das körperliche Leiden an der Welt, hat seinen Fluchtpunkt im Tod. Hier nun zu konstatieren, wir hätten es eben nicht mehr mit dem Leib, sondern mit dem Körper zu tun, schafft das Problem eher aus der Welt als es zu erhellen: Der Übergang eines lebenden Wesens in eine Leiche ist nicht einfach ein Kategorienwechsel. Die Forderung, „das am Tod Verdrängte in seiner ganzen Schwere in das Bewußtsein aufzunehmen" (ebd.), verlangt nach einer Modifikation des Leibbegriffs, nicht nach einem Abschieben jenes Verworfenen in eine andere Kategorie (vgl. Grüny 2006).

Wenn dies der Punkt ist, an dem die „bloße" Phänomenologie, die für ihn immer ein defizitäres Unternehmen bleibt, gezwungen ist, in Metaphysik überzugehen, so ist es eine Metaphysik, die sich ihm stellt, ohne doch ihr fundamentales Fragen aufzugeben und sich das freie Denken zu verbieten – eine, wenn man so will, materialistische Metaphysik (Schmidt 1991). Eine Lösung hat auch sie nicht anzubieten, und seine eigenen Ausführungen dazu sind in der Tat Meditationen über die Unausweichlichkeit des Todes mit allen ihren Implikationen und seine gleichzeitige „Unausdenkbarkeit" (Adorno 1966, 364).

Dabei spielt wiederum die historische Dimension mit hinein. Der entsprechende Abschnitt bewegt sich zwischen eher ontologisch zu verstehenden wie den oben zitierten und explizit historischen Passagen wie der folgenden hin und her: „Die somatische, sinnferne Schicht des Lebendigen ist Schauplatz des Leidens, das in den Lagern alles Beschwichtigende des Geistes und seiner Objektivation, der Kultur, ohne Trost verbrannte." (Ebd., 358) Nach Auschwitz wird, so könnte man die beiden zusammenzubringen versuchen, die Lüge der philosophischen und kulturellen Verdrängung und Verklärung offenbar, indem tatsächlich Menschen auf jenes Minimum gebracht werden, in dem nur noch die Widerständigkeit des körperliche Leidens ihre Lebendigkeit bezeugt, ehe sie als Kadaver enden, die vor allem ein Entsorgungsproblem darstellen. Das „Staunen über das, was man selber werden kann: Fleisch und Tod" (Améry 1966, 85), das Jean Améry rückblickend auf die ihm widerfahrene Folter konstatiert und das nach Auschwitz zu einem über die individuelle Erfahrung hinausgehenden Faktum geworden ist, ist nicht mehr aus der Welt zu schaffen und beansprucht daher, ins Zentrum der Philosophie gerückt zu werden (vgl. dazu Grüny 2007).

In der bereits mehrfach zitierten zweiten Meditation zur Metaphysik greifen aber, wie bereits festgehalten, nicht nur Ontologie und Geschichte, sondern auch Moral ineinander, letztere nun als eigener Fragehorizont. Im Kontext der Verweigerung einer Begründung für den neuen kategorischen Imperativ taucht auch eins der zentralen Motive aus dem Freiheitskapitel, der Auseinandersetzung mit der Kantischen Ethik, auf: das „Hinzutretende". So benennt Adorno die impulshafte Reaktion auf den Schmerz der Anderen, die ihm zufolge Ausgangspunkt und Agens von Moral überhaupt ist, ein bis ins Körperliche gehender Handlungsimpuls, ohne den Moral überhaupt nicht denkbar ist: „[Z]uckte nicht mehr die Hand, so wäre kein Wille." (Adorno 1966, 229)

Auch hier haben wir es mit einem Minimum zu tun, aus dem allein keine Moral zu machen ist, und das sich wiederum dagegen sperrt, in Begründungszusammenhänge hineingezogen zu werden:

> „Der Impuls, die nackte physische Angst und das Gefühl der Solidarität mit den, nach Brechts Wort, quälbaren Körpern, der dem moralischen Verhalten immanent ist, würde durchs Bestreben rücksichtsloser Rationalisierung verleugnet; das Dringlichste würde abermals kontemplativ, Spott auf die eigene Dringlichkeit." (Ebd., 281)

Was Adorno hier ebensowenig abwehrt wie im Falle des neuen kategorischen Imperativs, ist die rationale Durchdringung der Situation, in der sich jener Impuls äußert; die Frage, was nun eigentlich zu tun ist, bleibt auf sie angewiesen. Der Impuls und die Einsicht in politische und historische Zusammenhänge stehen für ihn allerdings in einem prekären Verhältnis zueinander: Zwischen ihm und der Erkenntnis, dass die tatsächlichen Sachverhalte für unmittelbare Konsequenzen für individuelles oder politisches Handeln zu komplex sind, bleibt ein Widerspruch. Hier liegt, so Adorno, der „Schauplatz von Moral heute" (ebd., 282), und mehr als ein Schauplatz, an dem die eigentlich moralische und politische Arbeit erst anfinge, kann für ihn *philosophisch* nicht angegeben werden.

Überdies ist auch der Impuls selbst nicht der schieren Irrationalität überantwortet, sondern muss in seiner *inneren* Vermittlung mit der Vernunft gedacht werden: Stellt man in Rechnung, dass die Reaktion auf das Leiden anderer sicher nicht in jedem Fall Solidarität sein wird, sondern sich durchaus auch als Abwendung oder offene Aggression äußern kann – das Zucken der Hand kann auch das Ausholen zu einem Schlag sein –, so wird man das, was Adorno demgegenüber im Blick hat, wohl selbst historisch begreifen müssen, etwa als „prekäre[s] Produkt des zivilisationsgeschichtlich errungenen Rationalitätsfortschritts" (Schweppenhäuser 1993, 183), das aber gleichwohl an die Sphäre mimetischen Verhaltens gebunden bleibt und nicht in Rationalität auflösbar ist. In der *Vorlesung zur Moralphilosophie* heißt es: „Wir mögen nicht wissen, was die absolute Norm, ja auch nur, was der Mensch oder das Menschliche und die Humanität sei, aber was das Unmenschliche ist, das wissen wir sehr genau." (Adorno 1963b, 261). Jener Sinn für Ungerechtigkeit ist wesentlich an die mimetische, impulshafte Reaktion auf das erfahrene Leiden gebunden. Gäbe es sie nicht, wäre jedes Rationalisieren über Moral vergebens.

Insgesamt ist es klar, dass auch für Adorno selbst das „Hinzutretende" nicht schon die ganze Moral ist, sowenig der Schmerz und die Leiche der ganze Körper sind und sich aus dem neuen kategorischen Imperativ die ganze Politik ableiten ließe. In allen drei Fällen benennt Adorno unhintergehbare Minima, die ihre Ansprüche an die Theorie, die Moral und die Politik stellen und ohne die diese nicht gedacht werden können. Das Somatische, das sich hier zur Geltung bringt, fungiert als Ausgangspunkt und Einspruchsinstanz zugleich.

Das Elementare, Impulshafte des Somatischen, das damit zwar überdeutlich, aber undifferenziert erscheint, wird durch die dem Anspruch nach höchste Differenziertheit leiblicher Reaktionsweisen in der Ästhetik komplementiert. Schmerz und Lust sind hier weit davon entfernt, ungebrochene Berufungsinstanzen zu bilden; sie sind aufgehoben in einer anderen Instanz, in der Sensibilität, Vernunft und Historizität miteinander vermittelt sind und die nun tatsächlich in jenem mittleren Bereich angesiedelt ist: dem Sensorium.

2. Sensorium

Der Ausdruck „Sensorium" bezeichnet in der Regel, neutral genug, die Gesamtheit der Sinne und hat eine leicht mechanistische Note: Das Wort klingt, als benenne es einen wenn auch komplizierten Registraturapparat. Damit suggeriert es eine Differenz zwischen dieser sinnlichen Gesamtheit und anderen Instanzen, etwa einer geistigen Verarbeitung des sinnlich Wahrgenommenen oder der ausdrücklichen Reflexion. Auf der anderen Seite deutet es Distanz zu atomistischen, reduktionistischen Theorien der Wahrnehmung an, indem es den Ganzheitscharakter des Sinnlichen betont. Das Sensorium wäre insofern eine nicht selbst reflektierende, mit allen Sinnen auf die Welt geöffnete Instanz.

Adornos Gebrauch dieses Wortes spiegelt diese Grundbedeutung wieder, versteht das Benannte aber historisch konkret und bezieht damit zusammenhängend eine rationale Dimension ein. Wenn der Begriff in den Texten auftaucht, so ist vielfach die Rede vom Sensorium einer konkreten Person, auf die Adorno sich bezieht, etwa prototypischerweise dem Paul Valérys (Adorno 1965, 159) oder Karl Kraus' (Adorno 1965, 380), oder allgemeiner demjenigen des Künstlers als solchem (Adorno 1970, 109). An anderen Stellen wiederum erscheint das Sensorium wie ein selbständiges Subjekt, und das sind jene Passagen, die mich hier besonders interessieren: zum einen weil sie die Sache, um die es Adorno geht, besonders gut veranschaulichen, zum anderen weil sie besonders angreifbar sind. Insgesamt könnte man – *cum grano salis* – sagen, dass „das Sensorium" das verschwiegene Subjekt von Adornos Ästhetik ist, ungeachtet dessen, dass er das Wort selbst sparsam verwendet. Es ist eine nun im eigentlichen Sinne leibliche Instanz, ein Rezeptionssubjekt, in dessen Rezeptions- und Reaktionsformen sich leibliche Regungen, offene Sinnlichkeit und Reflexion unlöslich miteinander verschränken. Es steht zu hoffen, dass eine direkte Zuwendung zu diesem in der Literatur in der Regel peripher behandelten Motiv auch seinen Kontext in einem veränderten Licht erscheinen lässt.

Der Text „Kulturkritik und Gesellschaft", an dessen Ende sich das berühmte in der Regel falsch oder unvollständig zitierte und entsprechend verzerrend interpretierte Diktum zur Dichtung nach Auschwitz findet, beginnt mit den Worten „Wer gewohnt ist, mit den Ohren zu denken…" (Adorno 1951b, 11). Dieser Anfang macht deutlich, wo die folgenden Ausführungen ihren Ausgangspunkt nehmen: In den Reaktionsformen ihres Autors, die nicht zufällig im Sinnlichen situiert werden, dabei aber ein inneres Verhältnis zur Rationalität unterhalten, das weit über das hinausgeht, was oben für den somatischen Impuls in Anschlag gebracht wurde. Wenn die Sinnesorgane zu Organen des Denkens gemacht werden, so ist darunter kein abwägendes, argumentierendes Räsonieren zu verstehen, sondern eine besondere Form der intellektuell imprägnierten Sensibilität. Adornos Denken mit den Ohren ist eingestandenermaßen Produkt seiner Sensibilität als Musiker, aber es ist, wie das hier zitierte Beispiel zeigt, nicht auf die Kunst beschränkt: Was es an dieser Stelle zutage fördert, ist keine kulturkritische Einsicht anhand etwa eines kulturindustriellen Produkts, sondern eine unmittelbar erfolgende, kritische Bewertung des *Begriffs* der Kulturkritik, die selbst etwas Impulshaftes hat. Das weist voraus auf ein weiteres, mit dem Sensorium verbundenes Motiv, dem ich mich unten zuwenden werde: dem der Idiosynkrasie, der unwillkürlichen, bis in die körperliche Aversion gehenden Ablehnung.

Um die spezifische Form jener leiblichen Instanz in ihrer Komplexität genauer zu fassen, empfiehlt es sich allerdings, sich doch den Auseinandersetzungen mit der Kunst zuzuwenden. Ich möchte dies tun anhand von zwei besonders anschaulichen Passagen:

> „Man versteht ein Kunstwerk nicht, wenn man es in Begriffe übersetzt – tut man einfach das, so ist es vorweg missverstanden –, sondern sobald man in seiner immanenten Bewegung darin ist; fast möchte man sagen, sobald es vom Ohr seiner je eigenen Logik nach nochmals komponiert, vom Auge gemalt, vom sprachlichen Sensorium mitgesprochen wird." (Adorno 1965, 433)

„Lebendig ist die ästhetische Erfahrung vom Objekt her, in dem Augenblick, in dem die Kunstwerke unter ihrem Blick lebendig werden." (Adorno 1970, 262)

In diesen komprimierten Aussagen sind Werk, Rezeption und historischer Hintergrund auf eine Weise verschlungen, dass sie nicht voneinander getrennt werden können.

Der erste zitierte Satz bestimmt Kunstwerke so basal wie aufschlussreich als Bewegung, was nicht auf die Zeitkünste beschränkt bleibt – für Bilder gilt nichts anderes (Boehm 1997). Die innere Struktur von Kunstwerken muss als Kraftfeld beschrieben werden, als (stillgestellte) Dynamik: „Die Elemente finden sich nicht in Juxtaposition, sondern reiben sich aneinander oder ziehen einander herbei, eines will das andere, oder eines stößt das andere ab." (Adorno 1970, 275) Ohne dies kann keine der weitergehenden Bestimmungen Adornos verstanden werden: das spannungsreiche Verhältnis von Teilen und Ganzem, von Durchbildung und Durchsetzung mit Heterogenem, der Zusammenhang von der Immanenz des Werkes und der Transzendenz gesellschaftlicher und historischer Kontexte, der Konnex der ästhetischen Erfahrung und ihrer diskursiven Aufarbeitung und die den Werken eigene Historizität. Sie alle sind zuletzt auf die immanente Bewegung des einzelnen Werkes bezogen.

Bereits für sie, nicht erst für das Verhalten der Rezipientin zum Werk, wird der Begriff der Mimesis ins Spiel gebracht (Früchtl 1986). Die Werke verhalten sich mimetisch zu sich selbst, wobei die Mimesis, die die gegeneinander spröde Abstoßung ebenso umfasst wie die verähnlichende Anziehung, nicht als unmittelbares Ineinandergreifen gestischer Formen gedacht wird, sondern ständig mit Konstruktion und damit mit Rationalität vermittelt ist. Mimesis taucht als Bestimmung des Geformten (vgl. Adorno 1970, 213), wie auch als dasjenige auf, in das die Konstruktion der Form am Ende übergeht (ebd., 217).

Dass eingangs zitierter Satz dabei auf den Produktionsakt verweist, ist hier eher irreführend, weil er auf eine falsche Fährte führt: zur „Verwechslung des Kunstwerks mit seiner Genese" (ebd., 267). Das Bild bedarf auf offensichtlichere Weise des Betrachters, um in Bewegung zu kommen, als die Musik des Hörers bedarf. Nun ist es aber durchaus nicht so, dass diese Bewegung diejenige des Malers im Produktionsprozess nachvollzieht; vielmehr ist sie strukturell von der Gestalt des Bildes bestimmt, für die die genaue Weise der Produktion nicht unbedingt von zentraler Bedeutung ist, wenn es um den Nachvollzug der „je eigenen Logik nach" geht.

Dies räumt der Rezipientin eine zentrale Stelle ein, die durch ein eigentümliches Ineinander von Aufwertung und Depotenzierung gekennzeichnet ist. Die Bewegung, um die es geht, soll trotz allem eine der Sache sein. die Rezipientin nimmt zum mimetischen Selbstverhältnis des Werkes eine selbst mimetische Haltung ein, eine „Nachahmung der Bewegungskurve des Dargestellten" (Adorno 1970, 189; vgl. Menke 1991, 119ff.). Dabei ist sie, wie es in einer drastischen Formulierung heißt, vom Kunstwerk „präformiert" (Adorno 1970, 248). Im Extremfall würde das Werk damit seinen eigenen Betrachter hervorbringen bzw. auf denjenigen warten, der mit der einen, einzig richtigen Disposition an es herantritt und seine innere Bewegung entbinden kann. Das hier geforderte Sensorium wäre tatsächlich wenig mehr als ein mimetisch funktionierender Registraturapparat.

Überdies arbeitet es aktiv an seiner eigenen Überwindung, indem es seine eigenen Reaktionsweisen nicht für sich nimmt, sondern sozusagen als Antennen oder Seismographen verwendet: „Das erkennende Subjekt arbeitet darauf hin, in ihr zu verschwinden. Wahrheit wäre sein Untergang." (Adorno 1966, 189f.; vgl. Adorno 1970, 26f.) Man sollte sich an dieser Stelle nicht von dem schwierigen Begriff der Wahrheit irritieren lassen, sondern sich eher an die weniger problematische Grundforderung einer Orientierung an der Sache halten: Auch ohne mit apodiktischem Gestus vorgenommene Kategorisierungen und Verwerfungen wie die Einteilung von Hörertypen der *Einleitung in die Musiksoziologie* mitzumachen, bei der am Ende einzig dem Expertenhörer Legitimität zugesprochen wird (Adorno 1962, 185ff.), kann man die Rezipientin, die im Kunstwerk einzig Anregung und Bestätigung seiner eigenen emotionalen Zustände sucht, für ästhetisch problematisch halten.

Die emphatische Durchstreichung der Rezipientin ist damit in mehrfacher Hinsicht nur die eine Seite. Insofern sie historisch informiert ist, sozusagen in ihrer Sensibilität dem aktuellen Stand der künstlerischen Produktivkräfte entspricht, hat sie gleichzeitig eine gewisse Distanz zum jeweiligen Werk, auf die es nicht weniger ankommt. Weit entfernt davon, eine „beziehungslose tabula rasa" (Adorno 1970, 261) zu sein, ist sie in ihrer individuellen Bestimmtheit gefordert. Dabei hat sie nicht nur ein hochsensibles Instrument für die inneren Regungen des künstlerischen Gegenübers zu sein, sondern wesentlich eine wertende Instanz. Die Urteile, die sie fällt, genießen für Adorno zuerst einmal zeitliche Priorität gegenüber jeder ausdrücklichen Reflexion: Sie sind dasjenige, das eine solche allererst anstößt. Dass das nicht nur für die künstlerische Praxis gilt, zeigt ein Satz aus den *Minima Moralia*: „Das Urteil [...] wird nicht von außen gefällt, in politisch-gesellschaftlicher Reflexion, sondern in unmittelbaren Regungen [...]." (Adorno 1951a 166). Eher als begründen lassen sich die so gewonnenen Erfahrungen explizieren, selbst wenn sie durch vielfältige Expositionen und Explikationen flankiert werden, so bilden sie doch eine Instanz, deren Wort schwerer wiegt als jeder Begründungszusammenhang, und haben so auch inhaltliche Prioriät. „Interpretation, Kommentar, Kritik" (Adorno 1970, 289), nach denen die Kunstwerke aus ihrer eigenen Selbstbewegung heraus verlangen, bleiben somit auf sie angewiesen. Pongratz fasst das geforderte Verhältnis von Erfahrung und Reflexion gut zusammen: „Die Offenheit des Erfahrungsprozesses erweist sich demnach gerade in der Fähigkeit des Subjekts, aus seinen primären Erfahrungen heraus die Begriffe und Kategorien beständig zu brechen und in Bewegung zu halten, mit denen es den Erfahrungsgegenstand gemeinhin überspinnt." (Pongratz 1986, 136)

Um jene „unmittelbaren Regungen" genauer zu fassen, greift Adorno nun auf einen Begriff zurück, der für das gänzlich Individuelle und insofern auch nur sehr bedingt Ableitbare steht: dem der Idiosynkrasie. Idiosynkrasie bezeichnet im deutschen Sprachgebrauch vor allem die Überempfindlichkeit gegen bestimmte Reize, die heftige, ins Körperliche gehende Reaktion auf das scheinbar Unscheinbare, die einer Erklärung nur sehr bedingt offensteht. Das Begegnende löst eine Resonanz aus, die nicht nur von außen betrachtet, sondern auch für den Betroffenen selbst unverhältnismäßig und unverständlich erscheint: Es wird eine Saite angeschlagen und in Schwingung versetzt, über die die Filter der Reflexion nichts vermögen, und eine Reaktion ausgelöst, die bis zur körperlichen Abwehr gehen kann. Insofern kann man sagen, dass die Idiosynkrasien „die ästhetischen Statthalter der Negation" (Adorno 1970, 478) sind, das ästhetisch sublimierte Äquivalent also zur somatischen Reaktion im Schmerz oder auf den Schmerz.

Was hier das reagierende Subjekt sozusagen *a tergo* erwischt und sich dennoch in seinen subjektivsten Reaktionsformen zeigt, sollen nun aber nicht die kontingenten Abneigungen eines zufälligen Einzelnen sein, und in einer extremen dialektischen Volte wird gerade das bis ins äußerste Individuierte mit dem legitim Allgemeinen zusammengebracht (vgl. Bovenschen 2000). In einer sehr allgemeinen Formulierung, deren Gegenstand das „Subjekt" bildet, heißt es: „[I]n seiner idiosynkratischen Regung zeigt die kollektive Reaktionsform sich an." (Adorno 1970, 198; vgl. 60) Natürlich verlangt diese allgemeine Charakterisierung nach Spezifikation, denn es sind doch nicht jedermanns körperliche Aversionen, die als Berufungsinstanz das verlorene Kollektiv beerben. Hier tritt die normative Kategorie der „ästhetisch avancierten Nerven" (Adorno 1951a, 165) ein, die als genauere Bestimmung des im Singular auftretenden Sensoriums gelten können. Die Verabschiedung der Möglichkeit, von einem Kollektiv in einem positiven Sinne als Berufungsinstanz sprechen zu können, führt bei Adorno bekanntermaßen nicht zu einem Verlust in das Vertrauen auf die Möglichkeit, richtig und falsch „bündig", wie er sagen würde, zu unterscheiden. Wenn das die ganze Wahrheit wäre, träfe Bubners Diagnose bezüglich der Adorno'schen Ästhetik zu: „Fremdes kann ihr nicht begegnen, Neues wird sie nicht erfahren, denn auf jede Möglichkeit hat sie sich vorab schon ihren Reim gemacht." (Bubner 1978, 91)

Allerdings, und diese Einschränkung ist wichtig, bleibt die so vorgenommene geschichtsphilosophische Aufladung des Idiosynkrasiebegriffs eine prekäre Angelegenheit, denn in dem Moment, in dem die extremsten Resonanzen des Einzelnen derart aufgewertet werden, geht jede Sicherheit über die Verbindlichkeit ästhetischer Urteile verloren. Ausdrücklich betont Adorno die Unmöglichkeit, die Idiosynkrasien in positive Regeln zu übersetzen: Es blieben nur abstrakte, starre Verordnungen (Adorno 1970, 478). Die eigenen Idiosynkrasien als Richtlinie zu nehmen, begibt sich vorläufig jedes Arguments für das Urteil und lässt sich so eingestandenermaßen auf das Risiko ein, weit jenseits der unsichtbaren Grenze zum Abseitigen verortet zu werden: „Der subjektive Abweg mag das Kunstwerk gänzlich verfehlen, aber ohne den Abweg wird keine Objektivität sichtbar." (Ebd., 261)

Was überdies auffällt, ist, dass Adorno unter dem Titel der Idiosynkrasie ausschließlich negative Erfahrungen, Aversionen thematisiert, die zu einer Ablehnung von Formen, Motiven oder Werken führen. Dies entspricht zwar der Wörterbuchbedeutung, nicht aber dem Gebrauch, der sich mittlerweile etabliert hat und der unter Idiosynkrasie jegliche Form der subjektiven Reaktion oder auch Vorliebe versteht, die *prima facie* keinen Anspruch auf irgendeine Form von Allgemeinheit machen kann. In diesem Kontext mag eine Äußerung George Steiners aufschlussreich sein, die sich im Kontext einer Erörterung der persönlichen Kanonbildung findet: „Die Anfangsakkorde, das hämmernde *accelerando* von Edith Piafs ‚*Je ne regrette rien*' – der Text ist infantil, die Melodie stentorisch und die Haltungen, die das Lied befördert, sind unattraktiv – verlocken jeden Nerv in mir, gehen mit einem kalten Brennen bis auf die Knochen und verleiten mich zu Gott weiß welcher Untreue an der Vernunft, jedesmal wenn ich das Lied höre und wenn ich es unversehens in meinem Inneren wieder erklingen höre." (Steiner 1989, 241) Dass, wie der Einschub unmissverständlich deutlich macht, das Piaf-Stück allen ästhetischen Kriterien widerspricht, die für Steiner Bedeutung haben, vermag offenbar nichts über seine eigene Reaktion. Man mag diese idiosynkratisch nennen, weil sie auf einer Ebene stattfindet, die sich der Reflexion so weitgehend entzieht. Das Urteil, wenn man das im Anschluss an Adorno so sagen möchte, das Steiners Nervensystem fällt, taugt auch und gerade für ihn selbst eben nicht als Berufungsinstanz; die Tatsache aber, dass es stattfindet, könnte auch theoretische Konsequenzen haben: Dass man selbst ungeachtet aller ästhetischen Bildung auf diese Weise körperlich von etwas betroffen werden kann, sollte zumindest vor einem vorschnellen Aburteilen dessen warnen, das uns da betrifft – zumal dieses Überfallenwerden denkbar weit vom verfemten wohligen Selbstgenuss entfernt ist.

Das Spannungsverhältnis zwischen idiosynkratischer Reaktion und nachträglicher Reflexion mag zumindest formal demjenigen zwischen dem somatischen Impuls und der ebenso nachträglich erfolgenden Reflexion ähneln, von dem im vorigen Abschnitt die Rede war. Statt ausschließlich die Wachsamkeit gegenüber solchen Erfahrungen zu kultivieren, um sie beizeiten abwehren zu können, hätte es Adorno vielleicht gut angestanden, diesen „Schauplatz der Ästhetik" genauer in den Blick zu nehmen – sicher nicht, um auch diese Idiosynkrasie unbesehen zur Berufungsinstanz auszubauen, aber doch, um ihre Berechtigung auf die gleiche Weise einzusehen und zu berücksichtigen, wie er in jedem Bedürfnis ein Moment des Legitimen, einen „Überschuß des subjektiven Anteils, dessen das System nicht vollends Herr wurde" (Adorno 1966, 99; vgl. bereits Adorno 1942) entdecken kann. Wir hätten es hier mit einem untilgbar Subjektiven zu tun, das sich noch der Verfügung des Subjekts selbst entzieht – einen Platzhalter des Hinzutretenden im Ästhetischen und damit einem Moment von Freiheit gegenüber sich selbst und den Reaktions- und Rezeptionsmustern der Kulturindustrie, deren zwanghaften Charakter der kritische Theoretiker lediglich ins Negative wendet.

3. Schluss

Versuchte man, die hier versammelten, in allen Fällen von inhaltlichen Bestimmtheiten gedachten Bestimmungen von Leib und Körper zusammenzudenken, so ergibt sich ein alles andere als einheitliches Bild. Es ist nicht unproduktiv, hier noch einmal auf ein Motiv von Merleau-Ponty zurückzugreifen, und zwar dasjenige einer formalen Entsprechung der Einheit des Leibes mit derjenigen des Kunstwerks. Eine solche Entsprechung könnte auch für Adorno in Anschlag gebracht werden, allerdings wäre sie von vollkommen anderer Gestalt.

Merleau-Pontys Analogie zwischen Leib und Kunstwerk ist auf einer sehr allgemeinen Ebene angesiedelt, verrät aber doch eine gewisse Neigung zu einem klassischen Einheitsbegriff in der Kunst. Entscheidend ist für ihn, dass bei beiden von Teilen nur insofern gesprochen werden kann, als sie nicht als extensiv addiert – *partes extra partes* – gedacht werden, sondern eine wechselseitige „Implikationsstruktur" (Merleau-Ponty 1945, 179) aufweisen. Leib wie Kunstwerk sind „Knotenpunkt[e] lebendiger Bedeutungen, nicht das Gesetz einer bestimmten Anzahl miteinander variabler Koeffizienten" (ebd., 182). Die im Zusammenhang der konkreten Gestalt dieser Bedeutungsnetze gebrauchten, für das ganze Buch zentralen Begriffe – Geste, Physiognomie, Modulation – suggerieren dabei allesamt eine unmittelbare, organische Einheit des Ganzen.

Für Adorno stellt sich die Sache, wie nach der Exposition der Bruchstücke und Einzelmotive seiner Vorstellung von Körper und Leib nicht anders zu erwarten, etwas anders dar. Von der Kunst auf dem Stand des 20. Jahrhunderts muss zuerst einmal gesagt werden, dass es *die* Einheit *des* Kunstwerks nicht gibt – beide Singularformen verweisen auf eine Epoche mit einem unbefragten klassischen Formenkanon, der, wenn es ihn überhaupt je gab, unwiederbringlich verloren ist. Was es gibt, sind innere Spannungsverhältnisse, deren Grundkonstellation sich höchst unterschiedlich ausprägt. Auch wenn das Kunstwerk oben als dynamische, in sich spannungsreiche, lebendige Einheit bestimmt wurde, scheint Adorno den hier in Rede stehenden Einheitsbegriff klar und deutlich abzulehnen, denn Kunstwerke „sind, ihrem eigenen Gefüge nach, nicht Organismen" (Adorno 1970, 138) – Leiber, so müsste man hinzufügen, auch nicht.

Das bedeutet natürlich nicht, dass Adorno nun das Gegenmodell einer durch eine äußere Klammer oder einen Einheitszwang von oben zusammengehaltene Menge von Einzelnem vertreten würde, und in gewisser Weise bleiben das gegenseitige Implikationsverhältnis der Teile, die „Lebendigkeit" des Ganzen, auch für ihn paradigmatisch: „Die ästhetische Einheit des Mannigfaltigen erscheint, als hätte sie diesem keine Gewalt angetan, sondern wäre aus dem Mannigfaltigen selbst erraten." (Adorno 1970, 202) Durch diese Einheitsfunktion verkörpert Kunst ein utopisches Moment von Versöhnung, aber es ist kein Zufall, dass Adorno hier im Irrealis formuliert. Die Einheit als solche bleibt zwischen totalitärer Gewaltsamkeit des Ganzen und der Emanzipation der Teile in ihrem Eigenleben prekär, auch wenn man sie nicht so einfach loswird (vgl. dazu insges. Adorno 1970, 275–279).

Es ist vielleicht nicht zu gewagt, die „Trümmer der Empirie" (ebd., 232) in der Montage und die der Totalität „widerstehenden" Bruchstücke (ebd., 74) mit der irreduziblen Materialität des Körpers zusammenzubringen, die nicht einfach als Fremdkörper im Inneren des Leibes liegenbleibt, aber niemals ganz in einen organischen Zusammenhang integriert werden kann. Eine Verletzung lässt das betroffene Glied tendenziell aus dem Zusammenhang herausfallen, ohne dass es ihn diesseits des tatsächlichen Zerfalls ganz verlassen könnte, und die Spannung zwischen Integration und Desintegration, zwischen Eigenem und Fremdem im Eigenen ist das, was die Erfahrung des verletzbaren Leibes wesentlich prägt (vgl. Leder 1990). Heterogenität im Kunstwerk findet Adorno aber nicht nur in Gestalt von materiellen Fragmenten, sondern ebenso als Geistiges, so wie die Sinnlichkeit des Sensoriums von Momenten der Reflexion durchsetzt ist, die sich bisweilen sogar als Gegenbild des Geistigen, nämlich als körperliche Idiosynkrasie äußern.

Ein Begriff, der in den Zusammenhang von Impuls und Idiosynkrasie gehört, ist der des Seismographischen, den Adorno bezeichnenderweise vor allem mit den Werken, nicht ihren Rezipienten zusammenbringt. Vermittelt zeichnen sie auf, was sich gesellschaftlich zuträgt: „Es sind nicht Leidenschaften mehr fingiert, sondern im Medium der Musik unverstellt leibhafte Regungen des Unbewußten, Schocks, Traumata registriert." (Adorno 1949, 44) Die impulshaften Reaktionen auf die eigene Verletzung im Schmerz und auf das Leiden der anderen in der unwillkürlichen Solidarität mit den „quälbaren Körpern" bilden dazu eine offensichtliche Analogie.

Der Leib wird damit, um dieses Motiv ein weiteres Mal aufzugreifen, eher zum Schauplatz unterschiedlicher Erfahrungen als zu deren Integral. Er ähnelt dem Kunstwerk darin, dass er ohne Einheit nicht gedacht werden kann, aber es nie zu jenem Idealbild wechselseitiger innerer Implikation bringt. Die Heterogenitäten zwischen dem denkenden Ohr, der zuckenden Hand, dem eigenen Getroffensein und der Leiche sind irreduzibel. Diese Irreduzibilität festzuhalten und dennoch all das zusammenzudenken ist die Aufgabe, die Adorno hinterlassen hat.

Literatur:

Adorno 1966, Adorno 1970, Adorno 2001, Buck-Morss 1977, Horkheimer 1933, Früchtl 1986, Schweppenhäuser 1993.

Michel Foucault – Der Körper und die Körper

Ulrich Johannes Schneider

Michel Foucault, der von Bernhard Waldenfels in seinem großen Überblick über die *Phänomenologie in Frankreich* (Waldenfels 1983) dieser zugerechnet wird, hat kaum je vom Leib gesprochen, umso häufiger vom Körper (im Französischen gibt es nur den einen Begriff „corps"). Foucault beschäftigt sich zwar oft mit der Analyse von Erkenntnisvorgängen, nimmt dabei aber nicht die Perspektive des Erkennenden ein. So spielt der eigene Körper (oder Leib) als privilegiertes Medium der Weltwahrnehmung keine Rolle bei ihm. Andererseits ist Erkenntnis bei Foucault eingebettet in eine Philosophie des Wissens und der wissensgenerierenden Tätigkeiten, und darin spielt der Körper eine zentrale Rolle sowohl als Gegenstand disziplinärer Interessen wie als Ort gesellschaftlicher Praktiken.

In einer ersten Phase seiner Philosophie (bis 1969) entwickelt Foucault eine „archäologische" Analyse, die darauf ausgeht, die Rekonstruktion von Aussagen und Aussagenzusammenhängen zu leisten, um beispielsweise Krankheit und Krankheitsbehandlung als Wissenskomplexe herauszustellen. In dieser Phase einer kritischen Reformulierung der Wissenschaftsgeschichte beschäftigt sich Foucault mit der Psychiatrie, der Medizin und mit den Humanwissenschaften. Besonders in seinen Werken *Wahnsinn und Gesellschaft* (Foucault 1961) und *Geburt der Klinik* (Foucault 1963) wird der Körper prominent behandelt.

In einer zweiten Phase untersucht Foucault Mitte der 1970er Jahre Phänomene wie Delinquenz und Sexualität, bei denen es ihm weniger auf diskursive Wahrheiten als auf soziale Regularitäten ankommt. Unter dem methodischen Leitwort der „genealogischen" Untersuchung setzt Foucault den gegenwärtigen Umgangsweisen mit gesellschaftlich abweichendem Verhalten frühere Formen des Ausschlusses, der Abschließung und der Unterdrückung entgegen und erweitert so sein Problemfeld zu einer gesamtgesellschaftlichen Problematisierung des Normalen und des „Anormalen". Die wichtigsten Bücher dieser zweiten Phase einer Thematisierung des Körpers in Beziehung auf den Gesellschaftskörper sind *Überwachen und Strafen* (Foucault 1975) und *Der Wille zum Wissen* (Foucault 1976).

In einer dritten werkgeschichtlichen Phase konzentriert sich Foucault auf das Problemfeld von *Sexualität und Wahrheit*, dem die beiden letzten, in seinem Todesjahr 1984 veröffentlichten Bücher gelten: *Der Gebrauch der Lüste* und *Die Sorge um sich*. Mit Texten aus der antiken griechischen Philosophie arbeitet Foucault darin an den Grundregeln ethischen Verhaltens, wozu entscheidend die Körpertechnologien gehören. So ist der Körper bei Foucault vom Anfang bis zum Ende seiner philosophischen Textproduktion präsent, was im übrigen auch einige kleinere Texte und die (bald vollständig herausgegebenen) Vorlesungen belegen, die Foucault zwischen 1971 und 1984 am Pariser Collège de France gehalten hat.

1. Kranker Körper (Die sechziger Jahre)

Foucault teilt mit vielen phänomenologischen Philosophen die Voraussetzung, dass das Körperliche keine von den kognitiven, emotionalen und ästhetischen Qualitäten des Lebens abtrennbare Dimension darstellt. In *Wahnsinn und Gesellschaft* definiert er medizinische und philosophisch-wissenschaftliche Ansichten dessen, was später verkürzt „Geisteskrankheit" genannt wird, hauptsächlich über soziale Praktiken, die den Körper der „Geisteskranken" betreffen: Ausschließung und Internierung einerseits, medizinische Behandlung und Arztkontakt andererseits. Die Wahnsinnigen wurden lange Zeit als asoziale Körper behandelt, d.h. physisch separiert oder isoliert. Sie wurden nicht als krank im Kopf oder in der Seele angesehen, sondern als insgesamt andersartig, als sozial auffällig. Geisteskranke waren dysfunktionale Körper, die in das soziale Leben, erst recht in das Arbeitsleben nicht passten. Sie wurden darum physisch disloziert, wofür symbolisch im Mittelalter das „Narrenschiff" steht – eine bildgewordene und teilweise auch in der Realität genau so durchgeführte Separierung der „Verrückten". Foucault arbeitet heraus, dass es im frühen Europa nicht nur ein *Lob der Torheit* (Schrift des Erasmus von Rotterdam, 1509) gab, sondern eine allgemeine Urteilsenthaltung gegenüber dem Wahnsinn, der eben noch nicht als Unvernunft klassifiziert wurde. Das geschah erst in der Aufklärung des 17. und 18. Jahrhunderts (von Foucault „Zeitalter der Klassik" genannt), welche die medizinisch-professionelle Behandlung des 19. Jahrhunderts vorbereitet.

Foucault geht weiter als Karl Jaspers, der in seiner *Allgemeinen Psychopathologie* (Jaspers 1913) bereits die Unfeststellbarkeit von Wahnsinn aus der Perspektive der Vernunft eingeräumt hatte: In der Problematisierung von Unvernunft arbeitet sich die Vernunft an ihrem Gegenteil ab, kann darum nicht neutral analysieren. In *Wahnsinn und Gesellschaft* bescheidet sich Foucault nicht einfach mit der Konstatierung solcher Grenzen des philosophischen Verstehens, vielmehr unterläuft er sie mit einer Geschichtserzählung, die stufenweise die Vorstellung vom Wahnsinn immer konkreter werden lässt. Im Anschluss an die unbestimmten Freiheiten des Mittelalters und die zeitlich folgenden, restriktiven Umgangsweisen der Aufklärung bildet die medizinische Behandlung im 19. Jahrhundert dabei den Endpunkt der Foucault'schen Darstellung, der zugleich der Einsatzpunkt des heutigen Denkens ist. In der Obhut des Arztes wird der Kranke zum konkreten körperlichen Gegenstand einer Therapie; jedwede Diagnose der Geisteskrankheit zielt vor allem darauf, sie vorzugsweise in der körperlich bestimmten Besonderheit eines Individuums aufzuweisen.

Indem Foucault seine Geschichte mit dem Mittelalter einsetzen lässt, öffnet er die Vorgeschichte der modernen Psychiatrie zu einem allgemeinen Blick in die Gesellschaft, an der ihn besonders die praktischen Verbindungen des Wissens und des Handelns interessieren. Wie Foucault mit diesem Interesse die klassische philosophische Sprache verabschiedet, wird an einer Auskunft klar, die er später selber so gegeben hat:

> „Die Diskurse der Geisteskrankheit, der Delinquenz oder der Sexualität sagen das, was das Subjekt ist, nur in einem bestimmten ganz besonderen Wahrheitsspiel; doch diese Spiele werden dem Subjekt nicht von außen her einer notwendigen Kausalität oder strukturellen Bestimmungen entsprechend auferlegt; sie eröffnen ein Erfahrungsfeld, auf dem beide, Subjekt und Objekt, nur unter bestimmten gleichzeitigen Bedingungen konstituiert werden, die aber nicht aufhören, sich im Verhältnis zueinander zu modifizieren und damit dieses Erfahrungsfeld selbst zu modifizieren. Daraus ergibt sich ein drittes Methodenprinzip: Was den Analysebereich angeht, soll man sich an die ‚Praktiken' halten und die Untersuchung von dem her in Angriff nehmen, was ‚man machte'." (Foucault 1994, Bd. 4: 789–790)

Die Veränderungen des Erfahrungsfelds im Hinblick auf medizinisches Wissen hat Foucault auch in seinem zweiten Buch *Die Geburt der Klinik* vertieft, diesmal mit starker Bezugnahme auf den (kranken) Körper. Foucault löst sich von Rückprojektionen moderner Medizin und Wissenschaft, die den Arzt immer schon am Patienten operieren sehen. Foucault zeigt vielmehr, dass die Krankheit als körperliches Geschehen in einer bestimmten wissenschaftlichen Sichtweise (von Foucault im Rückgriff auf einen griechischen Ausdruck „episteme" genannt) zunächst identisch mit einer Oberflächenwissenschaft war. Das behandelnde Personal versucht ganz von außen (durch Geruch, Beurteilung der Farbe der Haut und der Körperflüssigkeiten etc.) die notwendige Therapie zu erschließen. Der Körper des Kranken ist hier eine Oberfläche von Zeichen, von Symptomen, die als solche gelesen und interpretiert werden können.

Foucault skizziert dann eine radikale Transformation der ärztlichen Erkenntnisweise, die sich darin ausdrückt, Symptome nicht für die Anwesenheit der Krankheit zu nehmen, sondern als Anzeichen von anatomisch zu entziffernden eigentlichen Vorgängen, die verborgen im Körper ablaufen. Die zu entdeckende Dreidimensionalität körperlichen Geschehens machte den lebenden Patienten für den Arzt zum Geheimnis. Worüber der Arzt Auskunft braucht, ist ein Geschehen im Körperinnern, in das einzugreifen nicht ohne Lebensgefahr für den Patienten möglich ist. Eine vollständige Analyse des Krankheitsgeschehens ist so im Grunde nur aus der Perspektive des Todes möglich: Das Wissen des sezierenden Anatomen aber führt niemals unmittelbar auf die Rekonstruktion lebendiger körperlicher Prozesse. In der ärztlichen Perspektive einer tiefer in den Körper eindringenden Diagnostik war die Behandlung eine Aufgabe, die mit Beobachtung, Studium und „klinischem Wissen“ verbunden war. Indem der Kranke zum Patienten wird, sieht er sich als komplexen Körper anerkannt.

Foucault geht es darum zu zeigen, dass der „Konfigurationsraum der Krankheit“ und der „Lokalisationsraum im Körper“ zur Deckung gebracht werden, sobald die Anatomie erkenntnisleitend für die medizinische Analyse wird (Foucault 1963, 19). Zuvor haben Krankheit und Körper keinen gemeinsamen Raum. Krankheit ist nicht direkt im Körper, sondern am Körper indirekt beobachtbar. Dieses Wissen wandelt sich grundlegend. Foucault führt eine Anekdote an, die er für typisch erklärt: Fragte der Arzt im 18. Jahrhundert den Patienten „Was haben Sie?“, so erkundigt er sich am Anfang des 19. Jahrhunderts ganz anders, nämlich mit den Worten „Wo tut es weh?“ (Foucault 1963, 16). Krankheit als Akzidens und Krankheit als Körper-Realität: Dieser Gegensatz wird bei Foucault historisch entwickelt, ohne dass er dabei die alte, klassifikatorische Medizin des 18. Jahrhunderts ins Unrecht setzen will. Auch hier gibt es in Diagnose und Therapie durchaus Verfahren, die Bestand haben, wie etwa die komplizierte Theorie der Fieber (Foucault 1963, 187–197). Foucault weist aber darauf hin, dass die Begründungsweisen und die Denkweisen sich tiefgreifend ändern, sobald die Analyse des Arztes auf Beobachtung des Körpers und nicht mehr auf Entzifferung der Symptome abgestellt wird. Das ist der Unterschied von Spital und Klinik:

> „Im Spital hat man es mit Individuen zu tun, die Träger dieser oder jener Krankheit sind; Aufgabe des Spitalarztes ist es, die Krankheit im Kranken aufzudecken, die in ihm gleichsam vergraben ist, versteckt wie ein Kryptogramm. In der Klinik hat man es hingegen mit Krankheiten zu tun, deren Träger gleichgültig ist; gegenwärtig ist die Krankheit selber, und zwar in dem Körper, der ihr eigen ist, und der nicht der Körper des Kranken ist, sondern der ihrer Wahrheit. […] Im Spital ist der Kranke Subjekt seiner Krankheit, d.h. es handelt sich um einen Fall; in der Klinik geht es nur um ein Beispiel: hier ist der Kranke ein Akzidens seiner Krankheit, das vorübergehende Objekt, dessen sie sich bemächtigt hat.“ (Foucault 1963, 74f.)

Foucault präzisiert diesen Unterschied an anderer Stelle als den zwischen einer ersten klinischen Erfahrung und einer zweiten, die den Körper als den eigentlichen Ort des Krankseins anerkennt. Foucault spricht ersichtlich aus der Perspektive des Arztes und versucht, ihr eine Geschichte zu geben. Gleichzeitig damit bildet er einen komplexen Körperbegriff aus, der eine epistemologische Größe (Krankheit) auf eine ontologische (kranker Körper) zurückführt:

> „In der ersten klinischen Erfahrung war ein äußeres Subjekt am Werk, das entzifferte und buchstabierte und von da aus die Verwandtschaften ordnete und definierte. In der anatomisch-klinischen Erfahrung sieht das Auge des Arztes die Krankheit sich ausbreiten und aufschichten, indem es selber in den Körper eindringt, indem es sich zwischen seinen Massen vorarbeitet, indem es sie umgeht oder unterwandert, indem es in seine Tiefen hinabsteigt. […] Die Krankheit ist nicht mehr eine pathologische Art, die sich in

den Körper einfügt, wo das möglich ist; die Krankheit ist der krankgewordene Körper selber." (Foucault 1963, 150)

Es geht in der zweiten, am Körper der „pathologischen Individualität" gewonnenen klinischen Erfahrung darum, innere Verletzungen des Körpers als den Ort der Krankheit zu beschreiben und damit etwas nicht Erkennbares als den Grund des Wissens zu setzen. Das hat eine Reihe von methodischen Operationen in der medizinischen Diagnostik zur Folge, insgesamt aber ist die „Topologie der Läsionen" (Foucault 1963, 152) gleichbedeutend mit der Entwicklung der Medizin zur Wissenschaft. In dem Maße, in dem die Therapie abhängig wird von den Einsichten in das physiologische Körpergeschehen, wird entscheidend, wie dieses Geschehen aufgefasst wird.

Foucaults Begriff des Körpers in den Studien der sechziger Jahre ist zunächst der aus den medizinischen Zusammenhängen genommene anormale oder kranke Körper als Gegenstand sozialer Operationen und professioneller Therapie. Was Foucault Körper nennt, wird dabei in der letzten Phase seiner Geschichtserzählung zum Inbegriff eines Erfahrungsfeldes, das eine Vielzahl von Praktiken kennt, und von dem aus gesehen sich das soziale Umfeld und die ärztliche Kunst überhaupt erst beschreiben lassen. Insofern legt Foucault mit diesen frühen Studien den Grund für eine Philosophie, die das Denken und Begreifen vom Ungedachten, vom Unentzifferbaren her problematisiert, nicht von gewonnenen Gewissheiten oder erzielten Einsichten.

2. Gesellschaftskörper (Die siebziger Jahre)

In den beiden folgenden Werken Foucaults aus den späten sechziger Jahren, *Die Ordnung der Dinge* (Foucault 1966) und *Archäologie des Wissens* (Foucault 1969) ist der Problembereich des Körpers abwesend; die thematischen Felder sind hier die Archäologie der Humanwissenschaften und die Theorie der Aussage bzw. des Archivs. Mit Nachdruck aber fokussiert Foucault in den siebziger Jahren seine Überlegungen auf das, was dem menschlichen Körper an gesellschaftlicher Disziplinierung „eingeschrieben" (Foucault 1976, 58) wird. Der Bereich der medizinischen Behandlungsformen wird nun durch Maßnahmen der „Polizei" erweitert, wobei Foucault diesen Ausdruck im Sinne des 18. Jahrhunderts als Oberbegriff für das verwaltungspraktische Handeln staatlicher Instanzen nimmt. Insofern lassen sich auch Bestrafungs- und Bekenntnistechniken als soziale Umgangsweisen mit dem Körper analysieren. In den beiden Studien *Überwachen und Strafen* (Foucault 1975) und *Der Wille zum Wissen* (Foucault 1976), sowie in den begleitend gehaltenen, das Themenmaterial vor- und nachbereitenden Vorlesungen, rekonstruiert Foucault die Perspektive des gesellschaftlichen Blicks auf den Körper vom Körpergeschehen selbst, einmal innerhalb der Bestrafungsrituale und zum anderen im Umgang mit der Sexualität.

Thema von *Überwachen und Strafen* ist die im späten 18. Jahrhundert in Europa vollzogene Ablösung der peinlichen (d.h. körperlichen) Strafen durch die Gefängnisstrafe. Diese Transformation im Umgang mit delinquenten Menschen ist mit einer Neubewertung körperlichen Geschehens verbunden. Noch der gemarterte Verbrecher des frühmodernen Strafregimes wurde auf Schuld oder Nichtschuld befragt, um den Schuldspruch zu bekräftigen, der ihn körperlich verletzen sollte. Das Bekenntnis der Schuld war (relevante) Zutat im Bestrafungsverfahren. In der modernen Gesellschaft – die Foucault ab etwa 1800 ansetzt – wird das disziplinierte Individuum aufgefordert, die Strafe aus eigener Einsicht mitzutragen und zu gestalten. Strafe wird nicht als einmaliger Strafakt erlitten, sondern muss gelebt werden. Mit den ganz neuen Gefängnisbauten des frühen 19. Jahrhunderts kommen neue Forderungen auf, die man aus der bald üblichen Praxis der Bestrafung durch Freiheitsberaubung als Adresse an ein zu reformierendes Wesen herauslesen kann: Betrachte dich insgesamt als nützliches Individuum und versuche dein Leben im Rhythmus gesellschaftlicher Erfordernisse einzurichten. Der Körper wird nicht mehr direkt durch die polizeiliche oder politische Macht angegriffen, weggesperrt, verletzt oder gar getötet, sondern durch die Seele des Delinquenten hindurch gezwungen: Dieser Zwang wird verinnerlicht.

Innerer Zwang ist für das Konzept der Disziplin notwendig, wie Foucault an vielen Stellen unterstreicht. Es geht ihm darum zu zeigen, dass moderne Gesellschaften Regelmechanismen ausbilden, die die eigene Unterwerfung zum Ziel haben. Diese Unterwerfung nennt Foucault auch „Subjektivierung", in einem durchaus absichtlichen Wortspiel, das seine Distanz zur traditionellen Philosophie und deren Hochschätzung eines vernunft- und verstandesbegabten Subjekts ausdrückt. Foucault selber hat den Schwerpunkt seiner Arbeit im Rückblick einmal so bezeichnet, er habe sich „um eine Geschichte der verschiedenen Formen der Subjektivierung des Menschen in unserer Kultur" bemüht. Zugleich bewahrt Foucault den Doppelsinn des Ausdrucks und kann auch davon sprechen, dass heute „der Kampf gegen die Unterwerfung der Subjektivität immer größere Bedeutung" erlange (Foucault 1994, Bd. 4, 269, 276).

Wie bei allen Studien Foucaults, wird auch in *Überwachen und Strafen* eine Transformationsschwelle angezeigt, die ein früheres Verfahren bzw. ältere Umgangsweisen von neueren abtrennen und damit das Feld gesellschaftlicher Subjektivierungsprozesse überhaupt erst freilegen. Das alte Verfahren der körperlichen Strafen rekapituliert Foucault wie folgt:

> „Die Marter hat sich in die Gerichtspraxis so tief eingefressen, weil sie Wahrheitsbeweis und Machtvollzug ist. Sie verbindet das Schriftliche mit dem Mündlichen, das Geheime mit dem Öffentlichen, das Untersuchungsverfahren mit der Geständnisablegung. Sie kehrt das Verbrechen gegen den sichtbaren Körper des Verbrechens und wiederholt es an ihm; in ein und demselben Schrecken macht sie das Verbrechen kund und zunichte." (Foucault 1975, 73)

Die Ablösung der Rechtsprechung und der Strafpraxis von diesen Modellen des absolutistischen Staates, in welchem der Körper des Verbrechers diametral dem Körper des Souveräns (des Königs) entgegengesetzt wird und zum Schutz des Letzteren leiden muss, geschieht durch eine Reformbewegung unter den Juristen. Die Reformer fordern nicht nur eine Änderung der Strafpraxis, sondern wollen den Wandel des Charakters der Strafe selbst erreichen. Die im Strafritual beispielsweise einer öffentlichen Hinrichtung sichtbar gemachten Qualen des Delinquenten – „der Schmerz des Körpers selbst“ (Foucault 1975, 19) – sollen nicht mehr das wesentliche Element der Strafe sein. In *Überwachen und Strafen* konzentriert sich Foucault auf die politische Dimension des Körperlichen, auf dessen Formbarkeit und Nützlichkeit. Die Unterwerfung sieht er als einen komplexen Vorgang, der sich nicht auf institutionelle oder staatliche Unterdrückungsmaßnahmen reduzieren und von „den Körpern mit ihrer Materialität und ihren Kräften“ (Foucault 1975, 38) und dem Wissen über sie nicht trennen lässt. Für die Beschreibung der Mechanismen und Wirkungen dieser Form der Unterwerfung schlägt er den später zum politischen Schlagwort gewordenen Begriff der „Mikrophysik der Macht“ vor.

Foucault sieht in den neuen, nicht mehr auf Verletzung oder Vernichtung des Verbrechers gerichteten Maßnahmen des Verrichtens nützlicher Arbeiten in den Gefängnissen keinen Zuwachs in der Achtung der Menschenwürde, sondern die Tendenz „zu einem lückenloseren Durchkämmen des Gesellschaftskörpers“ (Foucault 1975, 99). Unter „Normierung“ versteht Foucault mehr als die Herstellung sozialer Gleichförmigkeit, nämlich ein vom Alltag her gedachtes und nur separat installiertes Strafsystem:

> „Was in der Werkstatt, in der Schule, in der Armee überhand nimmt, ist eine Mikro-Justiz der Zeit (Verspätungen, Abwesenheiten, Unterbrechungen), der Tätigkeit (Unaufmerksamkeit, Nachlässigkeit, Faulheit), des Körpers (‚falsche‘ Körperhaltungen und Gesten, Unsauberkeit), der Sexualität (Unanständigkeit, Schamlosigkeit)“ (Foucault 1975, 229).

Die Gesellschaft als ganze reagiert auf Normabweichungen mit einem System der Korrektur, der Begradigung. Die Erziehung zum Normalverhalten wird zur zentralen Funktion staatlicher Institutionen von der Schule über das Militär bis zum Gefängnis. Foucault sieht in der im Gefängnis paradigmatisch vollzogenen Normalisierung eines der entscheidenden Machtinstrumente moderner, rational handelnder und ihr Handeln wissenschaftlich legitimierender Gesellschaften:

> „An die Stelle der Male, die Standeszugehörigkeit und Privilegien sichtbar machen, tritt mehr und mehr ein System von Normalitätsgraden, welche die Zugehörigkeit zu einem homogenen Gesellschaftskörper anzeigen, dabei jedoch klassifizierend, hierarchisierend und rangordnend wirken.“ (Foucault 1975, 237)

Dabei spielt die Fabrikdisziplin eine wesentliche Rolle, und insofern ist eine wichtige Dimension von Normalisierung in der entstehenden industriellen Gesellschaft die Herstellung maschinenkompatibler Körper. Dazu gehört die standardisierte Einordnung der Körper in genormte Zeiten und Räume (mit dem Kloster als Vorläufer der Fabrik). Die genealogische Perspektive kann man bei Foucault als eine Art Geschichte am Leitfaden des Körpers, am Leitfaden seiner Bezwingung verstehen, worin die Seele als „Gefängnis des Körpers" (Foucault 1975, 42) erscheint.

Die in *Überwachen und Strafen* vorgelegte Untersuchung der Gefängnisstrafe ist bei Foucault als gesamtgesellschaftliche Studie angelegt, die den Körper des Einzelnen mit dem Gesellschaftskörper in ein Verhältnis setzt. Im Gefängnis ist der Insasse andauernder Sichtbarkeit ausgesetzt. Für Foucault ist das Gefängnis deswegen der Schlüssel zum Verständnis moderner Machtausübung, weil es „die Macht automatisiert und entindividualisiert. Das Prinzip der Macht liegt weniger in einer Person als vielmehr in einer konzertierten Anordnung von Körpern, Oberflächen, Lichtern und Blicken" (Foucault 1975, 259). Damit vollzieht Foucault zugleich eine Abwendung von der traditionellen Theorie der Macht hin zu dem, was er in seinem Buch über den *Willen zum Wissen* die „Analytik der Macht" nennt (Foucault 1976, 102).

Thema von *Der Wille zum Wissen* ist der im 19. Jahrhundert explodierende Diskurs über den Sex, den Foucault als ein multiples Phänomen darstellt, weil er in vielen Bereichen auftaucht: Demographie, Biologie, Medizin, Psychiatrie, Psychologie, Moral, Pädagogik und Politik. Das Reden über Sexualität wird Teil dessen, was Sexualität ist – ganz so wie die ärztliche Behandlung des Körpers Teil dessen darstellt, was der Körper selber ist. Sexualitätsdiskurse sind überdies Körperdiskurse, sie thematisieren den Körper und zeigen Wirkung am Körper.

Wie schon in den vorangegangenen Studien arbeitet Foucault heraus, dass es Konjunktionen, Epochen oder Wissenssysteme gibt, die nicht zufällig parallel auftreten, deren Auftauchen selbst eine Bedeutung besitzt, besonders in Hinblick auf die Gegenwart. Das Potenzial von „diskursiven Dispositiven" (Foucault 1976, 46), die zum Reden über Sexualität gewissermaßen zwingen, stellt Foucault in zwei ganz unterschiedlichen Akzentuierungen heraus. Einmal geht es ihm um die Abwehr der Unterstellung wesentlicher Sexualität, als ob diese etwas sei, was man erkennen könne und in gewissen Qualitäten hinnehmen müsse. Diese Vorstellung wird durch die Repressionshypothese gestützt, die Foucault entschieden bekämpft: Wer denkt, Sexualität könne aus allen gesellschaftlichen Ordnungen befreit werden und als etwas Spontanes, Eigenes und Direktes erfahrbar gemacht werden, hängt auch der Illusion einer sexuellen Befreiung an.

Foucault weist in seinem Buch beständig darauf hin, dass die Bewertung von Sexualität ihre Geschichte hat – ganz wie Wahnsinn, Krankheit und Delinquenz. Er berichtet von der Bestrafung onanierender Bauernjungen zu Beginn des 19. Jahrhunderts, der Ausgrenzung der Homosexualität und anderen Vorkommnissen, die zeigen, wie ein bestimmtes Wissen um Sexualität gesellschaftliches Verhalten und staatliches Handeln gesteuert hat.

Foucault schreibt im Vorwort für die deutschen Leser 1977, es ginge ihm „um das Werden eines Wissens, das wir an seiner Wurzel fassen möchten", nicht nur „in den religiösen Institutionen, in den pädagogischen Maßnahmen, in den medizinischen Praktiken, in den Familienstrukturen, in denen es sich formiert hat", sondern „auch in den Zwangswirkungen, die es auf die Individuen ausgeübt hat, sobald man sie davon überzeugte, sie hätten in sich selber die geheime und gefährliche Kraft einer ‚Sexualität' entdeckt." (Foucault 1976, 7)

Das ist die zweite Akzentuierung bei Foucault: Es geht ihm nicht um die Leugnung der Unterdrückung der Sexualität, sondern um eine Antwort auf die Frage, „ob man zur Entschlüsselung der Beziehungen zwischen der Macht, dem Wissen und dem Sex die gesamte Analyse am Begriff der Repression orientieren müsse" (Foucault 1976, 8). Foucault entwickelt hier eine ganz neue Machtanalytik:

> „Die Macht ist nicht eine Institution, ist nicht eine Struktur, ist nicht eine Mächtigkeit einiger Mächtiger. Die Macht ist der Name, den man einer komplexen strategischen Situation in einer Gesellschaft gibt." (Foucault 1976, 114)

Foucault sagt auch: „Die Macht kommt von unten" (Foucault 1976, 115) und entwickelt im Anschluss daran eine „politische Anatomie des menschlichen Körpers" (Foucault 1976, 166). Die feine Mechanik von Dressur und Disziplin hatte Foucault schon in *Überwachen und Strafen* entfaltet. Nun kommt hinzu, was Foucault die „Bio-Politik der Bevölkerung" nennt und womit er weniger disziplinierende als vielmehr stimulierende und regulierende Maßnahmen anspricht. Foucault spricht von einer „Ära der Bio-Macht", die im 19. Jahrhundert – nicht zuletzt durch das Sexualitätsdispositiv – zum Ziel alltagspolitischer Techniken wird: „Zum ersten Mal in der Geschichte reflektiert sich das Biologische im Politischen", schreibt Foucault (Foucault 1976, 170) und erklärt:

> „Diese Biomacht war gewiss ein unerlässliches Element bei der Entwicklung des Kapitalismus, der ohne kontrollierte Einschaltung der Körper in die Produktionsapparate und ohne Anpassung der Bevölkerungsphänomene an die ökonomischen Prozesse nicht möglich gewesen wäre. Aber er hat noch mehr verlangt: Das Wachsen der Körper und der Bevölkerungen, ihre Stärkung wie auch ihre Nutzbarkeit und Gelehrigkeit; er brauchte Machtmethoden, die geeignet waren, die Kräfte, die Fähigkeiten, das Leben im ganzen zu steigern, ohne deren Unterwerfung zu erschweren." (Foucault 1976, 168)

Foucault unterscheidet die Disziplinarmacht von der Biomacht, indem er die auf den Körper einwirkenden Machttechniken von denen unterscheidet, die auf das Leben selbst einwirken (Foucault 1997, 283–289). Gelegentlich zitiert Foucault seine früheren Studien über Wahnsinn, Krankheit und Delinquenz als erste Belege für eine Existenz der Biomacht. Er zeigt aber den folgenden Unterschied:

> „Die Disziplinen hatten es praktisch mit dem Individuum und seinem Körper zu tun. In der neuen Technologie der Macht hat man es dagegen nicht unbedingt mit der Gesellschaft (oder zumindest mit dem Gesellschaftskörper, wie ihn die Juristen definieren) zu

tun und ebenso wenig mit dem individuellen Körper. Es ist ein neuer Körper: Ein multipler Körper mit zahlreichen Köpfen, der, wenn nicht unendlich, zumindest nicht zwangsläufig zählbar ist. Es geht um das Konzept der ‚Bevölkerung'. Die Bio-Politik hat es mit der Bevölkerung, mit der Bevölkerung als politischem Problem, als zugleich wissenschaftlichem und politischem Problem, als biologischem und Machtproblem zu tun – ich denke, dass dies der Augenblick ist, in dem sie in Erscheinung tritt." (Foucault 1997, 283)

Für Foucault war das Problem der Biomacht und der Biopolitik von Anfang an ein neuer Phänomenbereich, der staatliches Handeln von der Polizei bis zur Gesundheitspolitik in den Blick rückte und den Begriff der Politik selber neu auszurichten verlangte: weniger an den Institutionen der Verfassung einer Gesellschaft – den legalen Körperschaften – als vielmehr am praktischen Regierungshandeln bzw. an den modernen Regierungsherausforderungen, von der allgemeinen Sicherheit bis zur Regulierung des Zivillebens in vielen verschiedenen Einzelmaßnahmen. Aber auch wenn Foucault von einem „neuen Körper" spricht und in den Vorlesungen der siebziger Jahre die modernen Gesellschaften auf ihr inneres Funktionieren hin befragt, um Politik nicht theoretisch-legalistisch, sondern praktisch-körperlich zu fassen, verlässt er diesen Phänomenbereich zugunsten der Frage nach der Regierungskunst. Das archivarische und sonstige historische Material, mit dem Foucault in den siebziger Jahren hantierte, war erheblich kursorischer zusammengestellt als das der sechziger Jahre, das die Genealogie bestimmter Disziplinen betraf (Psychiatrie, Medizin, Humanwissenschaften). Kaum dass Foucault den Gesellschaftskörper insgesamt betrachtet, wendet er sich von sehr allgemeinen Aussagen über Macht ab und weit konkreteren Aussagen über das Regieren zu.

3. Ethischer Körper (Die achtziger Jahre)

Schon in den ersten Versuchen einer Problematisierung der Regierungskunst verblüffte Foucault noch in den siebziger Jahren durch den Rückgang auf antike Führungsmodelle wie die altjüdische Vorstellung von Gott als Lenker des Volkes oder das christliche Pastorat. Sein Spätwerk in Form der beiden 1984 veröffentlichten Bände *Der Gebrauch der Lüste* und *Die Sorge um sich*, zeigt, dass er die Frage nach der Regierung ganz aus Texten der griechischen Antike heraus entwickelt. Das Management körperlicher Vorgänge innerhalb und außerhalb monogamer Beziehungen spielt dabei eine entscheidende Rolle für das Bemühen, sich selber Lebensregeln zu setzen.

Was Foucault die „Ästhetik der Existenz" nennt, ist ein Gestaltungsrahmen für das eigene Leben, der eben sowohl Diätetik wie Politik ist. Die Ethik des späten Foucault ist keine Pflichtenlehre, die sich aus Vernunft generierte Einsichten zu eigen macht, sondern ein Konglomerat von Verhaltensregeln, die im Hinblick auf den eigenen Körper ebenso gesellschaftliche Rücksichten nehmen wie sie im

Hinblick auf gesellschaftliche Rollen körperliche Rituale befolgen. Foucault hat den noch ausstehenden Band zur christlichen Moral nicht abschließen können, es wird aber aus vielen Andeutungen und manchen Fragmenten klar, dass er gegen die Normierung und Codierung von Moral argumentiert, wenn er seine Ethik als „Lebenskunst" zu entwickeln versucht. Der Einsatz des Körpers ist hier zentral, weil nur damit eine Existenz definiert werden kann.

Die beiden Bände des unvollendeten Großprojekts zu „Sexualität und Wahrheit" sind parallel strukturiert. Nach einleitenden Kapiteln zur Einführung in die Literatur und Problematisierungsweise der jeweiligen Epoche geht Foucault verschiedenen „Erfahrungsbereichen" nach. Das Ziel seiner Forschung ist nicht, die Genese christlicher oder moderner Verbote zu rekonstruieren, sondern „zu fragen, von welchen Erfahrungsbereichen aus und in welchen Formen das sexuelle Verhalten problematisiert worden ist, um Gegenstand von Sorge, Element für die Reflexion, Materie für die Stilisierung zu werden." (Foucault 1984a, 34) Die drei zentralen Erfahrungsbereiche sind für ihn der Körper bzw. die Lüste im allgemeinen, die Gattin bzw. die Ehe und der Knabe bzw. die Knabenliebe. In *Der Gebrauch der Lüste* werden diese drei Problem-Themen unter den Überschriften „Diätetik", „Ökonomik" und „Erotik" behandelt, in *Die Sorge um sich* unter den Überschriften „Der Körper", „Die Frau", „Die Knaben".

In der Antike findet Foucault eine durchgehend intensive Problematisierung sexueller Themen, welche „das Leben des Körpers, die Institution der Ehe, die Beziehungen zwischen Männern und die Existenz von Weisheit umfasst" (Foucault 1984a, 32). Aus antiker Perspektive muss der Gebrauch der Lüste geregelt werden, was sowohl das Essen wie die Verdauung, den Schlaf und die sexuellen Vergnügungen betrifft, für die allesamt, und ohne ausgesprochene Privilegierung des Sexuellen, eine körpergerechte Ordnung erforderlich ist. Dazu gehört ein Zeitmanagement (wie oft?, wie lange?) und eine Lehre vom rechten Maß bzw. eine Problematisierung des Übermaßes. In einem eigenen Kapitel „Der Körper" behandelt Foucault die sexuellen Lüste im Rahmen der spätantiken Diätetik:

> „Die vernünftige Seele muss […] dem Körper eine Diät zuweisen, die tatsächlich von seiner ihm eigenen Natur, von seinen Spannungen, seinem Zustand und seinen Lebensumständen ausgeht; doch wird sie sie ihm nur dann richtig zuweisen, wenn sie an ihr selber eine umfassende Arbeit vorgenommen hat: wenn sie Irrtümer ausgeschaltet, die Vorstellungen gezügelt, die Begierden gemeistert hat, die sie das nüchterne Gesetz des Körpers verkennen lassen." (Foucault 1984b, 175f.)

Der Körper ist die zentrale Kategorie dieses Denkens, das auf Regulierung zielt (beispielsweise auf Mäßigung) und dafür die Kräfte des Körpers (etwa in Beziehung auf die Lüste) kennen muss. Foucault nimmt jedoch die medizinischen und allgemein diätetischen Diskurse der von ihm herangezogenen griechischen Literatur nicht als Einstiegspunkt für eine Philosophie des Körpers, sondern als Ausgangspunkt für eine Philosophie der „Existenz", in welcher der Körper eine wichtige Rolle spielt. Foucault rekonstruiert nämlich

„die Entwicklung einer Kunst der Existenz, die um die Frage nach sich kreist, nach seiner Abhängigkeit und seiner Unabhängigkeit, nach seiner allgemeinen Form und nach dem Band, das man zu den anderen knüpfen kann und muss, nach den Prozeduren, durch die man Kontrolle über sich ausübt, und nach der Weise, in der man die volle Souveränität über sich herstellen kann." (Foucault 1984b, 305)

Das ist wieder die Frage nach der Regierung, nach den Verfahren, Macht auszuüben, die bei Foucault seit den siebziger Jahren den Fluchtpunkt seiner oft kreisenden Bemühungen darstellt, das alternative Modell der gesellschaftlich wirksamen Macht jenseits der politischen Institutionen zu bestimmen.

Im weitesten Sinne eine Theorie der Askese, wird die griechische Ethik bei Foucault in eben der Funktion befragt, die sie als politisches Denken ausweist, als Strategie, Prozedur und Verfahren. Dabei sind die Problematisierungen des Körpers, insbesondere des sexuellen Körpers, Manifestationen der nicht in ihrer Autonomie, sondern in ihrer für alle gesellschaftlichen Bereiche geltenden Durchdringung effektiven Machtausübung.

Foucault hatte das Verhältnis zwischen Körper und Macht 1971 in einem Aufsatz über Nietzsche und die Genealogie konzentriert ausgedrückt, als er die Materialität seiner Forschungen betonen wollte. Er spricht vom Körper als „Fläche, auf dem die Ereignisse sich einprägen (während die Sprache sie markiert und die Ideen sie auflösen)" und weiter:

„Die Genealogie stellt als Analyse der Herkunft eine Verbindung zwischen Leib und Geschichte her. Sie soll zeigen, dass der Leib von der Geschichte geprägt und von ihr zerstört wird." (Foucault 1994, Bd. 2, 174)

Unbeschadet der Tatsache, das hier die deutsche Übersetzung „Leib" statt „Körper" (für frz. „corps") wählt, ist die funktionale Einbindung der Körperphilosophie in die Machtanalytik deutlich. Umgekehrt lässt sich sagen, dass Foucault die Ausweitung seines Machtbegriffs vorzüglich über die Behandlung des Körpers in seiner menschlichen und gesellschaftlichen, aber auch in seiner metaphorischen Gestalt vollzieht, was seine methodologische Distanzierung von der Ideengeschichte plausibel macht.

Der Begriff und der Phänomenbereich des Körpers markiert bei Foucault ein Erfahrungsfeld, das er zuerst wissenschaftsgeschichtlich entdeckt (sechziger Jahre), dann in sozialer Perspektive zu einer zentralen Dimension seiner politischen Philosophie macht (siebziger Jahre), um in seinen ethischen Problematisierungen (achtziger Jahre) die auf den Körper bezogenen Selbsttechniken zur operationalen Grundlage einer Philosophie der Subjektivierung zu machen, die Selbstbehauptung in ihren Praktiken realisiert.

Foucaults Körperphilosophie ist aus verschiedenen seiner Texte herausgelöst worden und in der direkten Rezeption des Denkers bei Philosophen, Soziologen, Politologen und Kulturwissenschaftlern einigermaßen prominent, darüber hinaus auch in der Sportphilosophie und den Disability Studies (Kammler u.a. 2008).

Literatur:

Foucault 1961, Foucault 1963, Foucault 1975, Foucault 1976, Foucault 1984a, Foucault 1984b, Kammler u.a. 2008, Schneider 2004, Siebenpfeiffer 2008.

Paul Ricœur
– Das leibliche Selbst begegnet dem Widerstand des Anderen

Burkhard Liebsch

Zwar beinhalten Ricœurs Schriften keine eigens entfaltete Philosophie der Leiblichkeit, doch hat Ricœur das Denken eines leiblich existierenden Selbst stets als wichtige Fundierung seiner Arbeit betrachtet. Auch in der für ihn maßgeblichsten Schrift zur Philosophie der Leiblichkeit, in Merleau-Pontys *Phänomenologie der Wahrnehmung* (1945), sah er allerdings das Desiderat einer voll entfalteten Theorie der Leiblichkeit noch nicht eingelöst. In Ricœurs Auseinandersetzungen mit Merleau-Ponty (Liebsch 1992), aber auch in seinen Rückgriffen auf Maine de Biran, Martin Heidegger, Gabriel Marcel und Karl Jaspers als Wegbereitern einer Philosophie der Leiblichkeit kommen deshalb Grundprobleme einer solchen Theorie zur Sprache, deren angemessene Entfaltung noch aussteht, wie Ricœur mehrfach andeutet (Waldenfels 2000a). Im Folgenden beschränke ich mich zunächst darauf, die für Ricœur durchgängig wichtigsten (allerdings immer wieder nachdrücklich reformulierten) Hauptprobleme einer Philosophie der Leiblichkeit herauszustellen (1.). Diese Probleme konzentrieren sich auf die Vorstellung einer leibhaftigen, irdischen Subjektivität, die sich vor allem im *Widerstand*, den sie an und in sich selbst, durch die Dinge und durch Andere erfährt, als endliche zu realisieren gezwungen ist. Um das zu belegen, rekurriert Ricœur bereits in seinen frühen Schriften, v. a. aber in seinem späten Hauptwerk *Das Selbst als ein Anderer* (Ricœur 1990) auf die Philosophie Maine de Birans, deren Analyse der Widerstandserfahrung (2.) er als einen Vorgriff auf Heideggers Hermeneutik der Endlichkeit des Daseins interpretiert. Diese Hermeneutik revidiert Ricœur seinerseits im Zeichen einer *dem Selbst eigenen Andersheit*, mit der er die Erfahrung des Widerstands verknüpft sieht (3.). Letztere arbeitet Ricœur *im Verhältnis zum Selbst als einem Anderen*, dann aber auch *im Verhältnis zum Anderen in seiner Fremdheit* heraus. Wie er sich dabei mit Levinas auseinandersetzt, führt auf die Frage, (4.) ob der dem Anderen zu verdankende Widerstand nicht ein Verständnis des Selbst sprengt, das in dem, was ihm widersteht, nur negative Hemmnisse, Störungen oder Herausforderungen zu deren Überwindung und zur Bestätigung der (willentlichen) Lebenskraft des Selbst erkennt. Am Ende wird die – bis heute offene – Frage aufgeworfen, ob und wie dieser andere Widerstand als leibhaftig widerfahrender zu denken ist.

1. Ansatzpunkte zu einer Philosophie der Leiblichkeit im Denken Paul Ricœurs

Zunächst seien kurz einige Stationen von Ricœurs Denkwegen genannt, an denen sich besonders prägnant Ansatzpunkte zu einer Philosophie der Leiblichkeit finden.

(1) An erster Stelle ist die 1950 veröffentlichte Theorie des Willentlichen und des Unwillentlichen zu nennen, in der der Leib als Medium und Hindernis eines praktischen *cogito* zur Sprache gebracht wird, das dem Leben Artikulation und Richtung verleihe. Gesucht wird hier nach einem „inkarnierten" Subjekt, das im Leben verwurzelt bzw. situiert zu denken ist, ohne in ihm aufzugehen, insofern es sich in Entwürfen realisiert, die sich den eigenen Leib gefügsam machen und auf seine Mitwirkung im Sinne einer vorgängigen Gefügigkeit (*docilité*) angewiesen sind (Ricœur 1950).

(2) In *Die Fehlbarkeit des Menschen* (Ricœur 1960a) wird der Leib als Inbegriff einer je-meinigen, in der Welt situierten endlichen „Perspektive" bezeichnet, die zugleich jegliche Öffnung auf die Welt hin ermöglicht und eine im Denken angestrebte, ungetrübte Universalität vereitelt; und zwar auf radikale, unüberwindliche Art und Weise. Deshalb ist von einer wesentlich der Überantwortung an leibliche Existenz zuzuschreibenden „Fehlbarkeit" die Rede. Bereits in Arbeiten der 1950er Jahre rückte der ursprünglich von Gabriel Marcel und Karl Jaspers inspirierte Begriff der leibhaftigen Existenz mehr und mehr an das „Dasein" im Sinne Heideggers heran (Ricœur 1949; 1962, 320, linke Kolumne), doch bleibt diese begriffliche Zuordnung bis ins Spätwerk hinein problematisch. (Ich komme darauf zurück.) Unter Verweis auf die Einfügung des *cogito* ins Sein redet Ricœur einer ontologischen Dezentrierung des Subjekts das Wort, die die sog. kopernikanische Wende im Sinne Kants konterkariert (Ricœur 1953; 1956). Diese Gedankenfigur greift Ricœur immer wieder auf und suggeriert damit, er habe sich der Heideggerschen Kritik an einem nicht in der Welt situierten Subjekt, das sich ein „Weltbild" bzw. eine umfassende Repräsentation des Seienden fabriziere, konsequent angeschlossen (vgl. den Beitrag von Espinet in diesem Band).

(3) Das Dasein, dem es in seinem Sein um dieses selbst geht, wird schließlich mit Spinozas *conatus essendi* kurzgeschlossen, und zwar so, dass es im Streben nach Sein nicht etwa darum geht, sich bloß zu erhalten, sondern darum, im vollen Sinne da zu sein (Ricœur 1960b). So kommt das Dasein bzw. das, was zuvor als leibliche Existenz charakterisiert worden ist, als Medium eines Begehrens zur Geltung, das sich im zwischenzeitlichen, sterblichen Leben niemals befriedigen lässt. Das erklärt die eschatologische Perspektive der Hermeneutik des Freud-Buchs *Die Interpretation* (Ricœur 1965).

(4) Was den Leib angeht, so zeigt sich hier die schon in den frühen Kommentaren Ricœurs zu Merleau-Ponty deutlich spürbare Skepsis gegenüber einer die

Leiblichkeit primär von der Wahrnehmung her denkenden Philosophie. Ricœur besteht auf der Sagbarkeit alles Erfahrenen und misstraut der „stummen Finsternis" des Leibes. Er besteht des Weiteren auf dem hermeneutischen Anspruch, jegliche noch so „tief" in einer unbewussten Leiblichkeit verborgene Signifikanz des Gelebten (*vécu*) explizit zum Vorschein bringen zu wollen. So trägt in seiner mittleren Schaffensphase (vgl. zur Übersicht Liebsch 2009) eine expressive Vernunft den Sieg davon, die bis in die 1970er Jahre hinein unverkennbar von einer Hegel'schen Theorie des Sagens und Gesagten geprägt bleibt. Diese Theorie lässt hier noch nichts von der rigorosen Kritik ahnen, die sie bei Levinas erfahren hat (Ricœur 1977). Wie auch immer der Leib von einer *Kraft* des Begehrens unbewusst bestimmt wird, die Signifikanz dieses leiblich realisierten Begehrens bleibt für Ricœur grundsätzlich *aussagbar* und lässt ihn darauf hoffen, dass der Lebenszusammenhang eines leiblichen Selbst narrativ zum Vorschein zu bringen ist.

(5) Erstaunlicherweise verliert sich die Spur der in den 1960er Jahren zentralen Begriffe Kraft und Begehren weitgehend in Ricœurs späterer Theorie der Narrativität sowie im Spätwerk, das vor allem durch *Das Selbst als ein Anderer* (Ricœur 1990), *Gedächtnis, Geschichte, Vergessen* (Ricœur 2000) und durch *Wege der Anerkennung* (Ricœur 2006) repräsentiert wird. Allerdings zeigt sich Ricœur im zuletzt genannten Buch nach wie vor der ontologischen Hermeneutik des In-der-Welt-Seins verpflichtet, gibt ihr aber mit Bezug auf Levinas' 1959 zuerst veröffentlichte Schrift „Der Untergang der Vorstellung" nun eine ganz andere Wende (Levinas 1983a, Kap. 4).

Levinas wird mit den Worten zitiert: „[D]ie Philosophie des eigenen Leibes läßt die intentionale Bewegung hin auf das Vorgestellte in allen impliziten – nicht vorgestellten – Horizonten der leiblichen Existenz wurzeln" (Ricœur 2006, 83, 86). In einem Jenseits-der-Vorstellung zeichnet sich für Levinas aber die eigentümliche, nicht zu vergegenwärtigende Präsenz des Anderen ab, die jegliche Philosophie der Leiblichkeit radikal zu überfordern droht. Während Merleau-Ponty einer *Offenheit* des Leibes für alles Wahrnehmbare das Wort geredet hatte, bringt Levinas eine *Verwundbarkeit* des leibhaftigen Subjekts ins Spiel, die es gerade für die Anderheit des Anderen dort *sensibilisiert*, wo seine „Aufgeschlossenheit" *nicht* hinreicht (und die gerade nicht davon abhängen soll, ob sich das fragliche Subjekt aus freien Stücken dazu bereit findet, sich als für den Anderen aufgeschlossen zu erweisen). Nur weil diese Sensibilität nicht in der Offenheit eines für die Welt aufgeschlossenen *corps-sujet* (Subjekt-Leib) aufgeht, steht dieses in Verbindung mit dem Anderen als (radikal) Anderem (vgl. den Beitrag von Bedorf in diesem Band).

Wir erfahren in *Wege der Anerkennung* zwar einiges darüber, wie sich Ricœur eine Anerkennung des Anderen vorstellt, der sich dem Anerkennenden letztlich in einer radikalen Alterität entzieht; doch bleibt gerade die leibhaftige Dimension dieser Anerkennung und dieses Entzugs rätselhaft. Und an den Begriff der Sensibilität, der in Levinas' zweitem Hauptwerk, *Jenseits des Seins oder anders als*

Sein geschieht (Levinas 1974a), von zentraler Bedeutung ist, knüpft Ricœur hier gar nicht an (Liebsch 2008).

(6) In *Gedächtnis, Geschichte, Vergessen* bekennt sich Ricœur wiederum zum Vokabular einer ontologischen Hermeneutik, die mittels gewisser Existenzialien angeben können sollte, wie ein leibhaftiges Dasein „auf den Schauplätzen der Welt auftaucht" und wie es sich dort von Ansprüchen affizierbar erweist, die ihm nicht zur Disposition stehen (Ricœur 2000, 533). Nach wie vor hält Ricœur an der in Heideggers *Sein und Zeit* begründeten Unterscheidung des Existenzialen vom Existenziellen fest, obgleich er die außerordentliche Schwierigkeit sieht, hier eine eindeutige Grenze zu ziehen. Wie soll man etwa eine existenzielle, sei es persönliche, sei es gemeinschaftliche (ggf. mehr oder weniger ausgeprägte) Empfänglichkeit für geschichtliche Ansprüche Anderer von einer leiblichen Affizierbarkeit unterscheiden, die als Existenzial geschichtlichen Lebens einzustufen wäre? Ricœur spricht mit Bedacht von einer *conditio historica*, die auf eine *direkte Ontologie* geschichtlicher Existenz verzichtet, weil er sich in dieser Frage keine unanfechtbare Antwort zutraut. *Wie und inwieweit* leibliches geschichtliches Leben (bzw. Dasein) für die Ansprüche Anderer aufgeschlossen ist oder sein muss (auch unwillentlich), das ist nur aus ihrerseits erst hermeneutisch zu rekonstruierenden Bedingungen geschichtlicher Existenz zu ersehen.

Gerade deren leibliche Dimensionen vermisst Ricœur bei Heidegger. Er findet das „Existenzial des Leibes" verborgen bzw. verschüttet in den Meditationen über Geburt und Tod, das Zwischen und die Geschichtlichkeit, in der das Dasein sich als zu verstehendes entfaltet. Doch verlange es nach einer Überwindung des „logischen Abgrunds zwischen den Existenzialien, die sich um die Sorge als Kern drehen, und den Kategorien, unter denen die Seinsweisen der bloß vorhandenen und zuhandenen Dinge aufgegliedert werden" (Ricœur 2000, 533). In der Tat gibt die Zweideutigkeit leiblichen Lebens, das „geführt" und entworfen wird, während es zugleich ohne unser Zutun abläuft, einen unübersehbaren Hinweis in diese Richtung. Etwas derart Zweideutiges, das *gelebt wird* und *sich* zugleich *durch uns*, aber ohne eigenes Zutun, *vollzieht*, ohne dass wir hier je eine eindeutige Grenze zu ziehen vermöchten, kann niemals bloß vorhanden oder zuhanden sein für uns (obgleich der Leib auch als Körper zu traktieren und bio-technisch manipulierbar ist). Im Zeichen der Sorge mag das leibliche Leben bewusst verlebt und geführt werden; aber auch als unbesorgtes bzw. sorgloses geht es voran und kommt zu Tode. So gesehen kümmert es sich nicht um die Sorge; und die Sorge kann am „Ablauf" des Lebens nichts ändern.

Heideggers Existenzial des Vorlaufens zum je-meinigen Tod lässt Ricœur so wenig wie vor ihm Sartre und Levinas unverändert gelten. Mit Spinoza gibt er zu bedenken, ob nicht „der freie Mensch [...] an nichts weniger [denkt] als an den Tod" (Ricœur 2000, 549). Heidegger hätte das für durchaus vereinbar gehalten mit seiner Beschreibung des Existenzials der Sorge, das doch unterschiedliche existenzielle Haltungen zum eigenen Tod und zum Tod Anderer keineswegs ausschließen sollte. Ricœur aber scheint die Trennbarkeit zwischen existenzieller und existenzialer Hermeneutik selber grundsätzlich in Zweifel ziehen zu wollen und stellt in Aussicht, dass sich die in *Sein und Zeit* durchgeführten Analysen möglicherweise revidiert wiederholen ließen; und zwar so, dass man der Gebürtigkeit mit Hannah Arendt gegenüber dem Sein zum Tode Vorrang einräumt (ebd., 577).

„Nirgendwo vielleicht wird das Fehlen einer Reflexion über den Leib lebendiger spürbar, die es erlaubt hätte, die Gebürtigkeit als Bedingung des Bereits-da-Seins und nicht nur als Ereignis der Geburt in falscher Symmetrie zu dem noch nicht fälligen Ereignis des Todes auszuweisen" (ebd.).

Diese Reflexion ist bis heute Desiderat geblieben. Würde man sie im Sinne Ricœurs umsetzen wollen, so wären die folgenden Eckpunkte seiner Hermeneutik des Selbst dabei zu berücksichtigen:

(1) Von einem leiblichen Selbst und seinem Lebenszusammenhang wissen wir durch *Selbst-Bezeugung und Narrativität.* In beiden Hinsichten zeigt sich, um wen es sich handelt. Das Selbst ist die Antwort auf die Frage, *wer* es ist.

(2) Die praktisch bezeugte oder narrativ gegebene Antwort auf diese Frage stiftet oder rekapituliert einen Lebenszusammenhang, der sich am leibhaftigen Selbst auch abspielt. Der Zweideutigkeit des Lebens, das einerseits in der realen Zeit befristet ist und andererseits seine zwischenzeitlichen Horizonte selbst konstituiert, können wir nach der von Ricœur ausführlich in *Zeit und Erzählung* (Ricœur 1983–85) entfalteten Theorie der Narrativität nur *poetisch* Rechnung tragen, indem wir einen Lebenszusammenhang erzählen, von dem wir zugleich voraussetzen, dass er sich im leibhaftigen Leben zuvor vollzogen hat. (Was keineswegs bedeutet, dass der narrativ zum Vorschein gebrachte Lebenszusammenhang den inneren Zusammenhang des zuvor gelebten Lebens gewissermaßen nur abbildet. Unter dieser Voraussetzung spricht Ricœur von einer *narrativen Refiguration* des gelebten Lebens bzw. eines [prä-]narrativen In-der-Welt-Seins.)

So *überkreuzt* sich die *Wer*-Frage mit der Frage, *was* unter dem Leib so gesehen vorzustellen ist. Diese Überkreuzung hat Ricœur als eine Dialektik von Selbstheit (*ipséité*) und Selbigkeit (*mêmeté*) zu denken versucht, um verständlich zu machen, wie das Selbst an der Selbigkeit des Leibes teilhaftig und wie umgekehrt der Leib als inkarnierte Wirklichkeit eines Selbst zu verstehen ist, ohne sich in der Selbigkeit eines Körpers zu erschöpfen (Ricœur 1990, bes. die sechste Abhandlung). Bei näherem Hinsehen zeigt sich allerdings, dass die angebliche Dialektik eher auf das Modell eines Chiasmus hinausläuft.

(3) Das leibliche, ungefragt in die Welt gesetzte Selbst existiert *zwischenzeitlich*, so aber, dass es das Zwischen als Spielraum seines eigenen Lebens *selbst konstituiert.*

(4) Der Lebenszusammenhang geht auf natürliche Weise aus dem Leben Anderer hervor, artikuliert sich aber erst in späterer geschichtlicher Anknüpfung an ihr

Leben. Aus der Natur steigt jemand, ein personales Wesen, auf und „bewohnt die Natur“ (wie Merleau-Ponty schreibt), um wieder in sie zurückzufallen. Zwischenzeitlich wird ein Leben *gelebt*, das zugleich *abläuft* und sich als solches in *historische Horizonte* anonymer Zeitgenossenschaft und der Überlieferung einfügt.

(5) Eine zeitgemäße Hermeneutik des *leiblichen Selbst* verlangt nach einer (bis heute nur in Ansätzen entwickelten) Theorie der *Generativität*. Leibliches Leben wird nicht bloß anonym „reproduziert“, sondern setzt das Leben Anderer auf mehr oder weniger weit verzweigten Wegen der Filiation, der Erbschaft von (teils ökonomischen, teils moralischen) Schuldzusammenhängen und des Versprechens fort. Als überlebendes Leben erweist es sich mannigfaltig verflochten mit dem Leben Anderer, die ihm, sei es als Verwandte, sei es als lediglich Bekannte oder anonyme Zeitgenossen und längst Verstorbene, vorausgegangen sind. Zugleich erweist es sich als sterblich und muss sich im Vorgriff auf seine Sterblichkeit seinerseits als ein Leben begreifen, das von Anderen überlebt werden wird.

In diesem Sinne kann sich der Horizont der Welt weit über die Nächsten hinaus erstrecken – in Verflechtungen von Generationen, die synchron weit in eine anonyme Zeitgenossenschaft und diachron bis tief in vielfach verzweigte Vor-Geschichten hinein weisen (Ricœur 1985, 173ff.). Es wäre einer hermeneutischen Ontologie nicht unwürdig, zu erforschen, wie diese Horizonte leibhaftig im Leben des Einzelnen präsent sein können. Sie müsste sich dabei aber mit den inzwischen das Lebensverständnis dominierenden *life sciences* auseinandersetzen, die die menschliche Generativität auf schiere Reproduktionsvorgänge (und deren evolutionäre Konsequenzen) zu reduzieren neigen und nicht verständlich machen, wie ein leibliches Leben aus der Natur auftauchen und geschichtliche Form annehmen kann.

Schon in den Vorlesungen Merleau-Pontys an der Sorbonne (1949–1952) und am Collège de France (1953–1960) ist diese Frage nahezu allgegenwärtig (Merleau-Ponty 1988; 1995). Sie stand in Frankreich nie der Biologie derart fern wie diesseits des Rheins die Erforschung der Existenzialien des Daseins (Merleau-Ponty 1995, 76, 86, 94). Vor allem Merleau-Ponty und Canguilhem haben sich immer wieder mit biologischem Denken auseinandergesetzt (Liebsch 2011); u.a. in Verbindung mit Rückgriffen auf Henri Bergson und Affinitäten zur deutschsprachigen romantischen Biologie und Psychologie der ersten Hälfte des 19. Jahrhunderts, die sich zu der Zeit, als Ricœur an seinem ersten Hauptwerk (*Le volontaire et l'involontaire*) arbeitete, breiter Resonanz erfreute (Canguilhem 1947; Klein 1954). Das Gleiche gilt für die nach dem Zweiten Weltkrieg verstärkt einsetzende Hegel-Rezeption, die die Frage nach der Möglichkeit einer dialektischen Biologie provozierte (Canguilhem 1950).

Statt aber in dieser Richtung danach zu suchen, was die von Canguilhem so genannte „ontologische Originalität“ des Lebens ausmachen könnte, ließ sich Ricœur, abgesehen von Merleau-Pontys *Phänomenologie der Wahrnehmung* (und spärlichen Hinweisen auf dessen posthumes Werk *Das Sichtbare und das*

Unsichtbare) von den existenziellen Analysen der Leiblichkeit bei Gabriel Marcel leiten, auf dessen Werk er immer wieder zurückgekommen ist (Ricœur u. Marcel 1968; Ricœur 1976). Bis zum Schluss gilt ihm Marcel (neben Michel Henry und Merleau-Ponty) als Kronzeuge einer intimen, leiblichen Passivität, die in *Das Selbst als ein Anderer* schließlich zum *ersten Paradigma der dem Selbst innewohnenden Andersheit* aufrückt. Das Verdienst, den deutlichsten Hinweis auf diese Andersheit geliefert und damit überhaupt erst die philosophische Arbeit am „eigenen Leib" (*corps propre*) angebahnt zu haben, schreibt Ricœur allerdings einem anderen zu: Maine de Biran nämlich.

2. Maine de Biran

Bis heute bekannt ist Maine de Biran für seine Analyse der Erfahrung des Widerstands, der sich menschlicher Anstrengung entgegen stellt, die ihrerseits Widerstand leistet und als solcher empfunden wird (*sensation d'effort*). Durch Dilthey ist diese Analyse in den Kontext des sog. Realitätsproblems, d.h. der epistemischen Frage gestellt worden, wie es zum Glauben an die Realität der Außenwelt kommt (Dilthey 1924, 90–135). Ricœur dagegen erkennt im Werk Maine de Birans weit mehr, nämlich den Keim der Heidegger'schen Ontologie der Befindlichkeit (Ricœur 1950, 323). Es lohnt sich, die entscheidende Anmerkung, die auf diese Spur führt, ausführlich zu zitieren:

„In gewissem Sinne kann Heideggers Theorie der Befindlichkeit als Krönung des Biranschen Unternehmens interpretiert werden. Die Analytik des *Daseins* wendet sich von vornherein dem zu, was für Maine de Biran am Rand der Analyse der Anstrengung blieb, nämlich der Anerkennung der äußeren Existenz als einen Widerstand der Dinge in der Erfahrung der aktiven Berührung. In der Tat mußte man bei Maine de Biran zunächst durch die Beziehung von Anstrengung und Widerstand hindurch, ehe man sozusagen am Rande der Erfahrung des dem wollenden Ich immanenten tätigen Körpers die Tastprobe der Realität machen konnte. Dadurch daß er das Existenzial des ‚In-der-Welt-Seins' zum Rahmen der gesamten Analyse macht, eröffnet Heidegger den Weg zu einer Ontologie des Leibes, in der dieser sich nicht nur als Inkarnation des ‚Ich bin' zu denken gäbe, sondern als praktische Vermittlung des In-der-Welt-Seins, das wir alle je neu sind. Diese Verbindung von Leib und Welt würde es erlauben, die eigentlichen passiven Modalitäten unserer Begierden und Stimmungen als Zeichen, Symptom und Anzeige des Kontingenzcharakters unserer Einfügung in die Welt zu denken" (Ricœur 1990, 393, Anm. 35).

„Gäbe", „würde"... – der Konjunktiv zeigt deutlich genug an, dass Ricœur auch hier weit entfernt davon ist, sich auf *Sein und Zeit* als zureichende Grundlage einer Ontologie des Leibes berufen zu wollen. Die Gründe, die aus seiner Sicht dagegen sprechen, ähneln stark denjenigen, die noch in *Gedächtnis, Geschichte, Vergessen* genannt werden (s. o.).

Statt nun zu fragen, wie Maine de Biran (den Ricœur schon in *Le Volontaire et l'involontaire* mit nuancierter Kritik bedacht hat; Ricœur 1950, 302f., 314ff.)

möglicherweise Heidegger gewissermaßen vorgearbeitet hat, möchte ich im Folgenden näher darauf eingehen, ob sich der Beitrag seiner Philosophie (bzw. seines *Tagebuchs*, auf das ich mich weitgehend beschränken werde) in der besagten Analyse der Widerstandserfahrung erschöpft bzw. ob sie nicht einer reichhaltigeren Hermeneutik der dem Selbst paradoxerweise, wie Ricœur sagt, *innewohnenden* und es sogar *konstituierenden* Andersheit Vorschub leistet (Ricœur 1990, 394). *Wird diese Andersheit nur den so genannten Lastcharakter des Daseins bestätigen, wie es Ricœur suggeriert*? Wie wichtig diese Frage für das Ricœursche Projekt einer Hermeneutik des (leiblichen) Selbst sein muss, ergibt sich schon daraus, dass genau hier, wo es um die mit Maine de Biran und Heidegger ins Auge gefasste Passivität einer als Last geltenden Befindlichkeit geht, „zum erstenmal dem Ausdruck des ‚Selbst als eines Anderen' [‚*soi-même comme un autre*'] seine volle Stärke" zukommen soll (Ricœur 1990, 394). So gesehen betreffen die nachfolgenden Überlegungen zu Maine de Biran den hier zur Sprache gekommenen Kern dieser Hermeneutik.

Maine de Biran fragt sich: Was oder wer bin ich im Lichte von Widerstand, der sich mir in den Weg stellt? Seine Antwort: *puissance spontanée,* dann auch *effort volontaire,* d.h. freies und spontanes Wollen, aber auch gewollte Anstrengung: *effort voulu* (Maine de Biran 1927, XXXIX). So *stoße* ich auf Hindernisse, *suche* sie aber auch. Dinge stehen mir nicht nur im Weg, die ich umgehen oder aus dem Weg räumen kann; sie hindern und hemmen nicht nur meine Bewegung, meine Vorhaben etc.; sie bieten sich mir auch als zu überwindende Herausforderungen eines Willens an, der sich durch ihre Überwindung als solcher bewährt und deshalb des Widerstands unumgänglich bedarf, um seinerseits Widerstand auszuüben.

Fassen wir den Begriff des Dinges an dieser Stelle nur weit genug, so erkennt man, wie Maine de Biran hier einen Ansatzpunkt für eine Phänomenologie der Arbeit und menschlicher Praxis generell gewinnt, die sich in einer Welt voller Hindernisse bewegt und nach ihnen sucht. (In seinen frühen Auseinandersetzungen mit Merleau-Ponty verwendet Ricœur die Rede von einer Welt von Hindernissen und Wegen mehrfach im Gegensatz zu einer zum Schauspiel reduzierten Welt, die sich einem bloß „sehenden *cogito*" darbiete.) Maine de Birans Aufmerksamkeit richtet sich freilich dezidiert nach innen, wie es auch der Titel seines *Journal intime* ankündigt. Den ihm selbst gewissermaßen widerständigsten Widerstand entdeckt er nicht in der so genannten Außenwelt, sondern in dem, was Ricœur die innere Andersheit des Selbst nennen wird; und zwar in dreierlei, allerdings analytisch nicht fein säuberlich zu trennenden Hinsichten: a) in einer beharrlichen *Defizienz, Schwäche und Kraftlosigkeit* seiner selbst; b) in einer nicht zu beherrschenden *Alteration seiner selbst*; und c) in einem *Sichentzogensein,* das sich ebenfalls der Macht über sich widersetzt.

Zu a): Die Erfahrung der Defizienz, Schwäche und Kraftlosigkeit äußert sich in Bekenntnissen geringen Selbstvertrauens, mangelnder Tatkraft, schlechten

Gedächtnisses, nervöser Unruhe und ständiger Unzufriedenheit. Gelegentlich werden die Erfahrungen der Unruhe und der Unzufriedenheit in einem „aus den Fugen geratenen" Leben temporal akzentuiert, sodass sich (zu b) eine nicht zu beherrschende, andauernde Alteration in einer „Zeit, die sich verzettelt", abzeichnet, die den Menschen „auf nichts festlegen" und „in ganz andere sich verwandeln" lässt (Maine de Biran 1927, 17, 30, 59). Das geschieht auf natürliche Weise im Altern, aber auch in einem „Wind der Unbeständigkeit", dem nichts entgegenzusetzen sei. So herrschen Zerstreutheit und Geistesabwesenheit in einem Leben ohne Einheit, gegen das sich verzweifelt der Wille zu behaupten sucht, ein „geistiges Leben" *über* dem animalischen (*vie animale*) bzw. „äußerlichen" Leben zu führen. Das geistige Leben sollte sich „abtrennen" können vom animalischen und äußerlichen Leben, um schließlich über ihm zu stehen und sogar aus ihm herauszutreten. Eben das bleibt aber der beschränkten Macht über sich versagt (ebd., 105, 150) – aus unverständlichen Gründen.

Zu c): In sich selbst findet Maine de Biran nicht die dort mit Augustinus gesuchte eigene Wahrheit (ebd., 96). Gegen seinen Willen sieht er sich deshalb dazu gezwungen, sich mit anderen einzulassen, ja sogar nur *durch die anderen* zu sein, und realisiert, dem ständigen Vergleich mit ihnen nicht entgehen zu können (ebd., 111, 148, 165). Dem eigenen, inneren Leben wohnt der Mensch „gleichsam nur als Zeuge bei" (ebd., 174); aber er kann sich als Zeuge niemals selbst genügen, denn ihm bleiben die Gründe seiner Lebensschwäche und seiner ständigen, unzuverlässigen Veränderlichkeit verborgen, die ihm einen unüberwindlichen Widerstand in ihm selbst entgegensetzt und den eigenen Willen schwächt. Deshalb liebäugelt er damit, sich der Passivität des Unwillentlichen einfach zu überlassen.

Keineswegs erschöpft sich die Bestandsaufnahme Maine de Birans in einer Liste von Mängeln. Genau so aber wird sie Ricœur deuten: als Ansatz zu einer Hermeneutik der „belastenden" Passivität des Daseins, die sich der willentlichen Selbstbestimmung hartnäckig entzieht und ihr auf diese Weise Autonomie verwehrt. Was Ricœur in seinem frühen Werk über das Willentliche und das Unwillentliche in Aussicht stellt, ist letztlich vor allem das *Sichabfinden* mit dem – bzw. die bewusste *Einwilligung* in das –, was sich dem Willen relativ oder absolut entzieht. Aber so weit ich sehe, kommt im Zeichen der Passivität als der von Maine de Biran beschriebenen inneren Andersheit des Selbst keine „positive" Bedeutung dessen zum Tragen, was ihm als Widerstand begegnet – es sei denn die Bedeutung einer *Provokation zur Überwindung des Widerstands durch einen gesteigerten Willen*. Dieser Ansatz gerät nun aber unvermeidlich in eine Krise, wenn Ricœur die zweite Gestalt der Andersheit in Betracht zieht, die das Selbst affiziert, um es *in sich zu verandern*. (Zu den drei „Arten" der Andersheit, die als aufeinander irreduzibel und doch als klar voneinander trennbar beschrieben werden, vgl. Ricœur 1990, 426.)

3. Die dem Selbst innewohnende Andersheit und der Widerstand des Anderen

Die komplexen Analysen der leiblichen Passivität als erster Gestalt der dem Selbst eigenen Andersheit täuschen über eine alte Überzeugung nicht hinweg, von der Ricœur kaum abzurücken bereit ist: dass diese Passivität als eine Kategorie (oder als ein Existenzial) des *Leidens* aufzufassen ist. Dafür benennt Ricœur bezeichnende Beispiele: lauter Unfähigkeiten nämlich, die als „Minderungen des *Handlungs*vermögens" eingestuft werden (Ricœur 1990, 385f.). Das Selbst wird als ein primär „vermögendes", als Subjekt eines Könnens beschrieben, das sich Einschränkungen seiner praktischen Kompetenzen gefallen lassen und sie in gewisser Weise akzeptieren lernen muss; vor allem dort, wo es mit der Freiheit Anderer in Konflikt gerät.

Das jedenfalls lehrt die bis heute fast unangefochten vorherrschende politische Theorie, die allein im Recht das Mittel der Wahl erkennt, mit dem einander ins Gehege kommende Freiheiten zu befrieden sind. Nahtlos fügt sich in diese Theorie eine Sozialphilosophie ein, die im Anderen kein bloßes Hindernis, sondern einen Widerstand *sui generis* erkennt, der nicht zu liquidieren, sondern als solcher anzuerkennen ist. Im Einzelfall mag dieser, sei es im Streit, sei es im Widerspruch oder schweigend ausgetragene, Widerstand zu umgehen sein; und es sind verschiedene „Wege der Anerkennung" denkbar. Aber nichts, so scheint es, ist daran zu ändern, dass jeder Andere unbedingt nach Anerkennung verlangt und sogar einen Kampf um Leben und Tod heraufbeschwören kann, wenn dieses Verlangen nicht befriedigt wird. (Kritisch zur hier nur *en passant* thematisierten Theorie der Anerkennung vgl. Liebsch 2006.)

So setzt diese Sozialphilosophie im Prinzip zu allem fähige Subjekte voraus, die im Kampf um Anerkennung einander als Quellen des Widerstands einer potenziell tödlichen Freiheit begegnen, wie es schon in Thomas Hobbes' Theorie physischen Überlebens und später von Hegel bis Kojève in Theorien geistigen Lebens gelehrt worden war. Doch soll die darin liegende dramatische, im Kampf um Leben und Tod zu bestehende Herausforderung schließlich in gegenseitiger Anerkennung aufzuheben sein, zu der sich jeder aus eigener Einsicht durchringen muss. So beschränkt sich die zunächst zu tödlicher Gewalt befähigte Freiheit am Ende selbst. Dass aber im Anderen ein Widerstand liegen könnte, der sich nicht als derart bedrohlich und *nicht nur als negative Einschränkung* des eigenen Handlungsvermögens deuten lässt, kommt nicht in den Blick.

Genau diese Frage drängt sich Ricœur indessen in *Das Selbst als ein Anderer* auf, wo er die zweite Form der Passivität in Betracht zieht: das Affiziertwerden von der Andersheit des Anderen. Die Rede ist hier von einem Selbst, das sich nur durch das hindurch erkennt, was ihm leibhaftig widerfährt (Ricœur 1990, 395). Aber widerfährt ihm denn vom Anderen her vor allem eine Einschränkung seiner Handlungs- und Verfügungsmacht? Und wäre diese, wenn es sich so verhält, vor allem als negative zu begreifen, d.h. so, dass es allemal besser wäre, *nicht* unter ihr zu leiden? Ihre äußerste Zuspitzung erfährt diese Frage, sobald Ricœur sich gezwungen sieht, auf die Herausforderung einer Gabe der Verantwortung zu antworten, die wir, Levinas zufolge, dem Anderen gerade deshalb verdanken, weil er als Fremder in einer jeglichem theoretischen und praktischen Zugriff entzogenen, absoluten Exteriorität beheimatet ist (Ricœur 1990, 404ff.).

Ricœur nähert sich dieser Frage auf einigen äußerst dicht geschriebenen Seiten, die alle zentralen Probleme der Intersubjektivität tangieren; angefangen bei der ersten, je-meinigen Empfindung des Leibes, der als das „am ursprünglichsten Meinige und von allen Dingen das nächste" eingestuft wird (Ricœur 1990, 390). So soll alles Erfahrbare zunächst mir bzw. für mich gegeben sein, ohne dass ich je ins Eigene eingetreten wäre oder aus ihm austreten könnte (ebd., 393). Eröffnet wird auf diese Weise das Milieu einer Primordialität gegenüber jedem Vorsatz, das sich gleichwohl als dem eigenen Willen gefügig darbietet, ohne dessen bloßer Gegenstand zu sein (ebd., 390). Wie gehabt wird hier gezeigt, wie der eigene Wille leiblich verwurzelt zu denken ist in einer ihm vorgängigen Andersheit, die paradoxerweise erst nachträglich als solche in Erscheinung tritt – wenn „ich" da bin. Auf dieser Grundlage geht Ricœur zu der Frage über, wie eigenes, willentliches Tun in ein Erleiden des Anderen umschlägt (ebd., 397) und wie insofern der eigene Leib mit dem des Anderen verflochten zu denken ist. Findet dabei, fragt Ricœur, tatsächlich ein Übersteigen der Eigenheitssphäre in Richtung auf den Anderen als Fremden statt?

Genau hier stößt er auf die Herausforderung von Levinas: Handelt es sich auch in diesem Falle nur um eine negative Beschränkung meines Handlungsvermögens, meines Könnens? Um eine mir sich widersetzende Macht oder Quelle der Gewalt? Oder vielmehr um eine *Macht ohne Gewalt* bzw. geradezu um eine *gute Gewalt*, die meiner Macht und Gewalt schlechterdings entzogen scheint und die mir genau als solche die Gabe der Verantwortung gibt, wie Levinas meint?

Von der ersten leiblichen Empfindung über die gegenseitige Appräsentation arbeitet sich Ricœur schließlich in Richtung einer „dialogischen" Beziehung vor, in der sich deren Gegenseitigkeit mit einer Asymmetrie im Verhältnis zum Anderen verschränkt, wie sie Levinas beschrieben hat.

Ricœur liegt allerdings daran, die bei Levinas ständig in Anspruch genommene Ansprechbarkeit vom Anderen *als Struktur der Selbstheit* aufzuweisen (ebd., 425), statt das Selbst als fatal in sich selbst befangen zu beschreiben (wie es Levinas in einer anderen Terminologie getan zu haben scheint). So hofft er offenbar, das Selbst in seiner „erdhaften Verfaßtheit" (ebd., 184) bzw. irdischen Situierung begriffen und zugleich im Sinne einer leibhaftigen Ansprechbarkeit vom Anderen davor bewahrt zu haben, uninspiriert nur um sich selbst zu kreisen.

Diese „Lösung" bleibt freilich erklärtermaßen rätselhaft. Sie kann, wie Ricœur ausdrücklich eingesteht, die verschiedenen Gestalten der Andersheit nicht klar und deutlich voneinander unterscheiden. Kaschiert die *dem Selbst innewohnende Andersheit*, die in der Passivität des eigenen Leibes aufscheint, etwa *die Andersheit des Anderen* (oder umgekehrt)? Führt die Erfahrung des *Sich-selbst-entzogen-seins*, wie sie mit Maine de Biran zur Sprache kommt, etwa ganz irrtümlich oder in Wahrheit auf die Spur einer *Ansprechbarkeit durch den Anderen*? Der Philosoph bekennt, diese Frage nicht entscheiden zu können. Er *weiß* nicht und *kann* nicht wissen, *ob die Andersheit der Ansprechbarkeit durch den Anderen mit der Passivität des eigenen Leibes verwechselt oder kontaminiert wird*; und umgekehrt: ob letztere auf die Spur des Anderen führt oder nur auf eine „Leerstelle" verweist. So scheint nicht nur die Idee der Andersheit, sondern auch deren Philosophie im „Zustand der Zerstreuung" verharren zu müssen. Aber ist das nicht der der Andersheit tatsächlich angemessene Zustand? „Nur eine Rede, die anders ist als sie selbst [...] wird der Meta-Kategorie der Andersheit angemessen sein. Andernfalls hebt die Andersheit sich auf, indem sie das Selbe wie sie selbst wird..." (Ricœur 1990, 426).

4. Schluss

Wie gezeigt, finden sich zwar nur verstreute Ansatzpunkte zu einer Philosophie der Leiblichkeit bei Ricœur. Doch lässt sich ein von den frühen Schriften bis ins Spätwerk hinein feststellbarer harter Kern seiner Überzeugung identifizieren, derzufolge ein willentliches, praktisch „fähiges", leibliches Subjekt Widerstand primär als Herausforderung dazu begreift, sich selbst zu behaupten. Zwar kennt schon die frühe Theorie des Unwillentlichen Widerfahrnisse und Dimensionen der Erfahrung, an denen der menschliche Wille scheitert oder in die er einwilligen muss. Doch herrscht die Überzeugung vor, am Widerstand, sofern er nicht als unüberwindlicher hinzunehmen ist, könne das Selbst allemal seine Kraft bewähren: Demnach wäre Widerstand vor allem eine Herausforderung zur Selbststeigerung – und würde insofern jene eingangs ins Spiel gebrachte Fraglichkeit des Lebens als Leben *nicht* aufbrechen lassen.

Dagegen setzt das Spätwerk, vor allem *Das Selbst als ein Anderer*, nun aber doch einen neuen, mit dieser Sicht kaum zu vereinbarenden Akzent. Im Widerstand, der sich dem Selbst in der Form einer *ihm eigenen Andersheit* bemerkbar macht, wird es auf die Spur einer anderen, befremdlichen Andersheit geführt, die dem *Anderen als Fremdem* zu verdanken sein soll. Nicht nur wird in der Erfahrung der Passivität unklar, ob wir es mit jener dem Selbst *eigenen* Andersheit oder bereits mit der befremdlichen Andersheit *des Anderen* zu tun haben. Auch der Sinn der Auseinandersetzung mit der Andersheit gerät nun in ein bedenkliches Zwielicht. Im Verhältnis zu sich selbst gilt die Passivität weitgehend als möglichst zu überwindendes Hindernis. Sofern ihr nicht derart beizukommen ist, muss sie allenfalls hingenommen und akzeptiert werden. Dagegen liegt in der Andersheit bzw. Fremdheit des Anderen, wenn wir mit Ricœur Levinas folgen, geradezu der Sinn einer Befreiung von dem das Selbst scheinbar beherrschenden Zwang, unter allen Umständen *können zu müssen* und möglichst jeden Widerstand (sofern er nicht hinzunehmen ist) machtvoll überwinden zu müssen.

Selbst wenn das Selbst etwas lässt, *tut* es das scheinbar noch. Selbst das Lassen und Unterlassen untersteht noch seiner Verfügung (wenn wir diesem Ansatz folgen). Selbst wenn es darauf verzichtet, den nächsten Widerstand zu überwinden, ist das noch Ausdruck des Könnens. Was es indessen nicht vermag, ist, auf eine Weise *nicht zu können*, die nicht als Lassen doch wiederum eine Art Tun wäre. Das heißt nicht, dass es nicht das *Versagen seines Könnens* erfahren müsste. Aber affirmiert nicht noch die Erfahrung des Versagens den Maßstab des Können-sollens und Können-müssens, an dem ein praktisches Selbst, wie es Ricœur beschreibt, sich selbst misst? Stößt ein solches Selbst je auf eine Infragestellung seiner selbst, der es nicht mit Versuchen der Steigerung seines Könnens gerecht zu werden versuchen kann? Hat es *insofern* je einen radikalen Grund, sein Leben als Leben zu befragen? Kann Ricœur die Passivität anders als einen *Mangel an oder Einschränkung von Können* beschreiben? Kann er von seinem Begriff des *sujet capable* her einen *nicht-privativen Begriff von Passivität* denken?

Mit der Herausforderung, einen solchen Begriff zu denken, sieht sich Ricœur unvermeidlich konfrontiert, wo er realisiert, wie die dem Selbst eigene Andersheit auf die Spur des fremden Anderen führen kann (ohne sich eindeutig von letzterer unterscheiden zu lassen). Diese Spur führt aber auf einen nicht-privativen Begriff der Passivität; und sie motiviert Levinas dazu, eine „Absetzung" des Könnens zu denken, die *nicht auf ein Versagen des Könnens* oder menschlicher Verfügungsmacht hinausläuft.

Die einschlägigen Analysen in *Totalität und Unendlichkeit*, in denen Levinas seine Überlegungen zu dieser Frage entfaltet, können hier nicht ausführlich dargestellt werden. Nur soviel: Diese Analysen setzen den Widerstand, den der Andere in seiner Fremdheit darstellt, ausdrücklich ab von jedem *Etwas*, das vielleicht noch nicht ganz im Griff, bearbeitet, angeeignet oder überwunden sein mag. Jeglicher praktisch überwundene Widerstand mag anderes nach sich ziehen, was zur Bearbeitung noch aussteht. Das schafft eine Unruhe ohne Sicherheit, die das Können immer von neuem antreibt (Levinas 1961, 201ff., 230). Aber ist nicht das *noch nicht* Überwundene bereits „virtuell überwunden"? Lässt es nicht immer darauf hoffen, später überwunden zu werden? Der Widerstand des Anderen ist nicht von dieser Art, behauptet Levinas.

Gewiss: Der Andere kann als Macht auftreten, die sich geradezu als Herausforderung dazu anbietet, überwunden zu werden; sei es im sozialen Spiel, im politischen Kampf um Anerkennung oder im militärischen Krieg. Und bedeutet klassischen sozialontologischen Analysen zufolge die Behauptung einer sozialen und politischen Existenz nicht vor allem: sich gegen Andere am Leben zu erhalten, zu bestehen und zu widerstehen, notfalls auch unter Einsatz physischer Gewalt – dann aber auch Bestehen durch Selbst-Ständigkeit, sei es als Besitzindividualist, sei es als Vertragspartei, die sich auf ihre Zusagen und Versprechen festlegen lässt und Andere auf ihr gegebenes Wort festlegt?

(Noch Ricœur knüpft an diese Tradition an, wo er die Selbst-Ständigkeit [*maintien de soi*] und das Versprechen zusammen denkt und einer Wankelmütigkeit [*versatilité*] des Selbst entgegensetzt, das nicht aus eigener Kraft dafür scheint bürgen zu können, *wer* es in Zukunft sein wird; Ricœur 1990, 205.)

Doch Levinas bricht mit diesem sozialontologischen Vorverständnis, wo er den Widerstand des Anderen „positiv" zu denken versucht; und zwar so, dass er das Selbst *vom Können selbst* zu entlasten verspricht – auf die Gefahr hin allerdings, dass es dem Widerstand des Anderen nicht mehr mit eigenen Mitteln seines Lebens beizukommen vermag und sich eben deshalb radikal in Frage gestellt sieht (Levinas 1961, 283f.). Wenn es stimmt, dass uns gerade der Andere in seiner Fremdheit die Gabe der Verantwortung für ihn gibt und wenn diese Gabe selbst exzessiver Mordmacht widersteht als ein „unendlicher Widerstand", der nicht wie irgend eine Materie negierbar ist, so haben wir es hier nicht mit etwas *Realem* zu tun, was in der Dimension des Könnens, der Macht oder der Gewalt *stärker* wäre als ein machtvoll oder gewaltsam sich behauptendes Selbst (Levinas 1961, 285f.). Und doch soll es sich um einen absoluten Widerstand handeln, der das Selbst nicht etwa daran hindert, als *sujet capable* ganz es selbst zu sein (und nach eigenem Gutdünken gut, glücklich oder intensiv zu leben), sondern es vor aller Initiative als ethisches instituiert.

Auf diese Weise will uns Levinas davon überzeugen, dass *niemand aus eigener Kraft ein ethisches Leben zu leben vermag*. Was sich dem Können radikal entzieht und im gleichen Zug ein solches Leben möglich machen soll, haben wir Levinas zufolge einer passiven Ansprechbarkeit durch den Anderen zu verdanken, die nicht wie die Passivität im Sinne Ricœurs noch immer ein herabgemindertes Tun oder Können wäre.

Levinas sieht diese Ansprechbarkeit einer *Bezeugung* (*attestation*) anvertraut, deren philosophische Fragwürdigkeit kaum zu bestreiten ist. Nicht zuletzt verlangt sie eine (noch immer ausstehende) Antwort auf die Frage, wie diese Ansprechbarkeit ein *leibhaftiges* Selbst affizieren kann, das allein auch für Andere einzustehen und Verantwortung zu übernehmen vermag. So appelliert der Anspruch des Anderen, auch wenn er das Können des Selbst radikal unterlaufen sollte, doch rückhaltlos an dessen praktisches Sein. Levinas, scheint mir, hat das Verständnis dieses Zusammenhangs überall dort verbaut, wo er das Selbst auf eine *Idem*-Identität reduziert und es im gleichen Zug als blind und taub für die Fremdheit des Anderen beschrieben hat. Ricœur insistiert demgegenüber mit Recht darauf, dass der Anspruch des Anderen nach einer Ansprechbarkeit verlangt, die nur einem Selbst „eigen" sein kann – als etwas Befremdliches aber, das ihm, wenn die Analysen des 10. Kapitels in *Das Selbst als ein Anderer* zutreffen, nicht einmal deutlich *zwischen sich als einem Anderen und der Andersheit des*

Fremden zu unterscheiden erlaubt. Was den fraglichen Widerstand anbetrifft, von dem her Ricœur das Selbst zu denken versucht, würde sich daraus die Konsequenz ergeben, dass wir nicht wissen und nicht wissen können, ob uns in der Alterität, die uns als Andere ausmacht, *Andere* oder *wir uns selbst radikal widerstehen*. Dabei steht nicht weniger auf dem Spiel als die Frage, ob wir einem fatalen, das Selbst immer auf sich selbst zurückwerfenden Können entgehen, zu dem wir sogar in der äußersten Passivität verurteilt bleiben müssten, wenn wir einer weit zurückreichenden philosophischen Tradition folgen, die in ihr nur den Grenzfall eines geminderten Vermögens erkennt. Auf dem Spiel steht weiter die Frage, ob sich eine als Andersheit des Selbst vorgestellte Passivität nicht nur negativ – als Leiden –, sondern als Inspiration durch den Anderen denken lässt – trotz der nicht zu beschönigenden Schwierigkeit, zwischen sich als einem Anderen und der Andersheit des Fremden nicht deutlich unterscheiden zu können. Diese Fragen kulminieren schließlich in dem Rätsel, wie eine solche Inspiration einer radikalen Exteriorität des Anderen auf der Spur sein und zugleich dem Leib sich einschreiben können soll, ohne ihm nur zur Last zu fallen.

Literatur:

Ricœur 1990, Dosse 1997, Greisch 2001, Hahn 1995, Institut Catholique de Paris 1995.

Gilles Deleuze
– Was weiß ein „Körper ohne Organe“ vom Leib?

Mirjam Schaub

> „Schon immer sehnte ich mich nach einem Messer. Eine Klinge, die mein Gedärm entblößt. Die Hirn und Herz erlöst, mich von meiner Substanz befreit, die meine Zunge abtrennt, sowie mein Geschlecht. Eine scharfe Klinge, die alle Unreinheiten säubert. Dann würde der sogenannte Geist sich von diesem bedeutungslosen Kadaver lösen.“
> Filmdialog zwischen Albert Emanuel Vogler (Max von Sydow) und Johann Spegel (Berget Ekerot) in Ingmar Bergmans Film ANSIKTET/DAS GESICHT (1958)

1. Einleitung

Eine ägyptische Mumie ist ein Körper ohne Organe; ebenso das, was vom Utilitaristen Jeremy Bentham in Gestalt seines *Auto-Icon* (seit 1832) übrig blieb und seither im University College of London sitzt. Nur die Organentnahme verhindert die Verwesung eines Körpers; verlängert die irdische Präsenz aus der Vergangenheit in die Gegenwart hinein. Nicht nur den Toten, auch den Lebenden können dysfunktionale Organe zur Last, zum Daseinshemmnis werden. (Dies auch um den Preis, dass bereits 13–Jährige in Entwicklungsländern wie Bangladesh zur Leihmutterschaft oder Organspende als Einkommensquelle gezwungen werden.) Ein Körper ohne Organe ist, um es kurz zu machen, entweder schon tot oder wird es sehr bald sein. Leben im physiologischen Sinn – das ist *immer* organisches Leben. Selbst Einzeller besitzen Organellen, die durch ihre relative räumliche Abgeschlossenheit und ihre subzellularen Stoffwechselfunktionen definiert sind, egal, ob sie sich als Mitochondrien, Plastiden, Geißeln, Augenflecken, Zellafter u.v.m. ausdifferenzieren. Bereits vor der Ausdifferenzierung der Biologie als eigene Wissenschaft, zirkuliert die Idee des Organischen als Inbegriff einer intensiven, stimmigen Einheit, in der jedes Einzelne wie ihr Zusammenspiel untereinander harmonisch aufeinander abgestimmt und eingespielt ist. 1800, in seiner Transcendentalphilosophie-Vorlesung, fasst Friedrich Schlegel „den einzigen Inhalt unserer Philosophie“ programmatisch so zusammen: „*dass es nur eine Welt giebt, dass alles Daseyn organisch ist.*“ (Schlegel 1800/01, 50). Frei nach Goethe: Nach Organen drängt, am Organ hängt doch alles [Leben]! Wie kommt es also, dass ausgerechnet die *conditio sine qua non* des Lebens unmittelbar nach Einführung der für die Transplantationsmedizin essentiellen Definition des Hirntods (frz. *coma dépassé*) durch die Harvard Medical School im Jahre 1968 unter französischen Philosophen Gegenstand einer epistemisch-ästhetischen Polemik wird? (Die Querelle kommt dabei ohne Hinweis auf ethische Fragen, jedoch nicht ohne augenzwinkernde Anspielung auf Zombies aus.)

Der organlose Körper (oK) wird von seinen prominentesten Verfechtern Gilles Deleuze und Félix Guattari gerne abgekürzt, das passt zu seiner philosophiestrategischen Ausrichtung. Es handelt sich dabei um einen polemischen Suchbegriff, der die Überwindung körperlicher Grenzen (auch seiner Leidensgrenzen) verspricht, indem er sich an die Idee einer rückhaltlos produktiven, intensiven, vitalen Fluchtlinie knüpft. Dieser kommt bereits im *Anti-Ödipus* (Deleuze u. Guattari 1972a) die Aufgabe zu, mit dem Begehren *(désir)* als internalisiertem Inzest-Verbot Schluss zu machen: Stattdessen wandert, mäandert das Unbewusste als organloser Körper „von einer Intensitätsschwelle zur nächsten. Und das, das ist etwas anderes als das Delirium oder die Halluzination, das liegt am Grund." (Deleuze 1972c, VL vom 15. 02. [Übers. M.S.]) Allerdings ist die Gleichsetzung oKs mit einem von der Psychoanalyse entlasteten Unbewussten noch nicht stabil, die anti-freudianische Neuorganisation der Psyche kein Selbstläufer: „Die Wunschmaschinen *(machines désirantes)* erschaffen uns einen Organismus, doch innerhalb dieser seiner Produktion leidet der Körper darunter, auf solche Weise organisiert zu werden, keine andere oder überhaupt eine Organisation zu besitzen." (Deleuze u. Guattari 1972a, 14). Woher rührt diese Kritik an der hierarchisierten Organisation des Seelenlebens?

Um diese Frage zu beantworten, sollen zunächst die heterogenen Bedeutungsstränge aufgezeigt werden, welche die Faszination des oK ausmachen: Ungeachtet eines explizit psychiotischen Hintergrunds geht offenbar ein befreiender, künstlerischer wie politischer Impuls von Antonin Artauds später Begriffsschöpfung aus. Doch erst in Verbindung mit dem von George Canguilhem verfochtenen nicht-organischen Vitalismus wird der Begriff philosophisch anschlussfähig. Noch etwas kommt hinzu. Zwar liegt Maurice Merleau-Pontys zeitgleich mit Canguilhem entwickelter Begriff der „organischen Verdrängung" *(réfoulement organique)* begrifflich scheinbar am anderen Ende der Skala, doch trifft sich auch seine Überlegung, Phänomene wie Organvertretung, Phantomschmerzen u.ä. als „verweigerte Defizienz" aufzufassen, mit der von Deleuze u. Guattari vorgenommenen, positiven Besetzung des oKs. Was Merleau-Ponty diagnostisch als Hinweis auf die Notwendigkeit eines integralen, holistischen Leib-, Welt- und Subjektverständnisses dient, spitzen Deleuze u. Guattari ‚therapeutisch' auf den Begriff des oKs zu. Die Ergebnisse dieser beiden Operationen könnten jedoch nicht verschiedener sein: Der Leib wird in der Phänomenologie kein organvergessener Körper sein. Umgekehrt verliert der oK seine Körpereigenschaften, nicht nur seine Organe, sobald er als reine Intensität von jeder Erfahrung des Schmerzes abgekoppelt wird. (Slavoj Žižek hat dies 2005 zum Anlass genommen, konsequent ‚körperlose Organe', d.h. einen kO, statt einen oK am Werke zu sehen.) Mit Rückgriff auf die Selbstanalyse von Daniel Paul Schreber – statt auf Artaud – lässt sich jedoch zeigen, warum ein Körper, *der sich bar jeder Organe fühlt*, die bleibende Affinität des oKs zur psychotischen Erfahrung ausmacht; und warum ferner dennoch genau diese Erfahrung *gerade nicht* als Vorbild dienen kann, wenn der philosophiestrategische, affirmative Einsatz des oKs in den Blick gerät. Im Schlussteil werden daher naheliegende Missverständnisse des Konzepts thematisiert und der Anschluss an phänomenologische Perspektivierungen diskutiert.

2. Antonin Artauds Organschelte im Angesicht ausführender Organe (1947)

Der oK ist keine Erfindung von Deleuze und Guattari. Der Künstler und Schauspieler Antonin Artaud prägte seine Rede anlässlich einer *körperlosen Situation* par excellence, einer experimentellen Klangcollage, die Ende der 1940er Jahre noch so skandalös wirkte, dass sie kurz vor der Ausstrahlung im französischen Radio verboten wurde. In ihr erklärt die bisweilen bis zur Unkenntlichkeit verzerrte, zwischen Fistelkopf, Brustton und Glossolalie schwankende *Stimme* Artauds, warum nun endlich *Schluss mit dem Gottesgericht* (frz. *Pour en finir avec le jugement de dieu)* sein müsse.

Ein Missverständnis wäre es daher, den oK mit der Einführung eines neuen philosophischen Begriffs gleichzusetzen, über den sich nach klassischem Regelwerk streiten ließe. Vielmehr vollzieht sich in seinem Namen eine Form der „Gegenverwirklichung" *(contre-effectuation)* dessen, worunter man ansonsten endlos leiden müsste. Subversion durch Affirmation, die systematische, strategische Affirmation des Unerträglichen, darum geht es. Dieser strategische Wechsel in der Methode der Persuasion hat eine radikal veränderte Haltung gegenüber klassischen Ordnungs- und Organisationsstrukturen sowie Sinnerwartungen zur Folge, denn er ruiniert alle bekannte Sinnstiftung:

> „Der organlose volle Körper *(le corps plein sans organes)* ist das Unproduktive, das Sterile, das Ungezeugte, ist das Unverzehrbare. Antonin Artaud hat ihn überall dort, wo er, ohne Form und Gestalt, vorhanden war, aufgedeckt. Todestrieb ist sein Name, und der Tod ist nicht ohne Vorbild. Denn der Wunsch *(le désir)* wünscht/begehrt *(désire)* auch ihn, den Tod, bildet der volle Körper des Todes doch seinen bewegungslosen Motor, wie er gleichermaßen das Leben wünscht, sind die Organe des Lebens doch die *working machine*. Man frage nicht, wie das alles gemeinsam funktioniert – die Frage selbst ist Produkt einer Abstraktion." (Deleuze u. Guattari 1972a, 14)

Zu dem Auftritt des „volle[n] Körpers des Todes" passt auch, dass Artaud, der glänzende Schauspieler und Literat, der sein Leben lang mit Drogen experimentierte und Jahre in der geschlossenen Psychiatrie verbrachte, im Jahr seiner oK-

Erfindung bereits tödlich an Krebs erkrankt ist. Wenn Artaud also in seiner finalen, künstlerischen Abrechnung mit der Psychiatrie schreibt: „Binden Sie mich, wenn Sie wollen, aber es gibt nichts Sinnloseres als ein Organ" (Artaud 1948a, 29), dann schwingen hier noch zwei weitere Wortbedeutungen mit:

a) die der *gewaltausübenden Organe* jener Institution, die Artaud jahrelang nicht nur der Freiheit beraubte, sondern auch mit Elektroschocks und Quecksilber malträtierte, sprich die ausführenden Organe der französischen Psychiatrie der 1940er Jahre;
b) die der *Engel als Sendboten Gottes*, denn »[D]er Mensch ist krank […] [U]nd mit Gott / seine Organe« (ebd.).

Das unbotmäßige Erscheinen der von höherer Macht Gesandten (egal, ob sie nun von der Psychiatrie oder von Gott geschickt sind) wird von Artaud bis in die letzte Ambivalenz hinein ausgekostet, ihr janusköpfiges Auftreten – peinigend wie erlösend – affirmiert. Sie – die Gesandten von höherer Statt – werden damit zugleich eingespannt, dazu auserkoren, Artauds gepeinigtem Körper einen letzten Dienst zu erweisen: „Wenn Sie [die o.g. ausführenden wie göttlichen ‚Organe', Anm. M.S.] ihm einen Körper ohne Organe hergestellt haben, dann werden Sie ihn von all seinen Automatismen befreit und ihm seine wirkliche und unvergängliche Freiheit zurückerstattet haben. Dann werden Sie ihm wieder beibringen, wie im Delirium Musetten *(dans le délire des bals musette)* verkehrt herum zu tanzen, und diese Kehrseite wird seine richtige Seite sein." (Ebd.)

Die französische Variante eines synkopierten, frenetisch getanzten Walzers wird hier zur Projektionsfläche für die geschundene Kreatur, die sich gegenüber der göttlichen Natur als defizient erfährt. Der oK ist dann eine nachträgliche Korrektur an der göttlichen Schöpfung mit den Mitteln derselben; eine Art ‚Ausbruchsmittel', um aus der körperlichen Begrenztheit wie Schmerzerfahrung auszusteigen. Die Herausforderung wird darin bestehen, „verkehrt herum zu tanzen" (ebd.), um so Freiheit der Bewegung zurückgewinnen.

Fast meint man in dem von quälenden Automatismen befreiten Tanzstück aus dem Geist „verkehrter" Animation so wie der „Kehrseite" ihrer Automation eine Anspielung auf Heinrich von Kleists Essay „Über das Marionettentheater" (Kleist 1810) zu entdecken. Kleist verschaltet darin Gott und Marionette, Freiheit mit Notwendigkeit; koppelt das Automatische, Unbewusste an ein göttliches Bewusstsein; verzichtet auf den allzu menschlichen Impuls nach bewusster Bewegungskontrolle. Schwerelos, selbstvergessen, ohne Zögern, aus dem natürlichen Schwerpunkt der jeweils gewählten Bewegung heraus, so und nicht anders muss getanzt werden. Um besser zu verstehen, warum Deleuze u. Guattari Artauds Begriffsschöpfung des oKs wie eine Kleist'sche Marionette als antigraves, sich nicht länger zierendes, selbstvergessenes Bewegungsvorbild aufgreifen, braucht es einen Gang zurück in die Geistes- und Kulturgeschichte. Denn die Korrektur die so in den Begriff des oKs eingeführt wird, betrifft eine neue Auffassung dessen, was Leben selbst – als ein automatisierter, organisierter Aufstand gegen den Tod – sein könnte.

3. Xavier Bichats doppelter Lebensbegriff (1800) sowie Georges Canguilhems nicht-organischer Vitalismus (1943)

1943 erscheint in Paris eine medizinisch-philosophische Dissertation, die bereits vor ihrer erweiterten Neuauflage von 1966 Furore macht, nun unter dem Titel: *Das Normale und das Pathologische* (Canguilhem 1943). Canguilhems antipositivistisches, vitalistisches Augenmerk richtet sich dabei auf die produktive

a) *Rolle des Lebens* selbst, das nach immer neuen und originelleren Überschreitungen seiner eigenen Natur strebt;
b) *Rolle des Irrtums*, exemplifiziert am Beispiel des Histamins, das verantwortlich für die allergische Überreaktion eines Körpers ist, welcher sich in „organische[r] Autopharmakologie" (Henry Dale) übend gegen sich selbst wendet;
c) *Veränderlichkeit der organischen Normen* selbst, welche durch nötige Anpassungsleistungen, Homöostasen, Dekodierungen/Entzifferungen, genetische Weiterentwicklung u.ä. *fundamentaler Selbsterneuerung* unterworfen sind.

Canguilhem vermeidet die missliche Entscheidung zwischen einem klassischen Vitalismus, mechanistischen, reduktionistischen oder kybernetischen Theorien. Vielmehr ist es ihm um ein neues Verständnis des Lebendigen als *perfektionierter Imperfektion* zu tun. Maria Muhle schreibt hierzu: „Diese spezifische, lebendige Dynamik entsteht, wie Canguilhem im Anschluss an Xavier Bichat zeigt, in der Fähigkeit des Lebens zum Irrtum, durch die es sich radikal von einer starren mechanistischen Erklärung unterscheidet." Bichat nennt in seinen *Physiologische[n] Untersuchungen über den Tod* (*Recherches physiologiques sur la vie et la mort)* (Bichat 1800) erstmals „das Leben als Widerstand *(résistance)* gegen die organischen und anorganischen Bedrohungen, die ihm sein Milieu entgegenbringt, und fasst diese Widerstandskraft als ‚ein permanentes Prinzip der Reaktion' (Bichat)." (Muhle 2011, 79f.) An programmatischer Stelle behauptet Bichat: „Das Leben ist die Gesamtheit der Funktionen, die dem Tod widerstehen." („*[L]a vie est l'ensemble des fonctions qui résistent à la mort*") (Bichat 1800, 43).

Im Ausgang der Unterscheidung eines sprachbegabten, tierischen Lebens *(vie animale)* und eines affektdominierten, vegetativen Lebens *(vie organique)*, die bei Bichat nicht immer zwanglos zusammenkommen, affirmiert Canguilhem nun die faktische Normierungswirkung des Organismus ebenso wie die Ausdifferenzierung der Organe als temporären Stabilisator *allein* vor dem Hintergrund der bedingungslosen Anpassungsfähigkeit des Lebens „durch Variation der organischen Formen" selbst.

„Wir selber hatten die Normalität einer Spezies als eine bestimmte Tendenz zur Variation definiert, als ‚eine Art der Absicherung gegen jene übermäßige, irreversible und der Flexibilität entbehrende Spezialisierung [...], welche die gelungene Anpassung im Grunde darstellt'",

schreibt Canguilhem (1943/66, 182), sich – mangels anderer Autoritäten – selbst zitierend. Der Rückgriff auf ein Selbstzitat unterstreicht die Neuheit der gemachten Entdeckung: Eine organische Form, so seine Idee, verliere ihre Flexibilität ob allzu großer, anpassungsbedingter Spezialisierung; die durch Adaptation herbeigeführte Normierung selbst führe daher in die evolutionäre Sackgasse, wenn es nicht neben ihr stets immer auch unangepasste Abweichung, Entdifferenzierung, Reversibles, kurz eine *Reserve* an evolutionären Möglichkeiten gäbe. Am Beispiel der Flügelfarben eines Falters, der im Labor plötzlich die Tarnfarben des Baumes ablegt, favorisiert Canguilhem daher Konzepte, welche der Idee der Normierung als statistischer Häufigkeitsverteilung entgegentreten.

Denn „[d]ie vitale Normativität ist [...] gerade nicht Anpassung, sondern permanente Überschreitung und Infragestellung des Gegebenen: Ein Lebewesen verhält sich normativ, wenn es sich nicht an ein bestehendes Milieu oder eine bestehende Norm anpasst – dann wäre es pathologisch –, sondern sich sein eigenes Milieu und seine eigenen Normen schafft." (Muhle 2011, 82)

Ein solcher Zug löst das Problem der Originalität des Lebens und bietet zudem die Chance, „eher eine Moral als eine Theorie" (Canguilhem 1952, 158) desselben zu sein. Ebenso frech wie zwanglos paart Canguilhem einen inventionistischen Vitalismus, welcher im Bekenntnis der Nützlichkeit des Dysfunktionalen und des Irrtums des Organischen gipfelt, mit der Vorstellung der Normierungswirkung desselben. Die Normalität, d.h. Inflexibilität der hochspezialisierten organischen Form muss also von Anbeginn durch ein Prinzip der Variabilität und *Entspezialisierung* des Lebens selbst gekontert, ja korrigiert werden: durch die normative (da produktive) Kraft des *kreativen Irrtums*. „Die Herausforderung des Canguilhem'schen Lebensbegriffs liegt darin, dass sich die organische Normalität permanent den normativen Abweichungen ausgesetzt sieht, d.h. das Leben nicht in einem Gleichgewichtszustand (wie ihn z.B. das Labor künstlich herstellt) verweilt, sondern diesen immer wieder von Neuem auf den Prüfstand hebt und überschreitet" (Muhle 2011, 82). Vielmehr ist das Leben – Henri Bergsons *Schöpferische Entwicklung* (Bergson 1907) steht für diese Auffassung ebenfalls Pate – „Polarität und damit organisch und schöpferisch zugleich, d.h. im emphatischen Sinne lebendig" (Muhle 2011, 82). Eine ähnlich unorthodoxe Konjunktion aus *nicht-organischem Vitalismus* und *nicht-positivistischer Normierung* wird zur selben Zeit auch Canguilhems philosophischer Kollege am Collège de France vornehmen, jedoch mit einem Vokabular, das von einem holistischen Körperbild geprägt und von einer in die eigene Leiblichkeit versenkten Psychoanalyse gefärbt ist.

4. Maurice Merleau-Pontys ‚organische Verdrängung' als Plädoyer gegen die Verdrängung des Leibes (1945)

In seiner *Phänomenologie der Wahrnehmung* von 1945 argumentiert Maurice Merleau-Ponty ähnlich wie Canguilhem für eine anti-cartesianische Konzeption des Physiologischen wie des Psychischen. Er ersetzt das kausale Nebeneinander von organisch-bedingten „Prozessen-an-sich" und psychisch-bedingten *cogitationes* (vgl. Merleau-Ponty 1945, 114) durch die Vorstellung vom verständigen „Kommen und Gehen der Existenz, die bald sich körperlich sein lässt, dann wieder in persönlichem Handeln sich zuträgt" (ebd., 113). Ähnlich spricht bereits Bichat von der doppelten Bewegung des organischen Lebens, von einer, die zusammenhält und Neues schafft *(composition)*, und einer, die sich dem Zufall und dem Zerfall *(décomposition)* überlässt (vgl. Bichat 1800, 46).

Merleau-Ponty entwirft ein an Bichats Unterscheidung gemahnendes „organisches Denken" *(pensée organique)*, das unseren Leib (frz. *corps*) nicht als stumpfes, invariantes So-Sein, sondern als ein komplexes Verhältnis des „Zur-Welt-Seins" begreift. Dieser Todesbewusstsein und Existenzerfahrung einschließende, daher auch *keine falsche Totalität* versprechende Leib wird bei Merleau-Ponty zum Inbegriff von Wechselbezügen zwischen dem Psychischen und Physiologischen. „Die philosophischen Lehren", so Merleau-Pontys Diagnose 1951/52, „vernachlässigen die Verleiblichung des Geistes und das zweideutige Verhältnis, in dem wir zu unserem Leib und, korrelativ dazu, zu den wahrgenommenen Dingen stehen, und zwar zugunsten einer reinen Äußerlichkeit oder einer reinen Innerlichkeit" (Merleau-Ponty 1952, 99). Diese doppelte Bezugsstruktur zur Welt bleibt dabei – ähnlich wie beim Irrtumsdenker Canguilhem – jederzeit störungsanfällig und fragil. Die Fragilität ist bei Merleau-Ponty der Doppelnatur des Leibes selbst geschuldet, also der Tatsache *gleichzeitig aktueller/persönlicher und habitueller/anonymer Leib* (vgl. Merleau-Ponty 1945, 107) zu sein. Die Doppelnatur des Leibes ‚realisiert' ihrerseits die existentielle Dimension der menschlichen Zeiterfahrung in ihrer „Zweideutigkeit" (ebd., 110).

Im Kapitel „Der Leib als Gegenstand und die Physiologie" beschreibt Merleau-Ponty nun das begleitende Bewusstsein eher als zeitvergessen sowie die Psyche als verdrängungsanfällig, während es dem menschlichen Körper – in Krankheit, Prüfung und Leid – zukommt, uns die „spezifische Vergangenheit, die unser Leib ist" (ebd.), nachhaltig vor Augen zu stellen. Der Leib wird zum notwendigen Korrektiv der Psyche, zum insistierenden ‚Realen', das sich *weder abwenden noch schlicht anerkennen* lässt. Im Zentrum steht folgerichtig – ob seines Zeitbezugs – der Begriff der „organischen Verdrängung" *(refoulement organique)* bzw. „Unterdrückung" *(suppression)* (ebd., 102). Verdrängt wird dabei genau jene affektbestimmte, schwer beherrschbare Komponente des menschlichen Lebens, die Bichat bereits als „vie organique" auszeichnete. Merleau-Pontys Begriffsverschiebung zeigt an, dass hier der psychoanalytisch geprägte Begriff der Verdrängung mit der traumatischen Wirkung eines weder schicksalhaften, noch bloß akzidentellen Geschehens in Verbindung gebracht und an das Apriori des belebten Körpers gekoppelt wird: nämlich dem des Organischen.

„So wie man von Verdrängung *(refoulement)* im engeren Sinne spricht, wenn ich über die Zeit hinweg festhalte an einer einst gegenwärtig gewesenen Welt und diese zur Form meines ganzen Lebens mache, so kann man sagen: als vorpersönliches Zugehören zu einer Form von Welt überhaupt, als anonymes und allgemeines Dasein, spielt mein Organismus im Grunde meiner persönlichen Existenz die Rolle eines *angeborenen Komplexes (un complexe inné)*. Er ist freilich nicht bloß ein träges Ding, auch er entwirft die Bewegung des Existierens." (Merleau-Ponty 1945, 109)

Als anonym und allgemein daseiend, als banal, zyklisch und habituell fortschreitend und damit das entscheidungsfreudige Bewusstsein kränkend, beschreibt Merleau-Ponty die lebenserhaltenden Vollzüge des eigenen Organismus. Doch „das Organische und die ihm eigene monotone Dialektik" (ebd., 113), wahlweise auch die „Stereotypie des Organischen *(les stéréotypies organiques)*", welche sich „am Ursprung alles willentlichen Seins *(à l'origine de notre vie volontaire)*" (ebd., 109) erraten lassen, eröffnen auch ein gewaltiges Potential, um sich – unter bewusstem Verzicht auf einen „Teil seiner Spontaneität" – als Mensch in die „vorgebildeten Kreisläufe" (ebd., 112) zu integrieren, um so schließlich das schiere In-der-Welt-Sein als ein Zur-Welt-Kommen annehmbar zu machen.

„[S]tabile Organe" realisierten überhaupt erst jene „Weltverhaftung", begründeten „objektives Weltbewußtsein" und beförderten so letztlich das Bewusstsein jener „innere[n] Notwendigkeit" (ebd.), welche danach verlange, „sich einen habituellen Leib zu geben" (ebd.); nicht, um den Kreisläufen und Zyklen zu verfallen, sondern um die körperliche Bedingtheit als Inbegriff existentieller Bezugnahme anzuerkennen, statt zu verdrängen.

Gegen die Verfallenheit und Selbstvergessenheit wird die Idee einer „höchst integrierten Existenz" (ebd.) aufgeboten. Nicht das Organische selbst, sondern erst seine Verdrängung; nicht die Organe als „relativ autonome Strömung der Existenz" (ebd., 111) sind das Problem, sondern die *Unterdrückung genuiner Leiberfahrung*. Verdrängung, so Merleau-Ponty, kündet von der Unmöglichkeit, eine Fixierung aufzugeben (d.h. Verzicht auf ihren Halt zu leisten) und zugleich von der Unmöglichkeit, dieses Scheitern einzugestehen. Sie zeugt von der vertanen Korrektur angesichts eines einmal eingeschlagenen, längst blockierten Weges. Die Folgen der Verdrängung sind dann gravierender, als ihre (scheinbar harmlosen) Ursachen vermuten lassen: Mit ungewöhnlicher Dramatik spricht Merleau-Ponty davon, dass die Verdrängung eine dem Zeitfluss entrissene „Ausnahmebedeutung" (ebd., 107) erzeuge, die sich schemenhaft vor jedes qualitative Gegenwartsgefühl lege; die „unpersönliche Zeit fließt weiter fort, die persönliche Zeitlichkeit aber stockt" (ebd., 108); statt in der ersten Person zu existieren, erstarre man in einer *Scholastik der Existenz* (ebd.).

Vor diesem Verdikt sind die drei Beispiele von Interesse, die der Philosoph wählt, um den psychologischen Mechanismus der Verdrängung mit der Erfahrung des Organischen in Beziehung zu setzen. Es handelt sich dabei um Zuschreibungen, wie sie dem Stand der medizinischen Forschungsliteratur der frühen 1940er Jahre entsprechen:

a) das Phänomen der *Organvertretung* bei Insekten. Es wird als Indiz für eine fortgesetzte, sinnhafte „Bewegung des Seins zur Welt" (ebd., 102) gedeutet;
a) der *Phantomschmerz* nach Gehirnläsionen oder Amputationen beim Menschen. Gedeutet wird dies am Beispiel eines Phantomarms als „einstige Gegenwart", die sich „weigert, Vergangenheit zu werden" (ebd., 110);
c) *Anosognosie*, wie sie vermehrt nach Schlaganfällen vorkommt und das Nichterkennen- bzw. Nichtwahrnehmen-Können von (halbseitigen) Lähmungserscheinungen oder (kortikaler) Blindheit betrifft.

In allen drei Fällen *überlagert* die habituelle Leiberfahrung die aktuelle; wird ein unwiederbringliches Vergangenes als Gegenwärtiges inszeniert; fehlende Organe werden substituiert, gelähmte virtuell aktiviert. Dieser Einbruch des Virtuellen ist interessant, weil er gleichzeitig die *Körperabhängigkeit* wie *Welteingebettetheit* beweist und zugleich die Verschaltung, Verschränkung und Interdependenz von psychischen und physischen Mechanismen als ‚strukturelle' Lösung des Leib-Seele-Dualismus in Greifweite rückt:

„Die Nichtanerkennung des Mangels ist nur die Kehrseite unserer Weltzugehörigkeit, die implizite Verneinung dessen, was der natürlichen, uns unseren Aufgaben und Sorgen entgegen, in unserer Situation und vertrauten Horizonte hinein werfenden Bewegung sich widersetzen will. Den Phantomarm haben, heißt für alles Tun, dessen allein der Arm fähig ist, offen bleiben, heißt das vor der Verstümmelung besessene praktische Feld sich bewahren. Der Leib ist das Vehikel des Zur-Welt-seins, und einen Leib haben heißt für den Lebenden, sich einem bestimmten Milieu zugesellen, sich mit bestimmten Vorhaben identifizieren und darin beständig zu engagieren." (Ebd., 106)

Interessanterweise funktioniert nun die virtuelle Verlängerung des Einstmals-Organisch-Gegebenen durch das Psychische auch in umgekehrter Richtung. Der Phantomschmerz ist gewissermaßen nur das physiologische Gegenstück zur Psychose, in welcher umgekehrt organische Kettenreaktionen (der sich nun als genuin körperlich gerierenden und damit als verwundet empfundenen Psyche selbst) es gestatten, „das Phantom zu realisieren" (ebd., 111). Das einstmals rein Psychische verlängert sich dann chiastisch in eine physiologische Realität hinein – und vice versa.

Unabhängig also davon, dass das Psychische dem Organischen, oder das Organische dem Psychischen sekundiert, stets geht es – für Merleau-Ponty – um die „Verweigerung der Defizienz" (ebd.), d.h. um das Gegenbild zu Artauds anerkannter und sodann mit dem oK überwundener Defizienz. Statt diese Verweigerung nun endlos zu wiederholen, schlägt der Philosoph Sublimierung vor.

Das biologische Dasein könne und müsse „zur persönlichen Existenz" sublimiert werden; so wie die „natürliche Welt" nur als „Kulturwelt" für uns (er)lebbar sei (vgl. ebd., 109). Merleau-Ponty begründet die Transponierung eines psychoanalytischen Begriffs in einen *kulturanthropologischen Befund*. Er rechtfertigt die Rede von der „organischen Verdrängung" (ebd., 107) bzw. vom Leib als „eines *angeborenen Komplexes*" des Psychischen wie folgt:

> „[Z]umeist verdrängt die persönliche Existenz den Organismus, ohne ihn je zu überwinden noch auch je auf sich selbst verzichten zu können *(l'existence personnelle refoule l'organisme sans pouvoir ni passer outre, ni renoncer à elle-même)*, ohne je ihn auf sich oder sich auf ihn reduzieren zu können." (Ebd., 109)

Die Verdrängung der Bichatschen „vie organique", des Organischen, Mechanischen, Zyklischen, Vegetativen zeugt damit von der *gescheiterten Transzendierung* der für Merleau-Ponty fundamentalen Doppeltheit des Leibes selbst, nämlich aktuell existieren *und* doch auch habituell sein zu müssen (vgl. ebd., 107). Verdrängung erscheint als *exemplarische* – d.h. einen singulären Punkt, nämlich den eigenen Leib betreffenden – *Negierung* der eigenen Zeitverfallenheit, der man sich um so sicherer ausliefert, je mehr man sich – unter Aufbietung extremer psychologischer Gegenmechanismen – gegen sie stemmt.

Es wäre kommod, jedoch zu einfach, Merleau-Ponty damit schlicht als Antipoden zu den emphatischen Maschinendenkern Gilles Deleuze und Félix Guattari darzustellen. In der *Phänomenologie der Wahrnehmung* ist es bezeichnenderweise der *amputierte (d.h. der seiner Extremitäten mehr noch als seiner inneren Organe beraubte) Körper*, der mit seinem Phantomschmerz ganz real gegen die partielle Beschneidung ankämpft; während die Anosognosie das faktische Fehlen ganzer Glieder erfolgreich ignoriert; das Phänomen der Organvertretung zuletzt das Unersetzlichkeitsdogma des Organischen relativiert. Alle drei Fälle zeugen von der prägenden, triumphalen Kraft des ‚habituellen Lebens' über die Wahrnehmung des ‚aktuellen'. Stets geht es um die Kompensation des erlittenen Glied- oder Organverlusts, der so einiges an Schrecken verliert. Das Beispiel schließlich, das Merleau-Ponty für eine „‚psychische Störung'" gibt (die Anführungszeichen markieren seine Distanziertheit gegenüber nicht-somatischen Zuschreibungen), scheint unmittelbar auf den – von Deleuze und Guattari für den ‚organlosen Körper' später wie zum Beweis herbeizitierten – Fall Daniel Paul Schreber gemünzt zu sein. Wer anders als der legendäre preußische Gerichtspräsident könnte gemeint sein, wenn Merleau-Ponty von einem „Kranken" spricht, der „in seinem Körper die Anwesenheit einer zweiten Person [fühlt]: er ist in seiner einen Körperhälfte Mann und in der anderen Frau" (ebd., 113)?

5. Daniel Paul Schrebers denkwürdiges „Leben ohne die wichtigsten inneren Organe" (1903)

„Das körperlich erfahrene Frau-Werden des Präsidenten Schreber ist eine Reise in die Intensität: er hat den Körper ohne Organe durchquert zum Gradient des Frau-Seins, er hat ihn überwunden und eine andere Schwelle erreicht; überhaupt muss man diesen Reisen helfen, Raum zu greifen, sich auszudehnen." (Übers. M.S. von Deleuze 1972c, VL vom 15. 02.)

Auch der als schizophren internierte Gerichtspräsident versöhnt sich schließlich – glücklich allein, halbnackt, vor dem Spiegel stehend, „‚mit etwas weiblichem Zierat (Bändern, unechten Ketten und dergl.)'" angetan – mit seinem „Frau-Werden" und tritt in einen „Selbstheilungsprozeß" (Deleuze u. Guattari 1972a, 25) ein. Wenn Merleau-Ponty das ‚Fleisch' *(chair)* auf durchaus heilsame, kurative Weise gerade *das Unrepräsentierbare, sich Entziehende* der gedoppelten Leiberfahrung als gleichzeitig berührbarer und berührender Grund von „‚Zwischenleiblichkeit'" (Merleau-Ponty 1964a, 177) zugänglich macht, dann treiben Deleuze u. Guattari dies mit ihrer Analyse von Schrebers *Denkwürdigkeiten eines Nervenkranken* (1903) auf die Spitze:

„Es gibt eine schizophrene Erfahrung intensiver Quantitäten im Reinzustand, die beinahe unerträglich ist […], ein Gefühl heftigen Übergangs, Zustände reiner und von jeglicher Formbestimmung entblößter Intensität. Man spricht oft von Halluzinationen, vom Delirium; aber das halluzinatorisch Gegebene (ich sehe, ich höre) und das im Wahn Gegebene (ich denke …) setzen ein sehr viel stärkeres *Ich fühle* voraus, das allererst den Halluzinationen, deren Objekt und dem delirierenden Denken den Inhalt verschafft" […]. „Ein ‚ich fühle, daß ich Frau werde', ‚daß ich Gott werde' usw., das weder Delirium noch Halluzination ist, sondern die Halluzination projizieren, den Wahn verinnerlichen wird" (Deleuze u. Guattari 1972a, 26).

An die Stelle von Zwischenleiblichkeit tritt beim schizophrenen Schreber die verstörend intensive, aber doch letztlich *integrierbare Erfahrung von Fremdleiblichkeit*, „[n]ichts ist dabei repräsentativ, alles aber ist Leben und gelebt: wie eine prädestinierte Zone im Ei nicht dem Organ gleicht, das darin induziert wird, so gleicht auch eine gelebte Empfindung von Brüsten nicht diesen selbst. […] Eine Erfahrung, die erregt und aufwühlt, die den Schizo in größte Nähe zur Materie, deren heftigem und lebendem Zentrum trägt" (ebd., 27). In den *Denkwürdigkeiten* beschreibt Schreber die Sensation so:

„Sehr mannigfaltig waren die Wunder, denen die inneren Organe der Brust- und Bauchhöhle unterlagen. Am wenigsten weiß ich bezüglich des *Herzens* zu sagen; ich habe hier nur die Erinnerung, daß ich einmal – und zwar noch zur Zeit meines Aufenthaltes in der Leipziger Universitäts-Nervenklinik – ein anderes Herz hatte." (Schreber 1903, 106)

Es liest sich wie ein Kommentar sowohl zu Freuds Verdrängungsthese als auch zu Merleau-Pontys „refoulement organique“, wenn Deleuze u. Guattari den maximalistischen Begriff der „Urverdrängung“ (Deleuze u. Guattari 1972a, 15) unmittelbar mit der Erfahrung des oKs als Voraussetzung des Frau-Werdens bei Schreber kurzschließen und gegen die psychoanalytisch kommoden Zurichtungen des Unbewussten richten. Der oK ist damit nicht als bloß spiegelverkehrte „Gegenbesetzung“ eines repressiven Unbewussten konzipiert, sondern vitaler Ausdruck einer „konnektiven Synthese“ zwischen Produktion und Antiproduktion (sprich Störung des Unbewussten), welcher die bilderlose und volle „Identität des Produzierens [von Intensitäten, Anm. M.S.] und des Produkts [derselben, Anm. M.S.]“ (ebd.) schließlich ihre Existenz verdanke. Bei Schreber liest sich diese Überschreitung schmerzbewehrter Körperlichkeit wie folgt:

> „Damit tritt die andere Frage in den Vordergrund, ob ich überhaupt sterblich sei […]. Gesetzt ich fiele irgendwo ins Wasser, oder ich wollte, woran ich natürlich nicht entfernt mehr denke, mir eine Kugel durch den Kopf oder durch die Brust jagen, so würden zwar vermuthlich vorübergehend Erscheinungen eintreten, wie sie dem Ertränkungstode oder dem Zustande der Bewußtlosigkeit nach einer sonst tödlich wirkenden Schußwunde entsprechen. Oder aber, solange der Strahlenverkehr andauert, nicht eine Wiederbelebung stattfinden würde, ob nicht die Herzthätigkeit und damit der Blutumlauf wieder angeregt werden würde, die *zerstörten inneren Organe* und Knochentheile wiederhergesellt werden würden, ist eine Frage, die ich nach meinen früheren Erlebnissen kaum im verneinenden Sinne zu beantworten wage. Habe ich doch im ersten Jahre meiner Krankheit zu wiederholten Malen gewisse Zeit hindurch *ohne die wichtigsten inneren Organe* […] *gelebt.*“ (Schreber 1903, 199) [Herv. M.S.]

Für Schreber ist der oK damit ein Problem des Lebens, keines des Todes, wie bei Artaud. Für Schreber geht es um das *Nicht-Sterben-Können*. Anders als Artaud kritisiert Schreber nicht die Defizienz der göttlichen Schöpfung und wünscht auch keine Korrektur mithilfe der ‚Sendboten Gottes‘. Der oK erscheint daher nicht als engelsgleiche Lösung, sondern als fortgesetztes Problem. Weder versteht Schreber, wie er – im Bewusstsein, längst zerstörte Organe in seinem Leib zu haben – überhaupt solange *über*leben kann, noch möchte er weiter der übergriffigen Rekomposition seiner Organe durch göttliche Hand beiwohnen: „Die Gottesnerven […] haben namentlich die Fähigkeit, sich umzusetzen in alle möglichen Dinge der erschaffenen Welt; in dieser Funktion heißen sie Strahlen“ (Schreber 1903, 12f.). Die Zerstörung wie die Wiederherstellung der Körperorgane durch ein höherstehendes Strahlenorgan sind für den Juristen Schreber gleichermaßen befremdlich und verstörend, nicht als Todesdrohung, sondern als Drohung, *ewig als Zombie weiterzuleben*. So markiert das infiltrierte, eigene Organische jene Stelle innerhalb des Wahns, an dem sich das System um eine nicht-integrierbare Irritation weit öffnet, weil es zwei einander ausschließende Optionen – weder organlos noch mit Organen leben zu können – gleichermaßen als unerträglich und als unausweichlich gegeben anerkennen muss.

6. Lösung mit anderen Mitteln: Das Programm der Entskandalisierung

Die Pointe von Deleuze u. Guattari wird nun sein, dass die Erfahrung des oKs strenggenommen *lediglich* beim Schizophrenen etwas mit dem eigenen Körperbild zu tun hat. Vom theoretischen Standpunkt hingegen bricht der oK mit dem Modell von sprachlicher wie bildlicher Repräsentation von Differenz als immer schon begrifflicher, um es durch *Praktiken des Werdens* zu ersetzen. Ist die gefühlte ‚Organlosigkeit', folgt man Merleau-Pontys Verdrängungsidee, nicht der Normalzustand der körpereigenen, holistischen Sensation, welche die physiologische Aufteilung in diskriminierbare Organe gar nicht abbildet? Wird nicht erst in pathologischen Fällen diese ‚Organsorglosigkeit' zum Problem, zum Gegenstand der Besorgnis, die gefühlte könnte die gewusste Realität unterspülen? Muss man diese Besorgnis nicht selbst strikt unterbinden?

Es lohnt sich daher, den Terminus zu entskandalisieren, so wie es Gilles Deleuze selbst in seinem „Brief an einen strengen Kritiker" (Deleuze 1973) (gemeint ist Michel Cressole) getan hat, wenn man verstehen will, warum der oK „weder mit dem eigenen Körper noch mit dem Körperbild etwas zu tun [hat]" (Deleuze u. Guattari 1972a, 15) – das ist die eigentliche Herausforderung für das eigene Denken.

Unnötig sei das Sich-Anbiedern an die Erfahrungen der Schizophrenen (Schreber), der Drogenabhängigen (Burroughs), oder Alkoholiker (Deleuze selbst?), interessant sei vielmehr, *dass* die von Krankheit, Droge, Abhängigkeit „produzierten Wirkungen *immer auch mit anderen Mitteln produziert werden können*" (Deleuze 1973, 23). Nicht die Sucht, nicht die Schizophrenie werden also als „privilegierte Erfahrung" (ebd., 24) epistemisch aufgewertet. Vielmehr gelten beide als Indiz dafür, dass ein Weg *gewagt und missglückt*, dass eine Decodierungs- und Deterritorialisierungsbewegung *begonnen und abgebrochen*, schließlich in Leerlauf, ja Destruktion umgeschlagen ist. Im Unterschied zum klinisch diagnostizierten Schizophrenen ist der „revolutionäre Schizo" (Deleuze u. Guattari 1972b, 40), sprich der mutige Denker, an einer ganz anderen Frage interessiert: Lässt sich die Kraft der Decodierung auch *anders* als im klinischen Zusammenbruch realisieren? Ist es möglich „mit anderen Mitteln analoge Wirkungen hervor[zu]bringen" (Deleuze 1973, 23), zu perpetuieren, produktiv einzusetzen?

Deleuzes Antwort fällt in seinem gesamten Werk ähnlich aus:

> „Das Problem ist nicht dies oder jenes im Menschen zu sein, sondern eher ein Unmenschlich-Werden, ein universelles Tier-Werden: nicht sich für ein Tier halten, sondern die menschliche Körperorganisation auflösen, diese oder jene Intensitätszone des Körpers durchqueren, dabei entdeckt jeder Zonen, die seine sind, und Gruppen, Populationen und Arten, die sie bevölkern." (Deleuze 1973, 23f.)

Der oK ist so verstanden eine komplexe Praktik bzw. ein Komplex von Praktiken, um „ungeahnte Glücksgefühle“, aber auch „sagenhaftes Scheitern“ (Deleuze u. Guattari 1980, 206) auszulösen. In *Tausend Plateaus* widmen Deleuze u. Guattari dem Scheitern ein eigenes Kapitel, das die ‚empirischen‘ Möglichkeiten eines solchen Körpers ausbuchstabiert: als a) hypochondrischer (Fräulein X), b) paranoischer (Schreber), c) Schizo-Körper (Artaud), d) drogenabhängiger (Burroughs) und zuletzt als e) masochistischer Körper (Sacher-Masoch), dessen Kälte „eine intensive Lust“ (Deleuze 1968b, 183) verheißt, „eine übersinnliche Empfindsamkeit“ (ebd., 205), die sich nach außen hin „als Ordnung, Zorn und Strenge“ (ebd.) ausdrücken muss, damit sie um so jäher sexualisiert werden kann.

Wiederholt fragen die beiden Autoren sich selbst und ihre LeserInnen: „Wozu diese Kohorte von zugenähten, durchleuchteten, katatonisierten Körpern, wenn der oK doch auch voller Fröhlichkeit, Ekstase und Tanz ist?“ (Deleuze u. Guattari 1980, 207) Denn nicht den ausgehöhlten, den erschöpften, sondern den revitalisierten, den aus Krankheit zu neuem Begehren auftauchenden Körper gilt es zu feiern. Die „Kohorte“ (ebd.) aus traurigen, oft auch schockierenden Ausdeutungen soll offenbar die Fallhöhe spürbar machen, die Gefahr des Scheiterns aus dem – wie es Hölderlin will – ja auch das Rettende erwachsen soll. Auch wird deutlich, dass Deleuzes Erfahrung als (lebenslanger) Asthmatiker und (jahrelanger) Alkoholiker durchaus in den Wunsch nach einem ‚organlosen Körper‘ mit einfließen, wenn es von ihm heißt: „der oK: er ist im Gange, sobald der Körper genug von den Organen hat und sie loswerden will oder gar verliert.“ (Ebd., 206)

7. Das Konzept des oK als doppeltes Missverständnis

Der ‚organlose Körper‘ bleibt damit ein begehrliches, anstößiges und verstörendes Konzept, dessen Erfolg sich einem doppelten Missverständnis verdankt. *Weder sind die Organe noch der Körper selbst das Problem.* Der Körper leide weniger unter seinen Organen, als darunter, „keine andere oder überhaupt eine Organisation zu besitzen.“ (Deleuze u. Guattari 1972a, 14) Konzeptuell betrachtet sind also nicht die titelgebenden Organe das Problem, dem sich ein Körper zu entledigen hat, um ein neues ‚Leben‘ zu beginnen; sondern ihre ebenso *spezialisierte* wie *hierarchisierte Verfassung* ist es, gegen die der oK wie ein kommender Aufstand in Stellung gebracht wird. Zum anderen ist der Körper gerade als organloser weder auf den Menschen beschränkt, noch eine genuin anthropologische Kategorie. Vielmehr ist er ein Name für ein relativ abgeschlossenes und damit autarkes System, das sich selbst zugleich Milieu und Mittelpunkt ist, dabei unaufhörlich ‚Reales‘ mittels der ihm eigenen ‚Künstlichkeit‘ produziert (ebd., 43, 45).

Mit etwas konzeptueller Phantasie ließe sich daher sagen, der oK verhalte sich ähnlich schillernd wie ein „Medium" im Sinne Niklas Luhmanns, nämlich wie etwas, das sich ständig in konkreten pathologischen Formen aktualisiert, welche die Virtualität und die realen – an Nietzsche gemahnenden – Kräfteverläufe des oKs jedoch notwendig immer verfehlen. Im Unterschied zu anderen Materialitäten zeichnen sich Medien für Luhmann a) durch lose Kopplung ihrer Elemente bzw. „in der Zeitdimension, aus Ereignissen" (Luhmann 1986, 301), d.h. durch hohe Auflösung, b) „daher für Form Empfängliche, auf Form Angewiesene" (ebd., 300) aus. Der oK wäre so verstanden das paradoxe, da notwendig gestaltwandlerische, jedoch konzeptuell durchgängig „‚höher[e] Medium'" (ebd., 303) des Deleuzschen Körpers, der „gemeinhin Schweigen über das [wünscht], was er tut" (Deleuze 1969, 352). Der oK liefert dann ein intensives Kräfte-Diagramm, das im Buch über Francis Bacon seine Fortsetzung findet in den „‚tieferliegenden Empfindungsschichten'" (Francis Bacon, zit. nach Deleuze 1984, 63), die dort die relevanten Fluchtlinien einer Malerei bilden, welche die „visuelle Souveränität" (ebd., 66) aufgibt und sich stattdessen einem „manuellen Rhythmus" (ebd.) überlässt, der mit Schwämmen, Lappen, Spritzen, Staub und Stockschlägen von der „Einheit von Katastrophe und Diagramm" (ebd., 65) kündet. Als Kräftedigramm liefern oK wie sein artistisches *alter ego*, das visuelle Diagramm, ein miniaturisiertes Abbild genau dieser losen Koppelung von Organlosigkeit und Körperlichkeit, an die sich bei Deleuze u. Guattari ein vorbereitendes Intensitätsversprechen knüpft. „Jede Intensität", so Deleuze in seinem Aufsatz über Pierre Klossowskis „Körper-Sprache" (1969), „will sich selbst, intendiert sich selbst, kehrt auf ihre eigene Spur zurück, wiederholt und imitiert sich durch alle anderen hindurch" (Deleuze 1969, 362). Eben diese sei die „Bewegung des Sinns" (ebd.), wie sie von der Scholastik über Husserls Phänomenologie bis zu Klossowski reiche.

Gestaltwandlerisch der Oberfläche nach, jedoch steril und diagrammatisch seinem Konzept nach, ist der oK bei Deleuze u. Guattari mit der Virtualität (einem Reservoir aus aktualisierbaren Kräften) im Bunde, eine Art (Un-)Sinn-Beschleuniger: Bereits in *Anti-Ödipus* (Deleuze u. Guttari 1972a, 16) wird gleich nach den Ausführungen zu Schrebers Körpersensationen der „Körper der Erde" neben den „despotischen Körper" (des Tyrannen), neben den Körper des Kapitals gestellt. Das hat zur Folge, dass sich auch die provokante Konjunktion aus dem Adjektiv ‚organlos' und dem Nomen ‚Körper' in Richtung eines bloß temporär gekoppelten Zusammenspiels verschiebt, zugleich beide Relata sich jedoch autonomisieren. Wenn mit Körper gar nicht durchgängig ein organischer Körper gemeint ist, was soll dann die paradoxe Zurückweisung des organischen Surplus? Umgekehrt, wird ein belebter Körper allein durch die Organschelte schon zum unbelebten? Geht es nicht vielmehr darum, die Kategorie des Lebens als etwas, das den Irrtum bejahen muss, zu retten, wenn der Körper durch die atypisch ‚gefühlte' Sensation der Organlosigkeit aus dem kommoden Habitus der Organvergessenheit gerissen wird?

Zugleich ist das doppelte Missverständnis – es ginge dabei i) um Kritik am organischen Leben als solchem und ii) um die Einführung eines philosophischen Alternativbegriffs – nicht nur aufgrund der Wortwahl, sondern auch aufgrund seines Gebrauchs innerhalb des philosophischen Kontextes selbst vorprogrammiert. Denn der oK affirmiert, bejaht, feiert ja gerade das *theoretische Surplus*, den epistemischen wie ästhetischen *Mehrwert* von etwas, was praktisch eine auslaugende und zerstörerische Erfahrung der Störung, der Nicht-Integrierbarkeit, des Wahnsinns oder der Sucht bedeutet.

8. Der oK als Region des Schweigens des (Merleau-Ponty'schen) Leibes

Folgt man den wiederholten Präzisierungsversuchen von Deleuze und Guattari in *Tausend Plauteaus*, ist der oK gleichzeitig „das, was übrigbleibt, wenn man alles entfernt hat" (Deleuze u. Guttari 1980, 208) und „ein Intensitätskontinuum" im Sinne einer „Konnexion von Begehren, Konnexion von Strömen" (ebd., 221); ein „Intensitätskeim" (ebd., 224) (wie etwa ein Ei, ein „Kindheitsblock" u.ä.) – lauter Umschreibungen also, um eine u.U. schmerzhafte Differenzerfahrung zugleich (er)lebbar und bejahbar zu machen. Der habituelle Leib als organloser (statt bloß organvergessener) muss überhaupt erst ‚gewonnen' und ‚umworben' werden, gerade weil er in seiner scheinbaren Passivität gegen den ‚aktuellen' Leib opponiert. Die Organlosigkeit als exorbitante Empfindung muss in der täglichen Praxis der habituellen, anonymen Leiberfahrung *integriert* werden: als Sorglosigkeit den organischen Restriktionen gegenüber. Nur ein Leib, der solche Exorbitanz erträgt, ohne die Psyche in die Desintegration zu treiben, kann sich dessen würdig erweisen, was ihm zustößt (um eine Formulierung aus *Logik des Sinns* von Deleuze zu modifizieren). Es scheint, als könne gerade die leibliche Erfahrung der ‚Organ-sorg-losigkeit' das Denken auf seine nötige Entschränkung, auf seine Selbstbefreiung von hierarchischen Strukturen und Funktionalismen überhaupt vorbereiten.

Die Stellung zu Merleau-Pontys Leibbegriff lässt sich damit wie folgt zusammenfassen: Der ‚organlose Körper' *bereichert* den Leib um seine *extremste* Möglichkeit, *überhaupt nicht länger integraler Leib sein zu können.* Wenn der Leib „das Vehikel des Zur-Welt-Seins ist", wenn „einen Leib zu haben heißt für den Lebenden, sich einem bestimmten Milieu zugesellen, sich mit bestimmten Vorhaben identifizieren und sich darin beständig zu engagieren" (Merleau-Ponty 1952, 106), dann ist der oK die einzige Flucht- und damit Kräftelinie, die bleibt, wenn das Zugesellen, die Identifikation und das Engagement scheitern, wenn der Weltbezug durch a) Langeweile und gescheiterte Kontemplation, b) reale Todesdrohung, c) Wahnsinn (etwa in Gestalt der Angst, nicht sterben zu können), kurz: durch die – vorübergehende oder permamente – Amputation des vitalen Bandes mit der übrigen Kreatur bedroht ist. Deleuze u. Guattari misstrauen, unterlaufen und konterkarieren Merleau-Pontys Zweiteilung in einen aktuellen und einen habituellen Leib mithilfe eines oKs, der Nietzscheanischer Kräftemetaphysik verbunden bleibt. Sie *aktualisieren* mit dem oK den habituellen Leib, denn sie geben ausgerechnet jenen „Regionen des Schweigens", die sich „im Ganzen des Leibes" (Merlau-Ponty 1945, 106) auszugrenzen beginnen, eine positive Gestalt, wenn sich der Zusammenbruch der kommoden ‚organischen Verdrängung' durch die oben beschriebenen Ausnahmesituationen ankündigt.

Fast liest es sich wie eine unfreiwillige Anleitung zum oK, wenn es bei Merleau-Ponty heißt:

> „Im gleichen Augenblick, in dem die gewohnte Welt in mir meine habituellen Intentionen erweckt, kann ich doch, meines Armes [oder eben Organs, Anm. M.S.] beraubt, mich nicht mehr wirklich zu ihr [der Welt] gesellen; handhabbare Gegenstände wenden sich, eben als Gegenstände des Hantierens, fragend an eine Hand, die ich nicht mehr besitze. [...]." (Ebd., 106).

Doch anders als der Kranke, der „von seiner Versehrtheit [weiß], indem er sie ignoriert, und [sie] ignoriert [...], indem er von ihr weiß" (ebd., 106f.), weiß der oK nichts länger vom versehrten Leib, nur weil er ihn ignoriert. Der oK lebt und ist doch unbeseelt wie der Muselmann in Giorgio Agambens Lager. Er tanzt und ist doch geistlos, wie Kleists Marionetten. Er ist ein schauriges Theorievehikel, wie Jeremy Benthams ‚Auto-Icon'. Sein anorganischer Vitalismus ist der eines Zombies. Es gibt nichts Sterileres, das mehr Wirkungen zeigte; keine Kräftemetaphysik, die sich mathematischer gäbe. Er ist die lose Kopplung, die sich in ihren rigiden und doch passageren Aktualisierungen selbst beobachtet, wie sie Luhmanns Medien eigen ist. In *seinem* Sinne gibt es nichts Undankbareres, als über den oK einen Wörterbucheintrag zu verfassen

Literatur:

Deleuze 1969, Deleuze u. Guattari 1972a, Deleuze 1973, Deleuze u. Guattari 1980, Deleuze 1968a, Deleuze 1984, Artaud 1947, Artaud 1948a.

Jean-Luc Nancy – Exposition und Berührung

Kathrin Busch

1. Überblick

… die vergessenste Fremde unser Körper – der eigene Körper
(Walter Benjamin)

Die Philosophie von Jean-Luc Nancy entwickelt ihre Bedeutung ausgehend von Fragen der Gemeinschaft und der Sozialität. Gemeinschaft beruht für Nancy weder auf einer Vereinigung noch lässt sie sich im traditionellen Sinne als kollektives Werk herstellen. Vielmehr geht er von einer Ontologie aus, in der das soziale Sein als ursprünglich angesetzt wird (hierzu Marchart 2007). Sein Begriff der Gemeinschaft ist strikt von den Anliegen des Kommunitarismus abzugrenzen und fügt sich nicht in die geläufige Unterscheidung von Gemeinschaft und Gesellschaft, in der letztere einem Verlust von ersterer geschuldet ist. Weder besteht das gesellschaftliche Band – wie im Liberalismus – aus einem vertraglichen Zusammenschluss voneinander unabhängig gedachter Individuen noch lässt sich zwischen ihnen eine ursprüngliche Zusammengehörigkeit oder Einheit ausfindig machen, wie es in kommunitaristischen Ansätzen verfochten wird. Nancy denkt Gemeinschaft stattdessen differenztheoretisch: als Erfahrung der Bezogenheit auf andere, der das Getrenntsein von ihnen zugrunde liegt. Diese Grundkonstellation bezeichnet Nancy im Rückgriff auf Bataille und mit Bezügen zu Heidegger als „Ekstase“: Es ist die Erfahrung des Außer-sich-Seins, die durch die Gemeinschaft eröffnet wird und die an den Körper und das leibliche Koexistieren gebunden ist. Insofern der Mensch leiblich existiert und körperlich den anderen ausgesetzt ist, gibt es Gemeinschaft. Die Tatsache, mit anderen zu existieren und von ihnen unterschieden zu sein, wird im jeweils singulär verkörperten Dasein explizit. Über den Körper und das leibliche Exponiert-Sein begründet Nancy die Idee einer ursprünglichen Sozialität. Aber nicht nur das Gemeinsamsein singulärer Wesen ist an die Verleiblichung gebunden, sondern am Leib bildet sich überhaupt die Weltoffenheit des Menschen heraus.

Nancys Beitrag zu einem Begriff der Leiblichkeit ist ein Beitrag von außen. Er umgeht die vor allem in der Phänomenologie virulente Unterscheidung von Leib und Körper, indem er die Körperlichkeit des Leibes betont. So tritt die Fremdheit des eigenen Leibes, die Unmöglichkeit, sich diesen vollends anzueignen, bei Nancy in den Vordergrund. Das Motiv, an etwas notwendig gebunden zu sein, von dem man zugleich auf Abstand gehalten wird, charakterisiert sowohl Nancys Begriff der leiblichen Erfahrung als auch seine gebrochene Philosophie der Gemeinschaft. Der Begriff der leiblichen Erfahrung und das fragile Band der Gemeinschaft bedingen einander wechselseitig. Diese Einsicht leitet auch die folgende Darstellung, die zunächst Nancys sozialphilosophischen Gedanken zur unmöglichen (aber unausweichlichen) Gemeinschaft folgt (2.), bevor sie detailliert auf die Aspekte des Leibdenkens von Nancy eingehen wird (3.).

2. Gemeinschaft

Nancy nimmt die Frage der Gemeinschaft „diesseits des eigentlich ‚Politischen'" (Nancy 2001, 22) in Angriff. Gemeinschaft ist einerseits immer schon gegeben – „es gibt" Gemeinschaft – andererseits ist sie deshalb noch keineswegs feststehend oder abgeschlossen. Gemeinschaft wird von Nancy vielmehr als dasjenige verstanden, was uns ausgehend von der Gesellschaft als „Frage, Erwartung, Ereignis, Aufforderung" (Nancy 1986, 31) zustoße. Obwohl uns Gemeinschaft und damit ein „wir" immer schon vorgegeben ist, „ehe wir ein ‚wir' artikulieren oder gar rechtfertigen können" (Nancy 2001, 38), wohnt der Gemeinschaft ein Appell inne. Ihr Aufforderungscharakter besteht darin, die Bedeutung und die Grenzen der Gemeinschaft zu überdenken – in diesem Sinne eines Aushandlungsortes ist sie eine „herausgeforderte Gemeinschaft" (Nancy 2001), wie der Titel eines von Nancys späteren Texten in der deutschen Übersetzung lautet.

Der Vorrang des Gemeinsamen verdankt sich einer Idee von Gemeinschaft, die nicht auf einer Substanz beruht, sondern auf Relation. Sie ist weniger eine Gemeinschaft von Gleichen als vielmehr *mit* anderen. Ausgangspunkt ist dabei die Erfahrung von Alterität anstelle von Identität. Gemeinschaft ergibt sich aus der Offenheit gegenüber anderen. Das soziale Band, das eine so verstandene Gemeinschaftlichkeit ausmacht, beruht in Mit-Teilung, wobei die Betonung auf dem Aspekt der Teilung und damit der Artikulation von Anderssein liegt (hierzu Stoellger 2010, 54f.). Ausgehend von der modernen Erfahrung „der Auflösung, des Zerfalls und der Erschütterung der Gemeinschaft" (Nancy 1986, 11) geht es Nancy also darum, differenztheoretische Ansätze – wie sie etwa von Jacques Derrida entwickelt wurden – für die Idee einer so genannten ent-werkten, nicht-operativen Gemeinschaft fruchtbar zu machen.

Im Hintergrund von Nancys Mitte der 1980er Jahre angestellten Überlegungen stehen die historischen Wandlungen, die zum Ende des Kalten Krieges und dem Niedergang des Sozialismus geführt haben (hierzu Dallmayr 1997). Der Kommunismus hat als Sinnbild für Gemeinschaft seine Geltung eingebüßt. Nancy schreibt diesen Bedeutungsverlust des Kommunismus seinem unzureichenden Konzept vom Menschen zu, mit dem zugleich die Idee der Gemeinschaft verfehlt werde. Wenn der Kommunismus den Menschen in sein Zentrum rückt, dann fatalerweise als einen Produzenten: nämlich „als Produzent seines eigenen Wesens in Gestalt seiner Arbeit oder seiner Werke" (Nancy 1986, 13). Die Idee der Gemeinschaft war immer von der Vorstellung eines Zusammenschlusses von Produzenten bestimmt, die in der Produktion ihr Wesen realisieren und „ihre eigene Wesenheit als ihr Werk herstellen" (Nancy 1986, 13), um sich darüber zu vergemeinschaften. Die Verwirklichung der Gemeinschaft der Menschen, sofern sie nichts anderes als sich selbst verwirklichen, wird von Nancy kritisch als „Immanentismus" (Nancy 1986, 15) bezeichnet, da er – im Ausschluss von Transzendenz oder Alterität – notwendig einen Totalitarismus nach sich ziehe. Auch das moderne Konzept des Individuums stehe im Geiste solcher Immanenz, worin die Offenheit gegenüber anderen, die Zuneigung zu ihnen und damit die unhintergehbare Neigung zur Gemeinschaft gänzlich unbedacht bleiben. Sofern die neuzeitliche Philosophie am Begriff eines autonomen Subjekts ansetzt, ist sie nicht in der Lage, Gemeinschaft zu denken. Nancy weist auf, dass sowohl die angenommene Immanenz oder Absolutheit des Individuums als auch die Geschlossenheit und Totalität von Gemeinschaft entgegen dem Anschein unmöglich sind, denn es gibt „kein singuläres Wesen ohne ein anderes singuläres Wesen" (Nancy 1986, 63). Für ihn haben die Bezogenheit auf andere, das Mitsein oder Verflochtensein mit ihnen und daher die Mit-Teilung oder Kommunikation logischen Vorrang. Die Zurückweisung des neuzeitlichen Konzepts vom Subjekt oder Individuum schließt dabei aber keineswegs ein Denken des Singulären aus – vielmehr erscheint ein singuläres Wesen „im Berühren der Haut (oder Seele) eines anderen singulären Wesens" (Nancy 1986, 62), so dass Gemeinschaft im Sinne einer Erfahrung des Aus-sich-Heraustretens dem Menschen als „singuläre[m] Wesen *zu*stößt" (Nancy 1986, 22). Die Sozialität oder das Mit-Sein – wie es später in Fortführung von Heideggers Überlegungen aus *Sein und Zeit* heißen wird – ist ursprünglich, weil das Dasein als Beziehung zu anderen existiert und das Wesen des Menschen ausgehend vom Gemeinsamsein mit anderen singulären Wesen her gedacht werden muss. Dieses Gemeinsamsein bildet keine Totalität und es verschmilzt nicht zu einer Einheit, sondern es beruht in der Differenz und Beziehung zueinander oder mit den Worten von Nancy formuliert: in der „Mit-teilung der Singularitäten" (Nancy 1986, 63).

Die für ein Denken der Gemeinschaft, jenseits von Totalität, entscheidende Transzendenz bekundet sich unter anderem auch darin, dass die Mitglieder einer Gemeinschaft auf ihre eigene Sterblichkeit und auf die Sterblichkeit der anderen verwiesen sind. Die unüberschreitbare Endlichkeit, die sich in Geburt und Tod zeigt, wird in der Gemeinschaft gerade nicht überwunden, sondern explizit. In dem Maße, wie man auf andere bezogen ist, erfährt man sich und die anderen als endlich. Wie Nancy im Rückgriff auf Bataille darlegt, zeigt sich damit, was es an Nichtanzueignendem, „Unstillbarem" und „Ungestilltem" im Dasein gibt und dass dies angesichts der anderen aufbricht. In Gemeinschaft zu sein, bedeutet, in der Beziehung zu den anderen die Erfahrung des Unterschiedenseins und damit der eigenen (körperlichen) Grenzen zu machen: „[D]ie Gemeinschaft ist weder ein herzustellendes Werk, noch eine verlorene Kommunion, sondern der Raum selbst, das Eröffnen eines Raumes der Erfahrung des Draußen, des Außer-Sich-Sein." (Nancy 1986, 45) Daher sind Gemeinschaft und Ekstase – also das Außer-Sich-Sein, das als Gegenbegriff zu Immanenz und Totalität fungiert – zusammen zu denken. So wie Bataille meint, dass es keine Erfahrung ohne Kommunikation und kein Menschsein ohne Gemeinschaft geben kann, so meint auch Nancy, dass das singuläre Dasein allererst durch die Beziehung zu anderen, also durch Mit-Teilung konstituiert wird. Es kommt nicht umhin, sich den anderen mitzuteilen – weil es ihnen und dem Außen ausgesetzt ist (vgl. Nancy 1986, 57). Im „Mitteilend-Sein" zeigt sich das „*Außer-Sich-Sein*" (Nancy 1986, 55) des Daseins, sein Exponiert-Sein.

Anders gesagt: wenn man das neuzeitliche, als autonom gedachte Subjekt zum Ausgangspunkt für die Frage der Gemeinschaft macht, verfehlt man sowohl eine angemessene Auffassung des menschlichen Daseins als auch der Gemeinschaft. Nancy formuliert stattdessen: „*Ego sum expositus*" (Nancy 1986, 68). Und: „*Die Gemeinschaft ist selbst letztlich nur dieses Exponieren.*" (Nancy 1986, 60) Die Gemeinschaft offenbart dem Dasein seine Existenz außerhalb seiner selbst, weil es gemeinsam mit anderen erscheint und ihm in diesem Erscheinen die Differenz zu den anderen offenbar wird. In solcher Komparenz singulärer Wesen, die den Unterschied zwischen ihnen exponiert, hat die Gemeinschaft ihren Grund. Sie bildet kein organisches Ganzes und etabliert sich nicht über die Identifikation des einzelnen mit einem unterstellten „lebendigen Körper der Gemeinschaft" (Nancy 1986, 27), vielmehr tritt sie im „Erscheinen des *Zwischen*" (Nancy 1986, 65) als ein Sein-in-Relation in Erscheinung. Gemeinschaft bietet das Unterschiedensein dar und hat – solchermaßen als Beziehung gedacht – weder Grund noch Substanz oder Essenz, sondern Differenz zur Voraussetzung. Im Ausgesetztsein des jeweiligen singulären Daseins beruht das Wesen der Gemeinschaft.

In seinem zweiten wichtigen Buch zur Ontologie des Sozialen *singulär plural sein* ersetzt Nancy den Begriff der Gemeinschaft durch den des Mit-Seins, um „ein deutlicheres Indiz des Abstandes im Herzen der Nähe und der Intimität" (Nancy 2001, 31) zum Ausdruck zu bringen. Gemeinschaft beruht im Sinne des singulär Pluralen auf Distanz, und die Berührung, die zwischen den singulär Seienden besteht, gehorcht dem Gesetz der Trennung (vgl. Nancy 1996, 25). Den nun zentralen Begriff des Mit-seins entlehnt Nancy von Heidegger und gibt ihm sowohl ein größeres Gewicht als auch eine neue Wendung. In *Sein und Zeit* hatte Heidegger herausgestellt, dass für das menschliche Dasein das Mit-Sein mit anderen konstitutiv ist und demnach das Mit-einander-Sein als ursprünglich anzusetzen ist (vgl. Heidegger 1927, 153ff.; hierzu: Nancy 2001, 53). Das Mit-Sein mit anderen ist früher und grundlegender als das Sein für sich. Das Wir geht gleichsam dem Ich voraus. Aus dieser Einsicht folgt, dass auch der Sinn von Sein, der sich dem Dasein erschließt, ein geteilter oder mit-geteilter Sinn ist, den

Nancy als Mit-Sinn bezeichnet. Gemeint ist damit, dass der Verstehenshorizont, in den die Menschen gestellt sind, ein gemeinsam geteilter ist, mithin auch die theoretische Vernunft per se eine praktische Dimension hat, oder besser: „*aus sich heraus* praktisch ist“ – woraus nach Nancy zu schließen sei: „Es gibt keinen Unterschied zwischen Ethik und Ontologie“ (Nancy 1996, 149).

Während Levinas den ontologischen Ansatz von Heidegger für seine Vernachlässigung des Anderen kritisiert und gegen Heidegger gewandt formuliert, dass der Ontologie die Ethik vorausgeht, meint Nancy, dass „*das Mit-sein das eigentlichste Problem des Seins*“ (Nancy 1996, 61) ist. Dieser Versuch, die „Ontologie selbst als ‚Sozialität‘“ (Nancy 1996, 68) zu beschreiben, vermag unter ontologischem Gesichtspunkt zu überzeugen, weil das Verstehen dessen, was ist, also die hermeneutische Verfasstheit des Daseins in der Tat das Miteinandersein voraussetzt. Aus politisch-ethischer Perspektive ist damit jedoch nur wenig gewonnen. Die von Nancy avisierte Pluralität wird von ihm vornehmlich ontologisch, weniger ethisch oder politisch gedacht. Denn erstens geht Nancys Anliegen, den Vorrang der Pluralität im Mit-Sein zu etablieren, mit einer Unterschätzung von Differenz im Sinne des Streits oder Konflikthaften einher, wie man kritisch einwenden könnte (vgl. Marchart 2007, 152f.). Fraglich bleibt zweitens, wie sich der Übergang von einer Ontologie zu ethischen oder politischen Ansprüchen ergeben sollte und dieser zu begründen sei (hierzu Bedorf 2010). Das Einzige, was sich dennoch für Nancys Überlegung in die Waagschale werfen lässt, ist die Liebe, oder allgemeiner gesprochen: die Neigung zum anderen. Die Liebe ist nicht allein der Ort einer geteilten Welt, mit ihr geht ein Engagement für den anderen einher. In der liebenden Zuneigung kommt das Verstehen des Seinkönnens des anderen und das Eintreten für seine Möglichkeiten zum Zuge: „‚volut ut sis‘, ich will, daß du seist, der du bist“ (Nancy 1996, 171). Dieser Zugewandtheit zum anderen geht logisch die Berührbarkeit für ihn voraus. Die Affizierbarkeit ist daher der Schlüssel zu Nancys Denken der Sozialität. Durch sie erhält das Mit-sein allererst eine ethisch zu verstehende Note, und aus diesem Grund werden die Fragen der Gemeinschaft an den Körper geknüpft. Denn *als Körper* ist der Mensch der Berührung durch andere unvermeidlich ausgesetzt. Das Denken des Mit-Seins zieht demnach eine Theorie des affizierbaren Körpers nach sich. Man kann daher mit Fug und Recht behaupten, dass das Exponiertsein durch den Körper das Wesen der Gemeinschaft ausmacht. Entsprechend formuliert Nancy: „Die Ontologie des Mit-Seins ist eine Ontologie des Körpers“ (Nancy 1996, 131). Das Mit-Sein setzt nicht eine vorgängige Gemeinschaft oder Kollektivität voraus, sondern beruht im gegenseitigen Ausgesetztsein. Dieses Exponiertsein ist körperlich. Man hat somit die Theorie der Gemeinschaft vom Denken des Körpers her aufzurollen.

3. Körper

Der Körper wird von Nancy zunächst ganz schlicht als *res extensa* verstanden und als das umschrieben, „was außerhalb ist" (Nancy 1996, 131). Als ein solches Außerhalb öffnet sich am Körper das Verhältnis des Daseins zu anderen: Das singuläre Dasein ist „immer ein Körper" (Nancy 2001, 42) und Körper-sein heißt, mit anderen Körpern zu existieren. Dieses plurale Existieren hat aus dem Grunde einen gemeinschaftlichen Sinn, weil „die *eigentlichste Kraft* eines Körpers in dessen Eigenschaft besteht, einen anderen Körper zu berühren" (Nancy 1996, 141). Deshalb erschließt sich über den Begriff der leiblich gebundenen Berührung der entscheidende Zugang zu Nancys Denken der Gemeinschaft. Durch ihn wird dem Fehlschluss entgangen, dass das singuläre Dasein aus der Aufteilung einer gemeinsamen Substanz entsteht und die Pluralität sich bloß aus der Versammlung von nebeneinander existierenden Seienden ergibt. Denn Berührung besteht nur zwischen Wesen, die sich in einem solchen Bezug zueinander befinden, dass in der Nähe eine Distanz, mithin Differenz und Alterität spürbar wird. Das Mitdasein hat einen Kontakt zur Voraussetzung, an ihm entzündet sich das Gewahr-werden der anderen, mit denen eine Welt geteilt wird. In dieser Hinsicht heißt körperlich zu existieren, vor allem durch Fremdes affizierbar zu sein. Mit solcher Berührbarkeit geht zugleich die Befremdung des Eigenen einher. Deshalb ist der Körper noch als eigener Leib für Nancy von Fremdheit gezeichnet. Nancy verkompliziert die strikte Trennung zwischen dem eigenen Leib, der ich bin, und dem Körper, den ich habe, indem er die Körperlichkeit des Leibes unterstreicht. Letzterer erschöpft sich nicht darin, als fungierender Leib die Weltzugewandtheit zu artikulieren, sondern gerade der Leib, der ich bin und vermittels dessen ich in der Welt bin, ist mir fremd und setzt mich bis ins Innerste der Fremdheit der anderen aus. Die leibliche Verortetheit ist als körperliche Exposition zugleich Ort des Fremden. Der Beitrag von Nancy für eine Philosophie des Leibes besteht darin, die Begriffe „Fremdheit" und „Berührung" als wesentlich für das Verständnis von dem, was der Körper ist, zu explizieren.

3.1 Offenheit

In *Corpus* (Nancy 2000a), Nancys zentralem Buch über den Körper, entwickelt Nancy seine Argumentation ausgehend vom christlichen Mysterium des Abendmahls und nimmt das *hic est enim corpus meum* („dies ist mein Leib") zum Anlass, die Vertracktheiten des abendländischen Verständnisses des Körpers offenzulegen, um sich ihnen möglichst zu entwinden. Es geht ihm dabei keineswegs nur um das Mysterium einer wie auch immer gedachten Verkörperung des Göttlichen. In ihm zeichnen sich vielmehr die Parameter des philosophischen Denkens des Körpers als solchen ab. Im *hic est enim corpus meum* komme das Rätsel des Körperlichen überhaupt zum Ausdruck. Das Geheimnis des Körpers bestehe darin, dass sich in ihm etwas inkarniert, das über ihn hinausgeht. In ihm wird etwas Abwesendes Gegenwart. Der Körper ist nie reiner Körper, sondern immer von etwas anderem heimgesucht. Wenn man sagt, „dies ist mein Körper", dann will man zum Ausdruck bringen, dass es etwas anderes gibt, das sich in ihm verkörpert. Dieses sich Verkörpernde transzendiert, so die implizite Unterstellung, den Körper. Es ist selbst nicht sichtbar und berührbar, gibt sich aber *im* Körper und damit in der Sphäre des Sichtbaren und Berührbaren zu erkennen. Der Körper ist daher stets mehr als das, was sich in der sinnlichen Gewissheit darbietet. Im abendländischen Denken scheint der Körper von dem sich in ihm artikulierenden Nichtkörperlichen bestimmt. Erst daraus ergibt sich die Notwendigkeit, ihn zu identifizieren, sich mit ihm zu identifizieren und in ihm noch etwas anderes zu identifizieren. Er ist immer auch Zeichen für anderes, gleichsam „ein Monstrum" (Nancy 2000a, 10), das auf ein selbst Nicht-Körperliches – wie etwa den Sinn – verweist.

Traditionellerweise gilt der Körper als das andere des Sinns, nämlich als das, worin sich der Sinn lediglich *ver*körpert, ohne selbst sinnbildend zu sein. Nancy schlägt nun nicht – wie etwa Nietzsche – in Umkehrung dieses Denkens den Weg ein, den Körper selbst zum eigentlichen Ort des Sinns zu machen, vielmehr versucht er das Sinnbildende und Nicht-Sinnhafte des Körpers in anderer Weise miteinander in Beziehung zu setzen: Der Körper ist weder eine sinnferne Materie noch Behältnis des Sinns, sondern der Ort einer Öffnung und Empfänglichkeit für den Sinn. Zudem erhält dieser erst dank des Körpers die Qualität anrührend zu sein und bedeutsam zu werden (vgl. Nancy 2000a, 14f.). Anstatt ihn also zum Träger oder zur Einschreibfläche von Bedeutung zu machen, käme der Körper erst dann zu seinem Recht, wenn er nicht länger als Ein-, sondern als Herausschreibung (*excrire*) oder „Außen-Einschreibung" (Nancy 2000a, 15) aufgefasst würde: Der Körper schreibt sich in das Außen ein, indem er sich exponiert und in dieser Exposition wird der Körper zum Ort für die Offenheit des Daseins. Er ist in seiner Affizierbarkeit die Öffnung zum Sinn. Bedeutung kommt nicht zustande, indem der Sinn sich materialisiert, vielmehr parasitiert der Sinn am Körper, nistet sich in ihn, der sich für die Welt öffnet, ein. Man muss diese Umwendung in der Auffassung des Körpers nachvollziehen, um die Reichweite von Nancys Beitrag zu einer Philosophie des Leibes zu verstehen.

3.2 Ektopie

Diese Perspektivverschiebung zeigt sich auch in Bezug auf die Räumlichkeit des Körpers. Während man gemeinhin dem Körper als *res extensa* die Eigenschaft zuschreibt, Raum *einzunehmen*, argumentiert Nancy für die Raum *gebende* Funktion des Leibes. Er verwendet den Begriff *lieu* („Stätte"), um den Unterschied zum klassischen Raumdenken zu unterstreichen („espace"). Wie schon bei Heidegger ist es der von Aristoteles her entwickelte Begriff des Ortes, der hier maßgeblich wird. Nicht die Körper nehmen Raum ein, sondern sie geben Raum frei und öffnen die Räumlichkeit des Daseins und damit auch – mit Heidegger gesprochen – den Sinn für Sein. Der Körper „*gibt* [...] der Existenz *Statt*" (Nancy 2000a, 18) und erst in diesem Stattgeben wird Raum erschließbar. Der Körper ist das Milieu dieses Stattgebens. Wenn nach Heidegger die menschliche Existenz dadurch ausgezeichnet ist, sein eigenes ‚Da' zu sein, dann gibt Nancy zu bedenken, dass der Körper als notwendige Stätte dieser Offenheit für die eigene Existenz vorausgesetzt werden muss. „Der Körper *ist* das Sein der Existenz." (Nancy 2000a, 18) Durch seinen Körper hat der Mensch einen Zugang zum Sinn von Sein. Die Offenheit des Körpers und die Offenheit für den Sinn von Sein sind dasselbe. Nancys Anliegen lässt sich als der Versuch beschreiben, den Heideggerschen Begriff der Existenz leibtheoretisch zu fundieren, wenn er schreibt, der Körper sei der „eigentliche Akt der Ex-sistenz" (Nancy 2000a, 22). Dank seiner leiblichen Existenz öffnet sich das Dasein für die Welt. „*Der Körper exponiert, einfach und absolut, den Einbruch des Sinns, der die Existenz konstituiert.*" (Nancy 2000a, 26) Dieser „Einbruch des Sinns" muss nach Nancy strikt körperlich und vor allem als Verräumlichung gedacht werden: als „Archi-Tektonik des Sinns" (Nancy 2000a, 26). Das Dasein ist nur, wenn es sich verräumlicht, wobei diese von Nancy als „Ek-topie" bezeichnete Raumwerdung die jeweils singuläre Artikulation des Ichs bedingt. Was will die ein wenig gekünstelt wirkende Wortschöpfung „Ek-topie" besagen? Das Dasein nimmt nicht Raum ein und ist dadurch im Sinne der *partes extra partes* vereinzelt, sondern es individualisiert sich, indem es Raum ausbildet. Es befindet sich nicht *im* Raum, sondern ist die „Aufspannung" (Nancy 2000a, 29) des Ortes, dessen Eröffnung. Diese „Äußerung" ist einerseits die Artikulation eines Selbst oder seiner Seele, im gleichen Zuge wird sich dieses aber andererseits selbst fremd, weil es für das Außen geöffnet ist. Daher meint Nancy, dass es keinen „eigenen Körper" gibt, der Körper sei nie eigentlich Ich (vgl. Nancy 2000a, 30). Damit scheint sich Nancy auf den ersten Blick zu widersprechen, hatte man doch von ihm lernen können, dass sich das Dasein nur als leibliches denken lässt. Was er an dieser Stelle jedoch herausheben möchte, ist, dass das Ich aufgrund der Verleiblichung nicht als Selbstidentität denkbar ist. Die Verleiblichung begrenzt den Umfang der Selbstaneignung. Die Fremdheit, die durch die Verräumlichung des Körpers ins Spiel kommt, lässt sich nicht in Eigenes überführen. Zudem lässt der Körper das Ich berührbar durch andere sein. Mit dem Körper wird also eine zweifache Alteritätsbeziehung installiert: die Fremdheit im Eigenen und gegenüber den anderen, denn als ausgedehntes Wesen ist man der Berührung durch die anderen ausgeliefert.

Mit der Offenheit des Körpers ist neben der Weltzugewandtheit auch seine Affizierbarkeit oder Empfindsamkeit gemeint. Das Dasein rührt an das Außen, aufgrund seiner leiblichen Offenständigkeit. Es ist sein ‚Da' als Körper. Man muss unterstreichen, wie wichtig für Nancys Denken des Körpers diese Eigenschaft des Offenen ist. Gemeinhin sehen wir den Körper als gleichsam undurchsichtige und in sich geschlossene Entität an. Anders Nancy, der schreibt: „Der Körper ist das Offene.“ (Nancy 2000a, 105) Diese Aussage bedeutet eine radikale Verkehrung des gewöhnlichen Verständnisses, ähnelt der Körper im Sinne eines solchen Offenen doch mehr einer sensiblen Oberfläche als einer undurchdringlichen Substanz. Der Körper ist empfindsam, erregbar, verletzlich: grundsätzlich affizierbar durch das ihn Umgebende. Aufgrund dieser „pathischen“ Affizierbarkeit (gr. *pathein*: „erdulden, erleiden“) ist das Außen des Körpers gleichsam in ihm. Oder anders gesagt: das Umgebende geht ihn derart an und geht ihm derart nahe, dass er gleichsam aus sich herausgetrieben, sich in das Außerhalb seiner selbst versetzt sieht (vgl. Böhler 2010, 43). Er ist exzentrisch. Folglich sind wir selbst, so formuliert Nancy, „wesentlich, außer uns.“ (Nancy 2006)

3.3 Exposition

Den hohen Stellenwert, den die Idee körperlicher Heraussetzung und Öffnung innerhalb der Leibtheorie von Nancy einnimmt, kann man an der häufigen Verwendung von Worten mit der Vorsilbe „ex“ ermessen: Die „Ex-position“, „Ek-topie“ und „Ex-tension“ sind dominante Begriffe. Die Welt der Körper ist die Welt der Exteriorität und des Ausgesetztseins (vgl. Nancy 2000a, 31). Als besonders aufschlussreich im Hinblick auf die Bestimmung der Offenheit muss der Begriff der Ex-position gelten, den Nancy mit der gleichlautenden Wortneufügung *Ex-peausition*, im Deutschen mit „Enthäutung“ (frz. *peau*: „Haut“) übersetzt, zusammen denkt. Dank der Haut ist der Körper vor allem anderen eine „*exponierte* Ausdehnung“ (Nancy 2000b, 23; Hervh. K.B.). Allererst über die Haut, dem Organ der Berührung, wird der Leib zu einer den anderen ausgesetzten *res extensa*. Der Leib hat in der empfindsamen Oberfläche, dem Medium seiner Offenheit, gleichsam seine Essenz. Aufgrund seiner Affizierbarkeit ist er in seinem Wesen als Beziehung aufzufassen. Über die Haut, die den Körper für seine Umgebung empfänglich macht, ist er in seiner Sensibilität exponiert.

Die Empfindsamkeit ist in sich differenziert, sie erfolgt über distinkte Körperzonen und Sinnesorgane. Nancy nennt dies auch eine „Auseinanderfügung“ (*désassemblement*), um kenntlich zu machen, dass es sich um eine Gliederung des Leibes qua Differenzen handelt. Dazu gehören nicht nur die verschiedenen Körperteile und ihre sinnlichen Affektionen, sondern auch die Porosität des Körpers, seine verschiedenen Öffnungen, die zum Aufnehmen und Absondern, zum Eindringen und Ausscheiden prädestinieren. Die Topik der körperlichen Einlässe macht einmal mehr deutlich, dass der menschliche Körper keine undurchdringliche Substanz ist. Er ist nicht in sich abgeschlossen – im Gegenteil: eher könnte man ihn wund nennen, in jedem Falle ist er aufgrund seiner Offenheit essentiell unganz (vgl. Böhler 2010, 42).

In der Betonung der Exponiertheit des Körpers geht Nancy so weit, noch die Innerlichkeit als ein Trugbild zu entlarven. Die leibliche Verflochtenheit mit der

Welt lässt das Dasein bis ins Innerste hinein ausgesetzt sein (vgl. Nancy 2010c, 46). Es gibt gleichsam nur das Außen des Körpers – also kein dahinter erreichbares Innen, das unberührt von der leiblichen Exposition wäre. Der Körper ist also schon in sich nichts anderes als Exteriorität, so dass das Außen gleichsam in ihn hineinreicht (vgl. Nancy 2010c, 51). Daher entwirft Nancy, anstatt dem Außen ein Innen gegenüberzustellen, die Idee, der Körper bestehe aus nichts anderem als aus Oberflächen, die eingefaltet und in sich gestülpt sind. Der Körper sei „aus dem Außen gemacht" (Nancy 2010c, 47). Bis ins Innerste hinein besteht der Körper aus einer „vielfach gefaltete[n] Oberfläche der Ex-position oder Ek-sistenz, die er *ist*" (Nancy 2010c, 47). Die Berührbarkeit durchdringt den Körper anstatt durch seine Hülle begrenzt zu werden. Deshalb lässt sich mit Nancy der ungewohnte Gedanke formulieren, dass das Außen innen ist, wodurch zugleich jede Idee einer eigenständigen Innerlichkeit zurückgewiesen wird. Anders gesagt: Körperlich zu existieren, bedeutet in einer Weise ausgesetzt zu sein, in der das sogenannte Innerste nicht abgegrenzt oder geschützt wäre. Bis in die tiefste Seele hinein reicht die Affizierbarkeit, oder besser: Noch das Innerste ist gleichsam nach außen gestülpt und dem Außen ausgesetzt. So gesehen erscheint der Körper nicht mehr als Behälter (vgl. Nancy 2010c, 47), sondern als Inbegriff von Bezüglichkeit. Seine Extension ist die Ausstülpung seiner Empfindsamkeit. Aus diesen Überlegungen, die gleichsam das Äußere ins Innerste und die Innerlichkeit ins Außen versetzen, zieht Nancy den ungewöhnlichen Schluss: Der Körper *ist* die Seele. Damit wäre „Seele" nur ein anderer Begriff für die Tatsache, dass der Körper spürend ist und gespürt wird (vgl. Nancy 2000a, 113).

3.4 Seelenkörper

Das Verhältnis von Seele und Körper, von Geist und Materie wird von Nancy also in grundlegend anderer Weise gedacht, als es die Tradition nahelegt. Denn lange ist man davon ausgegangen, dass sich das Seelische im Körper niederschlägt. Der Körper wird zum Austragungsort des Seelischen und trägt dessen Zeichen, wenn sich etwa in körperlichen Symptomen die Störungen der Seele zeigen. Diese Auffassung impliziert stillschweigend eine Hierarchisierung von Körper und Seele, insofern das Somatische als bloße Verkörperung des Seelischen angesehen wird, das seinerseits vom Körper unabhängig zu sein scheint. Ein anderes Bild ergibt sich, wenn man die These von der Ausgedehntheit der Seele selbst und nicht nur ihrer Zeichen oder Traumatisierungen ernst nimmt: „Die Seele ist durch den ganzen Körper hindurch ausgedehnt" (Nancy 2000b, 8). Nancy bezieht sich mit dieser oftmals wiederkehrenden Formulierung auf ein Nachlass-Fragment von Freud, in dem es heißt: „Psyche ist ausgedehnt, weiß nichts davon" (Freud 1941, 152). Nancy schlägt allerdings eine eigenwillige Interpretation dieser Notiz vor. Während es bei Freud um die Frage des psychischen Apparates und die Bedingungen der Raumvorstellung geht, präzisiert Nancy mit der Formel von der Ausgedehntheit der Seele im Grunde nichts anderes als seine Idee der leiblichen Exponiertheit des Daseins. Das, was man Seele nennt, beruht in der Ausgesetztheit des Körpers und seinem empfindsamen Charakter. Nancy begegnet der Dualität von Körper und Seele, die in der Tradition zumeist mit einer Herabsetzung des Körpers einherging, mit dem unerhörten Gedanken, die Seele erstrecke sich über den gesamten Körper, womit beide untrennbar werden.

Die Seele ist demnach, so Nancys zentrale These, nichts anderes als „die Erfahrung des Körpers" (Nancy 2000a, 124). Der Körper trägt nicht die Zeichen der seelischen Verfasstheit, er findet sich nicht von einer ihm selbst fremden Bedeutung durchsetzt. Denn mit dieser Annahme würde zweierlei übersprungen: zum einen die eigentümliche A-Signifikanz des Körpers; der Körper lässt sich nicht vollständig in das Reich der Bedeutung überführen. Es gibt eine Grenze der Sprache im Bezug auf körperliche Vorgänge und Zustände. Man hat also die Gefahr zu umgehen, den Körper gleichsam zum Zeichenkörper zu machen (vgl. Nancy 2000a, 61), indem man der überkommenen und zu kurz greifenden Vorstellung folgt, im Körper brächten sich wie in einer sinnfernen Materie die seelischen Bedeutungen zum Ausdruck. Als sei aller Sinn nur der Seele zugehörig und als wäre der Körper bloß die Inkarnation einer außerhalb von ihm generierten Sinnhaftigkeit. Denn zum anderen – und dies betrifft die zweite Vorannahme, gegen die Nancy argumentieren möchte – gibt es eine dem Körper selbst entstammende Bedeutung. Sinn erwächst überhaupt nur aus der dem Körper zu verdankenden Erfahrung. Deshalb kann Nancy schreiben: „Die Seele ist ein Begriff für die Erfahrung, die der Körper *ist*." (Nancy 2000a, 124) Sie ist der Name für die Berührbarkeit und Offenständigkeit des Leibes.

Während man sich in der Philosophie den Körper immer als Verräumlichung der Seele oder des Geistes vorstellte, gleichsam als Fleischwerdung des Sinnes, der dem Körper als solchen nicht zukommt und der ihn gleichsam „entkörpert" (Nancy 2000a, 62), fordert Nancy ein dem Körper hingegebenes Denken, weil das Denken durch den Körper für die Welt geöffnet ist (vgl. Nancy 2000a, 73). Denn vermittels seiner Leiblichkeit existiert der Mensch in der Adressierung an die Welt. Das Denken erstreckt sich entlang des exponierten Körpers, es verdankt sich der Ausgedehntheit des Körpers und damit seiner Empfindsamkeit, die nämlich nichts anderes als die Bedingung der Möglichkeit von Erfahrung ebenso gut wie von Erkenntnis ist. Erfahrungen zu machen hat – wie Nancy anhand des lateinischen Begriffs „experiri" erläutert – zur Bedingung, nach draußen zu gehen, an die Grenze zu treiben und an ihr die Erfahrung der Berührung und des Berührtwerdens zu machen. Daraus entsteht Emotion. Die grundlegendste Erfahrung – als Voraussetzung für alle weiteren Erfahrungen – besteht in der Tatsache, berührbar zu sein. Sie ist allein durch den Körper gegeben. Durch ihn ist das Denken affizierbar und rührt an den Sinn.

3.5 Gedankenkörper

Aufgrund der unkonventionellen Verhältnisbestimmung von Seele und Körper gewinnt Nancy nicht nur dem Gedanken einer körperlichen Ausdehnung der Seele etwas ab, sondern er versieht auch das Denken gleichsam mit Gewicht und lässt es verkörpert erscheinen. Es sind die Schwere des Körpers und die Tatsache seiner Verortung, die als transzendentale Bedingungen des Denkens gelten müssen: „Das Gewicht eines Körpers an einem bestimmten Ort ist die wahre sinnliche Bedingung *a priori* für die reine Ausübung der Vernunft: Eine transzendentale Ästhetik des Schwere.“ (Nancy 1991, 20) Die Rede von einer ‚Ausrichtung‘ der Gedanken, ihrer ‚Fundamente‘, ihrem ‚Fortgang‘ etc. verweisen – in der sprachlichen Bezeichnung – auf eine Verräumlichung des Denkens und die Verkörperung des Sinnes. Sinn stellt sich nicht aufgrund von Transparenz her; er braucht Dichte und Opazität, eine gewisse Dunkelheit, „durch die er sich *als Sinn* berühren läßt“ (Nancy 1996, 24). Ähnlich wie Derrida meint Nancy, dass Einschreibung und damit Verräumlichung wie auch Verzeitlichung für die Genese von Bedeutung konstitutiv sind. Nancy wählt den Begriff der „Exkription“ (Nancy 1996, 24), um das Moment der notwendigen Veräußerlichung von Sinnbildungsprozessen zu unterstreichen. Gedanken entstehen, indem man sich durch etwas partiell Undurchdringliches, mit Widerstand Versehenes hindurcharbeitet, und in diesem Milieu des Sinnfernen artikuliert sich der Sinn. Er gewinnt wörtlich Gestalt und erst in seinen Gestalten wird er anschaulich. Diese Figuration des Denkens, die es regelrecht seinen ästhetischen Bedingungen verschreibt, ist originäre Darstellung des Sinnes, weil sie seine Hervorbringung bedeutet, nicht seine Repräsentation. Dies hat zur Folge, dass der Sinn selbst niemals transparent ist. Er braucht nicht nur die Medialität seiner Artikulation, sondern ist konsequenterweise unablösbar von dieser. Das Gewicht des Denkens lässt, sofern man dieses Bild fortschreiben will, die Gedanken selbst lasten – sie sind materialisiert und haben ihrerseits Ausgedehntheit zu ihrer Bedingung.

Wenn sich im Verhältnis von Körper und Denken zum einen festhalten lässt, dass das Denken verkörpert ist und sich in seinen Verkörperungen artikuliert, so heißt dies andererseits nicht, dass der Körper seinerseits vollständig in Sinn übersetzbar wäre. Nancy insistiert trotz der engen Verflochtenheit aller Prozesse der Sinn- und Bedeutungsgenese mit dem Körper auf dessen Fremdheit und Sinnferne. Er lässt sich weder vollständig diskursivieren noch der bloßen Materie zuordnen. Er hat seine Ausdehnung, sein Gewicht, seinen Ort und all dies lässt sich nicht sublimieren oder spiritualisieren. Der Körper ist ein Grenzwesen. Er befindet sich einerseits an der Grenze zum Denken und bedeutet – wie Nancy formuliert – einen „Einschnitt des Fremden in das Kontinuum des Sinns“, aber zugleich auch an der Grenze zur bloßen Materie, denn er ist auch Bedingung und Eröffnung des Sinnes, mithin ein Einschnitt „in das Kontinuum der Materie“ (Nancy 2000a, 20). Diese Grenzbestimmung des Körper ist auch zentral für eine weitere Bedeutung, die Nancy dem besagten Nachlass-Fragment von Freud: „Psyche ist ausgedehnt, weiß nichts davon“, zukommen lässt. Denn, wie Nancy es deutet, geht es hierbei auch um die der Psyche eigene Körperlichkeit, die ihr selbst entgeht, die also – obzwar sie Bedingung von Bedeutung ist – der Bedeutung oder Bewusstwerdung widersteht. Die Bedingung der Seele als ausgedehnte ist, dass sie sich selbst nicht kennt. Ihr Ausgedehnt-sein oder auch Außer-sich-sein – also der Körper – ist das psychisch Unbewusste (vgl. Nancy 2000a, 24). Denn das Ausgedehntsein kann nicht zum Objekt des Bewusstseins werden, da es als Milieu der Bewusstwerdung fungiert.

3.6 Fremdheit

Weil Körper-sein heißt, außen zu sein, ist der Körper von Andersheit belegt. Der Körper ist dem Außen nicht nur ausgesetzt, er ist durch das Außen angesprochen, er antwortet auf Appelle, die an ihn ergehen: „auf ein Begehren, auf eine Erwartung, sogar auf ein Bedürfnis oder auf eine Lust“ (Nancy 2010c, 56). Nancy nennt die Offenheit des leiblichen Daseins deshalb auch „Seinsfremdheit“ (Nancy 2010c, 55). Der Körper ist Fremdem ausgesetzt, auf das zu antworten und das zu verwinden seine Selbstheit allererst ausmacht. „Körper ist Zu-sich-kommen des Unbekannten, Einbrechen und Eindringen anderer Körper“, seien es Nahrungsmittel, die Luft zum Atmen oder sinnliche Affektionen, „Krämpfe, Irritationen, Beklemmungen“ (Nancy 2010c, 54f.), von denen der Körper besetzt wird. Immer bezieht sich das Dasein erst vermittelt über die Exposition an das Fremde zurück auf sich selbst und existiert daher gleichsam im Abstand zu sich (vgl. Nancy 2010c, 57). Es ist heimgesucht von Fremdheit und das Ausmaß seiner Fremdbesessenheit ist der Radius seiner Offenheit für die Welt. „Das Fremd-Sein ist der Körperlichkeit inhärent.“ (Nancy 2010c, 46)

Nancys Philosophie ist durchgängig von größter Skepsis gegenüber der Vorstellung des Eigenen im Hinblick auf den eigenen Körper geprägt. Offenkundig ist dies der maßgebliche Grund dafür, weshalb sein Nachdenken mehr um den Körper kreist als – phänomenologisch – von der je eigenen Leiblichkeit seinen Ausgang zu nehmen. In seinen „58 Indizien über den Körper“ (Nancy 2000b) sind nur wenige Aphorismen explizit dem eigenen Körper gewidmet, jedoch nur, um in gleichem Zuge seine Fremdheit zu unterstreichen: „Leib, eigener Körper: Um eigen zu sein, muss der Körper fremd sein und sich so angeeignet finden.“ (Nancy 2000b, 13) Die Leiblichkeit erscheint wie eine Invasion durch einen als fremd charakterisierten Körper. Der Körper sei wie ein „bösartiger Tumor“, ein Geschwulst, das das Eigene „exorbitiert“ (Nancy 2000b, 13), um es mit der umgebenden „universellen Substanz“ (Nancy 2000b, 14) zu verbinden. Nancy wendet sich mit dieser Überlegung gegen zwei geläufige Vorstellungen: Erstens meint er – wie bereits erläutert – nicht, dass sich ein innerliches Selbst im Körper veräußerlicht oder sich im Außen verkörpert, vielmehr existiert das

Ich verleiblicht und hat sich immer schon nach außen gestülpt. Das Ich wird nicht ins Außen versetzt, es existiert *als* Außen (vgl. Nancy 2010c, 52). Zweitens wird damit aber auch die Vorstellung abgewiesen, man könne seinen eigenen Körper besitzen; denn wer sollte dieser jemand sein, der über seinen Körper verfügt? Wenn man sagt: ‚dies ist mein Körper', dann bleibt damit unklar, wer überhaupt derjenige sein sollte, dem sein Körper angeblich gehört oder in dem er sich wiederfindet. Denn wer könnte er ohne Körper sein? Kann man seinen Körper, der man schließlich selbst ist, besitzen? Ließe sich nicht mit gleichem Recht behaupten, dass man vom eigenen Körper besessen wird? Einerseits, so die Antwort von Nancy, besitze ich meinen Körper tatsächlich in einer Weise, die mir eine Verfügung über ihn sichert: „[I]ch behandle ihn, wie ich will" (Nancy 2000b, 15); und doch bin ich von ihm besessen, der mich affiziert, vielleicht aufstört, verdrießt, belastet – der für mich in Lust oder Schmerz unausweichlich ist. Während wir also zum einen gleichsam uns zu unserem Körper verhalten, indem wir ihn pflegen, ernähren und betätigen, so sind wir zum anderen dermaßen distanzlos an ihn gebunden, dass eine Trennung von mir und meinem Leib unsinnig erscheint. Wir *sind* unser Körper selbst, so unzertrennlich, dass wir mit ihm vergehen.

Gleichwohl darf darüber nicht die Fremdheit, die den eigenen Leib durchwirkt, vergessen werden. „Der Körper ist *unser*, und er ist uns *eigen* in genau dem Maße, in dem er uns nicht gehört und sich der Intimität unseres eigenen Seins entzieht" (Nancy 2000b, 19). Der Zugang zur Fremdheit des eigenen Körpers ist über den eigenen Leib gegeben und erschließt sich in der verkörperten Erfahrung: „Von meinem Körper aus *habe ich* meinen Körper als einen mir fremden, enteigneten." (Nancy 2000a, 21) Ausgehend vom eigenen Leib, der man selbst ist, erschließt sich die Erfahrung des Körpers in einer Form, die seine Unaneigbarkeit hervortreten lässt. Der eigene Körper ist gleichsam die Stätte des Fremden und zwar nicht nur, weil er Ort der Exposition an ein Außen ist. Seine Alterität zeigt sich in den Fremdkörpern, die dem eigenen Körper innewohnen, sowie in dessen Ausscheidungen, die als Dreck und Auswurf abgesondert werden. Das Eigene des eigenen Leibes stellt sich allererst über die permanente Bekämpfung der dem eigenen Körper innewohnenden Fremdkörper her. Seine Identität, so Nancys Schluss, besteht in Immunität (vgl. Nancy 1999, 35). Die Herabsetzung dieser Immunität, wie sie Nancy aufgrund einer Herztransplantation am eigenen Leib hat erfahren müssen, lässt die im Körper bereits latent vorhandenen Fremdkörper virulent werden. Ausgehend von dieser Erfahrung, dass das Eigene sich in der permanenten Bekämpfung, Entfernung und Abspaltung von Fremdem im Innersten immer wieder herstellen muss, zeigt, dass Eigenheit keine Eigenschaft des je meinigen Leibes ist, es ist nichts, was „‚meinem' Körper angehört." (Nancy 1999, 29) Vielmehr gibt sich hier „ein allgemeines Gesetz des Eindringens", des „Wirkens von Fremden" (Nancy 1999, 35) zu erkennen, das die Körperlichkeit in ihrer Offenheit und Affizierbarkeit auszeichnet.

Der Körper bleibt aber auch deshalb fremd und gewissermaßen unerschließbar, weil man dieser Körper selbst *ist*. „Ich bin für mich selbst ein Außen" (Nancy 2000a, 115). Nancy unternimmt also nicht den Versuch, die Paradoxien des eigenen Körpers durch die Unterscheidung in Körper und Leib zu lösen. Er beharrt vielmehr auf einer Heimsuchung des eigenen Leibes durch die Fremdheit des Körpers. Qua Leib werde ich meines Körpers inne und komme auf mich selbst als Körper zurück und identifiziere mich mit meiner körperlichen Existenz. In diesem Rückbezug wird die Nichtübereinstimmung mit dem eigenen Leib offenbar. Der Versuch meines eigenen Leibes inne zu werden, führt unvermeidbar dazu, ihn zu verfehlen. Zwar existiere ich leiblich, aber ich beziehe mich auf meinen Körper, wenn ich diesen als den meinigen bezeichne, wie auf etwas Fremdes. Infolgedessen erscheint der Körper als Ansammlung von Körperteilen, von Funktionen, Zuständen und Zonen, deren Heterogenität sich nicht in einer leiblichen Erfahrung zu einem organischen Ganzen fügt. Man könnte sagen, die Idee eines zergliederten, von Fremdheit durchsetzten Leibes bleibt für Nancys Denken des Körpers leitend.

Literatur:

Nancy 1986, Nancy 1996, Nancy 2000a, Nancy 2010a, Bippus, Huber u. Richter 2010, Derrida 2000, James 2006.

Kognitionswissenschaften – Leiblichkeit und Embodiment

Shaun Gallagher

Es waren Überlegungen zur Rolle des Körpers in der Kognition, in denen sich der Einfluss der Phänomenologie auf die Kognitionswissenschaft zuerst geltend gemacht hat. Man kann sagen, dass das Projekt, die Rolle des Körpers in Wahrnehmungs- und Verhaltensprozessen bis hin zu begrifflichen Vorgängen höherer Ordnung und abstraktem Denken aufzuweisen, nach dem frühen Computermodell und dem von der Neurowissenschaft inspirierten sogenannten Konnektionismus eine dritte Welle der Kognitionswissenschaften ausgelöst hat.

Wenn man die Kognitionswissenschaft primär im Sinne von Berechnung und Informationsverarbeitung versteht – so wie sie zu Anfang in Absetzung vom Behaviorismus formuliert wurde –, so ist ein Beitrag der Phänomenologie zur „kognitiven Revolution“ nicht unbedingt naheliegend. Nach diesem Verständnis handelt es sich bei der Erforschung der Kognition um die Untersuchung eines sub-personalen, nicht-phänomenologischen Geistes (*mind*), der diskrete Symbole nach syntaktischen Regeln manipuliert, und um den Versuch, dies mit neurologischen Kategorien zu beschreiben. Nun ist dies nicht mehr die vorherrschende Auffassung von Kognitionswissenschaft. Angesichts einer Reihe von Schwierigkeiten, die sich aus dem Computermodell ergaben, nahm die kognitive Revolution in den 1980er Jahren eine andere Wendung. Den Hintergrund dafür bildete die gewachsene Bedeutung der Neurowissenschaft und des Konnektionismus, die einen von nichtlinearen dynamischen Systemen ausgehenden Ansatz formulierten und so das orthodoxe Computermodell in Frage stellten (vgl. etwa Port u. van Gelder 1995). Damit ergab sich eine Verschiebung weg von einem dezidierten Reduktionismus hin zu Konzepten von Emergenz und Selbstorganisation. Die Frage war nun: Auf welche Weise gehen höhere personale Strukturen aus tieferen sub-personalen, selbstorganisierenden Prozessen hervor?

Diese Verschiebung innerhalb der Kognitionswissenschaft weckte neues Interesse am Bewusstsein, und einige Theoretiker in diesem Bereich bewegten sich deutlich auf die Phänomenologie zu. Erste Spuren eines solchen Projekts finden sich in der phänomenologischen Kritik der Künstlichen Intelligenz und des Computermodells des Geistes, die Hubert Dreyfus formuliert hat (Dreyfus 1972). In einer Kritik berief sich Dreyfus zum Teil auf Merleau-Pontys Untersuchung des Leibes als Ausgangspunkt einer Phänomenologie der Wahrnehmung und Bewegung und machte so die Grenzen regelbasierter Computermodelle deutlich. Merleau-Ponty folgend betonte er die antizipatorische Seite motorischer Schemata, also jene Dimension eines Wahrnehmungs- und Bewegungssystems, die sich auf noch nicht gegenwärtige Umweltgegebenheiten bezieht – etwa globale Formen des Erkennens von Mustern. Ein deutlicherer Bezug zur Phänomenologie des Leibes findet sich allerdings erst in *The Embodied Mind* von Varela, Thompson und Rosch (1991), in dem diese, wiederum bezogen auf Merleau-Pontys Leibbegriff, die Position vertraten, dass Kognition kein bloßer Gehirnvorgang ist, sondern Gehirn, Körper und Umwelt involviert. Hier findet der als „verkörperte Kognition" (*embodied cognition*, EC) bezeichnete Ansatz seinen Ursprung, der seitdem in zahlreichen interdisziplinären Veröffentlichungen mit Bezügen zur Phänomenologie, der Philosophie des Geistes, der Psychologie, der Neurowissenschaften und der Robotertechnik ausgearbeitet worden ist.[1]

Dabei ist der Begriff der EC alles andere als klar. Die Ansätze, die sich darunter subsumieren lassen, sind höchst unterschiedlich; einige von ihnen berufen sich auf die Phänomenologie, andere nicht. Sie reichen von radikaler bis zu minimaler Verkörperung mit allen Zwischenstufen. Unterschiedliche Auffassungen von Kognition, die allesamt mit dem Begriff der Verkörperung zusammengebracht werden können, haben ein Übriges zur internen Differenzierung der EC getan; hier wären Ansätze der handlungsorientierten (*enactive*), situierten (*embedded*), erweiterten (*extended*) oder distribuierten (*distributed*) Kognition zu nennen. Zwischen diesen unterschiedlichen Perspektiven herrscht kein Konsens darüber, welches Gewicht der Verkörperung zugemessen werden soll. Tatsächlich fehlt in einigen Fällen jeglicher Ansatz eines Leibbegriffs, und die Forschung richtet sich auf physische Prozesse, die sich objektiv beschreiben lassen. Überdies lässt sich, anders als man meinen könnte, durchaus nicht für alle EC-Ansätze eine gemeinsame Gegnerschaft gegen das klassische Computermodell der Kognition feststellen. Im Folgenden sollen diese unterschiedlichen Auffassungen verkörperter Kognition dargestellt und systematisiert werden.

1. Körper und Gehirne

Ein gutes Beispiel einer nicht-phänomenologischen Theorie, die die Rolle des Körpers in der Kognition auf ein Minimum reduziert und Leiblichkeit ganz ausspart, findet sich in dem Ansatz, den Goldman und de Vignemont kürzlich vorgelegt haben. Sie konzentrieren sich auf soziale Kognition, aber was sie vertreten,

[1] Da sich die Unterscheidung von Leib und Körper im Englischen so wenig findet wie im Französischen und überdies von einem gemeinsamen phänomenologischen Vorverständnis hier keine Rede sein kann, ist der Begriff des „embodiment" im folgenden in der Regel unübersetzt geblieben; „embodied" wird der Lesbarkeit zuliebe mit „verkörpert" übersetzt. In welchen Fällen dabei auf phänomenologische Motive Bezug genommen wird, sollte im Kontext klar werden (Anm. d. Übers.).

kann auf Kognition im weiteren Sinne bezogen werden. Sie formulieren deutliche Beschränkungen für ein Verständnis von *embodiment* und gehen damit so weit, dass das, was sie beschreiben, von den meisten in dieser Richtung arbeitenden Theoretikern kaum noch als verkörperte Kognition erkannt werden würde. Ihr Ausgangspunkt ist die Annahme, dass alles Entscheidende in der menschlichen Kognition im Gehirn stattfindet, „the seat of most, if not all, mental events“ (Goldmann u. de Vignemont 2009, 154). Wenn man auf diese Weise das Gehirn vom Körper trennt, wie sie es tun, erscheint ein Konzept leiblicher Kognition einigermaßen problematisch:

> „Embodiment theorists want to elevate the importance of the body in explaining cognitive activities. What is meant by ‚body‘ here? It ought to mean: the whole physical body minus the brain. Letting the brain qualify as part of the body would trivialize the claim that the body is crucial to mental life.“ (Ebd.)

Nicht nur trennen Goldman und de Vignemont das Gehirn vom Körper, sie trennen auch den Körper von der Umwelt: Ihr Untersuchungsgegenstand ist der Beitrag „of the body (understood literally), not [as it is related] to the situation or environment in which the body is embedded“ (ebd.). Eine der zentralen Thesen der EC ist es nun aber, dass *der Körper gerade nicht von seiner Umwelt losgelöst werden kann* (Beer 2000, Brooks 1991, Chemero 2009, Chiel u. Beer 1997, Gallagher 1986). Man wird schwerlich eine EC-Theorie finden, die den Körper derart – buchstäblich als tote, hirnlose Sache – auffasst. Wir haben hier ein gutes Beispiel dafür, wie der Körper als objektiver *Körper* und nicht als phänomenologisch verstandener *Leib* begriffen wird.

Nachdem sie schließlich auch noch Anatomie und körperliche Aktivität (Bewegung und Haltung) als für kognitive Prozesse bedeutungslos und gerade nicht als wichtige bzw. konstitutive Dimension verabschiedet haben, bleiben ihnen, wie sie es nennen, „bereinigte“ (*sanitized*) Körperrepräsentationen. Das Konzept körperformatierter Repräsentationen (*B-formats*) betrachten sie als aussichtsreichstes Modell, um einen EC-Ansatz weiterzubringen (Goldman u. de Vignemont 2009, 155). Unglücklicherweise gibt es, wie sie erklärend hinzufügen, keinen Konsens darüber, was genau *B-formats* sind und was ihre Rolle in der Kognition ist. Körperformatierte Repräsentationen werden mit Gehirnzuständen identifiziert (im Falle sozialer Kognition schließen sie z.B. Spiegelneuronenaktivität ein (ebd., 156). Damit reduzieren Goldman und de Vignemont wie viele andere *embodiment* auf eine Anzahl neuronaler Prozesse. Der Körper, von dem hier die Rede ist, ist eine bloße Repräsentation im Gehirn (Berlucchi u. Aglioti 2010). Es bleibt unklar, wie eine Reduktion des Körpers auf Gehirnprozesse mit der früheren Elimination des Gehirns aus dem Verständnis von *embodiment* zusammengeht. In jedem Fall haben wir hier ein Modell vor uns, das mit dem klassischen Computermodell der Kognition (CC), das von der EC abgelehnt wird und dem zufolge Kognition nichts anderes als Informationsverarbeitung im Gehirn ist, gut übereinstimmt oder das zumindest ein internalistisches Verständnis formuliert, das mit einer körperlosen Gehirn-im-Tank-Konzeption von Kognition vereinbar ist.

Diese Auffassung, die wir als minimalen *embodiment*-Ansatz bezeichnen können, setzt bereits in ihrer Problembeschreibung eine Bestimmung von *embodiment* voraus, die einen maßgeblichen Beitrag des Körpers ausschließt. Goldman und de Vignemont übersehen bewusst, dass die EC eben das Bezugssystem in Frage stellt, das sie vertreten. Abgesehen davon, dass sie ein gutes Beispiel eines minimalen *embodiment*-Ansatzes liefern, ist ihre Darstellung vor allem in einer Hinsicht bedeutsam: Sie formulieren eine klare Herausforderung der EC, die sie durch eine Reihe von Fragen spezifizieren. Vertreter der EC sollten diese Fragen beantworten können, um ihre eigene Position zu klären, und sie sollten denjenigen helfen, die sich hinsichtlich der Rolle von *embodiment* nicht sicher sind. Die Fragen lauten wie folgt (Goldman u. de Vignemont 2009, 158):

1. Was für eine Auffassung von *embodiment* vertreten die jeweiligen EC-Theoretiker?
2. Welche Bereiche der Kognition bzw. welche kognitiven Funktionen betrachten sie als verkörpert, und in welchem Ausmaß involvieren diese Funktionen *embodiment*?
3. Auf welche Weise lassen sich die jeweiligen Thesen hinsichtlich *embodiment* durch empirische Daten stützen?
4. Auf welche Weise weichen diese Thesen grundsätzlich von der CC ab?

Da einige Versionen der EC repräsentationalistische Theorien der Kognition ausdrücklich zurückweisen, können wir eine fünfte Frage hinzufügen, die eng mit der vierten zusammenhängt:

5. Spielen mentale Repräsentationen in dieser Version der EC eine Rolle?

Ich schlage vor, diese Fragen für den folgenden Überblick als Leitfragen zu verwenden (vgl. zusammenfassend die Tabelle auf S. 329). Ich beginne damit, sie an Goldmans und de Vignemonts „aussichtsreichste", aber doch minimale Konzeption zu richten. Aus ihrem Text ergeben sich darauf folgende Antworten: (1) Sie begreifen den Körper nicht als Leib, sondern als Ansammlung bereinigter Gehirnprozesse. (2) Sie legen nahe, dass dies für einige (aber nicht für alle) Aspekte sozialer Kognition gilt und für wenig anderes. (3) Die empirischen Daten, die sie zitieren, greifen auf Forschungen zu Spiegelneuronen zurück, und auf Hinweise, dass Läsionen, die B-formatierte Repräsentationen betreffen, „interfere with action and emotion recognition". (4) Auch wenn diese minimale Version der EC gut mit der CC vereinbar erscheint, da soziale Kognition nicht „durchgängig verkörpert" ist, sind die B-Repräsentationen doch auf einer tieferen Ebene verankert, als die CC hätte vermuten lassen. (5) Diese Version der EC ist entschieden repräsentationalistisch.

2. Biologisches *embodiment*: Anatomie, Chemie und Bewegung

Im Gegensatz zu jener minimalen Auffassung von *embodiment*, die Anatomie und körperliche Bewegung nicht als bedeutende Faktoren in der Kognition betrachtet, haben andere Theoretiker die Auffassung vertreten, dass Anatomie und Bewegung in der Tat einen wichtigen Beitrag im Kognitionsprozess leisten, und zwar vor der Verarbeitung von Information im Gehirn (*pre-processing*) und im Anschluss an diese Verarbeitung (*post-processing*) (Chiel u. Beer 1997, Gallagher 2005a, Shapiro 2004). Auch wenn wir zwischen Interpretationen von *embodiment* als Leib oder als Körper unterscheiden können, muss man doch sehen, dass es letztlich immer nur um einen einzigen Körper geht. Eine Beschreibung des Körpers mit biologischen Begriffen von Anatomie, Biochemie und Motorik impliziert, dass wir es hier mit Strukturen und Prozessen zu tun haben, die das individuelle Subjekt *lebt*. Ein rasender Herzschlag ist nicht einfach eine biologische Tatsache, sondern etwas, das meine Erfahrung bestimmt. Der rasende Herzschlag, der steigende Adrenalinspiegel, die erhöhte Atemfrequenz, die schnelle Bewegung meiner Beine – all das sind keine neutralen, objektiven Tatsachen, die zu einer Beschreibung des Körpers gehören, sondern Prozesse, die mein Leib durchlebt; Prozesse, die unsere Wahrnehmung und unser Denken im Moment ihrer Erfahrung entscheidend bestimmen.

Ein früher Vertreter dieser Auffassung war Erwin Straus (1966), der phänomenologische Psychologe und Neurologe, der die Bedeutung der aufrechten Haltung und der Dynamik der Körperhaltung betont hat. *Embodiment* bedeutet hier, dass strukturelle Merkmale unseres Körpers außerhalb des Nervensystems unsere kognitive Erfahrung mitgestalten. So führt etwa die Tatsache, dass wir zwei auf diese spezifische Weise angeordnete Augen haben, zum räumlichen Sehen und ermöglicht uns, die relative Tiefe der Dinge wahrzunehmen. Ähnliches kann über die Anordnung unserer Ohren und unsere Fähigkeit gesagt werden, die Richtung von Geräuschen zu erkennen. Wie Shapiro es formuliert: „[T]he point is not simply (or trivially) that perceptual processes fit bodily structure. Perceptual processes *depend on and include* bodily structures." (2004, 190)

Ebenso angewiesen ist unsere sinnliche Erfahrung auf die Weise, wie unser Kopf und unser Körper sich bewegen, wie am Beispiel der Parallaxe zu sehen ist (Churchland, Ramachandran u. Sejnowski 1994, Shapiro 2004). Außerdem werden unsere motorischen Reaktionen nicht auf der Ebene des Gehirns vollständig festgelegt, sondern durch die Gestalt unserer Muskeln und Sehnen, ihre Flexibilität, ihr geometrisches Verhältnis zu anderen Muskeln und Gelenken und unsere Bewegungsgeschichte vermittelt (Zajac 1993). Bewegung ist nicht immer einer zentralen Planung unterworfen; sie basiert auf einem sich je unterschiedlich ausbalancierenden System, das darauf angewiesen ist, was Andy Clark „flexible Anordnung" (*soft assembly*) nennt. Das Nervensystem lernt, „to modulate parameters (such as stiffness [of limb or joint]) which will then *interact* with intrinsic bodily and environmental constraints so as to yield desired outcome“ (Clark 1997, 45). Viele dieser Beobachtungen sind im Sinne von Informationsverarbeitung formuliert und mögen von daher mit den allgemeinen Grundsätzen des klassischen Kognitivismus vereinbar sein. So bemerkt Shapiro: „Steps in a cognitive process that a traditionalist would attribute to symbol manipulation might, from the perspective of EC, emerge from the physical attributes of the body.“ (2007, 340)

Selbst wenn damit der Körper seinen Teil beiträgt, könnten Kognitivisten problemlos daran festhalten, dass die Vorverarbeitung lediglich der zentralen Verarbeitung zuarbeitet, die mit Sicherheit bedeutender für die Kognition ist, so wie die Nachverarbeitung zu einem gewissen Grade durch Anweisungen aus dem Gehirn als zentraler Instanz gesteuert wird.

Holistischere, propriozeptive (auf die Eigenempfindung bezogene) und mit Emotionen verbundene Prozesse könnten eine größere Herausforderung für den klassischen Ansatz darstellen. Es lässt sich empirisch gut nachweisen, dass sie weitreichende Auswirkungen auf Wahrnehmung und Denken haben. So werden etwa durch Vibrationen ausgelöste propriozeptive Muster, die die gesamte Körperhaltung beeinflussen, als Veränderungen der Umwelt interpretiert (Roll u. Roll 1988, 162). Propriozeptive Anpassungen des Körperschemas können Wahrnehmungskonflikte auflösen (Harris 1965, 419; Rock u. Harris 1967). Experimentelle Veränderungen des Haltungsschemas führen zu Veränderungen der Raumwahrnehmung und Verschiebungen in der Wahrnehmung von vertikalen und horizontalen Flächen (Bauermeister 1964; Wapner u. Werner 1965). Ebenso können hormonelle Veränderungen – Veränderungen der Körperchemie – sowie viszerale Prozesse und solche des Bewegungsapparates Wahrnehmung, Erinnerung, Aufmerksamkeit und Entscheidungen beeinflussen (Damasio 1994; Bechara u.a. 1997, Gallagher 2005a; Shapiro 2004). Die Regulierung der Körperchemie und kognitive Prozesse sind wechselseitig voneinander abhängig: „Also sind Körperregulation, Überleben und Geist eng miteinander verflochten.“ (Damasio 1994, 173)

Nach dieser Lesart scheitert das klassische funktionalistische, auf Informationsverarbeitung setzende Gedankenexperiment vom Gehirn im Tank auf ganzer Linie. Die Behauptung, dass kognitive Funktionen und Erfahrung eines mit dem entsprechenden Input versorgten Gehirns im Tank denjenigen eines im vollen Sinne verkörperten Subjekts vergleichbar oder gar von ihnen ununterscheidbar wären, lässt die Beteiligung des Körpers und seiner Funktionen außer acht. Wie mehrfach betont worden ist, müsste alles das experimentell nachgebildet werden, was der biologische Körper in Form von Vor- und Nachbearbeitung, Hormonen und Neurotransmittern und emotionalem Leben beiträgt. Das liefe, wie Damasio bemerkt, auf die Herstellung eines Körpersurrogats hinaus und würde „damit bestätig[en], daß ‚körpereigene Eingaben‘ für ein Gehirn mit normalen geistigen Funktionen erforderlich sind.“ (1994, 304; Gallagher 2005b; Cosmelli und Thompson 2007)

3. Der Körper als semantische Maschine

Struktur, Zusammensetzung und Bewegungsfähigkeit des Körpers bestimmen nicht nur, wie wir die Dinge erfahren, sondern auch, *was* wir erfahren und wie wir uns die Welt verständlich machen. Verschiedene Experimente zeigen, dass die Art und Weise, wie wir uns bewegen oder situieren (z.B. Wegschieben im Gegensatz zu Heranziehen), unsere Einschätzung der Dinge beeinflusst, mit denen wir es zu tun haben (Cacioppo, Priester u. Bernston 1993; Chen u. Bargh 1999). Shapiro (2004) baut auf Beobachtungen von French (1990) darüber auf, wie sich unsere kognitiven Assoziationen verändern würden, wenn unsere Körper anders wären. Diese jüngeren Arbeiten bestätigen nicht nur Merleau-Pontys Vorstellung, dass die Beschaffenheit des menschlichen Körpers unsere Raumwahrnehmung bestimmt, sondern weist darüber hinaus darauf hin, dass dieser Einfluss sich auf unsere begrifflichen Auffassung erstreckt. Die Sprache, die diese Auffassung noch einmal transformiert, ist selbst eine leibliche Praxis.

„[E]ine Kontraktion der Kehle, ein zischendes Entgleitenlassen der Luft zwischen Zunge und Zähnen, eine gewisse Spielart des Leibverhaltens erschließt plötzlich einen übertragenen Sinn und bedeutet ihn in unserer Umwelt. [...] Dies offen-endlose Vermögen des Bedeutens – ein Vermögen in eins, einen Sinn zu erfassen und zu kommunizieren –, kraft dessen der Mensch durch den Leib und die Sprache sich selbst transzendiert zu neuem Verhalten, zu Anderen hin und zum eigenen Denken, muß als ein ursprüngliches Faktum anerkannt werden." (Merleau-Ponty 1945, 229f.)

Lakoff und Johnson, die sich vor allem auf die experimentelle kognitive Linguistik und die Kulturanthropologie berufen, aber auch auf Forschungen zu mentaler Rotation, mentaler Bildlichkeit, Gesten und Gebärdensprache aus Psychologie, Neurowissenschaft und Kognitionswissenschaft zurückgreifen, haben die These vertreten, dass unser begriffliches Leben mit räumlichem Bewegungsverhalten beginnt und seine Bedeutungen aus der körperlichen Erfahrung bezieht (Johnson 2010; Lakoff 2008). Entsprechend halten sie fest, dass „the peculiar nature of our bodies shapes our very possibilities for conceptualization and categorization" (Lakoff u. Johnson 1999, 19). Der spezifische Mechanismus, der die verkörperte Erfahrung und das begriffliche Denken miteinander verbindet, ist für sie die Metapher.

Metaphern gründen sich auf basale, immer wieder auftauchende Bildschemata wie Vorderseite-Rückseite, innen-außen, nah-fern, Stoßen-Ziehen, Stützen, Balance etc., und jene Bildschemata gründen sich auf die leibliche Erfahrung (ebd., 36). Damit sind „the concepts of *front* and *back* [...] body-based. They make sense only for beings with fronts and backs. If all beings on this planet were uniform stationary spheres floating in some medium and perceiving equally in all directions, they would have no concepts of *front* and *back*" (ebd., 34); Ähnliches kann vom Schema *oben-unten* usw. gesagt werden. Diese basalen Bildschemata wiederum formieren als Metaphern unser abstrakt-begriffliches Denken im Hinblick auf Planung, Entscheidungen etc. So wird etwa Gerechtigkeit im Sinne von Balance aufgefasst, Tugend im Sinne des Aufrechten, Planung für die Zukunft im Sinne von oben und vorn – „Was kommt auf uns zu?". Das Innen-außen-Schema und die Containermetapher finden sich in einem riesigen Spektrum von Metaphern und Konzepten vom fast Wörtlichen – „John ging aus dem Zimmer" – über das eher Abstrakte – „Sie erwachte aus dem Koma" oder „Ich möchte keine der relevanten Informationen außen vor lassen" – bis zum Logisch-Abstrakten wie dem Gesetz des ausgeschlossenen Dritten in der Logik (Johnson 1987). Die Anwendung dieses Ansatzes reicht bis zur Erklärung mathematischer Begriffe (Lakoff u. Núñez 2000).

Zumindest in einigen Hinsichten schließt die von Lakoff und Johnson ausgearbeitete Theorie neuronale Verkörperung ein: „An embodied concept is a neural structure that is part of, or makes use of the sensorimotor system of our brains. Much of conceptual inference is therefore, sensorimotor inference." (Lakoff u. Johnson 1999, 20) Obwohl ihr Ansatz in der Regel mit der konnektionistischen Perspektive zusammengebracht wird, ist sie einer Interpretation zufolge kompatibel mit dem klassischen Kognitivismus (Zlatev 2010). Allerdings weisen sie, im Einklang mit eher handlungsorientierten Auffassungen von Kognition, jeglichen Repräsentationalismus zurück:

> As we said in *Philosophy in the Flesh*, the only workable theory of representations is one in which a representation is a flexible pattern of organism-environment interactions, and not some inner mental entity that somehow gets hooked up with parts of the external world by a strange relation called „reference". We reject such classical notions of representation, along with the views of meaning and reference that are built on them. Representation is a term that we try carefully to avoid. (Johnson u. Lakoff 2002, 249f.)

4. Verkörperter Funktionalismus

In gewisser Hinsicht ist der Begriff eines verkörperten Funktionalismus entweder trivial, denn auch funktionalistische Systeme müssen auf irgendeine Weise verkörpert sein, oder widersprüchlich, da einer der wesentlichen Züge des Funktionalismus in der Indifferenz gegenüber der physischen Realisierung besteht, die dem System zugrunde liegt (Körperneutralität, multiple Realisierbarkeit). Dennoch findet sich die Vorstellung, dass Funktionalisten das Konzept der Verkörperung ernst nehmen sollten, in einigen Diskussionen zur erweiterten Kognition (Clark 2008a, Wheeler 2005; Rowlands 2006; 2010). Ich werde mich hier auf Clark als den Hauptvertreter dieser Auffassung konzentrieren. Clark fordert auf der einen Seite einen Schritt zurück zu einem minimalen *embodiment*, insofern er mit anatomischen Gegebenheiten und verkörperter Semantik zusammenhängende Faktoren als „trivial and uninteresting" abtut (Clark 2008b, 38). Auf der anderen Seite verteidigt er die Vorstellung, dass der Körper als Teil der Mechanismen der erweiterten Kognition eine wichtige Rolle spielt. In dieser Hinsicht erfüllt der Körper als nicht-neuraler Träger kognitiver Prozesse eine ganz ähnliche Funktion, wie es die physikalischen Vorgänge in den Neuronen tun. Der Körper ist Teil eines erweiterten kognitiven Systems, das beim Gehirn ansetzt und Körper sowie Umwelt einschließt. Clark formuliert dies folgendermaßen: „[T]he larger systemic wholes, incorporating brains, bodies, the motion of sense organs, and (under some conditions) the information-bearing states of non-biological props and aids, may sometimes constitute the *mechanistic supervenience base* for mental states and processes." (Clark 2008b, 38)

Diese Auffassung darf nicht mit der Vorstellung verwechselt werden, dass der (menschliche) Körper bestimmte Beschränkungen (sensomotorische Bedingungen) aufweist, die die (menschliche) Erfahrung einmalig machen, wie sie etwa in O'Regans und Noës (O'Regan u. Noë 2001) Theorie der handlungsbezogenen Wahrnehmung formuliert wird. Clark ist nicht überzeugt, dass ein Tier mit einem vollkommen anders gestalteten Körper (hier tatsächlich ausdrücklich *nicht* Leib) nicht bestimmte Aspekte unserer räumlichen Umwelt auf genau die gleiche Weise erfahren könnte. Eher ist es so, dass unterschiedliche Körper Informationen zwar unterschiedlich verarbeiten, aber dennoch dasselbe Ergebnis produzieren können. Wichtig für Clark (der sich hier auf Experimente von Ballard u.a. [Ballard 1997] bezieht) ist, dass der Körper Teil des Verarbeitungsmechanismus sein kann. So könnten wir etwa bei der Bearbeitung bestimmter Aufgaben relevante Informationen in unserem gehirnbasierten Erinnerungssystem speichern und das dort Gespeicherte konsultieren; alternativ dazu könnten wir diese Informationen dort lassen, wo sie sind – in der Umwelt – und unseren Körper dafür einsetzen, wahrnehmend auf sie zuzugreifen. Im letzteren Fall, der dem entspricht, was Rob Wilson als „exploitative representation" und „wide computing" bezeichnet hat, spielt der wahrnehmende Körper eine bestimmte Rolle im Verarbeitungsprozess, der genauso gut „im Kopf" stattfinden könnte; der Körper operiert in diesen häufig vorkommenden Fällen letztlich als „externer" Träger für die Kognition. Wie Clark deutlich macht, ist diese Vorstellung einer externen Erweiterung der Kognition (die er „simple embodiment" nennt [Clark 1999]) gut mit einem robusten Repräsentationalismus in Bezug auf höhere kognitive Prozesse und ebenso mit einem minimalen Repräsentationalismus in Bezug auf das Handeln vereinbar (Clark u. Grush 1999).

Der Unterschied zwischen jenen, die dem *embodiment* eine spezifische und unersetzbare Rolle einräumen, und jenen, die dem Körper nur eine „einfache" funktionale Rolle zuweisen, könnte daran festgemacht werden, inwiefern dem *embodiment* nicht nur für die Wahrnehmung und das phänomenale Bewusstsein, sondern auch für die Kognition eine zentrale Bedeutung zugesprochen wird. Es könnte sein, dass kognitive Erlebnisse, die von auf spezifische Weise verkörperten Prozessen realisiert werden, sich anders anfühlen oder in der Erfahrung einen anderen Ort einnehmen mögen als andere und ihnen doch im Hinblick auf den kognitiven Gesamtzustand funktional äquivalent sind.

Clark ist nicht bereit, diese Arbeitsteilung anzunehmen. Seiner Auffassung nach kann auch für die phänomenale Erfahrung die Möglichkeit angenommen werden, dass das kognitive System über „nachgeordnete kompensatorische Anpassungen" Unterschiede in der Erfahrung nivelliert, die die Kognition jeweils begleitet (Clark 2007). Während es keinen überzeugenden Grund dafür gibt, dies anzunehmen (Clark führt keine empirischen Belege an), und es auch nicht klar ist, warum es so sein sollte (was hängt davon ab, ob das Bewusstsein eines Frosches sich phänomenal ähnlich oder gleich anfühlt wie das eines Menschen?), spricht empirisch einiges dagegen.

Das Tragen einer Prismenbrille verändert die visuelle Erfahrung, indem es die Perspektive auf das visuelle Feld in einem bestimmten Winkel verschiebt. Eine solche Brille kann das visuelle Feld etwa um 40 Grad nach rechts verschieben oder es sogar ganz umkehren. Man dachte früher, dass das Wahrnehmungssystem diese Verzerrung schließlich korrigiert, so dass das anfangs desorientierte Subjekt die Welt so erfährt und sich so in ihr bewegt, als trüge es keine Brille. Das würde bedeuten, dass das neuronale visuelle System auf irgendeiner Ebene solche kompensatorischen Anpassungen nach unten vollzieht, um die visuell-motorische Erfahrung zur Normalität zurückzubringen. Es konnte aber gezeigt werden, dass das nicht der Fall ist (Linden u.a. 1999). Die Betroffenen passen ihr motorisches Verhalten an, aber ihre visuelle Wahrnehmung bleibt verzerrt. Eine Prismenbrille verändert das normale visuelle System auf der grundlegenden Körperebene (das normale Funktionieren des physischen Auges plus Prismenbrille entspräche einer anderen Struktur der Augen). Gehirnprozesse, die uns eine Anpassung unseres motorischen Verhaltens erlauben, um mit der veränderten visuellen Erfahrung umzugehen, erlauben nun aber keine kompensatorischen Anpassungen, die eine aufrechte visuelle Erfahrung wiederherstellen würden. Dies legt nahe, dass Clark mit seiner Vorstellung kompensatorischer Effekte im Hinblick auf die Erfahrung falsch gelegen haben könnte, und bringt uns zu jenem Kompromissvorschlag einer kognitiven Arbeitsteilung zurück (funktionalistische Kognition vs. verkörpertes Bewusstsein), den er eigentlich in Frage stellen wollte. In jedem Fall ist auch dies kaum mit emphatischeren Versionen der EC vereinbar.

5. Radikales *embodiment*

Handlungs- oder verhaltensorientierte (*enactive*) Auffassungen verkörperter Kognition betonen, dass die Wahrnehmung *auf Handeln ausgerichtet* ist, und dass diese Handlungsorientierung die meisten kognitiven Prozesse prägt. Dieser Ansatz geht vielfach mit emphatischen Aufrufen einher, unsere Sicht auf dasjenige radikal zu verändern, was der Geist ist und was es bedeutet, Kognitionswissenschaft zu betreiben (Gallagher u. Varela 2003; Thompson 2007; Thompson u.

Varela 2001; Varela, Thompson u. Rosch 2001). Thompson und Varela zitieren hier zustimmend Clarks Zusammenfassung des handlungsorientierten Ansatzes (Clark 1999; Thompson u. Varela 2001, 418; Chemero 2009, 29):

1. Um das komplexe Zusammenspiel von Gehirn, Körper und Welt zu begreifen, bedarf es der Möglichkeiten und Methoden einer Theorie nichtlinearer dynamischer Systeme;
2. traditionelle Vorstellungen von Repräsentation und Informationsverarbeitung sind inadäquat;
3. die traditionelle Zerlegung des kognitiven Systems in innere funktionale Subsysteme oder Module ist irreführend und verhindert plausiblere Unterteilungen in dynamische Systeme, die quer zur Gehirn-Körper-Welt-Unterscheidung liegen.

Ähnlich wie Clark mit seiner Vorstellung erweiterter Kognition vertreten handlungsorientierte Ansätze, dass Kognition nicht ausschließlich „im Kopf" stattfindet, sondern sich über Gehirn, Körper und Umwelt erstreckt. Anders als Clarks funktionalistischer Ansatz sind sie allerdings der Auffassung, dass die Prozesse des (menschlichen) Körpers einen prägenden Beitrag zur Konstitution von Bewusstsein und Kognition liefern, der irreduzibel und nicht substituierbar ist. Genauer: Biologische Aspekte des körperlichen Lebens, die emotionale Regulierung des gesamten Körpers eingeschlossen, haben ihnen zufolge tiefgreifende Auswirkungen auf die Kognition; das gleiche gilt für Prozesse sensomotorischer Kopplung von Organismus und Umwelt.

Noë hat eine detaillierte Darstellung handlungsorientierter Wahrnehmung ausgearbeitet (Noë 2004; O'Regan u. Noë 2001; Hurley 1998), in der sensomotorische Zusammenhänge und Angebots- oder Aufforderungscharaktere (*affordances*) einen Teil der Arbeit übernehmen, die neuronalen Verarbeitungsmechanismen und mentalen Repräsentationen zugeschrieben worden war.

Thompson und Varela (Thompson und Varela 2001; Gallagher 2001; 2005) fügen dem noch die Dimension intersubjektiver Interaktion hinzu, die ihrer Auffassung nach – und in deutlichem Kontrast zu Goldman und de Vignemont – im vollen Sinne verkörperte Prozesse umfasst und Gesichtsausdruck, Haltung, Bewegung, Gestik und unterschiedliche Formen sensomotorischer Kopplung einschließt. Gestützt wird dies durch entwicklungspsychologische Studien, die zeigen, dass Säuglinge ab der Geburt an verkörperten intersubjektiven Prozessen teilhaben. Spiegelneuronen könnten zu Prozessen „primärer Intersubjektivität" (Trevarthen 1979) beitragen, wenn man sie als neuronale Grundlage handlungsorientierter intersubjektiver Wahrnehmung von Bewegungsintentionen und Reaktionsansätzen und nicht als Simulation oder schlichte Spiegelung mentaler Zustände versteht (Gallagher 2007). Auch Praktiken „sekundärer Intersubjektivität", die im Alter von 9–12 Monaten beginnen, beziehen Kontext und soziale Umgebung mit ein (Trevarthen u. Hubley 1978). Im intersubjektiven Kon-

Interpretation	*Minimales embodiment*	*Verkörperter Funktionalismus*	*Biologisches embodiment*	*Verkörperte Semantik*	*Radikales (handlungs-orietiertes) embodiment*
Bereich der Kognition	Soziale Kognition	Wahrnehmung/Verhalten & höherstufige Kognition	Wahrnehmung/Verhalten	Höherstufige Kognition	Wahrnehmung/Verhalten, Soziale Kognition
Empirische Belege	Neurowissenschaft (Spiegelneuronen, Läsionen)	Experimentelle Psychologie, Robotertechnik, Maschinenbau	Biologie, experimentelle Psychologie	Linguistik, Psychologie, Neurowissenschaft, Kulturanthropologie	Entwicklungspsychologie, Neurowissenschaft, empirische Psychologie
Vereinbar mit CC	Ja	Ja	Neutral	Neutral	Nein
Repräsentationen	ausdrückliches Ja	Ja für „repräsentationshungrige" Prozesse, minimale Repräsentationen fürs Handeln	Schwach	Schwach	Nein
Vertreter	Goldman & De Vignemont	Clark, Wheeler, Rowlands	Shapiro, Beers	Johnson, Lakoff, Nuñez	Varela, Thompson, Noë, Gallagher

text ist Wahrnehmung oftmals *auf Interaktion mit anderen ausgerichtet*, wobei wahrnehmungsgesteuerte Interaktion zum Grundprinzip sozialer Interaktion wird und in einem Prozess „gemeinsamer Sinnerzeugung" Bedeutungen hervorbringt (De Jaegher u. Di Paulo 2007; De Jaegher, Di Paulo u. Gallagher 2010; Gallagher 2009).

Resümee

Man sollte meinen, dass EC-Ansätze, selbst wenn sie untereinander in vielem nicht übereinstimmen, doch durch einen gemeinsamen Gegensatz zu den traditionellen Fassungen eines auf Informationsverarbeitung und/oder mentale Repräsentationen gegründeten Modells zusammengehalten werden – aber das ist offensichtlich nicht der Fall. Tatsächlich machen sich inhaltliche Divergenzen innerhalb des EC-Lagers an eben jenem Punkt fest. Es ist vielleicht ein wichtiges Verdienst der unterschiedlichen EC-Ansätze, dass sie Fragen von computeranalogen Modellierungen und Repräsentationen ins Zentrum der Diskussion gerückt haben; das gilt auch für diejenigen, die weniger emphatisch körperorientierte Ansätze vertreten. Entsprechend gab es in jüngerer Zeit grundlegende Untersuchungen zum Begriff der Repräsentation (Chemero 2009; Hutto 2008; Gallagher 2008; Ramsey 2007), sowie vorsichtige und etwas defensive Erklärungsversuche, was Repräsentation im Kontext einer analytischen Philosophie des Geistes bedeuten könnte (Burge 2010; für eine vergleichbar Analyse vgl. Crane 2008). Auf der Seite der EC sind hier einige Desiderate anzuerkennen. Wie Chemero zeigt, wird es darum gehen, auf den Leib bezogene Theorien dynamischer Systeme von der Untersuchung des Verhaltens und der Wahrnehmung um die Einbeziehung höherer kognitiver Funktionen zu erweitern und auch auf jene Bereiche anzuwenden, die als „repräsentationshungrig" gelten (Clark u. Toribio 1994): „It is still an open-question how far beyond minimally cognitive behaviors radical embodied cognitive science can get." (Chemero 2009, 43) Entsprechend spielt sich die wichtigste und interessanteste Debatte innerhalb der EC zwischen funktionalistischen und radikalen Versionen ab, wobei sich erstere auf Repräsentationen berufen und jegliche essentialistische Auffassung des Körpers vermeiden, während letztere Repräsentationen verwerfen und auf der untilgbaren Natur des Leibes beharren. Eine der bedeutendsten theoretischen Fragen in diesem Feld ist es, ob eine Integration dieser Positionen möglich ist (Menary 2007) oder ob sich eine nicht-funktionalistische, handlungsorientierte Version der Hypothese des *extended mind* halten lässt (Gallagher u. Crisafi 2009; Gallagher u. Miyahara i.E.).

Klar ist allerdings, dass entgegen Goldmans und de Vignemonts kritischen Einlassungen über jene Auffassungen von Kognition, die sich auf *embodiment* berufen, nicht gehirnlos sind; die eigentliche Analyseeinheit, um die es geht, ist die von Gehirn, Körper und Umwelt und nicht ein „buchstäblich verstandener“ Körper. Überdies finden sich in einer ganzen Reihe von Disziplinen inklusive der Neurowissenschaft gute empirische Belege für die EC. In ihrer allgemeinen Fassung kann die EC zu unterschiedlichsten Bereichen der Kognition einen Beitrag liefern, vom Verhalten und der Wahrnehmung über die soziale Kognition bis hin zu abstrakten, höherstufigen kognitiven Prozessen. Goldman und de Vignemont beginnen ihren Text mit den dramatischen Worten (Goldmann u. de Vignemont 2009): „Ein Gespenst geht um in den Laboren der Kognitionswissenschaft“ – die Antwort der EC kann nur sein: „Körper der Welt, vereinigt euch… mit euren Gehirnen und euren Umwelten!“

Literatur:

Clark 2008a, Damasio 1994, Dreyfus 1972, Gallagher 2005a, O’Regan u. Noe 2001, Thompson u. Varela 2001, Varela, Thompson u. Rosch 1991.

Gender und Performance – Ist leibliche Identität ein Konstrukt?

Marie-Luise Angerer

1. Gender trouble: Dualismus versus Differenz

In der *Neuen Folge der Vorlesungen zur Einführung in die Psychoanalyse* (1933), die nie als Vorlesungen gehalten worden sind, führt Freud sein virtuelles Auditorium in *Die Weiblichkeit* ein. Er analysiert dort die psychosexuelle Entwicklung vom bisexuell veranlagten Menschen zu Mann und Frau und betont dabei, wie unvergleichbar schwieriger diese Entwicklung beim weiblichen Geschlecht verläuft. Nicht nur muss das Mädchen nach Freud auf dem Weg zur Frau sein Lustzentrum wechseln (von der Klitoris zur Vagina), sondern auch seine Libido von der Mutter abziehen und auf den Vater lenken. Darüber hinaus sei es sehr schwer, soziale und psychische Anforderungen immer strikt auseinander zu halten, denn die psychosexuelle Entwicklung unterläge bei der Frau weitaus strengeren Moralvorstellungen als beim Mann. Wenn Frauen als weniger aggressiv als Männer gelten, so ist dies also nicht eindeutig nur ihrer anderen Triebkonstellation zuzuschreiben, sondern immer auch einer kulturellen Norm geschuldet, die für Mädchen und Frauen kein Aggressionspotenzial vorsieht.

Die psychoanalytische Definition des Weiblichen als Rätsel, Freuds Feststellung eines schwächer ausgebildeten weiblichen Über-Ichs sowie seine Rede vom anatomischen Schicksal werden nach dem zweiten Weltkrieg wieder aufgegriffen und die bei Freud angedeutete soziale und kulturelle Dimension von geschlechtlichen Identitäten dabei stärker in den Vordergrund gerückt. Obwohl Freud (zu Freud vgl. den Beitrag von Cremonini in diesem Band) unter seinen Schülern eine Reihe namhafter Psychoanalytikerinnen hatte (Helene Deutsch, Ruth Brunswick, Jeanne Lampl-de Groot), waren es nicht sie, die gegen das strenge Korsett der weiblichen Sexualität revoltierten, sondern Simone de Beauvoir wird eine der ersten sein, die in *Das andere Geschlecht* (Beauvoir 1949) den für die wieder langsam erstarkende Frauenbewegung zentralen Satz gegen das anatomische Schicksal formuliert: *Man wird nicht als Frau geboren, man wird es.* In den späten 60er Jahren führt der Ethnologe Robert J. Stoller sodann die Differenz von *sex* und *gender* in die Sozialwissenschaften ein (vgl. Stoller 1968). Stoller unterscheidet, auf die Psychoanalyse von Freud zurückgreifend, zwischen dem anatomischen Körper und den geschlechtlichen Rollen: Der Körper sei von Natur aus gegeben, die Geschlechterrollen hingegen erlernt und somit kulturell-sozial codiert. Ein Vierteljahrhundert später wird Judith Butler mit ihren Arbeiten zur Performativität von *gender* den Körper völlig seiner anatomischen, materiellen Vorgabe entledigen. In *Gender Trouble* (Butler 1990) und vor allem in *Bodies that Matter* (Butler 1993) hat Butler eine Theorie geschlechtlicher Identitäten vorgestellt, wonach ein Körper nicht nur sozial codierte Geschlechterrollen nachspielt, sondern diese durch sein Tun vielmehr produziert. Mit der performativen Wendung von *gender* zu *gender is something we do* wird dieser Körper durch das wiederholte Zitieren von Normen, Regeln und Ritualen zu einem weiblichen, männlichen, transsexuellen, queeren. Butler verwirft also die seit den später 60er Jahren üblich gewordene Trennung von *sex* und *gender* und versucht erneut, den Dualismus von Körper und Geschlecht in einer performativen Bestimmung zu überwinden.

Von Beauvoir bis Butler spannt sich also eine lange Geschichte von theoretischen Versuchen, die Dichotomie von Geschlecht und Körper über unterschiedliche Differenzbestimmungen zu überwinden. Luce Irigaray etwa nimmt de Beauvoirs Aussage als Basis ihrer Kritik an der Psychoanalyse Sigmund Freuds und Jacques Lacans. In *Speculum. Spiegel des anderen Geschlechts* (Irigaray 1974) dekonstruiert sie die sexuelle Differenz als Hauptachse der inferioren Positionierung des Weiblichen. Durch die Gleichsetzung von weiblichem Körper und Natur und durch die Bestimmung der letzteren als dem Anderen von Kultur, Vernunft und Sprache werden Frauen, so Irigaray in ihrem Band *Das Geschlecht, das nicht eins ist* (1977), aus der patriarchalischen Ökonomie der Sprache ausgenommen. Wann immer die Rede von weiblich ist, ist diese in einen phallogozentristischen Gestus eingebettet, der weiblich als vom männlich Universalen Abgeleitetes definiert. Ferner hat die feministische Theorie, trotz ihrer Kritik an der Psychoanalyse, sowohl Freud und seit den frühen 70er Jahren dann auch Jacques Lacan viel zu verdanken. Kein anderes Denken als das der Psychoanalyse hat Weiblichkeit, Mütterlichkeit, Körper und Sexualität so radikal vor essentialistischen Bestimmungen in Schutz genommen. Lacans Diktum, DIE Frau existiere nicht, hat die Diskussion innerhalb der feministischen Theorie lange vor Butlers *Unbehagen der Geschlechter* bereits stark beeinflusst. Von Beginn an hat die Psychoanalyse die sexuelle Differenz mit dem Begehren des Anderen verknüpft, Geschlecht also, wie später auch Judith Butler betonen wird, an die Anerkennung des Anderen geknüpft.

Lange vor dem Erscheinen von *Gender Trouble* hat daher die Auseinandersetzung über die Definition von Frau und weiblich begonnen (vgl. Adams u. Cowie 1990). Die französische Lesben-Theoretikerin, Monique Wittig, formulierte beispielsweise, lesbische Frauen seien keine *Frauen*, da dieser Begriff eine patriarchale Konstruktion sei, dem der Begriff der *Lesbe* entgegenzusetzen wäre (Wittig 1980). Die US-amerikanische Philosophin, Denise Riley, bestimmte in ihrem Buch *Am I that name* (1988) Frauen als „flüchtige Kategorie", die nicht länger als ontologische Basis funktionieren kann. Teresa de Lauretis hat die Kategorien Frau und Mann als Referenz der sexuellen Differenz als Beschränkung und Limitation für die feministische Theorie abgelehnt und Heterosexualität als Zwangsjacke benannt. Statt dessen machte sie die „differences among women" als „differences within women" stark und bestimmte das weibliche Subjekt „as a site of differences" (de Lauretis 1986, 14). In *Technogies of gender* (de Lauretis 1987) schlägt sie sodann vor, den Begriff der sexuellen Differenz durch die Kategorie *gender* zu ersetzen und diese als soziale Relation zu verstehen, als eine Summe von Effekten, die sich in Körpern und deren Verhalten produziert. *Gender* wird hier erstmals als ein Effekt von Akten – Sprechakten, Handlungen, Bildern, Medien – und nicht länger als Eigenschaft eines Individuums verstanden. Der Körper wird von ihr als bevorzugtes Repräsentationsobjekt der Künste, der kapitalistischen Medienindustrie, der Medizin und vielen anderen damit in Verbindung stehenden sozialen Praktiken verstanden.

Im Vorwort zum Schwerpunktheft *The Body* der feministischen Zeitschrift *Hypatia*, das zeitgleich mit Butlers *Gender Trouble* erscheint, fordert Elizabeth Grosz, die Rolle des Körpers für die Produktion von Subjektivität und die Funktion von Machtbeziehungen neu zu überdenken. Der weibliche Körper soll nicht länger in Verbindung mit Natur, Immanenz, Andersheit und in Opposition zu Geist, Logos und Rationalität begriffen werden, vielmehr soll er in positiven Termini gefasst werden, um die Unterdrückung der Frauen durch ihn erklärbar zu machen, jedoch auch gleichzeitig diese zu ermächtigen, die psychischen und sozialen Konstruktionen zu rekonzeptualisieren (vgl. Grosz 1991, 1–3). Vor diesem Hintergrund wird nachvollziehbar, dass das Verhältnis von Geschlecht und Körper eine ambivalente Geschichte in der feministischen Theorie hat, eine Geschichte, in der der weibliche Körper immer (wieder) in Opposition zum männlich gefassten Logos gesetzt wurde, wodurch die Überwindung des Dualismus von Kultur und Natur zu einem der zentralen Anliegen feministischer Theorieanstrengung werden musste (vgl. Maihofer 1995).

Erste Versuche in diese Richtung können in der Aufwertung des weiblichen Körpers und seiner Besonderheiten gesehen werden. So hat beispielsweise Luce Irigaray den unartikulierbaren Status der Frauen in einer patriarchalen Sprache u.a. aus den jeweils unterschiedlichen Körpermorphologien der Geschlechter abgeleitet. Das heißt, das Unabschließbare des weiblichen Körpers und seine Selbst-Berührung (zwei Schamlippen) dienen ihr zur Begründung einer anderen weiblichen Körperbefindlichkeit. Diese zeichnet sich nach Irigaray durch eine größere Taktilität aus, bei der die Vision gänzlich ausgeschlossen sein kann – Selbstberührung. „Da die Frau Frau und potentiell Mutter ist, können sich die beiden Lippen […] in ihr, zwischen ihnen berühren, ohne durch das Sehen hindurchzugehen" (Irigaray 1991, 195).

Die ambivalente Besetzung des Körpers wird in der aufgeregt geführten Diskussion über Judith Butlers Thesen zur diskursiven Materialität des Körpers zu Beginn der 90er Jahre nochmals sehr deutlich. Denn bei aller Betonung von Materialität steht Butler für eine performative Drehung, die sie mit ihrem *doing gender* einleiten wird. Dieses *doing gender* definiert sie im Sinne der Sprechakttheorie von J. L. Austin und John Searle und koppelt es gleichzeitig an Derridas Begriff der Iterabilität. Nach der Sprechakttheorie vollziehen wir mit Worten Handlungen bzw. Sprechakte begleiten immer auch Handlungen und zeichnen diese dadurch als performative Akte aus. Die Schiffstaufe oder die Heiratszeremonie sind hierbei immer wieder zitierte Beispiele, die zeigen sollen, dass Sprechen und Tun eins sind. Jacques Derrida, auf den sich Butler mit ihrem Begriff der Wiederholung (von Normen) bezieht, hat mit John Searle darüber eine philosophische Debatte geführt. Die Iteration, das Moment der Wiederholung, des Zu-Sich-Kommens und des Bei-Sich-Seins, ist für Derrida nie identisch, da jede Wiederholung immer auch Veränderung bedeutet. Für Searle hingegen markiert sie Identität, sie ist das eigentliche Moment der sprachlichen Bedeutung, die zur Intentionalität des Sprechenden führt. Diesen Punkt hat Derrida nie akzeptiert, sondern stets darauf bestanden, dass die Sprache primär in ihrer wiederholten und wiederholbaren Äußerung besteht, wodurch es zur ständigen Verschiebung des sich artikulierenden Subjekts kommt (vgl. Derrida 1988). Austin war darüber hinaus in seiner Kategorienbildung immer nur von der Alltagssprache ausgegangen und hatte alles Theatralische und Spielerische, alles im strengen Sinne Nichtsprachliche als parasitär ausgeklammert. Doch genau diese Momente der Überschreitung, das Metonymische und die Metaphern der Sprache definieren das System der Sprache als offenes und verunmöglichen jede semantische, und damit – so nun Butler – jede identitäre Schließung. Vielmehr muss davon ausgegangen werden, dass „hinter den Äußerungen der Geschlechtsidentität (*gender*) […] keine geschlechtlich bestimmte Identität (*gender identity*) [liegt]. Vielmehr wird diese Identität gerade performativ durch diese ‚Äußerungen' konstituiert, die angeblich ihr Resultat sind." (Butler 1991, 49)

Die von Derrida konstatierte Offenheit des Sprachsystems korrespondiert nun bei Butler mit jener des Körpers. Wie stellen sich Körper her, wie sind Körper als semiotisch-materielle Knotenpunkte zu begreifen, lauten die Fragen Butlers in *Bodies that Matter.* Was bedeutet die Konstruiertheit von *gender*? Was bedeutet in diesem Kontext ‚konstruiert'? Und in welchem Verhältnis stehen die Materialität von *sex* und die Performativität von *gender*? Und weshalb konnte Materialität (und damit der Körper) per se zum Zeichen für Irreduzibilität werden (vgl. Butler 1997, 24–35)? In ihrer Diskussion von Aristoteles und Foucault, von Platon, Irigaray und Kristeva u.a. führt Butler die Bemühungen vor, die im Laufe der Philosophiegeschichte unternommen worden sind, Materie als das zu denken, worauf die Ideen aufbauen. Materie, Mater, Matrix – weiblicher Körper als Behälter des männlichen, formgebenden Samens. Sie führt aus, weshalb der sexualisierte Körper (*sex*) nicht einfach nur Material sein kann, sondern dass dieses Material immer nur als sexuiertes in Erscheinung tritt. Somit kann keine Forderung nach einer Rückkehr zum weiblichen Körper ihrer essentialistischen Setzung entgehen.

Irigarays Berufung auf das Kosmische und ihre Forderung nach einem „weiblichen Gott“ (1984) führte diese Sackgasse vor Augen und machte gleichzeitig nachvollziehbar, weshalb Butler nun strikt fordern muss: Eine Rückkehr zur Materie kann immer nur eine Rückkehr zur Materie als Zeichen (*sign*) sein.

Eine der wenigen Stimmen, die in die Diskussion Körper versus Text (Struktur, Diskurs) mit dem Hinweis auf den Leib eingegriffen haben, war Gesa Lindemann. Gegen Butler und gegen Barbara Duden brachte sie in der legendären Nummer der Zeitschrift *Feministische Studien* (1993) zur Kritik der Kategorie Geschlecht die historische Dimension des Leibbegriffs ins Spiel. Gegen Butler führte sie dabei die soziale Dimension ins Feld, die Geschlecht bestimmt, und gegen Barbara Duden forderte sie ein historisch verstandenes Selbst ein. Duden hatte sowohl gegen Butler als auch gegen den Einsatz neuer medientechnologischer Apparate insbesondere in der Gynäkologie argumentiert. Duden warf Butler vor, aus dem Körper einen Text und durch die neuen technischen Visualisierungsverfahren aus einem einstmals erlebten Körper einen nur mehr wissenschaftlich wahrnehmbaren zu machen. Frauen, so das Argument von Duden, hätten früher über ihren Körper selbst bestimmt und daher einen Zugang zu ihrem Leib gehabt, der ihnen nun heute durch die Technik verwehrt würde, weshalb sie nur mehr einen (medizinisch definierten) Körper und keinen Leib mehr hätten (vgl. Duden 1987, 1991). Das leibliche Selbst bestimmte Lindemann im Sinne Plessners als ein „nicht relativierbarer Hier-Jetztpunkt“ (Lindemann 1993, 49), der die Umweltwahrnehmung organisiert. Hierfür verwies sie auf die Ethnomethodologie und historische Anthropologie, für die die Umwelt (das Milieu, der Kontext) gleichermaßen wesentlich ist, wodurch Natur immer schon soziale Natur ist. Das heißt, Geschlechtsdifferenz, verstanden als Opposition von Mann und Frau, ist weder natürlich noch konstruiert, sondern immer sozial vermittelt. Am Beispiel der Transsexualität spielte Lindemann die Differenz von Selbst- und Körperbild durch, die das *doing gender* ihrer Meinung nach in seine mikrosoziologischen Grenzen verweist. Damit wollte sie gegen Butler den Umstand hervorheben, dass ein sich weiblich fühlender Mann nicht einfach bestimmen kann, jetzt eine Frau zu sein, sondern seine weibliche Geschlechtsidentität muss von anderen geschlechtlich markierten Personen, Männern und Frauen, anerkannt und bestätigt werden. Somit sei Geschlecht, wie Lindemann betonte, immer eine Angelegenheit von anderen.

Dieser Hinweis ist nun nicht gänzlich neu und erinnert an die hegelsche Anerkennungstheorie, die im 20. Jahrhundert ihre Aktualisierung in der Psychoanalyse, in der Alteritätsphilosophie oder in Althussers Theorie der (ideologischen) Anrufung (Interpellation) erfahren hat (vgl. Althusser 1970). „Selbst als unmittelbare leibliche Erfahrung, gewissermaßen unter der eigenen Haut, hat eine Person ihr Geschlecht nicht allein, und umgekehrt wird die soziale Struktur Geschlecht nur in und durch die leibliche Erfahrung real.“ (Lindemann 1993, 51f) Damit ist das, was eine Person als sexuell markiertes Selbst ist und wie sie sich als solches erlebt, in einen sozialen und historischen Kontext eingebunden. Doch gerade dieses Selbst wird von Butler radikal in Frage gestellt.

2. Body trouble: Sexuelle Differenz versus *gender*

Zeitgleich zur Gendertheorie von Judith Butler tritt die französische Künstlerin Orlan an die Öffentlichkeit, um ihre Operationen als einen radikalen Schritt der Body Art zu inszenieren. Während ihrer Operationen, die in Galerien und Museen übertragenen werden, spricht Orlan über die willkürliche Grenzziehung zwischen Innen und Außen des Körpers, zitiert die Psychoanalyse Lacans zu einem unbewussten Körperbild, um tatsächlich zu *zeigen*, dass sich nichts im Körperinneren, nichts unter der Oberfläche des Körpers, nichts unter der Haut verbirgt, was als Seele, Ich oder Selbst bezeichnet werden könnte.

In der medizinischen und psychologischen Forschung hat das Thema Körper- und Selbstbild eine lange Tradition. Seit Paul Schilders Arbeiten zum Phantomschmerz (Anfang der 20er Jahre des 20. Jahrhunderts) weiß man, dass der Körper über seine objektive Faktizität hinausgeht, dass der Körper, obwohl amputiert, in der Wahrnehmung des Betroffenen nach wie vor unversehrt sein kann bzw. dort schmerzt, wo nichts mehr ist. Während das *Körperschema* für alle Menschen mehr oder weniger gleich ist, den aktuellen Körper im Raum auf die unmittelbare Erfahrung bezieht und dadurch eine kulturelle Intelligibilität ermöglicht, also zum Beispiel die Unterscheidung zwischen menschlichem Körper und Tierkörper organisiert, ist das *Körperbild* an das Subjekt und dessen (unbewusste) Geschichte geknüpft. Doch nur in der Durchkreuzung von Körperschema und -bild kann sich das Körperbild mitteilen. Das Körperschema wird hier nicht nur als Tatsache, sondern als Voraussetzung für das Körperbild gesetzt, das heißt, als Mensch geboren werden bedeutet, einen Körper – als Schema – zu haben (vgl. Dolto 1984, 16–21 sowie ebenfalls den Beitrag von Kristensen in diesem Band).

Nach Schilder ist das Körperbild fließend und dynamisch, seine Grenzen sind osmotisch und besitzen die Fähigkeit, Innen und Außen fortlaufend zu verschieben, Äußeres zu inkorporieren und Inneres auszustoßen.

> „The body image can shrink or expand; it can give parts to the outside world and can take other parts into itself. When we take a stick in our hands and touch an object with the end of it, we feel a sensation at the end of the stick. The stick has, in fact, become part of the body-image. In order to get the full sensation at the end of the stick, the stick must be in a more or less rigid connection with the body. It then becomes part of the bony system of the body." (Schilder 1935, 202)

Unter dem Stichwort der Repräsentationskritik hat die feministische Theorie vor allem mithilfe semiotischer und psychoanalytischer Ansätze die Körperbilder von Frauen analysiert und das Auseinanderklaffen von repräsentierten Frauen und ‚wirklichen' Frauen beklagt. Der Medien- und Werbeindustrie wird bis heute vorgeworfen, falsche, unrealistische Bilder von Frauen zu produzieren, mit welchen sich die Frauen als ihrem Idealbild identifizieren würden. Autorinnen wie Naomi Wolf (1990) und Tania Modleski (1991) waren sich darin einig, dass die Medienbilder Frauen zwingen, sich ständig mit idealen und damit unerreichbaren Bildern zu vergleichen. Während für Wolf und Modleski anorektische Frauen ein Paradebeispiel für die Unterwerfung unter ein patriarchales Diktat sind, sah die deutsche feministische Theoretikerin und Filmemacherin, Christina von Braun, in der Anorexie die wieder auferstandene Hysterie – als die Rebellion der Frauen gegen ein zwanghaftes körperliches Ideal (vgl. von Braun 1985).

Beide Perspektiven übergehen dabei jedoch die Frage nach dem Verhältnis von Repräsentation und Phantasie, nach dem Verhältnis von symbolischer und imaginärer Dimension – und damit nach dem Verhältnis von sexueller Differenz und *gender.* Wird Repräsentation nämlich als ein Medium begriffen, wodurch sich Individuen als Subjekte entwerfen, stellt sich die Frage nach dem Status von Wirklichkeit anders. Repräsentation bedeutet dann nicht nur Darstellung, sondern eben auch Vorstellung. Wenn Phantasie und Repräsentation also nicht zu trennen sind, heißt dies, dass Phantasie immer an der Konstruktion von Wirklichkeit (auch an der des eigenen Selbst als Leib) beteiligt ist, dass Phantasien in Repräsentationen, wie beispielsweise in der Repräsentation von Frauen durch Männer, in der Repräsentation von Schwarzen durch Weiße, in der Repräsentation von Homosexuellen durch Heterosexuelle zugange sind (vgl. Benjamin 1993; Burgin 1986).

Vor diesem Hintergrund wird der Vorschlag von Slavoj Žižek, Geschlecht als ideologische Krümmung, die sich über den Körper legt und ihn dadurch ‚sich zeigen macht', zu verstehen, besser nachvollziehbar. Dieser Krümmung sei es nämlich zuzuschreiben, dass männlich und weiblich in einem schrägen, schiefen Verhältnis zueinander stünden, weshalb man besser von „body trouble" sprechen sollte, weil „gender [von Žižek fälschlicherweise gleich gesetzt mit *sexual difference*; M.-L.A.] matters." Žižek wirft Butler hier vor, sexuelle Differenz, also *gender* in Butlers Theorie, wieder mit der heterosexuellen Dichotomie ineins gesetzt zu haben, anstatt anzuerkennen, dass die sexuelle Differenz keine anatomische, körperliche Angelegenheit ist, sondern vielmehr einen traumatischen Schnitt symbolisiere. Die sexuelle Differenz sei keine Frage der Biologie oder der Anatomie, sie sei aber auch keine soziale Konstruktion. Sie sei vielmehr das, was „das diskursive Universum ‚krümmt' und somit jede Symbolisation der sexuellen Differenz bezüglich ihrer selbst immer instabil und verschoben bleibt. [...] Sie ist kein mysteriöses unzugängliches X, das nicht symbolisiert werden kann, sondern das Hindernis dieser Symbolisation, der Fleck, der das Reale immer von seiner Symbolisation separiert." (Žižek 1998, 91f.) Das heißt, sexuelle Differenz ist – unterschiedlich für männlich und weiblich – ein Versagen im Symbolischen und *gender* als Performanz ein Scheitern, so ließe sich dieser Gedankengang weiter führen, ein Tun, das männlich und weiblich notwendigerweise immer parodiert.

Der US-amerikanische Kulturwissenschaftler, Charles Shepherdson, macht den Unterschied nochmals deutlicher, indem er *gender* als Rolle und *sex* im Sinne der sexuellen Differenz als „Imperativ" bezeichnet hat. Während *gender* auf diese Weise als historisch-sozial sich verändernde Rolle zu verstehen ist, sei sexuelle Differenz keine humane Einrichtung im Sinne einer gesellschaftlichen Institution, sondern ein Imperativ, der sich durch Freuds Unterscheidung zwischen Trieb und Instinkt definiert. Den Imperativ der sexuellen Differenz zu unterstreichen, bedeute dabei, wie er weiter ausführt, auf der strukturellen Unvermeidbarkeit von Repräsentation, die menschliche Sexualität auszeichnet, zu insistieren. Dies sei jedoch alles andere als eine Rückkehr zu einer körperlichen Natur oder natürlichen Körperlichkeit, sondern sei vielmehr ein Hinweis darauf, dass Sexualität bei Freud weder *sex* noch *gender* meint, sondern konstitutiv denaturalisiert ist, „organized by the image and the word" (Shepherdson 1994, 170).

Hier zeigt sich nun aber deutlich, dass *gender* und sexuelle Differenz nicht das Gleiche meinen und in Hinblick auf das Körperbild eine andere Funktion erfüllen. Joan Copjec, wie Žižek und Shepherdson ebenso Kritikerin von Butler und deren Foucault-Adaption, wirft dem Ansatz von *doing gender* vor, nicht nur den Körper zu versprachlichen, sondern vielmehr Sexualität gänzlich aus den Augen zu verlieren. Sie argumentiert ebenfalls vor der psychoanalytischen Folie Lacans, wonach Sexualität weder sozial noch anatomisch, weder weiblich noch männlich ist, sondern vielmehr an ein Begehren gebunden ist, von dem das Subjekt jedoch abgeschnitten ist. In ihrer Kritik an Foucault und dessen Ignoranz der imaginären Dimension als Ort eines potenziell widerständigen Subjekts haben Copjec und Butler durchaus parallele Argumente und betonen, dass das Unbewusste bei Foucault keine Bedeutung mehr hätte, womit er auch jedem Begehren seine Existenz abgesprochen hätte (zu Foucault vgl. den Beitrag von SCHNEIDER in diesem Band). Foucaults produktiver Begriff von Macht lösche das Begehren und ignoriere Widerstand, so die Kritik von beiden. Während bei Butler dieser Widerstand (z.B. gegen eine normierte, heterosexuelle Norm) nun eben in diesem Imaginären verortet ist, sprechen Copjec und Žižek jedoch von der Dimension des Realen, die Lacan in den 60er Jahren als zentrale neben der symbolischen und imaginären eingeführt hat. Das Imaginäre ist die Dimension der narzisstischen Besetzung und ist nicht diametral und exklusiv zum Symbolischen zu verstehen, welches sich um seinen Kern, dem Realen, jenem nicht-symbolisierbaren Rest, der nun zum Ort des Widerstands (v)erklärt wird, produziert. In diesem Realen, als Ort der „Rückkehr des Verdrängten", wo sich die Auslassungen, Verdrehungen und Verzerrungen sammeln, findet der Widerstand gegen die Subjektfassung durch die Macht – ihre Normen, Regulierungen und ihre Produktivität – statt. Hier öffnet sich nun aber die Kluft zwischen dem Begriff *gender* und dem der sexuellen Differenz. Denn die letztere zielt auf eine symbolische Fassung des Subjekts, die das Subjekt von seinem Körper(-bild) über und durch die symbolische Kastration getrennt sieht, während die Bezeichnung *gender* einem Handeln den Vorzug gibt, in das die sozio-kulturelle Ordnung als Raster eingeschrieben ist und welches, trotz Anbindung an ein Unbewusstes, zwischen sich und Bild, zwischen Ich und Anderen oszilliert.

Dies wird im letzten Kapitel von Butlers *Das Unbehagen der Geschlechter* mit dem Titel „Leibliche Einschreibungen, performative Subversionen“ (1990, 190–208) deutlich, wo sie ihr Konzept des Körpers als nachträglichen Effekt vorstellt, um zwischen Psychoanalyse und Performanz, zwischen einem unbewussten und einem politischen Tun stets hin und her zu pendeln. Von Freud über Foucault bis zur feministischen Theorie sei der Körper als Gegebenheit *prima facie*, die keine Genealogie aufweise, verstanden worden. Sowohl die Unterscheidung von Körper und Geist als auch die Dichotomie von Natur und Kultur setzen den Körper stillschweigend und selbstverständlich voraus – als Einschreibefläche und stumme Faktizität (Sartre und de Beauvoir), der Geist und Kultur im wörtlichen Sinne zu Leibe rücken.

Butler unternimmt nun den Versuch, diese Vorausgesetztheit des Körpers zu dekonstruieren und aufzuzeigen, dass die körperliche Morphologie nie einfach nur gegeben ist, sondern im Moment ihres Gegebenseins immer schon die Schrift der jeweiligen Kultur aufweist, sodass es ohne diese überhaupt keinen lesbaren, intelligiblen Körper geben kann. Die Bestimmung der Körpergrenzen, die Unterscheidung zwischen Innen und Außen des Körpers, die Festlegung erogener Zonen in erlaubte und nicht erlaubte, Reinheits- und Säuberungsrituale, Nahrungsbestimmungen und Zubereitungsregeln produzieren als kulturellen Texte diesen Körper in seiner imaginären Morphologie, die Butler im Anschluss und als Kritik an Lacans stillschweigende Gleichsetzung von Penis und Phallus in ein „morphologisches Imaginäres“ umkehren wird.

In *Körper von Gewicht* wird Butler anstelle des Lacanschen Herrensignifikanten einen lesbischen Phallus inthronisieren, mit dem sie versucht, ein „morphologisches Imaginäres“ zu bestimmen, welches der Ordnung des phallischen Signifikanten entgeht (vgl. Butler 1993, 89–133). In ihrer Sicht formieren sich die Körpergrenzen und -formen aus der Bewegung zwischen Psychischem und Materiellem, wobei das Psychische weder der Rahmen ist, der es dem Körper ermöglicht, zu erscheinen, noch der materielle Teil des Körpers, das Somatische, Vegetative eine gegebene Tatsache ist, die das Psychische formt. Vielmehr produziert der Spiegel – der/das Andere – (m)einen Körper als Bild. „Der Spiegel produziert, selbst wenn dies von dem nicht-repräsentierbaren Körper ‚vor dem Spiegel‘ ausgelöst wird, jenen Körper als seine delirierende Wirkung – ein Delirium, nebenbei gesagt, das zu leben wir gezwungen sind.“ (Butler 1993, 133) Um dieses Delirium jedoch zu überdecken, zu maskieren, wie es bei Lacan heißt, bedarf es einer Fassade. Geschlechtliche Identitäten können in einer psychoanalytischen Lesart als eine Fassade, als eine substantielle Fiktion, begriffen werden, die im literalen Sinn den Körper Form gebend gestaltet (vgl. Angerer 1999, 64–76). In dieser Sicht ist Material und Phantasie aufs engste miteinander verwoben bzw. wird deutlich, dass identitäre Setzungen ständig mit Ein- und Ausschlüssen operieren, die also *Einbildungen* in Ausbildungen (im Sinne eines morphologischen Werdens) transformieren und vice versa.

3. Material trouble: Vom Werden der Körper

Der Körper besitzt in der performativen Definition von Butler keinen ontologischen Status über seine Akte mehr. Performativität, als Wiederholung von Normen oder von Normenbündeln, produziert ihren Referenten, den Körper, dessen Materialität durch Grenzziehung und Fixierung seiner Oberflächen. Das heißt, *gender* wird nicht durch Gesten, Mimik, Handlungen und durch die Sprache artikuliert, sondern die Performativität von *gender* produziert retroaktiv die Illusion eines „inner core of gender" (Butler 1993, 144). Oder in einer nochmals etwas anderen Formulierung von Butler: „Die Verkörperung des Geschlechts wäre eine Art ‚Zitieren' des Gesetzes, doch lässt sich dabei weder vom Geschlecht noch vom Gesetz sagen, sie existierten vor ihrer unterschiedlichen Verkörperungen und Zitierungen." (Butler 1993, 156)

Mit dieser Konzentrierung auf das Performative ist der Körper wieder zum Zentrum innerhalb der feministischen Theorie avanciert – wenn auch diesmal als einer, der handelt und dem kein Subjekt oder Ich als intentionales vorausgesetzt ist. Nach der linguistischen Dominanz in den (post-)strukturalistischen Theorien, für die Butlers psychoanalytisch-strukturalistische Gender-Fassung exemplarisch ist, das jedoch bereits die Wendung ins Performative in sich trägt, zeichnet sich in den vergangenen zwei Jahrzehnten in Theorie, Medien, Kunst und Politik eine Gegenbewegung zur Sprache mit einer geradezu obsessiven Konzentration auf den Körper als Materialität ab, um nun in der Materie selbst den Dualismus von Diskursiv und Nicht-Diskursiv – von Körper und Sprache (des Geschlechts) – erneut zu überwinden.

In der Diskussion um Butlers *Gender Trouble* treffen die zwei Sichtweisen von Körper – Körper einmal als Text und auf der anderen Seite als Materie mit Eigensinn verstanden – nochmals aufeinander. Doch die feministische Kritik an Butlers Thesen, die sich vor dem Hintergrund einer immer lauter werdenden Kritik an Psychoanalyse und Strukturalismus längst parallel zu Butler entwickelt hat, wird in den folgenden Jahren immer größere Attraktivität auf sich ziehen können. Mit ihrer Orientierung an Deleuzes und Guattaris Werdens-Philosophie, die den Körper mit Rückgriff auf Spinoza als etwas bestimmt, von dem man nicht weiß, was er alles zu tun imstande ist, kann sie den weiblichen Körper nun ohne Angst vor (s)einer essentialistischen Setzung dem *doing gender* gegenüber stark machen.

Zwei Autorinnen sollen hier stellvertretend benannt werden: Zum einen die schon einmal zitierte Elizabeth Grosz, die mit *Volatile Bodies* (Grosz 1994a) das

Recht auf den Körper als lebendigen, beweglichen, sich verändernden einforderte, sowie die seit vielen Jahren in Utrecht lehrende australische Philosophin, Rosi Braidotti, die in ihren Büchern *Nomadic Subjects* (1994), *Metamorphosis* (2002) und *Transpositions* (2006) seit langem für eine materialistische Theorie von *embodiment* eingetreten ist.

In *Volatile Bodies* steht eine Materialität des Körpers im Mittelpunkt, die nun weder essentialistisch noch performativ (im Sinne Butlers) gefasst, sondern als Potentialität begriffen wird. Wäre es denn nicht radikaler, fragt Grosz, dem sexuellen Körper eine irreduzible Instabilität zuzuschreiben, anstatt *gender* als variablen Faktor ins Spiel zu bringen.

„That there is an instability at the very heart of sex and bodies, that the body is what it is capable of doing, and what anybody is capable of doing is well beyond the tolerance of any given culture?" (Grosz 1994b, 140)

Nicht, was ein Körper ist, sondern was ein Körper zu tun imstande ist, sei ihr Anliegen. Dies ist nun eine direkte Anleihe bei Spinoza und dessen Aussage, die Deleuze als Ausgangspunkt für seine Spinoza-Lektüre genommen hat: „Man weiß nicht, was der Körper alles vermag." (Deleuze 1970) Eine an Deleuze orientierte feministische Theorie unterscheidet nicht mehr zwischen Psychischem und Sozialem, auch nicht zwischen dem Realem und der Repräsentation. Subjekt-Objekt-Relationen lösen sich in der Philosophie Deleuzes vielmehr in Intensitäten und Mikroprozesse auf (zu Deleuze vgl. den Beitrag von SCHAUB in diesem Band). Grosz unternimmt vor diesem Hintergrund den Versuch, eine nicht hintergehbare Verbindung von sexuiertem Körper und Subjektivität theoretisch zu fassen. „I will explore the corporeal styles, the ontological structure, and the lived realities of sexually different bodies." (Grosz 1994a, 191)

Dafür kann sich Grosz zu dieser Zeit zahlreiche Anleihen bei ihren feministischen Kolleginnen holen. Moira Gatens, ebenfalls australische Philosophin, hat in *Ethologische Körper* (Gatens 1995) Körper und Geschlecht mit Rekurs auf Spinoza definiert. *Sex* wird von ihr dabei als Körper-Organisation auf der extensiven oder Längsachse, *gender* als Organisation typischer Affekte auf der intensiven oder Quer-Achse übersetzt. Diese beiden Achsen ermöglichen eine „soziale Kartographie", deren Schnittpunkte die intensiven Kapazitäten und extensiven Relationen eines Individuums ergeben (vgl. Gatens 1995, 39). Weitere Autorinnen, auf die sich Grosz beruft, sind Julia Kristeva, Luce Irigaray und Iris M. Young, die alle über die ontologischen Strukturen des (weiblichen) Körpers je spezifische Subjektivitäten festzumachen such(t)en. Zentrale Begrifflichkeiten sind hierfür Flüssigkeit, Ströme, Dehnbarkeit, Unabgeschlossenheit.

„The fluidity and indeterminacy of female body parts, most notably the breasts but no less the female sexual organs, are confined, constrained, solidified, through more or less temporary or permanent means of solidification by clothing or, at the limit, by surgery. This indeterminacy is again not a fact of nature but a function of the modes of representation that privilege the solid and the determinate over the fluid." (Grosz 1994a, 205)

Mit diesem Ansatz wird auch eine Philosophie wie diejenige von Irigaray wieder rehabilitiert, die zur gleichen Zeit bei Butler als essentialistische Körpersetzung dekonstruiert wird.

Rosi Braidotti hat Anfang der 90er Jahre die Diskussion um *Gender Trouble* durchaus mitgetragen, wenn auch für sie andere Aspekte als das *doing gender* bald mehr im Vordergrund standen, wie etwa Fragen nach einem nomadischen Subjekt, das sich den realen, ökonomischen Herausforderungen einer globalen Welt stellen muss. Diese Fragen haben auch ihre Absage an die Lacansche Psychoanalyse und ihre Hinwendung zu Deleuze und Guattari mitbegründet. Deleuze und Guattari haben in ihren Deterritorialisierungsstrategien das „Etwas-Anderes-Werden" als eine prominente Fluchtlinie benannt und hierbei besonderes Gewicht auf das Tier-Werden gelegt. Doch war damit weniger gemeint, ein konkretes Tier zu werden, als dass sie damit vor allem jenes Moment in den Vordergrund rückten, welches sich im Humanen sperrt, sich gegen seine völlige Semantisierung verwehrt. Sie haben damit jenen ahumanen, maschinischen Kern benannt, den Rosi Braidotti nun mit *zoë*, dem bloßen Leben (in Anschluss an Agamben 1995) übersetzen wird. Im Unterschied zu Agambens Fassung ist dieses „nackte Leben" für Braidotti jedoch etwas, das sie wieder einholen, das sie lieben, dem sie eine verloren gegangene Aufmerksamkeit zukommen lassen möchte. Damit transformiert sie jedoch das maschinische Moment in eine kollektive, weibliche Subjektivität:

„What attracts me to the biological egalitarianism of *zoe* is the part of me that has long become disenchanted with and disengaged from the anthropocentrism that is built into humanistic thought [...] That in me which no longer identifies under the dominant categories of subjectivity, but which is not yet completely out of the cage of identity, runs with *zoe*." (Braidotti 2006, 129)

Was Rosi Braidotti wieder zurückholen möchte, ist jener Anteil der sexuellen Identität, der im phallogozentrischen Diskurs des patriarchalen Humanismus ausgeklammert worden ist.

„In the political economy of phallogocentrism and of it anthropocentric humanism, which predicates the sovereignty of Sameness in a falsely universalistic mode, my sex fell on the side of ‚Otherness', understood as pejorative difference, or as being worth-less-than." (Braidotti 2006, 130)

Dies begründe die historisch nachweisbare Affinität des Weiblichen mit dem Tier, den Verrückten, dem Fremden. In dieser Definition sind nacktes Leben, weiblicher Körper und Sexualität eins und bezeichnen jenen Teil des Subjekts, der in der Geschichte, nicht nur in der feministischen, immer wieder mit unterschiedlichen Namen benannt worden ist: das Abjekte (Julia Kristeva), das Fleisch, das Materielle, die Natur, das Animalische, usw.

Unter dem Sammelbegriff eines *Material Feminism* (Alaimo u. Hekman 2008) werden heute nun Ansätze zusammengeführt, die die Natur-Kultur-Dichotomie zu überwinden suchen, indem sie das Augenmerk auf eine anders konzipierte Materialität legen. Rosi Braidotti und Elizabeth Grosz zählen zu diesen Autorinnen ebenso wie Donna Haraway, Karen Barad, Vicki Kirby, Susan Bordo u.a.m. Während Kirby und Bordo schon in den 90er Jahren in der Debatte um den Körper in der feministischen Auseinandersetzung sehr präsent waren (Diamond/Quinby 1988, Kirby 1991), kommen Haraway und Barad aus naturwissenschaftlichen Disziplinen und haben von dort aus ihren Blick auf die Genderpolitik geworfen. Beide weisen auf den Umstand hin, dass die neue Ausrichtung der Gender Studies auf die Lebenswissenschaften (vgl. Angerer u. König 2008) auch natur- und technikwissenschaftliche Ansätze mit zu berücksichtigen hat. Haraway als Biologin und Barad als Physikerin unterstreichen den Materialitätsgehalt dieses ‚neuen' Feminismus, der mit Körper, auch wenn es in erster Linie noch um menschliche Körper geht, alle möglichen meint. Dabei ist die Rede von einer gegenseitigen Beeinflussung von menschlichen, tierischen und anderen Körpern, einer gegenseitigen Ansteckung und Kontaminierung dieser Körper auf vielfältigen Ebenen: auf bakterieller, viraler, klimatischer Ebene ebenso wie auf jener von Handlungen, Mimik, Gesten und Kommunikation.

Diese hier nur angedeuteten jüngeren Entwicklungen betrachten die Körper als inter- und intraaktive Pole, die sich in ihren Begegnungen materialisieren, gestalten, neu formieren. So stellt Haraway in *When Species meet* gleich am Anfang die Frage: „Whom and what do I touch when I touch my dog? and How is ‚becoming with' a practice of becoming worldly?" (Haraway 2008, 3) *Wordly* bedeutet hier übersetzt „alter-globalisation" oder „*autre-mondialisation*". Ein Terminus, den Haraway von Aktivisten übernommen hat, um zu betonen, dass nicht Antiglobalisierung das Ziel sein muss, sondern vielmehr das Unterstützen (*nurturing*) einer gerechteren und friedlicheren anderen Globalisation (*other-globalisation*). *Wordly* bedeutet aber nicht nur, die Welt aktiv mit zu gestalten, sondern signalisiert ein anders Verständnis von In-der-Welt-sein.

2003 hat Karen Barad sich hingegen gefragt, warum der Spache mehr vertraut wird als dem Materiellen. „Why are language and culture granted their own agency and historicity while matter is figured as passive and immutable, or at best inherits a potential for change derivatively from language and culture?" (Barad 2003, 801) Damit stellte sie die Frage der Fragen, die den neuen materiellen Feminismus heute anleitet und die immer wieder in den Vorwurf mündet, dass der Körper letztlich doch immer wieder dem Reich der Zeichen geopfert worden ist. Doch nicht die Sprache sei das Hindernis für einen unmittelbaren Zugang zum Realen, wie Barad weiter ausführt, sondern das Problem sei, die Frage nicht danach zu stellen, was Materialität von Nicht-Materialität unterscheidet. Auch Judith Butler hätte vor dieser Frage kapituliert und stattdessen Michel Foucaults problematische Unterscheidung zwischen Diskursivem und Nicht-Diskursivem stillschweigend fortgeführt. Diese Unterscheidung macht für Barad genauso wenig Sinn wie die Unterscheidung von humaner und non-humaner *agency*. Stattdessen fordert sie, sich auf einen „agential realism" einzulassen, der Materie als „substance in its intra-active becoming" begreift, „not a thing, but a doing, a congealing of agency. Matter is a stabilizing and destabilizing process of iterative intra-activity." (Barad 2007, 210)

Das Reale, die Natur und die Wirklichkeit bilden in dieser Sichtweise das Eine, dem Kultur, Sprache und symbolische Ordnung gegenüberstehen bzw. sodann als immer schon ‚natürliche' in die erste Reihe integriert werden. Die blinden Flecken dieser einseitigen Naturalisierung und/oder Spiritualisierung sind jedoch bereits kritisch analysiert worden (vgl. Palm 2010).

4. Cyber trouble: Körper und Maschine

Ein gutes Vierteljahrhundert vor dem Auftauchen dieses materiellen Feminismus hat Haraway Natur und Körper in den Mittelpunkt ihrer Diskussion gestellt, jedoch weniger um deren Natürlichkeit oder Wichtigkeit, sondern vielmehr um ihre Technizität zu betonen. 1985 erscheint das *Manifesto for Cyborgs*, in dem sie die Figur der Cyborg – als Denkfigur des Hybriden – einführt, um zu unterstreichen, dass der Mensch nicht (mehr) ohne Technik überleben kann. In ihrem *Manifest* hat Haraway gleichzeitig aber auch eine radikale Trennung zwischen Moderne und Postmoderne vorgenommen (eine Postmoderne, von der sich heute die materiellen Feministinnen wieder verabschieden), um alles, was der Moderne zuzurechnen ist, abzulehnen: die Psychoanalyse mit ihrem Begriff des Unbewussten, die Vorstellung einer Seele, auch Foucaults Arbeiten zur Geburt des Gefängnisses. Stattdessen zitiert sie Gilles Deleuze, der aus der Disziplinar- die Kontrollgesellschaft sich entwickeln sieht, um Identitäten, abendländische Dichotomien, die Hegemonie des Symbolischen usw. für beendet zu erklären. Durch die Entwicklung und Verbreitung der neuen Technologien sieht Haraway eine neue ökonomische, soziale und politische Gesellschaft entstehen, in der das Verhältnis Mensch-Maschine porös geworden ist: „Die Maschinen des späten 20. Jahrhunderts haben die Differenz von natürlich und künstlich, Körper und Geist, selbstgelenkter und außengesteuerter Entwicklung sowie viele andere Unterscheidungen, die Organismen und Maschinen zu trennen vermochten, höchst zweideutig werden lassen. Unsere Maschinen erscheinen auf verwirrende Weise quicklebendig – wir selbst dagegen aber beängstigend träge." (Haraway 1995, 37)

Cyborgs haben seit langem ihren Weg durch Film und Kunst angetreten und stellen inzwischen eine Form vertrauter Andersheit dar. Die Entwicklungen auf dem Gebiet der Molekularbiologie und Gentechnik haben nicht nur das Selbstverständnis des Menschen affiziert, sondern vor allem auch weitere Forschung zur Robotik angeleitet, wo Cyborgs selbsttätig menschliche Arbeit übernehmen lernen sollen. Dabei geht es nicht nur um die Frage, ob Roboter wie Menschen aussehen sollen/müssen, sondern vor allem um die Frage, was menschlich ist und wie menschlich übertragbar, sprich programmierbar ist. Vor diesem Hintergrund ist die Beschäftigung mit dem Körper als aktiver und reaktiver Organismus nicht verwunderlich, geht es doch darum, die Strategien dieses Organismus für die Maschine kopieren zu können. Eine dieser Strategien ist die affektive Reaktion des menschlichen Organismus, eine motorische Reaktion, die sich zeitlich um eine Spur vor ihrer bewussten Erfassung ereignet und im Moment derselben bereits vergangen ist, in deren Spanne oder Dauer sich Vergangenheit und Zukunft im nicht greifbaren Moment des Jetzt begegnen.

In der neuen Konzentration auf das Affektive (Angerer 2007) werden dabei vor allem jene Autoren stark gemacht, die in der Philosophiegeschichte den Affekt als eine Art Schwellenbegriff ins Spiel gebracht haben. Baruch Spinoza, Henri Bergson und Gilles Deleuze haben den Körper als affektiven bestimmt, der über seine inneren und äußeren Bewegungen das In-der-Welt-Sein sowie die Wahrnehmung dieser Welt organisiert und selektiert. Bergson schrieb dazu in *Materie und Gedächtnis*: „Was sich im Mittelpunkt der Wahrnehmungen abhebt, ist mein Leib; meine Persönlichkeit ist dasjenige Wesen, auf das die Handlungen zu beziehen sind." Dieser Leib ist es, der nach Bergson die Wahrnehmung einem Filter gleich bearbeitet und aus der Gesamtheit der Wahrnehmungsmöglichkeit die jeweils relevanten Aspekte sondiert.

> „Mein Leib benimmt sich also wie ein Bild, das andere Bilder reflektiert, indem er sie unter dem Gesichtspunkt der verschiedenen Wirkungen, die es auf sie ausüben kann, analysiert. […] Bewußt wahrnehmen heißt wählen, und das Bewußtsein besteht vor allem in diesem praktischen Unterscheidungsvermögen." (Bergson 1896, 33–35)

Diesen Leib als Bild hat der US-amerikanische Literatur- und Medientheoretiker, Mark B. Hansen, in seinem Band *New Philosophy for New Media* (Hansen 2004) wieder aufgegriffen und betont, dass die digitalen Bilder, die, im Unterschied zu den analogen, rahmenlos sind, den Körper als rahmengebend brauchen: Der affektive Körper rahmt, selektiert und sondiert die Welt als Bild und die Welt der (digitalen) Bilder gleichermaßen. Das heißt, nicht Judith Butlers *doing gender* hat die Wiederkehr des Körpers als Thema von Theorie und Politik angeleitet, sondern die seit Mitte der 80er Jahre sich entwickelnde Digitalisierung der Gesellschaft hat den Körper erneut als *stopping point* in Frage gestellt. Denn dieser ist in den letzten Jahrzehnten in einem neuen Ausmaß manipulierbar und gleichzeitig zum Letzten geworden, was dem Einzelnen als Garant seiner selbst verbleibt. Die Arbeit an diesem Körper ist in einen Imperativ gemündet, der dem Individuum die Aufgabe überträgt, die Verantwortung für sich und die eigene Gesundheit zu tragen. Die Foucault'sche Sorge um sich (Foucault 1984b) ist heute jedoch in ein Körper-Management übergegangen, das den Körper als Objekt multipler Enhancement-Strategien begreift: von Yoga und Wellness über Sport bis zu Schönheitsoperationen und der pharmazeutischen Industrie.

Die Phänomenologie und philosophische Anthropologie haben mit dem Begriff des Leibes jene Dimension bezeichnet, in der das Subjekt seinen Körper als Verobjektivierung seines In-der-Welt-Seins erfährt. Diese Erfahrung bzw. dieser Bezug zum In-der-Welt-Sein ist heute durch die wissenschaftlich-technischen Bilder des Körpers geprägt, die allgegenwärtig zeigen, wie Gehirn und Körper funktionieren. Der subjektiv erfahrene Leib wird dadurch stärker denn je zum Schauplatz macht-technischer Zugriffe, wodurch es nicht nur dringlich wird, ihn zu historisieren; diese macht-technischen Zugriffe beweisen auch, dass die Selbsterfahrung des Leibes eine stets vermittelte und somit nachträgliche ist. So erfährt Lacans Futur II (*futur antérieur*), mit dessen Hilfe er das symbolisch gefasste Subjekt als nachträglichen Effekt beschrieb, gegenwärtig eine technisch-mediale Zurichtung, die Bernard Stiegler als neue „Psychomacht" (2010) definiert, die in der Gleichschaltung von Bewusstsein und Medientechnologien durch eine radikalisierte Industrialisierung geschieht. Stiegler führt damit eine Mediendiskussion fort, die mit Simondon, Derrida, Deleuze und Guattari u.a die Frage nach dem Kern des Humanen mit Verweis auf eine ursprüngliche, originäre Technizität gestellt haben. Diese Frage nach einem technischen Apriori des körperlichen-leibhaftigen Subjekts wäre allerdings Stoff für ein neues Kapitel.

Literatur:

Braidotti 2006, Butler 1993, Duden 1991, Grosz 1994, Irigaray 1974, Žižek 1998.

Gesamtbibliographie

Abel, Günther (1990), „Interpretatorische Vernunft und menschlicher Leib", in: Mihailo Dujric (Hg.), *Nietzsches Begriff der Philosophie*, Würzburg 1990, 100–130

Adams, Parveen u. Cowie, Elizabeth (1990) (Hg.), *The Woman in Question. An October Book*, Cambridge/Mass.

Adorno, Theodor W. (1942), „Thesen über Bedürfnis", in: ders., *Gesammelte Schriften*, hg. v. Rolf Tiedemann, Bd. 8, Frankfurt/M. 1972, 392–396

Adorno, Theodor W. (1949), *Philosophie der neuen Musik*, in: ders., *Gesammelte Schriften*, hg. v. Rolf Tiedemann, Bd. 12, Frankfurt/M. 1975

Adorno, Theodor W. (1951a), *Minima Moralia. Reflexionen aus dem beschädigten Leben*, in: ders., *Gesammelte Schriften*, hg. v. Rolf Tiedemann, Bd. 4, Frankfurt/M. 1980

Adorno, Theodor W. (1951b), *Kulturkritik und Gesellschaft*, in: ders., *Gesammelte Schriften*, hg. v. Rolf Tiedemann, Bd. 10.1, Frankfurt/M. 1977, 11–30

Adorno, Theodor W. (1956), *Zur Metakritik der Erkenntnistheorie*, in: ders., *Gesammelte Schriften*, hg. v. Rolf Tiedemann, Bd. 5, Frankfurt/M. 1975

Adorno, Theodor W. (1962), *Einleitung in die Musiksoziologie*, in: ders., *Gesammelte Schriften*, hg. v. Rolf Tiedemann, Bd. 14, Frankfurt/M. 1973

Adorno, Theodor W. (1963a), *Philosophische Terminologie*, Bd. 2, Frankfurt/M. 1974

Adorno, Theodor W. (1963b), *Probleme der Moralphilosophie*, hg. v. Thomas Schröder, Frankfurt/M. 1996

Adorno, Theodor W. (1965), *Noten zur Literatur*, in: ders., *Gesammelte Schriften*, hg. v. Rolf Tiedemann, Bd. 11, Frankfurt/M. 1974

Adorno, Theodor W. (1966), *Negative Dialektik*, in: ders., *Gesammelte Schriften*, hg. v. Rolf Tiedemann, Bd. 6, Frankfurt/M. 1975

Adorno, Theodor W. (1969), „Zu Subjekt und Objekt", in: ders., *Gesammelte Schriften*, hg. v. Rolf Tiedemann, Bd. 10.2, Frankfurt/M. 1977, 741–758

Adorno, Theodor W. (1970), *Ästhetische Theorie*, in: ders., *Gesammelte Schriften*, hg. v. Rolf Tiedemann, Bd. 7, Frankfurt/M. 1970

Adorno, Theodor W. (2001), *Zu einer Theorie der musikalischen Reproduktion*, hg. v. Henri Lonitz, Frankfurt/M. 2005

Agamben, Giorgio (1995), *Homo Sacer. Die souveräne Macht und das nackte Leben* Frankfurt/M. 2002

Aho, Kevin A. (2009), *Heidegger's Neglect of the Body*, Albany, New York

Alaimo, Stacey u. Hekman, Susan (2008) (Hg.), *Material Feminism*, Bloomington

Alloa, Emmanuel (2008), *La résistance du sensible. Merleau-Ponty critique de la transparence*, Paris

Alloa, Emmanuel (2009a), „La chair comme diacritique incarné", in: *Chiasmi International. Trilingual Studies Concerning the Thought of Merleau-Ponty* 11, 249–261

Alloa, Emmanuel (2009b), „Phantasie", in: Hans-Helmuth Gander (Hg.), *Husserl-Lexikon*, Darmstadt, 235–237

Alloa, Emmanuel (2011), *Das durchscheinende Bild. Konturen einer medialen Phänomenologie*, Berlin, Zürich

Althusser, Louis (1970), *Ideologie und ideologische Staatsapparate. Aufsätze zur marxistischen Theorie*, übers. v. Rolf Löper u.a. Hamburg, Berlin 1977

Améry, Jean (1966), *Jenseits von Schuld und Sühne. Bewältigungsversuche eines Überwältigten*, in: *Werke*, Bd. 2, hg. v. Gerhard Scheit, Stuttgart 2002, 7–177

Andermann, Kerstin (2007), *Spielräume der Erfahrung. Kritik der transzendentalen Konstitution bei Merleau-Ponty, Deleuze und Schmitz*, München

Andermann, Kerstin (2011), „Die Rolle ontologischer Leitbilder in der Bestimmung von Gefühlen als Atmosphären", in: dies. u. Undine Eberlein (Hg.), *Gefühle als Atmosphären. Neue Phänomenologie und philosophische Emotionstheorie*, Berlin, 79–96

Angerer, Marie-Luise (1999), „The Body of Gender: oder The Body of What? Zur Leere des Geschlechts und seiner Fassade", in: *Kultur. Geschlecht. Körper*, hg. v. genus. Münsteraner Arbeitskreis für gender studies, Münster, 64–76

Angerer, Marie-Luise (2007), *Vom Begehren nach dem Affekt*, Zürich, Berlin

Angerer, Marie-Luise u. König, Christiane (2008), *Gender goes Life. Die Herausforderung der Gender Studies durch die Lebenswissenschaften*, Bielefeld

Anzieu, Didier (1985), *Das Haut-Ich*, übers. v. Meinhard Korte u. Marie-Hélène Lebourdais-Weiss, Frankfurt/M. 1991

Aristoteles (1912), *De partibus animalium; De motu und De incessu animalium*, hg. v. D. W. Ross, Oxford [2]1949

Aristoteles (1956), *De Anima*, hg. v. W. D. Ross, Oxford [10]1997

Aristoteles (1995), *Über die Seele*, griechisch-deutsch, übers. u. hg. v. Horst Seidl, Hamburg

Aristoteles (1997), *Kleine naturwissenschaftliche Schriften*, übers. v. Eugen Dönt, Stuttgart

Artaud, Antonin (1947), *Van Gogh, der Selbstmörder durch die Gesellschaft und andere Texte und Brief über Baudelaire, Coleridge, Lautréamont und Gérard de Nerval*, übers. v. Franz Loechler, München 1977

Artaud, Antonin (1948a), „Schluß mit dem Gottesgericht", in: ders., *Schluß mit dem Gottesgericht. Das Theater der Grausamkeit. Letzte Schriften zum Theater*, übers. v. Elena Kapralik, München 1980, 7–30

Artaud, Antonin (1948b), „Douze textes inédits", in: *84*, Nr. 5–6, Paris

Ash, Mitchell G. (1995), *Gestalt psychology in German culture, 1890–1967*, Cambridge/MA

Askay, Richard u. Jensen, Farquhar (2006), *Apprehending the Inaccessible. Freudian Psychoanalysis and Existential Phenomenology*, Evanston/Ill

Audi, Paul (2006), *Michel Henry. Une trajectoire philosophique*, Paris

Auersperg, Alfred (1954), „Die Coincidentalkorrespondenz als Ausgangspunkt der psychophysiologischen Interpretation des bewusst Erlebten und des Bewusstseins", *Der Nervenarzt* 25, 1–11

Bain, Alexander (1872), *Geist und Körper: Die Theorien über ihre gegenseitigen Beziehungen*, Leipzig 1874

Ballard, Dana H. u.a. (1997), „Deictic codes for the embodiment of cognition", in: *Behavioral and Brain Sciences* 20, Nr. 4, 723–767

Barad, Karen (2003), „Posthumanist Performativity: Toward an Understanding of How Matter Comes to Matter", in: *Signs. Journal of Women in Culture and Society* 28, 801–831

Barad, Karen (2007), *Meeting The Universe Halfway*, Durham, London

Barbaras, Renaud (1998), „De l'ontologie de l'objet à l'ontologie de l'élément", in: ders., *Le tournant de l'expérience. Recherches sur la philosophie de Merleau-Ponty*, Paris, 201–223

Barbaras, Renaud (2007), *Le mouvement de l'existence. Etudes sur la phénoménologie de Jan Patočka*, Chatou

Barbaras, Renaud (2008a), „Les trois sens de la chair. Sur une impasse de l'ontologie de Merleau-Ponty", in: *Chiasmi International. Trilingual Studies Concerning the Thought of Merleau-Ponty* 10, 19–34

Barbaras, Renaud (2008b), *Introduction à une phénoménologie de la vie*, Paris

Barker, Jennifer M. (2009), *The Tactile Eye. Touch and the Cinematic Experience*, Berkeley, Los Angeles, London

Barthes, Roland (1965), *Eléments de sémiologie, Œuvres complètes*, Bd. I: 1942–1965, Paris 1993

Bauermeister, Martin (1964), „The effect of body tilt on apparent verticality, apparent body position and their relation", in: *Journal of Experimental Psychology* 67, 142–147

Baur, Patrick (2011), *Phänomenologie der Gebärden. Leiblichkeit und Sprache bei Heidegger*, Freiburg

Beaulieu, Alain (2004), „L'incarnation phénoménologique à l'épreuve du ‚corps sans organes'", in: *Laval théologique et philosophique*, 60, 301–316

Bechara, Antonio u.a. (1997), „Deciding advantageously before knowing the advantageous strategy", in: *Science* 275, Nr. 5304, 1293–1295

Becker, Barbara (2005), „Medienphilosophie der Nahsinne", in: Mike Sandbothe u. Ludwig Nagl (Hg.), *Systematische Medienphilosophie*, Berlin, 65–80

Bedorf, Thomas (2007), Art. „Spur", in: *Wörterbuch der philosophischen Metaphern*, hg. v. Ralf Konersmann, Darmstadt, 401–420

Bedorf, Thomas (2010), „Der Ort der Ethik im Netz der Singularitäten. Jean-Luc Nancys Begriff der Gemeinschaft und das Problem der Alterität", in: Bippus, Huber u. Richter 2010, 79–90

Bedorf, Thomas (2011), *Andere. Eine Einführung in die Sozialphilosophie*, Bielefeld

Bedorf, Thomas u. Röttgers, Kurt (2009), Hg., *Die französische Philosophie im 20. Jahrhundert. Ein Autorenhandbuch*, Darmstadt

Beer, Randall (2000), „Dynamical approaches to cognitive science", in: *Trends in Cognitive Sciences* 4, 91–99

Benjamin, Jessica (1993), *Phantasie und Geschlecht. Psychoanalytische Studien über Idealisierung, Anerkennung und Differenz*, übers. v. Helgard Kramer u.a. Frankfurt/M. 1996

Benoist, Jocelyn (1992), „Chair et corps dans les séminaires de Zollikon: La différance et le reste", in: ders., *Autour de Husserl. L'ego et la raison*, Paris 1994, 107–122

Bergson, Henri (1896), *Materie und Gedächtnis*, übers. v. Julius Frankenberger, Hamburg 1991

Bergson, Henri (1907), *Schöpferische Entwicklung*, übers. v. Gertrud Kantorowicz, Hamburg 1991

Bergson, Henri (1919), *L'énergie spirituelle. Essais et conférences*, Paris 1993

Bergson, Henri (1932), *Die beiden Quellen der Moral und der Religion*, übers. v. Eugen Lerch, Jena 1933

Berlucchi, Giovanni u. Aglioti, Salvatore M. (2010), „The body in the brain revisited", in: *Experimental Brain Research* 200, 25–35

Bernet, Rudolf (2009), „Leiblichkeit bei Husserl und Heidegger“, in: Günter Figal u. Gander, Hans-Helmuth (Hg.), *Husserl und Heidegger*, Frankfurt/M. 2009, 43–72

Bernet, Rudolf (1996), „The Unconscious Between Representation and Drive: Freud, Husserl, and Schopenhauer“, in: John J. Drummond u. James G. Hart (Hg.), *The Truthful and the Good. Essays in Honor of Robert Sokolowski*, Dordrecht, Boston, London, 81–95

Bichat, Xavier (1800), *Physiologische Untersuchungen über den Tod*, übers. u. eingel. v. Rudolf Boehm, Leipzig 1912

Bippus, Elke, Huber, Jörg u. Richter, Dorothee (2010), Hg., *›Mit-Sein‹. Gemeinschaft – ontologische und politische Perspektivierungen*, Zürich

Blanchot, Maurice (1983), *Die uneingestehbare Gemeinschaft*, übers. v. Gerd Bergfleth, Berlin 2007

Blondel, Eric (1986), *Nietzsche, le corps et la culture*, Paris 1986

Boehm, Gottfried (1997), „Bild und Zeit“, in: Hannelore Paflik (Hg.), *Das Phänomen Zeit in Kunst und Wissenschaft*, Weinheim, 1–23

Böhler, Arno (2010), „TheatReales Raumdenken“, in: Thomas Erne u. Peter Schüz (Hg.), *Die Religion des Raumes und die Räumlichkeit der Religion*, Göttingen, 35–52

Böhme, Hartmut (1997), „Aby M. Warburg (1866–1929)“, in: *Klassiker der Religionswissenschaft. Von Friedrich Schleiermacher bis Mircea Eliade*, hg. v. Axel Michaels, München, 133–156

Borsche, Tilmann (2010), „Nicht deutungslos sind wir… Das Projekt einer Ersten Philosophie“, in: *Allgemeine Zeitschrift für Philosophie* 35 (2010) 3, 315–338

Borsche, Tilmann u. Friedrich Kaulbach (1980), „Leib, Körper“, in: *Historisches Wörterbuch der Philosophie*, hg. v. Joachim Ritter u. Karlfried Gründer, Bd. 5, Darmstadt 1980, 173–85

Boudier, Henk S. (1993), „Helmuth Plessner als philosophischer Wegweiser für FFJ Buytendijk“, in: *Man and World* 26, 199–207

Bovenschen, Sylvia (2000), *Über-Empfindlichkeit. Spielformen der Idiosynkrasie*, Frankfurt/M.

Braidotti, Rosi (1994), *Nomadic Subjects. Embodiment and Sexual Difference in Contemporary Feminist Theory*, New York

Braidotti, Rosi (2002), *Metamorphoses. Towards a Material Theory of Becoming*, Cambridge

Braidotti, Rosi (2006), *Transpositions*, Cambridge

Brandstetter, Gabriele, Peters, Sibylle u. Eikels, Kai van (2009), Hg., *Prognosen über Bewegungen*, Berlin

Bredekamp, Horst (2004), *Die Fenster der Monade. Gottfried Wilhelm Leibniz' Theater der Natur und Kunst*, Berlin

Bredekamp, Horst (2010), *Theorie des Bildakts. Frankfurter Adorno-Vorlesungen 2007*, Berlin

Breitling, Andris (2007), *Möglichkeitsdichtung – Wirklichkeitssinn. Paul Ricœurs hermeneutisches Denken der Geschichte*, München

Brentano, Franz (1874), *Psychologie vom empirischen Standpunkt*, Hamburg 1925

Brentano, Franz (1982), *Deskriptive Psychologie*, aus dem Nachlass hg. v. Roderick M. Chisholm u. Wilhelm Baumgartner, Hamburg

Brohm, Jean-Marie u. Leclercq, Jean (2009), Hg., *Michel Henry*, Lausanne

Brooks, Rodney A. (1991), „Intelligence without representation“, in: *Artificial Intelligence* 47, 139–59

Bubner, Rüdiger (1978), „Kann Theorie ästhetisch werden? Zum Hauptmotiv der Philosophie Adornos", in: ders., *Ästhetische Erfahrung*, Frankfurt/M. 1989, 70–98

Büchner, Ludwig (1855), *Kraft und Stoff*, Neudr. d. ersten Aufl., hg. v. Wilhelm Bölsche, Leipzig o. J. [1932]

Buck-Morss, Susan (1977), *The Origin of Negative Dialectics. Theodor W. Adorno, Walter Benjamin, and the Frankfurt Institute*, New York

Burdach, Karl Friedrich (1809), *Der Organismus menschlicher Wissenschaft und Kunst*, Leipzig

Burge, Tyler (2010), „Origins of perception", Vortrag im Rahmen der First 2010 Jean Nicod Prize Lecture, Paris, 14. Juni 2010

Burgin, Victor u.a. (1986), Hg., *Formations of Fantasy*, London, New York

Busch, Kathrin u. Därmann, Iris (2007), Hg., *„pathos". Konturen eines kulturwissenschaftlichen Grundbegriffs*, Bielefeld

Butler, Judith (1993), *Körper von Gewicht*, übers. v. Karin Wördemann, Frankfurt/M 1997

Butler, Judith (1997) *The Psychic Life of Power. Theories in Subjection*, Stanford

Butler, Judith (1990) *Das Unbehagen der Geschlechter*, übers. v. Kathrina Menke, Frankfurt/M. 1991

Buytendijk, Frederik J. J. (1935), „Die physiologische Erklärung des Verhaltens. Eine Kritik an der Theorie Pawlows (mit Helmuth Plessner)", in: Helmuth Plessner, Gesammelte Schriften, Bd. VIII, Frankfurt/M. 1980, 7–32

Buytendijk, Frederik J. J. (1943), *Über den Schmerz*, Bern 1948

Buytendijk, Frederik J. J. (1967), *Prolegomena einer anthropologischen Philosophie, Bd. 7: Neues Forum, Das Bild des Menschen in der Wissenschaft*, hg. v. Wilhelm J. Revers, Salzburg

Cacioppo, John T., Priester, Joseph R., & Bernston, Gary G. (1993), „Rudimentary determination of attitudes: II. Arm flexion and extension have differential effects on attitudes", in: *Journal of Personality and Social Psychology* 65, 5–17

Canguilhem, George (1943), *Das Normale und das Pathologische*, übers. v. Monika Noll u. Rolf Schubert, München 1974

Canguilhem, Georges (1947), „Note sur la situation faite en France à la philosophie biologique", in: *Revue de Métaphysique et de Morale* 52, 322–332

Canguilhem, Georges (1950), „Hegel en France", in: *Revue d'histoire et de philosophie religieuses* 28–30, (1948–50), 282–297

Canguilhem, Georges (1952), „Aspekte des Vitalismus" in: *Die Erkenntnis des Lebens*, übers. v. Till Bardoux, Maria Muhle u. Francesca Raimondi, Berlin 2009, 149–181

Carbone, Mauro (1993), „La dicibilité du monde. La période intermédiaire de la pensée de Merleau-Ponty à partir de Saussure", in: *Merleau-Ponty. Le philosophe et son langage*, hg. v. François Heidsieck, Paris, 83–99

Carbone, Mauro (2002), „Flesh. Towards a History of a Misunderstanding", in: *Chiasmi International. Trilingual Studies Concerning the Thought of Merleau-Ponty* 4, 49–63

Casey, Edward (1993), *Getting back into Place. Toward a renewed Understanding of the Place-World*, Bloomington 1993

Cassirer, Ernst (1918), *Kants Leben und Lehre*, in: ders., *Gesammelte Werke*, Hamburger Ausgabe, hg. v. Birgit Recki, Bd. 8, Hamburg 2001

Cassirer, Ernst (1923a), *Philosophie der symbolischen Formen. Erster Teil. Die Sprache*, in: ders., *Gesammelte Werke*, Hamburger Ausgabe, hg. v. Birgit Recki, Bd. 11, Hamburg 2001

Cassirer, Ernst (1923b), *Der Begriff der symbolischen Form im Aufbau der Geisteswissenschaften*, in: ders., *Gesammelte Werke*, Hamburger Ausgabe, hg. v. Birgit Recki, Bd. 16, Hamburg 2003

Cassirer, Ernst (1925a), *Philosophie der symbolischen Formen. Zweiter Teil. Das mythische Denken*, in: ders., *Gesammelte Werke*, Hamburger Ausgabe, hg. v. Birgit Recki, Bd. 12, Hamburg 2002

Cassirer, Ernst (1925b), *Sprache und Mythos*, in: ders., *Gesammelte Werke*, Hamburger Ausgabe, hg. v. Birgit Recki, Bd. 16, Hamburg 2003

Cassirer, Ernst (1927), *Das Symbolproblem im System der Philosophie*, in: ders., *Gesammelte Werke*, Hamburger Ausgabe, hg. v. Birgit Recki, Bd. 17, Hamburg 2004

Cassirer, Ernst (1928), *Zur Metaphysik der symbolischen Formen*, in: ders., *Nachgelassene Manuskripte und Texte*, Bd. 1, hg. v. John Michael Krois, Hamburg 1995

Cassirer, Ernst (1929), *Philosophie der symbolischen Formen. Dritter Teil. Phänomenologie der Erkenntnis*, in: ders., *Gesammelte Werke*, Hamburger Ausgabe, hg. v. Birgit Recki, Bd. 13, Hamburg 2002

Cassirer, Ernst (1930), *Form und Technik*, in: ders., *Gesammelte Werke*, Hamburger Ausgabe, hg. v. Birgit Recki, Bd. 17, Hamburg 2004

Cassirer, Ernst (1931), *Mythischer, ästhetischer und theoretischer Raum*, in: ders., *Gesammelte Werke*, Hamburger Ausgabe, hg. v. Birgit Recki, Bd. 17, Hamburg 2004

Cassirer, Ernst (1944), *An Essay on Man. An Introduction to a Philosophy of Human Culture*, in: ders., *Gesammelte Werke*, Hamburger Ausgabe, hg. v. Birgit Recki, Bd. 23, Hamburg 2006

Cassirer, Ernst (1946), *The Myth of the State*, in: ders., *Gesammelte Werke*, Hamburger Ausgabe, hg. v. Birgit Recki, Bd. 25, Hamburg 2007

Chen, Mark, u. Bargh, John A. (1999), „Consequences of automatic evaluation: Immediate behavior predispositions to approach or avoid the stimulus“, in: *Personality and Social Psychology Bulletin* 25, 215–224

Chemero, Anthony (2009), *Radical Embodied Cognitive Science*, Cambridge/MA

Chiel, Hillel J. u. Randall D. Beer (1997), „The brain has a body: Adaptive behavior emerges from interactions of nervous system, body and environment“, in: *Trends in Neuroscience* 20, 553–557

Ciocan, Cristian (2010), „Enslavement and Nudity, the Face and Filiality: Embodiment in the Early Levinas“, in: *Levinas Studies* 4

Dastur, Françoise (2000), „World, Flesh, Vision“, in: Fred Evans u. Leonard Lawlor (Hg.), *Chiasm. Merleau-Ponty's Notion of Flesh*, Albany, 23–50

Cosmelli, Diego u. Thompson, Evan (2007), „Embodiment or envatment? Reflections on the bodily basis of consciousness“, in: Jojm Stewart, Olivier Gapenne, u. Ezequiel A. di Paolo (Hg.), *Enaction: Towards a New Paradigm for Cognitive Science*, Cambridge/MA

Churchland, Patricia S., Ramachandran, V. S. u. Sejnowski, Terrence J. (1994), „A critique of pure vision“, in: Christof Koch u. Joel L. Davis (Hg.), *Large-scale Neuronal Theories of the Brain*, Cambridge/MA

Clark, Andy (1997), *Being There*, Cambridge/MA

Clark, Andy (1999), „An embodied cognitive science?“, in: *Trends in Cognitive Sciences* 3, Nr. 9, 345–351

Clark, Andy (2008a), *Supersizing the Mind: Reflections on Embodiment, Action, and Cognitive Extension*, Oxford

Clark, Andy (2008b), „Pressing the flesh: A tension on the study of the embodied, embedded mind“, in: *Philosophy and Phenomenological Research* 76, 37–59

Clark, Andy u. Grush, Rick (1999), „Towards a cognitive robotics", in: *Adaptive Behavior* 7, Nr. 1, 5–16

Clark, Andy u. Toribio, Josefa (1994), „Doing without representing?", in: Synthese 101, 401–431

Copjec, Joan (1994), „Sex and the Euthanasia of Reason", in: dies. (Hg.), *Supposing the Subject*, London, New York, 16–44

Copjec, Joan (1995), *Read My Desire. Lacan against Historicists*, Cambridge/MA

Crane, Tim (2008), „Is perception a propositional attitude?", in: *Philosophical Quarterly* 59, Nr. 236, 452–469

Dallmayr, Fred (1997), „Eine ‚undarstellbare' globale Gemeinschaft? Reflexionen über Nancy", in: Janine Böckelmann u. Claas Morgenroth (Hg.), *Politik der Gemeinschaft. Zur Konstitution des Politischen in der Gegenwart*, Bielefeld 2008, 106–132

Damasio, Antonio R. (1994), *Descartes Irrtum. Fühlen, Denken und das menschliche Gehirn*, übers. v. Hainer Kober, München, Leipzig 1997

de Beauvoir, Simone (1949), *Das andere Geschlecht. Sitte und Sexus der Frau*, übers. v. Uli Aumüller u. Grete Osterwald, Reinbek 2003

De Jaegher, Hanne u. Di Paolo, Ezequiel (2007), „Participatory Sense-Making: An enactive approach to social cognition", in: *Phenomenology and the Cognitive Sciences* 6, Nr. 4, 485–507

De Jaegher, Hanne, Di Paulo, Ezequiel u. Gallagher, Shaun (2010), „Can social interaction constitute social cognition?", in: *Trends in Cognitive Sciences* 14, Nr. 10, 441–447

Dekkers, Wim J.M. (1995), „Buytendijk's concept of an anthropological physiology", *Theoretical Medicine* 16, 15–39

de Lauretis, Teresa (1986), „Feminist Studies/Critical Stuidies: Issues, Terms, and Contexts", in: dies. (Hg.), *Feminist Studies, Critical Studies*, Bloomington, 1–19

de Lauretis, Teresa (1987), *Technologies of Gender*, Bloomington

Deleuze, Gilles (1968a), „Was kann ein Körper?", in: ders., *Spinoza und das Problem des Ausdrucks in der Philosophie*, übers. v. Ulrich Johannes Schneider, München 1993, 191–205

Deleuze, Gilles (1968b), „Sacher-Masoch und der Masochismus", in: Leopold von Sacher-Masoch, *Venus im Pelz. Mit einer Studie von Gilles Deleuze*, übers. v. Gertrud Müller, Frankfurt/M. 1980, 163–281

Deleuze, Gilles (1969), „Klossowski oder Die Körper-Sprache", in: ders., *Logik des Sinns*, übers. v. Bernhard Dieckmann, Frankfurt/M. 1993, 341–363

Deleuze, Gilles (1970), *Spinoza. Praktische Philosophie*, übers. v. Hedwig Linden, Berlin 1988

Deleuze, Gilles, u. Guattari, Félix (1972a), *Anti-Ödipus. Kapitalismus und Schizophrenie I*, übers. v. Bernd Schwibs, Frankfurt/M. 1974

Deleuze, Gilles (1972b), „Gespräch über den Anti-Ödipus mit Catherine Backès-Clément, in L'Arc", in: ders., Unterhandlungen 1972–1990, übers. v. Gustav Roßler, Frankfurt/M. 1993, 25–40

Deleuze, Gilles (1972c), „Corps sans organes et intensités", in: Abschrift eines Tonbandmitschnitts einer Vorlesung von Deleuze, http://www.le-terrier.net/deleuze/anti-oedipe1000plateaux/0615-02-72.htm (letzter Aufruf 21. 03. 2011)

Deleuze, Gilles (1972d), „Woran erkennt man den Strukturalismus?" in: ders., *Die einsame Insel. Texte und Gespräche 1953–1974*, übers. v. Eva Moldenhauer, Frankfurt/M. 2003, 248–281

Deleuze, Gilles (1973), „Brief an einen strengen Kritiker", in: ders., *Unterhandlungen 1972–1990*, übers. v. Gustav Roßler, Frankfurt/M. 1993, 11–24

Deleuze, Gilles u. Guattari, Félix (1980), *Tausend Plateaus. Kapitalismus und Schizophrenie II*, übers. v. Gabriele Ricke u. Ronald Voullié, Berlin 1992

Deleuze, Gilles (1984), *Francis Bacon – Logik der Sensation*, übers. v. Joseph Vogl, München 1995

Deleuze, Gilles, Félix Guattari (1991), *Was ist Philosophie?* übers. v. Bernd Schwibs u. Joseph Vogl, Frankfurt/M. 1996

Deleuze, Gilles (1995), „L'immanence: une vie …", in: *Philosophie*, Nr. 47, Sept. 1995, 3–7

Depraz, Natalie (1993), „L'incarnation phénoménologique, un problème non-théologique ?", in: *Tijdschrift voor Filosofie* 55/3, 496–519

Depraz, Natalie (1995), *Transcendance et incarnation: le statut de l'intersubjectivité comme altérité à soi chez Husserl*, Paris

Depraz, Natalie (1997), „La traduction de Leib, une crux phaenomenologica", in: *Etudes phénoménologiques* 26, 91–109

Derrida, Jacques (1967), *Die Stimme und das Phänomen*, übers. v. Hans-Dieter Gondek, Frankfurt/M. 2003

Derrida, Jacques (1978), *Éperons. Les styles de Nietzsche*, Paris 1978

Derrida, Jacques (1987), „Heideggers Hand (Geschlecht II)", in: ders., *Geschlecht (Heidegger). Sexuelle Differenz, ontologische Differenz*, übers. v. Hans-Dieter Gondek, Wien 1988

Derrida, Jacques (1988), *Limited Inc*, Wien 2001

Derrida, Jacques (2000), *Berühren. Jean-Luc Nancy*, übers. v. Hans-Dieter Gondek, Berlin 2007

Descartes, René (1641), *Meditationen über die Grundlagen der Philosophie mit sämtlichen Einwänden und Erwiderungen*, übers. v. Arthur Buchenau, überarb. v. Günter Zekl u. Ludger Gäbe, Hamburg 1994

Descombes, Vincent (1979), *Das Selbe und das Andere. 45 Jahre Philosophie in Frankreich (1933–1978)*, übers. v. Ulrich Raulff, Frankfurt/M. 1983

Diamond, Irene and Quinby, Lee (Hg.) (1988), *Feminism & Foucault. Reflections on Resistance*, Boston

Dilthey, Wilhelm (1910), *Der Aufbau der geschichtlichen Welt in den Geisteswissenschaften*, Frankfurt/M. 1990

Dilthey, Wilhelm (1924), *Gesammelte Schriften*, Bd. V, hg. v. Georg Misch, Göttingen ^{9}2008, 90–135

Didi-Huberman (2002), *Das Nachleben der Bilder. Kunstgeschichte als Phantomzeit nach Aby Warburg*, übers. v. Michael Bischoff, Berlin 2010

Dolto, Françoise (1984), *Das unbewußte Bild des Körpers*, übers. v. Elisabeth Widmer, Weinheim, Berlin 1987

Dosse, François (1997), *Paul Ricœur. Les sens d'une vie*, Paris

Dostojewskij, Fjodor (1879), *Die Brüder Karamasow*, übers. v. Swetlana Geier, Frankfurt/M. ^{2}2007

Dreyfus, Hubert (1972), *Was Computer nicht können. Die Grenzen künstlicher Intelligenz*, übers. v. Robin Cackett, Frankfurt/M. 1989

Driesch, Hans (1922), *Geschichte des Vitalismus*, Leipzig

Duden, Barbara (1987), *Geschichte unter der Haut. Ein Eisenacher Arzt und seine Patientinnen um 1730*, Stuttgart

Duden, Barbara (1991), *Der Frauenleib als öffentlicher Ort. Vom Mißbrauch des Begriffs Leben*, Hamburg

Dufour, Eric (2001), „La Physiologie de la Musique de Nietzsche", in: *Nietzsche-Studien* 30, 222–245

Ehrenfels, Christian v. (1890), „Über Gestaltqualitäten", in: *Vierteljahresschrift für wissenschaftliche Philosophie* 14, 242–292

Engel, Manfred (2002), „Naturphilosophisches Wissen und romantische Literatur – am Beispiel von Traumtheorie und Traumdichtung der Romantik", in: Lutz Danneberg u. Friedrich Vollhardt (Hg.), *Wissen in Literatur im 19. Jahrhundert*, Tübingen, 65–91

Elberfeld, Rolf (2008), „Durchbruch zum Plural. Der Begriff der *Kulturen* bei Nietzsche", in: *Nietzsche-Studien* 37, 115–142

Erdmann, Benno (1907), *Wissenschaftliche Hypothesen über Leib und Seele*, Köln

Espinet, David (2009), *Phänomenologie des Hörens. Eine Untersuchung im Ausgang von Martin Heidegger*, Tübingen 2009

Espinet, David (2010), „Intentionaler Blick und vorintentionales Aufhorchen bei Husserl und Heidegger", in: Friederike Rese (Hg.), *Husserl und Heidegger im Vergleich*, Frankfurt/M. 2010, 133–151

Fahle, Oliver (2010), „Die Ästhetik der bewegten Bilder", in: Antje Kapust u. Bernhard Waldenfels (Hg.), *Kunst. Bild. Wahrnehmung. Blick. Merleau-Ponty zum Hundertsten*, München, 159–173

Fechner, Gustav Theodor (1860), *Elemente der Psychophysik*, Leipzig

Feuerbach, Ludwig (1837), „Geschichte der neuern Philosophie. Darstellung, Entwicklung und Kritik der Leibnizschen Philosophie", in: ders. *Gesammelte Werke*, hg. v. Werner Schuffenhauer, Berlin (GW), Bd. 3 (^{3}1984)

Feuerbach, Ludwig (1841), „Einige Bemerkungen über den ‚Anfang der Philosophie' von Dr. J.F. Reiff", in: ders. (GW), *Gesammelte Werke*, hg. v. Werner Schuffenhauer, Berlin, Bd. 9 (^{2}1982), 143–153

Figal, Günter (2006) *Gegenständlichkeit. Das Hermeneutische und die Philosophie*, Tübingen

Fischer, Joachim (2008), *Philosophische Anthropologie. Eine Denkrichtung des 20. Jahrhunderts*, Freiburg

Fischer, Matthias, Gondek, Hans-Dieter u. Liebsch, Burkhard (2001), „Vorwort", in: dies. (Hg.), *Vernunft im Zeichen des Fremden. Zur Philosophie von Bernhard Waldenfels*, Frankfurt/M., 7–12

Foellmer, Susanne (2009), *Am Rand der Körper. Inventuren des Unabgeschlossenen im zeitgenössischen Tanz*, Bielefeld

Foucault, Michel (1961), *Wahnsinn und Gesellschaft. Eine Geschichte des Wahns im Zeitalter der Vernunft*, übers. v. Ulrich Köppen, Frankfurt/M. 1969

Foucault, Michel (1963), *Die Geburt der Klinik. Eine Archäologie des ärztlichen Blicks*, übers. v. Walter Seitter, Frankfurt/M. 1988

Foucault, Michel (1966), *Die Ordnung der Dinge. Eine Archäologie der Humanwissenschaften*, übers. v. Ulrich Köppen, Frankfurt/M. 1974

Foucault, Michel (1969), „Was ist ein Autor?", in: ders., *Schriften zur Literatur*, übers. v Karin v. Hofer u. Anneliese Botond, Frankfurt/M. 1988, 7–31

Foucault, Michel (1975), *Überwachen und Strafen. Die Geburt des Gefängnisses*, übers. v Walter Seitter, Frankfurt/M. 1976

Foucault, Michel (1976), *Der Wille zum Wissen*, übers. v. Ulrich Rauff u. Walter Seitter, Frankfurt/M. 1977

Foucault, Michel (1984a), *Der Gebrauch der Lüste*, übers. v. Ulrich Rauff u. Walter Seitter, Frankfurt/M. 1986
Foucault, Michel (1984b), *Die Sorge um sich*, übers. v. Ulrich Rauff u. Walter Seitter, Frankfurt/M. 1986
Foucault, Michel (1994), *Dits et Ecrits. Schriften*, übers. v. Michael Bischoff u.a., 4 Bde., Frankfurt/M. 2001–2005
Foucault, Michel (1997), *In Verteidigung der Gesellschaft*, übers. v. Michaela Ott, Frankfurt/M. 1999
Franck, Didier (1981), *Chair et corps. Sur la phénoménologie de Husserl*, Paris
Franck, Didier (1984), *Heidegger et le problème de l'espace*, Paris
French, Robert M. (1990), „Subcognition and the limits of the Turing test", in: *Mind* 99, 53–65
Freud, Sigmund (1900): *Die Traumdeutung*, in: ders., *Gesammelte Werke*, Bd. II/III, London 1942, 1–642
Freud, Sigmund (1905), *Drei Abhandlungen zur Sexualtheorie*, in: ders., *Gesammelte Werke*, Bd. V, London 1942, 27–145
Freud, Sigmund (1914), „Zur Einführung des Narzissmus", in: ders., *Gesammelte Werke*, Bd. X, London 1946, 137–170
Freud, Sigmund (1915a), „Triebe und Triebschicksale", in: ders., *Gesammelte Werke*, Bd. X, London 1946, 210–232
Freud, Sigmund (1915b), „Die Verdrängung", in: ders., *Gesammelte Werke*, Bd. X, London 1946, 248–261
Freud, Sigmund (1915c), „Das Unbewusste", in: ders., *Gesammelte Werke*, Bd. X, London 1946, 264–303
Freud, Sigmund (1918), *Aus der Geschichte einer infantilen Neurose*, in: ders., *Gesammelte Werke*, Bd. XII, London 1941, 27–157
Freud, Sigmund (1923), *Das Ich und das Es*, in: ders., *Gesammelte Werke*, Bd. XIII, London 1940, 237–289
Freud, Sigmund (1924), „Der Untergang des Ödipuskomplexes" in: ders., *Gesammelte Werke*, Bd. XIII, London 1940, 395–402
Freud, Sigmund (1925), „Die Widerstände gegen die Psychoanalyse", in: ders., *Gesammelte Werke*, Bd. XIV, London 1948, 99–110
Freud, Sigmund (1933), „Die Weiblichkeit", in: *Vorlesungen zur Einführung in die Psychoanalyse. Und Neue Folge*, Studienausgabe, Bd. I., Frankfurt/M. 1972, 544–565
Freud, Sigmund (1937), „Die endliche und die unendliche Analyse", in: ders., *Gesammelte Werke*, Bd. XVI, London 1950, 59–99
Freud, Sigmund (1940), *Abriss der Psychoanalyse*, in: ders., *Gesammelte Werke*, Bd. XVII. London, 63–138
Freud, Sigmund (1941), *Gesammelte Werke*, Bd. 17: *Schriften aus dem Nachlass*, London
Freud, Sigmund (1952), *Gesamtregister*, in: ders., *Gesammelte Werke*, Bd. XVIII, London
Frostholm, Birgit (1978), *Leib und Unbewusstes. Freuds Begriff des Unbewussten interpretiert durch den Leib-Begriff Merleau-Pontys*, Bonn
Früchtl, Josef (1986), *Mimesis. Konstellationen eines Zentralbegriffs bei Adorno*, Würzburg
Fuchs, Thomas (2000), *Leib, Raum, Person. Entwurf einer phänomenologischen Anthropologie*, Stuttgart
Gadamer, Hans-Georg (1960), *Wahrheit und Methode. Grundzüge einer philosophischen Hermeneutik*, Tübingen

Gallagher, Shaun (2001), „The practice of mind: Theory, simulation, or interaction?“, in: *Journal of Consciousness Studies* 8, Nr. 5–7, 83–107

Gallagher, Shaun (2005a), *How the Body Shapes the Mind*, Oxford

Gallagher, Shaun (2005b), „Metzinger's matrix: Living the virtual life with a real body“, in: *Psyche: An interdisciplinary journal of research on consciousnesss,* Internetquelle abrufbar unter http://psyche.cs.monash.edu.au/symposia/metzinger/Gallagher.pdf

Gallagher, Shaun (2007), „Simulation trouble“, in: *Social Neuroscience* 2, Nr. 3–4, 353–365

Gallagher, Shaun (2008), „Are minimal representations still representations?“, in: *International Journal of Philosophical Studies* 16, Nr. 3, 351–369

Gallagher, Shaun (2009), „Two problems of intersubjectivity“, in: Journal of Consciousness Studies 16, 298–308

Gallagher, Shaun u. Varela, Francisco (2003), „Redrawing the map and resetting the time: Phenomenology and the cognitive sciences“, in: *Canadian Journal of Philosophy*, Supplementary Volume 29, 93–132

Gallagher, Shaun, u. Depraz, Natalie (2004), *Embodiment and awareness. Perspectives from phenomenology and cognitive science*, Torun

Gallagher, Shaun u. Crisafi, Anthony (2009), „Mental institutions“, in: *Topoi* 28, Nr. 1, 45–51

Gallagher, Shaun u. Miyahara, Katsunori (i.E.), „Neo-pragmatism and enactive intentionality“, in: Jay Schulkin (Hg.), *Action, Perception and the Brain*, Basingstoke

Garelli, Jacques (2003), „Perplexité de Saussure“ in: Archives de philosophie 66, 89–117

Gatens, Moira (1995), „Ethologische Körper. Geschlecht als Macht und Affekt“, in: *The Body of Gender. Körper. Geschlechter. Identitäten,* hg. v. Marie-Luise Angerer, Wien, 35–52

Gehlen, Arnold (1941), „Ein Bild vom Menschen“, in: ders., *Philosophische Anthropologie und Handlungslehre*, Gesamtausgabe, Bd. 4, hg. v. Karl-Siegbert Rehberg, Frankfurt/M. 1983, 50–62

Gehring, Petra (2008), „Die Körper und die Macht“, in: Ralf Krause u. Marc Rölli (Hg.), *Macht. Begriff und Wirkung in der politischen Philosophie der Gegenwart*, Bielefeld, 175–192

Gelhard, Andreas (2007), „Diastase und Diachronie – Levinas mit Waldenfels“, in: Kathrin Busch, Iris Därmann u. Antje Kapust (Hg.), *Philosophie der Responsivität. Festschrift für Bernhard Waldefels*, München, 49–59

Gelhard, Andreas (2005), *Emmanuel Levinas*, Stuttgart

Geraets, Theodore (1971), *Vers une nouvelle philosophie transcendantale. La genèse de la philosophie de Maurice Merleau-Ponty jusqu'à la Phénomenologie de la perception*, Den Haag

Gerhardt, Volker (2000), „Die ‚grosse Vernunft‘ des Leibes. Ein Versuch über Zarathustras vierte Rede“, in: ders. (Hg.); *Friedrich Nietzsche. Also sprach Zarathustra*, (Klassiker Auslegen Bd. 14), Berlin, 123–164

Giuliani-Tagmann, Regula (1983), *Sprache und Erfahrung in den Schriften von Maurice Merleau-Ponty*, Bern u.a

Goldman, Alvin u. De Vignemont, Frederique (2009), „Is social cognition embodied?“, in: *Trends in Cognitive Sciences* 13, Nr. 4, 154–159

Goldstein, Kurt (1934), *Der Aufbau des Organismus. Einführung in die Biologie unter besonderer Berücksichtigung der Erfahrungen am kranken Menschen*, Den Haag

Goldstein, Kurt (1947), *Human nature in the light of psychopathology*, Cambridge/MA

Gondek, Hans-Dieter (2001), „Der Händedruck zwischen Merleau-Ponty und Levinas", in: Matthias Fischer, Hans-Dieter Gondek u. Burkhard Liebsch (Hg.), *Vernunft im Zeichen des Fremden. Zur Philosophie von Bernhard Waldenfels*, Frankfurt/M., 64–98

Gondek, Hans-Dieter u. Tengelyi, Lászlo (2011), *Neue Phänomenologie in Frankreich*, Frankfurt/M.

Greisch, Jean (2001), *L'itinérance du sens*, Grenoble

Greisch, Jean, Kearney, Richard (1991), Hg., *Paul Ricœur. Les métamorphoses de la raison herméneutique*, Paris 1991

Groethuysen, Bernhard (1931), *Philosophische Anthropologie*, Darmstadt 1969

Grosz, Elizabeth (1991), „Introduction to Feminism and the Body", *Hypatia* G, Nr. 3, 1–3

Grosz, Elizabeth (1994a), *Volatile Bodies. Toward A Corporeal Feminism*, Bloomington

Grosz, Elizabeth (1994b), „Experimental Desire: Rethinking Queer Theory", in: *Supposing the Subject*, hg. v. Joan Copjec, Cambridge/MA, 133–157

Gruithuisen, Franz von Paula (1810), *Anthropologie*, München

Grüny, Christian (2004), *Zerstörte Erfahrung. Eine Phänomenologie des Schmerzes*, Würzburg

Grüny, Christian (2006), „What about the materiality of the body, Judy?", in: Dirk Rustemeyer (Hg.), *Formfelder. Genealogien von Ordnung*, Würzburg, 75–103

Grüny, Christian (2007), „‚Nach Auschwitz' – ein Motiv zwischen Geschichte und Metaphysik", in: Petra Gehring, Marc Rölli u. Maxine Saborowski (Hg.), *Ambivalenzen des Todes. Wirklichkeit des Sterbens und Todestheorien heute*, Darmstadt, 192–210

Gurwitsch, Aaron (1940), „Goldstein's conception of biological science", in: ders. (Hg.). *Studies in Phenomenology and Psychology*, Evanston 1966, 69–89

Gurwitsch, Aaron (1949), „Gelb-Goldstein's Concept of ‚concrete' and ‚categorical' attitude and the phenomenology of ideation", in: ders. (Hg.). *Studies in Phenomenology and Psychology*, Evanston 1966, 359–384

Habermas, Jürgen (2001), *Die Zukunft der menschlichen Natur. Auf dem Weg zu einer liberalen Eugenik?*, Frankfurt/M.

Haeckel, Ernst (1866), *Generelle Morphologie der Organismen. Allgemeine Grundzüge der organischen Formen-Wissenschaft, mechanisch begründet durch die von Charles Darwin reformirte Descendenz-Theorie*, Bd. 2: *Allgemeine Entwickelungsgeschichte der Organismen*, Berlin, New York 1988

Haeckel, Ernst (1913), „Ein Jubiläum der Menschenkunde", in: ders., *Monistische Bausteine*, hg. v. Wilhelm Breitenbach, Brackwede 1914, 205–215

Hahn, Lewis E. (1995), (Hg.), *The Philosophy of Paul Ricœur*, Chicago

Hansen, Mark B. (2004), *New Philosophy for New Media*, Cambridge/MA

Haraway, Donna J. (1985), „Ein Manifest für Cyborgs", in: dies., *Die Neuerfindung der Natur. Primaten, Cyborgs und Frauen*, Frankfurt/M., New York 1995, 33–72

Haraway, Donna J. (2008), *When Species Meet*, Minneapolis, London

Harrington, Anne (1996), *Reenchanted Science*, Princeton

Harris, Charles S. (1965), „Perceptual adaptation to inverted, reversed, and displaced vision", in: *Psychological Review* 72, 419–444

Haun, Daniel B. M. u. Rapold, Christian J. (2009), *Variation on memory for body movements across cultures*, in: *Current Biology*, 14. Dezember 2009, R 1068f.

Head, Henry (1893), „On Disturbances of Sensation with Especial Reference to the Pain of Visceral Disease", in: Brain XVI, 1–130

Head, Henry (1911), „Sensory Disturbances from Cerebral Lesions", in: *Brain* XXXIV, 162–254

Hegel, Georg Wilhelm Friedrich (1833), *Vorlesungen über die Geschichte der Philosophie I–III*, in: ders., Werke in 20 Bänden, Bd. 20, Frankfurt/M. 1986

Heidegger, Martin (1927), *Sein und Zeit*, Gesamtausgabe, Bd. 2, hg. v. Friedrich-Wilhelm von Herrmann, Frankfurt/M. 1977

Heidegger, Martin (1947), „Der Brief über den Humanismus", in: ders., *Wegmarken*, Gesamtausgabe, Bd. 9, hg. v. Friedrich-Wilhelm von Herrmann, Frankfurt/M. ³1996

Heidegger, Martin (1951), „Logos" (Heraklit, Fragment 50)", in: ders., *Vorträge und Aufsätze*, Gesamtausgabe, Bd. 7, hg. v. Friedrich-Wilhelm von Herrmann, Frankfurt/M. 2000

Heidegger, Martin (1954), *Was heißt Denken?*, Gesamtausgabe, Bd. 8, hg. v. Paola-Ludovika-Coriando, Frankfurt/M. 2002

Heidegger, Martin (1959a), *Unterwegs zur Sprache*, Gesamtausgabe, Bd. 12, hg. v. Friedrich-Wilhelm von Herrmann, Frankfurt/M. 1985

Heidegger, Martin (1959b), „Das Wesen der Sprache", in: ders., *Unterwegs zur Sprache*, Gesamtausgabe, Bd. 12, hg. v. Friedrich-Wilhelm von Herrmann, Frankfurt/ M. 1985, 147–204

Heidegger, Martin (1959b), „Der Weg zur Sprache", in: ders., *Unterwegs zur Sprache*, Gesamtausgabe, Bd. 12, hg. v. Friedrich-Wilhelm von Herrmann, Frankfurt/M. 1985, 227–257

Heidegger, Martin (1960), „Der Ursprung des Kunstwerks", in: ders., *Holzwege*, hg. v. Friedrich-Wilhelm von Herrmann, Frankfurt/M. ²2003, 1–74

Heidegger, Martin (1961a), *Nietzsche I*, Gesamtausgabe, Bd. 6.1, hg. v. Brigitte Schillbach, Frankfurt/M. 1996

Heidegger, Martin (1961b), *Nietzsche II*, Gesamtausgabe, Bd. 6.2, hg. v. Brigitte Schillbach, Frankfurt/M. 1996

Heidegger, Martin (1969), „Zeit und Sein", in: ders., *Zur Sache des Denkens*, Gesamtausgabe, Bd. 14, hg. v. Friedrich-Wilhelm von Herrmann, Frankfurt/M. 2007, 3–30

Heidegger, Martin (1978), *Metaphysische Anfangsgründe der Logik im Ausgang von Leibniz*, Gesamtausgabe, Bd. 26, hg. v. Klaus Held, Frankfurt/M. ²1990

Heidegger, Martin (1979a), *Heraklit*, 1. *Der Anfang des abendländischen Denkens*; 2. *Logik. Heraklits Lehre vom Logos*, Gesamtausgabe, Bd. 55, hg. v. Manfred S. Frings, Frankfurt/M. ²1987

Heidegger, Martin (1979b), *Prolegomena zur Geschichte des Zeitbegriffs*, Gesamtausgabe, Bd. 20, hg. v. Petra Jäger, Frankfurt/M. ³1994

Heidegger, Martin (1983), *Grundbegriffe der Metaphysik. Welt – Endlichkeit – Einsamkeit*, Gesamtausgabe, Bd. 29/30, hg. v. Friedrich-Wilhelm von Herrmann, Frankfurt/M. ³2004

Heidegger, Martin (1987a), *Zollikoner Seminare. Protokolle – Zwiegespräche – Briefe*, hg. v. Medard Boss, Frankfurt/M. ³2000

Heidegger, Martin (1987b), *Zur Bestimmung der Philosophie*, Gesamtausgabe, Bd. 56/57, hg. v. Bernd Heimbüchel, Frankfurt/M. ²1999

Heidegger, Martin (1988a), *Ontologie (Hermeneutik der Faktizität)*, Gesamtausgabe, Bd. 63, hg. v. Käte Bröcker-Oltmanns, Frankfurt/M. ²1995

Heidegger, Martin (1988b), *Vom Wesen der Wahrheit. Zu Platons Höhlengleichnis und Theätet*, Gesamtausgabe, Bd. 34, hg. v. Hermann Mörchen, Frankfurt/M. ²1997

Heidegger, Martin (1989a), *Beiträge zur Philosophie (Vom Ereignis)*, Gesamtausgabe, Bd. 65, hg. v. Friedrich-Wilhelm von Herrmann, Frankfurt/M. ²1994

Heidegger, Martin (1989b), *Der Begriff der Zeit. Vortrag vor der Marburger Theologenschaft Juli 1924*, Gesamtausgabe, Bd. 64, hg. v. Friedrich-Wilhelm von Herrmann, Frankfurt/M. 2004

Heidegger, Martin (1997), *Besinnung*, Gesamtausgabe, Bd. 60, hg. v. Friedrich-Wilhelm von Herrmann, Frankfurt/M. 1997

Heidegger, Martin u. Fink, Eugen (1970): *Heraklit. Seminar Wintersemester 1966/1967*, Frankfurt/M. ²1996

Held, Klaus (2005), „Phänomenologie der ‚eigentlichen Zeit' bei Husserl und Heidegger" in: *Internationales Jahrbuch für Hermeneutik*, 4. Bd., Tübingen 2005, 251–275

Henry, Michel (1963), *L'Essence de la manifestation*, Paris

Henry, Michel (1965), *Philosophie et phénoménologie du corps. Essai sur l'ontologie biranienne*, Paris

Henry, Michel (1976), *Marx*, Paris 2009

Henry, Michel (1987), *La barbarie*, Paris 2004

Henry, Michel (1988), *Voir l'invisible. Sur Kandinsky*, Paris 2010

Henry, Michel (1990), *Phénoménologie matérielle*, Paris

Henry, Michel (1992), *Radikale Lebensphänomenologie. Ausgewählte Studien zur Phänomenologie*, übers. v. Rolf Kühn, Freiburg, München

Henry, Michel (2000), *Inkarnation. Eine Philosophie des Fleisches*, übers. v. Rolf Kühn, Freiburg, München 2002

Henry, Michel (2004), „La question de la vie et de la culture dans une perspective de la phénoménologie radicale", in: ders., *Phénoménologie de la vie.* Bd. IV: *De l'éthique et la religion*, Paris, 11–29

Henry, Michel (2003), *Affekt und Subjektivität. Lebensphänomenologische Beiträge zur Psychologie und zum Wesen des Menschen*, Freiburg, München 2005

Herbenick, Raymond M. (1971), „Hegel's Concept of Embodiment", in: *Philosophical Studies* 20, 109–12

Hohler, Thomas P. (1982), „The limits of language and the threshold of speech: Saussure and Merleau-Ponty", in: *Philosophy Today 26* (1982), 287–299

Horkheimer, Max (1933), „Materialismus und Moral", in: ders., *Gesammelte Schriften*, hg. v. Gunzelin Schmid Noerr, Bd. 3, Frankfurt/M. 1988, 111–149

Horkheimer, Max u. Theodor W. Adorno (1947), *Dialektik der Aufklärung*, in: Theodor W. Adorno, *Gesammelte Schriften*, hg. v. Rolf Tiedemann, Bd. 3, Frankfurt/M. 1981

Horney, Karen (1967), „Die Angst vor der Frau. Über den spezifischen Unterschied in der männlichen und weiblichen Angst vor dem anderen Geschlecht", in: dies., *Die Psychologie der Frau*, Frankfurt/M. 1979, 81–95

Hübner, Kurt (1953), „Leib und Erfahrung in Kants Opus Posthumum", in: *Zeitschrift für philosophische Forschung* VII, 2, 204–219

Hurley, Susan L. (1998), *Consciousness in Action*, Cambridge

Husserl, Edmund: *Husserliana* (=Hua) sowie Materialien (=HuM), Den Haag (später Dordrecht) 1950ff.

I: Cartesianische Meditationen und Pariser Vorträge, hg. v. Stephan Strasser, 1973

III/1: Ideen zu einer reinen Phänomenologie und phänomenologischen Philosophie. Erstes Buch: *Allgemeine Einführung in die reine Phänomenologie*, hg. v. Walter Biemel, 1950

IV: Ideen zu einer reinen Phänomenologie und phänomenologischen Philosophie. Zweites Buch: Phänomenologische Untersuchungen zur Konstitution, hg. v. Marly Biemel, 1971

V: Ideen zu einer reinen Phänomenologie und phänomenologischen Philosophie. Drittes Buch: Die Phänomenologie und die Fundamente der Wissenschaften, hg. v. Marly Biemel, 1952
VI: Die Krisis der europäischen Wissenschaften und die transzendentale Phänomenologie, hg. v. Walter Biemel, 1976
VII: Erste Philosophie. Erster Teil: Kritische Ideengeschichte, hg. v. Rudolf Boehm, 1956
X: Zur Phänomenologie des inneren Zeitbewusstseins, hg. v. Rudolf Boehm, 1969
XI: Analysen zur passiven Synthesis, hg. v. Margot Fleischer, 1966
XIII: Zur Phänomenologie der Intersubjektivität. Texte aus dem Nachlass. Erster Teil: 1905–1920, hg. v. Iso Kern, 1973
XIV: Zur Phänomenologie der Intersubjektivität. Texte aus dem Nachlass. Zweiter Teil: 1921–1928, hg. v. Iso Kern, 1973
XV: Zur Phänomenologie der Intersubjektivität. Texte aus dem Nachlass. Dritter Teil: 1929–1935, hg. v. Iso Kern, 1973
XVI: Ding und Raum. Vorlesungen 1907, hg. v. Ulrich Claesges, 1973
XVII: Formale und transzendentale Logik. Versuch einer Kritik der logischen Vernunft, hg. v. Paul Janssen, 1974
XIX/1 Logische Untersuchungen. Zweiter Band: Untersuchungen zur Phänomenologie und Theorie der Erkenntnis. Erster Teil, hg. v. Ursula Panzer, 1984
XXIII: Phantasie, Bildbewusstsein, Erinnerung, Zur Phänomenologie der anschaulichen Vergegenwärtigung, hg. v. Eduard Marbach, 1980
XXIX: Die Krisis der europäischen Wissenschaften und die transzendentale Phänomenologie. Ergänzungsband. Texte aus dem Nachlass 1934–1937, hg. v. Reinhold N. Smid, 1992
XXXVI: Transzendentaler Idealismus. Texte aus dem Nachlass (1908–1921), hg. v. Robin D. Rollinger in Verb. m. Rochus Sowa, 2003
XXXIX: Die Lebenswelt. Auslegungen der vorgegebenen Welt und ihrer Konstitution. Texte aus dem Nachlass, hg. v. Rochus Sowa, 2008
Materialien IV: Natur und Geist. Vorlesungen Sommersemester 1919, hg. v. Michael Weiler, 2002
Materialien VIII: Späte Texte über Zeitkonstitution (1929–1934). Die C-Manuskripte hg. v. Dieter Lohmar, 2006

Husserl, Edmund (1934), „Grundlegende Untersuchungen zum phänomenologischen Ursprung der Räumlichkeit der Natur“, in: *Philosophical Essays in Memory of Edmund Husserl*, hg. v. Marvin Farber, Cambridge/MA 1940, 307–325

Husserl, Edmund (1939), *Erfahrung und Urteil. Untersuchungen zur Genealogie der Logik*, redigiert u. hg. v. Ludwig Landgrebe, Hamburg 1999

Hutter, Axel (1998), „Adornos Meditationen zur Metaphysik“, in: *Deutsche Zeitschrift für Philosophie* 46, Nr. 1, 45–65

Hutto, Daniel D. (2008), *Folk Psychological Narratives. The Sociocultural Basis of Understanding Reasons*, Cambridge

Institut Catholique de Paris (1995), Hg., *Paul Ricœur. L'herméneutique à l'école de la phénoménologie*, Paris

Irigaray, Luce (1974), *Speculum. Spiegel des anderen Geschlechts*, übers. v. Xenia Rajewsky u.a., Frankfurt/M. 1980

Irigaray, Luce (1977), *Das Geschlecht, das nicht eins ist*, Berlin 1979

Irigaray, Luce (1984), *Ethik der sexuellen Differenz*, übers. v. Xenia Rajewsky, Frankfurt/M. 1991

Irigaray, Luce (1984), „Göttliche Frauen“, in: *Kunst mit Eigen-Sinn*, hg. v. Silvia Eiblmayr u.a., Wien 1985, 29–38

James, Ian (2006), *The fragmentary demand. An Introduction to the Philosophy of Jean-Luc Nancy*, Stanford

Janicaud, Dominique (2009), *La phénoménologie dans tous ses états*, Paris

Jervolino, Domenico (1984), *The cogito and Hermeneutics: The Question of the Subject in Ricœur*, Dordrecht, Boston, London 1990

Johnson, Mark (1987), *The Body in the Mind: The Bodily Basis of Meaning, Imagination, and Reason*, Chicago

Johnson, Mark (2010), „Metaphors and cognition“, in: Shaun Gallagher u. Daniel Schmicking (Hg.), *Handbook of Phenomenology and Cognitive Science*, Dordrecht, 401–414

Johnson, Mark u. Lakoff, George (2002), „Why cognitive linguistics requires embodied realism“, in: *Cognitive Linguistics* 13, Nr. 3, 245–263

Jung, Matthias (2009), *Der bewusste Ausdruck. Anthropologie der Artikulation*, Berlin

Kalb, Christoph (2000), *Desintegration. Studien zu Friedrich Nietzsches Leib- und Sprachphilosophie*, Frankfurt/M. 2000

Kämpf, Heike (2003), *Die Exzentrizität des Verstehens. Zur Debatte um die Verstehbarkeit des Fremden zwischen Hermeneutik und Ethnologie*, Berlin

Kannetzky, Frank u. Henning Tegtmeyer, (2007), „Begriff der Person und Theorie der Personalität“, in: dies. (Hg.), *Personalität. Studien zu einem Schlüsselbegriff der Philosophie*, Leipzig, 5–15

Kant, Immanuel (1768), *Von dem ersten Grunde des Unterschiedes der Gegenden im Raume*, in: *Kant's Gesammelte Schriften*, Akademie-Ausgabe, 1. Abteilung, Bd. II, Berlin 1905, 375–383

Kant, Immanuel (1781), *Kritik der reinen Vernunft*, nach der 1. und 2. Originalausgabe, hg. v. Jens Timmermann, Hamburg 1998

Kant, Immanuel (1788), *Kritik der praktischen Vernunft*, hg. v. Karl Vorländer, Hamburg ^{10}1990

Kant, Immanuel (1790), *Kritik der Urteilskraft*, hg. v. Karl Vorländer, Hamburg 1993

Kant, Immanuel (1798), *Anthropologie in pragmatischer Hinsicht*, in: ders., *Kant's gesammelte Schriften*, hg. v. der Preußischen Akademie der Wissenschaften, Bd. 7, Berlin 1917, 117–333

Kapust, Antje (2007), „Responsive Philosophie. Darlegung der Grundzüge“, in: Kathrin Busch, Iris Därmann u. Antje Kapust (Hg.), *Philosophie der Responsivität. Festschrift für Bernhard Waldenfels*, München, 15–34

Karfík, Filip (2008), *Unendlichwerden durch die Endlichkeit. Eine Lektüre der Philosophie Jan Patočkas*, Würzburg 2008

Kirby, Vicki (1991), „Corporeal Habits: Addressing Essentialism Differently“, in: *Hypatia* 6, Nr. 3, 4–24

Klass, Tobias Nikolaus (2007), „Vom Nutzen und Nachtheil der Kulturwissenschaft für das (politische) Leben: Zarathustras Vampirismus“, in: Iris Därmann u. Christoph Jamme (Hg.), *Konzepte, Methoden und Autoren der Kulturwissenschaft*, München 2007, 191–226

Klass, Tobias Nikolaus (2008), „Wie man wird, was man isst: Nietzsches Diätetik“, in: Andreas U. Sommer (Hg.), *Nietzsche, Philosoph der Kultur(en)?*, Berlin/New York 2008, 411–421 f.

Klein, Marc (1954), „Sur les résonances de la philosophie de la nature en biologie moderne et contemporaine“, in: *Revue Philosophique* 144, 514–543

Kleist, Heinrich von (1810), „Über das Marionettentheater“, in: ders., Über das Marionettentheater. *Aufsätze und Anekdoten. Mit Zeichnungen von Oskar Schlemmer und einem Nachwort von Josef Kunz*, Frankfurt/M., 1985, 7

Knape, Joachim (2008), „Gibt es Pathosformeln? Überlegungen zu einem Konzept von Aby M. Warburg“, in: *Muster im Wandel*, hg. v. Wolfgang Dickhut, Stefan Manns, Norbert Winkler, Göttingen, 115–137

Köhler, Wolfgang (1920), *Die physischen Gestalten in Ruhe und im stationären Zustand. Eine naturphilosophische Untersuchung*, Braunschweig

Köhler, Wolfgang (1947), *Gestalt Psychology*, New York

Kohlmann, Ulrich (1997), *Dialektik der Moral. Untersuchungen zur Moralphilosophie Adornos*, Lüneburg

Konersmann, Ralf (1993), „Die schöne Seele. Zu einer Gedankenfigur des Antimodernismus“, in: *Archiv für Begriffsgeschichte* 36 (1993), 144–173

Konersmann, Ralf (2006), „Abschied von der nackten Wahrheit“, in: ders., *Kulturelle Tatsachen*, Frankfurt/M., 380–399

König, Josef (1937), *Sein und Denken. Studien im Grenzgebiet von Logik, Ontologie und Sprachphilosophie*, Tübingen [2]1969

König, Josef u. Plessner, Helmuth (1994), *Briefwechsel 1923–1933. Mit einem Briefessay von Josef König über Helmuth Plessners ‚Die Einheit der Sinne‘*, hg. v. Hans-Ulrich Lessing u. Almut Mutzenbecher, Freiburg, München

Koßler, Matthias (1999), „‚Leib‘ und ‚Bedeutung‘ in der Ästhetik Karl Wilhelm Ferdinand Solgers“, in: *Jahrbuch der Deutschen Schillergesellschaft* XLIII, 279–304

Koßler, Matthias (2004), „Leib und Körper. Zum Zusammenhang von Körperkult und Leibesverachtung“, in: Widerspruch 24, Nr. 42, 80–88

Koukal, David R. (2000), „Merleau-Ponty's Reform of Saussure: Linguistic Innovation and the Practice of Phenomenology“, in: *Southern Journal of Philosophy* 38 (2000), 599–618

Krämer, Sybille (2004), „Was haben ‚Performativität‘ und ‚Medialität‘ miteinander zu tun? Plädoyer für eine in der ‚Aisthetisierung‘ gründende Konzeption des Performativen. Zur Einleitung in diesen Band“, in: dies. (Hg.), *Performativität und Medialität*, München, 13–32

Kremer-Marietti, Angèle (1992), *Nietzsche et la rhétorique*, Paris 1992

Kristensen, Stefan (2010), *Parole et subjectivité. Merleau-Ponty et la phénoménologie de l'expression*, Hildesheim

Krois, John Michael (1995), „Semiotische Transformation der Philosophie: Verkörperung und Pluralismus bei Cassirer und Peirce“, in: *Dialektik*, Nr. 1, 61–72

Krois, John Michael (2002), „Die Universalität der Pathosformeln. Der Leib als Symbolmedium“, in: *Quel Corps? Eine Frage der Repräsentation*, hg. v. Hans Belting, Dieter Kamper, Martin Schulz, München, 295–307

Krüger, Hans-Peter (1999), *Zwischen Lachen und Weinen*, Bd. I: *Das Spektrum menschlicher Phänomene*, Berlin

Krüger, Hans-Peter (2009), „Helmuth Plessner“, in: Eike Bohlken u. Christian Thies (Hg.), *Handbuch Anthropologie. Der Mensch zwischen Natur, Kultur und Technik*, Stuttgart, Weimar, 63–68

Kühn, Rolf (1992), *Leiblichkeit als Lebendigkeit. Michel Henrys Lebensphänomenologie absoluter Subjektivität als Affektivität*, Freiburg, München

Kühn, Rolf u. Nowotny, Stefan (2002), Hg., *Michel Henry, Zur Selbsterprobung des Lebens und der Kultur*, Freiburg, München

Kühn, Rolf u. Hatem, Jad (2009), Hg., *Michel Henry's Radical Phenomenology, Studia Phaenomenologica IX*, Bukarest

Lacan, Jacques (1961), „Maurice Merleau-Ponty", in: ders., *Schriften III*, übers. v. Norbert Haas u.a., Weinheim, Berlin 1994, 237–249

Lacan, Jacques (1973), *Das Seminar. Buch XI. Die vier Grundbegriffe der Psychoanalyse (1972–1973)*, übers. v. Norbert Haas, Weinheim, Berlin 1976

Lacoue-Labarthe, Philippe u. Nancy, Jean-Luc (1971), „Friedrich Nietzsche: Rhétorique et Language", in: Poétique, Nr. 5, 99–130

Landgrebe, Ludwig (1974), „Reflexionen zu Husserls Konstitutionslehre", in: *Tijdschrift voor filosofie* 36, 466–482

Lakoff, George (2008), „The neural theory of metaphor", in: Raymond W. Gibbs (Hg.), *The Cambridge Handbook of Metaphor and Thought*, Cambridge, 17–38

Lakoff, George u. Johnson, Mark (1999), *Philosophy in the Flesh: The Embodied Mind and its Challenge to Western Thought*, New York

Lakoff, George u. Núñez, Rafael (2000), *Where Mathematics Comes From*, New York

La Mettrie, Julien O. de (1748), *Der Mensch eine Maschine*, übers. v. M. Brahn, Leipzig 1909

Laoureux, Sébastien (2005), *L'immanence à la limite. Recherches sur la phénoménologie de Michel Henry*, Paris

Laplanche, Jean u. Pontalis, Jean-Bernard (1967), *Das Vokabular der Psychoanalyse*, übers. v. Emma Moersch, Frankfurt/M. 1973

Latour, Bruno (2005), *Eine neue Soziologie für eine neue Gesellschaft. Einführung in die Akteur-Netzwerk-Theorie*, übers. v. Gustav Roßler, Frankfurt/M. 2010

Lauschke, Marion (2007), *Ästhetik im Zeichen des Menschen. Die ästhetische Vorgeschichte der Symbolphilosophie Ernst Cassirer und die symbolische Form der Kunst*, Hamburg

Leder, Drew (1990), *The absent body*, Chicago, London

Legrand, Dorothée (2006), „The bodily self: The sensori-motor roots of prereflective self-consciousness", in: *Phenomenology and the Cognitive Sciences* 5, 89–118

Leibniz, Gottfried W. (1714), *Monadologie*, Hamburg ²1982

Lenoir, Timothy (1992), *Politik im Tempel der Wissenschaft. Forschung und Machtausübung im deutschen Kaiserreich*, übers. v. Horst Brühmann, Frankfurt/M., New York

Levèsque, Claude (1988), *Dissonance. Nietzsche à la limite du langage*, Québec 1988

Levinas, Emmanuel (1936), *Ausweg aus dem Sein. De l'évasion*, Französisch-deutsch, mit d. Anm. v. Jacques Rolland, übers., mit e. Einl. u. Anm. hg. v. Alexander Chucholowski, Hamburg 2005

Levinas, Emmanuel (1961), *Totalität und Unendlichkeit. Versuch über die Exteriorität*, übers. v. Wolfgang Nikolaus Krewani, Freiburg, München ²1993

Levinas, Emmanuel (1974a), „De la conscience à la veille", in: ders., *De Dieu qui vient à l'idée*, 2. erw. Aufl. Paris 1992, 34–61

Levinas, Emmanuel (1974b), *Jenseits des Seins oder anders als Sein geschieht*, übers. v. Thomas Wiemer, Freiburg, München 1992

Levinas, Emmanuel (1980), *Die Zeit und der Andere*, übers. v. Ludwig Wenzler, Hamburg 2003

Levinas, Emmanuel (1982), *Ethik und Unendliches*, übers. v. Dorothea Schmidt, Wien ⁴2008

Levinas, Emmanuel (1983a), *Die Spur des Anderen. Untersuchungen zur Phänomenologie und Sozialphilosophie*, übers. v. Wolfgang Nikolaus Krewani, Freiburg, München

Levinas, Emmanuel (1983b), „Über die Intersubjektivität. Anmerkungen zu Merleau-Ponty", in: Alexandre Métraux u. Bernhard Waldenfels (Hg.), *Leibhaftige Vernunft. Spuren von Merleau-Pontys Denken*, München 1986, 48–55

Lhermitte, Jean (1939), *L'image de notre corps*, Paris 1998

Liebsch, Burkhard (1992), „Zeit, Lebensgeschichte und Narrativität. Ricœur und Merleau-Pontys Phänomenologie der Wahrnehmung", in: Stefan Orth u. Andris Breitling (Hg.), *Vor dem Text. Hermeneutik und Phänomenologie im Denken Paul Ricœurs*, Berlin 2002, 45–70

Liebsch, Burkhard (2006), Rezension von P. Ricœur, *Wege der Anerkennung*, Frankfurt/M. 2006; *Vom Text zur Person. Hermeneutische Texte (1970–1999)*, Hamburg 2005; in: *Zeitschrift für philosophische Forschung* 60, Nr. 4, 609–615

Liebsch, Burkhard (2008), *Menschliche Sensibilität. Inspiration und Überforderung*, Weilerswist

Liebsch, Burkhard (2009), „Paul Ricœur", in: Thomas Bedorf u. Kurt Röttgers (Hg.), *Die französische Philosophie im 20. Jahrhundert*, Darmstadt, 291–298

Liebsch, Burkhard (2011), „Leib und Leben. Im Blick der Phänomenologie (Maurice Merleau-Ponty) und der Epistemologie (Georges Canguilhem)", in: Stephan Schaede, Gerald Hartung u. Tom Kleffmann (Hg.), *Das Leben II. Historisch-systematische Studien zur Geschichte eines Begriffs*, Tübingen

Lindemann, Gesa (1993), „Wider die Verdrängung des Leibes aus der Geschlechtskonstruktion", in: *Feministische Studien*, Heft 2, 44–54

Lindemann, Gesa (2008), „Verstehen und Erklären bei Helmuth Plessner", in: Rainer Greshoff, Georg Kneer, Wolfgang Ludwig Schneider (Hg.), *Verstehen und Erklären. Sozial- und kulturwissenschaftliche Perspektiven*, München, 117–142

Lingis, Alphonso (1996), *Sensation: Intelligibility in Sensibility*, New Jersey

Linden, David E. J. u.a. (1999), „The myth of upright vision. A psychophysical and functional imaging study of adaptation to inverting spectacles", in: *Perception* 28, 469–481

Lipps, Theodor (1903), *Leitfaden der Psychologie*, Leipzig

Lübbe, Hermann (1963), *Politische Philosophie in Deutschland*, München 1974

Luhmann, Niklas (1968), „Das Medium der Kunst", in: Günter Helmes u. Werner Köster (Hg.), *Texte zur Medientheorie*, Stuttgart 2002, 298–303

Lyotard, Jean-François (1971), *Discours figure*, Paris

Madison, Gary Brent (1973), *La phénoménologie de Merleau-Ponty. Une recherche des limites de la conscience*, Paris

Maihofer, Andrea (1995), *Geschlecht als Existenzweise*, Frankfurt/M.

Maine de Biran, Marie-François-Pierre G. (1927), *Tagebuch*, übers. v. Otto Weith, Hamburg 1977

Malpas, Jeff (2006), *Heidegger's Topologies. Being, Place, World*, Cambridge/MA

Marcel, Gabriel (1933), „Entwurf einer Phänomenologie des Habens", in: ders., *Werkausgabe*, Bd. I, hg. v. Peter Grotzer u. Siegfried Foelz, Paderborn u.a. 1992, 11–152

Marcel, Gabriel (1978), „Leibliche Begegnung. Notizen aus einem gemeinsamen Gedankengang", redigiert v. Hans A. Fischer-Barnicol, in: Alfred Kraus (Hg.), *Leib – Geist – Geschichte*, Heidelberg 1978, 47–73

Marchart, Oliver (2007), „Die politische Ontologie der Gemeinschaft. Politik und Philosophismus bei Jean-Luc Nancy“, in: Janine Böckelmann u. Claas Morgenroth (Hg.), *Politik der Gemeinschaft. Zur Konstitution des Politischen in der Gegenwart*, Bielefeld 2008, 133–156

Marks, Laura U. (2002), *Touch: Sensuous Theory and Multisensory Media*, Minneapolis

Marquard, Odo (1963), „Zur Geschichte des philosophischen Begriffs ‚Anthropologie‘ seit dem Ende des achtzehnten Jahrhunderts“, in: ders., *Schwierigkeiten mit der Geschichtsphilosophie. Aufsätze*, Frankfurt/M. 1973, 122–144

Mauss, Marcel (1935), „Die Techniken des Körpers“, übers. v. Axel Schmalfuß, in: ders., *Soziologie und Anthropologie*, Frankfurt/M. 1989, Bd. 2, 197–220

Menary, Richard (2007), *Cognitive Integration: Mind and Cognition Unbounded*, Basingstoke

Menke, Christoph (1991), *Die Souveränität der Kunst. Ästhetische Erfahrung nach Adorno und Derrida*, Frankfurt/M.

Merleau-Ponty, Maurice (1942), *Die Struktur des Verhaltens*, übers. u. eingef. durch e. Vorw. v. Bernhard Waldenfels, Berlin, New York 1976

Merleau-Ponty, Maurice (1945), *Phänomenologie der Wahrnehmung*, übers. v. Rudolf Boehm, Berlin 1966

Merleau-Ponty, Maurice (1946), „Das Primat der Wahrnehmung und seine philosophischen Konsequenzen“, in: ders., *Das Primat der Wahrnehmung*, hg. v. Lambert Wiesing, übers. v. Jürgen Schröder, Frankfurt/M. 2003, 26–84

Merleau-Ponty, Maurice (1947a), „Das Kino und die neue Psychologie“, in: Merleau-Ponty 2003, 29–46

Merleau-Ponty, Maurice (1947b), „Das Metaphysische im Menschen“, in: Merleau-Ponty 2003, 47–69

Merleau-Ponty, Maurice (1951), „Der Mensch und die Widersetzlichkeit der Dinge“, in: Merleau-Ponty 2003, 71–98

Merleau-Ponty, Maurice (1951/52), „Schrift für die Kandidatur am Collège de France“, in: Merleau-Ponty 2003, 99–110

Merleau-Ponty, Maurice (1952), „Das indirekte Sprechen und die Stimmen des Schweigens“, in: Merleau-Ponty 2003, 111–175

Merleau-Ponty, Maurice (1953), „Lob der Philosophie“, in: Merleau-Ponty 2003, 177–224

Merleau-Ponty, Maurice (1959), „Der Philosoph und sein Schatten“, in: ders., *Zeichen*, hg. v. Christian Bermes, Hamburg 2007, 233–264

Merleau-Ponty, Maurice (1960a), *Zeichen*, übers. v. Barbara Schmitz, Hans Werner Arndt u. Bernhard Waldenfels, hg. v. Christian Bernes, Hamburg 2007

Merleau-Ponty, Maurice (1960b), „Préface“, in: Angelo Hesnard, *L'œuvre de Freud et son importance pour le monde moderne*, Paris, 5–10

Merleau-Ponty, Maurice (1964a), *Das Sichtbare und das Unsichtbare, gefolgt von Arbeitsnotizen*, hg. u. mit einem Vor- und Nachwort versehen v. Claude Lefort, übers. v. Regula Giuliani u. Bernhard Waldenfels, München 1986

Merleau-Ponty, Maurice (1964b), „Das Auge und der Geist“, in: Merleau-Ponty 2003, 275–317

Merleau-Ponty, Maurice (1968), *Résumés de cours au Collège de France (1952–1960)*, Paris; dt. teilidentisch Merleau-Ponty 1973

Merleau-Ponty, Maurice (1969), *Die Prosa der Welt*, übers. v. Regula Giuliani, München 1984

Merleau-Ponty, Maurice (1973), *Vorlesungen I*, übers. v. Alexandre Métraux, Berlin, New York

Merleau-Ponty, Maurice (1988), *Keime der Vernunft. Vorlesungen an der Sorbonne 1949–1952*, hg. v. Bernhard Waldenfels, übers. v. Antje Kapust, München 1994

Merleau-Ponty, Maurice (1995), *Die Natur. Aufzeichnungen von Vorlesungen am Collège de France 1956–1960*, übers. v. Mira Köller, München 2000

Merleau-Ponty, Maurice (1998), „Husserl aux limites de la phénoménologie", in: ders., *Notes de cours sur L'origine de la géométrie de Husserl suivi de Recherches sur la phénoménologie de Merleau-Ponty*, hg. v. Renaud Barbaras, Paris, 11–92

Merleau-Ponty, Maurice (2000), *Parcours deux. 1951–1961*, hg. v. Jacques Prunair, Lagrasse

Merleau-Ponty, Maurice (2001), *Psychologie et pédagogie de l'enfant. Cours de Sorbonne 1949–1952*, hg. v. Jaques Prunair, Lagrasse

Merleau-Ponty, Maurice (2003), *Das Auge und der Geist. Philosophische Essays*, hg. v. Christian Bermes, Hamburg

Merleau-Ponty, Maurice (2011), *Le monde sensible et le monde de l'expression. Notes, Cours au Collège de France, 1953*, hg. v. Emmanuel de Saint Aubert u. Stefan Kristensen, Genf

Mersch, Dieter (2002), *Ereignis und Aura. Untersuchungen zu einer Ästhetik des Performativen*, Frankfurt/M.

Meuter, Norbert (2006), *Anthropologie des Ausdrucks. Die Expressivität des Menschen zwischen Natur und Kultur*, München

Michotte, Albert (1946), *La perception de la causalité*, Louvain, Paris

Modleski, Tania (1991), *Feminism without Women*, New York, London

Moles, Alistair (1990), *Nietzsche's Philosophy of Nature and Cosmology*, New York u.a.

Morin, Marie-Eve (2010), „Jean-Luc Nancys Denken des Singulär-Plurals *oder* Das notwendige Zusammensein", in: Bippus, Huber u. Richter 2010, 33–44

Morris, David (1999), „The fold and the Body Schema in Merleau-Ponty and Dynamic Systems Theory", in: *Chiasmi International* 1, 275–284

Morris, David (2000), „The Logic of the Body in Bergson's Motor Schemes and Merleau-Ponty's Body Schema", in: *Philosophy Today* 44, 60–69

Morris, David (2004), *The Sense of Space*, New York

Muhle, Maria (2011), „Zweierlei Vitalismus. Überschreitung – Normativität – Differenz", in: Friedrich Balke u. Marc Rölli (Hg,), *Philosophie und Nicht-Philosophie. Gilles Deleuze – Aktuelle Diskussionen*, Bielefeld, 71–92

Nancy, Jean-Luc (1986), *Die undarstellbare Gemeinschaft*, übers. v. Gisela Febel u. Jutta Legueil, Stuttgart 1988

Nancy, Jean-Luc (1990), „Das gemeinsame Erscheinen. Von der Existenz des ‚Kommunismus' zur Gemeinschaftlichkeit der ‚Existenz'", übers. v. Gisela Febel u. Jutta Legueil, in: Joseph Vogl (Hg.), *Gemeinschaften. Positionen zu einer Philosophie des Politischen*, Frankfurt/M. 1994, 167–204

Nancy, Jean-Luc (1991), *Das Gewicht eines Denkens*, übers. v. Cordula Unewisse, Bonn 1995

Nancy, Jean-Luc (1996), *singulär plural sein*, übers. v. Ulrich Müller-Schöll, Berlin 2004

Nancy, Jean-Luc (1999), *Der Eindringling. Das fremde Herz*, übers. v. Alexander Garcia Düttmann, Berlin 2000

Nancy, Jean-Luc (2000a), *Corpus*, übers. v. Nils Hodyas u. Timo Obergöker, Berlin 2003

Nancy, Jean-Luc (2000b), „58 Indizien über den Körper", in: Nancy 2010a, 7–24

Nancy, Jean-Luc (2001), *Die herausgeforderte Gemeinschaft*, übers. v. Esther von der Osten, Zürich-Berlin 2007

Nancy, Jean-Luc (2003), *Noli me tangere*, übers. v. Christoph Dittrich, Zürich, Berlin 2008

Nancy, Jean-Luc (2006), „Das wahre Außen ist ‚im Herzen' des Innen", Gespräch mit Emmanuel Alloa, in: *ATOPIA. The polylogic e-zine* 9 (www.atopia.tk)

Nancy, Jean-Luc (2010a), *Ausdehnung der Seele*, übers. v. Miriam Fischer, Zürich, Berlin

Nancy, Jean-Luc (2010b), „Der Lustkörper", in: Nancy 2010a, 25–30

Nancy, Jean-Luc (2010c), „Befremdliche Fremdkörper", in: Nancy 2010a, 43–58

Niemeyer, Christian (2002), *Nietzsches andere Vernunft. Psychologische Aspekte in Biographie und Werk*, Darmstadt

Nietzsche, Friedrich (1988), *Kritische Studienausgabe*, 15 Bde., hg. v. Giorgio Colli u. Mazzino Montinari, München

Noë, Alva (2004), *Action in Perception*, Cambridge/MA

Noppeney, Uta (2000), *Abstrakte Haltung – Kurt Goldstein im Spannungsfeld von Neurologie, Psychologie und Philosophie*, Würzburg

Noppeney, Uta, Wallesch Claus (2000), „Language and Cognition – Kurt Goldstein's theory of Semantics", in: *Brain and Cognition* 44, 367–386

Noppeney, Uta (2001), „Kurt Goldstein – A philosophical scientist", in: *Journal of the History of Neuroscience* 10, 67–78

Novotný, Karel (2011), „*Epoché* als Ereignis des Sinnverlustes des Lebens. Jan Patočkas Phänomenologie einer geschichtlichen Sinnerneuerung", in: Hans-Dieter Gondek, Tobias Klass, László Tengelyi (Hg.), *Phänomenologie der Sinnereignisse*, München, 337–339

Oken, Lorenz (1805), *Abriß der Naturphilosophie. Bestimmt zur Grundlage seiner Vorlesungen über Biologie*, Göttingen

O'Regan, J. Kevin u. Noë, Alva (2001), „A sensorimotor account of vision and visual consciousness", in: *Behavioral and Brain Sciences* 23, 939–973

Orth, Ernst Wolfgang (1991), „Philosophische Anthropologie als Erste Philosophie. Ein Vergleich zwischen Ernst Cassirer und Helmuth Plessner", in: *Dilthey-Jahrbuch* 7 (1990/91), 250–274

Orth, Ernst Wolfgang (1995), „Geschichte und Literatur als Orientierungsdimensionen in der Philosophie Ernst Cassirers", in: Enno Rudolph u. Bernd-Olaf Küppers (Hg.), *Kulturkritik nach Ernst Cassirer*, (Cassirer-Forschungen 1), Hamburg 1995

Orth, Ernst Wolfgang (2004), *Von der Erkenntnistheorie zur Kulturphilosophie. Studien zu Ernst Cassirers Philosophie der symbolischen Formen*, Würzburg [2]2004

Palm, Kerstin (2010), „Material Girl – Neue postbutlersche Körper- und Materietheorien in der Debatte", in: *Freiburger Geschlechterstudien*, Heft 24, 145–160

Patočka, Jan (1936), *Die natürliche Welt als philosophisches Problem*, in: ders., *Die natürliche Welt als philosophisches Problem*, Phänomenologische Schriften I, hg. v. K. Nellen, J. Němec, Stuttgart 1990, 23–179

Patočka, Jan (1943), Manuskript über die „phänomenologische Theorie der Subjektivität", Signatur 3000/307

Patočka, Jan (1945), Manuskript „*Studie o pojmu světa*" (Studien zum Weltbegriff), Signatur 3202

Patočka, Jan (1967), „Phänomenologie und Metaphysik der Bewegung", Manuskript, Signatur 10A/1, bzw. 1980/7. Franz. Übers. v. Erika Abrams in: ders., *Papiers phénoménologiques*, Grenoble 1995

Patočka, Jan (1968), „Koncept přednášky o tělesnosti" (Konzept einer Vorlesung über die Leiblichkeit aus dem Jahre 1968, Manuskript, Signatur 1980/8, Franz. Übers. v. Erika Abrams, in: *Papiers phénoménologiques*, Grenoble 1995, 53–116

Patočka, Jan (1991), *Die Bewegung der menschlichen Existenz. Phänomenologische Schriften II*, hg. v. Klaus Nellen, in: Jlia Němec, Srubar, Stuttgart

Patočka, Jan (1995), *Tělo, společenství, jazyk svět*, Praha 1995

Patočka, Jan (2000), *Vom Erscheinen als solchem. Texte aus dem Nachlaß*, hg. v. Helga Blaschek-Hahn u. Karel Novotný, Freiburg, München

Petitot, Jean u.a. (1999), Hg., *Naturalizing Phenomenology. Issues in Contemporary Phenomenology and Cognitive Science*, Stanford

Phillips, James (1996), „Lacan and Merleau-Ponty. The Confrontation of Psychoanalysis and Phenomenology", in: David Pettigrew (Hg.), *Disseminating Lacan*, New York, 69–106

Plessner, Helmuth (1928), *Die Stufen des Organischen und der Mensch. Einleitung in die philosophische Anthropologie*, Berlin, New York ³1975

Plessner, Helmuth (1931), *Macht und menschliche Natur. Ein Versuch zur Anthropologie der geschichtlichen Weltansicht*, in: ders., *Gesammelte Schriften*, hg. v. Günter Dux u. a., Bd. 5, Frankfurt/M. 1981, 135–234

Plessner, Helmuth (1937), „Die Aufgabe der Philosophischen Anthropologie", in: ders., *Gesammelte Schriften*, hg. v. Günter Dux u. a., Bd. 8, Frankfurt/M. 1983, 33–51

Plessner, Helmuth (1941), *Lachen und Weinen. Eine Untersuchung der Grenzen menschlichen Verhaltens*, in: ders., *Gesammelte Schriften*, hg. v. Günter Dux u. a., Bd. 7, Frankfurt/M. 1982, 201–387

Plessner, Helmuth (1948), „Zur Anthropologie des Schauspielers", in: ders., *Gesammelte Schriften*, hg. v. Günter Dux u. a., Bd. 7, Frankfurt/M. 1982, 399–418

Plessner, Helmuth (1953), „Mit anderen Augen", in: ders., *Gesammelte Schriften*, hg. v. Günter Dux u. a., Bd. 8, Frankfurt/M. 1983, 88–104

Plessner, Helmuth (1963), „Immer noch Philosophische Anthropologie?", in: ders., *Gesammelte Schriften*, hg. v. Günter Dux u. a., Bd. 8, Frankfurt/M. 1983, 235–246

Plessner, Helmuth (1969), „Homo absconditus", in: ders., *Gesammelte Schriften*, hg. v. Günter Dux u. a., Bd. 8, Frankfurt/M. 1983, 353–366

Plessner, Helmuth (1970), *Anthropologie der Sinne*, in: ders., *Gesammelte Schriften*, hg. v. Günter Dux u. a., Bd. 3, Frankfurt/M. 1980, 317–393

Plessner, Helmuth (1973), „Der Aussagewert einer philosophischen Anthropologie", in: ders., *Gesammelte Schriften*, hg. v. Günter Dux u. a., Bd. 8, Frankfurt/M. 1983, 380–399

Plessner, Helmuth u. Buytendijk, Frederik J. J. (1925), „Die Deutung des mimischen Ausdrucks. Ein Beitrag zur Lehre vom Bewußtsein des anderen Ichs", in: ders., *Gesammelte Schriften*, hg. v. Günter Dux u. a., Bd. 7, Frankfurt/M. 1982, 67–129

Pongratz, Friedrich (1986), „Zur Aporetik des Erfahrungsbegriffs bei Th. W. Adorno", in: *Philosophisches Jahrbuch* 93, 135–142

Pontalis, Jean-Bernard (1961), „Note sur le problème de l'inconscient chez Merleau-Ponty", in: *Les Temps Modernes* Nr. 184–85, 287–303

Port, Robert F. u. van Gelder, Tim (1995), *Mind as motion: Exploration in the Dynamics of Cognition*, Cambridge

Querner, Hans (1969), „Die Anthropologie auf den Versammlungen der Deutschen Naturforscher und Ärzte bis zur Gründung der Gesellschaft für Anthropologie 1869", in: Hermann Pohle u. Gustav Mahr (Hg.), *Festschrift zum hundertjährigen Bestehen der*

Berliner Gesellschaft für Anthropologie Ethnologie und Urgeschichte 1869–1969, Erster Teil, Berlin, 143–156

Ramsay, William M. (2007), *Representation Reconsidered*, Cambridge/MA

Rath, Norbert (1987), „Zur Nietzsche-Rezeption Horkheimers und Adornos", in: Willem van Reijen u. Gunzelin Schmid Noerr (Hg.), *Vierzig Jahre Flaschenpost: ‚Dialektik der Aufklärung' 1947–1987*, Frankfurt/M., 73–110

Rickert, Heinrich (1899), *Kulturwissenschaft und Naturwissenschaft*, Stuttgart 1986

Ricœur, Paul (1949), „Le renouvellement du problème de la philosophie chrétienne par les philosophies de l'existence", in: Jean Boisset u.a. (Hg.), *Le problème de la philosophie chrétienne*, Paris, 43–67

Ricœur, Paul (1950), *Philosophie de la volonté. Le volontaire et l'involontaire*, Paris

Ricœur, Paul (1953), „Sur la phénoménologie", in: *Esprit* 21, 821–839

Ricœur, Paul (1956), „Que signifie ‚Humanisme'?", in: *Comprendre. Revue de politique de la culture*, Nr. 15, 84–92

Ricœur, Paul (1960a), *Die Fehlbarkeit des Menschen. Phänomenologie der Schuld I; Symbolik des Bösen. Phänomenologie der Schuld II*; übers. v. Maria Otto, Freiburg, München ²1988

Ricœur, Paul (1960b), „Zum Grundproblem der Gegenwartsphilosophie. Die Philosophie des Nichts und die Ur-Bejahung", in: Richard Wisser (Hg.), *Sinn und Sein. Ein philosophisches Symposium*, Tübingen, 47–65

Ricœur, Paul (1962), „L'Humanité de l'homme", in: *Studium Generale* 15, 309–323

Ricœur, Paul (1965), *Die Interpretation*, übers. v. Eva Moldenhauer, Frankfurt/M. 1974

Ricœur, Paul (1967), „La question du sujet: le défi de la sémiologie", in: ders.: *Le conflit des interprétations*, Paris 1969, 233–362

Ricœur, Paul (1976), „Entre Gabriel Marcel et Jean Wahl", in: Emmanuel Levinas, Xavier Tiliette u. Paul Ricœur, *Jean Wahl et Gabriel Marcel*, Paris, 57–87

Ricœur, Paul (1977), „Objektivierung und Entfremdung in der geschichtlichen Erfahrung", in: *Philosophisches Jahrbuch* 84, 1–12

Ricœur, Paul (1983–1985), *Zeit und Erzählung*, 3 Bde., übers. v. Rainer Rochlitz, München 1988–1991

Ricœur, Paul (1990), *Das Selbst als ein Anderer*, übers. v. Jean Greisch in Zusarb. m. Thomas Bedorf u. Birgit Schaaff, München 1996

Ricœur, Paul (2000), *Gedächtnis, Geschichte, Vergessen*, übers. v. Hans-Dieter Gondek, Heinz Jatho u. Markus Sedlaczek, München 2004

Ricœur, Paul (2006), *Wege der Anerkennung*, übers. v. Ulrike Bokelmann u. Barbara Heber-Schärer, Frankfurt/M.

Ricœur, Paul (2007), „De la philosophie du monde naturel à la philosophie de l'histoire" (1997), in: *Studia phaenomenologica* VII, 193–200

Ricœur, Paul u. Marcel, Gabriel (1968), *Entretiens*, Paris

Riley, Denise (1988), *Am I That Name? Feminism and the Category of Woman in History*, Minneapolis

Robnik, Drehli (2002), „Körper-Erfahrung und Film-Phänomenologie", in: Jürgen Felix (Hg.), *Moderne Filmtheorie: Eine Einführung*, Mainz, 246–285

Rock, Irvin u. Harris, Charles Samuel (1967), „Vision and touch", in: *Scientific American*, 216, Nr. 5, 96–104

Rodrigo, Pierre (2009), *L'intentionnalité créatrice. Problèmes de phénoménologie et d'esthétique*, Paris

Roll, Jean-Pierre u. Roll, Régine (1988), „From eye to foot: A proprioceptive chain involved in postural control", in: Bernard Amblard, A. Berthoz, u. François Clarac (Hg.), *Posture and Gait: Development, Adaptation, and Modulation*, Amsterdam, 155–164
Rölli, Marc (2000), „Wie verschafft man sich einen organlosen Körper? Zur dialektischen Schlüpfrigkeit der Differenz", in: literaturkritik.de 2, 10 (Oktober 2000), http://www.literaturkritik.de/public/rezension.php?rez_id=1617&ausgabe=200010 (zuletzt aufgerufen am 1. März 2011)
Rölli, Marc (2009a), „Nietzsches Abkehr von der Tradition des anthropologischen Denkens", in: Ralf Krause (Hg.), *Nietzsche. Perspektiven der Macht*, Berlin, 141–172
Rölli, Marc (2009b), „Zu den Sachen selbst! Methodendifferenzen zwischen Husserl und Dewey", in: *Journal Phänomenologie*, H. 32, 46–58
Rölli, Marc (2011), *Kritik der anthropologischen Vernunft*, Berlin
Roselt, Jens (2008), *Phänomenologie des Theaters*, München
Rothschuh, Karl E. (1968) *Physiologie*, Freiburg
Roudinesco, Elisabeth u. Plon, Michel (1997), *Dictionnaire de la psychanalyse*, Paris
Rowlands, Mark (2006), *Body Language*, Cambridge
Rowlands, Mark (2010), *The New Science of the Mind*, Cambridge
Ryle, Gilbert (1949), *The concept of mind*, London
Saar, Martin (2007), *Genealogie als Kritik: Geschichte und Theorie des Subjekts nach Nietzsche und Foucault*, Frankfurt/M. 2007
Saint-Aubert, Emmanuel de (2004), *Du lien des êtres aux éléments de l'être. Merleau-Ponty au tournant des années 1945–1951*, Paris
Salaquarda, Jörg (1994), „‚Leib bin ich ganz und gar' – Zum ‚dritten Weg' bei Schopenhauer und Nietzsche", in: *Nietzscheforschung*, Band 1, Berlin, 37–50
Sandherr, Susanne (1998), *Die heimliche Geburt des Subjekts. Das Subjekt und sein Werden im Denken Emmanuel Levinas'*, Stuttgart, Berlin, Köln
Sartre, Jean-Paul (1943), *Das Sein und das Nichts. Versuch einer phänomenologischen Ontologie*, übers. v. Hans Schöneberg u. Traugott König, Reinbek 1993
Saussure, Ferdinand de (1972), *Cours de linguistique générale*, hg. v. Tullio de Mauro, Paris
Saxl, Fritz (1932), „Die Ausdrucksgebärden der bildenden Kunst", in: Aby M. Warburg, *Ausgewählte Schriften und Würdigungen*, hg. v. Dieter Wuttke, Baden-Baden 1992, 419–431
Schank, Gerd (2000), *„Rasse" und „Züchtung" bei Nietzsche*, New York, Berlin 2000
Schaub, Mirjam (2005), *Bilder aus dem Off. Zum philosophischen Stand der Kinotheorie*, Weimar
Scheler, Max (1913/16), *Der Formalismus in der Ethik und die materiale Wertethik. Neuer Versuch der Grundlegung eines ethischen Personalismus*, in: ders., *Gesammelte Werke*, hg. v. Maria Scheler u. Manfred S. Frings, Bd. 2, Bern, München [5]1966
Scheler, Max (1928), *Die Stellung des Menschen im Kosmos*, in: ders. Gesammelte Werke, hg. v. Maria Scheler u. Manfred S. Frings, Bern, München 1976, 7–71

Schelling, Friedrich Wilhelm Josef (1797), *Ideen zu einer Philosophie der Natur*, in: ders., *Historisch-kritische Ausgabe*, i. Auftr. d. Schelling-Kommission der Bayrischen Akademie der Wissenschaften, Bd. 5, hg v. Manfred Durner, Stuttgart 1994, 59–306
Schelling, Friedrich Wilhelm Josef (1798), „Von der Weltseele", in: ders., *Schriften von 1794–1798*, Darmstadt 1980

Schelling, Friedrich Wilhelm Josef (1799), *Erster Entwurf eines Systems der Naturphilosophie*, in: ders., *Historisch-kritische Ausgabe*, i. Auftr. d. Schelling-Kommission der Bayrischen Akademie der Wissenschaften, Bd. 7, hg. v. Wilhelm G. Jacobs u. Paul Ziche, Stuttgart 2001

Schelling, Friedrich Wilhelm Josef (1802–03), *Philosophie der Kunst, Vorlesungen aus dem handschriftlichen Nachlass*, in: ders., *Schriften*, Bd. 2, Frankfurt/M. 1985, 181–565

Schelling, Friedrich Wilhelm Josef (1803), *Vorlesungen über die Methode des akademischen Studiums*, in: ders., *Schriften von 1801–1804*, Darmstadt 1976, 441–586

Schelling, Friedrich Wilhelm Josef (1804), *System der gesammten Philosophie und der Naturphilosophie insbesondere*, in: ders., *Schriften*, Bd. 3, Frankfurt/M. 1985, 141–587

Schelling, Friedrich Wilhelm Josef (1810), *Stuttgarter Privatvorlesungen, aus dem handschriftlichen Nachlass*, in: ders., *Schriften*, Bd. 4, Frankfurt/M. 1985, 29–96

Schilder, Paul (1935), *The Image and Appearance of the Human Body: Studies in the Constructive Energies of the Psyche*, New York 1978

Schipperges, Heinrich (1975), *Am Leitfaden des Leibes. Zur Anthropologie und Therapeutik Friedrich Nietzsches*, Stuttgart

Schlegel, Friedrich (1800/01), *Transcendentalphilososphie*, Hamburg 1991

Schloßberger, Matthias (2005), *Die Erfahrung des Anderen. Gefühle im menschlichen Miteinander, Berlin*

Schmidt, Alfred (1991), „Materialismus als nachmetaphysisches und metaphysisches Denken", in: Josef Früchtl u. Maria Calloni (Hg.), *Geist gegen den Zeitgeist. Erinnern an Adorno*, Frankfurt/M., 33–46

Schmitz, Hermann (1965a), *System der Philosophie*. Zweiter Band. Erster Teil: *Der Leib*, Bonn

Schmitz, Hermann (1965b), *System der Philosophie*. Zweiter Band. Zweiter Teil: *Der Leib im Spiegel der Kunst*, Bonn

Schmitz, Hermann (1990), *Der unerschöpfliche Gegenstand. Grundzüge der Philosophie*, Bonn

Schmitz, Hermann (1994), *Neue Grundlagen der Erkenntnistheorie*, Bonn

Schmitz, Hermann (1999), *Der Spielraum der Gegenwart*, Bonn

Schmitz, Hermann (2003a), *Was ist Neue Phänomenologie?*, Rostock

Schmitz, Hermann (2003b), „Die Grenzen des ‚exzentrischen' Subjekts", in: *Deutsche Zeitschrift für Philosophie* 51, 873–876

Schnädelbach, Herbert (1983a), „Dialektik als Vernunftkritik. Zur Konstruktion des Rationalen bei Adorno", in: Ludwig v. Friedeburg u. Jürgen Habermas, *Adorno-Konferenz 1983*, Frankfurt/M., 66–93

Schnädelbach, Herbert (1983b), *Philosophie in Deutschland 1831–1933*, Frankfurt/M.

Schreber, Daniel Paul (1903), *Denkwürdigkeiten eines Nervenkranken. Mit Aufsätzen von Franz Baumayer*, hg. v. Peter Heiligenthal u. Reinhard Volk, Frankfurt/M. 1985

Schneider, Ulrich Johannes (2004), *Michel Foucault*, Darmstadt

Schürmann, Volker (2009a), „Logik des Ausdrucks", in: Sabine Huschka (Hg.), *Wissenskultur Tanz. Historische und zeitgenössische Vermittlungsakte zwischen Praktiken und Diskursen*, Bielefeld, 107–116

Schürmann, Volker (2009b), Rezension von *Fischer 2008*, in: *Philosophisches Jahrbuch* 116 (2009), 465–468

Schürmann, Volker (2010a), „Lachen", in: Enzyklopädie Philosophie. In drei Bänden mit einer CD-ROM, hg. v. Hans Jörg Sandkühler, Hamburg 2010, 1373–1377

Schürmann, Volker (2010b), Art. „Vermittlung/Unmittelbarkeit", in: Enzyklopädie Philosophie. In drei Bänden mit einer CD-ROM, hg. v. Hans Jörg Sandkühler, Hamburg 2010, 2886–2891

Schürmann, Volker (1999), *Zur Struktur hermeneutischen Sprechens. Eine Bestimmung im Anschluß an Josef König*, Freiburg, München

Schweppenhäuser, Gerhard (1993), *Ethik nach Auschwitz. Adornos negative Moralphilosophie*, Hamburg

Seel, M. (1993), *Die Zelebration des Unvermögens – Zur Ästhetik des Sports, in: ders., Ethisch-ästhetische Studien*, Frankfurt/M. 1996, 188–200 Shapiro, Larry A. (2004), *The Mind Incarnate*, Cambridge/MA

Shapiro, Larry A. (2007), „The embodied cognition research programme", in: *Philosophy Compass* 2/2, 338–346

Shepherdson, Charles (1994), „The *Role* of Gender and the *Imperative* of Sex", in: *Supposing the Subject*, hg. v. Joan Copjec, London, New York, 158–184

Siebenpfeiffer, Hania (2008), „Körper", in: *Foucault-Handbuch*, hg. v. Clemens Kammler, Rolf Parr u. Ulrich Johannes Schneider, Stuttgart, Weimar 2008, 266–272

Siep, Ludwig (1993), „Leiblichkeit bei Fichte", in: *Kategorien der Existenz. Festschrift für Wolfgang Janke*, hg. v. Klaus Held u. Jochem Henningfeld, Würzburg, 107–120

Sirovátka, Jakub (2006), *Der Leib im Denken von Emmanuel Levinas*, Freiburg, München

Sobchack, Vivian (1992), *The Address of the Eye. A Phenomenology of Film Experience*, Princeton

Soentgen, Jens (1998), *Die verdeckte Wirklichkeit: Einführung in die neue Phänomenologie von Hermann Schmitz*, Bonn

Specht, Rainer (1966), *Commercium mentis et corporis. Über Kausalvorstellungen im Cartesianismus*, Stuttgart

Staten, Henry (1990), *Nietzsche's Voice*, Ithaca, London 1990

Steffens, Heinrich (1822), *Anthropologie*, Bd. 2, Breslau

Steiner, George (1989), *Von realer Gegenwart. Hat unser Sprechen Inhalt?*, übers. v. Jörg Trobitius, München, Wien 1990

Sternagel, Jörg, Levitt, Deborah u. Mersch, Dieter (2012), Hg., *Acting and Performance in Moving-Image Culture. Bodies, Screens, Renderings*, Bielefeld

Stiegler, Bernard (2010), *Hypermaterialität und Psychomacht*, Zürich, Berlin

Stoellger, Philipp (2010), „Mit-Teilung und Mit-Sein – Gemeinschaft aus ‚Neigung' zum Anderen. Zu Nancys Dekonstruktion der Gemeinschaft", in: Bippus, Huber u. Richter 2010, 45–64

Stoller, Robert J. (1968), *Sex & Gender: On the Development of Masculinity & Feminity*, London

Stoller, Silvia (1999), „Merleau-Pontys Psychoanalyse-Rezeption", in: *Phänomenologische Forschungen*, Neue Folge, 43–76

Straus, Erwin (1956), *Vom Sinn der Sinne*, Berlin, New York, Heidelberg

Straus, Erwin (1966), *Phenomenological Psychology*, New York

Tebartz-van Elst, Anne (1994), *Ästhetik der Metapher. Zum Streit zwischen Philosophie und Rhetorik bei Friedrich Nietzsche*, Freiburg, München 1994

Thompson, Evan (2007). *Mind in Life: Biology, Phenomenology and the Sciences of Mind*, Cambridge/MA

Thompson, Evan u. Varela, Francisco (2001), „Radical embodiment: Neural dynamics and consciousness", in: *Trends in Cognitive Sciences* 5, Nr. 10, 418–425

Tiemersma, Douwe (1989), *Body Schema and Body image. An Interdisciplinary and Philosophical Study*, Amsterdam

Tiemersma, Douwe (1995), „Der Leib als Wille und Vorstellung. Struktur und Grenzen der Schopenhauerschen Philosophie des Leibes", in: *Ethik und Vernunft. Schopenhauer in unserer Zeit*, hg. v. Wolfgang Schirmacher, Wien, 163–172

Tomasello, Michael (2008), *Origins of Human Communication*, Cambridge/MA

Trevarthen, Colwyn u. Hubley, Penelope (1978), „Secondary intersubjectivity: Confidence, confiding and acts of meaning in the first year", in: Andrew Lock (Hg.), *Action, Gesture and Symbol: The Emergence of Language*, London, 183–229

Trevarthen, Colwyn (1979), „Communication and cooperation in early infancy: A description of primary intersubjectivity", in: Margaret Bullowa (Hg.), *Before Speech*, Cambridge, 321–348

Varela, Francisco J., Thompson, Evan u. Rosch, Eleanor (1991), *The Embodied Mind: Cognitive Science and Human Experience*, Cambridge

Vasey, Craig R. (1980), „Le corps et l'autre", in: *Exercices de la patience* Nr. 1, 33–42

Vogt, Carl (1855), *Köhlerglaube und Wissenschaft. Eine Streitschrift gegen Hofrath Rudolph Wagner in Göttingen*, Gießen

von Braun, Christina (1985), *Nicht Ich Ich Nicht. Logik Lüge Libido*, Frankfurt/M.

von Fabeck, Hans (1994), *An den Grenzen der Phänomenologie. Eros und Sexualität im Werk Maurice Merleau-Pontys*, München

Waldenfels, Bernhard (1971), *Das Zwischenreich des Dialogs. Sozialphilosophische Untersuchungen im Anschluß an E. Husserl*, Den Haag

Waldenfels, Bernhard (1980), *Spielraum des Verhaltens*, Frankfurt/M.

Waldenfels, Bernhard (1983), *Phänomenologie in Frankreich*, Frankfurt/M. 1987

Waldenfels, Bernhard (1985), „Phänomen und Struktur bei Merleau-Ponty", in: ders., *In den Netzen der Lebenswelt*, Frankfurt/M.

Waldenfels, Bernhard (1986), „Das überbewältigte Leiden. Eine pathologische Betrachtung", in: Willi Oelmüller (Hg.), *Leiden* (= Kolloquium Religion und Philosophie, Bd. 3), Paderborn u.a. 1986, 129–140

Waldenfels, Bernhard (1987), *Ordnung im Zwielicht*, Frankfurt/M.

Waldenfels, Bernhard (1990), *Der Stachel des Fremden*, Frankfurt/M.

Waldenfels, Bernhard (1992), *Einführung in die Phänomenologie*, München

Waldenfels, Bernhard (1994a), „Vorwort des Herausgebers", in: Maurice Merleau-Ponty, *Keime der Vernunft. Vorlesungen an der Sorbonne 1949–1952*, München, 9–20

Waldenfels, Bernhard (1994b), *Antwortregister*, Frankfurt/M.

Waldenfels, Bernhard (1995), „Verflechtung und Trennung", in: ders., *Deutsch-Französische Gedankengänge*, Frankfurt/M., 346–382

Waldenfels, Bernhard (1997), *Topographie des Fremden. Studien zur Phänomenologie des Fremden*. Bd. 1, Frankfurt/M.

Waldenfels, Bernhard (1999), *Sinnesschwellen. Studien zur Phänomenologie des Fremden*. Bd. 3, Frankfurt/M.

Waldenfels, Bernhard (2000a), *Das leibliche Selbst. Vorlesungen zur Phänomenologie des Leibes*, Frankfurt/M.

Waldenfels, Bernhard (2000b), „Die Responsivität des Leibes", in: ders., *Idiome des Denkens. Deutsch-Französische Gedankengänge II*, Frankfurt/M. 2005, 76–89

Waldenfels, Bernhard (2001), *Findigkeit des Körpers*, Dortmund

Waldenfels, Bernhard (2002), *Bruchlinien der Erfahrung. Phänomenologie – Psychoanalyse – Phänomenotechnik*, Frankfurt/M.

Waldenfels, Bernhard (2005), „Die Schlüsselrolle des Leibes“, in ders., *Idiome des Denkens. Deutsch-französische Gedankengänge II*, Frankfurt/M., 63–75

Waldenfels, Bernhard (2010), *Sinne und Künste im Wechselspiel. Modi ästhetischer Erfahrung*, Frankfurt/M.

Wapner, Seymour u. Werner, Heinz (1965), „An experimental approach to body perception from the organismic developmental point of view“, in: dies. (Hg.), *The Body Percept*, New York

Warburg, Aby (1890), *Fragmente, 27. August 1890*, zitiert nach Ernst H. Gombrich, *Aby Warburg. Eine intellektuelle Biographie*, Hamburg ²1992

Warburg, Aby (1923) *Schlangenritual. Ein Reisebericht*, hg. v. Ulrich Raulff, Berlin 1988

Warburg, Aby (1924), *Brief an Ernst Cassirer*, 15. April 1924, in: ders., *Nachgelassene Manuskripte und Texte*, hg. v. Klaus Christian Köhnke, John Michael Krois u. Oswald Schwemmer, Bd. 18: *Ausgewählter wissenschaftlicher Briefwechsel*, hg. v. John Michael Krois, Hamburg 2009, S. 67

Warburg, Aby (1927), Notiz vom 17. VII. 1927, in: *Tagebuch der Kulturwissenschaftlichen Bibliothek Warburg mit Einträgen von Gertrud Bing und Fritz Saxl, Gesammelte Schriften*. Siebte Abteilung, Bd. 7, hg. v. Karen Michels u. Charlotte Schoell-Glass, Berlin 2001, 120

Warburg, Aby (1929), *Einleitung*, in: *Der Bilderatlas Mnemosyne*, Gesammelte Schriften Studienausgabe, hg. v. Martin Warnke, Berlin ³2008

Weiss, Gail (1999), *Body Images. Embodiment as Intercorporeality*, New York-London

Weizsäcker, Viktor von (1940) *Der Gestaltkreis. Theorie der Einheit von Wahrnehmen und Bewegen*, in: ders., *Gesammelte Schriften*, Band 4, Frankfurt 1997

Wellmer, Albrecht (1985), „Adorno, Anwalt des Nicht-Identischen. Eine Einführung“, in: ders., *Zur Dialektik von Moderne und Postmoderne*, Frankfurt/M. 1985, 135–166

Wertheimer, Max (1925): „Experimentelle Studien über das Sehen von Bewegung“, in: ders., *Drei Abhandlungen zur Gestalttheorie*, Erlangen, 1–115

Wheeler, Michael (2005), *Reconstructing the Cognitive World*, Cambridge/MA

Wiegerling, Klaus (2008), „Leib als symbolische Form und Ursprung von Medialität“, in: Reto Luzius Fetz u. Sebastian Ullrich (Hg.), *Lebendige Form. Zur Metaphysik des Symbolischen in Ernst Cassirers „Nachgelassenen Manuskripten und Texten“*, Hamburg

Wilson, Robert A. (1994), „Wide computationalism“, in: *Mind* 103, 351–372

Wind, Edgar (1931), „Warburgs Begriff der Kulturwissenschaft“, in: *Aby M. Warburg, Ausgewählte Schriften und Würdigungen*, hg. v. Dieter Wuttke, Baden-Baden ³1992, 401–417

Wittig, Monique (1980), *The Straight Mind and Other Essays*, Boston 1992

Wolf, Naomi (1990), *The beauty myth*, London

Wundt, Wilhelm (1874), *Grundzüge der physiologischen Psychologie*, Bd. 1, Leipzig ⁴1893

Zahavi, Dan (1996), *Husserl und die transzendentale Intersubjektivität*, Dordrecht u.a

Zahavi, Dan (2005): *Subjectivity and Selfhood. Investigating the First-Person Perspective*, Cambridge/MA

Zahavi, Dan (2009), *Husserls Phänomenologie*, übers. v. Bernhard Obsieger, Tübingen

Zajac, Felix E. (1993), „Muscle coordination of movement: A perspective“, in: *Journal of Biomechanics* 26, suppl. 1, 109–124

Zielinski, Agata (2002), *Lecture de Merleau-Ponty et Levinas. Le corps, le monde, l'autre*, Paris

Žižek, Slavoj (1998), *Das Unbehagen im Subjekt*, übers. v. Andreas Leopold Hofbauer, Wien

Žižek, Slavoj (2005), *Körperlose Organe. Bausteine für eine Begegnung zwischen Deleuze und Lacan*, übers. v. Nikolaus G. Schneider, Frankfurt/M.
Zlatev, Jordan (2010), „Phenomenology and Cognitive Linguistics", in: Shaun Gallagher u. Daniel Schmicking (Hg.), *Handbook of Phenomenology and Cognitive Science*, Dordrecht, 415–446

Arbeitsbibliographie

Die Arbeitsbibliographie verzeichnet Titel, die den Begriff der Leiblichkeit oder der Leib-Körper-Differenz zum Thema haben. Stets enthalten im mindesten einzelne Kapitel oder Artikel Beiträge zum Thema, auch wenn dies aus dem Titel nicht entnommen werden kann. Ausgespart wurde die umfangreiche Literatur zum Thema „Körper" und „Körperlichkeit" sowie auch Beiträge über Autoren, denen im Rahmen der hier versammelten Beiträge eigene Artikel gewidmet sind.

Alkemeyer, Thomas (2009), Hg., *Ordnung in Bewegung: Choreographien des Sozialen. Körper in Sport, Tanz, Arbeit und Bildung*, Bielefeld

Alloa, Emmanuel, „Le corps est-il silencieux ?", in: Barbara Formis (2009), Hg., *Penser en corps. Soma-esthétique, art et philosophie*, Paris, 113–132

Andrieu, Bernard (2010), Hg., *Philosophie dur corps. Expériences, interactions et écologie corporelle*, Paris

Angehrn, Emil u. Baertschi, Bernard (2003), Hg., *Der Körper in der Philosophie*, Bern

Asmuth, Christoph (2007), Hg., *Transzendentalphilosophie und Person. Leiblichkeit – Interpersonalität – Anerkennung*, Bielefeld

Au, Christina aus der (2008), Hg., *Körper-Leib-Seele-Geist. Schlüsselbegriffe einer aktuellen Debatte*, Zürich

Barkhaus, Annette u.a. (1999), *Identität, Leiblichkeit, Normativität. Neue Horizonte anthropologischen Denkens*, Frankfurt/M.

Baur, Patrick (2011), *Phänomenologie der Gebärden. Leiblichkeit und Sprache bei Heidegger*, Freiburg, München

Beck, Matthias (2001), *Hippokrates am Scheideweg. Medizin zwischen naturwissenschaftlichem Materialismus und ethischer Verantwortung*, Paderborn u.a.

Becker, Barbara (1994), „Leiblichkeit und Kognition. Zur Relevanz der phänomenologischen Philosophie Merleau-Pontys für eine Einschätzung kognitionswissenschaftlicher Modellbildungen", in: Peter Gold u. Andreas K. Engel (Hg.), *Der Mensch in der Perspektive der Kognitionswissenschaften*, Frankfurt/M., 270–288

Behnke, Elizabeth A., (1997) Art. „Body", in: *Encyclopedia of Phenomenology*, hg. v. Lester Embree, Dordrecht

Bergoffen, Debra (1990), „The body politic: Democratic metaphors, totalitarian pratices, erotic rebellions", in: *Philosophy & Social Criticism* 16, 109–126

Bermes, Christian (2000), „Geist und Leib", in: ders., Wolfhart Henckmann u. Heinz Leonardy (Hrsg.), *Person und Wert. Schelers „Formalismus": Perspektiven und Wirkungen*, Freiburg, München

Böhme, Gernot (1986), *Natur, Leib, Sprache. Die Natur und der menschliche Leib. Mit einem Anhang über die Signaturenlehre bei Paracelsus und Jacob Böhme*, Delft

Böhme, Gernot (2002), „Mein Herz. Probleme einer Ethik des Leibes am Beispiel der Transplantationsmedizin", in: *Zeitschrift für Didaktik der Philosophie und der Ethik* Nr. 1, 7–13

Böhme, Gernot (2003), *Leibsein als Aufgabe. Leibphilosophie in pragmatischer Hinsicht*, Essen

Breeur, Roland (2008), „Corps et chair chez Sartre", in: *Annales de phénoménologie* 7, 171–186

Butler, Judith (1993), *Körper von Gewicht*, übers. v. Kartin Wördemann, Frankfurt/M. 1997

Carbone, Mauro (2002), „Flesh: Towards the History of a Misunderstanding", in : *Chiasmi International* 4, 49–62

Costa, Vincenzo (2008), „Die Erfahrung des Anderen. Phänomenologie, Behaviorismus und Spiegelneuronen", in: *Husserl Studies* 24, 231–241

Demmerling, Christoph (2001), „Den Leib zur Sprache bringen: Überlegungen zur Leib-Körper-Unterscheidung", in: *Allgemeine Zeitschrift für Philosophie* 36, Nr. 1

Depraz, Natalie (1997), „La traduction de Leib, une crux phaenomenologica", in: *Etudes phénoménologiques* 26, 91–109

Dittmann, Lorenz (1973), „Kunstwissenschaft und Phänomenologie des Leibes", in: *Aachener Kunstblätter* 44, 287–316

Dörflinger, Bernd (2002), „Schopenhauers Philosophie des Leibes", in: *Schopenhauer-Jahrbuch* 83, 43–86

Ebach, Jürgen u.a. (2006), Hg., *„Dies ist mein Leib". Leibliches, Leibeigenes und Leibhaftiges bei Gott und den Menschen (Jabboq)*, Gütersloh

Ellis, Ralph D. (2006), „Phenomenology-Friendly Neuroscience: The Return To Merleau-Ponty As Psychologist", in: *Human Studies* 29, 33–55

Elm, Ralf (2009), Art. „Leib, Leiblichkeit", in: *Handbuch Anthropologie*, hg. v. Eike Bohlken u. Christian Thies, Stuttgart, Weimar, 367–371

Fikus, Monika u. Schürmann, Volker (2004), Hg., *Die Sprache der Bewegung. Sportwissenschaft als Kulturwissenschaft*, Bielefeld

Freyer, Thomas (2009), Hg., *Der Leib. Theologische Perspektiven aus dem Gespräch mit Emmanuel Levinas*, Ostfildern

Fuchs, Thomas (2000), *Leib, Raum, Person. Entwurf einer phänomenologischen Anthropologie*, Stuttgart

Fuchs, Thomas (2008), *Das Gehirn – ein Beziehungsorgan. Eine phänomenologisch-ökologische Konzeption*, Stuttgart

Fuchs, Thomas (2008), *Leib und Lebenswelt. Neue philosophisch-psychiatrische Essays*, Kusterdingen

Gallagher, Shaun u. Depraz, Natalie (2004), *Embodiment and awareness. Perspectives from phenomenology and cognitive science*, Torun

Gessmann, Martin (2009), „Phänomenologie und Neurowissenschaften", in: *Philosophische Rundschau* 56, 211–240

Giuliani, Regula (1997), „Der übergangene Leib. Zu den Theorien von Simone de Beauvoir, Luce Irigaray und Judith Butler", in: *Phänomenologische Forschungen*, Neue Folge

Grätzel, Stefan (1985), „Physiologie der Kunst. Eine Grundlegung der Vernunft des Leibes", in: *Nietzsche-Studien* 13, 394–398

Grätzel, Stefan (1989), *Die philosophische Entdeckung des Leibes*, Stuttgart

Großheim, Michael (1995), Hg., *Leib und Gefühl. Beiträge zur Anthropologie*, Berlin

Grosz, Elizabeth A. (2007), *Volatile bodies. Toward a corporeal feminism*, Bloomington

Grüny, Christian (2006) „What about the materiality of the body, Judy?", in: Dirk Rustemeyer (Hg.), *Formfelder. Genealogien von Ordnung*, Würzburg, 75–103

Gugutzer, Robert (2002), *Leib, Körper und Identität. Eine phänomenologisch-soziologische Untersuchung zur personalen Identität*, Wiesbaden

Gugutzer, Robert (2004), *Soziologie des Körpers*, Bielefeld

Gugutzer, Robert (2006), Hg., *Body Turn: Perspektiven der Soziologie des Körpers und des Sports*, Bielefeld

Gugutzer, Robert (2008), „Transdifferente Leiblichkeit. Leibphänomenologische Überlegungen zu einer Soziologie der Transsubjektivität", in: Britta Kalscheuer u. Lars Allolio-Näcke (Hg.), *Kulturelle Differenzen begreifen. Das Konzept der Transdifferenz aus interdisziplinärer Sicht*, Frankfurt/M. u.a.

Hackermeier, Margaretha (2008), *Einfühlung und Leiblichkeit als Voraussetzung für intersubjektive Konstitution. Zum Begriff der Einfühlung bei Edith Stein und seine Rezeption durch Edmund Husserl, Max Scheler, Martin Heidegger, Maurice Merleau-Ponty und Bernhard Waldenfels*, Hamburg

Haneberg, Björn (1995), *Leib und Identität. Die Bedeutung der Leiblichkeit für die Bildung der sozialen Identität*, Würzburg

Hannich, Hans-Joachim, Hartmann, Ute u. Wiesmann, Ulrich (2002), Hg., *inkorporation – verKÖRPERung – leiblichkeit. Interdisziplinäre Perspektiven*, Lengerich

Hirose, Koji (2008), „La fonction heuristique de la notion philosophique. Sur la traduction de la notion de chair en japonais", in: *Chiasmi International* 10, 129–137

Homer, Anke (2010), *Kleine Leiblichkeiten. Erkundungen in Lebenswelten*, Wiesbaden

Jäger, Ulle (2004), *Der Körper, der Leib und die Soziologie: Entwurf einer Theorie der Inkorporierung*, Königstein/Ts.

Jay, Martin (2003), „Soma-Ästhetik und Demokratie. Die politische Dimension der Körperkunst", in: Ursula Franke u. Josef Früchtl (Hg.), *Kunst und Demokratie. Zeitschrift für Ästhetik und allgemeine Kunstwissenschaft*, Sonderheft 2003

Kalitzkus, Vera (2008), „‚Intime Fremde'. ‚Organspende' und -transplantation im Spannungsfeld von Körper und Leib", in: *Bricolage* 5, 238–249

Kirby, Vicki (1997), *Telling Flesh: The Substance of the Corporeal*, New York u.a.

Kottmann, Reinhard (1998), *Leiblichkeit und Wille in Fichtes „Wissenschaftslehre nova methodo"*, Münster

Küchenhoff, Joachim u. Wiegerling, Klaus (2008), *Leib und Körper. Philosophie und Psychologie im Dialog*, Göttingen

Kühn, Rolf (2004), *Gabe als Leib in Christentum und Phänomenologie*, Würzburg

Lakoff, George u. Johnson, Mark (1990), *Metaphors We Live By*, Chicago

Lakoff, George u. Johnson, Mark (1999), *Philosophy in the Flesh. The Embodied Mind and its Challenge to Western Thought*, New York

Landgrebe, Ludwig (1977), „Das Problem der Teleologie und der Leiblichkeit in der Phänomenologie und im Marxismus", in: Bernhard Waldenfels, Jan M. Broekman u. Ante Pažanin (Hg.), *Phänomenologie und Marxismus*, Bd. I: *Konzepte und Methoden*, Frankfurt/M., 71–104

Leonhard, Silke (2006), *Leiblich lernen und lehren. Ein religionsdidaktischer Diskurs*, Stuttgart

Lindemann, Gesa (1993a), „Wider die Verdrängung des Leibes aus der Geschlechtskonstruktion", in: *Feministische Studien*, Heft 2, 44–54.

Lindemann, Gesa (1993b), *Das paradoxe Geschlecht. Transsexualität im Spannungsfeld von Körper, Leib und Gefühl*, Frankfurt/M.

Lindemann, Gesa (1995), „Die Verschränkung von Körper und Leib als theoretische Grundlage einer Soziologie des Körpers und leiblicher Erfahrungen", in: Jürgen Friedrich u. Bernd Westermann (Hg.), *Unter offenem Horizont. Anthropologie nach Helmuth Plessner*, Frankfurt/M., 133–139

Lindemann, Gesa (1996), „Zeichentheoretische Überlegungen zum Verhältnis von Körper und Leib", in: Annette Barkhaus (Hg.), *Identität, Leiblichkeit, Normativität. Neue Horizonte anthropologischen Denkens*, Frankfurt/M., 146–175

Lindemann, Gesa (2001), „Körper – Leib – Geschlechterdifferenz", in: Stefanie Brander, Reiner Schweizer u. Beat Sitter-Liver (Hg.), *Geschlechterdifferenz und Macht*, Fribourg, 15–38

Lohmar, Dieter (2006), „Mirror neurons and the phenomenology of intersubjectivity", in: *Phenomenology and the Cognitive Sciences* Nr. 5, 5–16

Lorenz, Maren (2000), *Leibhaftige Vergangenheit. Einführung in die Körpergeschichte*, Tübingen

Madragule Badi, Jean-Bertrand (2006), *Inkarnation in der Perspektive des jüdisch-christlichen Dialogs*, Paderborn u.a.

Mattenklott, Gert (1983), *Der übersinnliche Leib. Beiträge zur Metaphysik des Körpers*, Reinbek

Mauss, Marcel (1935), „Die Techniken des Körpers", übers. v. Axel Schmalfuß, in: ders., *Soziologie und Anthropologie*, Bd. 2, Frankfurt/M. 1989, 197–220

Meinberg, Eckhard (2011), *Leibliche Bildung in der technischen Zivilisation. Über den Umgang mit dem Leibe*, Berlin u.a.

Mensch, James R. (2009), *Embodiments. From the body to the body politic*, Evanston/Ill.

Meyer-Drawe, Käte (1984), *Leiblichkeit und Sozialität. Phänomenologische Beiträge zu einer pädagogischen Theorie der Inter-Subjektivität*, München ^{3}2001

Meyer-Drawe, Käte (1988), „Unerwartete Antworten. Leibphänomenologische Anmerkungen zur Rationalität kindlicher Lebensformen", in: *Acta Paedopsychiatrica* 51, H. 4, 245–251

Meyer-Drawe, Käte (1997), „Das Gehirn – die Wohnstätte des Geistes? Irrwege des Leib-Seele-Dualismus", in: Georg Northoff (Hg.), *Neuropsychiatrie und Neurophilosophie*, Paderborn, 155–167

Meyer-Drawe, Käte (2004a), „Leib", in: Helmuth Vetter (Hg.), *Wörterbuch der phänomenologischen Begriffe*, Hamburg, 331–337

Meyer-Drawe, Käte (2004b), „Leiblichkeit", in: Dietrich Benner u. Jürgen Oelkers (Hg.), *Historisches Wörterbuch der Pädagogik*, Weinheim, Basel, 603–619

Meyer-Drawe, Käte (2006), „Bildung und Leiblichkeit", in: Johannes Rohdeck u. Volker Steenblock (Hg.), *Ethisch-Philosophische Bildung und Ausbildung* [= Jahrbuch für Didaktik der Philosophie und Ethik] Dresden, 75–91

Meyer-Drawe, Käte (2007a), „Inschriften des Leibes: Tattoos, Piercings, Brandings", in: Cathrin Gutwald u. Raimar Zons (Hg.), *Die Macht der Schönheit*, München, 221–244

Meyer-Drawe, Käte (2007b), „Ablehnungen des Leibes. Ekel und Haß", in: Ralf Konersmann (Hg.), *Das Leben denken – Die Kultur denken*, Band 1: *Leben*, Freiburg, München, 111–127

Meyer-Drawe, Käte (2010), „Leib, Körper", in: Christian Bermes u. Ulrich Dierse (Hg.), *Schlüsselbegriffe der Philosophie des 20. Jahrhunderts*, Hamburg, 207–220

Müller, Michael R., Soeffner, Hans-Georg u. Sonnenmoser, Anne (2011), Hg., *Körper Haben. Die symbolische Formung der Person*, Weilerswist

Nancy, Jean-Luc (1992), *Corpus*, übers. v. Nils Hodyas u. Timo Obergöker, Berlin, Zürich 2000

Nielsen, Cathrin (2007), Hg., *Das Leib-Seele-Problem in der Phänomenologie*, Würzburg

Oberhaus, Lars (2006), *Musik als Vollzug von Leiblichkeit. Zur phänomenologischen Analyse von Leiblichkeit in musikpädagogischer Absicht*, Essen

Paimann, Rebecca (2002), „Der Begriff des Leibes von Kant bis Schopenhauer", in: *Philosophisches Jahrbuch* 109, Nr. 1, 64–94

Petzold, Hilarion (1995), Hg., *Leiblichkeit. Philosophische, gesellschaftliche und therapeutische Perspektiven*, Paderborn

Phenomenology and the Cognitive Sciences. Debates on Embodied Social Cognition, Nr. 1 (2012)

Philipp, Thomas (1996), *Selbst-Natur-sein. Leibphänomenologie als Naturphilosophie*, Berlin

Philipp, Thomas (1997), „Leiblichkeit und eigene Natur. Naturphilosophische Aspekte der Leibphänomenologie", in: Gernot Böhme u. Gregor Schiemann (Hg.), *Phänomenologie der Natur*, Frankfurt/M.

Piller, Gudrun (2007), *Private Körper. Spuren des Leibes in Selbstzeugnissen des 18. Jahrhunderts*, Köln

Platz, Theresa (2006), *Anthropologie des Körpers: Vom Körper als Objekt zum Leib als Subjekt von Kultur*, Berlin

Plügge, Herbert (1967), *Der Mensch und sein Leib*, Tübingen

Rappe, Guido (1995), *Archaische Leiberfahrung. Der Leib in der frühgriechischen Philosophie und in außereuropäischen Kulturen*, Berlin

Reichold, Anne (2004), *Die vergessene Leiblichkeit. Zur Rolle des Körpers in ontologischen und ethischen Persontheorien*, Paderborn

Rogozinski, Jacob (2006), *Le moi et la chair. Introduction à l'ego-analyse*, Paris

Salaverría, Heidi (2004), „Das Leib-Körper-Verhältnis und der Pragmatismus. Ein Forschungsbericht", in: *Zeitschrift für Semiotik* 26, H. 1–2

Scheib, Andreas (2008), Hg., *„Dies ist mein Leib". Philosophische Texte zur Eucharistie-Debatte im 17. Jahrhundert*, Darmstadt

Schipperges, Heinrich (1984), *Der menschliche Leib aus medizinischer und philosophischer Sicht*, Aschaffenburg

Schipperges, Heinrich (2001), *Leiblichkeit. Studien zur Geschichte des Leibes*, Aachen

Schmidt, Alfred (1994), „Die Leiblichkeit des Menschen als Bindeglied zwischen Medizin und Philosophie", in: Michael Th. Greven, Peter Kühler u. Manfred Schmitz (Hg.), *Politikwissenschaft als Kritische Theorie. Festschrift für Kurt Lenk*, Baden-Baden

Schnell, Alexander (2009), „Leib et Leiblichkeit chez Maurice Merleau-Ponty et Marc Richir", in: *Annales de Phénoménologie* Nr. 8

Schroer, Markus (2005), Hg., *Soziologie des Körpers*, Frankfurt/M.

Schultheis, Klaudia (1998), *Leiblichkeit – Kultur – Erziehung. Zur Theorie der elementaren Erziehung*, Weinheim

Schürmann, Volker (2003), „Die Bedeutung der Körper. Literatur zur Körper-Debatte: Eine Auswahl in systematischer Absicht", in: *Allgemeine Zeitschrift für Philosophie* 28

Seewald, Jürgen (1989), *Leiblichkeit und symbolische Entwicklung. Implizite Sinnprozesse in systematischer und genetischer Betrachtung*, Marburg

Sheets-Johnstone, Maxine (2009), *The Corporeal Turn: An Interdisciplinary Reader*, Charlottesville

Shusterman, Richard (2001), *Leibliche Erfahrung in Kunst und Lebensstil*, übers. v. Robin Celikates, u.a., Berlin 2005

Shusterman, Richard (2008), *Körper-Bewusstsein: Für eine Philosophie der Somaästhetik*, übers. v. Heidi Salverría, Hamburg 2011

Siep, Ludwig (1993), „Leiblichkeit bei Fichte", in: Klaus Held u. Jochem Henningfeld (Hg.), *Kategorien der Existenz. Festschrift für Wolfgang Janke*, Würzburg, 107–120

Slaby, Jan (2008), *Gefühl und Weltbezug. Die menschliche Affektivität im Kontext einer neo-existentialistischen Konzeption von Personalität*, Paderborn

Steineck, Christian (2007), *Der Leib in der japanischen Bioethik*, Würzburg

Tambornino, John (2002), *The corporeal turn. Passion, necessity, politics*, Lanham/Md. u.a.

Varela, Francisco (2001), „Intime Distanzen. Fragmente einer Phänomenologie der Organtransplantation", übers. v. Emmanuel Alloa, in: *ATOPIA. The polylogic e-zine* 9 (2006) (www.atopia.tk)

Weiß, Martin G. (2008), „Der Phänomenologische Fehlschluss. Zur Kritik einer phänomenologischen Ethik des Leibes", in: Martina Fürst, Wolfgang Gombocz u. Christian Hiebaum (Hg.), *Gehirne und Personen*, Frankfurt/M. u.a., 341–352

Welton, Donn (1997), Hg., *Body and Flesh. A Philosophical Reader*, Oxford, Cambridge/MA ³2001

Welton, Donn (1999), Hg., *The Body. Classic and Contemporary Readings*, Oxford

Yamaguchi, Ichiro (1997), *Ki als leibhaftige Vernunft: Beitrag zur interkulturellen Phänomenologie der Leiblichkeit*, München

Yuasa, Shin›ichi (1998), *Phänomenologie des Alltäglichen. Vom Aspekt der Leiblichkeit des Menschen her*, Frankfurt/M. u.a.

Zanetti, Véronique, „Kann man ohne Körper denken? Über das Verhältnis von Leib und Bewußtsein bei Luhmann und Kant", in: Hans-Ulrich Gumbrecht (Hg.), *Materialität der Kommunikation*, Frankfurt/M. 1988

Biographien

THEODOR W. ADORNO
Geboren 1903 in Frankfurt, gestorben 1969 in Visp (Schweiz). Studierte Philosophie, Soziologie, Musikwissenschaft und Psychologie, Kompositionsschüler von Alban Berg in Wien. 1933 Emigration nach England und in die USA, 1949 Rückkehr nach Deutschland, Professor für Philosophie in Frankfurt, später Leiter des Instituts für Sozialforschung. Neben Max Horkheimer und Herbert Marcuse der wichtigste Vertreter der ersten Generation der Kritischen Theorie.

FREDERIK JACOBUS JOHANNES BUYTENDIJK
Geboren in Breda 1887, gestorben in Nijmegen 1974. Studium der Medizin in Amsterdam, 1914 Reader für Biologie, 1918 Promotion in Physiologie, 1919 Professor für Physiologie an der Freien Universät in Amsterdam. 1925 Professor für Physiologie an der Universität in Groningen. 1946 bis zu seiner Emeritierung 1957 Professor für allgemeine Psychologie in Utrecht. Danach außerordentlicher Professor für theoretische und vergleichende Psychologie in Nimwegen.

ERNST CASSIRER
Geboren 1874 in Breslau, gestorben 1945 in New York, studierte in Berlin, Leipzig und Heidelberg Jurisprudenz, Philosophie und Literatur. Er lehrte 1919–1933 in Hamburg Philosophie und kam dort in Kontakt mit der Kulturwissenschaftlichen Bibliothek Warburg. 1923 bis 1929 erschienen die drei Bände der *Philosophie der symbolischen Formen*. 1930 wurde er Rektor der Universität Hamburg. 1933 emigrierte er über England zunächst nach Schweden und später in die USA.

GILLES DELEUZE
Geboren 1925 in Paris, gestorben 1995 ebenda. Von 1944 bis 1948 studierte er an der Sorbonne Philosophie, wo er u.a. von Georges Canguilhem beeinflusst wurde. 1953 promovierte er bei Jean Hyppolite mit einer Arbeit über David Hume. Danach unterrichtete er an verschiedenen Schulen, bevor er eine Anstellung am CNRS erhielt. Mit Michel Foucault brachte er die französische Nietzsche-Ausgabe voran. Nach einem Intermezzo an der Universität von Lyon habilitierte er sich 1968 mit *Differenz und Wiederholung* und mit *Spinoza und das Problem des Ausdrucks in der Philosophie* (als Zweitthese). Im Zuge der Studentenunruhen entwickelte sich die Zusammenarbeit mit dem Psychiater Félix Guattari. Von 1969 bis zu seiner Pensionierung im Jahr 1987 lehrte Deleuze an der Universität Paris VIII.

MICHEL FOUCAULT
Geboren 1926 in Poitiers, gestorben 1984 in Paris. Absolvent der École normale supérieure, Leiter verschiedener Kulturinstitute in Schweden, Deutschland und Polen. In den 1960er Jahren Professor an den Universitäten von Clermont-Ferrand und Tunis (Tunesien), 1970 gewählt zum Professor am Collège de France, wo er den Lehrstuhl „Geschichte der Denksysteme“ inne hatte.

Sigmund Freud

Geboren 1856 in Freiberg (Österreich), gestorben 1939 in London. Er studiert in Wien Medizin und entwickelt ab 1886 in Selbstanalyse und im Austausch mit Kollegen (Ludwig Fliess, Joseph Breuer) die Psychoanalyse als ein Verfahren zur Heilung von Nervenleiden. In der auf 1900 vordatierten *Die Traumdeutung* legt Freud erstmals seine Auffassung vom Funktionieren des psychischen Apparates dar. In Folge der regen Publikations- und Lehrtätigkeit Freuds etabliert sich die Psychoanalyse rasch als ein therapeutisches Verfahren und als Bewegung mit internationaler Ausstrahlung (1908 Wiener Psychoanalytische Vereinigung, 1910 Internationale Psychoanalytische Vereinigung). Nach dem Einmarsch der deutschen Truppen 1938 emigriert Freud nach London.

Kurt Goldstein

Geboren in Kattowitz 1878, gestorben in New York 1965. Studium der Philosophie und Medizin in Heidelberg und Breslau, 1903 Promotion in Neuroanatomie, ab 1923 Ordinarius für Neurologie an der Universität Frankfurt. Ab 1939 Leiter der neurologischen Abteilung des Berliner Krankenhauses Moabit. 1935 Emigration in die USA. Professor für Neurologie an der Columbia Universität (1936) und an der Tufts Universität (1940–1945).

Martin Heidegger

Geboren in Meßkirch 1889, gestorben in Freiburg 1976. Studium der Theologie und Philosophie in Freiburg i. Brsg., 1913 Promotion, 1915 Habilitation. Ab 1916 enge Zusammenarbeit mit Edmund Husserl. 1923–1927 Professor in Marburg a. d. Lahn; Schüler: Hannah Arendt, Karl Löwith, Hans-Georg Gadamer, Hans Jonas und Herbert Marcuse. 1927 *Sein und Zeit*, 1928 Nachfolge Husserls in Freiburg. 1933 Eintritt in die nationalsozialistische Partei. 1933–1934 Rektorat an der Universität Freiburg, dann Rückzug aus der Hochschulpolitik. 1945 Entzug der Lehrbefugnis. Ab 1951 Wiederaufnahme der Lehrtätigkeit, zahlreiche Vortragsreisen und Besuche u.a. bei Georges Braque und René Char.

Michel Henry

Geboren 1922 in Haiphong, Vietnam, gestorben 2002 in Albi. Er schließt 1943 sein Studium der Philosophie in Paris ab und tritt der Widerstandsbewegung gegen die deutsche Okkupation bei. Nach Lehrtätigkeiten in Casablanca und Paris veröffentlicht er 1963 seine Dissertation, sein Hauptwerk *L'Essence de la manifestation*. Bereits seit 1960 und bis ans Ende seiner Lehrtätigkeit 1982 unterrichtet er Philosophie an der Universität Montpellier.

Edmund Husserl

Geboren 1859 in Proßnitz (Mähren), gestorben 1938 in Freiburg. Studium in Leipzig, Berlin und Wien. Lehrtätigkeit als Privatdozent in Halle, später als Philosophie-Professor in Göttingen (ab 1901) und Freiburg (von 1916 bis 1928). In den 30er Jahren Vortragstätigkeiten in Europa, die jedoch durch die Einführung der Rassegesetze (Husserl war gebürtiger Jude) immer stärker eingeschränkt wurden. Zu seinen Schülern gehören: Martin Heidegger, Edith Stein, Eugen Fink, Roman Ingarden, Emmanuel Levinas, Max Scheler, Hannah Arendt und José Ortega y Gasset.

Emmanuel Levinas

Geboren 1906 in Kaunas (Litauen), gestorben 1995 in Paris. Studium der Philosophie in Straßburg, 1928/1929 Auslandssemester in Freiburg, wo er Husserls und Heideggers Vorlesungen hört. 1930 Promotion über Husserl. 1934–1939 Studienleiter bei der Alliance Israélite Universelle. 1940–1945 in deutscher Gefangenschaft. 1948–1963 Direktor der École normale israélite orientale in Paris, seit 1961 Professor in Poitiers und seit 1973 an der Sorbonne.

Maurice Merleau-Ponty

Geboren 1908 in Rochefort-sur-Mer (Normandie), gestorben 1961 in Paris. Studium der Philosophie in Paris an der École normale supérieure, dann Lehrer an derselben, sowie an verschiedenen Gymnasien. Promotion in 1945 mit zwei Dissertationen, *Die Struktur des Verhaltens* (1942), *Phänomenologie der Wahrnehmung* (1945). Lektor an der Universität Lyon (1946–1949), Professor für Entwicklungspsychologie an der Sorbonne (1949–1952), schließlich Lehrstuhl am Collège de France (1952–1961). Mitbegründer der Zeitschrift *Les Temps Modernes* mit Jean-Paul Sartre und Simone de Beauvoir und Mitherausgeber von 1945 bis 1951, dann Wiederaufnahme seines philosophischen Projekts zur Ontologie der sinnlichen Welt; 1964 postume Veröffentlichung eines Teils davon durch Claude Lefort unter dem Titel *Das Sichtbare und das Unsichtbare*.

Jean-Luc Nancy

Geboren 1940 in Caudéron (Frankreich). Studium der Philosophie in Paris, Promotion über Kant (1973). Ab 1968 ist er zunächst Assistent und später Professor an der Université Marc Bloch in Strasbourg, er hat eine Reihe von Gastprofessuren inne u.a. in Berkeley, an der Europäischen Universität für Interdisziplinäre Studien in Saas Fee (Schweiz). Gemeinsam mit Philippe Lacoue-Labarthe gründet er 1980 das Centre de recherches philosophiques sur le politique.

Friedrich Nietzsche

Geboren in Röcken 1844, gestorben in Weimar 1900. Studium der Klassischen Philologie in Bonn und Leipzig. 1869 Berufung als außerordentlicher Professor für klassische Philologie in Basel, 1879 Frühpensionierung nach anhaltender Krankheit. Bis 1889 Leben als freier Autor mit wechselndem Wohnort in jeweils für ihn klimatisch günstiger Umgebung (Schweiz, Norditalien und Südfrankreich). Im Januar 1890 Zusammenbruch in Turin, Einweisung in die Psychatrie erst in Basel, dann in Jena, schließlich zurück in die Obhut der Mutter nach Naumburg (Saale). Nach deren Tod 1897 Umzug nach Weimar, wo er die letzten Jahre geistig umnachtet unter der Aufsicht seiner Schwester Elisabeth Förster-Nietzsche verbringt, die dort in der Zwischenzeit das Nietzsche-Archiv gegründet hat.

Jan Patočka

Geboren in Turnov 1907, gestorben 1977 in Prag. Studium der Russistik, Romanistik und Philosophie an der Karls-Universität in Prag. 1933 durch ein Stipendium ermöglichter Aufenthalt in Freiburg. Von da an im engen Kontakt mit Husserl und Fink. 1936 habilitiert, Dozent an der Karls-Universität Prag bis zu deren Schließung im Jahre 1939 infolge der deutschen Okkupation des Landes, nach dem Krieg wiederum Dozent an der Karls-Universität, bevor er 1948 aus politischen Gründen entlassen wird. 1968 Berufung als ordentlicher Professor für Philosophie an die Philosophische Fakultät der Karls-Universität Prag. Im Jahr 1972 Lehrverbot, es folgen Ausreiseverbot und Pensionierung. Patočka wird einer der ersten drei Sprecher der Bewegung Charta 77 für die Menschen- und Bürgerrechte. Am 13. März 1977 stirbt Patočka nach Verhören durch die Polizei.

Helmuth Plessner

Geboren 1892 in Wiesbaden, gestorben 1985 in Göttingen. Studierte Medizin, Zoologie und Philosophie, Promotion 1916, Habilitation 1920, 1926 außerordentlicher Professor in Köln. 1933 aus dem Dienst entlassen, Emigration nach Istanbul, 1934 in die Niederlande, wo er in Groningen Soziologie lehrt. Nach der deutschen Besatzung 1943 wird er wiederum entlassen, überlebt im Versteck. 1946 Professur für Philosophie in Groningen, 1951 Professor für Soziologie in Göttingen. Schwerpunkte in Anthropologie und Sozialphilosophie, enge Kontakte sowohl zu den Protagonisten der Phänomenologie und Anthropologen wie Buytendijk als auch zum Frankfurter Institut für Sozialforschung.

Paul Ricœur

Geboren 1913 in Valence (Frankreich), gestorben 2005 in Châtenay-Malabry. Nach dem Studium an der Sorbonne wird er 1945–48 Philosophielehrer, danach Dozent für Philosophiegeschichte an der Straßburger Universität. Ab 1957 Professur für Philosophie an der Sorbonne, ab 1966 in Nanterre, 1970–1973 in Leuven; ab 1970 zugleich regelmäßige Lehrtätigkeit an der Universität Chicago. Bis zum Ende seiner akademischen Laufbahn im Jahre 1981 wieder in Nanterre (Paris X).

Max Scheler

Geboren 1874 in München als Kind jüdischer Eltern, gestorben 1928 in Frankfurt a.M. Promotion 1897, Habilitation 1899. Im selben Jahr Konversion zum Katholizismus, der ihn bis zur öffentlichen Distanzierung 1921 stark prägte. Bis 1905 Privatdozent in Jena, bis 1910 in München, freie Lehrtätigkeit in Göttingen und Berlin. Enger Kontakt mit den Protagonisten der phänomenologischen Bewegung. 1921 Professor für Philosophie und Soziologie in Köln.

Hermann Schmitz

Geboren 1928 in Leipzig. Promotion 1955 in Bonn mit einer Arbeit zu Hegel, Habilitation 1958 in Kiel zu Goethes Altersdenken. 1971–1993 Professor und Direktor des philosophischen Seminars der Universität Kiel. 1993 emeritiert. Im Rahmen seiner umfangreichen Publikationstätigkeit hat Hermann Schmitz bisher 45 Bücher systematischen und historischen Inhalts und 135 Aufsätze veröffentlicht.

Bernhard Waldenfels

Geboren 1934 in Essen. Studium der Philosophie, Psychologie, klassischen Philologie, Geschichte und Theologie in Bonn, Innsbruck, München. Promotion 1959 in München. Habilitation 1967 in München. Lehrtätigkeit als Universitätsdozent und außerordentlicher Professor an der Universität München von 1968 bis 1976. Ruf an die Ruhr-Universität Bochum auf die Professur für praktische Philosophie 1976, Lehrtätigkeit in Bochum bis zur Emeritierung 1999. Seit 1982 Gastprofessuren u.a. in Rotterdam, Paris, New York, Rom, San José, Wien, Hong Kong, Turin.

Aby Warburg

Geboren 1866 in Hamburg, gestorben 1929 ebenda, studierte in Bonn, München und Florenz Kunstgeschichte, Geschichte und Archäologie sowie medizinische Psychologie in Berlin. Rufe nach Breslau und Halle lehnt er ab und lebte als Privatgelehrter in Hamburg, wo er die Kulturgeschichtliche Bibliothek Warburg als Forschungsinstitut gründete. Ab 1921 Honorarprofessor am kunstgeschichtlichen Seminar in Hamburg.

Autorinnen und Autoren

EMMANUEL ALLOA, Dr. phil., ist Assistenzprofessor für Kulturphilosophie und Kulturtheorie an der Universität St. Gallen und Senior Research Tellow am NFS Bildkritik (Basel) Studium in Freiburg, Padova, Berlin und Paris. 2009 Promotion in Philosophie (FU Berlin/Paris I-Panthéon). 2010 Visiting Fellow Columbia University (NY), 2011 Visiting Professor Universidad Morelia (Mexiko). Forschungsschwerpunkte: Phänomenologie, französische Gegenwartsphilosophie, Bildtheorie, Epistemologie der Zeugenschaft.
Publikationen (Auswahl): *La résistance du sensible. Merleau-Ponty critique de la transparence*, Paris : Kimé, 2008 (span. Übers.: Buenos Aires : Nueva Visión, 2009); *Das durchscheinende Bild. Konturen einer medialen Phänomenologie*, Berlin/Zürich: diaphanes 2011. Als Hrsg.: *Penser l'image*, Dijon: Presses du réel, ²2011; *Bildtheorien aus Frankreich. Eine Anthologie*, München: Fink 2011; (mit A. Jdey) *Du sensible à l'œuvre. Esthétiques de Merleau-Ponty*, Bruxelles: La lettre volée, 2012.

KERSTIN ANDERMANN, Dr. phil., wissenschaftliche Mitarbeiterin der Abteilung Philosophie des Instituts für Kulturtheorie, Kulturforschung und Künste an der Leuphana Universität Lüneburg. Studium der Literaturwissenschaft, Soziologie und Philosophie an der Universität Bielefeld. Promotionsstipendium am Graduiertenkolleg „Bild-Körper-Medium. Eine anthropologische Perspektive", Staatliche Hochschule für Gestaltung/ZKM Karlsruhe. Promotion am Institut für Philosophie, Universität Potsdam (2005). Research Fellowship am Institute of Germanic & Romance Studies, University of London (2008).
Publikationen (Auswahl): *Spielräume der Erfahrung. Kritik der transzendentalen Konstitution bei Merleau-Ponty, Deleuze und Schmitz*, München: Fink 2007; als Hrsg. (mit Undine Eberlein): *Gefühle als Atmosphären. Beiträge der Neuen Phänomenologie zur philosophischen Emotionstheorie*, Berlin: Akademie, 2011; „Widerfahrnisse. Dimensionen der Passivität und der Anonymität im Handlungsgeschehen", in: *Phänomenologische Forschungen* (2011); „Unmenge als Kategorie singulärer Erfahrung. Differenzphilosophische Grundlagen der Anonymisierung und der Temporalisierung von Handlungsmacht", in: I. Becker / M. Cuntz / A. Kusser (Hg.) *Unmenge – Wie teilt sich Handlungsmacht?* München: Fink 2008

MARIE-LUISE ANGERER, Prof. Dr. phil., Professorin für Medien- und Kulturwissenschaften an der Kunsthochschule für Medien Köln. Von 2007 bis 2009 Rektorin der Kunsthochschule. Studium der Kommunikationswissenschaften, Philosophie, Romanistik und Kunstgeschichte in Wien. Forschungsaufenthalte in Sydney, AUS; San Diego und Santa Cruz, USA; Ottawa, CAN; Gast- und Vertretungsprofessuren u.a. in Budapest, Berlin, Bochum. Fellow am IfK, Wien sowie am ZfL, Berlin. Forschungsschwerpunkte: Gender Studies, (Körper-)Bilder in Bewegung, Medien- und Affekttheorien, Subjektivität im Zeitalter des/r virtuellen Anderen.
Publikationen (Auswahl): Hg. (mit C. König), *Gender goes Life. Die Lebenswissenschaften als Herausforderung für die Gender Studies*, Bielefeld: transcript 2008; *Vom Begehren nach dem Affekt*, Zürich, Berlin: diaphanes 2007; Redaktion (mit K. Harrasser) *Menschen & Andere*, Zeitschrift für Medienwissenschaft, 2011, Heft 4.

THOMAS BEDORF, Prof. Dr. phil., Professor für Praktische Philosophie am Institut für Philosophie der FernUniversität in Hagen. Studium der Philosophie, Geschichte, Romanistik und Politikwissenschaft in Münster, Paris und Bochum. 1997 Magister der Philosophie. 1997–1998 Kollegiat des DFG-Graduiertenkollegs „Phänomenologie und Hermeneutik" der Universitäten Bochum und Wuppertal. 1999 Fellow an der State University of New York in Stony Brook. 2002 Promotion an der Ruhr-Universität Bochum, 2008 Habilitation in Philosophie an der FernUniversität in Hagen. 2002–2010 Wiss. Mitarbeiter und Akad. Oberrat am Institut für Philosophie der FernUniversität in Hagen. 2009/10 Gast- und Vertretungsprofessuren in Neapel und Wien.
Publikationen (Auswahl): *Verkennende Anerkennung. Über Identität und Politik*, Berlin: Suhrkamp 2010; *Andere. Eine Einführung in die Sozialphilosophie*, Bielefeld: transcript 2011. Als Hrsg.: *Die Französische Philosophie im 20. Jahrhundert. Ein Autorenhandbuch*, Darmstadt: WBG 2009; *Das Politische und die Politik*, Berlin: Suhrkamp 2010; *Theorien des Dritten. Innovationen in Soziologie und Sozialphilosophie* München: Fink 2010; *Die deutsche Philosophie im 20. Jahrhundert. Ein Autorenhandbuch* Darmstadt: WBG 2012.

KATHRIN BUSCH, Prof. Dr. phil., Professorin an der Universität der Künste Berlin und an der Merz Akademie Stuttgart. Studium der Philosophie, Kunstgeschichte und Literaturwissenschaft in Hamburg. 1995 Magister der Philosophie. 1995–1998 Kollegiatin des DFG-Graduiertenkollegs „Phänomenologie und Hermeneutik" der Universitäten Bochum und Wuppertal. 2001 Promotion an der Ruhr-Universität Bochum, 1999–2002 Wiss. Mitarbeiterin am Institut für Kulturtheorie der Universität Lüneburg. 2002–2009 Juniorprofessorin für Kulturtheorie an der Universität Lüneburg, 2009–2010 Professorin für Kulturtheorie/Kulturwissenschaften an der Merz Akademie Stuttgart.
Publikationen (Auswahl): *Geschicktes Geben. Aporien der Gabe bei Jacques Derrida*, München: Fink 2004. Als Hrsg.: (mit Iris Därmann) *Bildtheorien aus Frankreich. Ein Handbuch*, München: Fink 2011; (mit D. Lesage) *A Portrait of the Artist as a Researcher. Andere Sinema – a visual culture quarterly* 179 (2007, Antwerpen MuHKA); (mit Iris Därmann) *»pathos«. Konturen eines kulturwissenschaftlichen Grundbegriffs*, Bielefeld: transcript 2007.

ANDREAS CREMONINI, Dr. phil., ist freier Wissenschaftler. Er verfügt über langjährige Lehrerfahrung inner- und außerhalb der Universität und ist Mitherausgeber von *RISS. Zeitschrift für Psychoanalyse. Freud. Lacan* (Turia + Kant, Wien). Seine Forschungsschwerpunkte sind: Phänomenologie und ihre Kritik, Psychoanalyse (Freud, Lacan), Sozialphilosophie (Theorien der Alterität, der Anerkennung/Verkennung), Philosophie des Geistes und ihre Genealogie (Irrationalität, Infantilität), psychoanalytische Ästhetik (das Unheimliche, der Blick).
Publikationen (Auswahl): *Die Durchquerung des Cogito. Lacan contra Sartre*, München: Fink, 2003; „Üben und Spielen. Oder: Über Leben im ‚Raum der Gründe' – eine programmatische Skizze", in: B. Boothe / A. Cremonini / G. Kohler (Hg.), *Psychische Struktur und kollektive Praxis. Regulierung und der Raum der Gründe*, Würzburg: Königshausen & Neumann 2012; „Der Mensch als *parlêtre*. Lacans Versuch einer nicht-humanistischen Anthropologie", in: *Journal Phänomenologie*, Nr. 34 (2010); „Was ins Auge sticht. Zur Homologie von Glanz und Blick", in: G. Boehm / B. Mersmann / C. Spies (Hrsg.), *Movens Bild. Zwischen Evidenz und Affekt*, München: Fink 2008.

David Espinet, Dr. phil., ist akademischer Rat auf Zeit am Philosophischen Seminar der Albert-Ludwigs-Universität Freiburg. Er studierte Romanistik und Philosophie in Freiburg, Paris und Boston und wurde 2008 promoviert. Seine Forschungsschwerpunkte sind die Phänomenologie Husserls, Heideggers und Merleau-Pontys, die Ästhetik Prousts und Valérys, Kants theoretische und praktische Philosophie sowie antike Konzeptionen der Wahrnehmung, insbesondere bei Platon und Aristoteles. Derzeit arbeitet er an einer Habilitation zur kantischen Freiheitstheorie aus phänomenologischer Perspektive.
Publikationen (Auswahl): *Phänomenologie des Hörens. Eine Untersuchung im Ausgang von Martin Heidegger*, Tübingen: Mohr Siebeck 2009; „Der Stoß des Objektiven. Ansätze der neueren Epistemologie im Spiegel von Hermeneutik und Phänomenologie", in: D. Espinet, F. Rese, M. Steinmann (Hg.), *Gegenständlichkeit und Objektivität*, Tübingen: Mohr Siebeck 2011.

Natalie Depraz, Prof. Dr. phil., ist Professorin für deutsche Philosophie und zeitgenössische Philosophie (Phänomenologie) an der Universität Rouen. Übersetzerin verschiedener Husserliana-Bände ins Französische. Mitglied des Pariser Husserl Archivs (CNRS, Ecole Normale Supérieure) und assoziierte Forscherin am CREA (Paris). Gründungsmitglied von *ALTER. Revue de phénoménologie*. Forschungsschwerpunkte: Leiblichkeit, Intersubjektivität, Aufmerksamkeit, Dialog mit Psychologie und Neurowissenschaften.
Publikationen (Auswahl): *A l'épreuve de l'expérience. Pour une pratique phénoménologique*, Bukarest: Zeta Books, 2011; *Lire Husserl en phénoménologue: Idées directrices I*, Paris: CNED/PUF, 2008; (mit Francisco J. Varela u. Pierre Vermersch), *On becoming aware. A pragmatics of experiencing*, Amsterdam: Benjamins Press, 2003; *Transcendance et incarnation: le statut de l'intersubjectivité comme altérité à soi chez Husserl*, Paris: Vrin, 1995.

Shaun Gallagher, Prof. Dr., ist Moss Professor of Excellence in Philosophy an der Universität of Memphis, Forschungsprofessor an der University of Hertfordshire und Honorarprofessor and der Universität Kopenhagen. Er ist Mitherausgeber der Zeitschrift *Phenomenology and the Cognitive Sciences*. Arbeitsgebiete: Phänomenologie, Kognitionswissenschaft, Philosophie des Geistes, Hermeneutik.
Publikationen (Auswahl): *Hermeneutics and Education*, Albany: SUNY Press, 1992; *The Inordinance of Time*, Evanston: Northwestern University Press, 1998; *How the Body Shapes the Mind*, Oxford: Oxford University Press, 2005; (mit Dan Zahavi) *The Phenomenological Mind*, London: Routledge, 2007; (als Hg.) *The Oxford Handbook of the Self*, Oxford: Oxford University Press 2011.

Christian Grüny, Jun.-Prof. Dr., lehrt Philosophie an der Universität Witten/Herdecke. Studium der Philosophie und Linguistik in Bochum, Prag und Berlin, 1999–2000 Stipendiat am Kulturwissenschaftlichen Institut Essen, 2003 Promotion in Bochum, 2011 Habilitation an der Universität Witten/Herdecke, 2011 Gastprofessur an der Hochschule für Musik und Theater Hamburg. Arbeitsgebiete: Philosophische Ästhetik, Musikphilosophie, Phänomenologie, Bildtheorie, ältere Kritische Theorie, Schmerz und Gewalt.
Publikationen (Auswahl): *Zerstörte Erfahrung. Eine Phänomenologie des Schmerzes*, Würzburg: Königshausen & Neumann 2004; „Arbeit im Feld des Musikalischen. Cage und Lachenmann als zwei Typen musikalischer Kulturreflexion", in: D. Baecker, M. Kett-

ner u. D. Rustemeyer (Hg.), *Über Kultur. Theorie und Praxis der Kulturreflexion*, Bielefeld: transcript 2008; „Figuren von Differenz. Philosophie zur Musik", in: *Deutsche Zeitschrift für Philosophie* 57, 6 (2009); „Theodor W. Adorno: Negative Dialektik", in: *Zeitschrift für Didaktik der Philosophie und Ethik* 32, 3 (2010); Prekäre Gegenwart. Zur Zeitlichkeit von Bild und Musik, in: Emmanuel Alloa (Hg.), *Erscheinung und Ereignis*, München: Fink 2011

TOBIAS NIKOLAUS KLASS, Jun.-Prof. Dr., Studium der Philosophie in Berlin, Hamburg und Paris. 1996/97 Visiting Scholar an der University of California at Berkeley. 1995–1998 Kollegiat des DFG-Graduiertenkollegs „Phänomenologie und Hermeneutik" der Universitäten Bochum und Wuppertal, ebenfalls 1995–1998 Stipendiat der Studienstiftung des Deutschen Volkes. 2000 Promotion in Bochum. 2001–2007 wissenschaftlicher Assistent am Philosophischen Seminar der Bergischen Universität Wuppertal. Seit 2007 Juniorprofessor für Philosophie in Wuppertal.
Publikationen (Auswahl): *Das Versprechen. Grundzüge einer Rhetorik des Sozialen*, München: Fink 2002; „Politik der Verantwortung. Jacques Derrida und die Frage nach der Praxis", in: L. Heidbrink, A. Hirsch (Hg.), *Verantwortung in der Zivilgesellschaft. Zur Konjunktur eines widersprüchlichen Prinzips*, Frankfurt/M.: Campus 2006; „Vom Nutzen und Nachtheil der Kulturwissenschaft für das (politische) Leben: Zarathustras Vampirismus", in: I. Därmann, Chr. Jamme (Hg.), *Kulturwissenschaften: Konzepte, Theorien, Autoren*, München: Fink 2007; „Foucault und der Widerstand: Anmerkung zu einem Missverständnis", in: D. Hechter, A. Philipps (Hg.), *Widerstand denken. Michel Foucault und die Grenzen der Macht*, Bielefeld: transcript 2008; „Das Gespenst des Politischen. Anmerkungen zur politischen Differenz", in: T. Bedorf / K. Röttgers (Hg.), *Das Politische und die Politik*, Frankfurt/M.: Suhrkamp 2010; als Hrsg.: (mit Hans-Dieter Gondek, Laszlo Tengelyi) *Phänomenologie der Sinnereignisse*, München: Fink 2011.

STEFAN KRISTENSEN, Dr. phil., ist Akademischer Rat an der Universität Genf. Seine Forschungen bewegen sich im Feld leiblicher Subjektivität, zwischen Phänomenologie, politischer Philosophie und zeitgenössischer Kunst. Gegenwärtig forscht er zum Kino und zum Denken von Jean-Luc Godard sowie zu Strukturen leiblicher Subjektivität in Psychiatrie und *Body Art*. Er ist Veranstalter zahlreicher Tagungen und Fortbildungsseminaren zum Problem von Leiblichkeit, Identität, Subjektivität und Zeugenschaft und fungiert 2011 (gemeinsam mit Emmanuel de Saint-Aubert) als Herausgeber der unveröffentlichten Vorlesungsnotizen von Merleau-Ponty am Collège de France zu „Le monde sensible et le monde de l'expression".
Publikationen (Auswahl): *Parole et subjectivité. Merleau-Ponty et la phénoménologie de l'expression*, Hildesheim u.a.: Olms, 2010. „Le mouvement de la création. Merleau-Ponty et le corps de l'artiste", in: *Alter. Revue de phénoménologie* 2008, 243–260. „L'œil et l'esprit de Jean-Luc Godard", in: *Chiasmi International* Nr. 12 (2010), 129–143.

MARION LAUSCHKE, Dr. phil., wissenschaftliche Mitarbeiterin der Kolleg-Forschergruppe Bildakt und Verkörperung (Humboldt-Universität zu Berlin). Studium der Philosophie, Germanistik, Italianistik und Erziehungswissenschaften in Hamburg und Bologna. Promotion 2007 (HU Berlin).
Publikationen (Auswahl): *Ästhetik im Zeichen des Menschen. Die ästhetische Vorgeschichte der Symbolphilosophie Ernst Cassirers und die symbolische Form der Kunst*, Hamburg: Meiner 2007; Als Hrsg.: Ernst Cassirer: *Schriften zur Philosophie der symbolischen Formen*,

Hamburg: Meiner Verlag 2009; (mit H. Bredekamp) John M. Krois: *Bildkörper und Körperschema. Schriften zur Verkörperungstheorie ikonischer Formen*, Berlin: Akademie, 2011.

Burkhard Liebsch, Prof. Dr. phil., lehrt Politische Theorie und Ideengeschichte an der Fakultät für Sozialwissenschaften und Philosophie der Universität Leipzig.
Arbeitsgebiete: Begriffe des Politischen in kulturwissenschaftlicher Perspektive, Praktische und Sozialphilosophie; Theorie der Geschichte, Begriff und Geschichte des Selbst; Methoden der Phänomenologie, Hermeneutik und Sprachanalyse. Spezielle Arbeitsschwerpunkte: Gewaltforschung/Geschichte der Feindschaft und des Krieges, Kulturtheorie, Lebensformen, Sensibilität, Gedächtnis/Erinnerungspolitik, Geschichte und Kritik der Europäisierung, Rhetorik des Versprechens, Erfahrungen der Negativität.
Publikationen (Auswahl): *Geschichte als Antwort und Versprechen*, Freiburg u. München: Alber 1999; *Moralische Spielräume*, Göttingen: Wallstein 1999; *Zerbrechliche Lebensformen*, Berlin: Akademie 2001; *Gastlichkeit und Freiheit*, Weilerswist: Velbrück 2005; *Revisionen der Trauer*, Weilerswist: Velbrück 2006; *Subtile Gewalt*, Weilerswist: Velbrück 2007; *Gegebenes Wort oder Gelebtes Versprechen*, Freiburg, München: Alber 2008; *Für eine Kultur der Gastlichkeit*, Freiburg, München: Alber 2008; *Menschliche Sensibilität*, Weilerswist: Velbrück 2008; *Renaissance des Menschen*, Weilerswist: Velbrück 2010. Als Hrsg. *Hermeneutik des Selbst*, Freiburg, München: Alber 1999; (mit M. Fischer u. H.-D. Gondek) *Vernunft im Zeichen des Fremden*, Frankfurt/M.: Suhrkamp 1999; (mit D. Mensink) *Gewalt Verstehen*, Akademie: Berlin 2003; (mit F. Jaeger, J. Rüsen u. J. Straub), *Handbuch der Kulturwissenschaften*, Stuttgart: Metzler 2004; 2. Aufl. 2011; (mit B. Keintzel), *Hegel und Levinas. Kreuzungen – Brüche – Überschreitungen*, Freiburg, München: Alber 2010; *Bezeugte Vergangenheit oder Versöhnendes Vergessen*. Geschichtstheorie nach Paul Ricœur, Berlin: Akademie 2010).

Uta Noppeney, Prof. Dr. med. PhD (neurological sciences), Studium der Medizin und Philosophie an der Universität Freiburg, dem University College London und der Johns Hopkins University. 1998 Promotion über Kurt Goldstein an der Universität Freiburg. 2004 Promotion über die neuronalen Grundlagen semantischer Repräsentationen am University College London. Seit 2006 Forschungsgruppenleiterin am Max Planck Institut für Biologische Kybernetik in Tübingen sowie Chair in Computational Neuroscience, University of Birmingham. Mittels funktioneller Bildgebung und Computational Modelling untersuchen ihre Forschungsarbeiten, wie das menschliche Gehirn Informationen von verschiedenen Sinnen integriert, um eine kohärente Repräsentation seiner Umgebung zu entwerfen.
Publikationen (Auswahl): *Abstrakte Haltung – Kurt Goldstein im Spannungsfeld von Neurologie, Psychologie und Philosophie*, Würzburg: Königshausen & Neumann 2000; „The neural systems processing tool and action semantics", in: J. Hart und M.A. Kraut (Hg.), *The neural basis of semantic memory*, Cambridge: Cambridge UP 2007; (mit D. Ostwald u. S. Werner) „Perceptual decisions formed by accumulation of audiovisual evidence in prefrontal cortex", in: *Journal of Neuroscience* 30/21 (2010), 7437–7446.

Karel Novotný, Dr. phil., Assistent an der Fakultät für die Humanwissenschaften der Karls-Universität Prag und wissenschaftlicher Mitarbeiter im Philosophischen Institut der Akademie der Wissenschaften der Tschechischen Republik. Studium der Philosophie, Physik und Politikwissenschaft in Prag, Eichstätt und Paris. Promotion 2003 (Prag/Paris XII). Ko-Direktor des Mittel-Europäischen Instituts für Philosophie (www.

sif-praha.cz). Koordinator des Erasmus Master Mundus Programms EuroPhilosophie an der Karls-Universität Prag (www.europhilosophie.eu). Gastprofessur an den Universitäten in Sao Carlos (Brasilien) 2008, in Luxemburg 2009 und Dijon 2010.
Publikationen (Auswahl): *O povaze jevů. Úvod do současné francouzské fenomenologie*, Červený Kostelec: Pavel Mervart 2010; *Was ist Phänomen? Phänomenalitätskonzepte in der gegenwärtigen französischen Phänomenologie*, Würzburg: Königshausen & Neumann 2011. Als Hrsg: *Co je fenomén? Husserl a fenomenologie ve Francii* (eine Anthologie der Übersetzungen), Červený Kostelec/Praha: Pavel Mervat 2010; Ludwig Landgrebe, *Der Begriff des Erlebens. Ein Beitrag zur Kritik unseres Selbstverständnisses und zum Problem der seelischen Ganzheit*, Würzburg: Königshausen & Neumann 2010.

Marc Rölli, Prof. Dr., lehrt Philosophie an der Fatih Universität in Istanbul und ist gegenwärtig als Senior Fellow am Internationalen Kolleg für Kulturtechnikforschung und Medienphilosophie in Weimar. Forschungsschwerpunkte: Geschichte der philosophischen Anthropologie, Französische Philosophie des 20. Jahrhunderts, Wissenschaftsgeschichte der Biologie und Eugenik, Politische Philosophie der Moderne, Phänomenologie und Pragmatismus.
Publikationen (Auswahl): *Gilles Deleuze. Philosophie des transzendentalen Empirismus*. Wien 2003; als Hrsg.: (mit Petra Gehring u. Maxine Saborowski) *Ambivalenzen des Todes*. Darmstadt: WBG 2007; (mit Jens Kertscher u. Andreas Hetzel) *Pragmatismus – Philosophie der Zukunft*? Weilerswist: Velbrück 2008; *Kritik der anthropologischen Vernunft*. Berlin: Matthes & Seitz 2011.

Mirjam Schaub, Dr. phil. habil., Gastprofessorin am Institut für Philosophie der FU Berlin, 1989–1995 Studium der Philosophie, Psychologie, Politikwissenschaft in Münster, München (LMU), Paris (I.) und Berlin. 1996 Sommerschool an der UCLA (USA). Parallel Ausbildung zur Journalistin an der Deutschen Journalistenschule (DJS) in München. 1995 M.A. mit einer Arbeit über Kant und Bergson; danach Arbeit als freie Kunstkritikerin. 2001 Dissertation mit einer systematischen Arbeit über Zeit im Werk von Gilles Deleuze, danach Postdoc am Graduiertenkolleg „Körper-Inszenierungen". 2003 Forschungsaufenthalt an der Maison des Sciences de l'Homme in Paris. 2004 Wissenschaftliche Assistentin für Ästhetik an der FU. 2009 Habilitation mit einer Arbeit über Beispiele in der Philosophie, danach Visiting Research Fellow am Institute of Advanced Studies in the Humanities (IASH) der University of Edinburgh. 2010–2012 Gastprofessuren in Berlin und Dresden.
Publikationen (Auswahl): *Das Singuläre und das Exemplarische. Zu Logik und Praxis der Beispiele in Philosophie und Ästhetik*, Berlin, Zürich: diaphanes 2010; *Janet Cardiff – The Walk Book*, Köln: Walther König 2005; *Bilder aus dem Off. Zum philosophischen Stand der Kinotheorie*, Weimar: Vdg 2005; *Gilles Deleuze im Wunderland: Zeit- als Ereignisphilosophie*, München: Fink, 2003; *Gilles Deleuze im Kino: Das Sichtbare und das Sagbare*, München: Fink 2003.

Julia Scheidegger, lic. phil., Studium der Philosophie und Geschichte in Basel. Doktorandin des SNF-Graduiertenkollegs ‚Menschliches Leben' der Universitäten Basel und Bern. Promotion über die Hermeneutik und Phänomenologie des Lebens.
Publikationen (Auswahl): als Hrsg. (mit Emil Angehrn) *Metaphysik des Individuums. Die Marxinterpretation Michel Henrys und ihre Aktualität*, Freiburg, München: Alber 2011; „Aufklärung und Lebensphänomenologie", in: Psycho-logik, Bd. 6, Freiburg 2010, 33–48.

ULRICH JOHANNES SCHNEIDER, Dr. phil., apl. Professor für Philosophie am Institut für Kulturwissenschaften der Universität Leipzig; Direktor der Universitätsbibliothek Leipzig; 1988 Promotion in Philosophie, TU Berlin, 1998 Habilitation für Philosophie, Universität Leipzig.
Publikationen (Auswahl): *Philosophie und Universität. Historisierung der Vernunft im 19. Jahrhundert*, Hamburg: Meiner 1999; *Michel Foucault*, Darmstadt: WBG 2004; als Hrsg.: *Kultur der Kommunikation. Die europäische Gelehrtenrepublik im Zeitalter von Leibniz bis Lessing*, Wiesbaden: Harrassowitz 2005; *Der französische Hegel* (Deutsche Zeitschrift für Philosophie, Sonderband 12), Berlin: Akademie 2007; *Kulturen des Wissens im 18. Jahrhundert*, Berlin: de Gruyter 2008; (mit C. Kammler u. R. Parr) *Foucault-Handbuch*, Stuttgart: Metzler 2008; (mit J. Maatsch) *Spinoza*, Themenschwerpunkt der *Zeitschrift für Ideengeschichte* V/1 (2011).

VOLKER SCHÜRMANN, Prof. Dr. phil., Professur für Philosophie, insbesondere Sportphilosophie an der Deutschen Sporthochschule Köln. Studium der Mathematik, Philosophie und Erziehungswissenschaften in Bielefeld; 1987 1. Staatsexamen. 1989–2000 Wissenschaftlicher Mitarbeiter an der Universität Bremen (Philosophie; Sportwissenschaft). 2001–2009 Leitung des Fachgebietes Sportphilosophie/Sportgeschichte der Sportwissenschaftlichen Fakultät der Universität Leipzig.
Publikationen (Auswahl): *Zur Struktur hermeneutischen Sprechens. Eine Bestimmung im Anschluß an Josef König*, Freiburg, München: Alber 1999; *Heitere Gelassenheit. Grundriß einer parteilichen Skepsis*, Magdeburg: Edition Humboldt 2002, jetzt Berlin: Parerga; *Muße*, Bielefeld: transcript ²2003; *Die Unergründlichkeit des Lebens. Lebens-Politik zwischen Biomacht und Kulturkritik*, Bielefeld: transcript 2011.

JÖRG STERNAGEL, Dr. phil. Wissenschaftlicher Mitarbeiter im Studiengang Europäische Medienwissenschaft, einem Kooperationsprojekt der Universität Potsdam und der Fachhochschule Potsdam. Weitere Lehrtätigkeiten an der Freien Universität Berlin und der Zeppelin Universität Friedrichshafen. 2008 und 2010 Forschungsaufenthalte an der University of California, Los Angeles (UCLA) und der University of California, Riverside (UCR).
Publikationen (Auswahl): „Das Bild denkt: Zum Konzept einer *Filmosophie* nach Daniel Frampton“, in: *Philosophische Rundschau* 56 (2009), 173–182; „An Emphasis on Being: Moving towards a Responsive Phenomenology of Film Performance“, in: J. Sternagel, D. Levitt u. Dieter Mersch (Hg.), *Acting and Performance in Moving Image Culture. Bodies, Screens, Renderings*, Bielefeld: transcript 2012 (i.E.).

Sachregister

Kurt Salamun

Wie soll der Mensch sein?

Philosophische Ideale vom ›wahren‹ Menschen von Karl Marx bis Karl Popper

Die Frage nach dem Sinn des Lebens und des Menschseins überhaupt war immer ein zentrales Thema der Philosophie. Viele Philosophen haben Ideale entwickelt, wie das »wahre Menschsein« beschaffen ist und wie es verwirklicht werden sollte. Kurt Salamun stellt beispielhaft folgende Ideale aus der europäischen Philosophie des 19. und 20. Jahrhunderts vor: die dialogische Ich-Du-Beziehung (Feuerbach, Buber), das Bewältigen von Grenzsituationen des Lebens (Jaspers), die religiöse Glaubensbeziehung (Kierkegaard), der freie Geist und der Übermensch (Nietzsche), der nicht-entfremdete Mensch in der klassenlosen Gesellschaft (Marx), der neue Mensch im befriedeten Dasein (Marcuse), das Ertragen der Absurdität des Lebens und die permanente Revolte gegen die Sinnleere der Welt (Camus), der autonome Selbstentwurf in jeder Situation aus absoluter Freiheit und Verantwortlichkeit (Sartre), der aktive und politisch engagierte Mensch (Hannah Arendt), der aufgeklärte, kritisch-rationale Mensch in der offenen Gesellschaft (Popper).

2012. X, 274 Seiten (UTB Kleine Reihe 3669).
ISBN 978-3-8252-3669-4
Broschur

Mohr Siebeck
Tübingen
info@mohr.de
www.mohr.de